•项目管理核心资源库

项目管理最佳实践方法

达成全球卓越表现

（第4版）

[美] 哈罗德·科兹纳 著
（Harold Kerzner）
栾梦恺 唐胜男 王 颖 等译 栾大龙 审校

PROJECT MANAGEMENT BEST PRACTICES

Achieving Global Excellence, Fourth Edition

電子工業出版社
Publishing House of Electronics Industry
北京 · BEIJING

Project Management Best Practices: Achieving Global Excellence, Fourth Edition by Harold Kerzner, Ph.D.
ISBN:978-111-9-46885-1

版权贸易合同登记号 图字：01-2019-3411

图书在版编目（CIP）数据

项目管理最佳实践方法：达成全球卓越表现：第 4 版/（美）哈罗德·科兹纳（Harold Kerzner）著；栾梦恺等译. —北京：电子工业出版社，2020.3
（项目管理核心资源库）
书名原文: Project Management Best Practices : Achieving Global Excellence, Fourth Edition
ISBN 978-7-121-38234-5

Ⅰ. ①项… Ⅱ. ①哈… ②栾… Ⅲ. ①项目管理 Ⅳ. ①F224.5

中国版本图书馆 CIP 数据核字（2020）第 014354 号

责任编辑：刘露明
文字编辑：刘淑敏
印　　刷：三河市鑫金马印装有限公司
装　　订：三河市鑫金马印装有限公司
出版发行：电子工业出版社
　　　　　北京市海淀区万寿路 173 信箱　　邮编：100036
开　　本：787×1092　1/16　印张：38.75　字数：919 千字
版　　次：2007 年 8 月第 1 版（原著第 1 版）
　　　　　2020 年 3 月第 4 版（原著第 4 版）
印　　次：2020 年 3 月第 1 次印刷
定　　价：168.00 元

凡所购买电子工业出版社图书有缺损问题，请向购买书店调换。若书店售缺，请与本社发行部联系，联系及邮购电话：（010）88254888，88258888。

质量投诉请发邮件至 zlts@phei.com.cn，盗版侵权举报请发邮件至 dbqq@phei.com.cn。

本书咨询联系方式：（010）88254199，sjb@phei.com.cn。

译者序

项目管理是得到国际社会认可的先进管理模式，在我国的众多行业、企业和其他组织中已经得到广泛的推广和实际应用，在航空航天、石油石化、铁道运输、水利建设、信息技术等领域的卓越项目实践层出不穷。这些成功的项目管理成果有效地带动和促进了我国经济社会、科技创新的发展和飞跃。实践证明，学习和应用项目管理理论和工具，及时总结项目管理的最佳实践，对推动我国经济和科技的高质量发展，加快供给侧结构性改革，引导传统产业加快转型升级，做强、做大新兴产业是至关重要的基础管理工作。

1999 年，国家外国专家局培训中心与美国项目管理协会（PMI）达成协议，将项目管理知识体系和职业资格考试认证体系引入中国。20 年来，电子工业出版社一直坚持从事《项目管理知识体系指南》（PMBOK®指南）的版权管理和中文翻译出版工作，并广泛开发国际资源和渠道，成功地引进了一系列国外优秀的项目管理著作，加速了一大批掌握项目管理知识体系的国际化人才的成长，并在众多行业、企业和其他组织项目管理实践中发挥着重要作用。哈罗德·科兹纳（美国）博士所著的《项目管理最佳实践方法：达成全球卓越表现》一书，就是其中的代表作之一。

哈罗德·科兹纳博士是一位资深的项目管理成功人士，美国项目管理协会以他的名字设立了“项目管理科兹纳奖”，以表彰他在项目管理领域的杰出贡献。他编写的《项目管理最佳实践方法：达成全球卓越表现》（第 4 版），融入了《项目管理知识体系指南》（PMBOK®指南）（第 6 版）的最新内容，基于前几版的系统框架，与时俱进地对其内容进行了较大的增删，大多数的章节都增加了新的内容，并新增了第 18～19 章，使读者通过本书能够更好地理解项目管理知识的最新进展。本书使用的大量实践案例都来自当今世界 500 强著名企业的应用，它们的项目管理实践具有很强的时代性和行业代表性，这些项目管理实践案例对于当前我国实施创新驱动发展战略、区域协调发展战略、企业“走出去”和共享合作发展机遇都具有现实借鉴意义。

在快速变化的现代竞争中，项目管理知识和应用的持续改进是必需的。希望《项目管理最佳实践方法：达成全球卓越表现》（第 4 版）中文版的出版发行，能够助推我国在项目管理工作方面的快速、健康发展，更加有效地支持各行业的项目实践，有助于培养和造就一批熟练掌握项目管理理论和工具，具备丰富项目管理实践能力的国际化人才。

首先感谢为第 3 版翻译做出贡献的所有人员，中文版的第 4 版正是在他们付出辛勤劳动的第 3 版基础上进行的。本书是运用项目管理知识和方法开展翻译工作、团队精诚合作的结晶，具体分工如下：栾大龙翻译了前言，栾梦恺翻译了第 1、2、7 章，高宏远翻译了第 3 章，王颖翻译了第 4 章，骆鑫鑫翻译了第 5 章，桂凯翻译了第 6 章，常金明翻译了第 8 章，尹辰硕翻译了第 9 章，赵超翻译了第 10 章，任相维、栾奕翻译了第 11 章，唐胜男翻译了第 12 章，倪福东、史建钊翻译了第 13 章，冯钰贻翻译了第 14 章，陈东阳翻译了第 15 章，栾奕翻译了第 16 章，于瑛瑜翻译了第 17 章，肖永慧、唐胜男翻译了第 18 章，赵旭宇、李晓铃翻译了第 19 章。栾大龙、栾奕负责全书的审校统稿工作，部分译者参加了互校。

在本版中，科兹纳博士一如既往地强调项目管理走向卓越是通过反复应用项目管理方法创造卓越和成功管理一系列项目来实现的。他也强调，由于业务场景的变化，在项目管理方面，公司今天的成功不代表未来的成功。他认为，公司应该将项目管理视为一种战略能力，作为公司走向未来的至关重要的道路之一。本书引用的案例大多来自美国公司的实践，在应用本书来指导实际项目管理工作时，还请读者结合我国和项目所在国的独特国情和文化背景，以及本公司、组织战略导向和项目团队自身特点进行有效的调整，以实现项目管理理论、方法和具体实践的统一。

在本书翻译过程中，重点对照了《项目管理知识体系指南》（PMBOK®指南）（第 6 版）中英文的术语，力求译词的统一。这次翻译受到了很多项目管理老师的帮助，参考学习了杨爱华老师主持翻译的《项目管理：计划、进度和控制的系统方法》（第 12 版），该书也是科兹纳博士的著作（以上两本书已由电子工业出版社出版）。香港项目管理专家刘锦新对第 18 章的词语翻译给予了具体指导。

在翻译和统稿审校过程中，译、校者请教了多名项目管理专家，参阅了权威的专业词典、著名企业的相关项目管理案例资料，在仔细斟酌的基础上，多轮互校统审，力求译文准确、达意、通顺。但是译者水平有限，难免存在一些不足之处，敬请各位专家、读者不吝指正。

栾梦恺

于慕尼黑工业大学

前　言

在过去的 50 年间，人们认为项目管理的存在仅仅是锦上添花的流程，而不是对公司生死攸关的事情。公司不愿意为员工投资进行计划和进度安排这类基本知识的培训。人们把项目管理看作对现有权力体系的威胁。在很多公司中，只使用了部分项目管理。这种缺乏热情的项目管理应用，只不过是为了安抚底层或中层的人员及特定的客户。

在这 50 年中，我们竭尽全力地阻止项目管理走向卓越；我们在授权、协同工作和信任方面只是动动嘴皮子；我们囤积信息，因为我们认为对信息的控制是一种权力；在考虑优先级时，我们把个人利益、职能利益放在公司的最高利益之前。我们死守时间是奢侈品而不是约束条件这一错误观念。

到了 20 世纪 90 年代中期，由于两次经济危机，上述观念在很大程度上发生了改变。在激烈的竞争压力下，公司需要在更短的时间内创造高质量的产品，与客户发展长期信任关系的重要性也凸显出来。在相关方的压力下，业务需要持续改进。这些都关乎公司的存亡。

今天，整体的业务水平有了很大提高，项目管理占据了很大一部分。客户和承包商之间的信任水平达到了有史以来的最高点，管理团队和项目团队之间的信任也是一样的。新产品的开发速度比以往任何时候都快；在竞标时，项目管理成为竞争的武器，有些公司之所以能赢得单一供货商合同，是因为客户对这些公司的能力有信心，相信这些公司能使用项目管理体系方法，持续地成功交付项目。今天，这些管理体系方法更像一个框架或灵活的方法，而不是一个死板的方法。所有这些因素，使得众多公司的项目管理在某些方面取得了一定的成功。现在的决策也更强调公司的整体利益，而非个人利益。

15 年前的一些普通词语，现在都有了新的含义。变化不再被看作完全的坏事，今天，变化意味着持续改进；冲突不再被看作有害的事，管理得当的冲突是有益的；项目管理不再被看作组织内部的系统，现在，它是竞争的武器，能给客户提供更高质量的服务，并增加了带给客户附加价值的机会。在很多公司中，项目管理被视为一种战略能力，是对公司未来至关重要的四条或五条职业道路之一。

过去被认为在管理上成功的公司，今天可能不再是成功的公司，尤其在项目管理方面。想想 1982 年 Tom Peters 和 Robert Waterman 写的《追求卓越》（*In Search of Excellence*）一书中成功的公司，今天有多少仍然可以被称为是成功的？又有多少赢得过闻名于世的 Malcolm Baldrige 奖？在赢得过这个奖项的公司中，在现在看来又有多少是精于项目管理的呢？追求卓越项目管理的路途是永无止境的。那些不愿在项目管理持续改进方面投资的公司将很快发现他们的公司的客户满意度相当低。

在项目管理的历史中，前 50 年和后 10 年的区别在于项目管理在公司中有了广泛实施。在 30 多年间，我们强调项目管理中量化的、行为的工具，强调基本知识和主要技能；项目管理教育仅仅为相当少的一部分人提供。然而，在过去的 15 年中，项目管理的重点转移到了在整个公司的实施上。现在，从战略上讲，重要的是如何将 30 年间所形成的基本的项目管理理论应用到实践中。今天，项目管理的实施被认为是高级的项目管理，而在 20 年前那些被认为是项目管理的前沿话题，如挣值分析、情景领导、成本控制、变更控制，今天都已经是项目管理基本课程的一部分了。那么，是什么构成了应用项目管理呢？那些与项目管理实施、企业项目管理体系方法、不同项目管理办公室的类型、与相关方的合作等有关的话题已经成为高级项目管理概念。

本书覆盖了对项目管理实施与成功来说必要的热门话题。书中引用了众多从业人员的评述，这些人创建了项目管理最佳实践的标杆，而且目前仍在其所在公司中实施这些流程。本书中的案例由数位高级公司职员及其他相关人士提供。这些案例的宝贵之处在于它们展现了这些领导人思考的过程及其所在公司的前进方向。这些公司已经在项目管理的某些方面取得了成功，而且真正值得注意的是，这些成功都是在近五六年中发生的。在 21 世纪，项目管理的未来将是项目管理的实施。众多公司已经建立了项目管理的最佳实践库。这些最佳实践库在竞标中常常成为差异化因素。同时，项目管理的最佳实践现在也被视为知识产权。

项目管理走向卓越不是通过简单的开发项目管理方法能够达到的。相反，它是通过反复应用这些方法创造卓越和成功管理一系列项目来实现的。我们现在信任采用灵活方法的项目经理，他们只是使用标准方法中那些特定项目所需的部分。

项目管理实践和方法是围绕着公司文化，通过决定怎样让人们一起工作、解决问题及做决策来展开的。每家公司都可能有自己独特的文化，也可以说，每家公司都有不同的生命周期、不同的决策点和不同的成功前提，没有一种方法适合所有公司，这就是本书要讨论不同行业、不同规模和不同地区的各种各样公司的原因。在阅读本书之后，希望你能够得到如何改进你的项目管理活动的想法。

本书中讨论的公司主要包括：

3M
ABB 集团
空中客车和防务
阿尔卡特朗讯
美国贺卡公司
苹果电脑
阿姆斯特朗世界工业公司
美国巴威公司
本迪克斯空压机公司
喜力公司
惠普公司
日立公司
IBM 公司
英德拉公司
英特尔公司
国际学习集团
江森自控
柯达

波音公司
克莱斯勒汽车公司
丘吉尔唐斯公司
思科系统公司
花旗集团
柯马公司
戴尔公司
德勤公司
美国国防部
DFCU 财务公司
道氏化工公司
迪拜海关
美国电子数据系统公司
礼来制药公司
爱立信公司
Folur 公司
福特汽车
基伊埃公司
通用电气
通用汽车
Harris 集团
Sprint 电信公司
星空联盟
西班牙联合技术公司
美国齐柯尔公司
蒂森克虏伯集团
MCI 公司
微软公司
明尼苏达电力与照明公司
摩托罗拉公司
美国国家航空航天局
Naviair 公司
诺基亚公司
诺迪亚
北电网络公司
日本 NTT DATA 集团
俄亥俄贝尔公司
瑞士 Orange 公司
露德圣母医疗中心
飞利浦
Pursuit 公司
罗克韦尔自动化
RTA
SAP
宣伟涂料公司
西门子公司
索尼
东京海上控股
瓦锡兰集团
世界野生动物基金会
施乐公司
延锋汽车饰件系统有限公司

目　　录

第 1 章 理解最佳实践

1.0 简介

项目管理曾被看作企业锦上添花的一套流程，如今已经发展成公司存亡所系的结构化工作方法。很多公司渐渐意识到，它们的整个业务，包括大部分的日常工作，都可以看作一系列的项目。简单地说，我们通过一个个项目来管理我们的业务。

现在，项目管理已不仅仅是项目管理流程，同时被看作业务流程。实际上，项目经理既需要进行项目决策，也需要进行业务决策。实现优质项目管理的必要性几乎对所有行业都已经显而易见。

随着项目管理的重要性渗透到业务的各个层面，相关的知识成果也通过项目管理的最佳实践积累下来。一些公司将这些知识视为企业资产，并把它们牢牢地控制在公司内部。另一些公司则分享这些知识，希望借此发现其他最佳实践。由于其带来的效益和对持续商业价值的贡献，各个公司如今都在对项目管理进行战略规划。

对项目管理进行战略规划的好处之一是它通常可以帮助认清获取和保留最佳实践的必要性。可是说起来容易做起来难。在后面我们将会提到，造成这种困难的原因之一是，很多公司既无法对最佳实践的定义达成共识，也没有认识到最佳实践会带来持续改进。反过来，这些持续改进将使我们获得更多最佳实践。许多公司也不能认识到最佳实践带来的价值和效益。

今天，项目经理通过项目管理活动和业务活动来积累最佳实践。其原因很简单：最佳实践是激励公司业务更上一层楼的知识成果。最佳实践可带来商业价值增值，实现更大效益及优化效益管理活动。项目管理和业务思维将不再是两项分离的活动。

1.1 瓦锡兰集团在业务发展项目上的效益管理

基于项目的业务和项目管理实践，在瓦锡兰集团（以下简称瓦锡兰）已有牢固的传统。正因为如此，一个覆盖全公司业务的项目管理办公室于 2007 年建立，目的是进一步加强企业内部的项目管理能力，并开发项目管理的文化、流程、能力和工具。

今天，项目管理架构和工作方法已经成为瓦锡兰集团业务思维的基础。其业务流程模型逐渐从相对无序的一些流程转变成能够协调实施统一方针、达成同一目标和使用共同术语的一整套模型。该公司从同等重要的两个不同角度实施了项目管理。首先，提供了项目管理工具，尤其是引进并执行更高效的资源和进度计划。其次，鼓励组织成员积极参加项目管理专业培训和专业认证。

随着流程变得清晰明确和成熟时，项目管理重点逐步转向业务开发项目的效益管理。改进效益管理流程的倡议源于瓦锡兰项目管理办公室交给业务开发部门的一项使命，那就是确保该公司各业务单元之间的协作，从而实现战略目标。这些可通过在改变管理、业务流程和应用开发方面提供管理和专业技术来实现。

在传统的项目管理中，人们通常用预算、计划、范围或质量等因素来衡量一个项目。作为一种概念，相对来讲，效益管理更加注重该项目给最终客户带来的实际价值。换句话说，项目的成功不能单纯地用时间或金钱来衡量。相反，最终客户才能决定项目成功与否：这些结果满足了客户需求吗？由于价值的定义相当模糊，所以衡量效益的具体指标和方法就显得至关重要。这也被称为软性、无形的效益。尽管它们无法在财务上量化，但它们必须可以被衡量。在效益规划中，另一个重要方面是建立一个有效的基线与结果相比较，即实现的效益不仅仅要与“正常营业”情况进行比较，衡量结果还应与其他可选方案进行比较。（“通过其他方式，这些结果能够达成吗？”）

在业务开发项目中，举例来说，项目输出可以是一个用于改进资源规划的 IT 工具。但是，在一个项目中最重要的部分是把输出变为成果。也就是说，项目输出（如上述 IT 工具）应该成为最终客户工作方式的一部分。为了实现这一目标，效益规划必须考虑以下两个重要的方面。

（1）最终客户想要和需要什么？

（2）实现这些要改变什么？

有了合适的最终客户预期管理和变更管理，可避免和项目输出变为“工具箱里的另一样工具”类似的风险。

概括地说，效益管理系统应该由以下要素组成。

- 确定项目的驱动因素。我们真的需要这项投资吗？还有谁将会从中受益？
- 确定关键效益。效益是什么、何时产生？差距还有多大？（实现该效益有多大的可能性？）
- 估算效益。定义一个清晰的衡量基线，能够让我们清楚地界定适用于整个项目组合的指标，并确保指标从项目开始到效益实现的整个项目周期中保持一致。有个关键问题我们必须提出：这些指标是否适用于不断变化的商业环境？

- 关注效益变化。为实现效益，组织应该如何变化？我们如何推进这种变化？计划部署并根据（业务）环境改变（组织机构调整、市场形势改变等）而调整。
- 谁为效益负责？指定专人或机构负责效益实现。
- 效益监控。用已建立的指标来监督绩效，必要时，在实现既定目标的过程中和应对风险时，主动寻求改进指标的途径。
- 进行项目后评估。通过对项目产出和真实资料的交流，确信项目部署的成功。与最终客户换位思考：如果我是客户，我是否喜欢用这个工具？
- 从错误中学习。对项目成功和失败经历要同等对待。力主诚恳沟通和学习，而不是责备。在执行层面上可以找到很多这样的例子。

1.2 项目管理最佳实践：1945—1960 年

在 20 世纪 40 年代，一线经理起着项目经理的作用，并采用“围栏”的指导思想来管理项目。每位一线经理，同时作为项目经理，都会完成其职能部门的必要工作。一旦工作完成，就将“球”扔出围栏，希望有人能接到。一旦把“球”扔出去，一线经理就“金盆洗手”，认为他们的项目职责完成了，因为“球”已经不在他们的围栏内了。如果项目失败了，承担责任的是正拿着“球”的那位一线经理。

“围栏”管理的问题在于，客户找不到一个统一的联系人来处理问题。信息的层层过滤浪费了客户和承包商的宝贵时间。想知道项目最新进展的客户得去找那位正拿着“球”的经理。对小型项目来说，找到持“球”经理并不难。然而当项目更大、更复杂时，这就越来越难了。

在这段时期内，几乎没发掘出什么最佳实践。即使有最佳实践，也只应用于某个职能部门内部，公司的其他部门无从得知。大部分的项目管理决定都不是最优化的方案。

第二次世界大战后，美国进入了冷战时期。只有加入军备竞赛并快速生产大规模杀伤性武器，才能赢得冷战的胜利。谁能够以湮没敌人的武力对敌人进行打击，谁就是冷战的胜利者。大规模杀伤性武器的研发由多个超大型项目组成，这些项目可能涉及几千个承包商。

军备竞赛让大家清醒地意识到，对于像 B-52 轰炸机、民兵洲际弹道导弹和北极星潜水艇这样的项目，国防部是无法接受传统的“围栏”管理方式的。政府需要统一的联系人，即对项目所有阶段负责的项目经理。此外，政府还需要项目经理掌握而不仅仅了解相关技术。这就要求项目经理必须是工程师，最好拥有某些技术分支上的高学历。后来，在诸如喷气式飞机和坦克的小型武器系统的开发中，也要求使用项目管理。美国国家航空航天局也要求在所有与太空工程相关的活动中应用项目管理。

航空航天和国防工业项目的成本通常会超支 2～3 倍，这常常被错误地归咎于项目管理实施不当，然而实际上真正的问题是无法正确地预测技术发展，导致了数不胜数的项目范围变更。对于持续 10～20 年的项目，预测技术发展实在太困难了。

到 20 世纪 50 年代末及 60 年代初，航空航天和国防工业实际上将项目管理应用于所有项目中，同时要求供应商也采用项目管理。虽然项目管理在不断成长，但是除航空航天和国防工业外，其成长速度是相当慢的。

由于承包商和分包商数量众多，政府部门需要制定相应标准，尤其是在项目计划和信息汇报方面。为此，政府部门制定了生命周期的计划控制模型和成本监测系统，还成立了项目管理审核组，来确保政府的钱是按计划使用的。这些方法用于超过一定规模的所有政府项目。私营企业把这些实践视为过度管理的额外成本，而没有看到项目管理的实际价值。

在项目管理早期，因为很多企业看不到项目管理的实际价值，所以对项目管理产生了一些误解，包括以下几个方面：

- 项目管理是一种进度工具，如计划评审技术或关键路径法。
- 项目管理只适用于大型项目。
- 项目管理是为政府项目量身定做的。
- 项目经理必须是工程师，而且最好有高学历。
- 项目经理必须熟练掌握技术才能成功。
- 项目的成功与否，是由且仅由技术指标来衡量的。

1.3 项目管理最佳实践：1960—1985 年

在这段时期，随着对项目管理的了解加深，项目管理的发展更多地出自必需而不是期望，但是发展速度依然缓慢，其原因主要是缺乏对新兴管理方法的认可，而这些新方法是成功项目管理所必需的。与生俱来的对未知事物的恐惧，吓倒了经理和高级管理人员。

除航空航天、国防科技和建筑业外，大多数 20 世纪 60 年代的公司都继续采用非正式的方法管理项目。正如字面的意思一样，在非正式项目管理中，项目的处理方式并不专业，而项目经理的权力受到限制。那时，大多数项目由职能经理负责，并且只涉及 1～2 条职能链。这样的项目或者不需要正式的沟通，或者由于职能经理间良好的工作关系而采用非正式的沟通。很多被任命为项目经理的人很快发现，他们的职能更像项目组长或项目监管员，而不是真正的项目经理。在今天的许多企业，如低技术含量的制造企业中，一些一线经理已经肩并肩地工作了 10 年以上。在这种情况下，对设备制造或厂房建筑来说，非正式的项目管理可能更有效，人们也不把项目管理当作职业。

在 20 世纪 70 年代和 80 年代初期，许多公司放弃了非正式项目管理，进行重组以采用正式的项目管理流程。这主要因为项目活动的规模和复杂度不断提高，在现有的结构下已无法管理这些活动。

并不是所有的行业都需要项目管理。高级管理人员在做出决定之前，必须先确定是否有实际的需求。有些行业只有简单的任务，无论环境动荡与否，都不需要项目管理。技术变化比较慢的制造业也不需要项目管理；除非它们有特别项目的需要，如中断日常制造流程的某些项目。项目管理的低速增长和认可度低，是由于其局限性非常明显，而其优势没得到完全认识。项目管理需要组织结构的重组。当然，问题是“多大程度上的重组”。高级管理人员回避项目管理这个话题，是因为担心组织中必须有“革命性”的变化。

项目管理组织结构重组，会使公司获得如下好处：

- 完成在传统组织结构下不能有效处理的任务。
- 完成一次性活动，同时尽可能地减少对日常业务的影响。

上述第二点暗示项目管理是“暂时性”的管理结构，因此，只有最小程度的组织结构破坏。那些竭尽全力适应新体系的管理层找出的最主要的问题，都围绕在权力冲突和资源冲突上。

另外的主要担心在于，项目管理需要高级管理人员放弃他们的一部分权力，授权给中级管理人员。在某些情况下，中级管理人员很快占据了有权力的职位，比高级管理人员更甚。

对很多扩张后拥有多条产品线的公司来说，项目管理是必不可少的，因为这些产品线完全不同，组织结构的复杂性也急剧增加。这种复杂性的增加可归因于：

- 技术以惊人的速度发展。
- 研发投资增加。
- 可获得信息增加。
- 产品生命周期缩短。

为满足这 4 个方面的需求，管理层“被迫”进行组织结构重组；存在了数十年的传统组织形式无力整合职能“帝国”之间的工作。

直到 20 世纪 70 年代，大环境开始发生较大变化。航空航天、国防工业及建筑行业的企业开始率先实行项目管理，接着其他一些行业的公司很快跟随，虽然有些公司显得很不情愿。美国航空航天局和国防部“迫使”其分包商接受项目管理。

因为现有的组织结构不能适应成功完成项目所必需的各种错综复杂的任务，所以对项目管理的需求变得显而易见。一般总是中、低级管理人员首先意识到这一点，因为他们发现在各自的组织结构中不可能有效地控制资源完成各种不同的任务。通常，中级管理人员比高级管理人员更容易感受到环境改变带来的冲击。

一旦确认了变革的需要，中级管理人员就必须说服高级管理人员，这种变化是正当的。如果高级管理人员无法认识到资源控制的问题，就不会采用项目管理，至少不会正式采用项目管理。至于所谓非正式地采用项目管理，那就是另一回事了。

随着项目管理的发展，人们认识到其成功实施需要数个关键因素。最主要的因素就是项目经理的职责，这是整合职责的焦点。人们最先在复杂的研发项目中明确了对整合职责的需求。

现在的研发技术已经打破了过去各个行业间的壁垒。过去稳定的市场和分销渠道现在都处在变化之中。行业环境极为动荡，而且越来越难以预测。许多复杂的因素，如市场、生产方式、成本、科技发展潜力等，都在左右研发投资的决定。

所有这些因素结合在一起，给我们带来了巨大的管理难题。如果所有的重要决定，经过正常的职能层级处理、解决后，只能在组织的高层汇总，那么高层需要做的决定就太多了，必须要有另外的整合方式。

赋予项目经理整合的职责，会带来如下好处：

- 有唯一的项目负责人，能对项目整体负责。
- 更专注于项目而不是职能模块。
- 满足了各职能组织协调工作的需要。
- 能适当地使用整合的计划和控制。

如果没有项目管理，上述4个方面都只能由高级管理人员来完成。至于这些活动到底是不是高级管理人员工作职责中的一部分，人们有不同的看法。一位《财富》500强公司的高级管理人员说，他每周要花70小时同时扮演高级管理人员和项目经理的角色，而他认为自己没法同时在两项职责中表现出自己的最高水准。在一次员工大会上，这位高级管理人员提到他对实施项目管理后的组织的期望：

- 推动决策权下放。
- 不再需要开会讨论解决方案。
- 相信同事的决定。

接受项目管理的高级管理人员很快就发现了项目管理这项新技术带来的好处：

- 容易适应不断变化的环境。
- 能在特定时期内处理涉及多个相关方面的活动。
- 既有纵向工作流，也有横向工作流。
- 更以客户问题为导向。
- 更容易确定任务的职责。
- 基于多方讨论的决策流程。
- 促进组织架构设计的革新。

随着项目管理的发展，最佳实践变得重要起来。最佳实践可能由成功中产生，也可能从失败中获得。在项目管理的早期，私营企业注重从成功中获得最佳实践，而政府机构注重失败中的教训。政府机构后来也开始注意从成功中学习，而这些最佳实践的积累来自与其主要承包商和分包商的工作关系。政府机构总结的最佳实践包括：

- 使用生命周期概念。
- 标准化和统一化。
- 使用模板[如工作说明书（Statement of Work，SOW）、工作分解结构（Work Breakdown Structure，WBS）、风险管理等]。
- 赋予在同一地点的军方项目管理人员更多的巡查职责。
- 成立整合项目团队（Integrated Project Teams，IPTs）。
- 控制由承包商导致的项目范围变化。
- 运用挣值管理。

1.4 项目管理最佳实践：1985—2016 年

到了 20 世纪 90 年代，公司开始认识到必须实施项目管理，没有其他选择。到 2016 年，项目管理实质上已经进入各个行业，最佳实践也在各个行业中不断积累。作者认为，不同行业的最佳实践的产生时间如下所示。

- 1960—1985 年：航空航天、国防工业、建筑业。
- 1986—1993 年：汽车业。
- 1994—1999 年：电信。
- 2000—2003 年：信息技术。
- 2004—2006 年：医疗保健机构。
- 2007—2008 年：市场营销。
- 2009 年至今：政府部门、小企业、全球范围接受的项目管理。

当前的问题不是如何实施项目管理，而是如何尽快实施；我们如何在项目管理上迅速成熟起来；我们能否利用最佳实践，加速项目管理的实施。

表 1-1 给出了组织实施项目管理所经历的典型生命周期阶段。在第一个阶段，即萌芽期，组织明确地意识到对项目管理的需要。这种认识往往发生在中、低管理层中，那里是项目活动实际执行的地方。进而，高级管理人员被告知这种需求，开始进行情况评估。

表 1-1　项目管理生命周期的 5 个阶段

萌芽期	高级管理人员的认可	一线经理的认可	成长期	成熟期
认识到需求	得到高级管理人员的明确支持	得到一线经理的支持	认识到生命周期各阶段的用处	建立管理层的成本进度控制系统
认识到收益	高级管理人员理解了项目管理	得到一线经理的承诺	开发项目管理体系方法	整合成本和进度控制
认识到应用	建立高级管理人员一级的项目委托制	提供一线经理培训	承诺按计划进行	制订培训计划，以提高项目管理技巧
认识到需要行动	变得愿意改变开展业务的方式	变得愿意让员工接受项目管理培训	尽量减小范围蔓延，选择项目跟踪系统	

引导高级管理人员意识到对项目管理需要的是以下 6 种驱动力：

- 资本项目（Capital Project，意思是那些涉及投资较多，与厂房、大型设备的购置、安装有关的项目。——译者注）。
- 顾客期望。
- 竞争。
- 高级管理人员的理解。
- 新产品的开发。

- 效率和效能。

大型固定资产项目及众多同时进行的项目，推动制造业公司采用项目管理。高级管理人员很快意识到这些对现金流的影响，也意识到进度拖延可能导致工人没事做。

向客户销售产品或服务（包括安装）的公司，必须具备良好的项目管理实践。这类公司虽然通常都是非项目驱动型公司，但是其职能的行使就像项目驱动型公司一样。这类公司现在向顾客出售解决方案，而不是出售产品。如果没有高超的项目管理实践，几乎不可能向顾客出售完整的解决方案，因为实际上你出售的东西就是项目管理专长（例如，你的项目管理过程）。

竞争在两种情况下可以变为驱动力：内部项目和外部（外部客户）项目。在内部，当公司发现很多工作可以外包，而且成本比自己做还低时，公司就陷入了困境；在外部，当公司在价格、质量上不具备竞争优势，或者它们无法增加市场份额时，也会陷入困境。

对那些体制僵化、传统、从事例行的重复活动的组织来说，高级管理人员的理解是实行项目管理的驱动力。这类机构除非由高级管理人员推动，否则十分不愿意改变现状。这种驱动力可以和另 5 种驱动力任意组合，同时存在。

在大规模投资研发的机构中，新产品开发成为实行项目管理的驱动力。如果只有少部分研发项目能商业化并收回成本，那么项目管理就是必不可少的。项目管理也可以作为早期预警系统，提醒我们哪些项目应该取消。

效率和效能作为驱动力，可与其他任何驱动力并存。对正在艰难成长的小公司来说，效率和效能起到极为重要的作用。项目管理可以帮助这些公司在成长过程中保持竞争力，并帮助探明其能力上的限制。

因为这些驱动力相互关联，所以有些人主张，唯一的、真正的驱动力是生存问题，如图 1-1 所示。当公司意识到这事关公司的生存时，项目管理的实行也就变得更容易了。

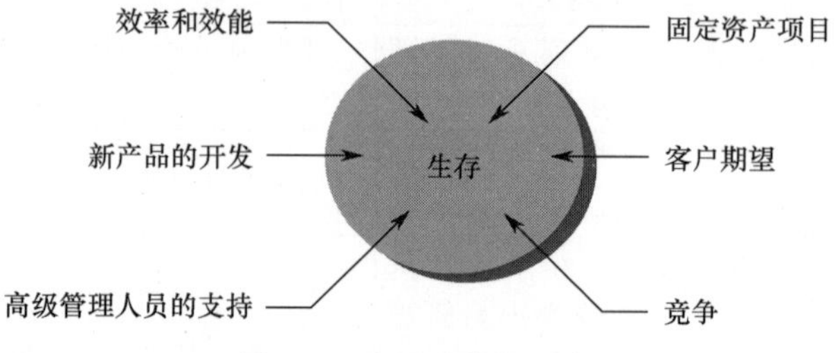

图 1-1　公司生存的要素

英德拉公司项目管理办公室主任、PMP 专家 Enrique Sevilla Molina 在讨论英德拉公司推动优质项目管理的驱动力时说：

> 内在动力出自我们自身的历史和从业经验。我们很快发现，更好的项目经理可以带来更好的项目成效。这一认识契合了我们对展示公司处理大型项目能力的需求。我们需要在国内与国际市场，在美国与欧洲的客户面前进行这样的展示来赢得合同。这些大型项目需要世界一流的项目管理，对我们来说，比起在技术层面上执行项目，管理项目是个更大的挑战。总体来说，这些大型项目在按部就班

地处理与相关方和分包商的关系方面，以及在准确可靠地定义项目相关事项的合同要点方面，都是基准标杆。

公司在项目管理中达到一定的成熟度的快慢，通常取决于它们所认知的驱动力有多重要。图 1-2 对此有概要的解释。如果需要提高内部效率和效能，那么非项目驱动组织和混合型组织会很快成熟起来。竞争是最慢的途径，这是因为这类组织意识不到项目管理对它们的竞争力有直接影响。项目驱动组织则正相反，比赛的名字就叫竞争，比赛的装备就是项目管理。

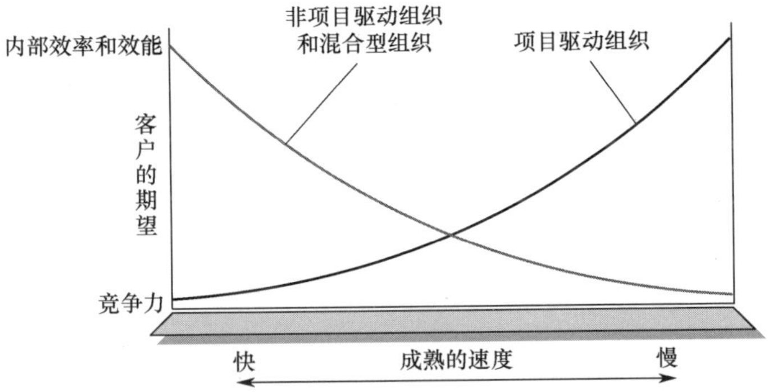

图 1-2　成熟的速度

一旦组织意识到对项目管理的需要，就进入了如表 1-1 所示的生命周期的第二个阶段：高级管理人员的认可。没有高级管理人员的支持，项目管理不可能在短期内迅速实施。而且，必须让所有人明确地看到这种支持。

生命周期的第三个阶段是一线经理的认可。如果一线经理没有看到来自高层的支持，他们也不太可能积极支持项目管理的实施。哪怕一线经理支持得不够，都会使项目管理举步维艰。

生命周期的第四个阶段是成长期，在这个阶段，组织做出决定，开发整个公司的项目管理工具，包括计划、进度、控制的流程和项目管理体系方法，并选择合适的支持软件。这个阶段的一些活动也可能早在前期阶段就开始了。

生命周期的第五个阶段是成熟期。在这个阶段，组织开始运用前期开发的工具。这时，组织必须全力以赴地致力于项目管理。组织还须开发出合理的项目管理课程，提供适当的教育培训来支持前述的工具与必要的组织行为。

进入 20 世纪 90 年代，公司终于开始意识到项目管理的关键因素。表 1-2 给出了项目管理的关键成功因素和关键失败因素，它们导致了我们对项目管理看法的改变。这些因素的确认，大多来自最佳实践的发现和实施。

认识到组织可以受益于项目管理的实施仅仅是第一步，接下来的问题是：“我们要花多长时间才能获得这些益处？”部分答案如图 1-3 所示。在实施过程的初期，因为要开发项目管理体系方法，建立计划、进度、控制等的支持系统，所以需要额外的成本。最终，成本会逐渐下降并稳定下来。图中标“？”的点，就是实施成本与效益相抵的时间点。通过培训和教育，这个平衡点可以左移。

表 1-2 项目管理生命周期中的关键因素

关键的成功因素	关键的失败因素
高级管理人员的认可阶段	
考虑下属的建议	拒绝考虑下属的想法
认识到改变的必要性	不愿意承认改变的必要性
理解高级管理人员在项目管理中的作用	认为高级管理人员应该控制项目管理
一线经理的认可阶段	
愿意把公司利益放在个人利益之前	不愿分享信息
愿意承担责任	拒绝承担责任
愿意看到同事的进步	不愿看到同事的进步
成长期阶段	
认识到需要整个公司统一的体系方法	把标准的体系方法看作威胁，看不到其带来的益处
支持统一的状态监控和报告	不能理解项目管理带来的益处
认识到有效计划的重要性	计划仅停留在口头上
成熟期阶段	
认识到成本和进度不可分割	认为单凭进度就可以确定项目的状况
追踪实际发生的成本	认为没必要追踪实际发生的成本
开设项目管理培训	认为企业成长和项目管理成功是一回事

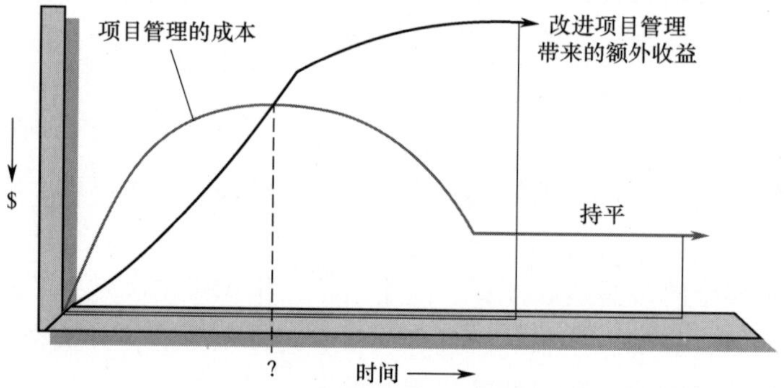

图 1-3 项目管理的成本收益关系

在 21 世纪的最初 10 年里，对效益的理解和认可渗透到高级管理的各个层面，而不仅仅流行于项目日常执行层。来自美国贺卡公司（American Greetings Corporation）高级管理层的评论佐证了这一观点：

通过项目管理，我们学会了基于事实做出决策。在过去，我们大多根据我们对未来的推测和期望来做决策。现在我们可以审视现状，对其进行实事求是的分析解读，从而做出合理的决策，并利用这些信息设定合理的目标。（Zev Weiss，美国贺卡公司首席执行官）

项目集管理办公室提供了完成所需工作的架构和规则。从开始到完成，每个项目都有一张通往设定目标的路线图。（Jeff Weiss，美国贺卡公司总裁、首席运

营官）

通过项目管理，我们了解到确定具体项目并授权团队执行的价值。我们利用了项目管理原理，从而可以一次又一次地依靠它达到我们的目标。（Jim Spira，美国贺卡公司前总裁、首席运营官）

当所有高级管理人员在项目管理的价值和效益上达成一致时，项目管理的持续改进就迎来了快速发展。

1.5 项目管理最佳实践：2016 年至今

随着越来越多的公司认识到使用项目管理的好处，最佳实践的积累变得司空见惯。也许，人们对于项目管理观点的最大改变是认识到完成项目可以提供商业价值，而不仅仅是可交付成果。如果可交付成果不能给公司带来商业价值，在时间、成本和范围的三个传统的限制下完成项目不一定是成功的。

商业改变了对项目管理的传统看法。现在对于项目的商业论证包括效益实现计划，常常还伴随着一个对项目结束时商业价值的预期详细描述。

项目选择实践和项目组合的建立在最大化利益和商业价值的期望上。那些曾被认为为个人带来利益的小项目已经被为整个组织带来利益的项目所取代。效益实现计划、效益管理和商业价值管理现在成为高级管理人员的主要关注点。

1.6 迪拜海关的效益管理实践*

在迪拜海关（Dubai Customs），项目涵盖核心和非核心领域，有效的效益实现对于实现投资所期望的商业成果是至关重要的。

Mohammad Rashed Bin Hashim 与 Ajith Kumar Nair 是迪拜海关项目交付部门负责信息化需求和效益管理部门的专家，他们领导着为海关发展部门建立效益管理框架的工作。通过对全球效益实现最佳实践的广泛研究，他们建立了一个工作管理流程，采用已建立的方法来获取和测量所有包含整体结果的金融和非金融效益。此流程适用于商业论证的开发，效益实现计划和投资组合级别的效益管理。它还为迪拜海关的执行发展委员会提供决策支持，以监督所有与项目相关的投资。

迪拜海关的效益实现管理的目标是：

- 确保在一开始就明确地确定和定义效益，并与战略成果相关联。（商业需求文档——需求大纲和商业论证）
- 通过在实现过程中分配对于增加价值的所有权和责任，来确保业务领域实现其固有

* © 2018 迪拜海关。材料来自 Mohammad Rashed Bin Hashim（需求管理负责人）和 Ajith Nair（高级需求分析师）。

利益。（效益实现计划和用于监控和测量的效益实现计划）

- 推动实现效益的过程，包括效益测量，跟踪和记录实现的效益，并在投资组合层面管理效益，以更好地为未来的安排给出预算并排出优先级。（效益实现计划和效益象限）
- 使用定义的、预期的效益作为项目/计划的路线图，提供交付变化的重点。（效益象限反馈到项目组合管理）
- 提供调整，明确项目/计划（目标和预期效益）之间的联系，如图 1-4 中的战略目标。（迪拜海关效益的战略调整——效益调整图）

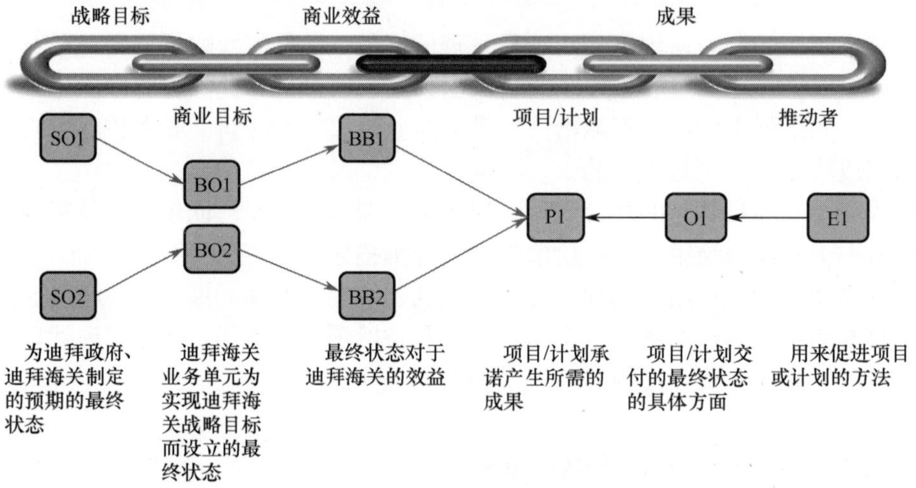

图 1-4 效益调整图

◆ 效益实现管理框架

在迪拜海关效益实现管理框架发展的目标是：

- 提供从最新经验和经过验证的最佳实践中提取出来的最佳实践原则和概念框架（对效益管理的克兰菲尔德流程模型和 APMG 国际管理效益：优化投资回报），为项目交付部门的项目和计划设置和管理效益。
- 为迪拜海关的商业主题专家、董事、商业所有者、领域管理者、变更经理、项目/计划经理、商业分析师和项目管理办公室（Project Management Office，PMO）员工提供标准的效益实现管理方法。
- 提供一致的术语和效益分类（收入增加、节省成本、效率提高、收入保障和客户满意度）。
- 为商业赞助商和商业效益所有者提供介绍和指导。
- 针对参与效益实现的人员，使他们能够根据图 1-5 中所标出的特定的需求进行调整和改变。

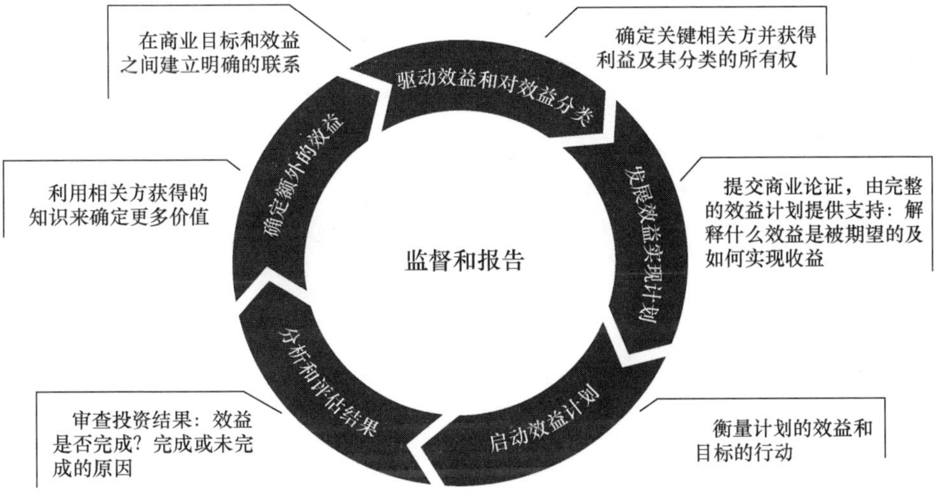

图 1-5　效益实现管理框架

- 使战略、运营业务领域、计划/项目团队及个体从业者和商业效益所有者可访问（能接触到战略、运营业务领域、计划/项目团队及个体从业者和商业效益所有者）。
- 旨在帮助从业者改进决策，并帮助他们更好地实施效益变革。

效益管理流程着眼于建立一个总体管理流程，来计划、衡量、审查和评估可量化效益的结果，从而确定一项举措是否取得成功并实现其目标。这过程还在内部测量定性效益，并测量外部合作伙伴对迪拜海关效益的影响。

框架应用的关键是要理解起点。

- 是否已获得批准的商业论证，或者是否仍在为项目或计划制定商业论证？
- 与计划或项目相关的所有任务和可交付成果都使用此标准方法，来专注于制定效益，如图 1-5 所示。

◆ 效益管理成熟度等级

确定组织的成熟度等级将有助于定制框架，以帮助确保采用及效益流程和模板的继续使用。低管理成熟度将限制复杂而全面的效益框架的引入。迪拜海关意识到需要提炼框架、流程和模板，以获得改善整体组织的利益管理所需的基本机制，并执行所需的管理报告，以对持续改进效益管理进行计划。

世界著名的效益管理咨询专家 Stephen Jenner 与咨询集团国际研究所（the Consultancy Group International Institute for Learning，Inc.）合作，对迪拜海关的效益管理实践的充分性和有效性进行了评估，以衡量成熟度等级。根据迪拜海关举办的研讨会，我们为效益管理制定了一个内部成熟度模型，如图 1-6 所示，以判定到达的成熟度等级，此模型有待改进，并将进一步完善。

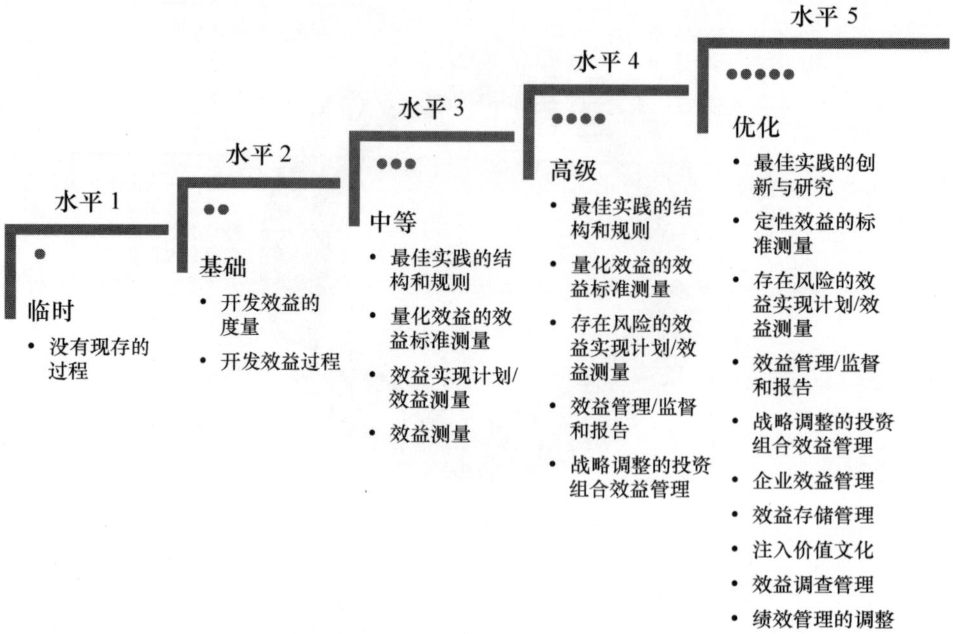

图 1-6 效益实现成熟度模型

◆ 投资组合效益管理（效益象限）

对于许多举措，只有在项目实施完成后才能实现效益。在迪拜海关，通过在项目完成后将效益实现的持续责任分配给需求管理部门来监督效益实现。需求管理部门分析效益实现的情况，以便进行优化和对高级管理委员会（海关发展委员会）进行连续报告。图 1-7 中突出显示了迪拜海关内部构建的象限，用于管理整个投资组合的效益，基于从 APMG 国际效益的管理效益最佳实践中获得的想法，维持在投资组合级别，并用配点法进行绘制，泡沫大小代表围绕效益的吸引力和可实现性的双重维度的投资成本，它可以作为管理报告和规划未来投资的工具。

◆ 关键经验总结

✓ 想想你想要实现的效益是什么，然后提出一个让你能够实现这些效益的项目计划。首先考虑项目，然后尝试将这些项目与公司战略相结合是错误的。

✓ 谨防本质上不具有战略性的“恶劣”（Rogue）项目，它们消耗宝贵的资源，分散注意力使我们无法交付组织的战略。

✓ 通过持续参与式相关者管理来关注效益。

✓ 效益预测及证据驱动实践。

✓ 效益必须是透明的，基于公开诚实的预测和报告，以及从战略目标到商业效益的清晰视线。

✓ 效益必须具有前瞻性，必须通过学习和持续改进来发展。

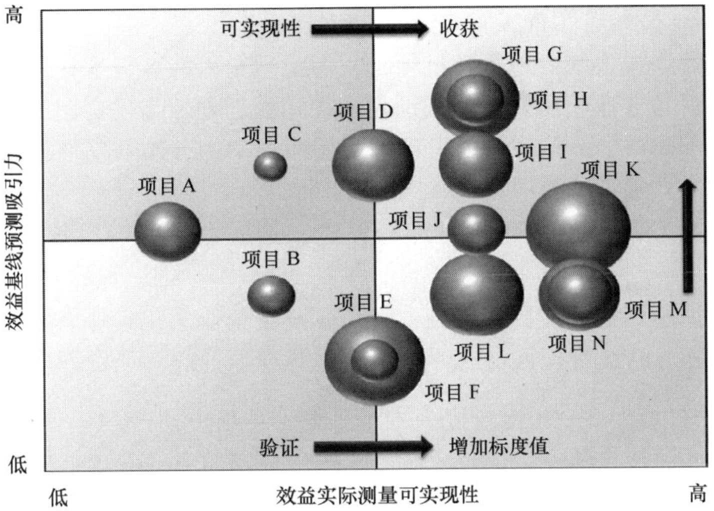

图 1-7 投资组合效益象限

- ✓ 效益必须更多地关注实际的效益实现。
- ✓ 积极的赞助对于成功交付项目/计划和预期的效益至关重要。商业责任人需要确保项目/计划提供预期的效益。
- ✓ 组织必须注入价值文化，才能在效益实现的领域中有效地成熟。
- ✓ 效益通常会实现在项目完成后的某个时刻。即使效益从开始就立刻产生，商业责任人也必须监督效益的长期有效性。
- ✓ 必须根据从辨认到实现的整个商业生命周期利益和经验教训来管理效益。

1.7 高级管理人员对项目管理的看法

如今的高级管理人员对项目管理的理解和重视已经大大超出了他们的前辈。早先，项目管理被认为是简单地为项目设定时间表，然后通过联网软件进行管理。今天，这一狭隘的认识已经获得了显著改变。项目管理已经成为企业生存所不可或缺的因素。

虽然形成这一变化的驱动因素有很多，但最突出的原因有 3 个。首先，当糟糕的经济状况和严苛的竞争迫使企业裁员时，想要保住饭碗的员工需要利用更少的资源完成更多的工作。管理层希望员工更有能力且更有效率地履行他们的职责。其次，当今企业的成长往往需要承担重大风险，特别是在新产品与新服务的开发方面，很可能无法正确预测新的技术与标准。简单来说，我们正在从事更多既不常规也无法预料的工作。最后，也可能是最重要的一点，就是我们相信管理业务的方法就是将其看作一系列项目。项目构成了日常工作的很大部分，因此，所有员工实际上都是某种程度上的项目经理，需要做出有关业务与项目的决定。

新一代高级管理人员显然对项目管理的价值有着更全面的认识，从项目管理的益处到挑选项目经理的标准，再到提升公司效能的组织结构，他们都有自己的看法。我们来看看

Sherwin-Williams 公司首席资讯官 Tom Lucas 的说法：

- 我们都曾经或多或少地管理过项目，但没几个人能算得上称职的项目经理。
- 管理项目与专业项目管理的区别就像在湖面上划船与坐赛艇的区别。两种船都能把你载到湖对岸，但是划船的过程是漫长而艰辛的。如果没坐过赛艇，人们怎么可能知道这一点呢?
- 不要把过程看作专业项目管理的关键，这是误导。项目管理的关键在于得到经营成果。
- 如果认识不到设立项目管理办公室是在改变企业文化，那么你注定要失败。

以下来自其他高级管理人员的评论清楚地展现了他们对项目管理的理解与重视。

日本 NTT DATA 集团致力于为客户提供卓越的 IT 服务。要满足这一业务需求需要技术娴熟且经过认证的项目经理使用规范的项目管理框架，并采用标准、可重复的流程。在当今的技术具有前所未有的发展速度和复杂性，加上客户不断增长的需求和期望的情况下，由于日本电信电话株式会社多年来一直认可项目管理的重要性和项目经理的地位，才使得我们在市场上的表现非常出色。

（Bob Pryor，日本 NTT DATA 集团首席运营官）

我们的客户有许多跨国工业集团。他们希望柯马公司的项目经理应用国际化的、适应多种文化的全球化管理模式。与此同时，我们的股东也要求我们借助一个全球化的高效项目管理框架来实现对项目的高度掌控。在 2006 年，我们采用了一个具有世界水平的项目管理方法（也就是 PMI 系统），同时施行了柯马公司在全球范围积累起来的最佳实践。这使我们得以证明，客户和股东的期望能同时实现。我确信我们已经走上正轨，而这一持续改进的战略会在接下来的几年里得到积极与坚定的执行。

（Riccardo Tarantini，菲亚特集团下属柯马公司首席执行官）

在过去的 15 年中，持续的改革已经成为 IBM 公司的显著特色，也是我们成功的关键因素。有效的流程改进与 IT 变革不是自动发生的，只有专家级的项目经理才能使之成为可能。我们的项目经理应用信息技术对流程进行分析，令我们得以创新并去除多余步骤，使工作简单化和自动化。他们正确地调配时间与预算资源来完成具体工作，帮助我们提升效率和效能。当我们继续在转型之路上取得成果时，项目经理的价值无法估量。

（Linda S. Sanford，IBM 集团信息技术与需求变革分部高级副总裁）

项目经理是我们公司“端到端”开发与业务执行模式的重要组成部分。我们的目标是拥有值得信赖的项目管理实践来为我们的产品和服务提供更可靠的支持。作为一个团队，项目经理帮助我们在问题出现之前发现根源，并确保我们履行对集团和客户的责任……我们会继续专注于项目管理，培养我们的优秀员工成为项目经理，并大力鼓励我们的项目经理取得资格认证：不仅仅是来自 PMI 的认证，最终还要有 IBM 内部的认证……“端到端”的项目管理必须成为我们业务中根深蒂固的一部分。

（Rod Adkins，IBM 系统与技术部开发与制造高级副总裁）

成功的项目管理从以下两个方面看是极其重要的任务：

- 首先，当我们定义并实现产品生命周期管理（Product Lifecycle Management，PLM）解决方案时，我们需要帮助客户贯通所有功能单元，理顺整个产品生命周期。这会使所有大型 PLM 项目变得相当复杂。为了遵循公司“永远不让客户失望”的宗旨，健全而可靠的项目管理常常是我们除 PLM 平台本身以外，所能提供的最重要的补充。这两者的结合让我们的客户能够获得他们投资 PLM 时所期待的收益。
- 其次，西门子自身就是我们的最大客户之一。这是一个巨大的机遇，也是一个巨大的挑战。让一个“内部”客户项目的目标和范围保持在受控状态，和应对外部客户的情况一样富有挑战性。为了使我们的开发规划和部署计划保持正常运作，这又是必需的。我们的使命是继续成功地开发和部署第一个也是唯一合适的“端到端”工业软件平台。这一全面的平台包含整个产品生命周期，从产品开发、生产计划、销售平台控制，到维护管理、维修，甚至改造有问题的产品。作为结果，有效的项目管理对于我们的成功至关重要。

（Helmuth Ludwig 博士，西门子 PLM 软件主管）

在这个属于即时通信与快速发展的网络年代，北电网络公司继续最大限度地使用它的项目管理规则，来确保一系列复杂的项目能够成功实施。我们创造一种能够在组织内部分享最佳实践并总结经验教训的环境，这很大程度上是由我们的项目经理推动的。我们也在努力通过引入 SAP 业务管理软件，来更深入地整合项目管理资源及供应链管理。随着项目管理在一个更加以服务和解决方案为导向的环境中不断前进，它将会一直是北电网络公司业务与战略不可或缺的组成部分。

（Sue Spradley，北电网络公司全球运营部前总裁）

在露德圣母医疗中心，项目管理流程是几大信息系统项目取得成功的重要因素。这在我们最近的一次信息系统转换中显得尤为突出：我们最新的一家医院由 MedCath 信息系统转为 FMOLHS 信息系统支持。项目管理办公室通过高透明度、积极承担责任和一套即时评估项目的架构增进信任。如果没有这些，我非常怀疑我们是否能够按时在预算内完成这次转换。

（W.F.“Bud”Barrow，露德圣母医疗中心总裁兼首席执行官）

在服务行业中，我们提供服务的方式（也就是项目管理方法）和我们提供的服务本身同样重要。当我们提供同行业最好的服务时，客户希望借由我们的集体智慧和经验，从他们的 IT 投资中获得最大化的收益。惠普服务部门的集体智慧与经验可以很轻松地从惠普全球管理方法中获得。这一套整体的指导思想是惠普服务部门得以让我们的效率最大化，并为客户创造价值的第一步。下一步是了解现实可用的资源，并学习在服务客户的时候怎样加以运用。惠普全球管理方法只是一系列业内最佳的管理方法中的一部分，这些方法反映了惠普服务部门的集体智慧与专业水准，并不断提升我们作为可靠业务伙伴的信誉。通过定制预订的可靠方法，使用已有的项目清单来确定没有遗漏，以及共享经验和学习改进惠普全球方法，这也同时改善了我们的成本结构。

（Mike Rigodanzo，惠普服务运营与信息技术部前高级副总裁）

在 1996 年，我们开始从核心流程的角度审视我们的业务……不出意料，项目管理脱颖而出。作为其中一个不可或缺的核心流程，项目管理的质量至关重要。

（Martin O' Sullivan，摩托罗拉前副总裁）

从这些评述中我们可以清楚地看到，当今的高级管理人员已经认识到项目管理是一项企业生存所必需的战略核心竞争力，因为项目管理几乎连接所有其他业务流程，包括对质量的努力改进。

1.8 最佳实践步骤

为什么要获取最佳实践？获取最佳实践的原因或者目标可能包括：

- 持续改进（提高效率、提高估计的精确度、减少浪费等）。
- 提高信誉。
- 赢得新业务。
- 保证公司的生存。

保证公司的生存如今已经成为获取最佳实践的最主要原因。在之前的几年中，客户通过索取企划邀约书对承包商施加压力，包括以下各项信息：

- 公司中 PMP 证书持有者的名单及这其中有多少会被分配到该项目。
- 证明承包商采用顾客接受的企业项目管理方法，无论是死板的还是灵活的，否则必须采用其他顾客认可的管理方法。
- 显示承包商项目管理水平成熟度的证明文件，可以使用项目管理成熟度模型来进行衡量。
- 共享在该项目及之前其他客户的项目中所发现的最佳实践或经验教训的意愿。

认识到获取最佳实践的需要比实际获取容易得多。企业在开发用于鉴别、评估、存储和传播关于最佳实践的信息的机制。图 1-8 简单地展示了 9 种与最佳实践相关的步骤，而大多数认可获取最佳实践价值的公司会完成所有这些步骤。详细的步骤将在接下来的章节讨论。

这些步骤为下列 9 个问题提供答案。

（1）最佳实践的定义是什么？

（2）谁应该负责鉴别最佳实践，我们又应该从哪里入手寻找？

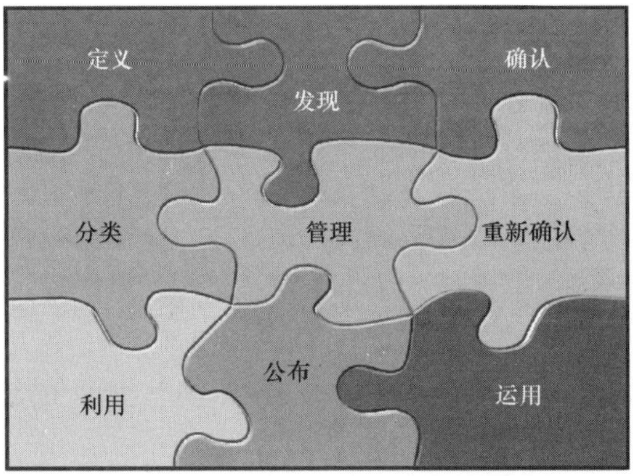

图 1-8 与最佳实践相关的步骤

（3）我们如何确认某件事是最佳实践？
（4）最佳实践是否分为不同层次或者组别？
（5）当最佳实践获得批准之后，谁应该负责监管它的实施？
（6）我们应当隔多久重新确认某件事仍然是最佳实践？
（7）当最佳实践得到确认之后，公司应该如何利用？
（8）大型企业如何确保每名员工都知晓最佳实践的存在？
（9）我们怎样才能确定员工都在运用最佳实践，并且运用恰当？
接下来的章节会对这些问题进行讨论。

1.9 第一步：定义最佳实践

10 多年来，公司一直对“最佳实践”这个名词相当着迷。不过现在，经过了 20 多年的应用，我们开始更加挑剔地看待这个名词——也许存在一些更好的表达方式。

一项最佳实践的起源来自一个想法，认为存在一种技术、流程、方法或活动，能够比其他途径更有效地产生成果，或者减少产生成果过程中的各种问题和麻烦。这样一来，理论上我们应该可以通过最有效的方法来完成任务，这一方法来自一套可重复的流程，它经得起大量人员及项目长时间的考验。

一旦这个想法被证明是有效的，我们通常将这一最佳实践整合到我们的流程中去，使它成为经营中的标准做法。因此，在接受了这个想法并证实了它的实用性之后，一个更好的表达方式可能应该是“公认实践”而不是最佳实践，即认为最佳实践可能只是一句口号，主张将之替换为公认实践。

还有一种观点是，最佳实践的认定会让一些人认为过去的很多做事方式是错的，而实际上未必这样。最佳实践仅仅是一种达成目标的更有效手段。还有一个问题是，有一些人认为最佳实践的出现意味着完成任务只有唯一正确的方式。这可能也是一种误解。

也许在未来，最佳实践这一名词会被公认实践所替代。然而，本书会继续采用最佳实践来表达相同的意思，只是读者需要明白可能有更合适的词汇来表达。这里的解释是必要的，因为大部分参与本书写作的公司仍然在用“最佳实践”这个词。

随着项目管理的不断演进，最佳实践的定义也在不断演进。有些最佳实践的定义非常复杂，也有一些定义相对简单。但是这些定义都促进了整个公司的项目管理走向卓越。每家公司必须自行决定要将最佳实践应用到什么程度。它应该粗略地停留在高层，还是详细地执行到基层？没有下到基层的最佳实践可能达不到预期的效果，然而高度细化的最佳实践适用范围有限。

每家公司可以有自己的最佳实践定义，甚至可能有行业的最佳实践定义标准。最佳实践的典型定义可能是：

- 起作用的实践。
- 效果好的实践。
- 经反复实践证明起作用的做法。
- 带来竞争优势的实践。
- 能带来更多业务的提议。
- 与竞争对手的差别。
- 使公司避免麻烦的实践，或者有麻烦时可以帮助公司摆脱麻烦的实践。

每家公司对最佳实践都有自己的定义。大体来说，收集最佳实践有如下 4 个主要动机：

- 提高效率。
- 进行标准化。
- 提升有效性。
- 保持一致性。

在下列这些定义中，你应该可以发现各公司的这四大目标。

- 在瑞士 Orange 公司，最佳实践定义为基于经验的、已证实的、公布的实现目标的方法。
- 在我们的方针、过程及工作流程中，确实有一些具体的最佳实践。这些最佳实践是一些指南、模板、流程等，不仅所有企业项目管理办公室（Enterprise Project Management Office，EPMO）的成员一致同意遵循，而且对所有参与方来说也是最有效果、最高效率的方法。此外，我们在项目收尾的时候，有一个正式的经验总结会。项目经理、发起人、核心团队和其他一些受到项目影响的组织会参加这个总结会。总结会的结果放在集中的数据库中，和所有团队成员一起评审。这些经验也就变成了我们的最佳实践。我们也把这些最佳实践分享给其他医疗保健组织的供应商，这些供应商也有可能为我们服务。我们所有的模板、方针、过程、工作流程等都可以应要求提供；如果必要，我们也会开会评审这些最佳实践，并进行详细解释。
- 最佳实践的定义是，一个项目经理所运用的工具、模板或活动，它们对《PMBOK®指南》中的知识、过程和三重约束（时间/成本/绩效）能产生积极影响。以下是最佳实践的一个范例：在项目的每个阶段进行客户满意度评估，使得项目周期内的调整成为可能。这让我们得以为客户提供更好的服务，也提升整体的项目管理水平。

这一范例需要一个顾客满意度调查的模板才能实行。（AT&T 发言人）

- 我们大体上认为最佳实践是具有如下特征的活动或流程：它们能让特定的状况得到改善，免去采用其他方法的麻烦，或者大幅改进已有的流程。每项最佳实践都是有生命的，需要不断被审视、改进或在必要的时候终止。
- 对丘吉尔唐斯公司来说，最佳实践指的是所有在应用中得到确认，能够产出需要的成果的方法或流程。在确认所谓的“行业标准”或“专业标准”能在我们的企业环境中正常使用之前，我们不会把它们认定为最佳实践。我们的一些最佳实践范例包括以下几类：
  — 正式签署章程。我们的最佳实践之一是要求相关方都在项目章程上签字。这看起来无足轻重，但我的经验是，对项目目标的正式审议和批准很少以文件形式保存下来。通过将业务目标和相关指标以白纸黑字的文件记录下来，我们得以积极主动地管理各个相关方对进度的期望，确保让各方都满意。
  — 具体定义流程。除了对公司的项目本身和投资管理流程进行明确定义，丘吉尔唐斯公司的项目管理办公室也在财政流程规划方面扮演积极角色。这些流程涵盖了从付款请款单到员工报销请款单，再到要求资本支出与采购订单的各项步骤等诸多事项。这一实践在全公司范围内增强了“标准化进程可以提高效率”的意识。
  — 公开相关资讯。项目管理办公室为“端到端”的预算过程开发了流程图，设计了步骤并制定了政策，并与工作流程和模板相联系。这些资讯通过公司的局域网 CNN，让全体员工都可以看到。
- 在英德拉公司，我们认为项目管理中的“最佳实践”就是一项产生正面效应的管理活动或行为。因为它有这样的积极作用，所以会被管理层采纳，从而最终成为完成任务的推荐方案或标准方案。我们也把在项目流程中运用事先定义的指标、界限或度量标准来进行或促进决策的方法看成一项“最佳实践”。
- 在项目管理办公室里，一项最佳实践是一种大家必须遵循，以保证让一贯的做法和标准得到最大限度地运用的流程、指导思想或步骤。在 VCS（Vitalize Consulting Solutions，一家医疗信息技术咨询公司），最佳实践的效率会得到来自内部和外部的评估，并且会不断更新，来反映在管理过程中收获的教训，以及我们与客户合作的项目管理咨询顾问所获得的现实经验。我们也会整合来自产业和文献中的产业最佳实践，与公司项目的经验教训相结合。
- Sandra Kumorowski 认为最佳实践是……具有以下特质的方法、战术或流程。它们必须已经在实际操作中证实是有效的，并且在下列方面为公司带来明确可衡量的益处与长期价值：更出色的项目业绩表现（如减少项目成本）、更高的人员工作效率、更高的客户满意度（降低客户流失率）及更多的新项目。最佳实践既为公司增添短期价值，也为公司增添长期价值。

  我要负责向所有员工提供最佳实践的更新。每当某个想法在项目总结会后被认定为最佳实践，我会通过电子邮件将这一更新消息告知所有的员工。典型的最佳实践包括：

— 工作分配与团队领导。在一个团队之内，工作与领导责任会在项目组长（上级顾问）和下级顾问之间均衡分配。下级顾问通常都要做艰难的分析工作，却不能参与到真正的策略制定中。（很多时候，下级人员会感到被排除在外，从而不认为他们对项目的成功有所贡献。他们经常感到自卑，而这是个大问题，会让团队的生产力受到严重影响。其实策略制定有 80%是由高级策略师来完成的，不过对于他们的职责，不同的人有不同的见解。）

— 项目启动会议。项目的所有相关方必须出席这个会议，讨论项目的范围和目标。必须遵循一个特定的项目范围陈述格式，以确保能够清晰地定义项目目标。在会议中，各方必须确认项目中的所有关键进度截止日期，并达成共识。

— 项目关键进度会议。必须在启动会议之后马上确定日期（可以使用 GoToMeeting 软件），并确认所有相关方都有时间出席这些会议。

— 项目总结会议。所有团队成员必须评估项目的业绩表现，填写项目总结调查问卷并与其他成员讨论。总结会议的时间不可迟于最终客户演示之后一周，这样才能确保大家还没忘记项目的相关事宜。

这些最佳实践定义更多地集中于私营企业，而非公共部门。表 1-3 比较了私营企业和公共部门发现和实施最佳实践的不同动机。

表 1-3 最佳实践的动机

私营企业	公共部门
盈利	成本最小化
竞争性	准时交货
效率	效率
效能	效能
客户满意度	相关方满意度
合作伙伴	单一供货方采购

1.10 第二步：寻找最佳实践

最佳实践可以在组织内部收集，也可以在组织外部收集。向标杆企业看齐是获得最佳实践的一种方法，可以让项目管理办公室引导向外部优秀企业看齐的活动。不过除标杆外，还有其他外部资源可以帮助企业获得最佳实践：

- 项目管理协会的出版物。
- 影响项目执行的表格、指南、模板、检查表等。
- 影响项目成功定义的表格、指南、模板、检查表等。
- 《PMBOK®指南》的各个知识领域。
- 全公司范围内或各个业务部门内部。
- 关于项目管理一般概念的座谈会或研讨会。

- 专门的关于项目管理最佳实践的座谈会或研讨会。
- 硕士及博士论文。

随着越来越多的大学开设项目管理的硕士及博士课程，这些论文可以提供有关最佳实践的最新研究成果。

采用外部标杆的问题在于，在一家公司中发现的最佳实践可能无法移植到另一家公司。作者认为，大多数在公司内部发现的最佳实践，都是与这家公司对项目管理方法和流程的应用紧密相关的。良好的项目管理方法能够帮助认定和提炼最佳实践。然后，以标杆为参考，还是可以得到一些启发的。

有些时候，影响最佳实践的推动因素或度量标准比最佳实践本身更容易认定。度量标准与驱动因素可以被认为是发现了最佳实践的前兆。一个最佳实践可能有几个推动因素，甚至可能为每个最佳实践都建立一套通用的推动因素，例如：

- 风险、成本降低一定比例。
- 估计的准确度提高一定比例。
- 成本节约一定比例，或者一定金额。
- 效率提高一定比例。
- 成本、文书工作、时间耗费等降低一定比例。

用这种方法寻找推动因素有几大优点。第一，推动因素可能随着时间的推移发生变化，新的推动因素会快速涌现。第二，最佳实践的流程更大程度上是一门科学，而不是艺术。第三，我们可以建立如图 1-9 所示的最佳实践的等级。图中最好的是 4 级最佳实践，可以满足 60%以上的推动因素，或者达到完美最佳实践的特点的 60%。

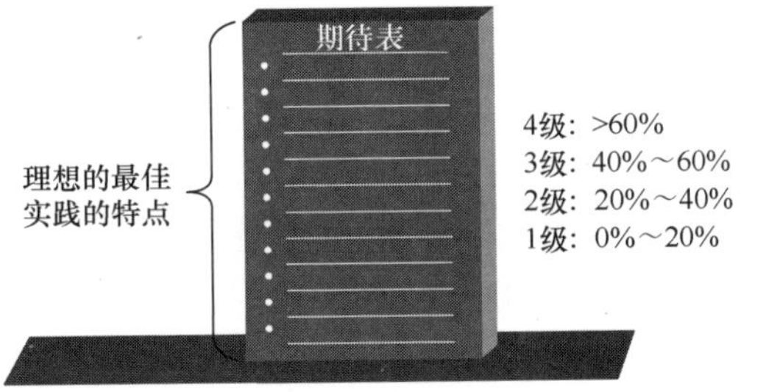

图 1-9　最佳实践的等级（每个等级包括理想特性的百分比）

最佳实践可能无法在公司间转移，也无法在同一公司的部门间转移。例如，考察下面这家电信公司发现的最佳实践。

公司建立了一套价值观，声称质量就是一切。结果员工过于注重质量，导致客户满意度下降。然后，公司调整其价值观，将客户满意度排在首位，实际上质量也提高了。

在这家公司中，对客户满意度的强调使得质量也提高了。在另一家公司，强调质量也可能导致客户满意度的提高。在制定标杆时，必须小心谨慎，确保发现的最佳实践适用于你的公司。

最佳实践不必过于复杂。例如，以下列出了本书所讨论的公司中的最佳实践，正如你所看到的，有些最佳实践不是成功的经验，而是失败的教训：

- 即使项目陷入困境，中途更换项目经理也不是好办法。更换项目经理会不可避免地延长项目时间，并使项目情况变得更糟糕。
- 标准化能产生优异的结果。项目管理体系方法的标准化程度越高，通常结果也就越好。
- 基于模板、表格、指南、检查表的体系方法，而非基于方针或过程的体系方法，能带来最大的收益。
- 体系方法必须随时更新，以包括新发现的最佳实践。体系方法更新得越频繁，好处也就体现得越快。

就像前文所说的，最佳实践无须很复杂。即使某些最佳实践看起来很简单平常，反复不断地提醒和使用最佳实践还是能取得优异成绩，使顾客满意的。

确定最佳实践的另一个来源，是项目成功的定义，即关键成功因素和关键绩效指标。从项目的成功定义中提取最佳实践，可能有困难，还可能产生误导，尤其当我们对“成功”并没有明确的定义时。这些年来，项目管理所经历的很多改变来自我们对项目成功定义的改变。举例来说，以下是在几十年中一步步发生的改变：

- 通过三重约束来衡量成功。三重约束是时间、成本及绩效（包括质量、范围和技术性能）。这是在项目管理诞生初期定义成功的基本条件。对应的约束包括安全、审美、效益、可接受风险水平等。
- 顾客满意度不可忽视。根据三重约束来管理项目总是没错的，不过最终成果还是要让顾客满意。一个承包商可能在三重约束之内完成了项目，却发现顾客还是对最终成果不够满意。
- 其他（或者次要）因素同样不可忽视。这些包括获得客户的推荐、企业声誉与形象、遵守政府的法规、战略整合、技术优势、道德准则及其他相关因素。这些所谓的次要因素可能最终比三重约束的主要因素还重要。
- 成功必须包含业务成分。项目经理不仅仅是在管理一个项目，更是在管理公司的一部分业务。所以他们除了需要做出正确的项目决策，还要做出正确的业务决策。每个项目必须包含业务目标。当项目完成时，都应该为公司的业务增值做出贡献。
- 约束条件要按主次排序。并不是项目中所有的约束因素都同等重要，将它们按主次进行排序，对每个项目来说都是不同的。在这一主次排定的决策中，项目发起人的参与是必需的。
- 客户和承包商必须就项目成功的定义达成共识。每个项目都有一套不同的成功定义。在项目开始的时候，甚至在第一次碰头会上，项目客户和承包商必须就项目成功的要素达成共识。
- 项目成功的定义必须包含“价值”要素。何必在一个不创造价值的项目上浪费时间？

将成功定义为及时、不超支且保证质量地完成项目的问题在于，这只是一个对公司本身有效的成功定义。当承包商、客户和各相关方都对项目成功有着不同定义时，情况会变得很糟糕。各方必须从一开始就对项目成功的定义达成共识。最终的客户或相关方应该对这个定义有发言权，而在客户/相关方参与决策的过程中，你会发现很多相关的最佳实践。

今天，我们认识到，质量是由顾客定义的，而不是由承包商定义的。这个道理同样适用于项目成功。项目成功的定义中必须包括客户的认可。你可以在公司内部，按时、保质、在成本内完成某个项目，但是客户可能不完全接受这个项目。

在 Enakta 公司，项目成功的定义是与项目失败的定义进行对照得出的。市场与运营顾问 Sandra Kumorowski 将这些定义总结到了表 1-4 中。

表 1-4　项目成功与失败的对比：衡量项目是否成功

成　功	公司层面
❑ 客户要求再次合作 ❑ 客户主动联系我们 ❑ 客户在项目进程中和结束后感到满意 ❑ 项目团队乐在其中	• 每年成功与失败项目的比例 • 在每段时间内更多的成功项目（更高的投资回报率） • 所有员工都接受而不是抗拒变革 • 有效的项目组合管理 ＝ 资源的平衡运用 • 提升客户满意度 • 回头客的数量 • 被老客户推荐来的新客户的数量
失　败	**项目层面**
❑ 客户不再与我们合作 ❑ 客户不理睬我们 ❑ 客户在项目进程中和结束后感到不满 ❑ 项目团队感到不愉快	• 降低项目成本（有效地同时运作多个项目等） • 合理分配的项目时间，减少每个项目需要的加班时间 • 减少项目中的意外事件或改变 • 良好的团队动力，达到期望值 • 减少每个项目中的负面事件

尽管公司可以对项目本身的成功或失败进行定义，但没能对什么是优秀的项目管理进行明确定义。这种情况会在项目管理被完全嵌入整个公司的业务流程，或者项目管理只被看作辅助角色的时候发生。Sandra Kumorowski 认为：

> 在 Enakta 公司，我们对什么才是优秀的项目管理没有正式的定义。然而，我们公司希望将项目管理看作一个有利于创新的辅助性角色。于是当现有的组织结构被完全自定化，而且完全符合长期的组织目标时，优秀的项目管理就实现了，正像图 1-10 所展现的那样。

尽管项目成功的定义看起来十分简单，很多公司还是精心地给出了项目成功的主要定义。

在丘吉尔唐斯公司（CDI），项目的成功有不同的定义。项目管理总监 Chuck Millhollan 表示：

> 在我们的项目管理办公室章程中，项目的成功是这样定义的。
>
> 根据 CDI 公司高层的指示，项目管理办公室将具备下列特征的项目视为成功项目：
>
> • 完成或超额完成预定的业务目标和项目任务。

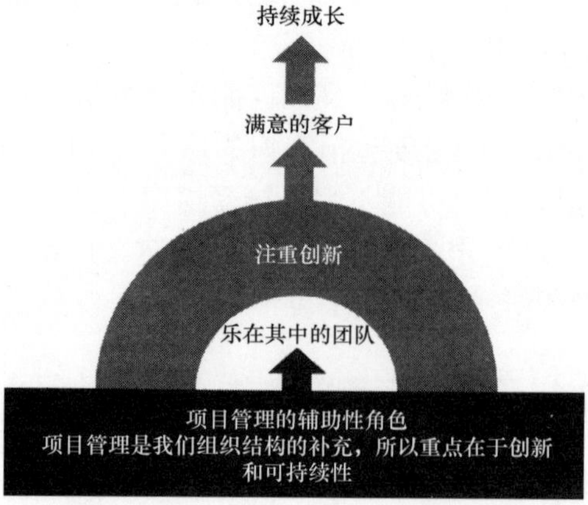

图 1-10 作为辅助角色的项目管理

- 全面和充分地提供高质量的产品。
- 在时间和资金限定内完成项目执行。
- 实现多赢的局面。
  —项目参与者对项目感到自豪，对自己的工作满意。
  —达到客户（内部和外部）的期望。
  —管理团队达成目标。
- 项目成果有助于提升公司声望。
- 持续监管与评估的措施到位（实现获益）。

我们不采用项目管理"流程"指标来判断项目是否成功。尽管时间规划与预算目标是衡量标准的一部分，但项目发起人的认同、项目的完成及最终项目的成功，都是根据已制定的业务目标来判定的。

英德拉公司项目管理办公室主任、PMP专家 Enrique Sevilla Molina 向我们介绍了他的公司对项目与项目集的成功定义：

- 项目成功的基础是达到预期的项目目标，包括项目预算、项目范围、项目绩效与项目进度。很多时候，赚了多少钱是衡量项目成功与否的主要驱动因素，但一些其他因素也同样重要，如与客户建立持久的良好关系，以及和特定的业务伙伴建立牢固的同盟。另一个衡量项目成功的重要因素是项目数据预测的可靠程度。可能的一种情况是，即使项目不如想象中赚钱，但是如果能及早发现并指出这一点，那么项目还是可以达到一样的成功的。
- 项目集成功的基础是达到项目集所定义的总体战略目标，而在这个层面上，成功不仅仅是通过实现所期望的盈利来衡量的，更重要的是让产品或一系列产品达到在市场上的应有定位，并在与对手的竞争中建立优势。在产品线上的领先地位是衡量项目集成功的最终标准。同时也必须说明，项目集的成功往往离不开在项目层面上与我们的主要供应商所形成的合作伙伴关系。

- 项目成功是在业务部门层面上，由负责的主管根据项目的战略目标来定义的。
- 项目集的成功是在全公司层面上，由最高运营主管根据项目集的战略目标来定义的。

美国电话电报公司（AT&T）对于项目和项目集的成功也有着类似的定义。他们的一位发言人说：

> 项目成功的定义是，客户在满意度调查中认为"非常满意"的比例和项目按时交付的比例达到98%或更高。项目管理组织领导团队会设定目标，并通过追踪这些目标来确定项目成功与否。项目集的成功也是通过与项目成功类似的过程定义和追踪的。
>
> 卓越的项目管理的定义是，拥有一套应用到全公司所有项目的、持之以恒的项目管理方法，持续的客户认可和更高的客户满意度。另外，优秀的项目管理能力也为我们的销售团队在推销时增加一个卖点。这样一来，客户会为我们带来源源不断的业务。除此以外，公司内部要达成共识，即项目管理是一项必须拥有的增值业务。

项目是否成功，可以在整个阶段中不定期衡量，或者在关口评审会议上衡量。这类会议是项目管理体系方法的一部分。这样，公司能够设立度量成功的中间指标。在后续的项目管理体系方法的章节中有一个这样的例子。

在成功的定义中，还有一个要素变得更加重要了，那就是价值。惠普公司的 ITIL 服务经理、架构咨询师、PMP 专家 Doug Bolzman 认为：

> （1）理解项目成功。一般来说，客户以准时、在预算内完成来衡量项目的成功。但是如果项目根本没有真正的商业价值，即使它能按时、在预算范围内完成，又有什么意义呢？在项目计划时，就应该开始将项目的价值描述为对用户或项目客户的价值。
>
> 对一个 IT 交付组织来说，在大多数情况下，项目结束并不意味着所有都结束。这种结束是一种手段，就其本身而言，项目被看作一种增值。新的服务在IT 项目中开始实施，由一系列在维护项目下的服务项目（或发布）实施，如操作系统升级等。项目成功是实现目标、生产可交付物、获得预期工作成果。IT 价值是用 IT 服务能够支持业务功能来衡量的。如果仅凭低级体力劳动，能够给接收者提供满意结果吗？
>
> （2）定义项目成功。一个好的项目经理通常站在项目用户或客户的角度来定义项目的成功。如果从一个不同的视角来看待项目，项目开始的时候可能很难确定这些成功。我们的管理团队总是挑战项目经理，让他们解释发布的价值——成本和时间投入的理由是什么？我们不能实施项目，是因为有人识别了一个需要

或提出了一个改进建议。我们是否真的需要最新版本的产品或应用程序？现有的这个能满足我们的业务需求吗。我们升级的网络收益是什么？项目所支付的成本能够提高效率、改善输出、增加收入吗？如果项目经理（或项目发起人）无法回答这些问题，那么此项目将不能被批准。虽然高级管理人员可以确定项目实施对保证项目集或规划成功的总体价值，但用户或客户是接收这个项目价值的主体。

（3）关键成功因素。一般来说，项目是改进某些方面，或者简化某些方面。这些改进体现在公司（员工和用户）的能力或功能上。它们会产生更高的生产率、更多的新产品和更好的服务，并提高现有产品的效率。关键成功因素与整体的业务目标相对应。

（4）关键绩效指标。关键绩效指标（Key Performance Indicator，KPI）使顾客得以设计一系列的度量，来确保绩效偏差在预先规定的范围内（成功因素）。高级管理人员称之为“保持公司的脉动”。通常采用诸如仪表板、指标等机制，来确定、度量和沟通 KPI。

Doug Bolzman 的评论指出，或许在最佳实践定义中，一个最重要的判断标准就是它必须能给公司及客户带来附加价值。惠普也同样认为，理解价值的重要性是非常必要的。一位来自惠普的项目集经理认为，以下 3 个最佳实践是具有附加价值的最佳实践。

- 项目合作入口包括标准的项目管理模板和集成的工具包，而且支持人员能够申请增加新的功能。
- 项目回顾。对团队的成长和认识、记录“最佳实践”都非常有帮助，但是需要不同团队之间的沟通，这一点是个挑战。
- 虚拟项目。因为公司有很好的基础设施，我感觉运作虚拟项目比在往返交通上浪费时间和金钱带来更高的生产力，也更高效。我认为惠普内部非常好地利用了这种虚拟项目。

成功的最终定义可能是客户对项目非常满意，以至于他允许你对外提到他的名字，作为你们公司的推荐人。某家公司就有这样的经历，该公司以低于成本 40%的价格竞标一个项目。当客户问到他们的竞标价格何以如此之低时，公司代表回答，他们也知道这样会赔钱，但他们真正看重的是能在公司的客户列表中列出该客户的名称。因此，次要因素也可能比主要因素重要得多。

成功的定义也可能取决于公司是由项目驱动的，还是由非项目驱动的。在由项目驱动的公司中，公司整个业务就是各个项目。但是，在非项目驱动的公司中，项目的存在是为了辅助日常的生产和服务。在这些公司里，项目成功的定义也要包括在完成项目的同时不影响公司的日常业务。有可能一个项目按时、保质、不超支地完成，但是同时还对组织造成了不可挽回的损失。如果项目经理认识不到日常的业务比项目更重要，就会有这种问题。

有些公司用关键成功因素（Critical Success Factor，CSF）和 KPI 来定义成功。关键成功因素是指那些满足客户要求的交付物所必不可少的因素。CSF 和 KPI 并不需要过于详细或复杂的标准。简单的标准可能只基于三重约束，都可以是非常有效的。一位 AT&T 的发言人说：

> 关键成功因素包括时间、范围、预算和客户满意度。关键绩效指标包括按时完成关键项目交付物。这包括给客户安装产品、让客户满意及完成项目关键目标之间的间隔。

对大多数公司来说，典型的 CSF 包括：

- 保证进度。
- 不超出资金预算。
- 确保质量。
- 适当、及时地签字批准。
- 遵守变更控制过程。
- 附加合同。

关键成功因素通常是通过顾客的眼睛来度量最终结果的，KPI 则度量实现最终结果的过程的质量。KPI 是公司内部的度量，可以在项目的整个生命周期过程中定期评审。典型的 KPI 包括：

- 使用项目管理体系方法。
- 建立控制流程。
- 使用中间指标。
- 安排资源的实际质量与计划的对比。
- 客户的参与。

关键绩效指标要回答这些问题：我们是否正确地使用了体系方法？我们是否保证管理层了解目前的状态，状态多长时间更新一次？资源安排是否合理，使用是否有效？是否吸取了经验教训，更新了体系方法，或者用于后续项目？精于项目管理的公司同时利用 KPI 和 CSF 来度量内部成功和外部成功。正像北电网络公司（以下简称北电）的一名发言人所说：

> 北电基于进度、成本、质量等来定义项目成功，这些都是经客户、项目团队、关键相关方共同认可的。关键绩效指标可能包括关键的项目里程碑的完成、产品安装和集成的成果、变更管理结果、在预算内完成任务等。在整个项目期间，为确保双方有一致的期望和整体的成功，我们会严密监控项目的状态和结果，并定期由客户和项目团队联合评审。项目的成功最终是由客户满意度来衡量的。

业界对 CSF 和 KPI 的定义还有以下一些。

- CSF 的定义如下。
  - 项目一般是改进某些方面，或者简化某些方面。这些改进体现在公司（员工和用户）的能力或功能上。它们会产生更高的生产率、更多的新产品和更好的服务，并提高现有产品的效率。关键成功因素与整体的业务目标相对应。

（由惠普公司的 ITIL 服务经理、架构咨询师、PMP 专家 Doug Bolzman 提供）

— 成功因素在项目或项目集的初始阶段就定义好了，甚至早于正式合同之前。这些成功因素直接来源于项目或项目集所拥有的战略目标。很多时候，这些因素是与在已有产品线中扩大市场占有率，或者开拓技术和地理上的新兴市场紧密相关的。

（由英德拉公司项目管理办公室主任、PMP 专家 Enrique Sevilla Molina 提供）

— 显然，CSF 随项目的不同而不同，也随目标的不同而不同。以下是适用于多种不同项目的 CSF：

  - 尽早让客户参与。
  - 高质量的标准。
  - 定义好的流程和正式的关口评审。
  - 跨职能的组织结构。
  - 控制需求，防止范围蔓延。
  - 保证按进度完成——有专业水准的计划，详细程度适中，并经常追踪进度。
  - 保证人手——在需要时就位，技术水平适当。
  - 内部团队之间的沟通和与客户的沟通。
  - 尽早确定风险、管理风险、减轻风险——没有意外。
  - 在严格的工程基础上，拥有傲视同侪的技术执行。

（由摩托罗拉的一位发言人提供）

- KPI 的定义如下。

— 我们正在实施一个临时质量项目来监测所有项目的质量和项目经理在公司的表现。这个项目将包括项目定期评审，由项目范围、时间和复杂性来确定，并将从客户的角度对公司和项目交付质量下结论。这不再被称为一个“作业质量评估”，但仍将得到客户反馈，并有利于项目经理能力评估计划。QA 项目是我们解决方案中心的一项职能，它可以支持 maxIT-VCS 公司一体化。

— 我们最普遍使用的 KPI 都是与财务项目的成果相关的。例如，项目收入与战略目标相符的程度，完成业务发展目标的新合同的数目，等等。成功因素被转化为绩效指标，从而可以进行定期检查。

— 一般的默认情况是，项目健康度最初的指标由进度绩效指数（Schedule Performance Indices，SPI）和成本绩效指数（Cost Performance Indices，CPI）提供。这两项指标整合在项目管理工具当中。每个月项目管理信息系统都会提供这两项指标，并且我们可以获取历史数据用于分析与回顾。这些指标也按每个部门分开计算，所以它们组成的是一个部门总体的支出与进度绩效指标。

（由英德拉公司项目管理办公室主任、PMP 专家 Enrique Sevilla Molina 提供）

— 交付后的认可指标：
  - 盈利和亏损。
  - 保修期内的返修。
  - 客户报告的不重复的缺陷。
  - 满意度指标。

— 流程中的指标：
  - 实际缺陷趋势与计划的比较。
  - 每个版本的稳定性（部件数有变化）与计划的比较。
  - 完成的功能与计划的比较。
  - 实际进度与计划进度的比较。
  - 实际工作量与计划工作量的比较。
  - 制造成本和质量指标。
  - 对质量流程的遵从度和质量审查的结果。
  - 系统测试完成率、通过率/失败率与计划的比较。
  - 缺陷或问题的解决率。
  - 寿命测试失败率与计划的比较。
  - 开发过程中每 100 件样机的缺陷率（Defects Per Hundred Units，DPHU）与计划的比较。

（由摩托罗拉的一位发言人提供）

— 工作说明书中包括项目成功的基本指标检查表。但是，客户满意度也很重要。工作说明书会指出交付物的内容，并提供易于跟踪的成本、时间等信息。

大多数人似乎都理解不同的项目可能有不同的 CSF 和 KPI。然而，一个普遍的误解是 CSF 和 KPI 一旦确立，就会一成不变地贯穿整个项目。当项目经过不同的生命周期阶段时，这些指标其实是可以改变的。Slalom 咨询公司的项目管理办公室解决方案负责人、PMP 专家 Carl Manello 认为：

> 确立正确的 CSF 和 KPI 是至关重要的。一个项目定义中的成功（也就是所有相关方在项目最初阶段一致同意的项目最终成果）是通过 CSF 来认定的。一个项目可以通过对 KPI 的正确选择，建立一套对是否达到 CSF 进行追踪和确认的衡量指标。一开始，按时、按预算并按照议定的规格质量（或这三条加起来）会是很好的基础 KPI。当项目交付成果的能力提升后，就需要使用更加复杂的绩效指标。举例来说，项目可以选择采用一套正式的需求波动量度，以及一些在基准附近可接受的变化，而不是粗略定义的“议定的规格质量”。

根据作者的经验，在公司确认的最佳实践中，超过 90%来自项目关键回顾会议或项目结束报告中的 KPI 分析。考虑到提取最佳实践的重要性，一些公司现在正在培训专业的协导员，能听取项目团队的报告，并收集最佳实践。

在这一小节结束之前，我们需要了解到底是谁在发现最佳实践。最佳实践是由实际进行操作的人员发现的，也就是项目经理、项目团队，也有可能是一线经理。摩托罗拉公司的发言人表示：

> 到底什么才是最佳实践，要由真正做出实践的团队来决定。过程能力基本上是已知的，并且经过了基准化。如果要认定一项最佳实践，这项实践或许是流程必须在质量、效率、成本和/或周期时间等方面展现量化的显著改进。在新的实践成为制度之前，必须得到相关组织的经理及流程经理的批准。

基本上，认定最佳实践的过程从特定的团队成员开始。如果这名员工相信自己发现了一项最佳实践，他们可以联系相应的一线经理或项目经理来进行确认。一旦就这一确认达成共识，相应的材料会被发往项目管理办公室（Project Management Office，PMO）来批准。在批准之后，最初认定最佳实践的员工会获得“最佳实践拥有者”的头衔，并有责任完善和推广这项最佳实践。

一些公司让专业的协导员来听取项目团队的报告，以便提取最佳实践。这些协导员可能被分配到项目管理办公室，并接受专业训练，能从成功与失败中吸取经验教训和最佳实践。在这一协导过程中也会用到检查表和模板。以 Enakta 公司的市场与运营顾问 Sandra Kumorowski 的说法为例：

> 在每个项目之后，我们召开总结会来评估项目绩效。我建立了一种标准形式，也就是员工需要事先准备答案的一连串问题。如果能找到一些可以为企业增添实际可见的收益或长期价值的想法、流程或战术，管理层会将其添加到我们的最佳实践库中。我负责在新的最佳实践被添加到最佳实践库中的时候通知我们所有的员工。

1.11 仪表板与计分卡

在我们努力实现无纸化项目管理的过程中，直观显示成为突出的重点，如利用并显示 CSF 和 KPI 的仪表板和计分卡。高层主管和客户都希望用最少的空间直观地显示最关键的项目绩效信息。简单的仪表板技巧，如交通灯式汇报，可以传达关键的绩效信息。现举例如下：

- 红灯。有问题存在，可能影响时间、成本、范围或质量；需要发起人的参与。
- 黄灯。警示可能有潜在的问题；会告知发起人，但不需要发起人立即采取行动。
- 绿灯。工作按计划进行，不需要发起人参与。

虽然只有 3 种颜色的交通灯仪表板是最常见的，但有些公司也会使用更多的颜色。一家零售企业的信息系统部门为他们的 IT 项目使用一套 8 种颜色的仪表板。黄色代表的是预定截止日期已过但项目尚未完工。紫色代表着工作包正在经历一次范围变化，而可能影响到项目的三重约束。

有些人分不清仪表板与计分卡，其实它们是有区别的。Eckerson 是这么说的：

- 仪表板是在以运营为导向的绩效衡量系统中使用的直观显示机制。它使用即时数据根据目标和限制来衡量绩效。
- 计分卡是在以战略为导向的绩效衡量系统中使用的直观显示机制。它通过将目标和限制与实际表现加以比较，来记录完成战略目标的进度。

仪表板和计分卡都是在绩效衡量系统中用来传达关键信息的直观显示机制。二者的主要区别是，仪表板负责监督运营流程，如项目管理中的运管流程，而计分卡记录的是完成战略目标的进度。表 1-5 及以下的描述，展示了 Eckerson 是如何比较仪表板和计分卡的特点的。

表 1-5　仪表板和计分卡的比较

特　　点	仪 表 板	计 分 卡
目的	衡量绩效	记录进程
用户	主管、专家	高级主管、经理和员工
更新	适时反馈	定期反馈
数据	事件	概括总结
显示	直观图表，原始数据	直观图表、结论

仪表板就像汽车上的仪表板，使得负责运营的专家和他们的主管能够监控关键业务流程中产生的事件。不过与汽车不同的是，大部分业务仪表板并非“实时地”显示事件。实际上，它们在用户需要时“适时地”显示事件。这取决于业务流程、波动性及重要性，可能是每秒、每分钟、每小时、每天、每周或每月显示一次更新。然而，大部分仪表板上的元素都是当天更新的，与实际情况之间的延迟都是以分钟或小时来计算的。

仪表板大多使用类似仪表的表格和简单图表直观地显示绩效。不过仪表板上的图表时常更新，使得这些图表不停“闪烁”或产生动态变化。具有讽刺意味的是，真正监控运营流程的人觉得这种视觉冲击过于分神，从而更偏爱查看数字或文字的数据的原始形态，可能再加上一些辅助图表。

另外，计分卡看起来更像发动机性能曲线图，不过它们是用来跟踪达成目标的进度的。对于需要跟踪长期战略目标的高层主管，计分卡一般显示每月的关键数据指标总结，对于需要跟踪一系列项目达成目标的进度的经理来说，则显示每天或每周的数据。在这两种情况下，数据都是经过精简概括的，为的是让使用者可以看一眼就知道大致的绩效状况。

像仪表板一样，计分卡也利用表格和图表来表示绩效状况、发展趋势和与目标的差异。越是中高级管理人员，越喜欢看更加直观的绩效展示。然而，大部分的计分卡也包括（或应该包括）大量的文字信息，用来解释绩效成果，描述所采取的行动及预测未来的成果。

归根结底，只要这一工具可以帮助使用者专注于真正重要的事务，它是叫仪表板还是计分卡并不重要。仪表板和计分卡都需要把关键的绩效信息显示到单一屏幕上，以便使用者可以掌控全局。

尽管名称基本上可以互换使用，大部分项目经理还是偏爱仪表板和/或仪表板式汇报。Eckerson 在表 1-6 中定义了 3 种不同的仪表板。

表 1-6　3 种不同的仪表板

项　　目	运 营 型	战 术 型	战 略 型
目的	监控运营状况	衡量进度	执行战略
用户	主管、专家	经理、分析师	高层主管、经理、员工
范围	具体运营层面	整个部门	整个企业
信息	详细	详细或概要	详细或概要
更新	一天之内	每天/每周	每月/每季度
重点	监控	分析	管理

运营型仪表板监控核心运营流程，主要由直接接触客户或负责制造或交付公司的产品及服务的一线员工，以及他们的主管使用。运营型仪表板主要提供几乎未经概括的详细信息。例如，一家网上购物公司可能在产品层面而不是顾客层面追踪每笔交易。除此以外，大部分运营型仪表板上的指标是在一天之内更新多次的，根据应用的不同，从按分钟到按小时更新。因此，运营型仪表板更加注重监控，而不是分析或管理。

战术型仪表板对某个部门的进度，或者关系到公司中一部分人的项目进行追踪。经理人和业务分析师使用战术型仪表板来将他们的部门或项目的绩效，与预算计划、预期和上个周期的成果进行比较。例如，一个试图减少客户数据库中错误数据的项目，可以使用战术型仪表板来显示、监控和分析之前 12 个月之内，在实现 99.9%无差错顾客数据库的目标上所取得的进展。

战略型仪表板监控的是战略目标的执行，并且常常与相应的计分卡同时运作，虽然全面质量管理、六西格玛和其他方法也会一并使用。战略型仪表板的核心作用在于围绕战略目标整合公司资源，让所有团队成员心往一处想、劲往一处使。为了实现这一点，公司需要给每个小团队甚至每个员工发放定制的计分卡。这些一般每周或每月更新的计分卡“瀑布”，让高层主管拥有了一件强大的工具来传达战略，更好地观察业务并识别关键绩效指标和商业价值。战略仪表板更加注重管理，而不是监控或分析。

在使用仪表板时必须注意 3 个关键因素：①注意仪表板的目标受众；②注意使用的仪表板类型；③注意更新数据的频率。有些项目仪表板注重作为盈余衡量因素的关键绩效指标，那么这些仪表板需要每天或每周更新。与公司财务健康度相关的仪表板可能需要每周或每季度更新。图 1-11 和图 1-12 展示了需要每周或每季度追踪，以检视公司财务健康度的信息种类。

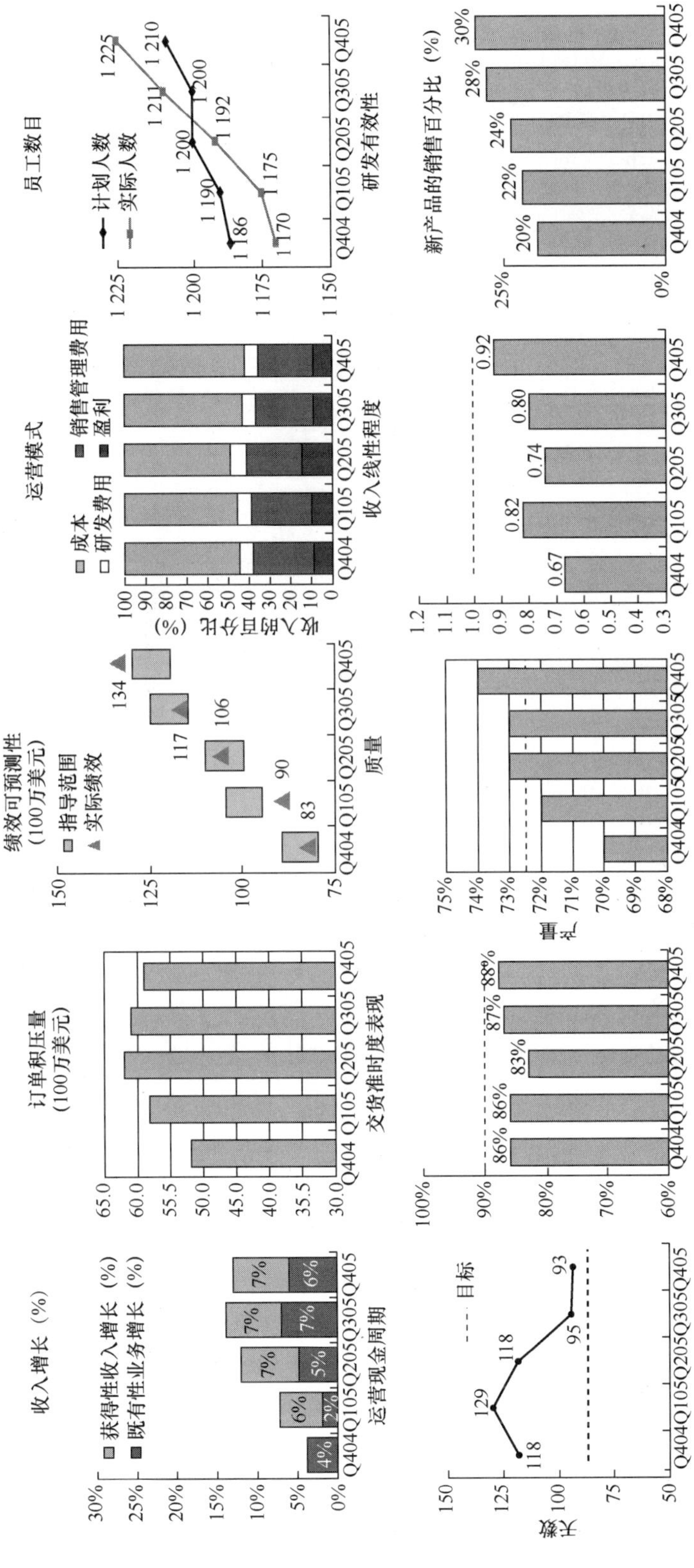

图 1-11　典型财务健康度仪表板（1）

XYZ 公司
2005年第4季度13周当中的第7周/四季度过去了54%
（单位：100万美元）QTD = 从季初到现在

本周订单	部门	QTD	预测	完成率 (%)	需要资金
0.7	部门 1	15.0	30.0	50%	15.0
—	部门 2	0.9	1.0	89	0.1
0.5	部门 3	4.0	6.0	67	2.0
0.4	部门 4	1.7	4.7	37	2.9
0.0	其他部门	0.1	—		(0.1)
1.6	总计	21.7	41.7	52%	$20.0

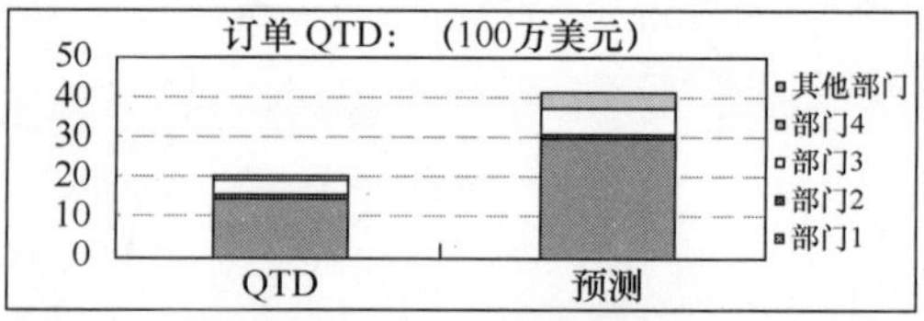

本周收入	部门	QTD	预测	完成率 (%)	积压	需要补充
2.0	部门 1	13.0	28.0	46%	5.0	10.00
0.4	部门 2	3.0	5.0	60	1.0	1.00
0.0	部门 3	3.0	6.0	50	2.0	1.00
2.6	部门 4	3.0	7.0	43	1.0	3.00
—	其他部门	—	—			
5.0	总计	22.0	46.0	48%	9.0	15.0

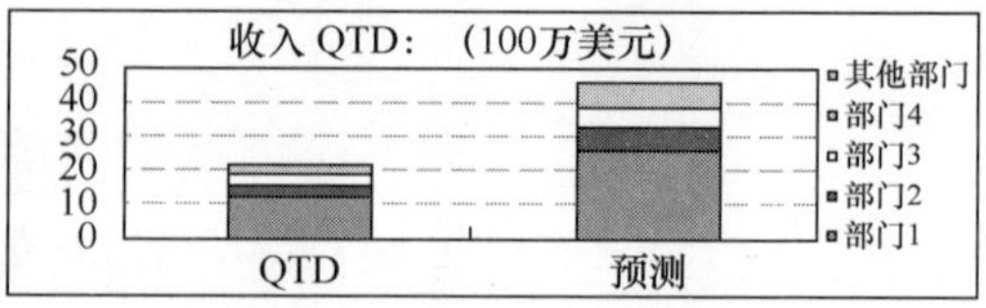

收入应收款项（累计）	周	1	2	3	4	5
	实际	1.0	5.0	19.0		
	目标	4.0	9.0	17.0	28.0	35.0

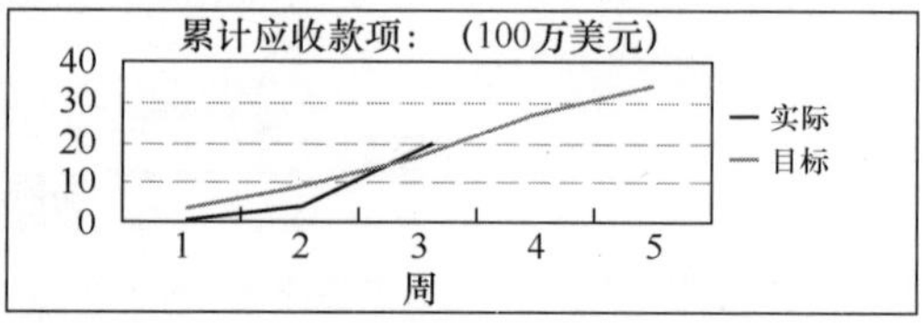

制造成品率	天数	1	2	3	4	5
		77%	80%	81%	68%	82%

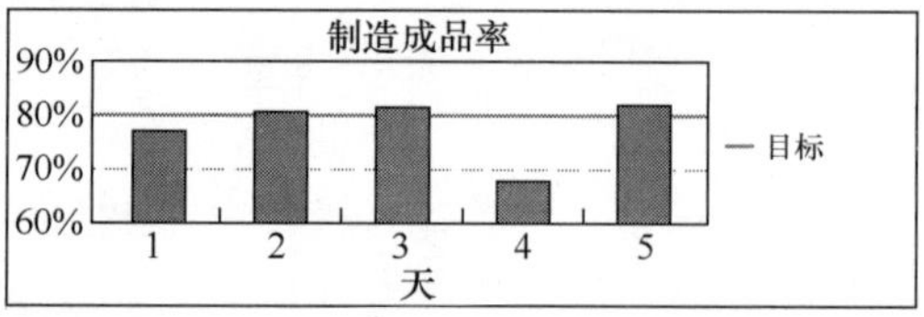

图 1-12　典型财务健康度仪表板（2）

1.12　关键绩效指标

通常来讲，在仪表板上出现的指标是客户和项目经理都希望跟踪的。这些指标被称为关键绩效指标，已经在之前讨论过。Eckerson 对此的定义是：

> 一项 KPI 是一项用于衡量组织或个人完成一项活动的好坏程度的指标，这项活动可能涉及运营、战术或战略层面，它的特点是对组织当下和未来的成功至关重要。

一些人混淆了 KPI 与先行指标。先行指标实际上是一项衡量当前的工作对未来影响的 KPI。

KPI 是所有价值实现衡量系统的必需组成部分。像成本偏差、进度偏差、进度绩效指数、成本绩效指数和完工时间/成本等概念，其实都可以算作 KPI 的一种，但一般并不被归到这一类。这些 KPI 的需求很简单：衡量过的一切都必须完成！如果一套绩效衡量体系的目标是增进效能和提高效率，那么 KPI 必须反映可控因素。如果使用者无法改变一件事情的结果，那么对它进行衡量就没有意义。

Eckerson 指出了有效 KPI 的 12 个特点：

- 相符性。KPI 应该与公司（或项目）的战略和目标相符合。
- 所有权。每个 KPI 都应该在业务部门或项目组内有一个“所有人（或组织）”来对它的成果负责。
- 前瞻性。KPI 衡量业务或项目价值的驱动力。因此，它们是组织期望绩效的“先导性”指标。
- 可操作性。KPI 需要丰富的即时、可操作的数据，以便让用户能够及时地介入来改进绩效。
- 控制数量。KPI 应该让用户专注于很少几项重要事务，而不是在太多的点上分散他们的注意力和精力。
- 简明易懂。KPI 应该是直截了当并容易理解的，而不是提供很多用户无法理解的复杂指标。
- 平衡与相互联系。各项 KPI 需要相互平衡与相互促进，而不是相互削弱并对流程产生消极影响。
- 引起变革。采用 KPI 进行衡量的行为应该触发组织（或项目）内部一系列的积极变化，尤其当它处于首席执行官（或客户及项目发起人）监督之下的时候。
- 标准化。KPI 以标准的定义、规则和估测为基础，这保证了它们可以整合到整个组织的各种仪表板中。
- 由环境驱动。KPI 通过应用目标和限制，将绩效放置于特定环境下，使得用户可以随时间推移精确度量他们的进度。
- 用奖励促进。组织可以通过附加报酬或奖励来放大 KPI 的作用。然而，在实际操作中应当小心，只在众所周知的稳定 KPI 上应用奖励措施。
- 相关性。KPI 会随着时间推移渐渐失去影响，所以它们必须得到定期的检查与更新。

KPI 在项目中应用失败有如下几大原因：

- 人们认为对 KPI 的追踪最远只到一线经理这一层。
- 扭转指标中反映的不良趋势所需要的行动，不在进行监控或追踪的员工的职权范围内。
- 进行监控的员工的本职工作与 KPI 没有关联。
- KPI 的更新速度太慢，使得它们不适合用来管理员工的日常工作。
- 纠正不适宜的 KPI 所需的行动耗时太长。
- KPI 的量度没有提供能使它们起作用的足够意义或数据。
- 公司认定了过多的 KPI，以至于进行衡量的员工完全分不清哪个是哪个。

很多年以前，一些公司只使用由价值实现衡量系统所认定的几个指标。这些指标大多只注重时间和成本，而忽略了与项目成功相对应的业务成功指标。这样一来，每个项目和项目的每个生命周期阶段的衡量指标都是一样的。今天，这些指标会随着项目的不同和项目生命周期中阶段的不同而变化。很明显，最困难的事情莫过于挑选到底要用哪些指标。必须注意的是，无论怎样选择指标，一定要避免将苹果与橙子进行比较这样的错误。

选择合适的 KPI 是至关重要的。由于 KPI 是一种衡量尺度，有些人认为 KPI 只能被指定给衡量实体的有形元素。因此，很多本应使用 KPI 追踪的无形元素被忽视了，因为有些人认为它们无法衡量。不管什么人怎么想，任何东西都是可以衡量的。Hubbard 对此有以下定义：

- 衡量指的是一套减少不确定性的观察方法，它得出的结果通过数值表示。
- 减少不确定性就可以使衡量成为可能，不一定需要消灭不确定性。

因此，即使无形资产也可以用 KPI 加以衡量，在本书的价值导向项目管理章节中会谈到这些无形元素。

Hubbard 认为，在我们建立用于衡量的 KPI 之前，应该先问 5 个问题：

- 这项 KPI 应该是用来帮助什么决策的？
- 这项 KPI 到底衡量的是什么事情？
- 为什么这件事情（还有这项 KPI）与我们要做的决策有关系？
- 我们现在关于它知道多少？
- 进一步进行衡量的价值是什么？

Hubbard 同时认定了选择 KPI 时应该考虑的 4 个有用的衡量假设：

- 你（在选择 KPI 时）的问题并不像你想的那么少见。
- 你拥有的数据并不像你以为的那么少。
- 你所需要的数据并不像你以为的那么多。
- 存在一个很有用的量度，它比你想的简单得多。

选择正确的 KPI 是不可或缺的。对大多数项目来说，需要的 KPI 是很少的。有些时候，我们选择了太多的 KPI，从而最终很多 KPI 提供的信息价值很小或几乎没有价值。这些 KPI 最终没有起到帮助我们进行项目决策的作用。

有些时候，公司认为它们选择的量度是 KPI，实际上它们只是绩效量度的一些形式，而不一定是 KPI。David Parmenter 谈到以下 3 种绩效量度：

- 关键成果指标（Key Results Indicators，KRI）在某种程度上告诉你做了什么。
- 绩效指标（Performance Indicators，PI）告诉你该做些什么。
- 关键绩效指标告诉你该做些什么来大幅提升绩效。

Parmenter 认为：

> 一项变革战略的最终成功很大程度上取决于变革是如何引导和实施的，而不取决于战略本身的价值。关键绩效指标在工作中的成功发展和利用，则取决于以下 4 个基础因素存在与否。
>
> - 与员工、工会、关键供应商和关键客户的伙伴关系。
> - 将权力下放到一线。
> - 整合绩效的衡量、汇报和改进。
> - 将绩效量度和战略加以联系。

在一个项目环境中，绩效量度会随着项目的不同和项目所处的周期阶段不同而变化。

项目团队，包括项目发起人，负责这些量度的认定。项目相关方也可能参与其中。企业绩效量度则非常注意财务表现，从而不会随时间产生大的变化。这些衡量标准显示出企业的财务健康度。

建立关于战略上的主动或其他活动的企业绩效量度，本身就应被当作一个项目，并且需要高级管理团队（Senior Management Team，SMT）的支持。

SMT 的态度至关重要——为了这一重要进程的成功，理解、竭尽全力和优先考虑缺一不可。项目团队和 SMT 通常会把 KPI 安插在其他不那么重要的竞争活动当中。

SMT 必须对 KPI 项目竭尽全力，才能让它渗透到整个组织。如果实施得当，那么 KPI 项目可以创造一个富有活力的公司氛围。在此之前，SMT 必须推销相应的概念。这会使得 KPI 项目获得最优先的处理，也可能意味着 SMT 放任一些小规模活动“自生自灭”。

1.13　第三步：确认最佳实践

之前我们已经讲过，负责寻找最佳实践的人包括项目经理、项目团队、职能经理或可能受过专业训练来听取项目团队报告，并提取最佳实践的协导员。所有这些人都必须相信他们所发现的事实上就是最佳实践。当项目经理积极投身项目当中时，关于最佳实践构成因素的最终决定在很大程度上是由项目经理做出的。AT&T 公司的一位发言人表示，确定什么才是最佳实践的责任属于：

> “能够证明该项实践对于其项目有正面作用的那位项目经理。”

虽然这是很常见的确认方式，但其他涉及更多决策者的确认方式也是存在的。有些时候，项目经理可能不在一线岗位，从而对可能引发最佳实践的业务活动并不熟悉。拥有项目管理办公室（PMO）的公司一般会依赖 PMO 的支持，因为通过认可的最佳实践会被添加到体系方法当中，而 PMO 往往是体系方法的管理者。maxIT-VCS 解决方案中心副总裁 Heidi Wurtz 表示：

> 体系方法维护和流程更新正在被定义为我们的解决方案中心对 maxIT-VCS 一体化支持的一项职能。我们的愿景是集中管理和维护所有的体系方法，从核心技能，如项目管理、实际应用等，到 ICD-10 和健康分析等专业体系方法。实施新技术和流程（如 ICD-10）对组织的整个实际状态和收入循环流程会产生根本性影响。项目的失败会导致履约问题、延期、拒绝索赔，并且有显著的生产率下降。现在，组织比以往任何时候都更需要有一个强大的项目架构来适当地支持这种转型。maxIT-VCS 根据组织需要而努力开发解决方案，填补 HIT 供应商交付承诺和现有员工之间的差距。我们的体系方法维护流程吸纳了主题专家，以确保更新和变更体系方法管理的一致性。该计划是为每个体系方法确定一个专家小组，并让他们定期参与内容材料审查会、用户反馈、业界最佳实践、内部经验教训和新素材提供等活动。这个小组会做出更新、删除、替换和添加体系方法内容（包括工

具）的决策。我们设想建立一个体系方法网站上的交互式组件，以便用户反馈和贡献。

一旦最佳实践所直接涉及的部门管理层将其批准，最佳实践就会被上报到 PMO 或流程管理组，来进行最终确认并写入公司制度。PMO 可能在确认候选最佳实践的过程中使用一套单独的检查表。PMO 还必须决定要不要把这项最佳实践列为公司知识产权，因为这将决定最佳实践的用途，是存放在公司之内还是与客户共享。

最佳实践可以放在公司的最佳实践库中，或者在合适的情形下直接整合到公司的阶段关口检查表中。根据公司的重要阶段检查流程的复杂程度，以及企业项目整体管理方法的不同，这一整合过程可以是即时的，也可以是按季度的。

丘吉尔唐斯公司项目管理总监 Chuck Millhollan 表示：

> 我们并不把我们的方法和流程标记为最佳实践。我们只是从经验中获得教训，并确认我们获得的经验被整合到我们的方法、流程、模板等中。

有些组织设立了独立于 PMO 的委员会，其主要职能就是评估潜在的最佳实践。任何公司员工都可以向委员会提供潜在的最佳实践信息，委员会则进行分析。项目经理可以是委员会的成员，其他组织则利用 PMO 来完成这项工作。这类委员会和 PMO 大部分时候直接向高级管理层汇报。

《PMBOK®指南》注重相关方参与项目的重要性，这种参与可能也包括是否认定最佳实践的最终决策。丘吉尔唐斯公司项目管理总监 Chuck Millhollan 说：

> 最终，决定要由我们的相关方做出，包括内部的和外部的。换句话说，PMO 并不能决定一个方法或流程到底有没有起到作用。对于丘吉尔唐斯公司，我们积极寻求来自项目相关方的反馈，并按他们的意见来决定我们的一些流程算不算最佳实践。之前认定的特定最佳实践和其他实践一起，已经在 PMO 以外被认可为通用公认实践。

另一个相关方参与的例子来自英德拉公司项目管理办公室主任、PMP 专家 Enrique Sevilla Molina：

> 决定应该由集团 PMO 负责做出，在一些情况下，也可能由业务部门经理、下层 PMO 机关甚至主管机关做出，这取决于任务的主题和范围。有些项目管理最佳实践是在企业层面上建立起来的，而它们已经被整合到项目管理体系方法中。它们中的很多也被添加到了项目管理信息系统及企业项目管理工具库中。

评估某项实践是不是最佳实践，并不需要耗费太多时间，但是非常复杂。不能单单因为某些人认为其做法是最佳实践，就认定这真是一个最佳实践。有些 PMO 目前正在开发模板和标准，以确定哪些活动是合格的最佳实践。模板里可能包括的条目如下：

- 能够移植到众多项目上。
- 能实现可度量的、富有成效的绩效（如可以作为指标）。

- 利用最佳实践能度量可能的盈利能力。
- 可减少完成活动的时间，降低完成活动的成本。
- 既为公司，也为顾客提供附加价值。
- 可以为我们提供竞争差异化因素，使我们与众不同。

一家公司的最佳实践模板有两点独特之处：

- 有助于避免失败。
- 如果危机发生，可以帮助我们走出危机。

管理层必须认识到，这些最佳实践其实是对整个组织都有益处的知识产权。如果能将最佳实践进行量化，高级管理人员往往更容易相信它的价值。

1.14　第四步：最佳实践的等级

如同前文所述，最佳实践来自知识的转移，可以在组织内部或外部的任何地方发现最佳实践，如图 1-13 所示。

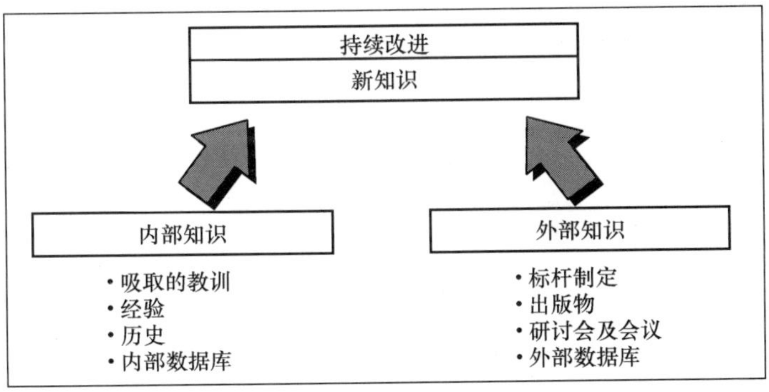

图 1-13　知识的转移

保有大容量最佳实践库的公司可以为众多最佳实践分出等级。图 1-14 给出了最佳实践的不同等级。每个等级内又可进行分类。底部的等级是专业标准等级，包括项目管理协会定义的专业标准。专业标准等级的最佳实践最多，但它们较为通用，不太有针对性，复杂度低。

行业标准等级包括与本行业的绩效相关的最佳实践。汽车行业就建立起了本行业特有的标准和最佳实践。

当我们迈进到图 1-14 中的个人最佳实践时，最佳实践的复杂性就从通用演变为特定的应用。可以想见，最佳实践的数量变少了。例如，各个等级的最佳实践可能是（从通用到特殊）：

- 专业标准。筹备与采用风险管理计划，包括风险管理模板、指南、表格和检查表等。
- 行业标准。风险管理计划包括业界的最佳实践，如从工程研发转换到制造的最佳方式。

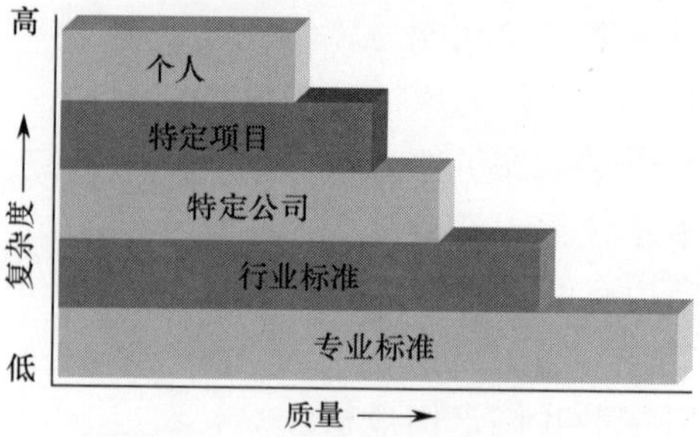

图 1-14 最佳实践的等级

- 特定公司。风险管理计划明确了交接过程中，工程组、制造组、质量保证组等的角色和相互作用。
- 特定项目。风险管理计划明确了为客户提供特定产品或服务的各个小组的角色和相互作用。
- 个人。风险管理计划可能采用项目经理提供的责任分派矩阵，基于相关的小组中个人所能承受的风险，来明确他们的角色和相互作用。

最佳实践在制订战略计划的过程中非常有帮助，如图 1-15 所示。下面两级可能更有助于阐明项目管理的战略，而上面三级更适用于战略的执行或实施。

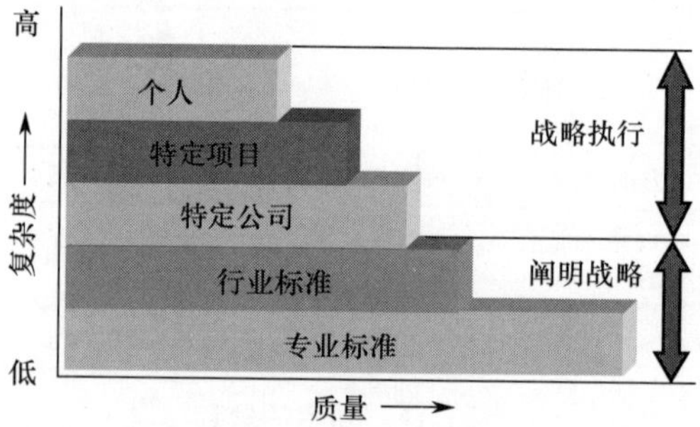

图 1-15 最佳实践的用途

并非所有的公司都有一个正式的最佳实践库。在一些公司里，如果一项最佳实践经过了识别和确认，它就会迅速进入阶段关口流程或项目管理体系方法。在这种情形下，管理方法本身就是最佳实践。英德拉公司项目管理办公室主任、PMP 专家 Enrique Sevilla Molina 说：

> 实际上，我们的项目管理体系方法就包含了我们所建立的对于公司里所有项目都适用的最佳实践库。在不同的业务部门还有更多的最佳实践库。例如，我们对建议书的筹备及成本进度估测都有详细的指南，它们适用于特定的业务范围。

当被问到英德拉公司拥有多少最佳实践时，Enrique 说：

- 这很难讲，因为这个话题本身不好限定，公司的业务也十分复杂。如果我们把项目的体系方法看成一套最佳实践，那么就很难把其中包含的最佳实践一项一项地数出来。

- 除了我们内部发行的英德拉项目管理方法手册，我们还有一些企业层面的详细指导手册。它们涉及工作分解结构的细化、项目风险管理、基于挣值的项目绩效衡量方法等。我们也有针对不同业务部门层级的特定指南手册，内容涉及建议书的筹备、成本估算，甚至详细的 WBS 筹备规则和形式。

1.15 第五步：管理最佳实践

在管理最佳实践的过程中，主要有 3 方参与：

- 最佳实践拥有者。
- 项目管理办公室。
- 最佳实践库主管（可能也在 PMO 供职）。

最佳实践的拥有者通常任职于一线部门，他有责任保持最佳实践的有效性。最佳实践的拥有者并不是一个官方的、有报酬的头衔，更多的是一种荣誉。因此，最佳实践的拥有者会尽力改进最佳实践，并尽可能地使它起作用的时间越长越好。

PMO 通常拥有对最佳实践的最终支配权，同时会做出一系列最终决定。这些决定包括在哪里应用最佳实践，允许哪些人了解最佳实践，每隔多长时间检查和重新确认最佳实践，以及什么时候停止应用某项最佳实践。

最佳实践库主管仅仅是最佳实践的保管人，他可以在最佳实践库开放的情况下追踪员工查阅最佳实践的频率。实践库主管可能并不了解每项最佳实践，也未必在结束最佳实践的时机方面具有发言权。

1.16 第六步：重新确认最佳实践

最佳实践不可能永远是“最佳”实践，因为最佳实践是与公司对项目成功的定义有直接联系的，从而最佳实践的定义会随着项目成功的定义的变化而变化。因此，必须对最佳实践进行周期性的检查回顾，而关键问题在于“多久进行一次检查”。这个问题的答案取决于最佳实践库的大小。有些公司只保留很少几项最佳实践，而大型跨国公司可能有成千上万的客户，并在他们的最佳实践库中保有几百项最佳实践。如果公司在提供产品的同时也提供服务，那么实践库中还要分为产品相关最佳实践和服务相关最佳实践。

下面两个例子说明了检查回顾最佳实践的必要性。

- 一旦某个实践被推荐并批准成为最佳实践，它要到下一年的评审周期才会正式获得通过。随着时间的推移，如果放任最佳实践老化，它们会渐渐失去价值，并且变得没有效果。（本例来自 EDS 公司）
- 最佳实践会每隔 4 个月检查一次。检查过程中需要考虑：
  — 从之前 4 个月里完成的项目中获得的经验教训。

— 来自项目经理、架构师和咨询师的反馈。
— 由精通特定主题的员工（如最佳实践拥有者）带来的信息，包括从内部和外部收集的信息。
— 最佳实践库的汇报和活动数据。（本例来自 CA 公司）

通常在检查回顾过程中可以做 3 种决定：

- 在下次检查之前保持最佳实践不变。
- 更新最佳实践并继续使用，直到下次检查回顾。
- 停止使用最佳实践。

1.17 第七步：用最佳实践做什么

既然最佳实践的定义是产生有持续竞争优势的活动，就难怪一些公司不太愿意公开它们的最佳实践。如果公司不公开最佳实践的话，该如何应用它们呢？最常见的选择包括：

- 仅在内部分享。可以使用公司的内部网与员工分享信息，可以在公司内设立单独的小组负责控制信息，甚至可能用 PMO 来控制信息。不是所有的最佳实践都向所有员工公开。一些最佳实践可能有密码保护，下面会谈到。
- 有选择地向一小部分人公开，其他人则无从得知。有些公司花费大量金钱准备项目管理的表格、指南、模板、检查表等。这些文档被看作公司的专有信息和最佳实践，只提供给少数确实需要知道的人。“保密”最佳实践的例子可能是项目批准专用的表格及模板，其中可能包含公司敏感的财务数据，或者公司的盈利水平、市场份额等。
- 向你的顾客做广告。使用这种方法时，公司可能制作最佳实践手册，宣传其成就；也可能保有广泛的最佳实践库，在签订合同后与客户共享。在这种情况下，最佳实践被看成竞争武器。

今天的大部分公司会利用某种最佳实践库。一位 AT&T 公司的发言人说：

> 最佳实践库是用微软 Sharepoint 软件制作的，它使用起来很方便，提交和查阅都很容易。所有项目经理都可以随时提交最佳实践，或者查阅其他人提交的最佳实践。

即使公司收集最佳实践，也不一定在公司以外分享所有的最佳实践。甚至在标杆研究期间，希望各方都能共享信息时，有些公司也不这样做。学生们经常问起，为什么教材中不包括最佳实践更多、更详细的信息，如表格和模板。某家公司对作者这样说：

> 在过去几年，我们至少投入 100 万美元开发各方面的模板，以评估项目从工程研发转换到制造中的风险。我们公司可不愿意把这些模板送给每个花 85 美元买一本书的人。有些最佳实践模板是常识，我们当然乐意分享这类信息。但我们认为，转换风险的模板属于公司知识产权，不能与外界共享。

1.18　第八步：在公司内部交流最佳实践

企业面临的最大挑战之一就是知识在组织内部的迁移。企业越大，知识迁移所带来的挑战就越大。当公司的机构遍布几大洲时，情况会变得更加复杂。如果没有一套系统化的知识迁移方法，企业可能重复犯过的错误而失去宝贵的机会。企业必须发展内部合作机制。恩智浦（欧洲最大的芯片制造商之一，前身为飞利浦半导体公司，简称 NXP。——译者注）找到了一种克服上述几项障碍的办法。恩智浦的高级项目经理、拥有 MBA 学位且正在攻读博士学位的 PMP 专家 Mark Gray 将就此进行讨论。Mark 对这一方法的概括是：要长成参天大树，我们必须先从种子开始。

> 今天的项目经理和他们的组织所面临的最大问题之一，就是如何最高效地把专家级（或者至少是经验丰富的）项目经理的知识传授迁移到整个组织。关于被忽略的经验教训，人们已经写过了很多文章，而关于从经验教训中学习，并把它们作为项目管理工具库的增值项目，也几乎有着同样多的文献。似乎唯一缺少的是一些关于如何传授知识的好方法（至于发现、收集和存储这些部分自然是不言自明的了）。
>
> 在恩智浦，我们注意到，在项目进行及项目评议的过程中能够收集到很多经验教训，但似乎这些经验教训很少能让其他项目经理看到。我们采用的一个解决方案是应用一个“实践社群”（Community of Practice，CoP）模式，就像 Wenger 在他的相关著作中所描述的那样。我们凭借与壳牌公司在它们的离岸钻井平台上所用的类似基本原理，建立了部门内的“专家”论坛，经过特别授权来创造一个让项目经理畅所欲言的环境，共享他们在项目中的发现与收获。
>
> 这个过程本身非常简单。项目经理从项目汇报或同侪评议中获得经验教训，然后在论坛上以一种“英雄事迹”的形式讲述出来。这里需要注意的一个要点是，我们寻求的既是“好”的事件，也需要一些“不那么好”的事件，二者都能让项目经理们从中学习。这大体上来说会引发良好的（有时是激烈的）辩论，让参与者获得切实的学习经验。这些成果的本质当然从某种程度上来说都是定性的，也就是说，这些集会很难有直接、清晰、可量化的成果。不过自从我们积极进行这些活动，我们已经可以看到整体绩效的提升。

现在到了困难环节——建立和维持 CoP。Wenger 对如何建立 CoP 提供了一些不错的基本建议，包括需要一支良好的核心团队，高层发起人的参与，清晰的目标，一般性的规定，等等。他同样提到为了启动和维持 CoP 的发展势头，需要核心团队投入很大的能量。我们已经让这些成为现实，并且在配方中加入了我们自己的材料：

- 从种子开始——你需要有至少一个非常外向和富有魅力的领导人物。我们需要找的人不仅仅是相关领域的专家，更要带有一种投身于项目管理的发展壮大的狂热。
- 把种子种在合适的地方——你必须确保 CoP 不过分影响日常工作或员工的个人时

间。我们一般在午饭时间边吃边开会。

- 需要时不时地为 CoP 修剪一下枝叶，来保证它健康成长。小组的讨论可能向着 CoP 的中心主题以外的方向发展，这种时候就需要放弃不相关的话题，防止偏离中心。
- 如果有成员离开，不必担心，这只是暂时的。人们随着工作变化与项目压力的变化在社群中进进出出。他们会回来的……
- CoP 需要产生更多的种子，种在其他地方来发展一个相互连接的“社群的社群”。恩智浦在过去几年打造了一支坚实的核心团队，他们创建的社群在全球的 10 个不同地点进行着学习与共享经验的活动。

如果员工毫不知情，那么收集最佳实践就没有意义。像上文所说的，问题在于如何将信息传达给员工，特别是在大型跨国企业当中。这当中的一些方法包括：

- 网站。
- 最佳实践库。
- 内部研讨会。
- 员工调职。
- 实践社群。
- 案例研究。
- 新闻通讯。
- 电子邮件。
- 其他方法。

北电努力保障所有项目经理拥有及时和一致的全球通信，以驱动全球项目管理流程的持续成功。北电使用的各种通信方法包括：

- 通过每月发行的项目管理新闻快报来促进项目管理组织和相关职能部门之间的沟通。
- 定期举行项目管理沟通会，着重强调提供培训、指标评议、流程与模板的更新等。
- 利用广播公告栏来发布即时信息。
- 建立了一个中央数据存储库，使得项目经理能够轻松地获取或共享项目管理相关信息。

北电的例子清楚地说明了项目管理的最佳实践如今可以渗透到公司的所有部门，尤其是那些跨国公司。

这其中的原因之一是如今的所有公司业务活动都被看成一系列的项目。因此，我们通过项目来管理业务。在这种情况下，项目管理的最佳实践已经遍布公司的各个角落。

用特定形式发布最佳实践是一种受到推崇的交流方式。英德拉公司项目管理办公室主任、PMP 专家 Enrique Sevilla Molina 说：

> 它们先在公司层面发布，之后在相应的业务部门内部发布。新任命的项目经理也会接受常规的课程和培训，它们的作用会由内部审计团队进行周期性的评议

和确认。另外，随着项目管理最佳实践成为项目管理信息系统的必然组成部分，集团项目管理工具将最佳实践在项目中的应用自动化。

一位 AT&T 公司发言人说：

> 最佳实践的定义，是一个项目经理所运用的任何对《PMBOK®指南》中的知识、流程领域和三重约束产生积极影响的工具、模板或行动。我们允许项目经理根据这些条件自行认定最佳实践。我们通过每月发行的项目管理新闻通讯来交流这些信息，并为我们的项目经理推荐每月最佳实践。

项目管理最佳实践的另一个战略重要性，也体现在惠普运营总监和 EDS 前全球项目集经理 Suzanne Zale 的说法中：

> 在全球经济的驱动下，大规模的全球项目及国际项目不断增加。没有国际项目经验的项目经理会用处理大规模的国内项目的方法来处理这些项目。然而，国内项目和国际项目完全不同。对国际项目来说，更稳健的项目管理框架变得更加重要。以全球视角预先计划变得尤为重要。例如，建立一支具备项目相关的地理区域知识的团队，对项目的成功非常关键。项目经理也必须知道在这些地理区域内如何运营。所有项目团队成员都应受到培训，并对整体的项目管理体系有一致的理解，这些也是项目成功必不可少的。
>
> 全球化和技术使得可靠的项目管理实践变得越发重要。

Suzanne Zale 的评论揭示了从全球项目中获取最佳实践的重要性。这很有可能成为未来最佳实践的发展方向。

1.19 第九步：确保最佳实践得到运用

如果人们不使用最佳实践，那么经历复杂的收集流程还有什么意义呢？当公司将它们的最佳实践作为向客户推销的卖点，就意味着必须追踪最佳实践并了解它们到底是如何应用的。这通常属于 PMO 的职责范围。PMO 可能有权力来定期检查项目中最佳实践的应用情况，但可能无权强制推行最佳实践的应用。PMO 可能需要从 PMO 主管、项目发起人及各相关方那里寻求帮助，来推行最佳实践在项目中的应用。

如果项目管理要作为一项竞争优势作为向潜在客户进行竞争投标中的广告，那么市场与销售团队必须能够理解这些最佳实践，并向客户解释它们的用途。与 10 年前的情况不同的是，如今的市场营销团队对项目管理和相关的最佳实践都有着良好的理解。

1.20 常见的理念

有一些关于最佳实践的常见理念，众多公司都认为它们是正确的。这里我们列举其中的一部分。

- 因为最佳实践可能互相关联，所以确认某个最佳实践后，可以进而发现另一个最佳实践，特别是同类或同级的最佳实践。最佳实践是可以自我延续的。
- 因为最佳实践之间可能有依赖性，通常更容易找到一类最佳实践，而不是单个最佳实践。
- 最佳实践可能无法移植，在一家公司发挥重大作用的最佳实践可能在另一家公司根本不起作用。
- 即使某些最佳实践对众多公司而言都像常识一样简单，但是反复不断地提醒和使用这些最佳实践，还是能取得优异的成绩，使顾客满意的。
- 最佳实践的运用不仅限于财务状况良好的公司。现金流充足的公司可以错误地花掉 1 000 万美元，然后一笔勾销；但是现金流不足的公司在项目批准、绩效监控、评估项目取消上会非常慎重。

必须在最佳实践的实施上处处小心，确保它不会使情况比以前更糟。一家公司决定，组织必须将项目管理视为专门职业，才能尽最大可能地提高绩效，留住优秀员工，因此设立了与项目管理相关的事业发展路径，并与企业薪酬体系相结合。

然而公司犯了一个致命的错误。项目经理的工资涨幅远远高于一线经理和工人。其他人开始妒忌项目经理，这山望着那山高，于是纷纷申请转入项目管理。公司的技术力量减弱，有些人因为得不到成为项目经理的机会而离职。

有时，最佳实践实施的动机是好的，但最终结果没达到管理层预期的效果，甚至产生了副作用。这些副作用可能在一段时间内还不太明显，如表 1-7 中的第一列——最佳实践的种类。很多公司现在都使用交通灯项目报告。有家公司简化了其基于内部网的项目管理体系方法，包含了“交通灯”状态报告。工作分解结构的每个工作细目旁边，都有一个能变红、变黄或变绿的交通灯。状态报告简洁，管理层易于理解。高级管理人员花在状态评审会议上的时间显著降低，极大地节约了成本。

表 1-7　最佳实践的不当应用

最佳实践的种类	期望的收益	潜在的影响
使用红绿灯报告	快捷、简单	信息不确切
使用风险管理模板或表格	有前瞻性、准确	无法看到所有可能的风险
极其详细的工作分解结构	便于控制、准确、完整	控制过多，汇报的成本较高
对所有项目使用企业项目管理方法	标准化、一致性好	对某些特定项目来说过于昂贵
使用专门的软件	决策质量提高	过多地依赖工具

最开始，这个最佳实践显得对公司有利。然而过了几个月，问题就显现了，工作细目的交通灯状态不如高成本的书面报告那么准确。人们也在关注到底由谁来决定交通灯的颜色。最后，交通灯系统扩充为 8 种颜色，并且建立了确定颜色的指导方针。在这个案例中，公司的运气不错，找出了最佳实践的问题并予以纠正。但是，不是所有的问题都很容易找到；即使容易找到的问题，也不一定总能被纠正。

另外，还有其他一些原因导致最佳实践失败，或者结果不太让人满意。这些原因有：

- 最佳实践缺乏稳定性、清晰度，或者缺乏理解。
- 不能正确使用最佳实践。
- 找出的最佳实践不够精确。
- 基于错误的判断找出最佳实践。
- 不能提供价值。

1.21　最佳实践库

在项目管理知识和最佳实践都是知识产权的前提下，公司要如何保有这些信息呢？答案通常是建立最佳实践库。图 1-16 显示了最佳实践中最适合储存在最佳实践库里的 3 个等级。

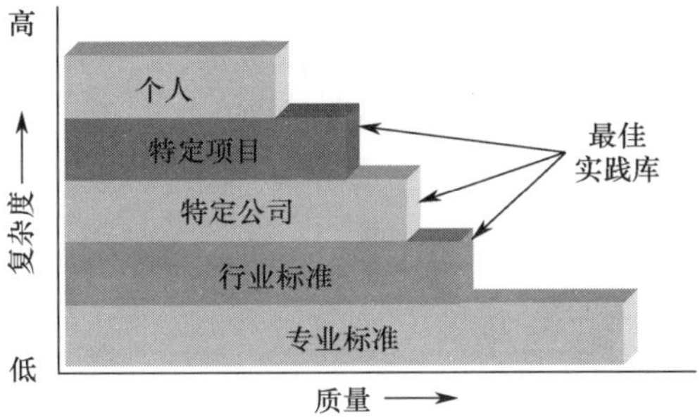

图 1-16　最佳实践等级

图 1-17 表明了建立最佳实践库的流程。最下面一级是发现和理解什么有可能成为最佳实践，什么不是最佳实践。最佳实践可能来源于组织中的任何地方。

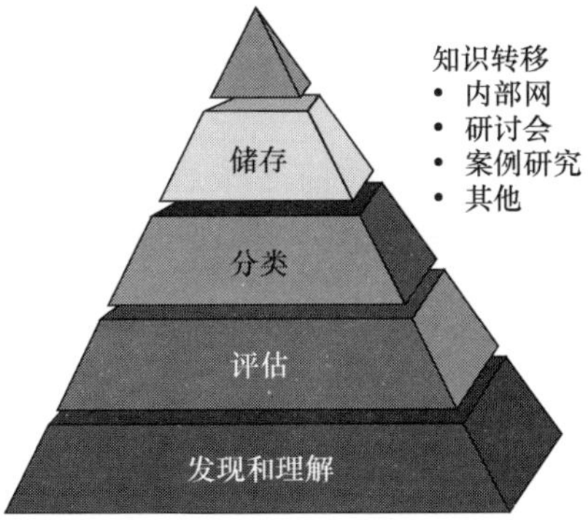

图 1-17　建立最佳实践库的流程

向上一级是评估，来确认这是一个最佳实践。评估由 PMO 或委员会进行，但是应该让上级管理者参与进来。评估过程是非常困难的，因为单凭一次积极的结果，不足以说明这是可重复的最佳实践，必须要用已有的标准来评估最佳实践。

一旦大家都同意这是一个最佳实践，大部分公司会为最佳实践做更详细的解释，同时回答有关其用途的问题。不过，每家公司可能都有不同的方法来发布这样重要的专有知识。很多公司都最大限度地利用公司的内部网。然而，有些公司就把它们目前的表格、模板作为不断发展的最佳实践库。

图 1-16 给出了最佳实践的等级，但以存储为目的的分类系统可以与分级显著不同。图 1-18 给出了一个典型的最佳实践库分类系统。

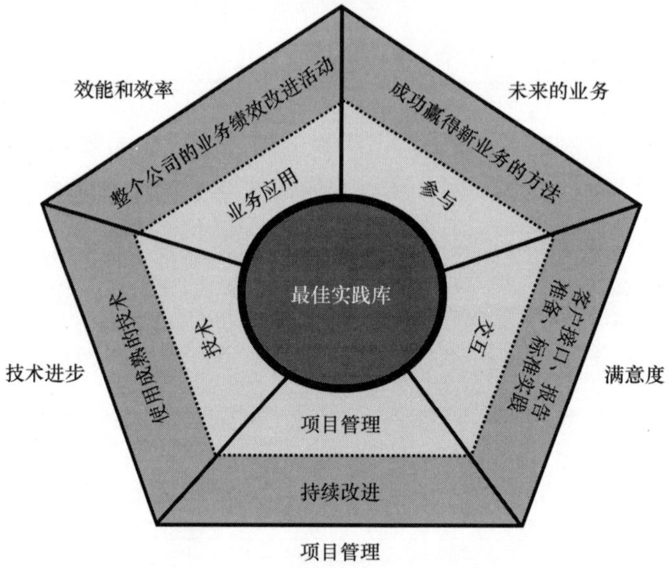

图 1-18　最佳实践库分类系统

创立最佳实践库的目的是将知识转移给员工。知识的转移，可以通过公司的内部网、最佳实践研讨会、案例研究等实现。一些公司要求项目团队解散之前，要准备关于项目中的经验教训和最佳实践的案例研究，然后公司就在内部的研讨会上使用这些案例进行研究和讨论。最佳实践和经验教训必须传达到整个组织，问题是如何有效地沟通这些信息。

另一个重要的问题是最佳实践过量。一家公司启动了最佳实践库，几年后就收集了成百个最佳实践。没人自找麻烦去重新评估这些是否还是最佳实践。重新评估后，只有不到 1/3 还是最佳实践。另一些不再是最佳实践，或者需要更新，或者由新近的最佳实践所取代。

1.22 惠普：最佳实践在行动

◆ 识别可作为最佳实践的具体活动

在惠普公司内部，组织关注的是 IT 或信息技术管理。IT 包含硬件、软件、网络和设施，它们在正确的时间向正确的人提供信息，用来帮助人们开展工作、履行业务职责和义务。经过几十年的发展，IT 部门已像组织内的其他业务单元一样成熟，尤其是以提供服务为形式的 IT 管理模式。IT 业内的最佳实践被简称为 ITIL，即信息技术基础架构库（IT Infrastructure Library），提出于 20 世纪 80 年代中叶。它是由全球 IT 界共同打造的最佳实践，引领了 IT 行业革命。20 世纪 90 年代，ITIL 最初的出版物还只是很多独立专题内容的选集。跨世纪时，其第 2 版中已经包含侧重服务支持和服务交付系列实践的独立专题内容。随后，我们与 IT 界同人一道，将 ITIL 更新至 2007 版和 2011 版，这两版提供了一套适用于 IT 服务管理的生命周期管理方法。讲述这段历史，是要说明最佳实践是随着实践的成熟而完善的。

IT 服务是为了支持业务单元职能而发展起来的。“计费系统”就是实现财务部门计费职能的 IT 服务。计费系统可分解为业务申请、文档服务、网络连接、设施等 IT 单元。ITIL 使得公司可以利用最佳实践来管理这些单元，如可用性管理、能力管理、问题管理和变更管理。今天，我们从 ITIL 中确定了 28 项最佳实践，并且开发出用于实施和管理 IT 服务生命周期方法的额外 6 项最佳实践。

◆ 最佳实践的定义

我们把最佳实践简洁地定义为一项有杠杆作用能力的手段。ITIL 将能力定义为一个组织或 IT 服务执行一项活动的本领。这种能力由三种设计组成：流程设计（产生结果所必须进行的各项活动）、人员设计（组织机构和相关人员的岗位培训）及工具设计（工作自动化的设备或程序）。

为了说明这一点，我们以大家都了解的医院急诊室为例。急诊室的工作人员并不知道什么样的病人会被送进来，所以他们要做好全面准备。一旦病人来了，不管是自己走进来的还是被担架抬进来的，都要有合适的病房、工具和相应的医护人员。如果来了一位心脏病发作的病人，急诊室工作人员会立刻准备应对意外的各种设备、相关药品，并通知相应科室的医生。如果这时候来了位脚踝扭伤的病人，由于更危重的病人正在抢救，他将在休息室内等待就诊。他被列入了就诊安排中，并不是一直等待。

就像医院一样，IT 服务柜台并不知道呼叫中会出现什么样的问题，但是他们必须为一切可能发生的情况做好准备。一旦服务柜台接到呼叫，不管是一个电话还是一系列突发事件，根据情况的不同，相应的人员和工具就会准备就绪。如果是一个询问或简单请求，在最开始的呼叫中就可以解决，但如果是由于 IT 错误导致一项重大的业务职能失灵，就要通过电话会议召集相应的人员，采取各种应急措施和后续方案，直到错误被纠正，恢复业务职能。

拥有应急响应功能的服务柜台是以医院急诊室的最佳实践为基础的。IT 交付团队或运营人员执行活动的专业能力是以人员、流程和设计工具为基础的。

为了确保每个最佳实践之间的协调管理，每种能力都按照最佳实践模板编写成文档。模板包括实践的描述、类型、对公司的价值和实践执行人员名单。每个实践都有关于其价值、资产状况和用来建立业务驱动实践的文档。

最佳实践的最终决策

为了理解谁来最终决定“最佳实践是什么”，我们将探索如何管理最佳实践，如图 1-19 所示。首先，实践管理从将要拥有和管理这些实践的指挥部门设立开始。在这个例子里，最佳实践是事故管理。该实践的所有方面都要管理：从预算和适合整个服务模型的方针，到相关方持有和买进，最终对改进的管理或设计的修改（不计入奖励费）。

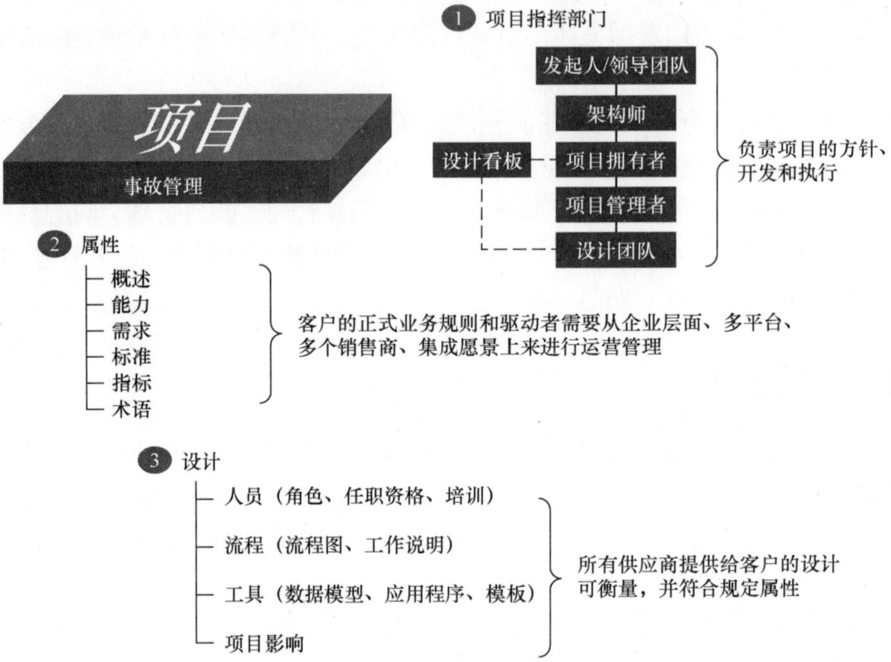

图 1-19 最佳实践的管理

其次，要理解如何使用最佳实践、可获得的价值及项目驱动者提出的需求设计。很多“最佳实践”会失败，是因为存在“所有适用”心态。针对 3～4 个不同的客户，我们就有 3～4 个事故管理设计的最佳实践。每个最佳实践是围绕一套特定的属性（业务驱动）来设计的，这些属性分别代表了该最佳实践符合客户的特征。除非客户具有相同的业务驱动因素和标准，否则一个最佳实践无法满足所有客户的要求。有的客户确实要求一个杠杆作用式的设计和灵活采纳有限制的单一属性，这种低成本的具有杠杆作用的设计能够灵活地在更多的客户群里实施。

最后，人员、流程和工具的设计需在满足规定属性的前提下建立和集成。这个模型既可以作为事故管理方面单一的最佳实践，也可以分解成 25 个特定能力，如故障记录或故障优先级判断。对能力水平的理解和管理让我们能够按照客户需求灵活地混合和匹配能力设计。如果客户使用官方标准，如《萨班斯–奥克斯利法案》，或者行业标准，如制药行业标准，我们就能够确定这些设计的标准。

◆ 最佳实践库

我们的 IT 服务管理实践库保存在一个用元数据分类的共享的工作组工具中。每个实践都有版本控制，并且映射到其所适用的公司中。这样的话，如果在同一行业有两家公司是我们的客户，我们就可以从已有的设计开始，按照客户的需求进行调整。

最佳实践的数量

我们共有几百条最佳实践存储在数据库中，它们既可以是项目级别的（事故管理），也可以是能力级别的（事故管理的 25 项能力）。由于每项能力由人员、流程和工具的设计组成，最好的管理方式是将数据库纳入构型管理数据库中。

◆ 支持最佳实践

我们组织所使用的最佳实践由 ITSM 咨询部门管理，同时我们保持服务紧跟最佳实践。每项 ITSM 咨询服务均指定一个负责人，来监督最佳实践设计，并且在新的委托开始时提供正确的设计。我们的咨询师无须了解整个系统就可以确保从最适用的实践开始工作，对雇用我们咨询师的客户来说，这无疑是一项附加价值。他们也可以是我们的顾客，提供给我们一些系统属性，针对这些属性我们就可以开展设计。

第 2 章 从最佳实践到伤脑筋

2.0 简介

在将近 40 年的时间里，项目管理只应用于相对较少的几个行业中，如航空航天、国防、重型建筑业等。这些行业都是以项目为驱动的行业，而实行项目管理主要是应客户的要求。人们认为项目管理只是锦上添花，而不是不可或缺的。因此，项目管理中的最佳实践也从来没有被真正认定为重要事宜。

在过去的 20 年中，项目管理已经演进为企业长期生存所必需的管理流程。现在，项目管理是必需的，而不是可有可无的奢侈品。项目管理渗透到了业务的每个方面。公司现在通过管理项目来管理业务；项目管理成为竞争武器；从项目管理中获得的知识被认为是公司的知识产权；各公司还纷纷建立了项目管理办公室，来保护项目管理的知识产权。项目管理办公室直接向高级管理层汇报，任务是从项目管理中获取最佳实践。

在任何新的项目管理活动中，伴随利益的往往是缺陷和潜在的问题。有些是小问题，容易解决；另一些问题则让高级管理人员大伤脑筋，甚至头痛欲裂，无法安眠。大多数伤脑筋的问题来自对项目管理益处的错误理解，或者期望太高、胃口太大。另外，如果某项活动确实不是最佳实践，就会带来害处，引发潜在的问题。

2.1 伤脑筋之一：好心办坏事

有时候，明明出发点是好的，却会带来伤脑筋的问题。例如，一家公司迅速意识到项目管理的重要性，并为项目管理开辟了一条职业发展路径。这样做当然是对的。对内来讲，员工相信公司认为项目管理是一项战略竞争力，而且项目管理的专业化水平会有所提高。对外来讲，客户会非常高兴地看到，项目管理成为专门的职业方向，而且业务水平也有所改善。

这些好的愿望很快就变成了问题。为了体现对项目管理优异表现的支持，项目经理的工资涨了 14%，而项目组成员和一线经理只获得了 3%～4%的涨幅。开辟项目管理职业发展路径之后的两年内，所有人都开始想成为项目经理并通过项目管理的职业阶梯取得成功，甚至包括具有专业技术的重要一线经理。每个人都认为项目经理这口饭更好吃。具有关键技能的一线经理甚至威胁说，如果不给他们成为项目经理的机会，他们就辞职。公司最后纠正了这一问题，告诉所有员工，公司内的各个职业发展路径都有同等的提升机会。工资涨幅的巨大差别消失了，代之以更均衡的计划。然而，伤害已经造成了。项目组成员和一线经理认为项目经理剥削了他们，因此工作关系出现了问题。高级管理人员现在头痛的是如何弥补这个伤害。

图 2-1 解释了为什么除此以外，还有很多令人头痛的问题。项目管理逐步成长，演进为竞争的武器，这时组织面临着实施最佳实践的压力。实施这些最佳实践，往往需要部署昂贵的内部控制系统，来管理资源、成本、进度、质量等。项目管理系统必须能处理同时运行的多个项目。同样，人们认为提高客户满意度也是一个最佳实践，为了获得更高的客户满意度，要付出的代价也很高。当这两方面的重要性都增加时，头痛和风险也就跟着增加了。

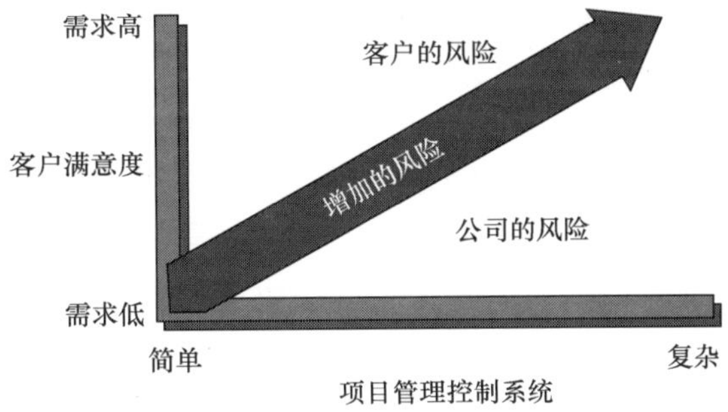

图 2-1　风险增加

维持客户满意度和内部控制的平衡很不容易。对于特定的项目而言，花太多的时间和金钱提高客户满意度，可能导致财务上的灾难；花太多的时间进行内部控制，又可能丧失竞争力。

2.2　伤脑筋之二：企业项目管理体系方法

随着项目管理的重要性越来越明显，公司认识到需要发展项目管理体系方法。良好的项目管理体系方法是一种最佳实践，它能够通过持续产出高质量的成果赢得客户对体系方法的信任，让公司成为合同竞标中唯一合格的供货方。遗憾的是，市场、制造、信息系统、研发、工程等各部门各有其相应的项目管理体系方法。在公司内部，只要不是各个职能部门总在一起合作，管理层是可以接受这种不够高效的方式的。每种体系方法都有自己的术语、生命周期阶段和关口评审流程。

当客户的业务需求不再是各个职能单元的产品，而是整体解决方案时，显然就需要尽量减少不同的体系方法。整体解决方案要求各职能单元能一起工作。高级管理人员认为这是必要的，同时高级管理人员也相信，这最终会变成一项最佳实践，而且会引出更多的最佳实践。

一家公司有 3 个战略业务部门（Strategic Business Units，SBU）。由于客户需求的变化，这 3 个部门现在需要共同工作，以满足客户的特别需求。高级管理人员任命其中一个业务部门带头，精简各部门的职能流程，来形成统一的企业项目管理（Enterprise Project Management，EPM）体系方法。看到一定程度的成功后，高级管理人员认为这是最佳实践，就试图让其他两个部门也实施这套企业项目管理体系方法，但另两个部门拒绝接受。反对意见是“我们不需要这套方法”“这套方法对我们不适用”“这套方法不是我们发明的”。这家公司的总裁虽然不太愿意，但还是明确地告诉员工，别无选择，每个人必须使用同一套方法。总裁面对的挑战是让公司整体接受这一方法。在这件事上，文化问题显得尤为重要。

2.3 伤脑筋之三：权衡

随着项目管理的发展，关注点已经转变为竞争的制约因素，而不仅仅是关注时间、成本和范围的传统观点。随着项目出现更多的制约因素，新的挑战和问题会出现并需要权衡。只有三个制约因素时，确定权衡顺序可能并不困难。但是当项目中出现多达 8 个、10 个或 12 个制约因素时，确定权衡的顺序可能具有挑战性，尤其是因为制约因素之间可能存在依赖关系。

Alex Sadowski 编写了一篇题为《目制约因素和挑战》的文章。本节的其余部分来自此文章。

所有项目，无论大小，都有制约因素和挑战（见图 2-2），必须有效地处理它们才能取得成功。最初，人们认为项目经理只需要考虑去定义范围，控制成本，并满足进度，从而按时、按成本，并根据要求和规格来使项目完工。但是，细节往往会成为阻碍，可能出现导致完工存在风险的问题，以及在需要时难以获得必要的资源的问题。所有这些都会影响最终结果的质量。我们现在意识到必须扩展原始的三重制约因素（范围、进度和成本），这其中包括平衡风险、资源和质量的挑战。

◆ 制约

在规划任何项目时，最重要的是先要考虑三重制约因素，即范围、进度和成本。

范围

项目范围确定了所需的最终结果，因此为项目的成功完成提供了必要的基础。这包括衡量成功的项目完工的所有要求。一旦我们知道了要求，就可以确定所有必要的任务并进行规划。

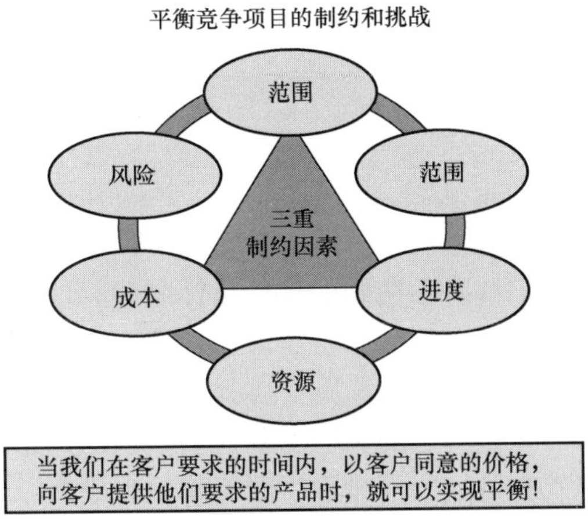

图 2-2　制约和挑战

时间表

一旦确定了所有单个任务，就可以生成进度。该进度将有助于确保按顺序完成所有必需的任务，并在要求的结束日期之前完成。进度应包括必须按时完成的里程碑，以保持进度的完整性并实现准时完成。进度生成后，可以建立成本。

成本

成本将考虑整个项目的持续时间和每项任务所需的资金。支持项目成本的预算将涵盖启动，设计、开发和交付的所有方面。

挑战

即使范围、进度和成本被确定并被整合在一起，要实现成功还必须应对挑战。正确处理这些挑战很可能需要对原始范围、进度和成本计划进行更新和修正。

风险

无论规模大小或复杂程度如何，所有项目都会面临风险。在项目规划阶段，必须分析确定的范围、进度和成本，以确定是否可能出现潜在问题。风险是可能发生的问题，应该在项目开始时进行识别。通常，风险识别需要更明确地确定范围，以便更准确地识别和解决风险。风险需要减轻计划，因此如果它们出现，它们可以得到有效处理，而不会影响项目的成功。风险减轻计划流程需要四个步骤：

（1）明确地定义风险。

（2）确定风险发生的概率。

（3）确定减轻风险的额外成本。

（4）确定对项目进度的潜在影响。

风险减轻计划将需要额外的预算分配，此类减轻活动也必须包含在进度中。

资源

一旦确定了范围、进度、成本和风险，就可以正确识别必要的资源。这些资源包括人员、材料、设施、专用设备和/或工具等。资源通常仅在特定时间可用，因此可能需要修改原始进度以应对所需资源何时可用。资源可用性的问题可能还需要调整原始预算。在分析必要资源的可用性时，被识别的风险必须添加到减轻计划中。

质量

质量问题通常会在适当确定范围、进度、成本、风险和资源后被处理，必须规划和实施质量保证（Quality Assurance，QA）活动，以便达到客户满意度并使项目成功。质量保证活动将主要基于确定的范围和必须达到的项目目标创建。这些活动将影响成本和进度，所以必须分配适当的资源和预算来确保质量保证活动富有成效。

当范围、成本、进度、资源、风险和质量得到处理和有效整合时，项目便会成功。当客户在他们要求的时间内以他们同意的价格得到他们要求的产品时，就达到了总体项目质量。只有有效平衡制约因素和挑战，才能取得项目质量和成功。

2.4 伤脑筋之四：客户满意度

传统上，公司认为每个客户都是一锤子买卖，满足了这个客户的需求后，工作重心就转移到下一个客户身上。如果潜在的客户群很大，这种做法是可以接受的。今天，项目驱动的组织，即那些依靠持续的、客户资助的项目流来盈利的组织，正在实行“合约项目管理”。在“合约项目管理”中，对于每个潜在的新客户，承包商都用类似婚约的方式来洽谈，希望和客户建立长期关系，而不仅是一次合作机会。在这种洽谈中，承包商不仅推销自己的产品和解决方案，也表达了愿意调整企业项目管理方法的意愿，以便与客户的管理方法一致。为了保持客户满意度，并进而维持长期的关系，承包商期望客户提供建议，以便让自己的企业项目管理方法延伸到客户的组织中。在 ABB 集团的企业项目管理方法中，生命周期的最后一个阶段就是“客户满意度管理”。这个阶段是专门设计的，以获得客户反馈，来保证长期的客户满意度。

采用“合约项目管理”是一项强有力的最佳实践。有了它，公司就能将其对项目管理的认知转化为现实，也就是让项目管理演化为公司的战略竞争力，保证公司持续的竞争优势。这种方法有它的好处，但是它也打开了“潘多拉魔盒”。客户会期望对承包商的项目管理方法设计具有发言权。一家汽车配件商决定在制定企业项目管理方法的时候，听取三大客户（通用、福特、克莱斯勒）之一的意见。虽然这表现了对某家客户的善意，提高了这家客户的满意度，但是对其他对项目管理有不同需求和不同看法的客户来说，就产生了严重的问题。究竟需要给客户多大的权限，来为承包商的企业项目管理系统提供建议呢？为了提高客户满意度，冒险打开“潘多拉魔盒”是个好主意吗？客户对承包商如何管理项目应该有多大发言权呢？如果这使得客户开始对承包商的工作指手画脚，又会怎样呢？

2.5 伤脑筋之五：响应客户不断变化的需求

当项目管理成为竞争武器，并最终带来战略竞争优势时，必须迅速处理客户需求的变化。企业项目管理系统必须有一套配置管理流程来控制项目中的各类变更。企业项目管理系统中的变更控制流程必须保持灵活性。但是，如果客户需求的变化大到了一定程度，不得不对企业项目管理系统做出相应的改变，而这些改变并不是最佳实践，反而会带来坏的影响，这时又会发生什么事呢？

一家一级汽车部件供应商花了数年时间，开发出了一套研发新产品、新部件的企业项目管理系统，得到客户的高度认可。客户和公司都认为这套企业项目管理系统是一个最佳实践。但是现在状况要变了，客户为了省钱，准备只与很少的供应商进行合作。他们挑选特定的供应商成为"解决方案提供者"，负责主要部分或汽车主体，而不是个别零部件。一些一级部件供应商合并或并购了其他公司，以便成为主要部件的供应商。整个企业项目管理系统都不得不做出改变，很多时候还出现了文化冲击。一些被并购的公司有很强势的项目管理文化和最佳实践，甚至压倒了并购方的项目管理文化；另一些被并购的公司在项目管理方面则是一片空白。更糟糕的是，所有这些公司都是国际公司，全球化的问题成为中心问题。现在，最佳实践都是相互竞争的。

经过几年的动荡，现在许多部件供应商都即将取得成功。合并和收购都成功了，并开始实施新的、统一的一套最佳实践。但是，客户的需求又要变了。客户现在打算重新回到零部件采购方式，而不是"解决方案采购"，因为觉得零部件采购能降低成本。如果在整个行业内发生这种变化，就又会有新一轮的问题令人大伤脑筋，伴随大规模重组、分裂、文化的变化和企业项目管理系统的巨大改变等。承包商如何让客户相信这种行动是对整个行业不利的呢？那些以前财政状况很好的主要部件或汽车主体制造商，如果转为零部件制造商，可能再也无法取得这样的成功了。

2.6 伤脑筋之六：项目管理办公室的汇报层级

公司成立了项目管理办公室来保护项目管理的知识产权。项目管理办公室的职责包括制订项目管理的战略计划，开发并改进企业项目管理方法，维护项目管理模板、表格和指南、项目的组合管理，指导缺乏经验的项目经理，提供解决项目问题的热线支持和维护项目管理最佳实践库等。项目管理办公室成为所有项目管理最佳实践的监护者。

虽然许多公司都认为成立项目管理办公室是一个最佳实践，但是这种做法也将大量知识产权交由少数几个人掌管，而掌握这些信息代表着权力。所有这些知识产权都由项目管理办公室的三四个人掌管时，项目管理办公室的直接领导就有可能比他的同事们更有权力。遗憾的是，项目管理办公室必须向高级管理人员这一管理层汇报，这就使得高级管理人员之间可能出现争夺项目管理办公室控制权的暗战。

为了缓解对个别高级管理人员权力高于其同事的担心，公司通常成立多个项目管理办公室。这些项目管理办公室应该相互联系并自由地交换信息。惠普就有多个相互联系的项目管理办公室。柯马公司在北美洲、南美洲、欧洲、亚洲，都有相互联系的项目管理办公室。星空联盟（Star Alliance）有 27 家加盟航空公司，每家航空公司都有一个项目管理办公室，由位于德国的一个项目管理办公室为领导。这些项目管理办公室是成功的，因为它们自由地共享信息及项目管理知识产权。

为了安抚每个高级管理人员，可能应该设立多个项目管理办公室；但是，有时候这也会带来伤脑筋的问题，因为项目管理知识产权不集中。更糟糕的是，如果每个高级管理人员，包括在各个国家的高级管理人员，都要求有自己的项目管理办公室，会变成什么样子呢？人们可能最终认为投资项目管理办公室属于过度管理。除非公司能看到每笔项目管理办公室的投资所获得的回报，否则项目管理办公室的概念可能消失。一个重要的最佳实践可能就此毁于公司内部的政治斗争中。

2.7 伤脑筋之七：现金流的两难抉择

对许多通过激烈的投标竞争求得生存的公司来说，准备一次投标的成本从几千美元到几十万美元。在大多数情况下，直到签署合同后，才开始有项目管理。如果项目结束时的获利没有达到准备项目建议或项目起始阶段的预期的话，结果将是灾难性的。公司建立起企业项目管理系统，并且系统运转良好后，大多数公司都认为，现在它们可以承接更多的工作。公司开始竞标每个有希望的合同，因为它们相信企业项目管理系统会在不牺牲质量的前提下，帮助它们在更短的时间内、使用更少的资源，完成更多的工作。

2002 年夏天，一家大跨国公司在欧洲建立了一个项目管理培训计划，培训了 50 个来自不同国家的项目经理。公司副总裁在课程开始之前的 10 分钟致辞中表示："公司现在要开始推掉一些工作了。"项目经理不解其意，希望副总裁给予解释。这位副总裁就在白板上画下了图 2-3 中的开销曲线，并明确指出公司将不再接受最终盈利率小于 4%～6%的项目，因为这种项目就等于公司在向客户贷款。公司就像客户的银行，根本没有获利。为了降低投标的成本，公司将采用预估数据库而不是分时间阶段的工时来准备标书。项目决定进行前，无法发现现金流的问题。

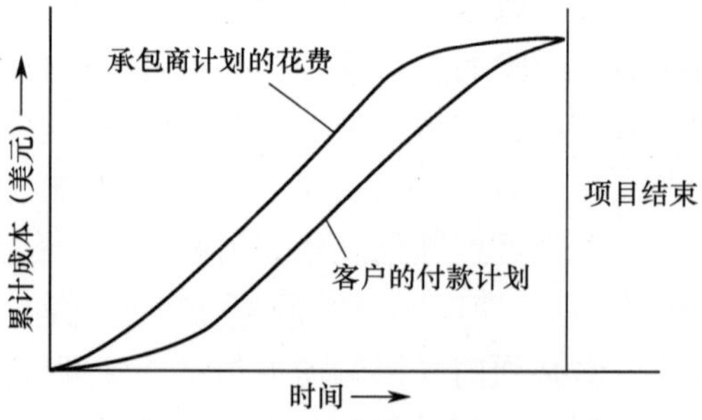

图 2-3 开销曲线

虽然项目融资已经成为一种可接受的做法，但它确实会在业已严酷的市场竞争中进一步挤压公司的利润。为了保持盈利，公司常常不得不把项目建议书放到一边，不按最初告诉客户的日程来安排资源，而是根据客户的付款计划来安排资源。这虽然会带来短期的盈利，但通常会导致日程拉长、带来法律诉讼的风险和让客户感到不满。平衡客户满意度、长期客户关系和盈利，是令人非常头痛的事。如果无法维持盈利，哪怕是像建立世界级企业项目管理系统这样的最佳实践，最终也会导致有害的结果。

2.8　伤脑筋之八：项目范围变化的两难抉择

对那些成功获得竞标才能生存下来的公司，获得的利益通常取决于项目开始后项目范围变更的大小。原来的合同标价可能过低，因为承包商寄希望于客户或承包商引发的项目范围变化能带来更多利润。为了将利润最大化，在企业项目管理系统中，必须要有最佳实践的范围变更控制流程。

多年来，项目经理的主管们经常鼓励项目经理去发掘所有客户付费的增值项目范围变更。但是，这些范围变更带来了与其他项目的重大冲突，涉及能力计划和关键资源的安排。随着公司在项目管理上的成熟，企业项目管理系统逐步转到了网上。每个单独项目的进度被汇总为总体进度，以便高级管理层能看到未来 90～180 天的可行的资源配置情况。这样，公司可以在不使现有员工负担过重的情况下，决定还可以承接多少新的工作。一旦发现资源瓶颈，公司也可以比较清楚地知道在哪个职能组再雇用多少员工。

随着计划能力从艺术变为科学，如何为意外的范围变更找到合格的资源来完成额外工作的问题也与日俱增。一个项目的利润最大化，或许不代表公司的最佳利益，尤其是当这些资源可能更有效地用于组织其他地方时。今天的组织常常人手不够，因为大家相信工作比人头多，要胜于人头比工作多。高级管理人员必须找到方法来平衡项目所需资源的增加、范围变更、项目组合的选择，以及一线经理和项目经理之间紧张的工作关系。高级管理人员怎样才能说服项目经理，范围变更是不必要的，忘记利润最大化?

2.9　伤脑筋之九：是否外包

项目管理办公室的一项职责就是在项目结束的时候听取项目组的汇报。这包括获取经验教训、发现改进企业项目管理系统的机会和更新项目预估数据库等。随着项目预估数据库的改进，公司意识到，外包一些项目工作，比起公司自己完成这些工作，成本可以大大降低。

尽管这是一个重要的最佳实践，可以帮公司省些钱，但它也可能带来害处。当一家银行准备对其信息系统部进行裁员，并将被裁员工的岗位进行更经济的外包时，被当地报纸发现了，并对这家银行做了非常负面的报道。另一家机构倒是把自己的信息系统工作外包了，但是它不得不向供应商和承包商提供公司的私有数据。当高级管理人员不得不平衡短期获利和公司长期健康运营，以及相关方的需要和期望时，他们不由得大伤脑筋。

最佳实践应该是对公司和员工都有利的。如果最佳实践的实施会导致有人丢掉工作，这个最佳实践在员工的眼里就一文不值了。

2.10 伤脑筋之十：决定何时取消项目

每个企业项目管理系统几乎都是基于项目生命周期的。每个生命周期阶段的结束，都有一个阶段结束的关口评审会。这个会议要决定项目是否继续进入下一阶段。几乎没什么项目会在项目初期阶段的关口评审会上取消。一个原因是，项目经理不必在这时提供做出可行的决定所必需的全部重要信息。项目经理在预测报告中会提供项目结束的预期时间和预期成本。报告中缺少的则是比成本和时间更重要的预期收益。尽管大家都理解，在项目生命周期的初期可能很难获得这个数据；然而还是应该尽最大努力，提供对项目结束时收益的合理预测。

即使项目推迟了或超支了，还是有可能达到预期收益的。同样，即使项目有所节余、进度提前了，也不一定能保证项目结束时会实现立项的愿景。一家公司提出了映像日期的概念，团队定期标出绩效的日期，高级管理者评审映像日期，以确认项目继续。这一概念能被扩展以包括项目结束时的预期收益。

好的项目管理方法成为最佳实践，并为管理项目提供有价值的信息。这套系统还必须能提供高级管理层进行重要决策时所需的信息。在很多情况下，企业项目管理系统的发展只考虑了项目经理的方便，却没有考虑整个公司的最佳利益。

2.11 伤脑筋之十一：如何发放项目奖励

也许令高级管理层最伤脑筋的事，就是在公司的薪酬管理系统内，建立一套公平的项目奖励/成绩认可系统。公司已经认识到项目管理是整个团队的努力，奖励团队可能比奖励个人对公司更有利。伤脑筋的部分在于如何有效地进行奖励。

有下面一些问题需要解决：

- 谁来评定每个人对项目成功的贡献大小？
- 在项目上所花费的时间是否应该影响奖励的多少？
- 谁来决定奖励的多少？
- 奖励系统会不会影响将来的项目预估，尤其是针对预算节余的奖励？
- 奖励的多少会不会影响将来项目的人选？
- 员工会不会倾向于跟随成功完成过很多项目的项目经理工作，因为在那些项目中发放了大量的奖励？
- 员工会不会离开高风险项目，因为可能得不到奖励？
- 员工会不会尽量避开长期项目的安排？
- 工会员工是否也能参与项目奖励计划？

提供金钱奖励或非金钱奖励，只要是建立在公平的基础上，就都是最佳实践。不能公平地发放奖励，会毁掉哪怕是最好的企业项目管理系统，也会破坏多年形成的企业文化。

2.12　伤脑筋之十二：不健康的企业文化

建立正确的项目管理企业文化并不容易。然而，如果已有很强的企业文化积极支持项目管理，并带进其他的最佳实践，那么这种文化是很难被其他公司复制的。有些企业文化支持坚固的壁垒，缺乏成员间的合作。另一些文化基于互不信任，还有一些文化培养出这样的风气，即对管理层一贯保密是可以接受的。

一家电信公司拨款进行了 20 多个新产品的研发项目，这些项目都需要在某个季度完成，以取悦华尔街，并为分红提供现金支持。管理层对坏消息总是反应过度，并对提供给高级管理层的信息进行过滤。项目管理方法使用得很保守，因为害怕高级管理层会早早意识到一些项目的严重问题。

由于没有听到任何坏消息，高级管理层相信所有的项目都在按计划进行。后来高级管理层发现不止一个项目出现严重问题时，才开始仔细审核所有的项目。一天当中，8 个项目经理要么被撤换了，要么被解雇了。但是破坏已经产生了，问题的症结是以前建立的那些企业文化。惩罚通报虚假消息的人，会破坏一个可能原本不错的项目管理系统，并打击士气。

在另一家电信公司里，高级管理层鼓励创新，给其员工创新的自由度。员工主要是拥有高等学历的技术人员。公司期望这些员工可以用多达 20%的工作时间来提出关于新产品的好创意。遗憾的是，这些时间都要记在员工当时正在做的项目上，这就使得企业项目管理系统在成本和进度方面不是那么有效。

虽然管理层的用意是好的，结果却不像他们期待的那样。新产品的确在进行研发，但是资金回收周期越来越长，运营成本也在不断增加。挑选项目组合时确定的预算毫无意义。更糟糕的是，技术部门定义的项目成功标准不只是达到规范要求，而是要超过规范要求。管理层的成功定义则是产品的商业化。事实上，每出现一个在商业上基本成功的项目，可能必须有 50～60 个新想法及新项目做支撑。新产品的研发大量吞噬了公司的现金，而一开始，人们就将其归咎于项目管理。即使最好的企业项目管理系统，如果不知道花费的金钱和时间的情况，也无法察觉项目何时已经结束了。

建立好的项目管理文化可能要花费数年；但是仅仅由于管理层的突发奇想，就有可能迅速毁掉这样的文化。一家公司进行了两个高风险的研发项目，期望每个项目都能在 12 个月内获得技术上的突破。即使真的能有技术突破，产品的寿命约为 1 年，之后就会落伍。

每个项目都有一位高级管理人员作为项目发起人。在第一个关口评审会上，两个项目经理都建议中止项目。作为项目发起人的高级管理人员碍于面子，没有在损失不大的情况下及时中止项目，而是命令项目继续进行，直到下一个关口评审。之后，他们还强迫项目继续进行，直到结束。技术上的突破比原计划晚了 6 个月，而且两个产品一点也没卖出去。只有一种方法让这两位高级管理人员项目发起人保存颜面，就是以成功完成了两个新产品的开发的名义将两位项目经理晋升到更高的职位，然后指责市场和销售团队在寻找客户方面的无能。

结束项目从来就不是件容易的事。人们常常把坏消息看成个人的失败、无能的表现，以及职业生涯的污点。我们必须理解，披露失败不是无能的表现。这个教训很清楚：所有决策都一贯正确的高级管理人员做的决策一定不多；所有项目都成功完成的公司做的项目一定不多，一定没有承担合理的风险。

2.13 伤脑筋之十三：政治影响

完成项目需要人员，可这并不意味着分配进项目的人员都能够做出有利于项目的正确决策。当人们参与一个新项目时，往往会有这样的想法："我能从中得到什么？这个任务能给我的职业生涯带来什么好处？"

这种思维能渗透到一个项目所有层级的管理人员，甚至包括项目治理的负责人，让人大伤脑筋。人们在想要得到利益的时候趋向于"玩政治"，项目经理必须克服这种伎俩带来的障碍。公司组织层面上的正式嘉奖可以激励员工，可非正式的内部政治团体一样能给相关人员带来利益。当来自任何一方可能的利益受到威胁时，就会产生障碍。这种障碍会导致一些冲突。例如，项目如何计划？易受高层关注的行动分配给哪些人？采用什么方法来解决某一问题，以及其他隐藏在日常工作中的此类问题。有人甚至希望项目失败以谋取私利。

政治意识是今天的项目经理的一项基本技能。当进行项目管理时，不能够单凭技术或管理能力，你必须理解所面对的人员和组织的政治属性，必须明白项目管理中难免存在政治和冲突。未来的项目经理需要有政治敏感度。遗憾的是，关于项目管理中的政治，虽已有几本书出版，但是在项目管理知识体系（PMBOK®）中，其相关介绍依然很有限。

◆ 政治风险

在复杂的大型项目中，政治常被视为政治风险，尤其是有些项目实施地点的所在国存在政府干涉和政治暴力。政治风险的一些因素主要包括下列方面：

- 政治环境变化，如新政党当权。
- 所在国的财政政策、采购政策和劳务政策的改变。
- 项目资产和/或知识产权的国有化或非法侵吞。
- 由政变、恐怖袭击、绑架、勒索、暗杀、内战和暴动引起的社会动荡。
- 通货膨胀率的显著变化导致的不利货币兑换政策。
- 合同失效，如吊销执照或付款失败。

我们倾向于将大部分这类风险纳入企业环境因素中，由项目发起人或治理委员会负责。实际上，当项目在所在国实施时，通常是由项目经理来处理这些政治风险的。

随着项目规模和复杂程度的增加，项目超支会增多，政治干预的可能性就增大。在有的国家，如美国，向上升级的问题通常意味着可以在项目发起人手中得到解决。在另一些国家，特别是一些新兴市场所在国，出现的问题会越过治理委员会，上升到更高一级政府部门那里。在极易面临巨大超支的特大项目上，这一点体现得尤为明显。

◆ 玩政治的原因

人们“玩政治”的原因有很多，一些常见的原因如下：

- 希望控制稀缺资源。
- 追逐荣誉、权力和地位。
- 维持个人形象和自我价值。
- 另有企图。
- 担心自己会默默无闻。
- 控制海外出差人员。
- 控制可带来权力的重要信息。
- 试图利用别人来完成工作。
- 仅愿意面对顺心事。
- 不肯接受或承认失败。
- 把坏消息视为个人失败。
- 害怕错误曝光。
- 把失败当作弱点。
- 认为失败会损害个人名誉。
- 认为失败会损害职业生涯。

以上这些原因均为“利己”，但有些政治游戏玩起来是为了“损人”。一旦“损人”，往往就不会再“利己”。举例如下：

- 希望项目失败。
- 当项目成功后害怕改变。
- 意图损坏他人，尤其是自己职场晋升路上的“挡路人”的形象和名誉。
- 为稳固自己的位置指责他人的想法。

◆ 将会发生政治游戏的情景

虽然政治可以存在于项目整个生命周期阶段的任何一个阶段，但是历史经验告诉我们，政治有可能发生在以下一些典型情景中：

- 试图在一个保守的文化中达到项目管理成熟度。
- 在企业并购过程中，“兼并者”和“被兼并者”处于两种不同水平的项目管理成熟度。
- 试图让整个组织接受一种项目管理方法，该方法仅由一个职能部门而不是由所有职能部门成员组成的联合理事会提出。
- 不相信项目能成功完成且有自我保护倾向。

- 如果项目成功，工作习惯和做事方式会被改变。
- 当产生问题时，不知道它会在哪里获得解决。
- 相信虚拟团体会被隔离在项目政治之外。
- 规模越大、越复杂的项目，越有可能给政治干涉带来机会。
- 治理委员会的规模越大，越可能发生意见不统一的情况，出现政治事件。
- 未能理解相关方有效关系管理实践。
- 在项目中越有权力的人，越有可能被卷入项目政治中。
- 被认为是首席员工的人，比普通员工更倾向于玩政治游戏。

◆ 治理委员会

项目政治最终常常会将项目推向跟最初的工作说明书不同的方向。这种推动力可能来自你自己的高级管理层、你自己的项目团队成员、客户，甚至一些相关方。每个人都希望将结果小幅调整，而你的工作就是找到安抚每个人的方法。

表面上看来，最简单的解决方案是成立一个由公司高级管理者、客户代表和各种相关方代表组成的治理委员会，然后让治理委员会去解决所有的内部冲突，以及为项目提供一个统一的方向。从更高权力组织获得支持看起来没什么错，但是，治理委员会仍存在不能达成内部意见一致的可能。甚至有这样的情况：他们想要意见统一，但有人试图在幕后玩政治。治理委员会的存在不能根除项目政治的存在。为了巩固权力，治理委员会内部成员也会玩政治。

大多数公司提供给项目的资金是有限的。行政层争夺资金的结果，可能仅会让某一职能部门受益，而不是公司整体的利益最大。行政人员通过玩政治游戏，会让他们的项目比其他人先期获批，并把这种领先视为他们权力的提升。治理委员会中可能包括在项目资金争夺中失利的职能部门的行政人员，他们可能对项目施加负面的政治影响，甚至希望项目失败。结果，任命的和项目批准后引进的项目经理，直到进入项目后，才完全理解项目批准和启动时玩的政治游戏。

◆ 敌友之辨

迅速判断一个人是敌还是友通常很难。并不是所有有政治企图的人都是敌人。有些人会为了你的最佳利益而玩政治。因此，通过其个人企图来进行敌友的分辨是非常有益的。这意味着你必须跟他们沟通，尽可能地通过非正式方式来理解他们的企图。通过肢体语言来初步猜测一个人是敌是友，通常是个好办法。

一个可能有效的对人们进行分类的方法是：

- 真正的支持者。这些人公开表示他们愿意支持你和你在项目中的立场。
- 中立者。这些人可能支持你，只要今后你向他们证明你是值得他们信任和支持的。可能为了表明你的立场并赢得他们的支持，你需要花更多的时间。
- 真正的态度不明者。不同于被你的思维方式所征服的中立者，这些人是真正的态度不明者。他们可能存在并不符合你最佳利益的潜在企图，但他们相对安静，并且不轻易表达他们的担心。当他们强烈反对项目进展方向时，他们可能造成很严重的威胁。

- 真正的敌人。这是一些明确表达不支持你的看法的人。你理解他们的立场，可能也很清楚他们对你和项目发展趋势的态度。

◆ 攻击或撤退

当人们在项目中玩政治游戏时，有两个事实似乎是必然的。首先，这些人对玩政治游戏很有经验；其次，他们想赢。面对冲突，你必须选择是强力进攻还是撤退。简单的不采取行动是一种回避，而这必将使你在这场斗争中失败。

斗争的第一个法则是尽可能多地收集关于敌人的情报。举例说明，借助相关方管理，如图 2-4 所示。常用网格显示在项目中相关方之间的权力和利益等级比较。

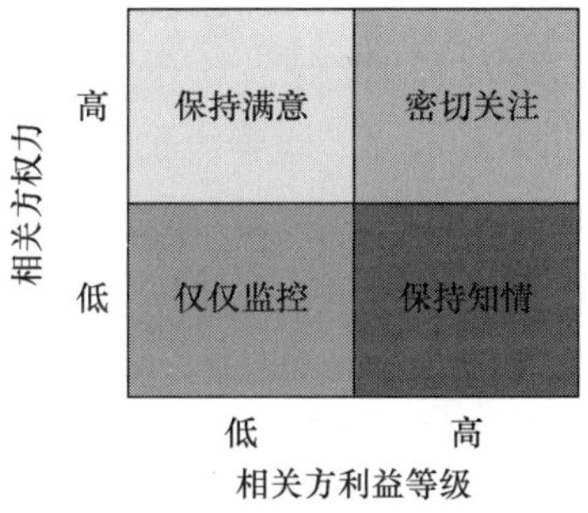

图 2-4　相关方地图

- 密切关注。这些权力高、利益高的人可以让你的项目要么成功、要么失败。你必须尽全力取悦他们。请注意有些因素可使他们迅速改变象限。
- 保持满意。这些权力高、利益不高的人也可以让你的项目要么成功、要么失败。你必须让他们保持满意，但不要告诉过多的可能让他们厌倦或完全没利益的细节。可能到项目接近结束，他们都没有涉及其中。
- 保持知情。这些是权力有限但对项目有利益诉求的人。他们可以作为问题到来时的早期预警系统发挥作用，也可能技术精湛到可以协助解决技术问题。这些是时常可以提供潜在机会的相关方。
- 仅仅监控。这些是权力有限，同时除非发生重大灾祸，否则对项目利益无诉求的人。可以给他们提供一些信息，但不要包括太多让他们厌倦或完全没利益的细节。

当你对玩政治的人展开攻势时，开火的同时别忘了必要的后备支援。你必须准备好展示这些政治性决策将如何影响项目的限制条件和相关基准。根据图 2-4 判断你的对手的权力和利益水平后，你可能需要其他相关方来帮助你申辩。拥有跟玩政治游戏的人相同或更高权力水平的支持者是极为有利的。

并不是所有的政治斗争都需要赢。那些玩政治游戏的，以及掌握巨大权力的人可能也有取消项目的权力。在这种情况下，撤退是唯一可行的选择。但如果你真的疏远了这些玩政治游戏的人，情况会更加恶化，因为未来你依然有可能跟这些人一起工作。不管怎样，最好的办法是试图理解这些玩政治游戏的人，理解他们玩政治游戏的原因，以及在最终决策中他们有多少权力和影响力。

◆ 有效沟通的需要

当有人在你的项目中玩政治游戏或打算玩政治游戏的时候，虽然并不总是可以辨别，但会有一些迹象表明这些事在发生。这些迹象包括：

- 人们不在意你的感受。
- 人们回避讨论关键问题。
- 对于问题，人们从来不询问你的感受。
- 做决策的时候拖延。
- 总为未能完成的活动找借口。
- 人们仅仅讨论对他们个人有利的项目。

项目经理对这些迹象无法控制的同时，如果再加上无效的沟通，会让情况更糟。为了将项目中的政治影响最小化，项目经理应该考虑使用以下实践：

- 说话前仔细聆听，不要急于下结论。
- 确保能够理解其他人在说什么，并从他们的观点里看到问题。
- 所有非正式的沟通应该有一个备忘录，记录下讨论过的问题，并确保不存在误解。
- 在坚持你的观点前，确保你已收集到所有必要的支持信息。
- 确保你能够清晰理解文化背景对他人跟你沟通方式的影响。
- 如果你必须提供批评性意见，确保意见具有建设性，而不是针对个人的批评。
- 在解决政治性问题时，必定有输有赢，仅仅选出赢家并没有结束。你必须向每个人解释为什么选择这个方法，而为什么没有考虑其他方法。解释这些必须有一定的技巧。
- 如果不能有效地控制局面，去向高级管理层征求意见和帮助是明智的选择。
- 无效沟通会滋生谎言，反过来伴随很大的怀疑，助长政治游戏的产生。

在与团队成员、客户和相关方讨论政治的时候，项目经理必须谨慎。信息可能被误读和过滤，特别是人们只想听他们想听到的信息时。结果就是意料之外的政治游戏，同时朋友也会轻易变成敌人。

◆ 权力和影响力

仅靠有效沟通技巧是不能解决所有的政治问题的。为了理解这是为什么，我们要着眼于项目管理通常是如何进行的。如果所有项目都停留在传统层级结构内，就存在一个可以解决政治问题的拥有至高权力的人。既然大部分项目都超出了传统层级结构范围，即便治理委员会存在，解决冲突和政治问题的重担还是压在了项目经理肩上。治理委员会很有可能是冲突产生的主要原因。

表面上，似乎最简单的解决方案是赋予项目经理解决政治问题的足够权力。但项目执行通常超出了传统层级结构范围，这样就限制了项目经理所拥有的权力。正式权力的缺失让项目经理的工作更加困难。虽然项目章程已经赋予了项目经理一定程度的权力，但很多项目经理依然受到限制，原因是：

- 项目经理为了得到合格的资源，必须跟职能经理沟通。
- 没有职能经理的同意，项目经理不能开除参与项目的人员。
- 项目经理通常在工资和薪酬管理上没有直接权力。
- 项目经理事实上可能没有奖惩权力。
- 如果人员被指定参与多个项目，项目经理可能没法强迫他们在自己所负责的项目中及时工作。

由于传统层级结构带来的权力缺失和奖惩能力缺乏，项目经理必须依靠其他形式的权力来影响人们。一些如有效沟通、激励技巧、冲突管理、谈判和协商等行为技能对解决政治纠纷还是有必要的。可惜大部分项目经理缺乏政治悟性和冲突解决能力。

◆ 管理项目政治

当项目政治不可避免的时候，有些行动可以让项目经理减少政治问题的产生或控制政治问题的影响。这些行动如下：

- 收集关于政治局势的尽可能多的情报。
- 确保每个人完全理解政治局势对项目基线的影响。
- 试着站在玩政治游戏的人的角度看问题。
- 试着与他人联合，一起玩政治游戏。
- 看看项目发起人或治理委员会会不会因为政治游戏而孤立你。
- 利用结构化的决策方法作为项目管理方法中的一部分，可以减少一些政治游戏。
- 试着从一个人的肢体语言中判断他的政治立场。
- 如果政治局势不能很快缓解，在没有牺牲整个项目的前提下，表明妥协的意愿。

权力产生政治，政治反过来助长权力。期望管理一个没有任何政治冲突的项目是不切实际的想法，我们不能预测客户和相关方的行为。有时候政治事件会在没有任何早期征兆的情况下发生。

没人能统一定义组织或项目政治，政治以各种形态存在。因此，项目经理必须学习更高级的行为技能来处理各种政治局势。不能正确管理政治问题的危害就是项目方向的改变或迷失。

2.14　七宗罪引发的伤脑筋

40 多年以来，教科书、杂志文章和论文对项目管理领域中项目失败的原因做出了种种论述。遗憾的是，许多失败原因分析仅仅限于失败教训的表面，而没有进行深层分析。当设法发现失败根源时，我们往往首先从承包商中寻找责任人，而不是从自己公司中寻找。如果这种做法不管用，我们就会循着本公司的组织层级，将视线转向项目团队，紧接着就是项目经理。一旦我们找到了一个“责任人”，这种寻找就此结束，大家都对找到“失败根源”感到舒心顺意。

指责组织结构的底层而不是高层，是人类的天性。然而，失败的真正原因是组织高层的行为（或不作为）和决策，而不是底层。出于人类的天性，人们也总免不了在 7 宗罪的影响下进行决策，它们分别是嫉妒、愤怒、骄傲、贪婪、怠惰、欲望和饕餮。在 7 宗罪影响下的决策，不论是由高层还是由底层做出的，都会对项目产生可怕的影响。有时，这些罪行难以识别。我们不能简单地看到和感觉到我们在犯罪。

尽管我们不愿意承认，这 7 宗罪迟早会影响我们。有些人只是犯了其中的一两宗罪，而另一些人可能犯了全部 7 宗罪。遗憾的是，当这些罪行影响了高层管理人员对项目的管理方式时，不论他们是项目发起人还是管理团队成员，项目会受到最严重的破坏。高层的错误决策，尤其是基于感情而非实际情况的决策，能够在项目启动之前就将其置于毁灭之路上。

◆ 七宗罪

“七宗罪”这个词，也指“重大的恶行”或“主要的罪行”，是对罪行的一种分类。它们原本是天主教道德规范的一部分，用于教育教徒关于堕落的人们犯下的罪恶。在我们现在普遍所知的版本中记载的罪名是愤怒、贪婪、怠惰、骄傲、欲望、嫉妒和饕餮。过去 4 个世纪以来，部分罪行在天主教、印度教、伊斯兰教、佛教和犹太教的各种宗教著作中被从多个角度论述。多年来，这些罪名被无数的神父、哲学家、心理学家、作家、诗人和教育家一再修正和讨论。

表 2-1 中对七宗罪进行了逐一简要叙述。每种罪名都与一种动物、一种颜色，甚至犯罪者因该罪在地狱所受的惩罚相关联。

表 2-1 七宗罪

罪 行	特 性	动 物	颜 色	地狱中的惩罚
嫉妒	占有他人所有物的欲望	蛇	绿色	投入冰水中
愤怒/暴怒	极度不高兴的情绪	狮子	红色	活体肢解
骄傲	对内在感情满足的需求	孔雀	紫色	轮碾
贪婪	对物质、财物等的欲望	癞蛤蟆	黄色	热油锅煎
怠惰	逃避工作	蜗牛	浅蓝	扔进蛇坑
欲望	一种渴望，不一定是性欲	山羊	蓝色	浓烟熏呛
饕餮	超出需求的消费	猪	橙色	强迫吃老鼠、癞蛤蟆和蛇

在项目环境中，任何一种或几种罪行都能够让理性的人做出非理性的决策，这种情况可能发生在企业组织的任何一个层级。在某些层级，罪行的存在会对项目效果产生更大的

影响。如果在项目开始，罪行的作用就显而易见的话，那么开始阶段的糟糕决策会对接下来各阶段都产生不利影响。

嫉妒

- “嫉妒之心窥视着他人的春风得意，却忽视了自己已有的幸福。”（哈洛德·科芬）
- “嫉妒是无知，模仿是自杀。”（拉尔夫·瓦尔多·爱默生）
- “当人们充满嫉妒，他们鄙视一切，无论是好还是坏。”（普布里乌斯·克奈里乌斯·塔西佗）

嫉妒是希望拥有他人所有物的欲望。这种充满愤恨的情绪产生于一个人缺乏别人优于自己的身份、财物、好运、品质、能力或地位。嫉妒可能促使某人将不幸加诸别人身上，并试图破坏别人的好处或让别人无法获得好处。嫉妒也可能影响人与人之间的关系，如人们会故意忽略他们嫉妒的人。嫉妒的近义词有妒忌、怨恨、恼恨和愤恨。

嫉妒既可能是恶意的，也可能是良性的。恶意的嫉妒有刚才提及的所有特点。良性的嫉妒可以成为积极的动力，促使人们以积极的态度去努力达成自己的心愿。良性的嫉妒通常存在于组织结构的底层，而恶意的嫉妒经常存在于组织高层。

以下 4 个情景说明了嫉妒如何导致项目的灾难。

情景 1：组织重组失败

一家公司有 4 个部门，每个部门都由一位高级副总裁领导。以往，多数项目都由单一部门完成。每个部门都有各自的项目管理方法，而且成功的项目案例远远比失败的多。随着市场环境的变化，公司开始承担需要多部门协作完成的项目。同时使用多个项目管理方法管理一个项目成了不可能的任务。

总裁要求必须只用一种方法来管理项目，所有部门都必须采用该方法。该公司成立了一个项目管理办公室（PMO），总裁任命了其中一个副总裁领导 PMO。其他 3 个部门的员工被临时抽调加入 PMO，在该副总裁领导下共同制定统一的项目管理办法。

PMO 的成员看起来工作很顺利，但是 4 个副总裁都要求有最终签字权，授权统一项目管理方法的采用。每个副总裁都认为他们本部门的项目管理方法应该成为制定这个唯一方法的主要推动力。不论 PMO 拿出的方法设计如何，每个副总裁都表现出嫉妒和怨恨，对其他人的想法挑错。当这个现象发生时，由于缺乏项目执行的架构，失败的项目开始增加。

很明显，不论哪个副总裁领导 PMO，这个副总裁就比其他 3 个副总裁拥有了更大的权力，因为他掌握了项目管理的知识成果。信息就是力量。对信息占有嫉妒的代价就是无法有效地管理和控制项目。最终，总裁介入，并让每个副总裁都建立一个 PMO。但是，这 4 个 PMO 需要互相协作。这让情况有所缓解。即便他们就项目管理方法达成了一致，每个 PMO 都试图引导其他 PMO 按照自己的思路思考。可想而知，管理方法总是改来改去，项目也因为没有明确的方向而受影响。嫉妒使得做出的决策不能实现整个公司的利益最大化。

情景 2：奖励失败

由于相信有效的奖励或奖金制度可以激发项目团队的积极性，某公司管理高层宣布将根据项目的收益确定项目团队的奖金。该公司在竞标中中标的多数项目都价值数百万美元。项目经理很快意识到，如果项目的预算在竞标时适当上调，并仍然确保中标，那么他们就能获得大额奖金。

尽管公司因为项目预算上调而失去了一些本可中标的合同，但一些项目经理在合同结束时获得的奖金已经与部分管理层获得的奖金差不多了。许多管理层成员开始嫉妒他们的下属获得如此多的奖金。因为嫉妒，管理层改变了奖金政策，改为部分奖金分配给管理层，尽管他们并不是项目负责人。这样，给项目经理和项目工作人员的奖金就大幅减少了。一些项目工作人员宁愿怠工，也不愿意看到管理层得到本应由工作层获得的奖金。

情景 3：由于制造麻烦导致的失败

保罗是一家中型公司的运营主任。他的公司正在组建一个直接向首席执行官汇报的 PMO。保罗认为 PMO 主任是通向副总裁的踏脚石，所以非常想担任这一新职务。保罗的首要竞争对手是布兰达。她是在公司工作 20 年的老员工，而且被公认为该公司最好的项目经理。由于布兰达优秀的决策技能，她几乎在她主管的项目中有着绝对的决策权。

当布兰达被委派负责最近的项目时，保罗申请并获得了布兰达那个项目负责人的位置。保罗嫉妒布兰达的能力和好运，他相信如果他能在不损害自己的前提下，给布兰达的项目捣捣乱，他就能轻松地当上 PMO 主任。保罗对布兰达的权力进行了限制，并要求自己作为负责人审批所有重大决策。保罗总是在面临决策时迫使布兰达做出不是最优的选择。布兰达的项目遭到了灭顶之灾，保罗不久就被任命为 PMO 主任。

嫉妒能让我们将不幸加诸他人身上以获得自己所求。保罗得到了晋升，但是布兰达和工作团队知道他的所作所为。保罗与主题专家的工作关系恶化了。

情景 4：关系失败

杰瑞和两个朋友住得很近，并同时加入了公司。杰瑞在项目管理团队工作，而另两人在工程部门工作。他们组成一个拼车小组，每天一起上下班。在业余时间，他们也常有来往。

加入公司两年后，杰瑞第二次获得了晋升，但他的两个同伴一次都没有获得过晋升。由于嫉妒杰瑞的成功，两人不再与他来往，也不再跟他拼车。这两人因为太嫉妒了，甚至拒绝在杰瑞的项目中工作。尽管两人并没有直接表现出对杰瑞的嫉妒，但事实胜于雄辩，他们的行为清楚地表达了他们的感受。

愤怒/暴怒

- “你每发怒 1 分钟，也就失去了 60 秒的幸福。”（拉尔夫 · 瓦尔多 · 爱默生）
- “如果在愤怒时说话，你将会做出最出色的演讲，却会令你终生感到悔恨。”（劳伦斯 · J. 彼得斯博士）
- “愤怒总有理由，但是很少是充足的理由。”（本杰明 · 富兰克林）
- “愤怒距离危险仅一步之遥。”（佚名）
- “愤怒，如果不加控制，常常比激起愤怒的伤痛本身更伤人。”（塞内加）

愤怒或暴怒是一种不高兴的强烈感觉。有时，我们愤怒是因为别人在项目中的所作所为冒犯了我们。另一些时候，我们表现出不必要的愤怒，是为了让别人感到困扰，以阻止他们的威胁性行为，如持续的计划延迟或超预算支出。愤怒常常是烦恼、生气、大怒和愤恨的同义词。

当我们生气时，我们常常失去客观性。我们可能突然感觉和表现出愤怒，也可能是故意的。愤怒有一个程度范围。其中在温和的一端，愤怒可能只是有一点儿生气，而在强烈的一端，愤怒可能导致暴怒和大发雷霆。并不是所有的愤怒都是明晰可见的。例如，消极的愤怒可能只表现为虚伪的笑、冷淡的对待、反应过度或反复检查物品。侵略性的愤怒可表现为欺凌、表达不信任、说话过快或破坏性行为。

以下是几个愤怒影响项目的例子。

情景 5：因不恰当的愤怒而失败

在为下一年的 20 个项目选择组合时，管理层在没有任何可行性支持数据的情况下制订了预算和进度计划。更糟糕的是，各项目的运营负责人强调不接受任何进度延迟或超预算支出。各项目团队制订出了细化的项目计划，20 个项目团队中的 8 个都断言高层制订的预算和进度计划是不现实的。但是，这 8 个项目团队并没有立即通知管理层他们对预算和进度的估计可能有误，反而开始着手实施项目并期待奇迹。项目团队认为这样比让管理层知道实情，惹怒他们要好得多。

这 8 个团队都没能见证奇迹。几个月后，管理层对其中一个团队做了一次项目健康检查，终于发现了真相：项目的情况很糟糕。随后，他们对所有 20 个项目都进行了健康检查，显而易见，这 8 个项目在财务和技术上都出现了问题。管理层对没能得到及时报告而非常愤怒，不仅取消了这 8 个项目，而且一天之内 8 个项目经理都被炒了鱿鱼。针对没有及早报告管理层一事，8 个项目团队都受到了部分指责。

但是，更多责任应该由管理层自己承担，尤其是他们曾表现出不恰当的愤怒行为。当项目团队确信他们从管理层那里得到的仅仅是怒气而不是解决问题的支持时，项目管理就无法成功，项目自然只能失败。为了避免惹怒管理层，坏消息常常被过滤掉。

情景 6：小算盘带来的失败

某公司首席信息官担任项目负责人，负责一个价值 2 500 万美元的信息技术项目，项目周期约为 1 年。他将 10 月 1 日定为项目上线的日期。在 7 月的项目进展总结会中，项目经理告诉首席信息官那个上线日期是不现实的。首席信息官大怒地问道："10 月 1 日软件有多少部分可以运行？"项目经理回答："大约 10%。"

首席信息官大发雷霆之后冲出会议室，并称项目团队为"无能的傻瓜"。随后，首席信息官批准了大量的加班，并许诺主要承包商 500 万美元的好处，只要他们能够在 10 月 1 日前确保软件部分的 50%可以运行，11 月 1 日前超过 70%完成即可。这个首席信息官知道公司年底的分红是与该项目的实施部分挂钩的。软件部分有了 70%的完成度，他的分红就很可观了。当来年 2 月项目终于完成时，运营委员会认为这个项目部分失败了，因为超预算支出了 500 万美元。因此，项目经理受到了责难，而首席信息官获得了他的分红。

情景 7：信息过滤导致的失败

政府部门的高级管理人员形成了一种文化，那就是当消息向上传播时坏消息会被过滤掉。允许坏消息直达高层意味着怒气将会从高层返回项目。因此，当信息抵达高层时，大部分坏消息已经消失，项目的风险都被隐藏了。曾有一个项目，其结果正如技术风险专家所预测的那样：7 名宇航员在“挑战者”号航天飞机升空爆炸中丧生。还有其他因素导致了这场灾难。在事故原因调查会议上，一个主题专家被问及：“为什么你没有将风险报告递交高级管理层呢？”主题专家陈述：“从行政级别上，我不应向高级管理层汇报。我的责任是将此报告给我的上司，他依次向上级报告。”

情景 8：集体信念导致的失败

集体信念是一种炽热的、通常是盲目的、愿意不惜一切代价和后果实现的愿望。当存在集体信念时，特别是它存在于高级管理层时，理性的组织也会做出非理性的决策，同时任何偏离集体信念的行为都会引发他人的愤怒。谁质疑集体信念或挑战其进展，就会被逐出项目组或被强烈责难。为了在项目中工作，每个人都必须抑制自己的愤怒情绪，随大溜而不理会结果如何。这些项目虽会技术成功，但财务上会失败，并不能完全达成企业的战略目标。

一个很好的例子就是铱星计划。铱星计划是一个为期 11 年的项目，但它的发布日期只比预期延迟了 1 个月。该项目是建立一个由 66 颗环绕地球的人造卫星组成的网络，使得人们可以与任何地点的任何人通话。项目管理是由摩托罗拉公司和铱星公司（Iridium LLP）负责的，它们表现出色，尤其是考虑到该项目产生了超过 1 000 项专利和 2 500 万条程序代码。从技术上来说，项目获得了成功，财务却是一个灾难。当他们发现无法获得足够的用户来收回成本时，愤怒由此产生。项目实施过程中，对高层愤怒的恐惧和集体信念的存在，使得人们几乎不可能挑战对未来用户的预期。

愤怒不需要表现出来就可以损害一个项目。仅仅是隐含的威胁或对愤怒的恐惧感，就能够大大影响团队的表现。

骄傲

- “一个骄傲的人总是看不起任何事和任何人。既然你总是向下看，自然看不到你上方的任何事。”（C. S. 路易斯）
- “盲人看不见，骄傲者不屑看。”（俄国谚语）
- “虚荣和骄傲尽管常被用作同义词，实际上却是两回事。一个人可能骄傲但不虚荣，骄傲是我们对自己的评价，虚荣则是我们希望别人如何评价我们自己。”（简·奥斯汀）
- “当我们独自一人时，我们很少骄傲。”（伏尔泰）

骄傲是帮助我们获得个人满足或达成个人目标的内在情绪。骄傲可以是一项美德，或者仅仅是对自己的爱，以及对个人成就的夸大感知，这种感情会带来愉悦感。骄傲同时包含消极和积极的内涵。从消极方面来说，骄傲会让我们在有所成就时极度膨胀。从积极方面来说，它可以是对其他人行为的倾慕，或者对于获得归属感的满足，如民族自豪感，或作为重要项目的一员的自豪感。

骄傲常常被看作美德。过度的骄傲则会导致不认同真相，这样有时会带来自我满足。骄傲的反义词是谦虚和愧疚。

以下是一些骄傲影响项目的例子。

情景 9：经验主义带来的失败

彼得是公司中最有经验的工程师，他的专业水准首屈一指。彼得被指派解决项目中的一个问题。尽管有好几种可能的选择，彼得却选择了花费最大的方案，并且这会增加不必要的内容，也就是常说的“花哨的装饰”。彼得断言这是唯一最实际的方案，项目经理勉为其难地接受了。彼得不管对项目的影响如何，而将之作为他提高自己在公司内声望的工具。那些花哨装饰极大地增加了项目成果的最终支出，同时，这也膨胀了彼得的自尊。

情景 10：错误发起人导致的失败

南希是市场部主任。她的上级，即负责市场部的副总裁，要求为市场部开发一个相当复杂的 IT 项目。一旦该项目获得批准，通常 IT 部门应该作为项目发起人负责所有 IT 项目。南希知道这个项目能够获得最高管理层的关注。南希并没有担任这种项目发起人的能力，但是她相信一旦她做了项目发起人，她就能通过这个项目得到认同，进而获得晋升。

南希通过努力成功获得了项目发起人的位置。遗憾的是，很多 IT 问题需要在发起人层面上解决。由于南希缺乏 IT 方面的专业知识，她做出了几个错误决策。由于南希的错误决策，项目后期不得不进行许多变更，导致项目延期和超预算。南希的虚荣带来了不利的后果。

贪婪

- “野心不过是贪婪踩着高跷、戴着面具。”（沃尔特 · 萨维奇 · 兰德）
- “贪婪比奢侈毁了更多的灵魂。”（查尔斯 · 迦勒 · 柯尔顿）
- “贪婪是晚年的恶习。”（乔治 · 班克罗夫特）
- “有些人生命的第一部分浪费在享乐上，第二部分献给了野心，贪婪差不多是他们最后的激情了。”（塞缪尔 · 约翰逊）
- “贫穷有所需，奢侈所需甚多，而贪婪渴望一切。”（本杰明 · 富兰克林）
- “在贪婪之屋中，爱永远是陌生人。”（安德烈亚斯 · 卡佩拉努斯）
- “‘风险越大，收益越大’这句话包含了更多的贪婪，而不是智慧。”（威廉 · 潘恩）

贪婪是一种对财富、商品或有价值物品的强烈渴望。贪婪超越了基本的生存和舒适所需。贪婪索求多于我们实际所需或理所应得。贪婪也可表现为对权力、信息或资源控制的渴望。它的同义词有贪财和贪心。

以下是贪婪影响项目的几个例子。

情景 11：过多资源导致的失败

卡尔被任命管理一个为期两年的项目，项目共需要 118 人参与，多数人都只需要工作一段时间。卡尔说服管理层，称项目需要一个偕同作战的队伍，所有人都需要全职工作，并且整个团队应该在他们的职能经理所在地之外的大楼共同工作。管理层知道这不是一个好主意，但是勉强同意了。他们完全知道项目超员且管理过度。

第一年末尾，显然卡尔团队里没有一个人获得提升或奖金，因为职能经理只奖励那些坐在周围、每日支持他们的员工。现在工作人员感到卡尔的项目是个没法由此获得晋升的项目。好几个工作人员打算破坏项目以便尽早离开。不久，卡尔发现其他几个项目经理表现出对他的强烈不满，因为他对资源的贪婪占有已经影响了他们的项目。

情景 12：权力导致的失败

卡萝尔是一个部门经理，她为最终能够成为部门经理而感到自豪。公司有传闻说管理层正在计划一次裁员。卡萝尔担心她的部门会被解散，而使她失去部门经理的位置。

为了保住这个地位，卡萝尔开始给部门内人员发出相矛盾的指令。工作人员不停地来找卡萝尔，弄清矛盾指令的实际意图。卡萝尔转身就告诉她的上级，部门成员每日都需要得到监督，项目绩效才不会受损。看上去这个手段阻止了卡萝尔的部门被解散，但也对部门内工作人员的项目工作成效带来了不利影响。卡萝尔对权力和资源的贪婪使得公司受损，但她个人获利了。

情景 13：贪图奖金导致的失败

工程副总裁被委派为项目发起人，管理一个价值数百万美元的国防部项目。本是项目经理。副总裁的大部分奖金是以他直接管理和负责的项目的收益为基数的。这个由本领导的大型项目计划在 11 月完成，另一个大额的续约项目计划在 2 月开始。

副总裁和本约定将预留一大笔管理储备经费在两个项目之间支持项目小组。因为项目小组一旦在 11 月解散，就无法保证还能够召集到同样的成员参与 2 月开始的续约项目。当项目在 10 月接近完成时，剩余的管理储备经费还足够支持小组成员在 10 月到来年 2 月间的活动，包括开展续约项目所需的一些活动，如提前计划活动和采购计划等。

当项目于 10 月最终结束时，副总裁指示财务人员将管理储备经费记录为项目额外收益。这大大增加了副总裁的奖金。然而，没了管理储备经费，这些拥有重要技能的人员都被重新委派给了各职能部门，许多人在 2 月就无法再参与续约项目了。由于需要特殊的技能和崭新的学习曲线，续约项目出现了预算超支和计划延误。副总裁贪婪的危害显而易见。

怠惰

- “没有什么比别人的慢性懒惰更让我心烦了。留心，我反对的是思想上的怠惰，而身体可以是懒惰的。”（伊丽莎白·赫胥黎）
- “我们为怠惰找到的借口就是困难。”（马库斯·法比尤斯·昆体良）
- “勤奋克服困难，而怠惰创造它们。”（本杰明·富兰克林）
- “怠惰和沉默是傻瓜的美德。”（本杰明·富兰克林）
- “对勤奋的人来说，一切都容易；对懒汉来说，一切都难。”（本杰明·富兰克林）

怠惰是肢体上、精神上和/或感情上不活跃的一种状态，通常被称为懒惰。怠惰可导致对人员、物品、技能、信息、甚至时间的浪费和无效使用。怠惰常常让我们过度估计工作的难度。

以下是怠惰影响项目的例子。

情景 14：懒惰导致的失败

贝姬负责一个 1 年期的项目，这个项目相对容易而且风险不高。当与职能经理商讨项目人员时，贝姬过高地估计了项目复杂性和项目风险，而申请了经验丰富的人员。这当然会让贝姬的工作轻松些。职能经理不能确认贝姬对风险和复杂性的估计是正确的，但是他们决定满足她的要求，这样做比给她普通的资源以后发现贝姬是正确的更好。

在项目上，贝姬几乎没什么可做的。主题专家全做了。最终，贝姬项目团队中经验丰富的成员向他们的职能经理报告说，应该分配级别低一些的成员参与项目。虽然贝姬没做太多，项目也获得了成功，但是其他更需要经验丰富人员的项目遭殃了。怠惰可以为一个人带来好处，却是以牺牲大局利益为代价的。

情景 15：工会标准带来的失败

某公司有一个强有力的工会，他们不鼓励那些想展示技能的新员工生产超过工会允诺的标准的产品。新员工被要求慢慢来，享受生活。

很快，这家公司在市场上就不再有竞争力，它们的市场空间逐渐缩小。高级管理层告知工会，要么提高工会标准，要么就要裁减工人。工会仍然自鸣得意，不愿在标准上让步。当管理层警告要外包大部分业务和裁员时，工会工人就开始罢工。

管理人员和非工会工人开始干原本工会工人做的工作。结果他们发现 70%的工作用 10%的非工会工人就能够胜任。人力资源部的人在操作钻床和车床，销售人员则在装配线上作业。管理层现在对于怠惰这么多年给企业造成了多大危害有了清晰的认识。管理层不打算通过谈判让罢工停止。最终，工会屈服了，回到了工作岗位。然而，新标准实行后，超过 160 名工会员工被辞退。现在，这家公司再次具有了竞争力。

欲望

- “欲望之于其他激情，如同神经流之于生命；它支持其他所有激情——野心、残忍、贪婪、复仇。”（萨德侯爵）
- “在世俗所有物中，欲望是最强烈的。其他世俗的激情似乎都紧随其后。”（佛陀）
- “社会用欲望将人们逼疯，再把它称为广告。”（约翰·拉尔）
- “他们对权力无止境的欲望，仅与他们无法治愈、无力实施的无能等同。”（温斯顿·丘吉尔）
- “地狱有三扇门：欲望、愤怒和贪婪。”（《薄伽梵歌》）
- “不是权力本身，而是对权力欲望的合法化，才导致完全腐败。”（理查德·霍华德·斯塔夫·克罗斯曼）
- “贪欲完全控制了人类，看上去他们似乎被财富所控制，而不是控制着他们的财富。”（老普林尼）

欲望是身体内在强烈渴求的情绪或感受。尽管欲望通常都以性的方式描述，但是它也可以表示为对权力、知识或控制的强烈渴望。它可以引发强烈的渴求或热情。这也可能是好的，特别是在满足感官需求方面。

针对欲望影响项目方面，下面举了两个例子。

情景 16：权力欲导致的失败（一）

拉尔夫十分得意他被任命为项目经理，负责一个通过竞标成功的新项目。这个客户有很大可能还会续约。这是拉尔夫比其他项目经理掌握更多权力的好机会，甚至因此他可能获得晋升和分得一个办公室。拥有大窗户的办公室可以说是权力和威望的标志。为了让这一切成真，拉尔夫慢慢地不顾后果地将项目变成了资源的帝国。

在项目最初的合约结尾时，拉尔夫比项目之初的计划获得了更多的全职工作人员。项目严重超员，反过来对收益产生了不利影响。但拉尔夫向上级解释，项目未来会获得更多收益。

当续约项目开始时，拉尔夫要求得到更多的资源，从而组建一个以他为首的项目型组织结构。公司同意了。这个项目型结构让拉尔夫能够调用所有临时工作人员全职为他的项目服务。项目进行到中途，公司得到消息还会有一些续约项目，但是这需要通过竞标获得。拉尔夫的权力在这时达到最大。

遗憾的是，为了支持他的帝国，拉尔夫完成的续约项目利润仅够支付人员薪水。再一次，拉尔夫声称今后还会有更多利润。在针对新续约项目的竞标中，拉尔夫的上司大大提高了投标价格，这样该公司就不再有竞争力了。拉尔夫和他建立的帝国倾倒了。权力欲带来了两年的辉煌，却在一夕之间分崩离析。

情景 17：权力欲导致的失败（二）

这是凯西第一次担任项目发起人的项目。凯西相信，如果她细致入微地管理项目团队并做所有的决策，那么她的权力就可以更大。高级管理层当然会注意到这一点，至少她是这么认为的。

凯西是对的，管理层注意到她做出的所有决策。遗憾的是，主题专家和项目经理都知道凯西对于一些需要决策的技术问题所知甚少。他们也对她的事无巨细的管理方法感到不满。凯西的许多决策是错误的，团队虽然知道，但是他们没有提出质疑，而是继续执行。管理层也发现凯西的错误决策，并最终撤销了她项目发起人的职务。

饕餮

- “饕餮：一个人用牙齿挖出他的坟墓。”（法国谚语）
- “饕餮是所有虚弱的来源，所有疾病的源泉。如同灯会因油太多而阻塞，火焰会因油过多而熄灭，自然健康的身体也会因放纵的饮食而毁掉。”（罗伯特·伯顿）
- “吝啬鬼和贪吃鬼是两种滑稽的小人：一个藏起自己的存货，另一个完全不加掩饰。”（乔希·比林斯）
- “饕餮是一种情感的逃避，一种吞噬我们的标志。”（彼得·德·弗里斯）
- “饕餮比剑杀人更多。”（乔治·赫伯特）

饕餮经常用“狼吞虎咽地吃下”或“囫囵吞下”食物来定义。我们常把它看作对食物的过度消费。在商业环境里，饕餮是超出需求的消费。这是一种奢侈或浪费。

以下的例子表现了饕餮带来的成功和失败。

情景 18：饕餮对于资源的占有

杰瑞是生产主管之一，向生产副总裁报告。随着科技的进步，生产管理人员意识到需要建立几个新部门应用新科技。杰瑞渴望占有资源。他说服了生产副总裁，这些新部门由他来领导。在接下来的两年间，所有的新部门都由杰瑞监管。杰瑞控制了生产部门超过 75% 的资源。

当生产副总裁退休后，杰瑞顺理成章地晋升为副总裁。他一上台，就立刻将自己建立的帝国打碎，这样就没人能够跟他一样有权了。在杰瑞看来，他已经掌握了所有资源，不论它在生产部门何处。

我们描绘了一幅七宗罪对项目负面影响的单调图画。从项目角度而言，有些罪紧紧相连，无法像心理学家和哲学家所相信的那样分开讨论。这可以从前面举出的例子中看出。例如，对大量资源的占有既可以看作欲望，也可以看作饕餮和贪婪。

在某些情况下，这些罪也确实会产生积极的作用。它们可以让我们更加积极进取、承担风险、迎接挑战，并为公司带来价值。我们对骄傲和欲望的渴望，可以让我们将举步维艰的项目带出低谷，进而获得成功，并得到全公司的认可。对奖金的贪婪同样也可以鼓励我们使项目成功。七宗罪的不利方面无疑会影响我们建立良好的人际关系，损害我们与项目团队和职能部门的关系。

因此，我们是否应该训练项目经理和团队成员识别和控制这些罪呢？也许只要未来有好的结果，就不需要这么做。再说，我们每个人都或多或少地有这些罪，只是程度不同。

罗马天主教堂列出了七个美德，与这七宗罪刚好相反。我把它们列在了表 2-2 中。

表 2-2　七宗罪和七个美德

七宗罪	七个美德
嫉妒	友善
愤怒/暴怒	耐心
骄傲	谦虚
贪婪	慈善
怠惰	勤劳
欲望	贞洁
饕餮	节制

从项目管理的角度，最好的解决方案也许就是在项目管理培训课程中教授 7 个美德。也许在今后版本的项目管理知识体系中，人力资源管理章节真的会讨论恶习和美德。时间会证明一切。

2.15　一些不那么伤脑筋的问题及来源

不是所有的项目管理问题都会令人大伤脑筋。下面列举了一些不同公司出现的小问题，但它们不一定会特别令人头疼。

- 维持原有的约束。当项目组开始项目工作时，工作开始扩展开来。一些人认为，每个项目中都有一个更大的项目，等着人们发现。拥有多个项目发起人，而且他们每个对项目都有不同的计划，会导致这个问题。
- 对原有使命的修订。在项目关口评审会上，由于管理层重新思考了项目的使命，导致项目方向的改变。尽管这类变化是不可避免的，但是项目方向的巨大变化，对企业项目管理系统、项目组合管理的努力和能力计划，都有破坏性的影响。
- 缺乏指标。一个信息技术部门有超过 500 名员工。在任何特定的时候，高级管理层都无法建立一套指标，来衡量信息技术部门的人员配备是超编、缺编，还是刚刚好。无法明确地对资源按重要性进行排序，就无法主动地进行资源管理，只能处于被动。

- 过多指标。再来看看另一个例子，信息技术部门的管理层为了确认项目是否按时完成，实施了一套 IT 项目平衡计分卡。前 6 个月收集的指标显示，85%的项目都按时完成了。在高级管理层看来，这个数字可能有误导，但是也没办法知道到底这个数字有多准确。例如，一位高级管理人员自己就知道，他的最重要的 5 个项目和一位信息技术经理的全部 10 个项目都落后于计划。高级管理层相信，真正的挑战是如何确定合适的指标，来衡量项目的进度、质量和预算数据。
- 项目组合管理。在评审项目组合或单个项目的时候，项目计划的准确程度和具体程度不在一个水平上。例如，一些计划只包含里程碑和关键日期，而另一些计划过于琐碎。那么，关键的问题就变成"计划中包含的信息要怎样实现平衡，如何能让所有项目的所有计划都具有一致的准确度"。即便准确度这个概念本身，在组织中也是不一致的。
- 项目和资源的优先排序。组织里没有统一的项目优先排序机制，就使得组织里的资源配置问题变得更加复杂了。例如，首席信息官有他最重要的 5 个项目，高级管理人员有他最重要的 10 个项目，而信息技术经理有他最重要的 10 个项目。所有这些项目都要使用共同的项目经理库和项目资源，但是没有一个客观方法，来决定首席信息官的第 3 号项目和高级管理人员的第 6 号项目，或者信息技术经理的第 1 号项目哪个更重要，哪个不太重要。因此，当各方利益竞争时，只能进行主观的决策，而且也难确定所做的决策是否正确。
- 荣辱与共。组织里传统的项目都具有单一资源、单一流程、单一平台的特点。现在，几乎每个项目都跨团队、跨平台，而且跨流程。这种新的模式不仅增加了项目的复杂度和风险，也需要项目组对项目的成功或失败有更强的责任心。遗憾的是，组织文化和人员依旧信奉旧的模式。例如，如果一个团队在项目中成功完成了自己的部分，而另一个团队没有做到的话，其态度就会是"我很高兴，至少我不是导致项目失败的人"或"尽管项目失败了，但是我成功了，因为我完成了我那部分"。尽管这种说法在一定程度上是对的，但是从整体上说，文化应该有所改变，来支持一种新的氛围，即"如果项目成功，大家都成功"；反之亦然。
- 衡量项目成果。许多已经完成的项目都根据流程的改进或效率的提高获得了认可。然而，一个流程改进项目完成后，并没有现成的程序来判定是否真正实现了改进。事实上，因为公司每年都有两位数的增长，高级管理人员质疑，经过认可的流程改进是否真能长期有效。
- 整合多种体系方法。应用程序研发小组采用了软件开发体系方法（Software Development Methodology，SDM）和敏捷开发的体系方法，来进行软件开发。这两种体系方法中都有非凡的举措，让团队按时、保质、保证成本地交付软件产品。组织所面对的挑战是，这两种体系方法中的组件是否适用于非软件开发的项目；如果适用，该怎样实现呢？这场辩论最后提交到了高级管理层，但是高级管理层也很难决定到底选哪种方法。不管项目是不是与软件相关的，在到底应该如何管理项目上的观点分歧，导致几个不同的小组纷纷试图说服其他组来加入它们，支持将软件开发体系方法和敏捷开发体系方法应用于所有的项目。总体来说，花在游说他人上的精力，没有为组织增加任何价值，反而浪费了核心人员的时间。

- 组织内部的沟通。尽管在组织内有很多关于项目的沟通，但现行的流程还有很多问题。例如，一位高级管理人员说：在他和他的直接下属的每月项目进展会上，他很惊讶地看到一个经理对另一个经理的项目毫不知情，甚至有时这个项目马上可以交付生产了。现有的流程导致很多经理被动地接受项目，而不是主动地计划项目。此外，现有的沟通方式不利于整个组织或整个项目内的知识共享和配合。相反，现有的沟通流程更容易形成沟通中的孤岛。
- 词句的含义。有个项目是从员工这一级发起的。工作说明书中有数不胜数的开放短语，使用模棱两可的语言，如“开发一个世界级的控制平台，特别符合人体工程学，并引人注目”。项目经理和他的团队只能用自己的创造力来解释这个工作说明书。团队中大多数是工程师，没有精通市场营销的员工，所以最后的解决方案往往是技术上出类拔萃，而在市场和销售方面一塌糊涂。推向市场的时间就这样拖延了几个月。
- 成功的问题。一个项目得到了批准，但项目章程中只是松散地定义了项目的边界。项目进行中实现了一些初步的成功，消息就很快在组织中传开了。随着项目的继续进行，某些部门经理开始用他们自己的方式解读工作说明书，浑水摸鱼，把一些其他事项塞进项目范围中，期望让这个天才项目组帮助自己牟取私利。项目最后陷入停顿，士气受挫。高级管理层最终解散了这个项目组。从此以后，管理层就很难再鼓动员工加入项目组。
- 权力之争。一个跨职能的项目组成立了，其中有来自多个部门的技术专家。项目经理是外来承包商的顾问。在这个大项目的进行中，出现了生产进度和资源的冲突。一线经理不可避免地开始从项目中抽调资源。项目经理立刻汇报了资源抽调对项目产生的可能延迟。项目组成员也重申了同样的担心，并希望组织能够支持这个项目。对资源的斗争一直延续到项目结束，也给项目组成员带来了压力，因为他们不得不尽量平衡他们的工作负荷。项目最终推迟完成，成本大大超支，同时也间接导致了很多项目参与者之间的敌意。
- 不能结束的项目。一个重新设计、部署工程变更管理系统的项目启动了。在整个项目过程中，项目组得到了强力的支持。在和高级管理人员的项目结尾会上，项目经理阐述了项目组对交付产品的理解。令项目经理相当惊讶的是，高级管理人员认为交付使用的产品还没有结束。最后，这个项目组工作了 3 年多，来完成工作说明书中像蜘蛛网一样不断延伸的部分（原先的项目结束汇报在项目开始后 9 个月就完成了）。项目组成员对这个没完没了的项目非常沮丧。高级管理人员也对这个团队失去了耐心，因为他认为项目组在磨洋工。这家公司的项目管理流程受到攻击，威胁到将来的工作和员工的支持。
- 成本超支。在一个重要的产品革新项目开始后不久，项目经理汇报说严重低估了项目完成的成本。遗憾的是，市场部门以为项目会按时结束，已经在市场上开始了产品的闪电推销，客户也对产品的发布有很高的期望。高级管理层面临着抉择，要么以超额的成本让项目按时完成，要么项目延期，颜面扫地，并接受销售的损失。

除上述伤脑筋的问题外，项目管理确实可用而且好用。项目管理是否往往不能达到预期呢？一些人会说“是”，因为项目管理不是什么魔法，无法在任何环境下变出交付物。另一些人则主张项目管理确实是好用的，没什么问题，错误在于高级管理层对项目管理的期望过高。项目管理可能成功，也可能失败，但是高级管理人员必须有实行项目管理的意愿，尽力保证项目管理的实施，并且理解项目管理。

2.16 项目的十大创伤

◆ 介绍

项目管理体系方法、课程和书籍等，足以解释运行项目的技巧及用到的工具。了解这些技巧是最基本的，然而成功的项目经理的与众不同之处是他们的经验。更具体地说，是项目经理职业生涯中经历的所有项目的失败经验，让项目经理知道什么是不该做的。就像 Vernon Law 所说的：“经验就像一位严师，他总是先考试，再授课。”

在我多年的项目管理经历中，我遇到过几个方面的问题，总是让项目非常困难。我把这些方面称为项目的“创伤”，因为就是这些事情让项目变得面目可憎。这些事情即使发现了，也很难轻易解决。

本节我们会讨论项目管理的十大创伤，并提出一些解决方案。当然，除这十大创伤外，还有其他的一些创伤，但是据我的经验，这 10 个是最普遍而且影响最大的创伤。

◆ 十大创伤

下面就是十大创伤的描述和它们发生时的一些症状。

（1）缺少文档维护。时常，项目工作紧张时，第一个被砍掉的就是文档工作。有时即使项目有时间，也不会创建项目文档；或者创建了文档，却很少在项目进行过程中维护它。

症状：

- 产品与需求文档不符。
- 技术文档过时，无法保证技术的延续。
- 没有记述项目的决策及决策原因的文档。
- 没有对变更的审计跟踪记录。

这确实是个问题，因为文档是为项目服务的。我这么说的意思是，一旦项目结束了，将来的项目和维护这个项目的人员都需要通过文档来了解项目创建了什么、为什么创建它们，以及它们是怎样创建的。否则，它们会像前人一样落进同样的陷阱。在这种情况下，“忽视文档中的历史的人，注定要重蹈覆辙”。

（2）鼓包现象。“毯子底下是什么？”这是项目结束时经常问到的一个问题。在项目中，主要的工作通常得到特别关注，但是那些边缘的事总是被忘记，或者推迟到“以后”再做。在项目结束时，就会有好儿堆（从毯子底下扫出来的事）需要处理。我将这种现象称为“鼓包现象”，因为项目组成员认为这种现象表现为，在项目结束前，所有这些“额外的”工作就突然冒出来了。

症状：

- 出现任何人们认为“以后会做”，却没有列入计划的事。
- 不断增长的日志（问题、缺陷等）。
- 假定在项目最后才完成文档记录工作。

在大多数项目计划中，没有“以后”这个时间。因此这些事要么取消了，要么在结束时疯狂地仓促完成。

（3）源头不保证质量。项目组成员并不总是认可“源头质量”的说法。有时候他们会有这样的想法，即“别人会发现我那些错误”，而不认为自己要对质量负责。项目经理无法评审所有的工作，所以他们必须依赖其项目组成员。因此，项目组成员必须担负起责任，确保所有他们署名的工作代表他们的最高水平。

症状：

- 没有评审就交付了有错误的工作成果。
- 不测试开发出的代码。
- 不关注对工作成果的提交。

数个研究成果都显示，项目的质量问题如果没有在源头发现，当项目继续进行并发现问题时，就要花数倍的成本才能解决。

（4）用人不当。项目中的任务需要技能和职责匹配的人来担当。有时候，一个人的技能和授予他的工作并不相符。我还发现，工作态度和技能一样重要。

症状：

- 项目组成员需要一遍遍地重复同样的指示。
- 总是错过承诺的时间。
- 质量总是不高。

作为项目经理，我们所有的一切，就是我们的人力资源。没有合适的项目成员会导致不必要的工作强度，而且影响团队中其他的人，因为他们不得不帮忙赶上进度。这里还有一个动力的问题：如果项目组成员被放在了一个错误的角色上，他们可能感觉没有挑战性，或者没有发挥出潜力。这些人受到的影响是不尽全力工作，无法表现出通常有的扎实的工作态度，觉得自己的价值没有得到充分利用等。

（5）合适的人员没有参与。只有项目组的成员知道如何让项目成功。没有在合适的时间让合适的团队成员参与，会使项目在未开始前就注定失败。

症状：

- 不得不修改已完工的工作。
- 来自客户的持续的项目范围变更。
- 项目组对预估缺乏认可。

- 缺乏决策的责任人。

没有在项目初期让合适的人员参与，总会导致工作的变更。没有让项目组成员参与项目预估和决策，会使他们觉得他们无法控制他们的工作和项目的产出。

（6）没有合适的发起机制。项目需要内部高级管理人员发起机制和客户高级管理人员发起机制，才会成功。项目发起人就像解铃人一样，清除阻挠项目进行的组织政治或障碍。

症状：

- 得不到组织不同方面的充分支持，得不到相关方的充分支持。
- 问题要花很长时间才能解决。
- 无法高效地做出决定。

没有合适的发起机制，会使项目裹足不前。当涉及项目变更的工作时，没有合适的发起机制，会让受到影响的员工无法继续认可这个项目（也就是说，没有把消息从上层传达给下层的众多员工）。

（7）执行流程不严格。几乎所有的公司都有一套实施项目的方法。这些方法的成功与否，取决于能否在项目中得到严格的执行。很多时候，如果没有坚持流程，项目就会走偏。

症状：

- 不完整的交付物或根本不存在交付物。
- 在同一项目中无法保持一致性。
- 缺乏对项目全景的了解。
- 缺乏可重复的流程。

流程只有在严格执行的时候才有价值。一些公司使用了太多的项目管理体系方法。由于工作性质不同，其中一些方法是必需的；一些基本项目管理实践和原理（甚至工具，如用微软 Project 或 Excel）应该很容易标准化，却还没有标准化。当一位经理要把工作交接给另一位经理的时候，就会增加一层复杂度，因为他们之间没有共同的语言（就像你试图理解别人的代码，而这段代码的书写没有用你所熟悉的编码规范一样）。

（8）没有团体计划。项目经理花了相当多的时间来做计划、预估，并安排任务的进度。如果这些结果没有团队成员分享，他们就不知道他们的工作目标是什么，也无法管理自己的进度。这也包括对项目目标和全景的沟通。

症状：

- 不知道什么事情要到期，什么时候到期。
- 延误了承诺的时间。
- 对交付物没有责任感。
- 忘记了应该交付的成果。

缺乏团体计划，使得团队没有被告知相应的信息。有一个共享的计划和目标，有助于增强团队凝聚力，有助于人们更好地了解个人的工作在整个项目中的位置。

（9）缺乏返工计划。预估技术通常专注于创建项目工作所需的时间，而返工所需的时间常常被遗漏。我所说的返工，不是指项目范围管理，而是指那些第一次做错了，需要二次审核的工作。返工要么占据了其他工作的时间，导致那些工作的延误；要么就是将需要返工的工作推后进行（参见第 2 条创伤）。

症状：

- 延误了承诺的时间。
- 质量差。

永远不要认为任何事情都可以第一遍就做好。

（10）期限只是纸面文章。进度是项目成功的主要推动力。我很惊讶地看到，有一些人认为承诺的时间只是个建议，而不是最终期限。由于项目中的相互依赖关系，项目早期错过承诺的时间，会波及项目整个其余部分的进度。

症状：

- 一直延误承诺的时间。
- 一些问题长期无法得到解决。
- 不完整的交付物或根本不存在交付物。
- 项目组缺乏紧迫感。

如果不结构化地管理承诺的期限，就要花相当大的精力才能获得项目成功。另一个问题在于沟通——要对这些日期进行明确的沟通，大家必须一致认为这些期限是他们的目标。他们必须了解哪些任务在关键路径上，哪些任务可以有浮动时间。这样，如果他们延迟了关键路径上的任务，他们知道这会影响整个项目，或者影响项目集里的其他项目。

◆ 可能的治疗方法

分析这些创伤时，我发现它们都是相互关联的。例如，执行流程不严格会造成没有团体计划，又接着导致项目组成员不关心日期等（见图 2-5）。

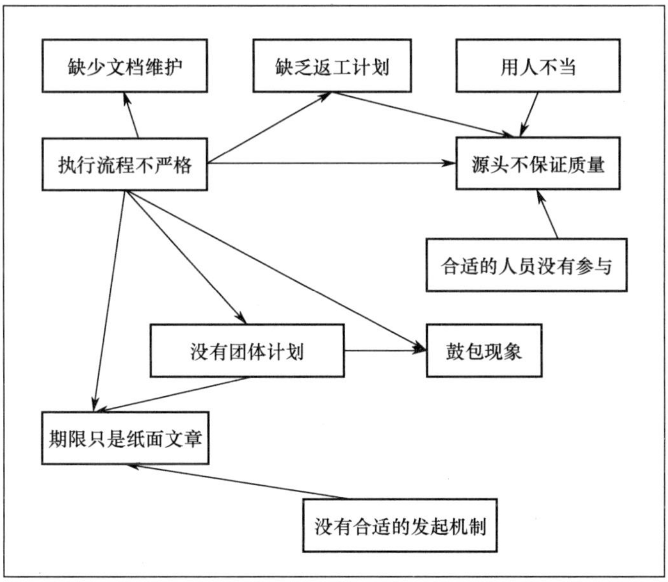

图 2-5　十大创伤之间的相互关系

我也认识到，一些治疗方法可以减轻这些创伤。关键在于主动避免问题，而不是被动回应问题。因为当你看到这些创伤的时候，项目已经受伤了。

（1）主动管理。主动管理就是在早期提前花适当的精力，尽量避免将来的“救火需要”。主动管理包含以下几个行动。

- 制订一个详细的计划。
- 持续地关注计划，并预期要发生的事，并做好准备。
  - 考虑即将进行的任务，并解决任何可能出现的问题。我认为团队就像在跑马拉松，而我的工作就是帮助清理路面，让他们持续前行。
  - 做好后勤保障。有些如没有事先定会议室一类的小事，都会造成项目进度的延迟。
  - 在任务开始时，预先准备好适当的人手。
  - 了解每个人的休假计划。
- 随着手头信息的增多，不断重新安排计划。
- 了解项目的进展。我见过很多项目经理像在象牙塔里管理项目，他们对自己项目的情况都是从项目报告中才第一次了解到。到这时候，可能问题已经发生一周了。

当然，总会冒出一些意想不到的问题，但是主动管理有助于减轻那些可控的问题。可以把这看成一种时间投资，因为被动地应对问题要比保证流程的正确执行，花上多得多的时间（和金钱）。这对某些项目经理来说是很困难的，因为这样做，不仅要关注当下的问题，还要有持续向前看的能力。主动管理的一个重要方面就是要能高效地进行决策。

（2）“齐头并进”。既然已经不用再救火，你只要让团队成员集中精力，做好当下的事。这意味着集中精力处理目前的工作的各个方面，并考虑到关联的事情。其主要特征有以下几个。

- 在工作过程中而不是在最后记录文档。我相信你会马上回应说：“我们没有时间。”但是我确实相信（并且验证过）在项目进行的时候完成文档，远比收尾的时候完成节约时间。
- 当项目中的事情发生变化的时候，能考虑到变化引起的联动反应。例如，如果文档改变了，文档的负责人应该考虑这一变化是否会影响到其他的交付物，并通知相关的相关方。
- 将工作转移给下个人之前，对所有工作进行全面检查。
- 根据流程和计划的指导，决定该完成哪项工作，我听说大家称之为“活在计划中”。

利用这一技巧，能保证项目工作平摊在整个项目过程中，最大限度地减少项目结束时的突击。最坏的结果就是大家认为这是个“不舒服的马拉松”，而至少不会是臭名昭著的“死亡行军”。

（3）给团队更多权力。项目经理必须认识到，项目组的结构就像一个倒金字塔，项目经理是为团队服务的。完成项目工作的是团队成员；项目经理的主要职责，就是支持团队、帮助清除障碍，以便团队能完成其工作。这包括：

- 让团队成员参与项目计划，这样他们不会说是管理层单方面给定了最后期限。

- 询问项目组成员，了解事情的状况，并针对他们关注的事情采取行动。收集反馈但不采取行动还不如什么都不问，因为这会让项目组成员对事情的解决产生期望。
- 和团队成员一起庆祝团队的成功。
- 对团队成员以诚相待。

我对爱德华兹·戴明先生十分推崇，他引领了制造业的革命。他的 14 点管理要点都围绕团队授权，这些也非常适用于项目。下面是戴明的其中几个观点，加上我的观点，来说明它们和项目管理之间的联系，如表 2-3 所示。

表 2-3　戴明的管理观点和我的观点

戴明的观点	我的观点
8. 去除恐惧，让每个人都可以高效地为公司工作	这意味着铁腕项目管理不是个好主意。员工会拒绝讲出自己的观点，不愿意完成合格的工作
10. 去掉那些要求员工零缺陷、更高效率的口号、说法和目标。这些教条只会产生对抗的关系，因为质量差、效率低的大部分原因在于整个系统，是员工无能为力的	我选择这点的意思，是项目经理不应只是扔出目标，更应该让团队成员参与决策。这也说明项目经理应该从流程中寻找失败的原因，而不是从团队成员身上找原因
12. 去除障碍，让按小时计工资的员工也能为自己的技艺感到自豪	这就是我的马拉松比喻——项目经理要帮助团队去除障碍，以便他们可以做自己的事情
13. 制订一套有力的学习、自我提高计划	让团队成员能不断提高自己的能力

给团队更多的权力，使得项目经理能够把信息分享给团队成员，也让团队成员感觉他们对自己的工作有所控制。这样，团队的每个成员都会为项目负责。

（4）治疗的效果。用上述方法治疗创伤的效果如表 2-4 所示。我把这种新的工作方式称为“吸引人的状态”，因为它吸引人们走向成功。

◆ 结论

专注于主动管理、保证工作进度、授予团队更大的权力，是项目成功运行的关键。本节所讲述的内容，都是以前已经说过或写过上百遍的。这对项目经理来说不是什么新鲜事。但是，我们还是一次又一次地看到这些创伤。这使我得出了一个结论，即这些思想的应用才是最大的挑战。我发现，在每次读到一篇好的论文，或者参加了一次管理培训后，我会怀着极大的热情去尝试这些新技术；一旦碰到问题，我就又会回到我熟悉的方式里去。所以，我认为对这些创伤还有第 4 个治疗方法——自知。要了解正在发生的事情，知道你自己是怎样管理项目的。

每天早上，我都会比团队的其他成员早一点到公司工作，这样我就有时间安静地考虑要做什么事，不只是当天的事，还包括未来几天要做的事。我也常常设计一些提醒，让我后退一步、思考一下。Daniel Goleman 的情商书籍是一套有关这些技巧的非常棒的资料。

项目中总会有各种各样的创伤，但是只要你对这些创伤有所认识，就能在它们发生的时候觉察到这一点，也就有可能防止你的项目因这些创伤而陷入混乱。

表 2-4 创伤治疗的效果

创伤编号	创伤名称	表现	可能的治疗方法		
			主动管理	齐头并进	团队授权
1	缺少文档维护	• 不知道做了什么决定 • 不知道为什么做决定 • 文档不准确，不可信赖 • 不能用于将来的项目	• 文档得到更新 • 计划文档工作 • 每个人都能理解决策	• 在项目进行中完成文档工作 • 在项目结尾没有额外的工作	• 团队成员负责文档工作
2	鼓包现象	• 以后再做 • 可能再也没做	• 工作量可控制 • 如果确实有鼓包现象，也会体现在计划中	• 随着项目的进行而处理，鼓包现象不会越来越多，失去控制	• 由于团队成员对工作负责，极大地减少了这种情况
3	源头不保证质量	• 对工作不负责任 • 质量差 • 修正花费大量人力物力	• 因为前期投入了适当的时间，以致质量更高	• 团队成员会在工作中注意质量，而不是假设以后才关注质量	• 人们对工作负责，因而会保证质量
4	用人不当	• 项目用人不当	• 能够在未对项目造成严重影响之前，认识到人力资源的问题并加以解决 • 在项目之初就选对人员	• 管理各项任务，因而能够及早看到人力资源的问题	• 其他团队成员可以承担失败的同事的工作
5	合适的人员没有参与	• 在工作完成后进行变更 • 对工作没有主人翁精神 • 对工作不负责任	• 在早期引入合适的人员，避免返工	• 在工作过程中让团队成员参与，而不是后来才告诉他们，使他们只能被动地回应	• 团队成员得到授权，对工作负责
6	没有合适的发起机制	• 不能解决问题 • 陷入组织的政治旋涡	• 在项目早期让项目干系人参与，以便在需要时获得支持	• 如果需要，能够快速、有效地决策	• 因为对问题有更多了解，所以有所改进
7	执行流程不严格	• 不严格 • 质量差 • 工作不一致	• 适当严格要求，是主动管理的本质 • 可重复的流程 • 向前看能保证对流程的适度关注	• 员工遵从流程时，也就严格执行了流程 • 保证没有漏掉流程中的步骤	• 对工作的责任感会使员工更严格地执行流程

续表

创伤编号	创伤名称	表现	可能的治疗方法		
			主动管理	齐头并进	团队授权
8	没有团体计划	• 不知道什么事情要到期了，什么时候到期 • 团队成员对工作不负责——计划是给项目经理用的	• 有能力将计划和目标传达给团队	• 每个人的工作都依据统一的计划，而且知道最终的目标和方向	• 每个人都被通知到——共享目标 • 人们可以管理自己的工作
9	缺乏返工计划	• 对返工没有计划 • 在返工和其他工作之间平衡	• 预测可能出现返工、范围变化的领域，并且和主要的干系人一起解决这些问题 • 计划返工工作	• 团队成员工作时，考虑到返工的工作量 • 跟踪项目，了解全局，就能了解返工工作的规模，并在必要时重新制订计划	• 出于对工作的责任感和动力，返工应该会降至最少
10	期限只是纸面文章	• 不在乎期限 • 没有责任感 • 交付延误	• 清楚地沟通了期限，以及交付延误的影响	• 严肃对待期限，在最后期限前完成该做的事	• 团队成员对交付日期负责

第 3 章 追求卓越之旅

3.0 简介

正如我们在第 1 章中讨论过的，每家公司都有自己的推动力，推动公司走上追求卓越项目管理的旅程。有些公司在 2～ 3 年中就完成了这一旅程，而有的公司要花 10 年或更长的时间。本章我们讨论不同公司所走的道路。虽然每家公司的历程不尽相同，但是它们都实现了一定程度的卓越项目管理。

像我们之前提到过的，推动项目管理走向卓越的力量包括：

- 固定资产项目。
- 客户期望。
- 竞争。
- 高级管理人员的支持。
- 新产品的开发。
- 效率和效能。

卓越之旅的第一个推动力就是固定资产项目。即使最小规模的制造企业，每年都可能在固定资产项目上花费上百万美元。没有好的项目预估、好的成本控制和好的进度控制，固定资产项目会使企业现金流不畅；使组织因为设备不到位或安装不正确，不得不裁员；使货物发送延误，惹恼客户。在非项目驱动的机构和制造企业，固定资产项目是公司成熟的推动力。

第二个推动力可能是客户期望。今天，客户期望承包商不仅交付高质量的产品或服务，而且要用扎实的项目管理方法来管理这一活动。这些实践包括有效的定期状态报告、项目状态的及时汇报和全面有效的客户沟通。出价低的竞标者拿不到合同也并不稀奇，这可能是由于以前给客户做的项目中，项目管理太糟糕。

第三个推动力是竞争。北电网络、惠普这样的公司都认为项目管理是竞争的武器。以外部合同（也就是收入）为生的项目驱动型的公司，实质上在它们发出的每份建议书上，都在推销自己的项目管理技术。赢得与失去合同之间的区别，可能就在于公司既往的项目管理历史的成功与否。

最普遍的竞争形式就是两家或多家公司竞争同一项工作。假设其他因素都一样，那么就要根据以前项目管理的表现来决定哪一方能得到合同。如今，因为承包商的能力受到了认可，公司进行只有一家承包商的定向采购也不少见。这类竞争的一个子集就表现为公司发现由于承包商的项目管理体系更加成熟，进行外包比自己做还便宜。这很容易引起裁员、员工不满、士气低落等现象。这还会使得公司内部形成一种竞争的气氛，并会阻碍组织成功地实施项目管理。

第四个推动力是高级管理人员的支持。高级管理人员明确和积极的支持会削弱诸多障碍的影响。高级管理人员的支持所能克服的典型障碍如下：

- 不支持项目的一线经理。
- 不支持项目的员工。
- 认为项目管理只是一时潮流的员工。
- 不了解公司会如何从项目管理中受益的员工。
- 不理解客户期望的员工。
- 不理解高级管理人员的决策的员工。

第五个推动力是新产品的开发。新产品的开发能持续数月或数年，而且很有可能是公司之后几年里主要的收入来源。新产品的开发流程包括开发过程、商品化过程和新产品推向市场的过程。将项目管理的原理应用于新产品开发，公司可以在更短的时间内、用更低的成本，开发出更多的产品，而且保持不变的高质量，满足客户的需要。

在某些行业，开发新产品是生存的基础，因为这会在后续的年度中带来持续的丰厚收入。实质上，所有的公司或多或少地都进行了新产品的开发，但是受新产品开发影响最大的，很可能是航空航天或国防工业的承包商。对他们来说，新产品开发和客户满意度会带来多年的合同，可能有 20 年之久，甚至更长，再加上产品的更新，时间可能进一步拉长。

客户对新产品只会接受合理的价钱。因此，任何一个新产品的开发方法都和有效的成本管理和控制系统分不开。航空航天和国防工业的承包商都已经是挣值管理的专家了。我们常常听到的政府产品开发项目的成本超支，更多的是因为范围变更和产品改进，而不是由于项目管理无效或成本控制不当。

第六个推动力是效率和效能。提高公司的整体效率和效能即使有可能，有时也是非常困难的。这通常需要改变企业的文化，而文化变迁的过程是痛苦的。这些变化对实施项目管理的快慢，通常取决于组织的大小。组织越大，变化越慢。

显然，优秀项目管理背后最强大的推动力就是生存问题。有些人会说，所有的推动力都和生存相关，如图 3-1 所示。在某些行业，如航空航天和国防工业中，糟糕的项目管理会很快让你破产出局。小的公司当然也不例外。

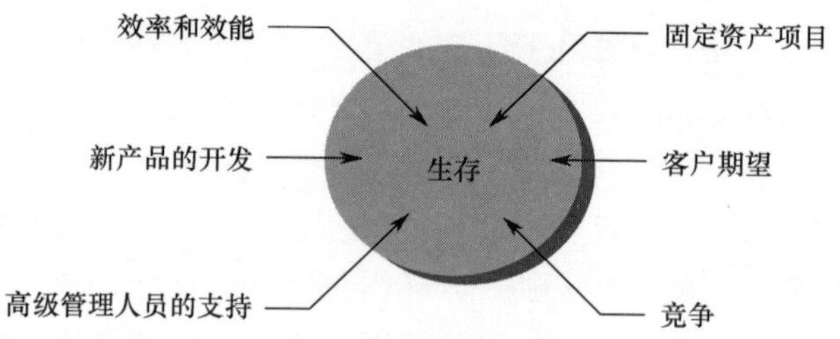

图 3-1　生存的要素

有时候，还有其他几个推动力：

- 公司成长的需要导致项目规模扩大。
- 客户要求加快产品的部署。
- 客户为了对项目成功有一定的保障，要求公司具有项目管理能力。
- 公司成长的需要带来组织的全球化。
- 为了成为合作伙伴而不仅仅是承包商，项目执行需要步调一致。

3.1 项目管理的战略规划

50 多年来，项目管理已从曾经被认为的昙花一现演变为如今关乎公司生死存亡的战略素养和必由之路。如今，项目管理实际上已经应用于各个行业、各个业务板块中，管理方式越来越成熟。现在，我们管理业务如同管理一系列项目，我们让项目经理既做项目决策也做业务决策。现在，项目经理除了原本的角色，更多时候被当作业务人员。

今天，不论项目周期长短、复杂程度、成本多少或风险大小，项目管理都被认为是可用于任何项目的一系列流程。然而至今，在一种业务上项目管理没有被轻易接受，这就是战略规划执行项目。我们可以认为，管理战略规划执行项目跟管理其他类型的项目没什么不同。尽管这样的观点可能有一定道理，但我们仍需考虑诸多重大区别。具体而言，项目经理必须进行战略性思考而不是战术性或经营性思考，并且他们需要根据项目的复杂程度将传统的项目管理领导力转变为战略领导力。

◆ 战略规划为什么失败

为了理解战略规划如何受益于项目管理，了解战略规划为什么失败是非常重要的。以下是来自项目经理视角的失败的常见原因：

- 忽视企业环境因素如何影响高级管理层对未来的愿景。
- 未充分理解消费者行为和客户行动。
- 项目批准前的不适当研究。
- 范围定义不充分或不清晰。
- 业务案例文档记录不完整导致批准错误的项目。
- 未能从一开始就得到高级管理人员和相关方的认同。

- 开始实施战略后，运营管理不佳。
- 频繁更换管理团队成员。
- 高估项目执行所需的资源能力。
- 能力规划不佳导致项目人手不足。
- 职能经理拒绝为战略项目持续提供适当的资源。
- 未能使员工献身于项目。
- 未能向项目执行团队解释清楚项目的重要性。
- 未能向执行团队解释清楚在这个长期项目中工作的激励措施和经济利益。
- 未能理解项目成功所需组织机构变化的重大意义。
- 不能有效地管理变更。
- 未考虑项目执行中技术进步的影响。
- 时间和成本估算不准确。
- 执行团队不能适应定义模糊或持续改变的需求。
- 整个组织中项目无法有效整合。
- 沟通不充分。

战略规划执行项目的失败还有很多其他原因。这些因素可以发生在任何项目中，但在战略规划执行项目里，它们对公司的潜在危害是十分严重的。

◆ 项目管理：一个高级管理人员的角度

随着他们有能力将成功经验复制到许多项目中，高级管理人员十分自然地意识到在战略规划执行中采用项目管理的好处。原因如下。

- 执行比计划花费更多时间且消耗更多资源。高级管理人员没有时间用于可能需要几年协调或整合大量职能领域的工作。
- 没有一个成功的实施计划，战略规划是不可能成功的。
- 项目经理能成功地管理计划和执行之间的分离产生的功能障碍。
- 长期的战略目标必须分解成可执行的短期目标。这些可以利用项目管理工具和工作分解结构来完成。
- 项目管理人员配置技术可以通过诸如建立项目管理办公室等手段实现资源在项目间合理配置的目的。在组建多个项目的项目组合时至关重要。
- 项目管理中应用的组织过程资产（包括仪表盘报告系统）可以让高级管理人员了解项目的最新进展。
- 战略规划目标因其长期性，具有基本和易变的特点。项目经理知道如何管理和控制变化。

◆ 战略规划：一个项目经理的角度

战略规划是一个组织关于未来如何定位及怎样达成定位目标的过程。未来可以是 3 年、

5 年或 10 年。战略规划的制定是基于公司愿景、使命、社会意识和价值的，需要对公司和所处环境有全面理解。高级管理人员能够比项目经理更好地理解事业环境因素，也就是所提供的产品、所服务的市场、现在和未来的技术、供应商基础、劳动力市场、经济情况、政治环境和监管需求。

高级管理人员为了“想要达成什么”而建立了高层级目标。通常，这无非是一个可能不太现实的愿望清单。项目经理的角色是决定“这些是否能实现”，这需要为每个项目策划一个清晰的业务案例，一个范围说明，并且利用工作分解结构来将高层级目标分解为分目标，或者更容易理解和完成的低层次目标。如果项目经理或项目团队相信这些可以实现，那么就可以建立一个正式的项目行动计划。

表面上，对待战略规划执行项目可能跟其他项目一样。然而，我们参考《项目管理知识体系指南》（PMBOK®指南）的知识领域，可以找到由于项目工期的长短带来的一些重大差别。这些差别如表 3-1 所示。

表 3-1 《项目管理知识体系指南》和战略项目的执行

知识领域	战略规划项目影响
整合管理	工作整合很可能横跨整个本土或全球组织
范围管理	范围随着技术改变而改变。项目工期的长短使有效的范围变更控制流程必不可少。范围基线可以显示为一个需要不断更新的移动窗口
时间管理	将合适的可用人员与不断变化的范围相匹配会严重拖慢进度。为职能领域“救火”而失去可用人员可能产生严重影响
成本管理	预测项目的真实成本几乎不可能。为确保利润和商业价值高于成本，要定期进行重估
质量管理	客户对质量和竞争力的期望可以导致项目主要方向的变更
资源管理	项目时间越长，资源越可能向不利的方向发生变化。很难对人员保持长期激励
沟通管理	可能需要在整个公司范围内进行沟通。相关方的变更也可以对沟通计划造成严重影响
风险管理	项目可能需要专职的风险管理团队
采购管理	可能使预付采购成本变得很难精确判断
相关方管理	在项目结束时，项目经理最终对应的相关方可能跟项目开始时完全不同

◆ 项目管理的效益

在战略规划项目中，使用项目管理方法进行管理的最吸引人之处，也许就是其可以给高级管理人员和客户提供唯一的联系方式——状态报告。如今大部分战略规划项目都过于复杂，而不能被一个职能经理有效管理，职能责任和项目责任之间可能有冲突。这样的项目需要在诸如销售、市场、工程和制造等数个职能领域之间协调工作。由于状态报告没有单设联络人，高级管理人员需要自己协调和整合，但是他们几乎不可能有时间来做这些职责之外的工作。同样，职能经理也没有足够的时间来管理他们的职能领域，并且在各种各样的项目之间做整合工作。项目管理的需求十分明显。

使用项目管理还有很多其他效益，部分列举在表 3-2 中。

表 3-2　使用项目管理的效益

属　　性	效　　益
效率	可使组织在不增加成本或降低质量的前提下，在更短的时间里做更多的工作
利润	同等条件下，利润会增加
范围变更	便于更好地进行前期规划，这样可以减少下游的范围变更数量，并避免不必要的变更
组织稳定	专注于高效的团队效率、沟通、合作和信任甚于组织重组
质量	质量和项目管理结合，两者都强调有效的前期规划
风险	便于更好地识别和降低风险
问题解决	项目管理流程促进了及时做出信息充分的决策和解决问题

表 3-2 中所列举的效益可涵盖几乎所有项目，包括战略规划执行项目、复杂项目和传统项目。和其他项目类型比，战略规划执行项目会在一些方面获益更多。这些在表 3-3 中举例说明。

表 3-3　战略规划项目的额外效益

属　　性	效　　益
一致性	项目与企业战略目标更加一致
不良绩效	更早识别表现不佳的投资
能力规划	更好地分析公司资源规划和合格资源的可用性
优先级	将能力规划工作和项目管理结合，以便更好地为项目投资组合排出优先级
风险降低	通过利用假设情景分析来提供更好的商业风险降低方案
上市	促进产品更早上市
决策制定	可用的必要信息让决策更加信息充分和及时
效率效能	使组织在不增加总人数的前提下应对更多项目
更好的信息流	消除了经理们因不了解他人工作而产生的重复劳动
项目选择	更好地分析一个想法好不好

◆ 消除误区

当我们看到表 3-2 和表 3-3 中所列的所有效益时，不禁要问：“为什么接受项目管理依然存在阻力，特别是在战略规划执行项目中？”答案非常明了：在战略规划相关的活动中使用项目管理依然存在一些误区。

误区 1：项目经理有牢固的技术知识但是业务知识很有限。

传统的项目经理确实来自技术专业，而且多是技术专业的硕士和博士，但如今的项目经理更多的是在理解技术而不是在使用技术，同时拥有精湛的业务知识。业务知识是有效连接战略和执行的必要条件。被认为“全球化”的项目经理必须对客户业务和自己公司的业务有很好的理解，这是在全球市场竞争中获胜的必要条件。这些全球化的项目经理会接受关于相关方关系管理、政治、文化和种族之类的培训，因为这些主题会对客户的项目造成影响。

今天，我们用一个个项目来管理我们的业务，项目经理既需要进行项目决策，也需要进行业务决策。一些公司要求项目经理在公司业务流程中认证或接受业务分析认证的培训。

误区 2：项目经理应该在项目批准和业务模式制定后才分配到项目中。

多年前，项目经理是在项目发起阶段结束时才开始工作的，而不是项目一开始。我们这样认为，项目经理的业务知识有限，所以不能在项目发起阶段提供价值。当我们选定项目后，项目经理才参与，并受命开始执行。今天，项目经理在项目发起阶段和选择流程的初期就参与工作，并被期望因其对业务的理解而做出有价值的贡献。

误区 3：如果我们进行项目管理，项目经理就将开始做出本应该属于管理执行层面的决策。

战略规划及其所伴随的必要决策是由高级管理人员而不是其他人做出的。在一些情况下，战略规划执行决策却是为高级管理人员做出，而非由他们自己做出的。高级管理人员一直担心不得不赋予项目经理在项目决策上更大的权力和责任。这种误区对项目的成功实施造成巨大障碍。

设立执行发起人或项目发起人的位置可以让问题得到部分解决。允许项目经理做出技术决策，项目发起人保留做出部分和所有业务决策的权力，这样的方法针对相对短期的项目效果很好。但对于长达 5～10 年的战略规划执行项目来说，需要做出的决策多得让人十分难以应付。因此，为了破除这条谬论，最好清楚明确地授权项目经理在决策上的权力和责任。

误区 4：项目经理不知道如何有效地利用组织过程资产生成受控测量指标系统，以辅助做出明智的决策。

在过去的 50 多年里，时间和成本是项目经理一直运用的两个主要测量指标。这是由于制定的规则，即我们通常选择最简单的指标来衡量和报告，尽管它们可能不会为我们提供一个清晰的项目健康全景。时间和成本本身不能预测项目的成功与否，或者项目完成时是否有价值。战略规划执行项目尤其如此。

在今天的市场上，有很多关于测量技术的研讨会和许多测量技术的教材认为只要你能简单理解你所处理的信息，任何事情都可以被测量。这样的结果导致项目管理指标的增加。我们相信，需考虑以下这些因素作为当今项目的核心指标：

- 时间。
- 成本。
- 资源。
- 范围。
- 质量。
- 行动项。

这些核心指标适用于所有项目，但必须根据项目的大小、性质、范围和重要性添加额外的核心指标。由于战略规划执行项目的时间跨度长，发生的变更重大，因此，在项目过程中我们必须允许指标变化。建立一组可用于每个项目的核心指标是非常困难的。

◆ 项目管理助力战略规划的方式

经常有一些特殊情况可以让组织大大受益于项目管理。在一家生产家用电器的公司，每个职能部门可以执行各自的战略规划。当这些职能部门必须在同一项目中协同工作时，问题就产生了。在这家公司，新产品在贸易展会上发布，每年有两次展会。产品发布如果错过其中任何一次贸易展会，就很容易导致 6 个月的收益损失，直到下一次贸易展会开幕。

新产品发布占据市场营销战略规划中的最高优先级。相反，研发部门有超过 300 个项目在队列中。在研发部的优先级清单里，市场营销部所需的新产品的优先级较低。市场和研发之间的斗争是持续不断的。

在另一家公司，市场部可以将对项目的优先级排序作为其战略规划活动的一部分。针对每个项目，他们也对项目/产品的属性优先级进行设定，利用这样的方式就可以直接影响产品的广告和市场营销。当项目/产品投产时，制造人员通常有不同的属性优先级设置。市场和制造部门之间的优先级斗争随之而来。

在这两个例子中，当项目管理人员要求公司创建一个所有项目的唯一优先级清单时，问题随即解决。具体做法是研发、工程和制造部门每 3 个月会面一次，对项目的优先级达成一致。然而，队列里需要列出优先级的项目太多，很难一次性列完。接下来，他们决定一次仅列出 20 个项目的优先级。由于现在每个人都参照相同的优先级清单开展工作，所以极大地优化了项目人员配置。

另一个项目管理的有效使用是差距分析和缩小差距。差距分析是通过缩小差距来提升公司的竞争地位或降低竞争对手的竞争地位。利用其他项目的最佳实践和在经验教训的基础上建立项目，可以缩小差距。差距是：

- 新产品发布的速度（面市时间）。
- 成本竞争力。
- 质量竞争力。
- 引进新技术或产品性能。

◆ 战略项目管理领导力

我们已经提供了一些可以使战略规划执行受益的项目管理方法。要实现这些，项目经理可能需要改变他们的领导风格。这种改变是从传统项目管理领导风格（重点面向项目团队的情境领导）到战略项目管理领导风格（一个最终结果可以引起整个公司的组织变化）的。

“战略领导”是一个通常留给高级管理层的术语。它需要高级管理人员能够着眼于公司未来而提出一个战略愿景，然后激励或说服组织接受或遵循这一愿景。战略领导需要制订行动计划，这是项目管理发挥重要作用之处。除非计划的制订和实施使愿景成为现实，否则愿景本身没有多大用处。管理那些包含战略执行的项目，与管理传统项目大为不同。不同于基于明确的工作说明书的传统项目行动计划，项目经理不得不基于复杂、模糊、不确定和不持久的知识来制订行动计划。因为存在大量的未知数及其本身不断变化的特性，项目经理必须明白管理这些项目需要做出间接决策，并将那些完全控制决策执行所需资源的经理计算在内。

如果项目需要一定程度的创新，则必须设计让团队拥有创新性和创造力的领导技能。头脑风暴和问题解决会议每周都可能举行。引导技能也是必需的。长期创新项目所需的领导技能可能与那些为客户提供简单交付物的领导技能显著不同。

为了有效地进行战略项目管理领导，项目经理必须意识到他们现在是一个负责组织变化的经理，因此需要大量的理念储备。每个项目经理甚至整个团队需要兼任啦啦队和执行者，目的是在让整个组织中的人们拥有共同的使命感。对于此类项目，项目团队通常被称为战略支持团队（Strategy Support Team，SST）。为了这支队伍的有效运作，其成员必须愿意随着战略规划的实施开展训练和指导工作。对这支队伍来说，最大的挑战是执行需要组织变革的项目。SST 成员必须是创新者和变革者，能够顾全大局，并进行战略思考，而不是运营和战术思考。他们必须放弃短视思维并专注于长远的未来。

战略领导的主要目的是使组织更具有战略生产力和创造力，以及更高的效率和效能。我们应鼓励员工在可行的情况下遵循自己的想法，提供技术或行为创新反馈，并通过经验教训和最佳实践的形式将反馈记录下来。经验教训和最佳实践可使企业关注这些将有利于它们长远利益的正能量。

习惯上，我们希望项目经理能够获得项目相关知识，并将其传送到 PMO 进行分析和存储。伴随战略领导，更多的业务相关的知识需要记录并存入企业知识库。

◆ 战略项目管理领导力特征

过去 40 多年里，我们调查分析了能进行有效项目领导的项目经理所需要的技能。这些分析主要来自传统项目，它们可能持续 12～18 个月或更短。另外，这些项目一般工作说明的定义明确，许多工作人员虽然全职工作，但只持续几周，而且项目的结果可能只影响少数人。现在，战略项目的可能较长的项目周期迫使我们修订其中一些领导技能。

创建一个战略项目经理所需能力的详尽列表几乎是不可能的。然而，我们可以展示一些必要的领导力变化，如表 3-4 所示。

表 3-4　传统项目管理和战略项目管理领导风格之间的差异

特　征	差　异
权威	从无权威的领导到重大权威
权力	从合法权力到明智地使用权力
决策	从部分决策到有权进行重大决策
决策类型	从项目内部决策到项目和业务决策
代表意愿	项目的时长和规模大小迫使项目经理更具有权威代表性，并做出比他们通常所做的更多的决策
忠诚	从对项目忠诚到对企业愿景和业务忠诚

续表

特　征	差　异
社交能力	强大的社交能力是必要的，因为我们要和同样的人一起工作很久
动机	学习如何不使用经济奖励和权力来激励员工
沟通技巧	面向整个组织进行沟通，而不是与选择的一小部分人进行沟通
状态报告	认识战略项目的状态不能仅由时间和成本来决定
展望/前景	有一个更宏大的视野，尤其从业务的角度来看
愿景	必须与高级管理人员拥有相同的长期愿景，并在整个公司内宣传和贯彻
体恤	必须对员工施以更多体恤，因为他们会在项目中服务很久
自我控制	不应对坏消息或干扰反应过度
头脑风暴和问题解决	必须有很强的头脑风暴和解决问题的能力
变更管理	变更管理从项目扩大到整个公司
变更管理影响	效果范围从项目扩大到组织变革管理

◆ 项目经理作为变更管理经理

项目的角色不断进化。如表 3-4 所示，一些战略规划项目为组织变革所制定，而这种变革可能在世界范围内影响整个公司。一个例子就是建立新的全公司范围的安全系统、信息系统或电子邮件安全系统。

这样，新的问题就变成了：“当项目准备就绪时，谁来管理变革的执行？”历史上，项目经理创建了交付物，管理层会有人带头执行变革。今天，项目经理被要求在组织变革管理中起带头作用。同样，也许来自高级管理层的项目发起人拥有了组织变革管理的专业知识，也可以起到类似的作用。

多年来，我们中的一些人没有意识到自己已经在管理战略项目，我们同样可能没有意识到这需要不同的领导风格。随着项目管理更多地应用到战略规划执行项目中，我们需要对其所需的特定领导技能进行更多的研究。我们还处于战略项目管理应用的初级阶段，但我们相信这一趋势在未来将持续 10 年或更长时间。

3.2　通往卓越的阻碍

卓越经常被定义为一系列管理成功的项目。有的人认为在项目管理中卓越是一个无法被实现的战略目标，因为不是每个项目都会成功。所以更好的定义大概是成功管理的项目持续增长，对比项目失败，项目成功的比例逐年提高。

不管我们在项目管理上做得多好，总是会出现一些阻碍让我们重新审视项目管理的方法。最常见的阻碍就是当发生使人们离开舒适区用不同的方式工作的情况。根据阻碍的大小，卓越的定义可能也会发生变化，企业可能将不得不修改已在实施的流程。

以下是可能的阻碍示例。

- 当公司决定跟进额外的指标而不仅仅是时间、成本、范围时，员工会对如何识别、测量、追踪、报告额外的指标产生担忧。

- 你的公司已经有了相对成熟的项目管理流程。你的客户需要在你的项目上使用敏捷开发和 Scrum 方法，这需要员工学习新的流程。
- 你的公司决定在一些项目上使用敏捷开发和 Scrum 方法，而在其他项目上使用传统的瀑布式方法，员工会在何时、使用何种方法方面产生困惑。
- 新技术的出现会改变项目评估的方式，员工会担心要对新的评估负责。
- 你的公司收购了另一家公司或加入了另一家合资公司，两家公司均有不同的项目管理方法，必须制订共同的方案。
- 公司重组，调整了部分员工的角色及职责。

显然，还有很多其他的阻碍。

3.3 日立公司

当正确完成项目管理的战略规划时，整个公司都能感受到使用项目管理的好处，并且项目管理可以与几乎所有的业务领域相结合。日立公司就是一个很好的例子。

◆ 日立公司加强项目管理能力的措施

日立公司的业务产品线范围十分广泛，包括研发、制造、销售，以及为 IT 系统、电力系统、社会基础设施和工业厂房系统、高性能材料、铁路系统、电梯和自动扶梯、汽车产品和零配件、工程机械、数字媒体和消费品等提供解决方案及相关咨询和服务。每条业务产品线都需要通过改进工程技术来确保质量，因而需改进项目管理。以上是为每条产品线提出加强项目管理能力措施的背景。

从项目管理的角度，如图 3-2 所示的 5 个要素是一个项目成功完成的支持要素。

要素（1）是指项目为高级项目经理提供持续而有效的培训的措施。由于项目的成功或失败在很大程度上取决于项目经理的能力，所以培训优秀人员十分重要。这样做不仅需要建立培训人员的教育系统，而且需要根据个人特点来培训。根据项目经理的技能，项目经理能力开发框架（Project Manager Competency Development Framework，PMCDF）分析项目经理个人特点和表现之间的关系，并且通过利用项目经理的个人特点采取相应措施来提高人员培训效果。

要素（2）是指对团队建设的支持，旨在减少项目经理的工作量，并通过建立团队来执行项目经理的工作。正如前面所提到的，一个项目的成功或失败在很大程度上取决于项目经理的能力，但项目规模越大，项目经理就越难以面面俱到。因此，项目需要利用项目管理团队的力量来领导，其中不仅有项目经理，还包括高级经理、PMO 团队、共享技术团队和研发团队。正在进行的管理结构评估模型研究，是用来评估项目团队的管理能力，而不是仅评估项目经理个人特点的。

要素（3）旨在通过公司内部的组织支持，同 PMO 或其他评估项目现状的组织一起提供建议，并从第三方的角度进行评估来支持项目。通过在项目进展的基础上形成外部的现状描述，原本未被内部人员发现的风险可能被这些人识别。组织支持和风险评估不仅由包括项目经理在内的管理团队提供，而且由站在第三方角度的人员提供，这样项目成功的概率才可能提高。

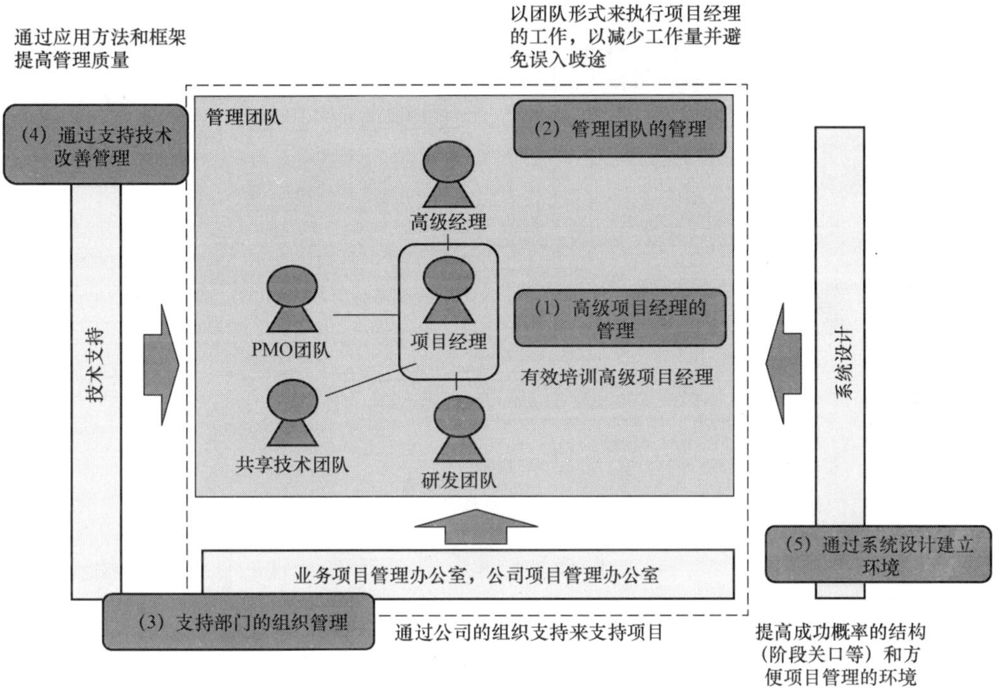

图 3-2　项目管理支持要素

要素（4）使用支持技术、方法和框架来支持项目实施活动，这些支持领域包括风险管理、需求识别、沟通支持、知识管理、PMO 支持等。在风险管理方面，有主动支持风险识别并在各种业务领域中设计应对策略的手段。在需求识别方面，对客户的需求识别是通过基于以人为本的设计过程中人种学调查和基于以结果为导向的施工管理系统建设这类手段实现的。在沟通支持中，识别管理问题的手段是利用传感系统进行关于项目进展的可视化沟通。在知识管理方面，作为组织从项目中持续获得经验知识的循环系统，要有提取经验知识的方法和应用知识的技巧。利用要素（5）中的系统设计，知识循环的实施如图 3-3 所示。另外，还有既为项目经理，又为 PMO 主动提供支持的信息系统手段。

与要素（3）和要素（4）相关的措施目前正在进行成本损失管理。这里成本损失是指不必要或浪费性开销。减少成本损失是与企业表现直接相关的关键任务。在日立公司，在硬件制造方面，我们一直努力减少这种成本损失。这些努力也被纳入了 IT 项目，从成本损失跟踪（可视化）到响应措施的分析和起草的整个过程正在系统化，作为成本损失管理的一种手段加以实施。我们的支持部门一直在监测成本损失，起草/实施降低组织成本损失的措施，举办培训和活动以提高对这一问题的认识。此外，我们一直在开发技术，帮助我们追踪成本损失，分析原因，起草措施。

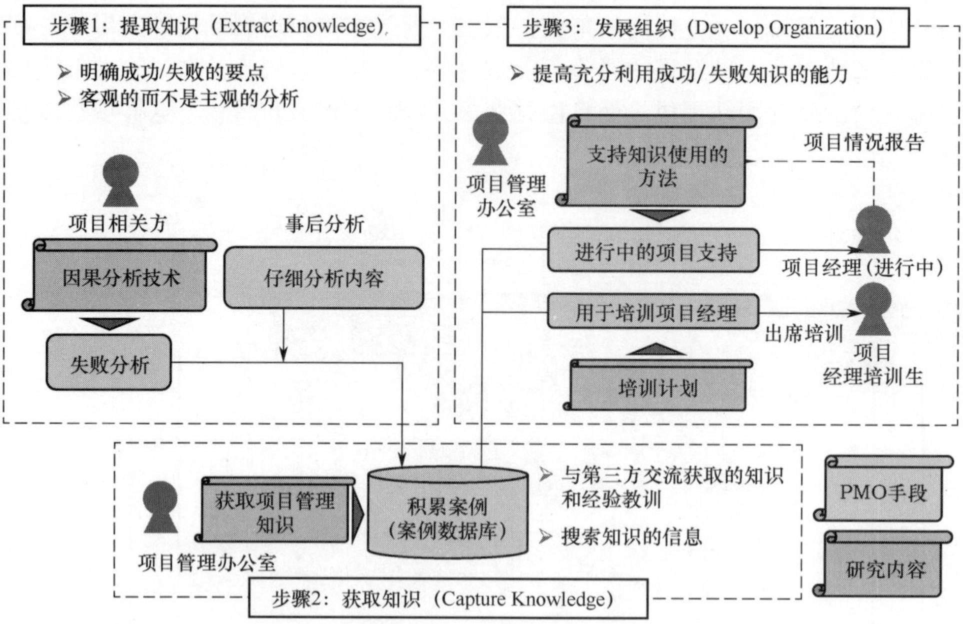

注意：成功案例可以用相同的结构
PMO：项目管理办公室，PM：项目经理

图 3-3 项目管理中经验在整个组织中的循环过程

要素（5）建立了提高系统成功概率的结构，包括项目经理的认证系统及项目治理结构。如图 3-4 所示，这些结构的特点之一是使用阶段关口管理（一种将生产过程划分为几个阶段，并设立关口审查其是否已满足进入下一个阶段条件的手段）决定继续或停止项目。使用阶段关口管理可以优化决策，达到降低风险、提高设计质量及管理收益最大化的效果。

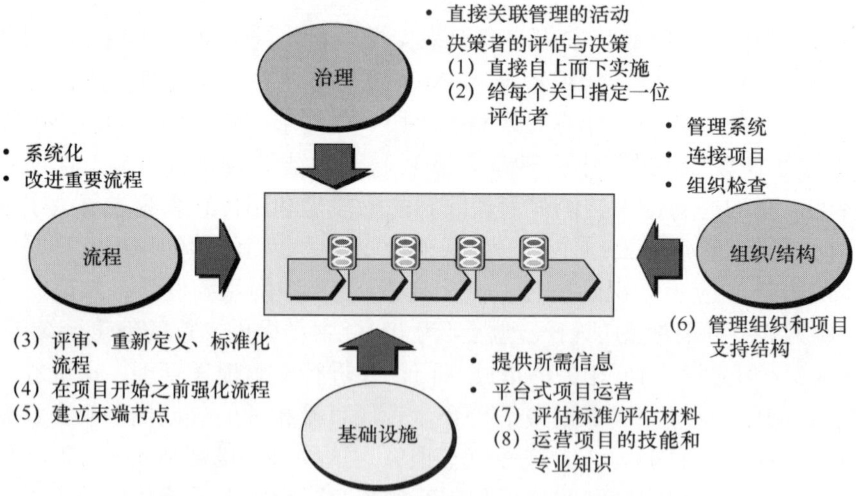

图 3-4 日立公司“阶段关口”管理流程

更重要的是，以一种有机而非相互独立的方式联系要素（1）～（5），电力系统公司实施了一个 D-WBS 业务改进项目。D-WBS 项目有一个平台（D-WBS 平台）用来推进项目管理相关的业务协同（见图 3-5），它涉及管理、知识和各种其他要素，并在平台中构建能够统一要素（1）～（5）的业务流程。

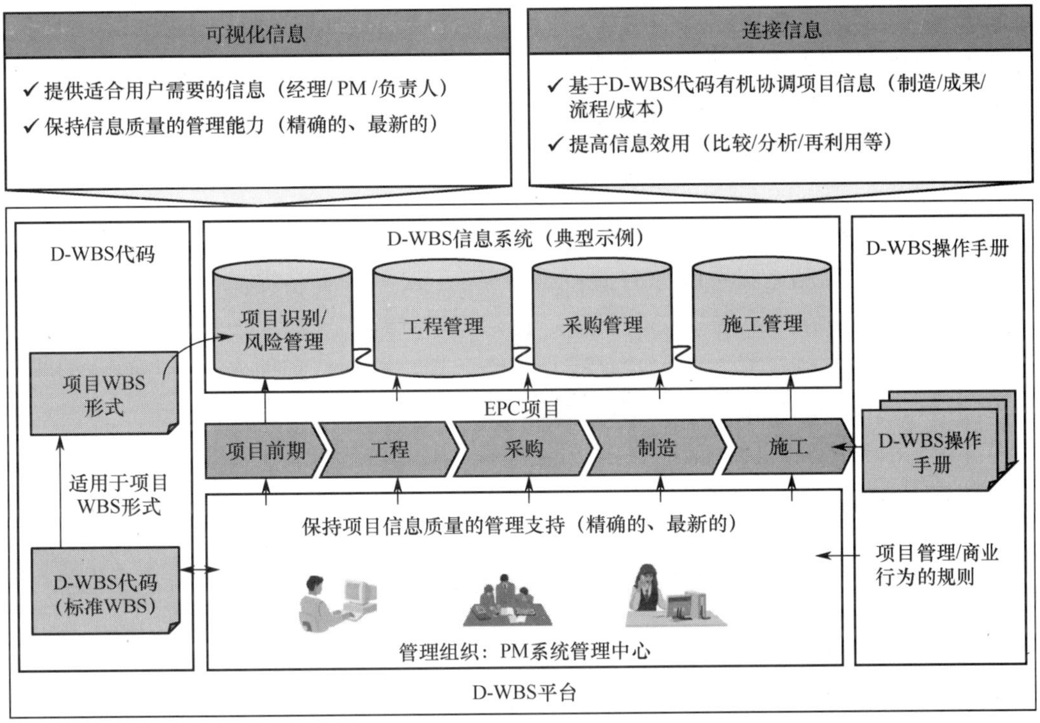

图 3-5　D-WBS 项目概览

上述支持要素是实施项目的所需部分，而无须依赖业务部门。尽管每个应用领域都有自己的特点，但通过比较电力系统公司与信息和电信系统部门及 ICT 系统部门的项目管理技术，展示了可以作为借鉴的几个方面。在日立公司广泛的业务领域中，鉴于共享并使用可以加强项目管理效能的手段措施将成为日立公司卓越竞争力的来源，内部技术委员会将为信息交换创造更多机会。

上述技术委员会称为项目管理技术委员会，在 2000 年左右，电力系统部门和 ICT 系统部门就开始利用其进行工作层面的讨论。然后，在 2005 年的一次志愿者会议上，技术委员会向整个公司开放。今天，许多业务部门基于对 PMO 的关注而加入其中。在整个公司中，技术委员会致力于推动项目管理能力的加强。与信息交换一样，它支持研究机构对共有问题的解决战略进行研究。例如，业务部门之间的共享项目管理任务的结构，或者根据 ICT 系统的知识使用手段来制定的整个公司的活动。

除了组织致力于传授项目管理知识的内部论坛，以及整个日立公司内部专家在技术委员会活动上的交流，技术委员会也对各业务部门提高项目管理能力的意识进行定期调查。

这样，通过技术委员会活动来进行横向跨业务部门专业知识延伸、共有问题识别及解决战略研究，日立公司已经找到了实现协同效应的有效手段。

3.4 RTA 为卓越的项目管理提供管理支持

迪拜是当今世界发展最快的城市之一，迫切需要高质量的基础设施。因此，为迪拜人民提供先进的交通网络一直是政府的首要任务。为加强公共交通设施和改善阿联酋境内的道路，使出行更加安全和顺畅，多项措施并举，致使 2005 年第 17 号法令成立了道路交通管理局（Roads &Transport Authority，RTA）。

RTA 负责规划、设计、建设、运营和维护迪拜酋长国，以及迪拜与阿联酋其他酋长国和周边国家之间的陆路运输系统和海上客运系统。RTA 的任务是提供一个能够实现迪拜的愿景，并为阿联酋的重大利益服务的高效、整合的运输系统。RTA 还负责制定与所有类型的地面交通（包括学校交通）相关的立法和战略计划，并制订其他安全的、符合阿联酋经济发展计划和国际最高标准的综合交通解决方案。

图 3-6 所示为基于机构模型的 RTA 组织结构，它有三个分支、四个机构和一个商业机构，包括 42 个部门、140 个部分和每年运行的 300～400 个项目。

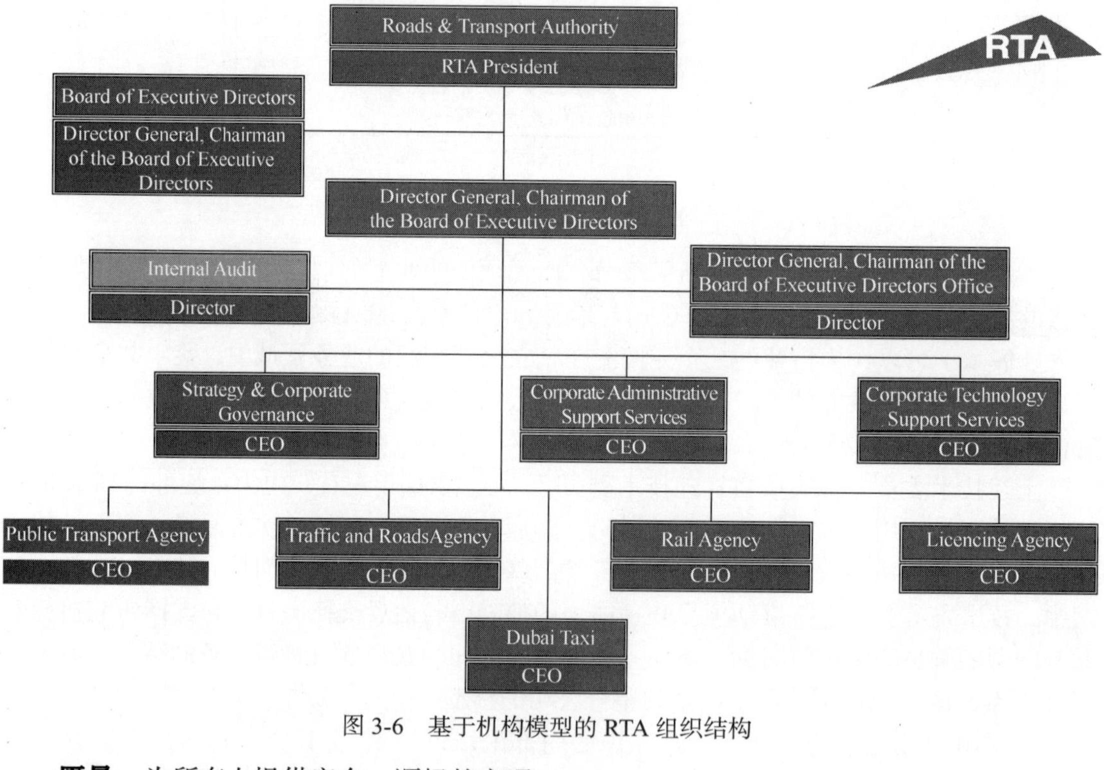

图 3-6 基于机构模型的 RTA 组织结构

愿景：为所有人提供安全、顺畅的交通。

使命：通过制定政策和法规、采用技术和创新方法、实施世界一流的实践和标准，开发综合可持续的交通系统，为所有相关方提供卓越的服务，以支持迪拜的全面增长计划。

企业价值：在我们努力实现各级愿景和使命的过程中，我们提到了我们的共同价值观，以下这些价值观始终是我们的首要参考：

- 企业声誉。
- 卓越和成功。
- 领导力和团队合作。
- 幸福和正能量。
- 创新和创造。

战略目标：如图 3-7 所示，RTA 有八个战略目标：

（1）智慧迪拜。
（2）一体化迪拜。
（3）人民（相关方）幸福。
（4）为所有人提供顺畅交通。
（5）安全和环境可持续。
（6）财务可持续性。
（7）先进的 RTA。
（8）资产可持续性。

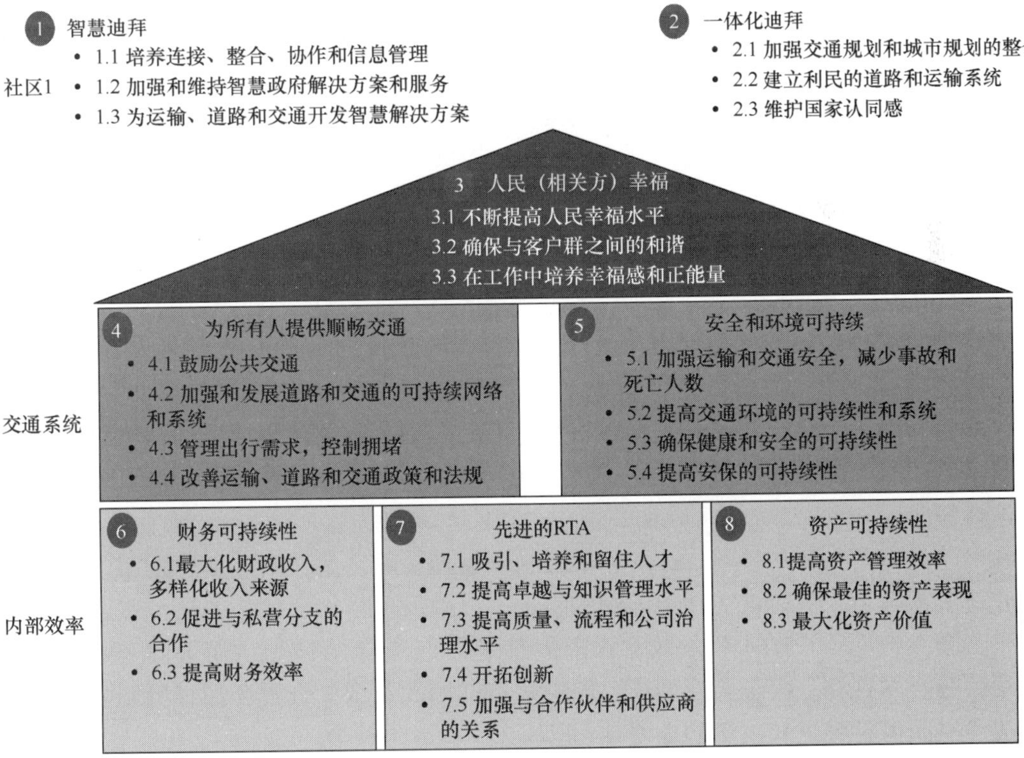

图 3-7　RTA 的目标

◆ 项目管理办公室层级

由于 RTA 包含八个不同的机构和支持部门，因此需要一个综合项目管理办公室进行管理，包括四个层级，最上级是企业项目管理办公室（Enterprise Project Management Office，EPMO），负责项目管理的整体治理和完善程度，是 RTA 项目、计划和组合管理的卓越中心，直接向总干事、执行董事会主席汇报的内部审计部，支持 EPMO 的治理、审计和验证要求。此外，战略规划部门内的战略规划和项目组合管理团队提供项目组合和战略技术部分职能。EPMO 扮演着治理、支持和卓越的多重角色。

第二级是机构项目管理办公室（Agency Project Management Office，APMO），向每个机构/部门的首席执行官报告。APMO 是监控和治理 PMO 的。APMO 帮助 CEO 监控所有机构项目，并监督部门项目管理办公室（Departmental Project Management Office，DPMO）在项目管理意识、报告和合规性方面的工作。APMO 也连接着 EPMO 和 DPMO。

第三级是 DPMO，监督部门项目，并支持部门主管管理和控制其项目。DPMO 也向 APMO 汇报，与 EPMO 直接有最低限度的接触。

RTA 项目管理中的最高管理者的角色

高层管理人员的大力支持、非常强大的治理结构及定制和成熟的使能技术支持了 RTA 项目的成功（见图 3-8）。本节重点介绍了其中的一些组成。

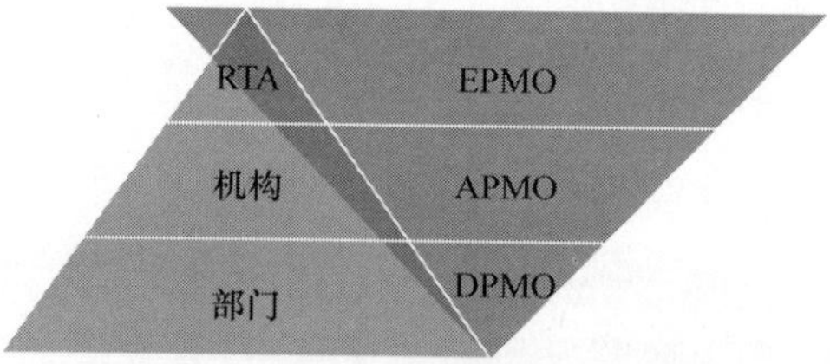

图 3-8 RTA 中 PMO 的层级和工作职责

制定项目管理政策和手册。由于 RTA 各机构和部门职责范围的多样性，在 RTA 层面执行高级别项目、计划和福利管理政策时，需要选定一些统一流程、模板和程序。

例如，标准风险登记适用于大多数机构，而拥有复杂和高技术项目的铁路机构为了应对更严格的项目风险管理实践扩大了标准要求。只要满足最低政策要求，总体 RTA 政策就允许这样做。

在成功进行了数年的项目、计划和项目组合管理实践之后，RTA 最近发布了一项新的项目收益实现政策，目前正在制定详细的手册，以确保项目组合可获得最佳和可持续的投资回报。图 3-9 展示了 RTA 中的收益管理生命周期及其与项目生命周期的关系。

项目分类与选择。由于大量的项目同时进行，因此制定了分类和选择机制，以确定战略和战术层面需要跟进和监测的重要项目。

- 战略层面，制定了需要最高管理层支持的项目的标准。根据这些标准，定期更新一系列报告、审议场地考察、项目审议会和项目论坛。定义战略项目的标准可以包括但不限于项目预算、规模、复杂性、独特性和影响力的组合。

- 战术层面。在监测和控制过程中，可考虑以下其他因素。
  — 需要最高管理层干预的问题、不同机构/部门之间缺乏适当的合作、项目显著延迟、新项目或惊人的想法、显著成果、报告中的重要建议。
  — 没有应对措施的高风险。
  — 不考虑项目剩余工期的相对一致的延误趋势。

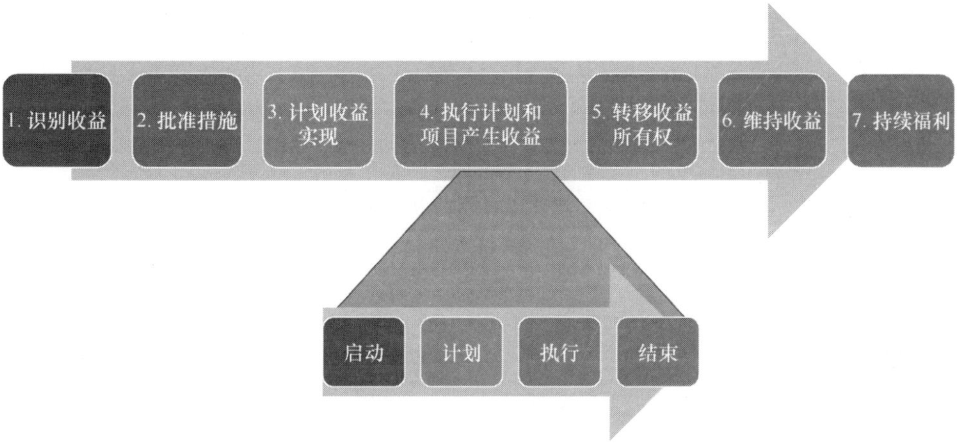

图 3-9　收益管理生命周期与项目生命周期的关系

RTA 的项目优先排序框架是一个系统、综合和结构化的方法，旨在确定在同样资源有限条件下项目的优先顺序。根据表 3-5 所示的与 RTA 目标的一致性，以及效益、风险、透明度、预算、期限和其他因素，用客观的方式比较所有项目，其中与战略目标的一致性加权 70%，项目风险和效益加权 30%。

表 3-5　RTA 优先级框架

项目组合管理系统（RTA）目标（70%）			
战略目标	比重	次级战略目标	比重
智慧迪拜	15%	1.1 培养连接、整合、协作和信息管理	25%
		1.2 加强和维持智慧政府解决方案和服务	35%
		1.3 为运输、道路和交通开发智慧解决方案	40%
一体化迪拜	15%	2.1 加强交通规划和城市规划的整合	30%
		2.2 建立利民的道路和运输系统	50%
		2.3 维护国家认同感	20%
人民幸福	10%	3.1 不断提高人民（相关方）幸福水平	35%
		3.2 确保与客户群之间的和谐	35%
		3.3 在工作中培养幸福感和正能量	30%
为所有人提供顺畅交通	15%	4.1 鼓励公共交通	40%
		4.2 加强和发展道路和交通的可持续网络和系统	20%
		4.3 管理出行需求，控制拥堵	20%
		4.4 改善运输、道路和交通政策和法规	20%

续表

项目组合管理系统（RTA）目标（70%）			
战略目标	比重	次级战略目标	比重
安全和环境可持续	10%	5.1 加强运输和交通安全，减少事故和死亡人数	55%
		5.2 提高交通环境的可持续性和系统	25%
		5.3 确保健康和安全的可持续性	5%
		5.4 提高安保的可持续性	15%
财务可持续性	15%	6.1 最大化财政收入，多样化收入来源	25%
		6.2 促进与私营分支的合作	25%
		6.3 提高财务效率	50%
先进的 RTA	8%	7.1 吸引、培养和留住人才	30%
		7.2 提高卓越与知识管理水平	20%
		7.3 提高质量、流程和公司治理水平	20%
		7.4 开拓创新	20%
		7.5 加强与合作伙伴和供应商的关系	10%
资产可持续性	12%	8.1 提高资产管理效率	30%
		8.2 确保最佳的资产表现	45%
		8.3 最大化资产价值	25%
项目风险和效益（30%）			
职责范围清晰			20%
项目成本			20%
项目工期			10%
项目限制			15%
风险			15%
依赖			5%
效益优化			5%
项目影响力的程度和大小			10%

这个框架为决策者提供了一个很好的工具，帮助他们决定哪些项目需要分配资源，哪些项目需要推迟，哪些项目需要从总盘子中移除。

会议和报告监控。为确保项目按计划运行，总干事通过如下机制对重要项目进行监控：

- 线上项目简报。
- 重要项目报告。
- 重要项目月度会议。
- 每个分支/机构的双月 PMO 会议。
- 每个机构/部门的季度总体项目成果报告。
- 每个机构/部门的季度预算执行。
- 每个机构的年度总体预算执行。

跟进行动。RTA 采用严格的跟进系统。无论何时提出了建议/指示，总干事办公室都会继续跟进有关各方，直到问题解决。出现任何延误或问题，都会根据需要升级到适当的级别。

这同样适用于有强大的文化的内部审计和质量检查，即除非有充分和有效的理由，否则不应存在未完成或过期的建议。这使每个人都有责任不断努力改进。每个人都知道，当任何建议被批准时，我们就可以认为它已经完成了。

深入现场。RTA 总干事为顾问、合同商和分包商设置了严格的截止时间。此外，通过定期的实地考察，确保他们在截止时间内完成任务。

在实地考察中，在现场检查状态，与不同的项目相关方确认进度和问题。所有管理层都必须进行实地考察，以确保真正参加和参与。

通常，大的决定是在实地考察期间做出的，包括一些“极端的”行动，包括更换项目经理、合同商或分包商。

项目管理信息系统

RTA 使用最先进的电子组织项目管理系统（Organizational Project Management System，OPMS）。OPMS 涵盖了从项目组合优先级和项目选择到项目结束的整个周期。OPMS 也是项目信息、文档和经验教训的存储库。它是项目经理的一个一站式应用程序，可以输入和检索项目信息、计划、进度和经验教训。

OPMS 使项目经理能够与其他企业工具（包括企业风险工具、供应商资格预审、采购系统、企业简报、绩效管理系统、电子邮件及财务计划和支出系统）交换信息。

它还为 RTA 中不同级别的管理层提供用于决策支持的简报和报告。当前使用的 OPMS 有几个版本。目前的版本已经运行两年多，为了提高现有的性能和增加新的功能，还在不断开发中。

◆ 最高管理层和大型项目

RTA 始终对这些大型项目有清晰的愿景；愿景传递到项目管理层的所有层级，以及参与项目的所有各方，包括顾问、合同商、分包商、运营商及安全评估人员。下面将介绍此类大型项目的最高管理层愿景示例。

迪拜地铁

迪拜地铁的 RTA 交付准确度为 09/09/09 9:9:9。根据 2010 年《吉尼斯世界纪录大全》记载，迪拜地铁是海湾地区第一座地铁，也是世界上最长的无人驾驶地铁。

迪拜地铁包括 75 公里的线路和 47 座车站，总预算 81 亿美元，使用 160 个分包商、30 000 多名工人和 3 台隧道钻机。第一阶段按计划于 2009 年 9 月 9 日启动。

尽管 2008 年和 2009 年的经济状况不利于大型项目的建设和交付，但迪拜领导人支持这个项目的交付，充分信任 RTA 能在困难时期交付这一独特的项目。事实上，该项目已成功交付。

由于其本身的特点，迪拜地铁项目涵盖了许多不同的学科。迪拜地铁影响了包括经济、社会和政治等多个领域。此外，项目的影响不仅限于其周边（迪拜酋长国），也影响了整个阿联酋。

在迪拜地铁的开幕式上，阿联酋副总统、总理、迪拜酋长 Sheikh Mohammad bin Rashid AlMaktoum 殿下强调了该项目的重要性：“地铁项目是阿联酋社会与经济的未来。”甚至可以说，已经产生了区域影响，它启发了该地区的其他国家，包括沙特阿拉伯和卡塔尔，开始建设自己的地铁系统。

迪拜电车

世界首例，迪拜电车！

RTA 因及时完成项目而在区域内打响了名号。迪拜电车项目就是一个例子，在内部，它被称为项目 11。项目 11 于 2014 年 11 月 11 日启动，在车辆段内有 11 公里的轨道、11 座车站、11 辆电车和 11 座建筑物。该项目由 20 个专业小组、100 个分包商、400 名工程师、660 名专业技术人员和大约 6 000 名工人组成，且无人伤亡。

迪拜电车是世界上第一辆有站台屏蔽门和空调站的有轨电车，是世界上第一辆到站自动停车的有轨电车，也是世界上第一辆全轨道地面供电的有轨电车。

在迪拜码头的拥挤地区选择有轨电车作为大众交通运输系统受到了许多研究的影响，需要董事会做出大胆的决定，选择有轨电车来对抗其他成本更低、风险更低的解决方案。我们现在非常自豪地看到著名的迪拜电车在运行和工作，代表着迪拜最闪亮的形象之一。

迪拜运河——迪拜的新面孔

2016 年 11 月 9 日，迪拜完成了一个新的项目，这个项目重新定义了迪拜的地图，赋予了迪拜新的面貌，增加了新的维度，丰富了迪拜的生活方式，再一次证明了迪拜是“世界之珠”。

迪拜运河是迪拜的另一个独特项目，创造了新的滨水区、新的机遇、新的旅游和娱乐区。RTA 管理的迪拜运河，虽然不完全是一个核心业务项目，但迪拜政府选择 RTA 是因为该项目的复杂性和时间的紧迫性。

鉴于这是一个巨大、复杂和颇具挑战的项目，RTA 采用了明确的分包策略，工程分为 5 个合同。任命了 4 个主要合同商、60 个分包商，雇用了约 4 600 名工人。全航道总成本为 37 亿迪拉姆，绵延 12 公里，从迪拜河起，直到阿拉伯湾。

这些分包工作由一个项目管理团队监管，并在不影响迪拜市民交通或生活的情况下，成功地交付了位于迪拜市中心的项目。

该项目将产生许多积极影响，包括将迪拜河、商业湾和迪拜运河的水质提高 33%。它将进一步提升迪拜作为一个独特的旅游目的地的地位，提升迪拜的国际竞争力，增加地产的价值，增强海上运输的作用。

运河的完工并不容易。团队夜以继日地工作，数十个重要的相关方需要协调，大量的有人居住的土地被收购，业绩低于预期的供应商被替换。所有这些问题都是本项目所需的大量相关方管理工作的表现。

迪拜运河开通这一天是值得纪念的一天，迪拜领导人出席了仪式，当地和国际媒体都十分关注。

Etihad 博物馆

RTA 当局得到了 Sheikh Mohammed bin Rashid AlMaktoum 殿下的信任，有幸监督位于联盟大厦旁边的 Etihad 博物馆的建设，该博物馆见证了 1971 年阿联酋成立。

该博物馆是记录阿联酋成功经验的地标性建筑。它将作为一个文明灯塔，供市民和游客参观，了解阿联酋建立的过程和挑战。博物馆展示阿联酋的成就，将阿联酋的价值逐渐灌输到市民和后代人的心中。

鉴于博物馆的历史重要性，Etihad 博物馆项目得到了 Sheikh Mohammed bin Rashid Al Maktoum 殿下的支持和赞助。RTA 执行以 Mohammed Al Mur 为首的 Etihad 博物馆咨询委员会的指示，从美国和加拿大聘请国际公司参与博物馆的设计和建设。

博物馆的设计经历了几个阶段，直到最终的设计被 Sheikh Mohammed bin Rashid Al Maktoum 殿下批准，才被选中。博物馆建在地下，通过地下的楼梯、电梯与酒店和联盟大厦相连。历史遗址周围的关键元素从 1971 年一直被保留下来。

Etihad 博物馆，正如 Sheikh Mohammed bin Rashid Al Maktoum 殿下所说："它代表着我们国家的成就之一，是一个地标，对于了解我们国家动力的来源有积极的意义。"

新博物馆的入口设计成手稿的形状，有七根柱子，象征着用于签署声明的钢笔。博物馆包括永久和临时大厅、剧院、教育区、娱乐区、行政办公室和停车场。它包括八个永久性的画廊，以及一个临时画廊来展示来自国际博物馆的物品。

RTA 领导层的领导力类型

使 RTA 项目成功的卓越领导力可分为八种。

（1）愿景。Sheikh Mohammad bin Rashid AlMaktoum 殿下对迪拜未来的清晰愿景激励我们发展对 RTA 的总体愿景，尤其是对大型项目的愿景。我们在 2009 年 9 月 9 日的迪拜地铁、2014 年 11 月 11 日迪拜电车和 2016 年 9 月 11 日迪拜运河项目上都展示了强有力而又清晰的愿景。

我们从不接受对项目完成日期的任何更改。通过坚持不懈的努力，我们的愿景被传达到项目管理的各个层级。该愿景得到了所有参与项目的各方的支持，包括顾问、合同商、分包商、运营商和安全评估师。由于每个人都专注于同样的愿景，因此各方总能让项目运行在正常的轨道。

（2）信任和团队合作。我们绝对信任与我们合作的团队，而且我们选择相信我们的愿景、坦诚且不怕承认错误的团队领导。我们倡导以信任合作为基础的团队文化，形成了强大、平衡、有积极领导的团队。

（3）影响力。我们设法影响了不同项目所有层级的所有参与者。这种方法在从大公司的主席到最小的分包商的项目工程师身上都取得了成效。凭借强大的影响力，我们设法让分包商在几乎不可能实现的期限内完成任务，让顾问员工为无法克服的问题制订极具创造性的解决方案，让其他人夜以继日地工作。如果没有这种影响，这个项目永远不会按时完成。

（4）技术管理。我们知道自己的局限性，我们采用了一种自我学习的方法，承认自己不知道的事情，向专家提问，从不停止或回避提问。我们还使用思维导图来确保项目的每个方面的所有重要问题都考虑了。此外，我们坚持要有短期和长期的计划来解决每个问题。我们还制订了候补计划及预留工作人员。

（5）正确的时间做正确的决定。我们总是努力在正确的时间做出正确的选择。重大决策包括在需要时亲自接管项目领导层，或聘请外部专家评估项目状态，并就最佳完成方式提出建议。其他一些例子包括决定更换迪拜地铁的合同商的某些车站经理和分包商的某些工程师。其他正确决策的例子还包括团队的组建、现场工作人员的轮换和现场奖励。

（6）动力、控制和跟进。我们完全依靠意志力和精神力保持项目的势头。我们不断为顾问、合同商和分包商设定渐进和积极的截止时间。我们还定期会见所有关键参与者。我们不会等到每项任务即将结束时再跟进，而是在多个节点确认工作均在正常推进。

（7）态度。在工作中，我们总是采取积极、实际、能动的态度。在地铁项目中，这种态度是项目成功的基石之一。项目中的每个参与方都采用了这种能动的态度，这使我们能克服一些当时看来无法逾越的障碍。

我们不会否定任何一个答案，总是敦促顾问、合同商和分包商尽快解决问题。我们总是质疑大多数人的意见。我们相信大多数人的意见可以被单个人所左右。

（8）创新和打破固有思维。作为 RTA 的愿景的一部分是交付“为所有人提供安全、顺畅的交通”，创新是主要支柱之一。RTA 的创新战略是：

- 在区域和国际层面上引领移动/运输领域。
- 做好为相关方所做的一切工作。
- 通过解决提供“为所有人提供安全、顺畅的交通”的服务中出现的挑战，在社会、经济、环境和客户方面创造影响。

RTA 认识到创新有三种核心类型：增量型、实质型和突破型（或激进型）。每种创新类型都需要不同的管理和交付创新的模式，考虑不同的工作水平。

RTA 定义了这以下四个领域的创新。

- 商业模式创新侧重于组织如何创造、销售和为客户及其他更广泛的相关方提供价值。
- 领导和管理创新的重点是采用先进的领导实践和创新文化，以及制订与行政和公司治理有关的管理方案和系统。
- 运营和流程创新强调发展和加强为客户提供服务、方便客户访问服务，以及提高内部效率的行动、机制和方法。
- 产品和服务创新涉及新产品和/或现有产品、服务的改进。

◆ 推动知识共享

RTA 成功的主要支柱之一是相信知识共享的价值和重要性。除传统的知识共享实践，如培训、指导、主题专家实践、内部通信和内网知识共享及互动外，RTA 还引入了一些创新举措。在本节中，我们重点介绍五项举措：迪拜国际项目管理论坛（Dubai International Project Management Forum，DIPMF）、项目管理实践社区（Project Management Community of Practice，PMCP）、已发表的案例研究和论文、Masharei 及 Hamdan Bin Mohamed 项目管理创新奖。

迪拜国际项目管理论坛

迪拜国际项目管理论坛每年在迪拜王储、迪拜执行委员会主席 Sheikh Hamdan bin Mohammed bin Rashid Al Maktoum 殿下的赞助下举行。该活动由 RTA 与迪拜水电局（Dubai Electricity &Water Authority，DEWA）、Emaar 地产和美国项目管理协会（PMI）合作组织。

随着全球经济的大规模增长，每年都有许多项目被启动、管理和运营。这样的扩张使得项目管理学科在公共和私人实体的业务流程简化方面发挥了作用。随着项目复杂性和互联性的增加，组织已经认识到项目和项目组合管理的重要性，以确保各个项目之间充分协调，以实现它们的共同目标并最大化回报。这些管理实践为企业、经济和政府运作利用颠覆性的技术和解决方案提供了强有力的基础。RTA 领导人的远见迫使他们不断发展 DIPMF 并将其作为知识共享和协作的平台。他们的愿景是推进项目管理学科，并利用其作用，有力地向本地甚至国际推广其价值。

该论坛不仅关注工程和技术能力方面的项目管理，还关注其他非传统部分，如体育、医疗、教育、犯罪调查、接待、媒体和电影制作等。在强调项目管理的多样性的同时，它还涉及了本学科核心的一些关键主题，包括领导、变更管理、创新、企业项目管理和公私合作。

这一举措源于迪拜迫切地希望发挥关键作用，引领整个地区的发展进程，确立在符合最高标准和实践的可靠科学依据的前提上的利用产业的基础。它展示了迪拜作为项目管理行业的领先城市，其在这一领域的成功是在一系列获得全球赞誉的大型项目中采用顶级国际标准的缩影。RTA 以成果为导向的领导人在国际知名项目的实际成就基础上建立了 DIPMF，这些项目积累了大量的知识，充满了最佳实践和经验教训。

2016 年，论坛有 5 个由世界级的思想领袖进行的主题演讲，4 个讨论小组和 21 个平行会议讨论了国际项目管理中的不同关键主题，如治理、利益实现、可持续性、跨文化合作和实施公私倡议、未来城市、基础设施及其他关键主题。出席会议的有来自 36 个不同国家的 1 400 多名项目经理、负责人和高管。

项目管理实践社区

由于人才管理是组织成功的最关键的推手之一，RTA 制订了大量培训计划和发展活动，涵盖各个级别的技能、策略和认证。此外，2013 年 9 月，RTA 总干事兼董事会主席和 PMI 总裁兼首席执行官共同发起了项目管理实践社区。PMCP 是一个由 EPMO 管理的非正式实践社区，通过引入不同类型的活动，旨在促进 RTA 项目管理从业人员之间的知识交流。

三轮的 PMCP 活动（2013—2016 年）显示出巨大的成功，从活动的数量、相关方的满意度，以及员工在制定和更新公司项目管理政策方面的参与度的提高都可以看出这一点。

该社区涉及 40 多个活动。通过满意度调查我们发现，从团队到成员形成了一种非常热情的环境。现在所有成员都渴望看到来年的计划。

已发表的案例研究和论文

RTA 不断开发和分享其项目的实际案例研究，以分享项目管理行业的知识，培养知识共享的文化。我们的案例研究在 DIPMF 和 RTA 重大活动中打印和共享，用作项目管理专业学生的教材与迪拜的大学共享，并在内部用于传播项目知识。

Masharei

Masharei 不仅是一个培训项目，也是一个非常特殊的定制项目，旨在从 RTA 中的不同项目管理职业生涯轨迹中找到知识和人才。该计划以一个由第三方设计和监督的评估作为结束，这将导致阿联酋和该地区的第一个此类认证：Masharei 培训和认证项目。

Masharei 项目是与国际学习集团（IIL）先锋培训组织合作设计和实施的。该计划以新的 PMI 人才三角为指导，涵盖培训、商业和领导技能的 PMI 核心认证。

Masharei 项目于 2017 年第一季度培养出了它的第一批毕业生，是该地区的第一个此类项目，被认为是该地区项目管理培训/认证的重大变化。

Hamdan Bin Mohamed 项目管理创新奖

RTA 最近推出了 Hamdan Bin Mohamed 项目管理创新奖（见表 3-6）。

表 3-6　奖项分类

奖项分类	获奖标准
个人： 项目经理创新奖 PMO 经理创新奖	• 管理创新（方法和工具） • 治理与效益实现的创新（规则与过程） • 项目团队建设创新
团队： 项目团队创新	• 知识转移创新（方法和工具） • 沟通创新（方法和工具） • 技术利用创新
（组织）理念创新： 项目管理理念创新 项目集管理理念创新 项目组合管理理念创新	• 项目/计划/组合管理的任何阶段的创新 • 管理实践和方法的创新 • 使用技术创新

（1）愿景。

- 通过项目管理创新，为迪拜赢得世界级声誉。
- 以迪拜作为项目管理中心。
- 与阿联酋 2021 愿景保持一致。

（2）目标。

- 发现项目管理创新。
- 奖励项目管理创新。
- 鼓励项目管理创新。

- 促进项目管理创新。
- 实现项目管理的创新。

（3）目标受众。

项目管理专业人员和专家、个人、团队，以及参与项目、计划或投资组合管理的组织。

◆ 总结

从 RTA 的成功案例中，我们可以得出以下五个结论。

- 强有力的领导可能是项目成功完成的最重要因素。
- 所有项目都需要有积极的领导者，他们拥抱卓越并赋予团队力量。
- 大型项目的领导者必须有能力认识到变革的需要，并以最有效和最高效的方式管理变革。
- 项目负责人必须面对并处理许多困难，包括但不限于：
  — 兼顾大局和重要细节。
  — 创新和保持稳定。
  — 坚定而灵活。
- 项目领导要想成功，必须具备、展示和应用这些卓越的领导特征。
  — 清晰、有力和坚定的愿景可能是领导层在项目中取得成功最重要的一点。然而，拥有远见是不够的。它必须传递给项目中的所有各方。当所有各方都接受这一愿景时，他们总会找到实现它的方法。
  — 信任和团队至上，项目领导者信任团队，团队也绝对信任领导者和愿景。领导者在报告时必须诚实，不害怕承认错误。
  — 一些出版物将领导力定义为影响力。这在大型项目的领导中毋庸置疑。从大公司董事长到小分包商的项目工程师，大型项目领导者应具有影响项目所有主要参与者的意志力和能力。
  — 大型项目的领导者必须有足够的技术知识来管理项目。如果领导者不具备技术知识，则他们必须发展一种自我学习的方法，不羞于向专家咨询信息。得益于这些技术知识，领导者能够制订短期和长期计划，以及针对各种情况的后备计划。
  — 大型项目负责人必须在适当的时间做出正确的决定。这要求领导者持续关注项目动态和各部分进展。领导者的决定包括从改变项目范围的重大决定，到改变项目一小部分装饰材料的小决定。
  — 领导者必须在整个过程中始终保持对项目的动力、控制和执行。领导者需要为所有主要承包商和分包商设置渐进的截止时间，来保持这种势头；必须定期召开跟进会议，以确保各方履行义务，保持项目正常运行；必须采用多种信息源来确保信息的准确性；还要征求多个专家意见，以做出正确的决定。
  — 大型项目的领导者必须采取积极、实际、能动的态度。这种态度，当被传达给项目各方并被接受时，可以创造奇迹，确保项目成功。大型项目的领导者也要敢于冒险。

最后，如果没有迪拜政府及其领导层的大力支持，上述所有工作就都将无法实现。所有这些都是通过与政府行政人员不断就计划、进展和成就的沟通来实现的，这使得对 RTA 项目的支持达到了惊人的水平。

3.5 英特尔公司和“地图日”

几十年前，项目管理方法的引入是围绕阶段结束或关口评审进行的。典型的方法会有 4～5 个关口评审，每个关口评审主要通过考察预算和时间安排的趋势，来做出通过或不通过的决定。公司发现很难取消甚至重新定向一个有问题的项目，并且更愿意让项目执行完成，期待奇迹发生。

有许多项目管理的糟糕案例，执行层将要去识别一个给定项目的前提假设和限制条件。有时并不是所有的前提假设和限制条件都能被识别出来，更糟的是，项目经理会假设它们在项目的生命周期中都不会发生改变。然后，在项目完成时，人们会因为可交付成果不再满足公司的战略业务目标而感到沮丧。

几年前，英特尔公司推出了一个名为“地图日”的概念，其特点包括根据预期的业务目标定期进行项目审查。对于许多公司来说，英特尔公司的“地图日”是对未来项目管理绩效评估实践的展望。它向人们表明，跟踪如假设和约束的变化，与跟踪时间和成本一样重要。

如今，“地图日”的许多特性被用于敏捷开发和 Scrum 等技术，以及传统项目管理实践中。敏捷开发和 Scrum 使用短时间段，被称为冲刺。在每个时间段结束时，可以检查项目的方向，查看是否有变化。英特尔公司的“地图日”的许多概念仍在公司中使用，但叫法可能不同。

3.6 苹果电脑和手机

几十年来，书面报告是项目绩效报告的主要方法。准备这些报告既费时又费钱。决策通常以报告的及时性为依据。如果没有频繁的报告，那么决策就是基于最佳猜测而不是事实或依据制定的。

手机的推出为实时状态报告打开了大门。项目经理现在可以在手机上（或者任何移动设备）更新他们项目的状态，并将数据传输到世界上任何一个地方。

现在，决策是基于依据和事实制定的，并且可以实时进行。今天的手机可以显示图像和指标，很容易阅读。对于许多公司来说，带有社交媒体软件的手机可以显著地降低书面报告的成本、会议次数和昂贵的旅行费用。

3.7 “隧道”尽头的光亮

大多数人认为，在“隧道”尽头的希望之光，就是建立一套整个组织接受的、满足企业生存需要的企业项目管理体系方法论。实际上，真正的目标应该是实现卓越的项目管理，而体系方法是达成目标的一种驱动力。一位 AT&T 的发言人表示，卓越的项目管理可以定义如下。

> 拥有一套应用到全公司所有项目的、持之以恒的项目管理方法，赢得持续的客户认可和更高的客户满意度。另外，优秀的项目管理能力也为我们的销售团队在推销时增加了一个卖点。这样一来，客户会为我们带来源源不断的业务。除此以外，公司内部要达成共识，即项目管理是一项必须拥有的增值业务。

“卓越的项目管理始于建立一套体系方法”这个想法也许有一定的道理，不过如图 3-10 中所指出的，还必须考虑其他一些因素。从三角形的顶端开始，高级管理人员必须有清晰的愿景，认识到项目管理给组织带来的好处。两个最普遍的项目管理实施的愿景是公司提供可持续的竞争优势，以及让公司内部人员把项目管理看作公司的战略能力。

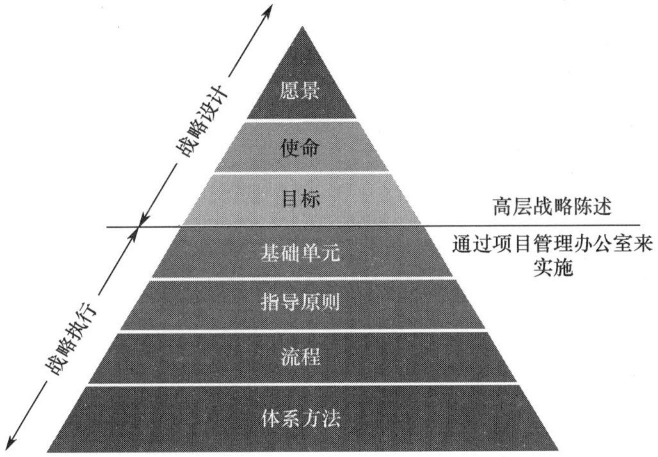

图 3-10　企业项目管理

一旦愿景目标确定了，下一步就是创建使命宣言，其中包含和项目管理必要性紧密相连的短期和长期目标。例如，如图 3-11 所示，公司可能希望客户认为它们提供的是整体解决方案，而不仅仅是产品或服务。因此，使命宣言可以是建立一个支持客户的企业项目管理系统，能够持续地带给客户成功的解决方案，并因此成为客户的战略伙伴，而不仅仅是一个供货商。企业项目管理系统的必要性，在愿景和使命宣言的词句里都可以有所体现。

使命宣言可以分解为长期和短期的目标。如图 3-12 所示，目标是从指标定义开始，明确关键成功因素和关键绩效指标。CSF 主要是客户对产品、服务和解决方案的满意度指标。KPI 用于内部衡量体系方法的实行是否成功。CSF 和 KPI 是项目管理成为公司战略能力和获取竞争优势的推动力。注意：在图中，CSF 和 KPI 都可以基于最佳实践制定。

在图 3-10 中，最上面的 3 层体现了对项目管理的战略设计。从基础单元开始，往下的 4 层涉及战略执行。基础单元就是那些需要考虑的长期、短期因素，这些因素甚至可能在建立企业项目管理体系方法之前就要考虑了，如表 3-7 所示。虽然很难说到底哪个因素最重要，不过一般来讲，如果优先解决公司的文化问题，那么就可以加快公司走向卓越项目管理的速度。

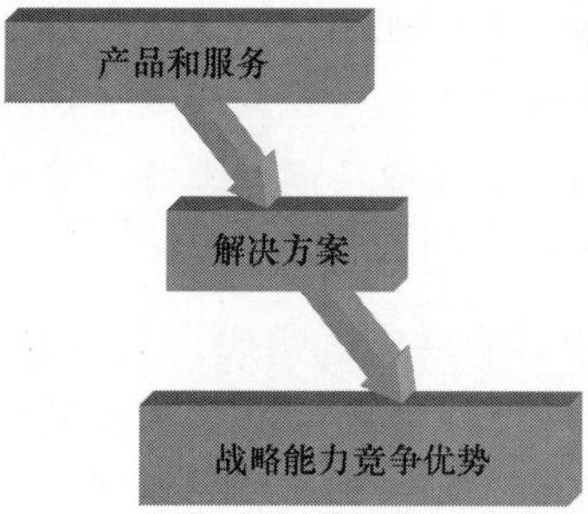

图 3-11 确立公司的使命

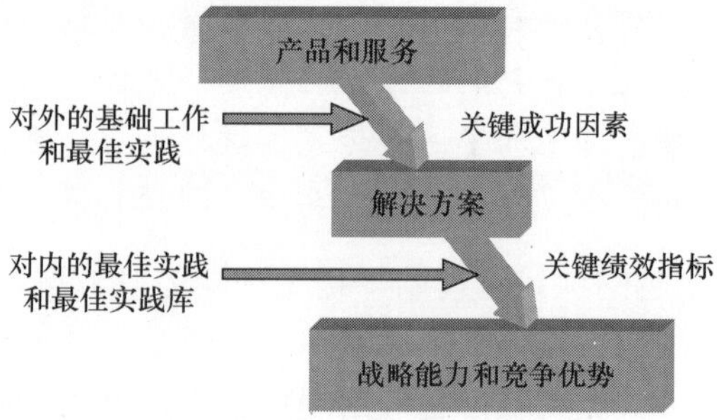

图 3-12 确定度量体系

表 3-7 基础单元

长 期	短 期
使命	主要和次要的流程
结果	体系方法
后勤	全球推广
结构	商业论证开发
责任感	工具
方向	基础架构
信任	
团队合作	
文化	

为了实现卓越的项目管理，必须了解是什么推动力迫使公司必须成就卓越。确认了这些推动力之后的要务，就是找出那些妨碍项目管理成功实施的潜在问题和障碍。在整个过程中，高级管理人员的支持都是最根本的。在接下来的几个小节中，我们会讨论到这些问题。

3.8 医疗保健购买咨询公司

有一种误解认为，卓越项目管理需要复杂的方法论，包括大量的子计划和表格。虽然行业内的要求决定了方法的复杂程度，但要取得卓越的成就，还在于高级管理层如何使用和支持该方法。即使最简单、最易使用的方法也能带来卓越的项目管理。

医疗保健购买咨询公司正在与最具前瞻性的医疗保健执行机构合作，以提高效率和生产力，以更少的成本实现更多的收益，并提高医疗保健服务的质量。医疗保健购买咨询公司采用了一种名为“ProVantedge”的项目管理方法，由项目管理办公室不断更新。

◆ 项目管理方法

经验告诉我们，项目管理办公室有负责的项目管理资源及不断改进的灵活方法是按时和按预算交付项目的关键。为了确保成功，医疗保健购买咨询公司提供从临时项目管理办公室主任到认证项目集经理或项目经理的专业服务。下面简要介绍医疗保健购买咨询公司的项目管理资源，包括关键的可交付成果。

项目集管理：这个执行领导角色提供指导、监督和控制。项目集经理酌情与客户组织的执行领导建立关系，并直接向首席信息官报告。项目集经理负责确保建立一个治理委员会，并确保委员会为他们将要交付的项目提供可实现的目标。他还要促进风险的识别和缓解，负责预算管理、问题管理及和高层沟通。项目集经理致力于使参与各方更合作、更密切，并确保客户的组织在项目方面达到或超过自己的业务目标。

项目管理：项目经理根据客户组织提供所有计划、控制、里程碑、可交付成果和资源的集中管理。项目经理利用 ProVantedge 方法和工具集记录、跟踪和管理这项工作的所有方面。

可交付成果：根据双方商定的时间表和责任，制定、管理、开发和实施以下可交付成果。

- 每周提供状态报告，记录里程碑进度、获得的成就、遇到的挑战和问题，以及下一步的计划。
- 提供 ProVantedge 计划和项目管理方法的教育和基础审议报告。
- 按要求向指定的相关方和项目人员提供月度项目审议报告。这些审议报告总结了进展、问题、风险和建议。
- 向高级管理层提供季度绩效评估审议报告。

除我们的专业服务外，医疗保健购买咨询公司还提供定制的、适应性强的项目管理方法论。根据项目管理研究院最佳实践的原则和概念，医疗保健购买咨询公司开发并部署了我们专有的 ProVantedge 方法论和基于网络的工具包。ProVantedge 解决方案是我们提供咨询服务的基石。我们提供服务和工具，帮助组织建立一个可持续的项目管理办公室，通过一种战术方法，帮助组织建立必要的工具、方法和流程，以支持一个持续、可复用的项目管理方法。我们开发了一个经过验证的方法和相应的项目管理办公室模板，使项目管理办公室以一种时效性高、成本利用率高的方式运行。

自成立以来，医疗保健购买咨询公司在所有项目管理计划中都应用了 ProVantedge 的概念。ProVantedge 指导我们的内部和外部实践和方法。我们对 ProVantedge 的信心促使我们将该方法提交给项目管理研究院审查并允许其成为认证注册教育提供者。很高兴在 2016 年秋季，项目管理研究院将 ProVantedge 认证为符合最新的项目管理研究院标准，现在，医疗保健购买咨询公司已经是项目管理研究院认证的注册教育提供者。

基于项目管理研究院的标准和最佳实践，医疗保健购买咨询公司为项目经理创建了一个灵活、可定制的在线工具。ProVantedge 提供了与项目管理研究院知识领域相一致的一组标准化的阶段、活动和模板。这些体现了管理一个项目经历的主要阶段：

- 项目启动。
- 项目规划。
- 项目执行和控制。
- 项目收尾。

项目的每个阶段都由特定的任务支持，这些任务包含一篇描述最佳实践和由负责持续更新内容的认证项目经理提供优秀建议的配套文章。除详细的文章外，每个任务都自带一个可定制模板来支持项目管理办公室。

项目的 CSF 是将可扩展的项目管理方法与供应商的执行方法相结合的能力。ProVantedge 允许医疗保健组织使用经过验证的方法论，来利用可定制以适应任何健康信息系统的最佳实践、流程和工具。医疗保健购买咨询公司可以与任何组织合作，结合 ProVantedge 专有的实现方法，为管理项目奠定坚实的基础。

ProVantedge 解决方案的强大在于其灵活性和可以无缝集成到任何供应商的项目管理过程中。与其使用供应商提供的不符合当前标准或不符合组织要求的标准模板，还不如对这些模板进行增强，融合到 ProVantedge 中，成为有力的项目管理工具。

一旦 ProVantedge 与特定的工具和模板混合以满足组织的需求，该方法就可以发布到安全站点，以方便访问和检索。整个组织中的所有项目团队成员都可以访问我们的解决方案。无论是跟踪项目里程碑、风险、问题、预算、沟通计划，还是成功实施所需的任何工具，都要求所有项目文档符合标准模板。医疗保健购买咨询公司的目标是从项目开始就消除特定于供应商和客户的模板，以便制订贯穿始终的标准文档模板计划。

遵循项目模板的标准化，医疗保健购买咨询公司项目经理可以与项目领导团队合作，制订一个强有力的文档管理计划，包括项目文档的发布、更新和检索。文档管理计划基于一种协作方法，让个人在需要时可以实时访问、更新和检索文档。这种方法将消除通常来自电子邮件和文档存储到所有人都无法访问的站点带来的需求和混乱。这也将使项目领导能够快速、准确地查看项目简报、风险和问题，无须担心看到的不是最新信息。

分析的最后阶段是创建一个项目管理分析简报，显示当前流程、改进的领域、风险和改进项目管理方法论的建议。

◆ 质量监督

提供优质服务是医疗保健购买咨询公司的重中之重，是我们最重要的核心价值之一。拥有使问题得到满意解决的流程是我们向客户提供优质服务的核心能力。除通过每周会议和状态报告跟踪和沟通有关问题、风险和关注点外，我们还利用高质量的管理流程，主动识别、沟通、解决和上报相应的问题。我们的目标是与组织合作，以有效地支持终端用户，解决已确定的问题，并提前缓解风险领域。

下面列出了我们采取的常规质量措施的例子。

（1）通常状态。

- 请求检票。

- 打开事件列表/状态。
- 打开/即将进行的活动检查。

（2）管理报告。

- 项目概况。
- 运行情况更新。
- 资源利用指标。
- 服务水平检查（正常运行时间、响应水平）。
- 变更控制/管理统计。
- 事故和 RCA 检查。
- 正在进行的文件记录：
  - — 事故报告。
  - — 根本原因分析报告。
  - — 维护日历。
  - — 客户变更实践文件。

项目经理负责在整个项目生命周期内提供质量监督。监督职责包括定期与客户和供应商员工召开会议，审核每个状态报告，审核客户可交付成果，并每季度进行正式的项目审核。此外，医疗保健购买咨询公司领导团队的项目经理和成员至少每季度与客户领导团队会面一次，审核监督工作的结果，讨论关注的领域，概述解决需要解决的问题的计划。

在项目启动 6 周后，医疗保健购买咨询公司每 30 天进行一次正式的执行项目审核。审核由客户执行发起人和指定的项目经理与医疗保健购买咨询公司服务分管副总裁或合伙人共同完成。审核采用陈述形式，使客户和医疗保健购买咨询公司能确保支持方案的质量和执行符合预期。这为相互理解支持方案的风险提供了重要基础，包括：

- 提供了一个比较客户执行发起人和医疗保健购买咨询公司的预期的重要机会，使我们能够在问题出现之前解决分歧。
- 为执行发起人和支持方案管理团队提供对支持服务计划及其潜在风险的全面了解，确保支持方案按计划交付，可交付成果得到批准和生产，并对变更进行适当管理。
- 通过主动控制和缓解风险，增强对项目管理计划的信心，确保支持方案已步入正轨。

3.9 管理假设

每当我们讨论追求卓越之旅时，人们总是希望看到一连串按时间顺序排列的事件，以反映公司是怎样在项目管理方面一步步走向成熟的。这当然很重要，然而除特定的事件外，一些其他的活动也可以加速这一走向成熟的进程。其中之一就是对项目管理开始的前提假设有所了解，并愿意在整个项目中跟踪这些前提假设。如果这些假设是错误的，或者发生了改变，那么项目的方向或许也需要改变，或者干脆取消项目。

计划要从了解前提假设开始。很多时候，假设由市场营销人员提出，并将高级管理人员批准作为项目筛选与批准流程的一部分。对项目最终成果的预期也基于所做的这些假设。

为什么在大多数情况下，项目的最终成果没能达到高级管理人员的预期呢？在项目开始时，根本就无法保证项目结束时可以实现高级管理人员所期望的收益。项目的长度当然是一个关键因素，但真正的问题还是出在不断变化的前提假设上。

项目团队必须在项目开始时使用项目章程把假设记录下来。在整个项目进行过程中，项目经理必须不断挑战旧有的假设，并确认最新的假设是有效的。假设的变更可能使得项目不得不终止，或者改变方向朝着一套新的目标前进。卓越之旅中必须包含重新验证假设的方法。项目周期越长，假设改变的可能性就越大。

项目管理计划的基础是项目章程中所描述的假设。然后，项目管理计划也要接受团队成员提出的附加假设。公司使用项目章程的主要原因之一是，项目经理往往是在项目筛选和批准流程完成一段时间之后才指定的。于是，项目经理有必要知道在前述过程中究竟考虑过哪些假设。

3.10 环保项目中的管理假设——世界自然基金会

2005 年，世界自然基金会（Word Wide Fund for Nature，WWF）与其他环保组织合作，共同通过并开始执行一套“环保项目与项目集管理标准”（简称“项目集标准”）。这些标准有着深厚的根基，因为 WWF 在组织内部，以及与其他环保组织都有着进行项目与项目集计划和管理的悠久历史。项目集标准的设计，是用来帮助项目经理和员工描述他们保护的对象，识别他们的关键假设，制定有效的战略，衡量他们的成功，并在之后随时间推移适应、共享和学习的。

◆ 环保项目中的适应性管理与挑战

虽然人们对私营企业的项目管理进行了大量的研究，形成了大量的文献资料，其中的原则对于非营利组织也同样适用，但是环保项目面临比其他项目更多的挑战。在通常的项目执行与控制流程以外，环保项目必须在很大的不确定性与复杂的系统中运行，受到自然、政治、社会、经济和文化等多方面的影响。

在定义项目的时候，环保专家必须考虑多方面的不确定因素，包括生物多样性状况、生态系统的运行，以及人类为生态系统带来改变和反过来被生态系统所影响的方式。相似地，在设计以改善生物多样性状况为目标的介入方案时，环保项目面临多方面的挑战，包括在一系列未经实践的战略中做出选择，试图了解哪种战略才最有效，以及对这些战略的影响进行衡量和交流沟通。当所有这些发生时，环保组织所面临的是有限的人力、资金、信息和政治资源，以及越来越多的要求公开透明的呼声，还有支持项目的捐助者和政府机构所施加的影响。

于是，WWF 项目集标准在管理环保项目上使用一种实验性方法，将项目定义、设计、管理和监督整合起来，以系统性地验证假设从而适应和学习。这一适应性管理流程需要项目团队明确地认识到他们的运作所依托的假设，并对这些假设进行系统性的验证，来检查它们在项目中是否成立。这提供了一种就战略进行更合情合理的决定，对所用战略的有效性进行验证，以及通过学习和适应对战略进行改善的方法。

以下是在 WWF 项目集标准中被推荐作为最佳实践的两项工具，它们是确定和管理假设的关键。

◆ 概念模型

一个概念模型（也称“问题树”或“问题地图”）是一张用于展现一系列因素之间假设的因果关系的图表，这些因素被认为会影响一个或多个环保项目所要保护的生物多样性目标（物种或栖息地）。一个优秀的概念模型应该将生物多样性目标与一系列因素明确地联系起来，包括影响它们的直接威胁、间接威胁及对直接威胁产生影响的机会。它同时应该着重表现对于因果联系所做出的假设，也应该就为了对这些关系产生正面影响，而能够采取战略行动的方法提出建议。总体来说，概念模型反映项目执行地点的现状，并为项目团队与何处采用战略行动介入的决定提供依据。注意，在图 3-13 中每个连接两个方框的箭头都暗示了因果联系，并代表了一个可以进行验证的假设。

◆ 效果链

环保项目团队实行一系列战略，他们认为这些战略有利于保护项目执行地点的生物多样性，但不一定正式地说明这些战略会如何使得生态威胁减少，让生物多样性得到保护的种种基本假设。实际上，很可能他们做了很多隐性的假设（这些假设甚至可能在不同团队成员和项目合作伙伴之间都不一样）来解释他们的战略对环境保护做出贡献的原理。然而，如果这些假设没有被明确提出，它们就无法得到验证，无法在将来确认它们是否有效。

效果链是对这些假设做出澄清的工具，它使用图表，把各种因素以一系列“如果……就会……”形式的因果陈述联系起来。效果链可以帮助团队为他们的变迁理论建立清晰的模型。在一些机构中，效果链也被叫作“逻辑模型”或“解决方案树”。效果链是从概念模型开始建立的，而如图 3-14 中所展现的，它包括战略（一组行动方案），期望达到的成果，以及这些行动对生物多样性目标造成的最终影响。关于对生物多样性目标所期望施加的影响的正式陈述被称为目的，而对于所期望的成果的正式陈述叫作目标，一般是对环境威胁的解除。

这样一来，结构严谨的效果链可以为项目提供一套可执行的战略行动方案，以及目的和目标，简单来说，就是一套环保行动方案。效果链也为财政及运营计划、制定指标及监管和控制计划提供基础。除阐明假设与为项目执行研拟计划外，概念模型和效果链也都是在项目执行过程中进行监管和控制的有力工具，它们可以评估影响，并就任何可能出现的瓶颈进行诊断。

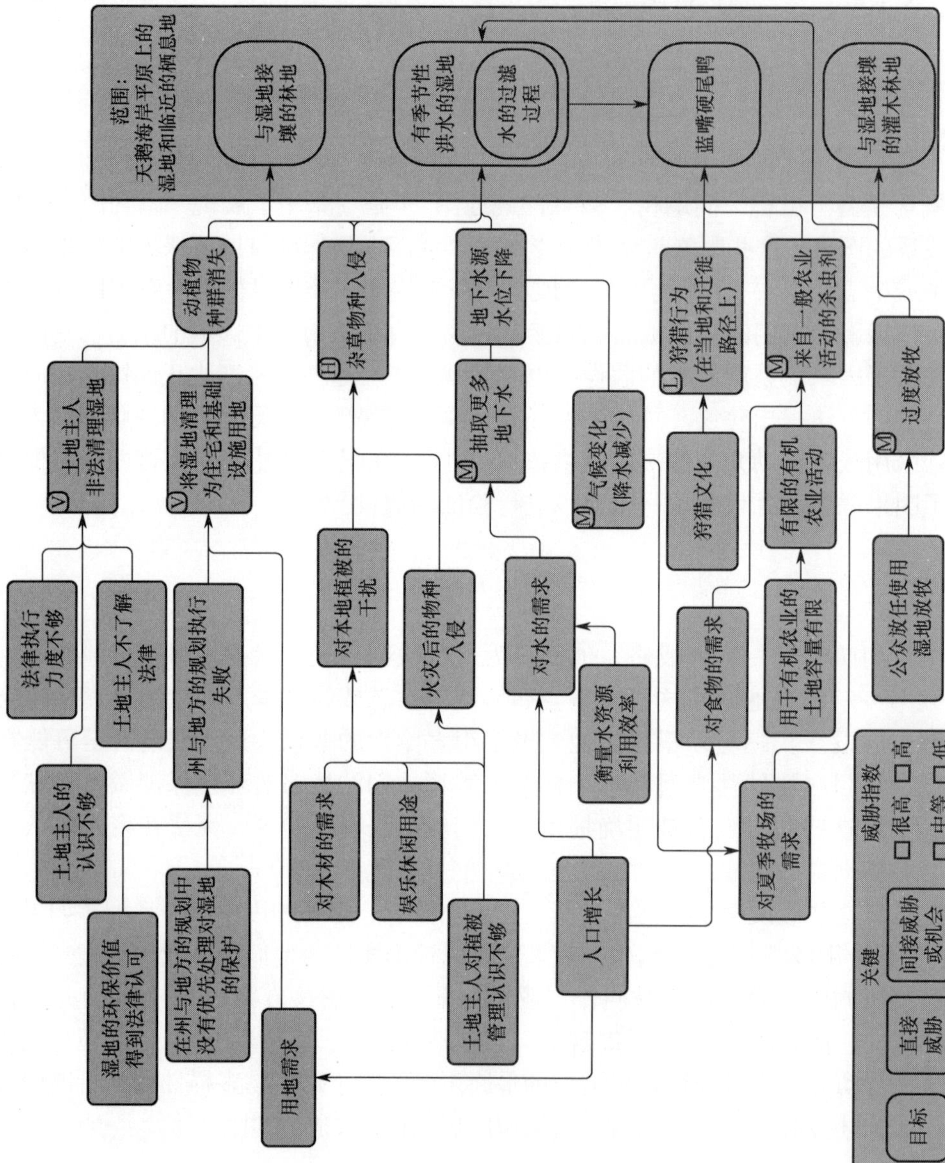

图 3-13 西南澳大利亚的天鹅海岸平原环保项目的（简化版）概念模型

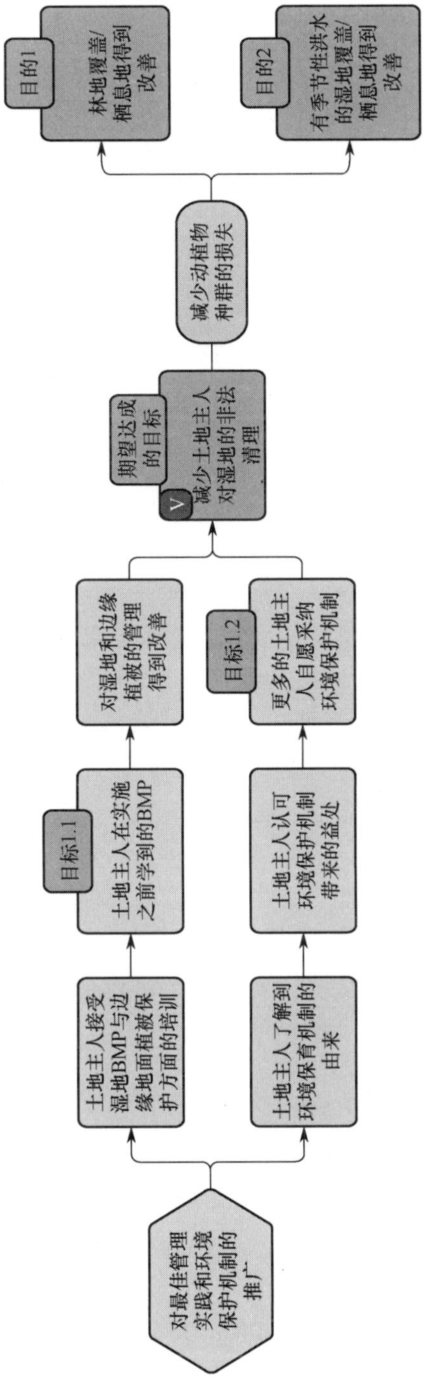

图 3-14　西南澳大利亚的天鹅海岸平原环保项目的（简化版）效果链

需要注意的是，以上两种工具都包含在 WWF 项目集标准的定义和设计的计划步骤中。这些步骤中也包括其他的工具，用来评估生物多样性目标的可行性，对生物多样性的威胁进行排序，对项目相关方进行分析，对风险进行评估，等等。进一步的步骤包括在项目实施、成果分析与适应计划，以及共享环节的最佳实践。

3.11 项目治理

大部分公司都是从开发一套项目管理体系方法论开始走上追求卓越之旅的。采用体系方法的目的不仅仅是提供指导前进的路线图，也是为了给项目经理提供进行决策所需的及时资讯。进行决策需要一些形式的治理，但往往在卓越之旅开始很久之后才能发现这一点。

体系方法论指的是一系列的流程、活动和工具，它们属于一个特定学科范畴，如项目管理，并被设计用来完成一个特定目标。当产品、服务或客户都有着类似的需求，并不需要加以特别定制时，公司会开发出体系方法，来让管理项目的方式在一定程度上保持一致。这种体系方法的基础，往往是严格的规则和步骤。

随着公司在项目管理方面更加成熟，规则和步骤会被表格、指南、模板、检查表等取代。这让项目经理在应用体系方法满足特定的客户需求方面拥有更大的自由度，也使得项目管理体系方法能够更加不受拘束地应用。

如今，我们把这种有一定自由度的项目管理方式称为“框架”。框架是一个基本概念结构，用于处理特定事件，如项目。它包括一系列的假设、概念、价值观和流程，为项目经理提供一种方法，来检视满足客户需要所必需的条件。一套框架是建造项目交付物的内部支撑结构。

只要项目的要求不对项目经理施加过大的压力，框架就可以运作得很好。遗憾的是，在现今混乱的环境中，这些压力越来越大，原因如下。

- 客户要求小而精的产品，而且要在一定程度上进行个性定制。
- 项目生命周期与新产品开发周期都被压缩了。
- 企业环境因素对项目执行的影响力更大了。
- 客户与相关方希望更积极地参与到项目的执行中去。
- 公司与供应商正在形成战略伙伴关系，而各个供应商可能在项目管理方面的成熟度不尽相同。
- 来自全球的竞争迫使公司接受来自各种客户的项目，这些客户可能在项目管理方面的成熟度也与公司不同。

这些压力在相关方想要加快项目决策过程时，反而会让这一过程趋于迟缓。这种迟缓的原因如下。

- 期望在项目经理自己没有充分认识的领域做出决策。
- 项目经理在接受项目的全部控制权和对项目负全责的问题上有迟疑。

- 在项目管理的机构之上存在过多的管理层级。
- 风险管理的责任被推到机构的更高层级上。
- 项目管理表现出的领导能力不能令人信服。

这些问题都可以通过运用有效的项目治理来解决。项目治理其实就是一个用来做出决策的框架。治理与一系列进行定义的决策相关，包括对期望、问责、责任、授予权力或验证绩效进行定义。项目治理关系项目管理中的一致性，紧密联系的政策和流程，以及在特定责任范围内做出决策的权力。治理使得更有效率且效果显著的决策过程成为可能。

即使每个项目都使用同样的企业项目管理体系方法，它们还是可以采用不同的治理模式。治理职能可以作为项目经理工作的一部分，也可以是单独的流程。设计治理制度的目的不是用它来代替决策，而是为了防止做出对公司不利的决策。

在以前，治理是通过项目发起人来进行的。如今，治理一般由一个委员会来执行。不同行业和不同项目的委员会成员可能不同。委员会成员也会根据相关方的数量，以及项目服务的客户来自内部或外部而产生变化。

3.12 阻碍项目管理走向成熟的七大误区

在很多情况下，当公司纷纷走上实行项目管理的道路时，却发现想象中的一马平川实际上遍布荆棘，充满了障碍和误区。如果对路途上若隐若现的障碍没有充分的认识，不知道如何应对，那么一个组织可能就永远无法在项目管理方面达到比较高的成熟度。相反，这些公司的竞争对手可能只需要几年，就可以在整个企业范围内实施一套能够可靠地交付成功项目的战略。

项目管理走向成熟的第一大关键障碍是，实施活动往往由组织中领导岗位上的人来带头。这些人往往对项目管理认识不足，又不愿意参加哪怕是短暂的培训项目，来对项目管理走向成熟所必需的元素有一个基本的了解。第二大关键障碍是，同样是这些人，他们常常根据个人利益或别有用心的动机来做出实施决策。这两大障碍都会让项目管理的实施深受其害。

影响项目管理的实施走向成熟的各类误区并不一定会阻止项目管理本身。实际上，这些误区只会延长实施项目管理所需要的时间，并让项目管理团队深感挫败。下面是七个最常见的误区。

误区 1：我们的最终目标是实施项目管理。

目标错了！最终的目标必须是不断发展的项目管理系统和能够可靠地保证项目持续成功的流程。成功的实施会在最短的时间内完成，而且不会对现有的工作流程造成影响。任何人都可以购买成套软件，实现一点点项目管理。然而有效的项目管理系统和流程并不会就此产生。同时，成功地完成一两个项目并不代表之后的项目都会成功。

另外，就算购买了世界上最好的项目管理软件，也无法代替员工在项目管理环境中共同工作的必要性。项目管理软件不是：

- 项目管理问题的灵丹妙药或快捷补丁。
- 项目管理中人力因素的替代品。
- 管理项目所需要的知识、技能和经验的替代品。
- 人为决策过程的替代品。
- 管理层对项目关注的替代品。

为了在最短的时间内实现成熟的项目管理，树立正确的目标非常重要。

误区 2：我们必须在特定的时间点之前，建立达到一定数量的表格、模板、指南和检查表体系。

标准错了！项目管理的成熟度只能通过建立基于时间的成熟度指标，并使用评估工具进行衡量。虽然表格、指南、模板和检查表都是必需的，但它们的数量如果太多，就对项目管理的成熟没有帮助。很多项目管理实践者（包括我在内）都相信，如果专注于在整个组织中开发一套大家都接受并支持的项目管理体系方法，那么项目管理走向成熟的进程就会加快。

体系方法的制定应该与组织处理项目的方式相适应。举例来说，当一个项目完成时，项目团队应该进行汇报，来获取最佳实践和经验教训。在汇报会上，人们经常可以发现不必增加成本就可以简化或合并流程，并提升效率和效能的方法。

误区 3：我们需要购买项目管理软件来为走向成熟的进程加速。

途径错了！为买软件而买软件可不是一个好主意。在很多情况下，决策制定者只是为了一些附加功能而购买项目管理软件，认为更大的软件套装就能让项目管理加速成熟。也许一套 20 万美元的软件会对建设核电站的公司有所帮助，但到底有几成的项目需要这么复杂的功能呢？在我主办的研讨会上，项目经理们大方地承认其实他们只用到了项目管理软件中不到 1/5 的功能。他们好像只是把项目管理软件看成规划进度的工具，而不是主动出击，积极管理项目的工具。

以下数据代表了一家中型机构的一个平常年份的情况。

- 每个项目需要开会的数量：60 次。
- 每次会议参加的人数：10 人。
- 每次会议所用的时间：1.5 小时。
- 每小时每个员工的人力成本：125 美元。
- 每年的项目数量：20 个。

根据这组数据，这个机构平均每年让员工参加项目团队会议的成本是 22.5 万美元！现在，如果我们可以购买一套软件来减少 10%的会议，会怎么样？我们可以省下 22.5 万美元！

选择软件的目的必须是对项目和机构本身都有利，如通过效率、效能、标准化和一致性来降低成本。在大多数情况下，一个 500 美元的软件套装可以和 20 万美元的软件套装达到相同的节约成本的效果。遗憾的是，订购这些软件的人更关注套装中功能的数量，而不是用这套软件具体能省下多少钱。

误区 4：我们必须一小步一小步地实施项目管理，用大家都能看得到的小型突破性项目。

方法错了！这只在时间不受限制的情况下有效。最好的方法是用大型项目作为突破性项目。如果对大型项目的管理是成功的，就说明同样的流程在小型项目上也会奏效，而反过来就未必是这样的。

在小型突破性项目中，总会有人找出数不清的事例来反对实施项目管理。大型项目中反对的声音基本上比较少，尤其是当项目执行一切顺利的时候。

用大型项目作为突破性项目是存在风险的。如果项目由于项目管理实施不力而陷入麻烦或失败，就会对公司造成非常大的损害。主张从小型项目开始是有道理的，但作者还是偏向于从大型项目开始。

误区 5：我们不需要对突破性项目的成果进行追踪和公开。

行为错了！详细解释项目的成功只对该项目有利，而对整个公司没有帮助。只有强调项目管理在项目成功中的作用，才会令整个公司获益，这样员工才会明白，项目管理可以在大量的项目中得到应用。

误区 6：我们需要高级管理人员的支持。

基本正确！我们需要"看得见摸得着"的高层支持。人们可以轻松地辨别出真正的支持和只是口头应付的区别。高级管理人员必须说到做到。他们必须召开会议表明对项目管理的支持，并参加一系列项目团队的会议。他们必须对项目管理实施过程中出现的问题保持一种开放的态度。

误区 7：我们需要项目管理课程来让员工成为 PMP。

又一次，基本正确！我们实际需要的是持续不断的项目管理培训。成为 PMP 只是起点。在《PMBOK®指南》之外，还有更广阔的天地。全公司范围的持续项目管理培训是让项目管理加速走向成熟的最快速途径。

不用多说，除以上讨论的误区外，还有更多的误区，它们会阻碍项目管理的实施并延缓它走向成熟的过程。重要的是要在组织内部通过一套精心策划的、得到员工认可与支持的方案来实施项目管理。误区会带来不必要的延迟，但认识并克服它们，就可以让组织在项目管理方面的成熟走上快车道。

3.13　摩托罗拉公司

"到 2005 年摩托罗拉使用项目管理已经有 30 年了。"一位摩托罗拉公司的发言人这样说。推动公司认识到成功项目管理必要性如下。

随着日益复杂的项目而来的质量问题、进度问题、成本超支等。这些都推动高级管理人员去寻找与以往不同的管理方法。以下是摩托罗拉走过的历程，以及碰到的一些问题。

- 1995 年：聘用了项目管理总监。
- 1996 年：第一次聘用项目经理——有了正式的职位定义，承担了进度及客户验收方面的职责。

- 1998 年：由项目经理推动，将正式的变更控制制度化。
- 1998 年：推出阶段关口的管理方法，应用于所有的项目。
- 2000 年：部署了时间跟踪系统。
- 2001 年：部署了更正式的资源跟踪。
- 2002 年：对资源计划和跟踪进行了改进。
- 2004 年：进行项目的成本核算。

最初，人们认为项目集管理是上级经理的活动，一线工程经理也不愿放弃对项目集的控制权和对进展的汇报权。完全是因为高级管理人员决定使用正式的项目管理方法，才建立了 PMO，并将这些角色和职责转到 PMO。直到几年后，通过有序的项目集管理，保证了稳定的产品按时交付，项目管理才得到了工程经理的完全认可。项目管理的职责包含正式的、整合的、完整的项目进度安排，独立的、跨职能的项目治理，中立的项目集进展沟通，跨职能问题的协调解决，以及对项目集风险的识别和管理等。后来，项目管理的职责又有所扩大，增加了客户沟通、项目范围控制和变更管理、成本控制和资源计划等关键领域。

高级管理人员通过发起项目集管理职能的建设，表达了对项目管理的支持。管理职能的汇报部分被仔细地限制在机构的一个适当范围内，来确保不受来自其他部门的不当影响，因而使得汇报与支持的独立性得到保证。

3.14 德州仪器公司

公司面临的一个重要问题是，是否应该在项目管理文化建立之前就发展项目管理体系方法。公司常犯的一个致命的错误是，认为建立项目管理体系方法就能解决它们的问题。虽然这种想法可能适用于某些环境，但是真正优秀的公司会认识到，执行体系方法的是人；着重解决人的问题，要比着重解决工具的问题，更能加速项目管理最佳实践的实现。

具备出色的项目管理能力的方法是开发一个成功的金字塔，如图 3-15 所示。每家公司都有自己有关成功途径的金字塔。

德州仪器公司认识到了注重员工对加速项目成功的重要影响。它开发了管理全球化项目的成功金字塔，如图 3-16 所示。德州仪器的一位发言人这样描述管理全球项目的成功金字塔的开发和使用。

> 20 世纪 90 年代末，传感器和控制器业务部门从本地团队转变成全球化的团队。我负责管理 5～6 位项目经理，他们轮流管理分布在全球的新产品开发团队。这样的团队通常包括来自北美、欧洲、亚洲等的 6～12 名成员。尽管我们一直是在全球化的业务环境中运营的，但是团队还是面对着一些新的、独特的问题。于是我们就开发了成功金字塔，来帮助项目经理完成他们的任务。
>
> 尽管金字塔里面的信息是非常简单的，但是这一工具有很大的力量。它的原

理是，金字塔的建筑要自下向上。第一层的组件是基石，即“理解和信任”，意思是为了保证全球化的团队发挥作用，就必须有共同的纽带。团队成员必须互相信任，而项目经理要确保团队成员之间的纽带的建立。在金字塔这一层的组件中，我们还提供了一些细节和例子来帮助项目经理。普遍的情况是，团队成员在项目开始前甚至没见过面，所以建立相互信任是极富挑战的。

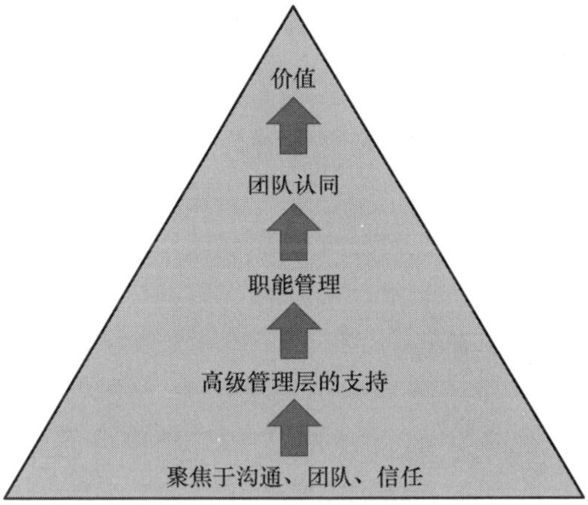

图 3-15 成功的金字塔

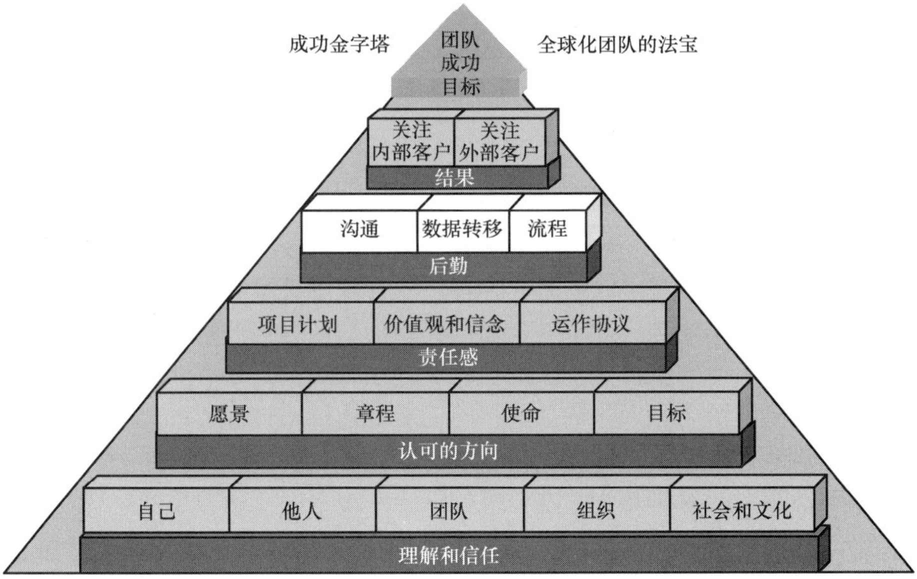

图 3-16 德州仪器的成功金字塔

第二层我们称之为“认可的方向”。这一层包括团队的章程、使命和正式的目标。由于这是一个很少见面的虚拟团队，所以这一层的意思是，项目经理要确保得到与项目相关的每位地区经理的批准和支持。这一步是非常重要的，有了它才能避免远程工作的团队成员的工作优先级的冲突。

第三层是“责任感”。这一层强调所有团队成员价值观和信念的重要性。在全球化的团队中，对于这一点会有很多不同的理解。允许每个团队成员发表不同意见，不仅可以让项目计划更完善，而且能得到团队成员对计划的直接认可。在这个阶段，项目经理采用分布式的领导通常会效果更好。秘密就在于让团队成员从尽义务的态度转变成愿意承担责任的态度。

第四层是“后勤”，团队在整个项目过程中的日常工作都在这一层。这一层基于对要遵循的开发流程的类型的共识，包括所有的日常沟通、每周沟通、每月沟通等。在德州仪器公司，我们有一套正式的新产品开发项目流程，而且这类项目通常都会采用这一流程。金字塔的威力就在于有了坚实的基础后，这一层的具体工作进展就非常顺利了。

有了金字塔底层的实现，我们就可以期望获得金字塔的第五层——“结果”。这是由内部和外部客户两方面来推动的。内部客户可能包括管理层，或者对整个项目的财务负责的中心事业部。

最后，在金字塔的顶层是整体目标，也就是“团队成功目标”。我们的经验是，如果全球项目团队能在1～2年的一个项目中取得成功，那么这个团队的信心和能力都会提升到一个新的高度。这些成果会点燃团队成员的热情，让他们接受更大的、更有挑战性的工作。项目经理提升团队水平的能力，为我们带来了竞争上的优势，也提高了我们获得成功的能力。

在德州仪器公司，对文化的强调是一个最佳实践。遗憾的是，其他很多公司都没有意识到这一点。

3.15 惠普公司：识别需求

从1992年起，惠普公司（以下简称惠普）的管理层决定集中发展成熟与卓越的项目管理，于是就在支持部门内部成立了一个新的、专门的项目资源组，这个组的章程是成为专业的项目管理专家。惠普制订了积极的项目管理培训计划，还有非正式的导师计划，即资深的项目经理会指导并带领新来的成员。除已有的内部培训课程外，这个组还开发了一些新的项目管理课程。在必要的时候，作为内部培训的补充，还会增加一些外部培训计划，提供了丰富的全方位项目管理培训。这个组的重要活动之一就是获得行业认可的项目管理认证。

惠普认识到，展现出卓越的项目管理技能能够扩大自己的业务。在实施大型的复杂解决方案时，项目管理在销售过程中被看作差异化因素，而满意的客户将成为忠实的客户。最终的好处是给惠普带来更多的支持和产品业务。惠普同时也认识到，客户没有或不愿占用自己的资源来做项目管理，但是惠普能够让客户了解专业项目管理的价值。简单地说，如果惠普有项目管理的技能，那为什么不让惠普来管理项目呢？

惠普的项目经理、PMP Jim Hansler说，使用惠普的项目管理有如下好处。

首先，在项目实施、满足客户需求的过程中，我们的成本比客户自己做更低。其次，通过使用共同的工具、流程和项目管理体系方法，我们能够为客户提供一套统一的项目实施、交付方法。最后，我们使用项目管理来实现额外的销售。我们的客户就会说："那就让惠普来做吧！"

惠普很早就认识到，现在公司的业务不再是销售产品，而更多的是为客户提供解决方案。惠普向客户推销解决方案，这些事情都由惠普负责，甚至还负责更多的事情。最终，客户无须投入过多的公司资源，就得到了完整可运行的解决方案。为了成功地做到这一点，并且重复地做到这一点，惠普必须同时销售其杰出的项目管理能力。换句话说，客户期望惠普有出众的项目管理能力来提供解决方案。当客户的期望成为推动力的时候，这也就成了一条客户需求。

惠普的服务运营和信息技术部前高级副总裁 Mike Rigodanzo 表示：

在服务行业，我们如何交付和我们交付什么一样重要。客户期望我们提供最好的解决方案，通过我们的集体知识和经验，在其信息技术方面的投资上获得最大的回报。

惠普服务的集体知识和经验，可以很容易地从"惠普全球方法"中获得。这些整合的体系方法，是保证惠普的服务能够以最优化效率为客户提供价值的第一步。下一步，就是在交付给客户时，知道有哪些知识和经验，并了解怎样应用、何时应用它们。

"惠普全球方法"反映了惠普服务的集体知识和经验，是迈向一系列最佳实践体系方法的第一步。这些最佳实践能提高惠普作为可信任的合作伙伴的信誉。这一方法还改进了我们的成本结构。这些改进，是通过调整预先定义的、有成功经验的方法，使用已有的检查表来确保包含了所有的基本项目，并使用已有的检查表来确保经验教训的分享以改进"全球方法"等来实现的。

惠普在给客户的方案里明确地列出了其项目管理的能力。以下材料是一个例子，这样的文档通常都会包含在惠普的提案中。

◆ 惠普服务在项目管理上的承诺

为什么要采用惠普服务的项目管理

惠普服务认为，强有力的项目管理是为客户提供成功的解决方案的一个重要因素。我们的项目经理都是经验丰富的专家，他们在解决方案本身和项目管理上都有很深的造诣。我们严格的流程确保让客户满意。项目整体计划书描述了整个项目生命周期的架构，并由惠普高级服务管理人员进行定期的进展评审来确保质量。我们有世界级的项目管理体系方法，结合了行业内的最佳实践和惠普的经验，能够确保所有的事情如期完成。我们的知识管理计划让我们的项目经理和技术顾问可以将全球的经验应用于为你提供的服务中。

项目管理流程和体系方法论

惠普服务使用严格的流程来管理我们的项目。项目机会计划书为项目生命周期提供了整体框架，包括解决方案和机会批准与评审（Solution and Opportunity Approval and Review，SOAR）流程，该流程用于批准新业务，以及进行实施进展评审，以确保质量并快速解决问题。

惠普服务的项目管理方法结合了行业内的最佳实践和我们的经验带来的附加价值，而网络技术使得这些经验可以迅速更新和从全球访问。有超过 20 000 个网页的信息支持着我们的项目团队。这套体系方法还包括一个广泛的知识管理数据库，用以保存以前协约中的项目经验和教训，来帮助我们的项目经理管理正在进行的项目。

3.16 惠普公司：旅程和障碍

如果一家公司认识到项目管理如何走向卓越，并明白项目管理可能是公司生存之本，那么公司及其客户都会向着好的方向很快地转变。惠普公司的架构咨询师、PMP、ITIL 专家 Doug Bolzman 向我们描述了影响项目管理成功的因素和他们面临并解决的一些问题。Doug 所述的内容均来自在客户环境中建立框架和进行最佳实践时获得的经验和教训，并不是惠普公司本身的反映。

对客户而言，我们公司参与了咨询、战略制定、指导/协助和培训等活动，以便在他们的环境中建立框架、流程或环境。我们所有的行为均符合基本项目管理原则，相关原则可参照 PMI《PMBOK®指南》中的内容。

Doug 提及了他在客户环境中经历的几次深有感触的事件。

- 丢失市场份额。
- 不清楚项目的时间和预算的基准，也就不知道项目做得是好是坏。
- 没有迅速推向市场的能力。
- 知道由于没有设计简单的项目管理流程的能力，而使组织中官僚主义横行。

他说到了曾面临的三个问题。

问题 1：管理层不知道、不了解全职的、受过职业训练并获得项目管理认证的项目经理的作用。这个问题导致了数个业务问题，一旦这个问题的症结解决了，相应的业务问题也就消失了。为了解决这个问题，管理层需要清楚地知道项目管理的所有角色和职责、项目管理的产出及所需花费的时间。一旦他们知道这项工作要花很大的精力，他们就会开始对项目经理的工作进行预算和计划，把项目经理手头的其他工作分离出去。

一位经理一度认为工程团队没有表现出他们应有的能力水平，直到事实证明他们需要承担的项目管理职责已经远远超出了他们的工程职责。由于每位工程师身上都分摊了这样的工作，因此降低了整体的产出。工程团队的组长说明了与项目管理相关的角色和所需的时间，以便高级管理人员能任命一位专职项目经理。整个团队的产出又恢复到了预期的水平。

问题 2：每个人都在超负荷工作，没有时间来实施项目管理的规定。这是个普遍的问题。解决这个问题的方法就是建立一个战术性的项目管理监管委员会，根据以前项目中的最佳实践，决定将来项目执行所需要的标准、方法和模板。为了不对现有的项目产生额外的范围变化和风险，现有的项目不使用新的项目标准。当新的项目章程和项目团队产生后，会进行新的项目管理规定的培训。监管委员会在必要时召开会议，批准新的项目管理结构并评估项目经理对流程的执行力度。

问题 3：项目经理使用的项目管理方法由于成熟度太高而令组织没能获得足够的收益。项目经理总是自行决定管理项目的所有工具和模板，而这些工具和模板与他们的客户的业务成熟度并不相符，正所谓“高射炮打蚊子”。如果客户处在一个不稳定的、时刻变化的环境中，项目经理却把大部分精力放在正式的变更管理的行政工作上，忙于调整各样的成本控制工具，项目就无法前进了。为了解决这个问题，必须给予项目经理指导原则，即根据客户的业务环境来折中考虑项目管理的成熟度。在和客户一起工作时，向客户说明不同的业务环境的成熟度会如何耗费额外的时间、金钱和资源，就可以做到这一点。

对于项目管理实施中高级管理人员的角色，Doug 是这样说的：

> 许多高级管理人员在项目管理实施中只表现出一点点决心，因为项目管理和框架实施是公司的基础能力，他们并不认为这些是面向市场的、增加营业额的或什么激动人心的事。通常，高级管理人员只批准很少的预算计划，而所需的大部分资源都要靠组织自己解决。在我上周参加的一个项目启动会上，项目发起人对团队说，他并不期望这一努力会成功，也不认为这会带来文化的改变。团队成员非常诧异，项目发起人是在用激将法来鼓舞团队吗？
>
> 高级管理人员理解的都是业务术语，他们不能忍受、也不愿倾听项目管理术语。高级管理人员以成效为本，只要项目团队能够用业务术语演绎目前的环境，并从业务的角度说明持续改进带来的商业价值，高级管理人员就会愿意提供支持。如果期望高级管理人员来制订改善策略或计划，定义组织内项目管理的角色，那么项目管理的实施就将失败。
>
> 相反，项目管理的成功实施主要来自一线的业务领导和项目经理，他们对现状不满，希望实施相应的改进。

项目开始前，理解管理承诺水平的重要标志是请求领导提供一个范式，来说明他们希望团队如何记录项目所需投资的业务案例。当领导希望得到更清晰的说明时，则询问他们会用什么样的标准来做出决策，如：

- 商业价值（提高整体商业运作水平，实现商业部门目标）。
- 经济价值（完全基于成本的决策，将成本控制在范围内）。
- 质量价值（符合审计的要求和标准）。
- 集成价值（支持点对点交付模型和维护操作水平的能力）。
- 客户价值（客户满意度指标、客户调查反馈）。
- 投资回报（收益大于成本）。
- 增加市场份额。

他们用来证明结果的标准，会给你一些提示：什么重要及他们如何支持该项目。很多时候，标准选择不是个人行为，而是一个明确的衡量标准。项目标准将会反映他们达成下一个奖励所追求的目标，如团队效率、人员规模（增加或减少）、增长/降低成本。

谈到项目管理执行的年表，Doug 继续说：

在制订框架实施计划（如采用项目管理原则进行项目实施、变更管理、版本管理等）时，我们认识到组织需要通过成功地走过一系列的组织里程碑，才能进步。组织里程碑（见表3-8）就是一个例子。这个顺序就像一个人要减肥。首先，这个人是由于一件事情而下定决心的，如衣服越来越紧、其他人看到的现象，或者健康问题。然后，他意识到需要改变，如果他不愿意改变自己的一些行为，体重是不会减轻的。他一定受到了特别的触动，才会不顾痛苦也要改变行为，如健身、晚上不吃东西，或者改变食物的类型。

表3-8　组织里程碑

里 程 碑	活　　动	价　　值
1. 建立项目管理委员会结构	制定所有参与者在实施改进中的角色和职责	• 实施一个可行的最佳实践管理结构 • 整合所有的职位并获得批准
2. 项目管理委员会任命	发起人任命每个职务的人员，并赋予他们责任和权利	• 高级管理人员通过任务安排来确立优先次序 • 每个职位上的人都获得了相应的培训，并确定了对他们的期望
3. 建立主要特征	这些特征包括需求、标准、能力和指标，用于定义改进、衡量效果	• 改进是可度量的，不是一时冲动 • 团队的价值可以用业务术语表述
4. 制订改进计划	基于成熟度模型或业务改进目标，制订持续的改进计划	• 环境的改进速度是组织所能接受的 • 计划可以基于业务的变化而调整
5. 实施	每次实施都是对环境的改变，是可度量的，对业务有价值的	• 实现持续的改进 • 可以根据需要逐渐追加投资

我们为客户定义并评审了一个基本的方式。许多时候，客户试图走捷径，最后他们都意识到每步都有它的价值，为后续步骤打下基础。有一个客户用一套方法已经7年了，现在还在用。采用这套方法后，这个客户的变更管理系统已经有过9个主要的版本，还经受了5次大的公司重组。

图3-17展现了这个客户是如何通过从职能式组织转变为矩阵式组织，以建立统一的框架，以及如何度量整个项目集是否符合这个框架的。

对于项目管理被视为一种职业，Doug 继续说：

PMI的出现让大多数公司开始认识到项目管理可以作为一种职业，并为项目经理设置了职业路径。这种职业路径体会出现在起步阶段人员（项目计划人员）来自其他业务领域、资深人员（项目经理）领导重要业务部门的情况下。离开项目管理工作的人仍然会使用他们所熟知的项目管理训练和准则来开展其他业务。

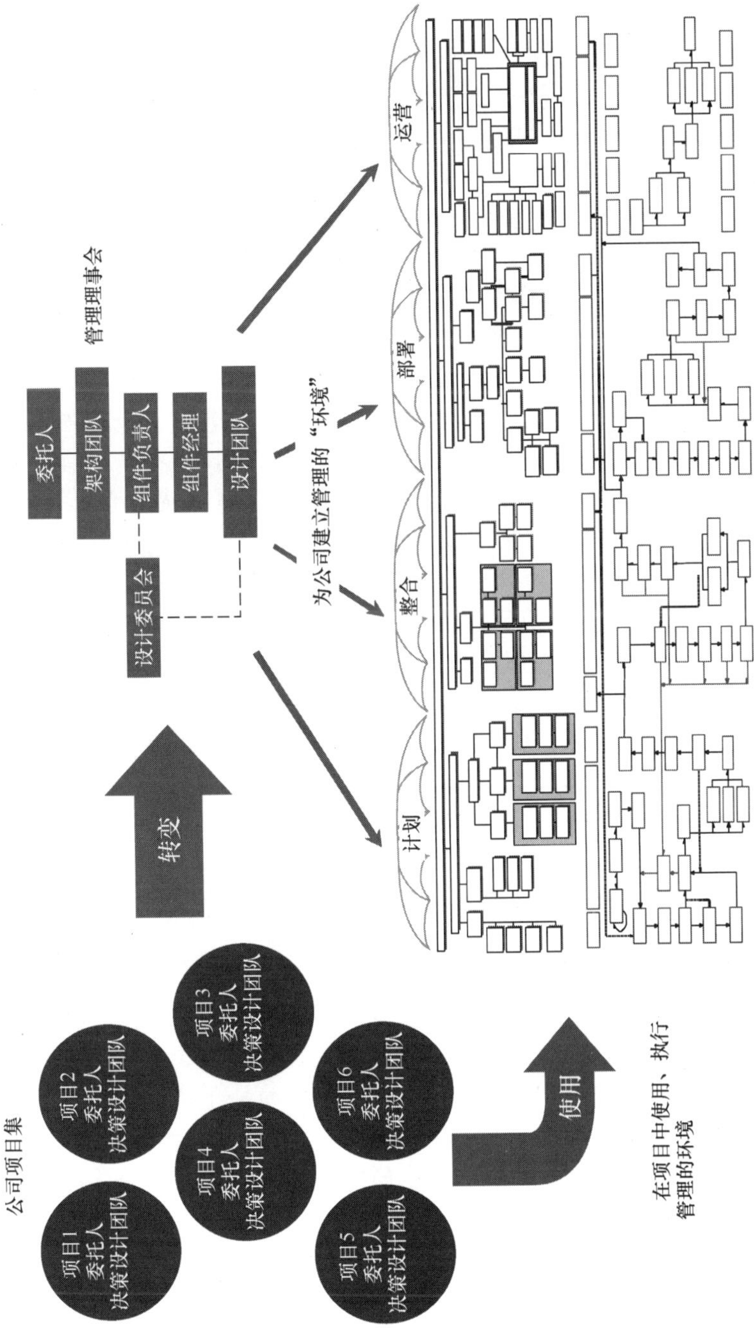

公司项目集
项目1 委托人 决策设计团队
项目2 委托人 决策设计团队
项目3 委托人 决策设计团队
项目4 委托人 决策设计团队
项目5 委托人 决策设计团队
项目6 委托人 决策设计团队
使用
在项目中使用、执行管理的环境
转变
设计委员会
委托人
架构团队
组件负责人
组件经理
设计团队
管理理事会
为公司建立管理的“环境”
计划
整合
部署
运营

图 3-17　转变

为了扩展现有项目经理的机会，我们为他们在完成现有工作职责的前提下安排了一些额外角色。我们已经为 IT 服务开发安排了多种角色（见图 3-17），如在组件结构图中显示的组件经理。一个组件经理不仅需要进行项目管理，还需要兼做设计师进行流程设计等。例如，同时拥有多种角色的员工比仅拥有单一角色的员工能给组织带来更多价值。这种双重角色分配还将给经理们提供其他机会，或者学会其他技能，而不仅仅停留于日常范围管理、资源管理、沟通管理等。这种方法还有利于创造资源平衡的环境。如果 PMO 中的员工拥有其他可用技能，如流程设计、课件设计、角色设计等，那么他们可以被分配到其他类型的工作，而组织就不需要引进新的人才了。当项目管理工作减少时，这一方法还可以确保其成员可以重新分配而不会被解雇。

当我回顾职业生涯时，例如每每面临晋升为团队或项目领导，我都听从了我的经理和首席导师给我的这个建议——你只有掌握了一两个技能，才可以开始晋升。如果没有一个广泛的技能基础，那么你的晋升将会严重受限。如果你正在考虑当一名高级管理人员或业务部门领导，那么你需要考虑将面对的所有挑战并积极寻求相关类型的任务，从财务到灾难恢复再到安全。这样你就有机会应对类似的挑战，但仍可选择后退。关键是，你不会想提拔后在工作中学习，你的缺乏经验会影响很多人及你所负责的业务。我永远不会忘记这个建议。我眼看着很多同行迅速晋升却因为缺乏经验犯了基础性错误，随后他们的事业就进入了平台期。

项目管理为一个人在他们的职业生涯中提供很多经验，因为它涉及许多需要进行管理的业务因素。同样，项目经理也有机会体验到许多不同的业务情景，因为他们可能被分配到任何类型的项目。如果一家公司可以有效管理这些技能类型，给员工创造增长技能的机会，然后从他们的 PMO 中提拔那些能够胜任更具挑战性的业务的人，那么这样的公司才是明智的。这些人掌权后，会对指明方向更有价值，因为他们可能在流程设计、数据建模、课件开发或风险管理上有经验，这些经验使他们能够设想并描述方向和协助清除路障。

关于项目管理工作描述，Doug 继续说：

项目管理角色在我们的资源模型里是整合在其他职能角色中的。项目经理的职能在角色设计中，是发布经理、组件经理、主要发布控制者和 ITSM（IT 服务管理）顾问的一部分。由于 ITSM 顾问可以卷起他们的袖子执行项目管理职能，我们因此赢得新业务。我们出售 ITSM 咨询服务，并预先告知他们“我们可以介入并满足即时的业务需求，并同时定义整体环境，以及培训和指导你的员工来接管”。以下是组件经理角色设计的节选。

- 角色定义。组件经理需要为一个 ITSM 组件的任何设计或目标更改来调动所有资源和活动。
- 角色陈述。组件经理管理每个新版本组件的所有方面，包括发布矩阵、发布计划、范围、发布时间表、预算、资源和媒体。他们直接与发布经理一起工作，协调设计团队的活动，确保按发布计划执行并完成设计目标。

- 总体职责。利用项目管理能力支持组件所有人对于一个或多个 ITSM 组件进行管理，确保组件设计满足客户需求、业务驱动和商业理由。
  - — 当组件被打包成一个更大的包时，为发布经理提供支持。
  - — 提供管理计划和监督，控制发布任务、可交付物、工作计划、预算、人员安排、问题和里程碑。
  - — 评估和管理资源和财务需求来分配工作、设置优先级并建立发布时间表。
  - — 维护项目工作知识库。

◆ 特定组件的责任

此部分详细说明角色遇到的每个受影响组件的责任。

服务战略	• 确定一个新 IT 版本对其自身组件在流程、工具、角色和培训设计方面造成的影响 • 确定一个特定的版本所需的组件设计团队的技能和经验 • 领导组件设计团队定义组件测试方案、计划和通过/失败条件
服务设计	• 领导组件设计团队开发和测试所有所需的安装操作或配置/运营团队所需的培训材料 • 在组件设计中，验证和监督发布测试团队
服务过渡	• 如果组件安装未按计划在客户现场进行，则提供对过渡团队的支持

◆ 工作产品

此部分详细说明通过角色产生的可交付物或工作产品。

可交付物	描　述
发布计划	此文件的目的是记录并转达组件每个版本的范围、目的、计划和时间表
组件清单（工具和流程）	进行清点的目的是提供理解现行组件环境所需的信息。这个清单提供了识别组成现有组件的所有流程、工具、指标、资源和决策者的单一位置

◆ 所需培训

此部分详细说明角色所需的特别课程。

课程代号	名　称	描　述	地　址
SMLC-Aware	SMLC 概述和认识		
ITSM-Library	ITSM 库结构		

◆ 可用工具

此部分详细说明角色在其义务交付中所需的工具。

工具名称	可用级别

◆ 资格

每个担当组件经理角色的人将接受面试，并能够证明他的资格满足每个版本发布的需求。

- 接受过 ITIL 服务生命周期从业者培训（经过 ITIL 基金会认证者优先或在前 3 个月取得该认证）。
- 2～3 年项目/项目集管理经验、同等团队领导经验或 PMI 认证。

◆ 技能

- 能够在工作没有直接监督的情况下，自我激励和主动作为。
- 强大的沟通能力，包括口头和书面沟通；传达适当的信息给所有级别的组织；提供执行报告。

这个列表可被多个组织用来管理整体资源需求、资源平衡和资源招募。由于每个组织都使用同样的清单，资源管理变得更加高效和准确。

3.17 航行服务局：按时—按预算

◆ 如何使大型复杂项目成功

情景识别

在欧洲，空中导航服务是还未在更大程度上开放的最后的细分市场之一（见图 3-18）。空中导航——除塔台区域外——仍然被 37 个空中导航服务提供者所垄断。欧洲联盟（以下简称欧盟）委员会副主席 Siim Kallas 在 2012 年 10 月 10 日于塞浦路斯利马索尔召开的“单一的欧洲天空——正当其时”会议上，在开幕致辞中表示：“我们正在走向一个更加流畅、连贯和基于市场经济的监管环境。”

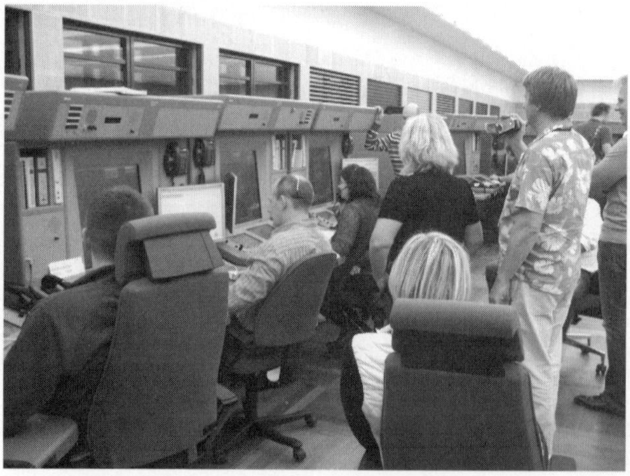

图 3-18 如何使大型复杂项目成功

跟这个行业同样一直处于严格管制中的还有铁路和医疗行业。新的需求被限制在不断推出的、必须满足严格目标日期要求的诸如欧盟法规、国家立法和新的或更新的 ICAO（国际民航组织）标准的范围内。重大投资必须满足监管要求。在 2013 年第一季度所报告的连续第五年衰退的同时，丹麦领空交通停滞不前甚至下降。换句话说，从服务提供者的角度来满足航空业复杂和苛刻特性的升级，可用的资源是有限的。

根据欧盟委员会提供的越来越多的欧盟法规，有一个期望是欧洲的空中导航服务应该开发出更有效的方法来执行空中交通管制。在这种背景下，航空服务局成立了 COOPANS 协会，与瑞典、爱尔兰、奥地利和克罗地亚的空中导航服务提供者及法国供应商 Thales 合作。这个协会在开发、实施和维护一个符合现有及未来的欧盟法规的先进空中交通管理系统上，分享所需的成本和资源。迄今为止，COOPANS 计划非常成功，如今已经在 4 个国家和 6 个空中交通管制中心运行。第 7 个位于萨格勒布的控制中心于 2014 年开始运行。

在这样的情景下，我们对成功具有强烈需求。资源稀缺和外部压力使这些工作十分具有挑战性。然而，当我们用其他类似的细分市场来衡量自己时，我们为我们已经成功执行的计划和项目感到自豪。在航空服务局，我们实现了几乎 100%的准时率和符合预算。

航空服务局应对情景的能力，以及同时实现准时并在预算内交付，是基于六大原则的（见图 3-19）。

- 树立信心。
- 为成功制订计划。
- 管理能力和文化。
- 定制流程。
- 组织和报告。
- 沟通无处不在。

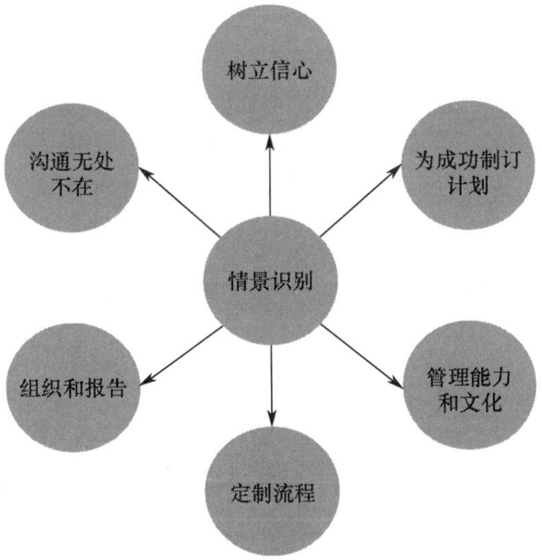

图 3-19 航空服务局的按时—按预算框架

这些主要原则并不严格相互关联，而且成功不一定依靠每项原则的全面推广，用户级别的原则可以根据组织中存在的问题进行裁剪，因为一些参数可能在一些组织中，比在其他组织中更有用。因此，高级管理层和项目/项目集经理可以自由采纳和选择每项原则描述中所包含的理念。应该说，在这里描述的每项原则都应该最大限度地使用。

树立信心

在大型项目实施时，变更管理往往不是优先考虑的或不被考虑。许多公司在以前的项目中都有一些负面经验，因此管理层对内部组织能够顺利运作大型项目集并不抱太大期望。丹麦政府组织的 IT 项目分析中透露，多达 75%的项目没有按时交付。此外，大量的项目没有在预算内交付，并且其中的 40%严重超支。

当一个项目在航空服务局启动时，我们首先确保组织参与到即将到来的变更中。欢迎提出类似“为什么变更是必要的”之类的问题及关于备选方案的讨论。这有助于组织启动变更，进行对于避免后期投资于无法改变的事情或具有巨大困难和/或费用的事情的初步分析。

一个需要考虑的关键是问题的识别：组织可能是由不同背景和关注不同方向的人组成的。在这种情况下，避免保护性的反应和允许组织中的不同专业群体表达他们的意见是非常重要的。我们的经验是，这使变更流程更加顺畅，允许微调方向，缓解可能转化成其他方面问题的个别风险。你应该确保即使范围略有变化，你也能听得到组织各部分的所有安排，达成共识。同项目集/项目后期相比，在这个阶段，范围很容易变化。为了确保所有涉及的内部相关方对变化有相同的理解，一个高水平的形成主要收益和可衡量目标的项目框架，应该在任何实际项目执行预先调查之前，作为头等大事来约定。

在项目集/项目的所有阶段，治理结构也必须允许不同的相关方参与讨论和获取适当级别的信息。航空服务局实施了一个非常大的项目集，它包含 50 多个相互关联的项目，并要求在 2007 年年底投入运营，在丹麦形成一个完整的新空中交通管理系统。我们肩负着整合来自许多不同的供应商的技术方案的责任。尽管有很大的技术挑战，但更大的挑战是变更管理。虽然航空服务局打算这么做，但我们为了实现这种治理结构，确保所有内部和外部的相关方都参与其中，必须投入大量的时间和精力。我们还必须进行定期调查，确认每个人都支持变更，有时还必须立即处理好某一群体的质疑。在这样的背景下的准则是：在实现项目集成功的过程中，这种质疑是非常有用的。我们从来没有试图自我辩护或消除质疑的评论，在今天的航空服务局，这已成为一种固定的做法。

为成功制订计划

航空服务局的一个黄金法则是尽快设定一个新系统运行的日期。如果可能的话，我们甚至要设定一个确切的时间；在上述的项目集中，航空服务局内部网首页也有一个倒计时钟。如果你有勇气来定义一个非常明确的组织目标，一切将容易得多。然而缺陷是，日期不能改变。当一个职业网球选手，如 Roger Federer 进入网球场时，他不会考虑可能的失败，而你必须做同样的事：每天都作为专业人士集中关注按时和按预算。

如果在设定这样一个日期之后，你成功地在组织内制定了一个可实现的目标，你就可以开始以后的计划。强烈推荐你应用节点驱动方法，如果你应用了，若你有一个周期为多年的项目集，你会立刻发现自己和团队都很忙。你应该牢记，一开始的时间计划表只是一个合理猜测。计划表将逐步改善，并沿着项目集进展方向愈加详细。一个能遵循时间计划表的项目集经理会有很多收获，并且可避免所有与修订计划表相关的工作。当项目集准备妥当，时间计划表将是完美的。但是，你不能使用这一说法来自欺欺人地推迟计划。对于大多数项目集来说，只要运营日期没有改变，如果有必要，里程碑可以调整。

后期活动的预期结果，如验证和确认、培训或现场测试，必须尽早处理。如果你的组织没有成熟，将很可能争论在系统切实到位之前不能计划培训。由于这一事实表达出相关方不知道在项目集的早期阶段该怎样进行下去，这样的争论应该认真对待。一旦组织中的不同部门学会在正确的层面处理这个主题，工作可以尽早启动而目标可以得到满足。项目集中经验不足的成员必须得到 PMO 或类似机构的支持，学习在进入解决方案模式之前如何计划活动。

你必须在你的治理结构中反复沟通计划。成功的关键是获得所有相关方的认同及搞清楚一些事实。同时，所有的讨论都应该考虑之前所讨论的“树立信心”。不同的治理方必须得到相应水平的对待，如果一些外部相关方的运行日期不受你的测试等的影响，他们可能表示满意。

来自航空服务局的最为重要的关键提示之一是，千万不要在运行系统时运行包括备选日期在内的备选计划。你被允许和建议实施与错过运行日期或“0 时点”的风险相关的缓解行动，如通过一个经过良好测试的回馈计划及其他类似的行动计划。不管怎样，只有一个实施计划，管理层和内部相关方必须对这个计划达成一致意见，并且进行沟通：我们要执行它！

管理能力和文化

一个团队并不是自然而然地就比个人强大，但高效的团队文化可以达到神奇的效果。一个体育团队、特种部队或类似组织的常用方法很少用于项目集管理。当一个 SWAT 团队（特种武器和战术团队）首次集合或团队成员发生变化时，成员间通常花 11 周的时间来相互了解，此时解决任务甚至没有提上议事日程。那么，这样的社会性活动的目的是什么？

当一个 SWAT 团队执行任务时，参与者完全依赖彼此。为了能够 100%相互信任，需要的不仅仅是有多少专业人员，你还必须知道幕后人员、社会因素和他们的部分生活历史。在一个 SWAT 团队，你将把你的生命交到另一个人的手中，而这些交集不会在两个完全陌生的人之间发生。同样，一个具有挑战性的项目可能影响你的睡眠、你的家庭生活和休闲活动。当一个项目成功通过时，大多数参与者会说相同的话：“虽然工作很辛苦，但这确实是人生中难得的经验。”

构建高效团队的过程如图 3-20 所示，应该从不受办公室或工厂的日常干扰的环境中的社会互动开始。在这种环境下的第一步是问“为什么”会有变化，同时团队成员应该开始彼此熟悉。在社会性交往中有许多不同的方法，航空服务局所用的一个方法是，要求每个参与者带来一件非常重要的个人物品并对此发表演讲。你会发现你同事的全新一面。第二步被称作“谁”。在这一步，在你的团队成员中，你建立了信任。

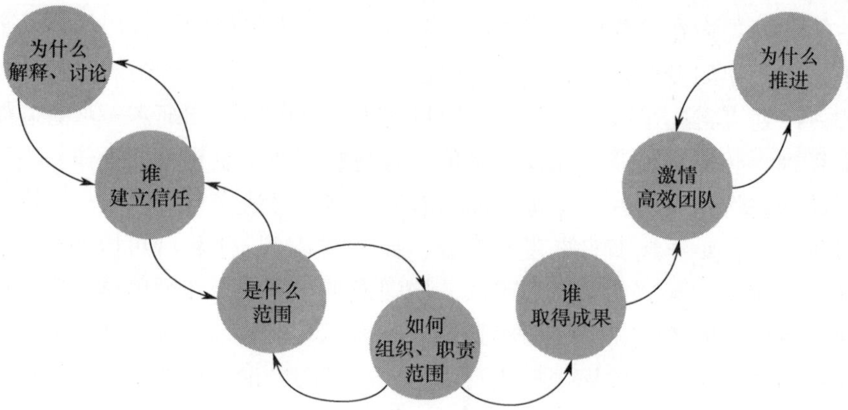

图 3-20 构建高效团队的过程

尽可能长地暂停在第一步和/或第二步，至少持续一个研讨会和后续会议的时间。现在你可以继续第三步“是什么”。在这一步，你需要审视变更和任务的范围。这一步和第四步“如何”，明确了你具有治理、职权范围等的项目集组织。在大多数组织中“是什么”和“如何”只是一个起点。仅仅使用“是什么”和“如何”是可行的，然而，这样只能导致平庸的表现。如果你从第三步或第四步开始，流程将不能逆转，这是因为一旦启动“解决方案模式”，多数人（在你的团队中至少有两人）就很难离开。

下一步是按照你设定的工作范围和团队一起开始工作，如果你以正确的方式开始，你很有可能将体验到团队高效执行的“激情”步骤。这必须保持，以便最后一步再次重复第一步“为什么”。这种情形你至少一年会遇到一次，或者在你更换了一位团队成员的时候。如果你更换了一位团队成员，这意味着你有了一个新的团队。所以不要被误导认为，一个高效的团队文化将持续永远。

在多元文化团队中，就像今天的大多数团队，你作为项目集经理必须掌握与文化差异相关的技能。一些关于国家、历史、宗教、政治形势和文化（如男权或女权文化）的知识可以让团队建设成功，并且支持高效团队取得的成就。

定制流程

项目集经理常常处在进退两难的境地之中。虽然你处于治理实体的顶端，但你依然有很多人员和情况要考虑。你必须应对随着项目集进展而变化的环境。虽然你的目标将会由于经济、技术和市场波动而被影响，但由于业务合作或你公司的部分联盟的缘故，往往你的项目集也可能被政策影响。这些因素可能进一步增加项目集的复杂性。

航空服务局项目模型基于 PRINCE2，包含了用于启动、执行、交付和结尾的项目过程和模板。然而，这根据组织机构、属性和项目设置进行了定制。因此，航空服务局的项目模型十分务实：一个精益的纸上流程和一个简明阶段结构，由两个阶段之间的指导小组（请参阅原则“组织和报告”）来做出清晰的可行或不可行的决策。项目流程十分清晰地与相应的公司流程如年度预算流程、维护程序等进行了连接。

航空服务局项目模型关注启动阶段，以确定在进入执行阶段前，项目是合理的，并且有关产品规格和项目集/项目的范围决策是正确的。项目启动阶段建立在高水平的项目框架基础上，该框架由项目所有者填写，项目集/项目的主要引用均有清晰可衡量的目标。项目经理被指派在项目框架范围之内分析可能的解决方案（如果有的话）。在这种背景下，作为启动阶段的最后一步，项目经理做出一个相对详细的包含关于预算、资源、时间、主要风险等估计的项目评估，作为所推荐的解决方案的基础。在此分析的基础上，项目指导小组决定是否应该继续进入不断监控流程的执行阶段（请参阅原则“组织和报告”）。如果项目不再合理，它可以在项目生命周期的任何时候终止。一旦项目完成交付，项目移交阶段将在实际关闭和总结经验阶段启动之前执行。总结经验阶段提供知识共享和利益实现，这可能反过来导致新项目的启动。这一方法是非常成功的，并有着对每项投资所有过程按时、按预算的良好跟踪记录。

项目的实现阶段是关注过程监控并降低风险和减少问题的一个精益的阶段。

项目组合优先级是按照航空服务局优先级标准来执行的，这些标准的实施是为了确保我们认识到项目集和项目将支持和加强我们的业务价值。

组织和报告

治理是非常重要的，有一个简便的方法是在组织中将发起人的地位抬高。这个人应该是高级管理层成员并负责业务内容的，如首席运营官或首席执行官。如果发起者是首席财务官或其他高级管理层成员，通常会给项目带来另一种类型的关注点，要么强烈集中在财务方面，要么在技术方面。

发起人应该由组织中每个关键领域的管理代表所组成的项目集指导小组的主席担任，以确定决策考虑了优先级，与项目集/项目阶段转变是一个整体，并在整个组织内保持一致。该项目集指导小组应定期开会。如果你的组织机构允许对所有项目集和项目形成一个指导小组，你可能将会从整体项目组合的角度来考虑优先级并受益于全盘大局，这是个优势。

一个复杂项目应该配置其特定的管理和计划支持人员。企业家和 Virgin 品牌的创始人 Richard Branson 说：“我喜欢才华横溢的助理。”对于航空服务局最复杂的项目 COOPANS，我们就有这样一个组织和人员配置支持。

项目集组织的子群应该以平衡的方式来积极反映不同的内部相关方，并在与他们的专业领域相关的决策中配备足够的能力，以确保进度。外部相关方可以是组织的一部分，但更有可能的是，他们是利益集团或用户组织的一部分。作为一个项目经理，定义什么样的子群并不重要，重要的是子群之间如何彼此交互。

在航空服务局，我们的报告喜欢务实的观点。用于状态报告的模板是由简单的 Excel 工具形成的，它是基于传统交通信号的报告模板。报告本身包含 6 个参数，其中一些代表的业务关键绩效指标连接到航空服务局综合平衡计分卡。根据项目组合的复杂性，报告频次从每周一次到每月一次。最重要的是，这不是现在的交通信号状态，这是所有历史和旧信息。项目集的风险和问题，以及缓解这些风险和问题所采取的积极主动性措施，在此更为重要。如果你有一个包含很多项目集和项目的项目组合，你需要更复杂的工具和风险管理。在航空服务局，我们使用风险管理实用工具，利用经验丰富并得到认证的经理，以及很多现场会议来进行风险和问题的互动。如果你有丰富经验并实施过许多项目，你可以用直觉来决定在哪里发挥你的长处。因此，我们更关注现场一对一的会议、讨论和互动，而不是空泛的报告。

在航空服务局，我们体会到一个组织很难决定项目的结果是否令人满意。通常，一个组织在运行新系统之前变得不坚定和过于关注细节，常常导致项目延迟的后果。在航空服务局，我们已经开发出一种验收标准矩阵来决定一个项目集的运营是否令人满意。我们有两个层级：一个是详细里程碑和标准描述；另一个是可以利用一两页演示文稿来迅速报告的指导小组。当所有标准得到满足时，我们已经准备好进入运营，将不会有关于是否我们已经准备妥当的麻烦或讨论了。

沟通无处不在

成功的项目集沟通不是在没有沟通计划情况下的沟通。沟通计划应该基于相关方分析、SWOT 分析和/或类似的分析，以获得明确的目标受众及这些受众对某些情景的可能反应。基于上述分析的沟通计划将提供更有针对性的沟通，最终会让你获得你想要的结果。

你应该考虑涉及不同的内部和外部相关方的任何可能的各种频次和时间的信息。当涉及不同相关方时，关键信息必须清晰、连贯、易于理解，以便适用于不同的相关方。利用大型饮料生产商、汽车或服务公司如何沟通他们的产品价值来作为典型案例。你应该定位好商业价值，而不是对大多数人来说似乎是无用并昂贵的技术优势。你必须不断重复商业价值和关键信息，直到该项目已经执行。

你可以通过不同的关键讨论，用许多不同的方式来明确你的沟通目的，不应该仅限于使用著名的传统通信工具。一个成功的项目经理将不得不使用将近一半的工作时间来进行沟通和游说，以确保项目的成功。一个能正确沟通的项目经理永远不会拒绝呈现自己项目及相关商业价值的任何机会。

关于沟通的良好实践是在杂志上发表文章、定义一个内部组织的项目访问门户网站、在互联网和内联网上发布新闻、安排启动会议和开放日活动，当然还有在可能的情况下提供现场演示。有效沟通的关键之一是采用不同的沟通方式，寻找新的创造性的方法来访问相关方。例如，在显示关键信息的地方安排业务员，其中包括张贴在食堂、门户网站中的对项目集/项目的关键成员的采访报道，或在他们常去的地方，如咖啡机旁边展示横幅和关键信息。后者还提供了一个更加非正式的沟通方式，因为咖啡机和/或类似的代表“安全地带”的地方，能使员工之间更加自由地沟通。一个展示积极信息的横幅可以让谈话有更积极的导向，或者提供员工之间更多的“空间”和可见性。非正式的沟通方式已经在航空服务局成功运用。例如，每周由项目经理主持的周五早餐会议，在会上，员工一边享受茶点，一边讨论项目集/项目的进展。因为没有高级管理人员出席，一些原本在正式会议上不会讨论的担忧和信息将可能提出。同样，项目经理将有机会对不实之言进行识别和反应，以避免对项目集/项目的进展和关键商业价值的损害。项目经理会利用一封非正式的电子邮件来跟进早餐会信息，让没有出席早餐会的人提出对项目集/项目的问题，邀请可能有任何其他或矛盾信息的人员进行评论。

缺乏有效沟通和信息交流将使员工在咖啡机旁“开小会”。这将导致谣言和恐慌，必须认真处理，因为谣言往往会干扰事实。简单的处理方法是一旦听说就立刻抨击这些谣言，并且应该质疑这些谣言背后是否有任何事实。通常，谣言是没有根据的。然而，如果谣言基于事实而发生，则必须找到一个解决的办法。

你不应该忘记庆祝所达到的重要里程碑。可接受的庆祝方式与公司文化兼容。一些公司文化对于提供免费晚餐或歌剧门票是没有问题的，而其他公司不能接受的原因可能是税收问题，或者仅仅因为它并不“体面”。一辆便宜的玩具赛车可以作为现场验收测试成功的表达组织致意的一个奖品。在航空服务局，我们的项目经理骄傲地在办公室显眼的地方摆放法拉利和兰博基尼赛车模型。

你所做的和项目相关的最为重要和有效的事，就是赞扬、信赖并重视参与该项目的员工。与其他部门的员工进行沟通时，你应该给予最强的赞扬。

◆ 总结

本节给出的 6 个主要原则建立在以下基础上：经验教训、外部输入及来自欧洲开发空中导航服务的行业经验——航空服务局项目绩效的最大化和准时并按预算交付的能力。这里的关键信息是，我们必须认识、制定和采用它们，并意识到我们生活在一个动态的世界中；如果重点不是放在自发改变和适应不断发展的现状上，你的最佳实践再好也可能沦为明日黄花。最后，正如萧伯纳所说：“不能改变自己想法的人无法改变任何事情。”

3.18　阿瓦隆电力及照明公司

阿瓦隆电力及照明公司（化名，以下简称阿瓦隆）是一个山区州的公用事业公司，已经占据了几十年的地区性垄断地位。这一切在 1995 年随着公共事业管制废除发生了变化。目前的重点是削减成本和竞争。

阿瓦隆的信息系统部一直被认为是公司的“眼中钉”。员工拒绝接受任何项目管理的原理。阿瓦隆削减成本的努力揭示了这样一个问题，即信息系统部的绝大部分工作都可以外包出去，价格要比自己运行的成本低很多。管理层认为项目管理能使这个部门更具有竞争力，但是员工现在愿意接受项目管理的方法吗？

阿瓦隆的一位发言人这样说：

> 之前，我们使用标准的应用开发方法尝试过两次，但是都失败了。尽管我们信息系统部的新总监非常支持这第三次努力，要求必须使用标准的体系方法和工具，但还是遇到了巨大的阻力。
>
> 项目管理体系方法的学习周期很长，导致领导者倾向于自行解释体系方法中的任务，而不去学习文档里的解释。这样就导致对体系方法的解释不一致，进而当我们试图用以前的估计去估算新项目时，也是不一致的。
>
> 及时更新项目计划的必要性也没有获得广泛的接受。汇报中的实际工作时间和完成日期不一致，导致可用资源不准确。部门计划里显示的可用资源，实际上是不可用的。

很多团队领导并不接受项目管理背后的理念，也并不真正赞成其益处。他们敷衍了事，按要求产出交付物，但是凭直觉管理他们的项目，与项目计划不沾边，而不是根据项目计划来运行项目。

信息系统的管理层在听取项目状况汇报时，没有问那些要采用项目管理才能回答的问题。标准的项目管理指标在项目状况汇报中被省略了，让位给主观评判。

信息系统部认识到，它的存在，可能很大程度上取决于它能够多好、多快地开发出一套成熟的项目管理系统。到 1997 年，整个信息系统部都意识到了需要成熟的项目管理的紧迫性。当被问到实现了什么收效时，发言人表示：

对结构的洞察力和利用组织外部认可的技术记录提案的能力，使得信息系统能够在与外界组织的应用开发项目竞争中取胜。

去除以往“雪藏”首选人员直到下一项目的做法，实现了更好的资源管理，从而使信息系统部能够以较少的人做较多的事。

我们目前正在定义项目需求，这是最初项目管理实施项目的后续项目。这个项目将致力于我们开始 2 年学到的那些经验教训，并且将在现有的课程中添加项目管理概念的培训，而不是工具培训；更注重强调为什么必须正确记录时间和任务的状态。我们将会尝试把项目管理扩展到那些非应用开发的领域，如网络通信和技术支持，也将测试现有的体系方法在客户端——服务器开发和互联网应用开发中的应用。我们还会探索一些提高效率的办法，如让每位团队成员直接输入任务的状态。

现在，我们在企业客户的服务等级协议书中提供项目管理服务的选项。一个成功的事例是关于建立一个新公司的项目，其中要结合集团的各个不同部门。这一项目打破了部门界限，并维持了具有挑战性的进度要求。定义任务和估算持续时间的流程，使得我们更好地了解项目的需求。这反过来使得我们能够更准确地进行估算，从而能够在预算压力下做出项目范围的重要决策。项目决策往往基于充分考察过的商业选择，而不是原始的直觉。

3.19 Roadway 快递公司

1992 年春天，Roadway 快递公司意识到它的支持系统，特别是信息系统必须升级，才能使公司准备好迎接 21 世纪。Roadway 快递公司（以下简称 Roadway 快递）那时的总裁后来的董事会主席 Mike Wickham 是持续改进思想的忠实支持者。持续改进对他的公司来说是必需的，因为技术的快速演进要求必须不断重构。将要进行的几个项目需要比以往的项目多得多的人力资源，各职能部门之间也需要更强大的接口。

在 Roadway 快递的员工阶层，有关项目管理原理和工具的知识在 1992 年的时候是相当缺乏的。相反，在高级管理人员阶层，项目管理的知识非常丰富。事实证明，这是非常有益的。Roadway 快递意识到需要在一个 2 年的项目上应用项目管理。这个项目受到高级管理人员的重视和支持，而且人们认为它对公司有着战略上的重要性。尽管这个项目需要一位全职的项目经理，但是公司决定指派一位一线经理，要求他在这 2 年里既要管理手下的人，又要管理整个项目。公司没有持续地应用项目管理，而且对项目管理的理解也非常浅薄。

3 个月后，这位一线经理辞去了项目经理的职务，说压力太大，而且在执行项目任务时无法有效地管理手下的人。公司安排另一位一线经理担当兼职的项目经理。和他的前任一样，这位一线经理最后也决定辞去项目经理的职务。

公司又任命了第三位一线经理，但这次只让她管理项目，免除了她的全部一线管理职责。项目团队及挑选出的一些公司人员接受了项目管理的培训。公司总裁认识到了快速实施项目管理的危险，尤其是在这样大规模的项目上，但他还是愿意接受这个风险。

3 个月后，项目经理抱怨说，她的一些团队成员对项目管理带来的压力感到非常不快，这些成员还威胁说必要的话就辞职，只是为了逃避项目管理。但是问起项目的状况，项目经理说，到目前为止项目完成了所有的交付物和里程碑。总裁 Mike Wickham 和公司的其他高级官员很快就发现，项目管理起到了预期的作用。现在的重点是怎样“安抚”不悦的员工，使他们相信他们工作的重要性和公司是多么感激他们的努力。

为了减轻员工的恐惧，总裁承担了项目发起人的角色，而且明确表示 Roadway 快递将持续采用项目管理。总裁还引入了项目管理的培训课程，并出席每个培训项目。

总裁的强调和明显的支持渗透到公司的各个层级。到 1993 年 6 月，从第一次正式启用项目管理开始不到 8 个月的时间，Roadway 快递在项目管理成熟度上迈上了一个新的台阶，比很多其他公司花 2～3 年的时间所获得的还要多，这都源于高级管理层的明确支持。

高级管理层很快认识到，项目管理和信息系统管理能够有效地整合成一个体系方法。Mike Wickham 正确地认识到，他越快说服他的一线经理们支持项目管理的方法，他们就能越快地成熟。当时的 Roadway 快递的总裁，后来的董事会主席 Mick Wickham 说：

> 项目管理不管多复杂或培训得有多好，都未必能够有效地运行；除非所有管理者都有决心为获得成功的项目结果而努力。在我们目前的流程就位以前，我们要积极地使那些一线经理参与其中。这些一线经理认为，他们的职责就是找出各种理由证明这个系统行不通。现在决策委员会说：“就是这个项目。跟着它前进就行了，你会看到它是行得通的。”当所有人都朝着同一个目标时，人力资源的利用就有效得多了。

3.20　Kombs 工程公司

有些公司有幸能够及早地认清危机，采取正确的措施。其他的就没这么幸运了。虽然下面的例子可能看起来有点过时，但可以从中学到关于不该做什么的宝贵教训。美国密歇根州的 Kombs 工程公司（化名，以下简称 Kombs）就是这样一个例子。

1993 年 6 月，Kombs 的销售额已达 2 500 万美元。其业务主要是和美国能源部的两个合同，一个是 1 500 万美元，另一个是 800 万美元。剩下的 200 万美元来自一些小项目，金额分别为 15 000～50 000 美元。

与能源部之间较大的合同，是为期 5 年、每年 1 500 万美元的合同。这个合同在 1988 年授予，并预计在 1993 年续签。能源部已经讲得很清楚，尽管它对 Kombs 的技术水平很满意，但是根据法律，后续的合同必须由竞标决定。市场信息指出，能源部的后续合同暂定于 1993 年 10 月授予，打算在其后 5 年内每年花费 1 000 万美元。1993 年 6 月 21 日，Kombs 收到了提案邀请。提案中的技术需求对 Kombs 来说不是问题。每个人都认为，毫无疑问，单凭技术优势，Kombs 可以赢得这个合同。成问题的是，能源部要求在提案中有一个单独的章节，包括 Kombs 将如何管理这个每年 1 000 万美元的项目，以及 Kombs 的项目管理系统运作的详细描述。

在 1988 年 Kombs 赢得初始的合同时，还没有对项目管理的要求。Kombs 的所有项目都是在传统的组织结构下完成的，只有一线经理扮演着项目领导者的角色。

1993 年 7 月，Kombs 聘请了一位咨询师，给整个组织培训项目管理。这位咨询师也与提案团队密切合作，以应对能源部的项目管理要求。在 8 月的第 2 周，提案提交给了能源部。1993 年 9 月，能源部针对 Kombs 的提案列出了一系列问题，其中超过 95%的问题都与项目管理相关。Kombs 随后回答了所有的问题。

1993 年 10 月，Kombs 收到通知说未被授予合同。在合同授予后的一次会议中，能源部表示它对 Kombs 的项目管理系统没有信心。Kombs 现在已经破产倒闭了。

Kombs 的案例是项目管理课程中教育学生的极好的案例。它说明了当承包商没有认识到客户对项目管理的精通程度时会发生什么。假如 Kombs 一直和它的客户紧密联系，那么公司就有 5 年的时间去开发一个成熟的项目管理系统，而不是只有 1 个月。

3.21 威廉斯机床公司

文化的力量不但能够让公司认识不到改变的必要性，而且即使公司最终认识到需要改变，文化的力量也能阻碍变革的实施。这就是威廉斯机床公司（化名）的境遇。

几十年来，威廉斯机床公司（以下简称威廉斯公司）一直为其客户提供高质量的产品，并在 1980 年成为美国第三大机床公司。这家公司的利润很高，员工流失率非常低，薪酬福利非常好。

1970 —1980 年，公司的利润激增，不断刷新纪录。公司的成功得益于一个标准制造机床产品线。威廉斯公司的绝大部分时间和精力都用于想办法改善其赖以为生的这个制造机床产品线，而不是用于开发新产品。这个制造机床产品线十分成功，以至于客户都愿意按照这些机床去修改自己的产品线，而不是请威廉斯公司对机床做大的改动。

到了 1980 年，威廉斯公司极度自满，期望这个产品线的显著成功能再保持 20～25 年。但是 1979 —1983 年的经济衰退迫使管理层重新反思。生产的削减减少了对标准机床的需求，越来越多的客户不是要求对标准机床做大的修改，就是要求完全重新设计产品。

市场在改变，高级管理层认识到有必要确立新的战略重点。然而，在试图说服低层管理人员和员工，尤其是工程人员时，他们遇到了很大阻力。这家公司的员工很多都在公司工作了 20 多年，他们拒不接受变革，相信在经济衰退后能重返昔日的辉煌。

1986 年，公司被卖给了 Crock 工程公司。Crock 工程公司拥有自己的富有经验的机床部，也了解机床行业的情况。1985—1986 年，它允许威廉斯公司作为独立的实体运营。到了 1986 年，威廉斯公司的资产负债表上出现赤字。Crock 工程公司用自己的人马替换了威廉斯公司的所有高级管理层，随后对所有员工宣布，威廉斯公司将成为一个定制机床制造商，过去的好日子一去不复返了。客户对于定制产品的需求，仅在过去的 12 个月就增加了 3 倍。Crock 工程公司明确地告诉员工，不支持这一新方向的人将会被撤换。

威廉斯公司这些新任的高级管理层认识到，对一家专门生产定制产品的公司来说，几十年的传统管理已经走到了尽头。公司的文化即将改变，打头阵的是项目管理、并行工程及全面质量管理。

从公司花在员工教育的时间和金钱上，可以明显看出高级管理层对项目管理的决心。遗憾的是，那些有着 20 多年经验的老员工还是不支持这个新的文化。在认识到这个问题之后，管理人员继续给予项目管理以明确的支持，同时聘请了一位项目管理咨询师，这位咨询师从 1986 年到 1991 年一直服务于威廉斯公司。

1986—1991 年，Crock 工程公司的威廉斯公司持续亏损 24 个季度。直到 1992 年 3 月 31 日结束的这个季度，才有 6 年以来的第一次盈利。这很大程度上要归功于项目管理系统的绩效和成熟。1992 年 5 月，威廉斯公司被卖出。公司搬到了 2 400 多公里以外，80%的员工丢掉了工作。

威廉斯公司认识到业务的基础已经从产品驱动变为项目驱动时，已经太晚了。只有在你想成为历史学家时，活在过去尚可接受；但是业务要生存下去，尤其在一个激烈竞争的环境里，人们必须向前看，并且认识到变革是不可避免的。

第 4 章 项目管理方法论

4.0 简介

在第 1 章中，我们描述了实现成熟项目管理的生命周期阶段。其中第四个阶段是成长期，包括：

- 建立生命周期阶段。
- 制定项目管理体系方法。
- 体系方法基于有效的计划制定。
- 尽量减少范围变更和范围蔓延。
- 选择适合的软件来支持体系方法。

好的方法论的重要性怎么夸大也不过分。它不仅能提高项目执行的绩效，也能改善客户关系、提高客户信任度。好的方法论还能带来独有来源或单一来源采购合同。

创建一个可行的项目管理方法论并非易事。一个是，为每个项目制定不同的项目管理方法论。另一个是，虽然有可能，但还是无法把项目管理方法论和项目管理工具集成到单一流程中。公司协同制定项目管理方法论和项目管理工具有两个好处：首先，工作范围变更较少；其次，流程的设计会对业务运营的持续性干扰最小。

本章讨论项目管理方法论的组件及一些应用广泛的项目管理工具，还包括工作中应用的项目管理方法论的具体例子。

4.1 卓越的定义

卓越项目管理常被认为是一连串持续管理成功的项目。没有项目管理方法论，可能很难重复成功地完成多个项目。

今天，每个人看来都在一定程度上认可项目管理方法论的必要性。然而，对于卓越项目管理的定义，还是有不同的看法；同样，各个公司对于项目成功也有不同的定义。在这一节，我们将讨论卓越项目管理的几个不同定义。

有些卓越的定义可以非常简单，而且能达到和复杂的定义同样的目的。摩托罗拉的一位发言人说：

卓越的项目管理可以定义为：
- 严格遵守进度安排的实践。
- 高级管理层定期监督。
- 正式的需求变更控制。
- 正式的问题和风险追踪。
- 正式的资源追踪。
- 正式的成本追踪。

一位 AT&T 的发言人则是这样定义卓越的：

卓越（项目管理）是项目管理方法论，具有一致性，应用于组织所有项目，得到客户的持续认可，客户满意度高。同时，我们优秀的项目管理能力也是我们销售团队的一个关键卖点。这会从我们的客户那里带来源源不断的业务。另外，公司内部也认为项目管理是一种增值，也是必要的。

惠普公司的 ITIL 服务经理、架构咨询师、PMP 专家 Doug Bolzman 谈到他对卓越项目管理的看法时说：

对卓越程度的评定，并不是根据管理各个部分的水平，而是根据对各个部分如何结合在一起、互相依赖、互相支持、为业务提供价值的理解。如果项目经理只做要求他们做的事，如在下一季度管理 300 个不同的项目，那么这一职能提供的附加价值就很低，就像驮货物的骡子一样只做别人让它做的事，做完就觉得完成任务了。图 4-1 和图 4-2 展示了如果将项目管理映射到公司整体的发布管理框架上，每个项目都单独管理，就会有图中所示的特点。

使用同样的发布框架和同样的客户请求，项目管理规则可以理解需求的性质，提供颇有价值的服务，也就是将同一类型的请求或项目打包在一起，产生对工作的预估，从而帮助公司平衡其财务、期望和资源。这种功能可以在 PMO 中实现。

4.2 认识制定方法论的需要

仅仅有一个项目管理方法论，并且遵照它去做事，并不能带来项目管理的成功和卓越。外部因素可能对公司项目管理方法的成败有巨大的影响。当今的业务环境中充满变化，而且没有迹象表明变化将来会消失。过去 20 年中技术的飞速变化推动了项目管理的变化，这种技术变化不大可能平息。另一个趋势是消费者和客户日益成熟，这个趋势也会继续下去，不会消失。在很多行业中，费用和质量控制实质上变成了同样的问题。其他的外部影响因素包括快速合并和并购，以及实时沟通。

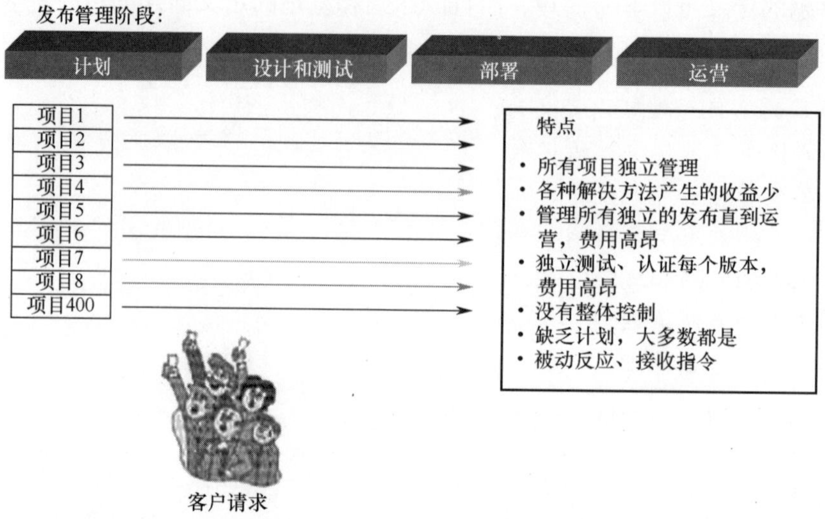

图 4-1 发布管理步骤

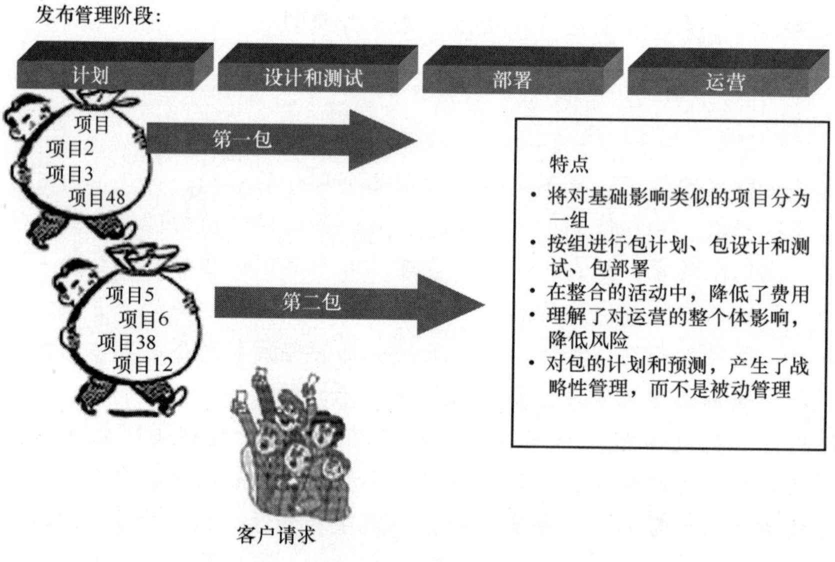

图 4-2 发布管理步骤：将请求打包

项目管理方法论是有机的流程，它需要随组织的改变而改变，以应对不断演变的业务环境。然而，这些变化需要得到各级经理的全力投入，公司需要有一个愿景，呼唤项目管理系统与组织其他的业务系统一道发展。

今天，公司用项目来管理业务，这既包括项目驱动的组织，也包括非项目驱动的组织。实际上，组织里的所有活动都可以按照某种类型的项目来处理。因此，管理良好的公司，要把项目管理方法作为管理整个业务的方法，而不仅仅是管理项目的方法，只有这样的思路才是恰当的。把项目经理看作部分业务的经理，而不仅仅是某个项目的经理，这样业务流程和项目管理流程就可以整合到一起。

并不是每家公司都要开发标准的项目管理方法论。对项目规模小、周期短的公司来说，这种正式的系统可能不太经济、不太合适。然而，对项目规模大、项目持续的公司来说，就必须开发一个可用的项目管理系统。

例如，某家制造家用固定设备的公司就有数个项目开发的草案。当它决定开始系统化地使用项目管理时，公司当前的方法就显得较为复杂。基于不同的项目类型，公司有多个系统开发的方法论。员工不得不在每个项目中与不同的方法论打交道，非常费力。于是公司决定建立一个通用的、满足所有目的的方法，用于所有的项目。这个新的方法论具有灵活性。公司的发言人说：

> 我们的项目管理方法，从设计之初，就不是仅与某个特定的系统开发方法论相关的。因为我们认为使用标准的系统开发方法论，要比使用其中一个更好。我们已经开始为我们的组织特地开发一个指南性的系统开发方法论。我们现在已经确定了项目成功的先决条件，包括：
>
> - 一套设计精妙的方法论。
> - 一系列清楚的目标。
> - 得到充分理解的期望。
> - 彻底明确的问题定义。

20 世纪 80 年代末期，合并狂潮冲击了银行业。随着规模经济带来的费用降低，以及相应的竞争加剧，银行业人士认识到使用项目管理进行合并和并购的重要性。不同文化的结合越快，对企业底线的影响就越小。

某家银行的发言人认为，对好的方法论的需求日渐明显：

> 这一方法论的目的是，使项目管理的流程更为有效；该方法论并不是针对诸如系统开发活动或硬件安装等特定类型的项目量身定做的。相反，这是一个常识性的方法，用于辅助在任何管辖范围内的优先级排序和成功实施。

1996 年，某家银行的信息服务部（Information Services，IS）成立了一个 IS 重构团队，致力于开发和部署项目管理及与系统开发相关的流程和工具。IS 重构团队的使命是提高 IS 项目的绩效，以便提高生产率、缩短周期时间、改进质量、提高项目客户的满意度。

银行的发言人说，流程是这样开始的：

> 我们评审了银行当前的和过去使用过的方法论的信息，所有在以前的活动中得到的最佳实践都被合并到这个文档中。尽管来源不同，但这些项目方法论的阶段划分在一定程度上都是标准的。所有项目都遵循同样的步骤，只是依项目复杂度、规模和类型的不同，使得其遵循方法论的程度不同。这一方法论所强调的是

项目控制，以及项目交付物和项目控制与目标实现之间的结合。

为了确定过去的项目管理方法论的弱点，IS 重构团队进行了不同的焦点小组，焦点小组的结论是下述各方面是以前方法论所缺乏的：

- 管理层的投入。
- 以反馈机制让项目经理确定方法论所需的更新和修订。
- 适用于整个组织的方法论。
- 针对项目经理的方法论培训课程。
- 对方法论的部署进展一致的、定期的沟通的关注。
- 对项目管理工具和技术的关注。

根据这些反馈，IS 重构团队成功地开发和部署了一个项目管理和系统开发方法论。从 1996 年 6 月开始到 12 月，目标听众——300 名项目经理，都了解并应用了这一项目管理方法论和标准工具（微软 Project）。

银行出色地创建了这一方法论，该方法反映了指导原则而非方针，为银行的所有项目提供了易于应用的流程。到 2017 年，银行一直不断地提高其项目管理方法的灵活性，使其更易于不同类型项目的管理。下面将讨论从该项目管理方法论中选出的部分组件。

◆ 组织

对于任何项目，你都需要定义要完成什么，并决定项目要如何实现这些目标。每个项目都始于一个想法、愿景或商业机会，这个起始点必须和组织的业务目标挂钩。项目章程是项目的基础，是与参与项目的各方人员形成的合同。它包括对业务需要的描述、对项目承诺的交付物的协议、对项目依赖关系的确认、参与项目的团队成员的角色和职责，以及项目预算和项目管理所应遵循的标准等。项目章程定义了项目的边界，只要项目成员在边界之内，项目团队就有很大的灵活性。

◆ 计划

一旦项目的边界定义清楚后，就必须收集充分的信息来支持目标和目的、降低风险、尽量减少问题。项目管理的这一组成部分，应该产生足够的信息，来清楚地明确需要完成的交付物、定义特定的任务以确保交付物的完成，并且列出资源的合适级别。每个交付物都会影响项目的各个阶段是否满足了其目标、预算、质量和进度。简单起见，有些项目采用了 4 阶段的方法。

- 提案：项目启动和定义。
- 计划：项目计划和需求定义。
- 开发：需求开发、测试和培训。

- 实施：将开发出来的需求推广到日常运作中。

每个阶段都包括评审点，以帮助确保达到项目的期望并完成高质量的交付。尽早指定项目评审人是非常重要的，这样才能保证恰当地平衡相关专家和管理人员的参与。

◆ 管理

在整个项目中，必须保持对流程的管理和控制。对项目经理和团队来说，这是评估项目、评审项目绩效、控制交付物开发的机会。在项目进行中，要对以下几个方面进行管理和控制。

- 通过经费、质量、周期时间的度量，来评估项目任务和交付物的日常进度。
- 调整每天的项目安排和交付物，应对即时的偏差和问题。
- 积极解决项目问题、处理项目变更，以控制范围的蔓延。
- 以客户满意为目标。
- 建立定期的、结构化的交付物评审。
- 建立集中的项目控制文件。

成功管理项目的两个重要机制是可靠的状态报告程序和问题及变更管理程序。状态报告对保证项目不偏离正轨、保持状态良好来说是必要的。状态报告应该包括以下几点。

- 迄今为止的主要成就。
- 下一阶段计划要完成的事项。
- 项目进度总结：
  - — 已投入的工作时间的百分比。
  - — 已花费的预算的百分比。
  - — 已完成的项目进度的百分比。
- 项目费用总结（预算和实际的比较）。
- 项目问题和关注点。
- 对项目质量的影响。
- 管理层的行动。

问题和变更管理在保护项目动能的同时，提供一定的灵活性。项目问题是指需要由项目经理、项目团队及管理层决策的问题。对项目问题的管理，需要给出定义，并且恰当地与项目成员沟通，从而保证在合适的级别上进行问题的追踪和监控。变更控制也采用同样的原则，因为项目的范围不可避免地会受一些变化的影响。项目中影响费用、进度、交付和相关项目的任何变更管理都需要汇报给管理层。问题和变更管理的汇报应该在状态报告中总结，并标明分别有几个未完成的及完成的条目。这样能帮助管理层评估项目的健康状况。

仅仅拥有并采用项目管理方法，并不能保证项目管理的成熟和成功，必须要有“需求”，推动系统向更成熟的方向改进。项目管理系统可以随着组织的变化而变化。然而，管理层必须积极参与这些变化进程，并且有让项目管理系统随着组织一起演进的愿景。

4.3 企业项目管理方法论

如今的大多数企业似乎都意识到需要一个或多个项目管理方法论，却往往创建了错误的方法论或误用了所创建的方法论。很多时候，公司急于开发或购买一套方法论，却对实际的需要几乎一无所知，只知道竞争对手拥有方法论。Jason Charvat 说：

> 使用项目管理方法论是一种可以让公司将项目价值最大化的商业战略。方法论必须经过进化和调整，来适应公司不断改变的重点或方向。这几乎是一种意识形态，这种方法会重新塑造整个机构中的流程——市场营销、产品设计、规划、部署、招聘、财务和运营支持，它对很多机构来说代表着彻底的文化重建。当行业与公司发生变化时，方法论也必须改变，否则它们就会走向失败。

方法论指的是一套可以用于特定项目或情境的表格、指南、模板和检查表。可能没有办法建立一套可以应用于整个企业内任何一个项目的方法论。有些公司做到了，但也有很多公司成功地运行多个方法论。除非项目经理能够根据自身的需要将企业项目管理方法论量身定做，拥有多个方法论一般是必要的。

有几个原因导致良好的动机误入歧途。在高级管理层面上，如果高级管理人员对方法论认识不足，方法论就会失败。典型的例子包括认为方法论是：

- 万能的快速补丁。
- 无敌的尚方宝剑。
- 临时的解决方案。
- 一步步照做就能带来项目成功的秘方。

在一线工作层面上，方法论也会因为如下的原因失败：

- 过于抽象和概括。
- 没有将方法论描述清楚。
- 不够实用或无法应对关键领域。
- 忽略行业的标准及最佳实践。
- 看起来动人却无法真正整合到业务中去。
- 使用脱离标准的项目惯例和术语。
- 争夺相近的资源却不应对这个问题。
- 没有任何绩效衡量指标。
- 官僚和行政体系导致完成旷日持久。

决定方法论的种类并不容易，有很多需要考虑的因素，例如：

- 公司的整体战略——作为一家公司，我们有多强的竞争力？
- 项目团队的大小及需要管理的范围。
- 项目的优先级。
- 项目对于公司有多重要。
- 方法论和它的组成元素有多少灵活性。

项目管理方法论需要围绕公司的项目管理成熟度和企业文化来创建。如果公司在项目管理上相对成熟，并且有良好的文化来促进合作、有效沟通、团队协作和信任，那么一个高度灵活的方法论可以建立在指南、表格、检查表和模板的基础之上。项目经理可以为特定客户选择合适的方法论组成部分。没有这两种特点的机构则要依赖根据严格规定的方针与步骤建立起来的方法论，因此需要大量的文案工作，增加了成本，也减少了灵活性，使得项目经理不能自如地根据顾客的特定需要来应用方法论。 Charvat 将这两种类型描述为轻型方法论和重型方法论。

◆ 轻型方法论

不断增加的技术复杂性、项目延迟和不断变化的顾客需求，在开发方法论的领域带来了一场小小的革命。一类全新的方法论正在崛起——它既灵活又有很强的适应性，并且全程都可以让客户参与。很多重型方法论的专家，都非常抗拒引入这些"轻型"或"灵活型"方法论。这些方法论运用非正式的沟通方式。和重型方法论不同，轻型方法论只有很少的规定、实践和文档，项目的设计和建设来自面对面的讨论、会议及向客户提供信息。使用轻型方法论所带来的立竿见影的区别是，它们不那么关心各种文件，往往关注的是减少项目中的文件数量。

◆ 重型方法论

人们认为传统的项目管理方法论（也就是系统开发生命周期方法）在本质上是官僚主义或"预言性"的，因而造成了很多项目的失败。这些重型方法论正在变得不那么流行。这些方法论牵涉的工作量如此之大，以至于整个设计、开发和部署的流程都慢了下来，却什么都完不成。项目经理倾向于预测每个里程碑，因为他们想提前看到所有的技术细节（也就是程序代码或工程细节）。这让经理开始要求各种详细规格、计划、汇报、检查点和进度情况。重型方法论试图将项目的大部分计划得非常详细，耗时也很长。只要各种条件保持不变，这就会运作得很好，而项目经理天生就抗拒改变。

企业项目管理方法论可以增强项目规划流程，也可以提供一定程度的标准化和一致性。企业已经意识到，企业项目管理方法论在基于模板而不是严格的方针与步骤时，会运作得更好。国际学习集团（International Institute for Learning）创建了一套统一项目管理方法论（Unified Project Management Methodology，UPMM），它的基础是《PMBOK®指南》（第 6 版）中的相关知识领域。

（1）沟通：

- 项目章程。
- 项目程序文件。
- 项目变更请求日志。
- 项目状态报告。
- 项目管理质量保证报告。
- 采购管理简报。
- 项目问题日志。
- 项目管理计划。
- 项目绩效报告。

（2）成本：

- 项目进度。
- 风险应对计划与登记。
- 工作分解结构。
- 工作包。
- 成本估算文档。
- 项目预算。
- 项目预算核对单。

（3）人力资源：

- 项目章程。
- 工作分解结构。
- 沟通管理计划。
- 项目组织章程。
- 项目团队名录。
- 责任分配矩阵。
- 项目管理计划。
- 项目程序文件。
- 启动会议核对单。
- 项目团队绩效评估。
- 项目经理绩效评估。

（4）整合：

- 项目程序概要。
- 项目建议书。
- 沟通管理计划。
- 采购计划。
- 项目预算。
- 项目程序文件。

- 项目进度。
- 责任分配矩阵。
- 风险应对计划与登记。
- 范围说明书。
- 工作分解结构。
- 项目管理计划。
- 项目变更请求日志。
- 项目问题日志。
- 项目管理计划变更日志。
- 项目绩效报告。
- 经验教训文档。
- 项目绩效反馈。
- 项目接受文件。
- 项目章程。
- 收尾过程评估核对单。
- 项目归档报告。

（5）采购：

- 项目章程。
- 范围说明。
- 工作分解结构。
- 采购计划。
- 采购计划核对单。
- 采购工作说明书。
- 征求建议文件摘要。
- 项目变更请求日志。
- 合同构成核对单。
- 采购管理简报。

（6）质量：

- 项目章程。
- 项目进程概要。
- 工作质量计划。
- 项目管理计划。
- 工作分解结构。
- 项目管理质量保证报告。
- 经验教训文件。
- 项目绩效反馈。
- 项目团队绩效评估。

- 项目管理流程改进文件。

（7）风险：

- 采购计划。
- 项目章程。
- 项目采购文件。
- 工作分解结构。
- 风险应对计划与登记。

（8）范围：

- 项目范围说明书。
- 工作分解结构。
- 工作包。
- 项目章程。

（9）时间：

- 活动持续估算工作表。
- 成本估算文档。
- 风险应对计划与登记媒介。
- 工作分解结构。
- 工作包。
- 项目进度。
- 项目进度评审核对单。

（10）相关方管理：

- 项目章程。
- 变更控制计划。
- 进度变化请求表。
- 项目问题日志。
- 责任分配矩阵。

4.4 标准方法论的好处

对那些理解标准方法论的重要性的公司来说，其好处是不胜枚举的。这些好处可以分为短期的和长期的收益。有家公司将短期收益描述为：

- 缩短周期时间，降低成本。
- 现实的计划，更有可能满足时间要求。
- 能更好地交流对各个组交付物的期望和时间要求。
- 获得反馈和经验教训总结。

这些短期好处主要集中在关键绩效指标上，或者简单地说，就是项目管理的执行。长期的好处看起来更集中在关键成功因素和客户满意度上。开发并执行一个世界级的方法论的长期收益包括：

- 通过更好地控制范围，更快地将产品投放市场。
- 降低项目集的整体风险。
- 更好的风险管理，带来更好的决策。
- 客户满意度和信任度更高，带来更多商业机会，拓展一级供应商的责任。
- 强调客户满意度和附加价值，而不是职能部门之间的内部竞争。
- 客户把承包商当作合作伙伴，而不是商品。
- 承包商帮助客户进行战略计划活动。

也许一个世界级方法论最大的好处，就是客户对此的接受和认可。如果你的一个特别重要的客户开发了自己的方法论，那么它就能迫使你为了保持供货商的身份，不得不接受并使用它的方法。但是，如果你能显示你的方法优于或至少和你客户的方法一样好，你的方法就能被接受，并且会营造充满互相信任的气氛。

一家承包商最近发现，客户非常相信和尊重他的方法，以至于客户邀请他参与其战略计划活动。这家承包商发现，客户对待他就像对待合作伙伴，而不仅仅是纯粹的商业关系或单纯的供应商。这为该承包商带来了单一供货方的采购合同。

要围绕公司的大部分项目开发一个标准的方法论，并且得到整个组织的认可，是件困难的事。最困难的部分，很可能是要确保这个方法既支持公司的整体文化，还要支持管理层提出的目的和目标。如果方法论需要公司改变整体的文化，可能就很难被组织彻底接受。表面上很好的项目管理方法，也会毁于不支持它的公司文化。

20 世纪 80 年代到 90 年代，一些咨询公司开发了它们自己的项目管理方法论，大多数是针对信息系统项目的。然后它们就给客户施加压力，要客户购买这些方法论，而不是帮助客户开发更适合客户需要的方法论。虽然这样做可能也取得了一些成功，但是事实证明，失败的例子远多于成功的例子。一家花 130 000 美元购买项目管理方法论的医院，相信这就能解决它的信息系统的需要。遗憾的是，高级管理层没有征求过将来使用这一方法的工作人员的意见，就决定购买。结果，这个系统从来就没有人用过。

另一家公司也购买了类似的软件包。但是等到发现这个软件包并不灵活，而且要想有效地使用这个项目管理方法论，就需要改变组织，特别是企业文化时，已经太晚了。该软件的厂商后来承认，要想得到最好的结果，就不能更改该方法论。

这类方法论特别刚性，是基于方针和过程制定的。这些方法论从来也不曾有过为特定项目或文化进行定制设计的能力，最终都被丢弃了，仅仅是为软件厂商获得了巨大利润。好的方法论必须是灵活的。

4.5　关键组件

如果没有世界级的方法论，企业也几乎不可能成为在项目管理方面的世界级公司。过去，可能只有很少几家公司真正拥有世界级的方法论。如今，由于生存需要和不断加剧的竞争，很多公司都有不错的方法论。

世界级的项目管理方法论具有如下特征：

- 至多有 6 个生命周期阶段。
- 生命周期阶段互相重叠。
- 阶段终了时的关口评审。
- 与其他流程的整合。
- 持续改进，如听取客户意见。
- 客户导向，与客户的方法论接口。
- 公司范围内的认可。
- 使用模板（工作分解结构的第三层）。
- 关键路径进度（工作分解结构的第三层）。
- 简化、标准的柱状图报告（标准软件）。
- 将文书工作最少化。

通常，项目管理方法论的每个生命周期阶段都需要文书工作、控制点及可能的特殊行政管理需求。生命周期阶段太少会招来灾难，而生命周期阶段太多会抬高管理和控制的费用。大多数企业采用不超过 6 个生命周期阶段。

历史上，生命周期阶段本质上是按顺序的；而今天由于要压缩进度，生命周期阶段将产生重叠。重叠的程度依赖项目经理愿意承担风险的程度——重叠越多，风险越大。在重叠的活动中犯的错误，通常其纠正成本要大于纠正顺序活动中的错误。重叠的生命周期阶段需要极好的预先计划。

阶段终了时的关口评审对于目的控制和中间里程碑的验证非常关键。生命周期阶段存在重叠时，在每个阶段终点仍会进行关口评审，但这些评审是由生命周期阶段中的中间评审来支持的。

世界级的项目管理方法论是与其他管理流程整合在一起的，如变更管理、风险管理、全面质量管理、并行工程等。这一整合产生了统合综效，最少化文书工作、最小化项目所需的资源，使组织能够进行能力规划，以决定组织能支持的最大工作量。

世界级的方法论，通过关键绩效指标评审、经验教训的更新、标杆制定和客户建议等实现持续改善。方法论本身也能成为与客户和承包者之间的沟通渠道。有效的方法论培养了客户的信任，并且尽最大可能地减少了项目中的客户干扰。

项目管理方法论必须方便工作人员使用，还要涵盖项目中可能发生的绝大多数情况。也许最好的办法是将方法论编制成易学易懂的手册。

优秀的方法论尽量使项目计划和进度安排更加容易。通过在工作分解结构中的上三层采用模板，就可做到这一点。简单地说，使用工作分解结构第三层的模板，就会有标准术语形成的标准报告。项目之间的差异体现在工作分解结构的较低层级，即第四层到第六层。这也能尽最大可能地减少文书工作。

今天，看来许多公司都提倡使用项目章程的概念，作为方法论的一个组件。但是各家公司在项目生命周期中创建项目章程的时间点是不同的，如图 4-3 所示。图中的 3 个三角形表示可能预备章程的时间点。

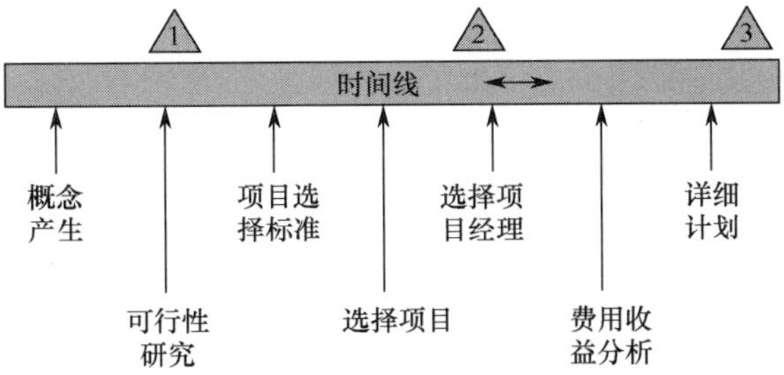

图 4-3　预备章程的时机

- 在第一个三角处，章程的预备紧接着可行性研究的完成。在这个时间点，章程包含可行性研究的结果，并记录所有考虑到的假设和约束条件。之后，项目一经选择，就会再次考虑该章程并加以更新。
- 在第二个三角处，看起来是更好的方法。章程的预备是在项目被选中，而且项目经理也已指定之后。该章程包括了对项目经理的授权，但是仅针对此项目。
- 在第三个三角处，是详细计划完成之后的预备章程。该章程包括详细计划。直到高级管理层批准了详细计划后，管理层才会签署该章程。这时，也只有在这时，公司才算正式批准该项目。一旦管理层签署了这一章程，该章程就成为项目经理与相关的一线经理之间，就交付物要满足的目标和交付时间达成的法律约定。

4.6　空中客车集团防务与航天公司：在项目生命周期中集成 APQP 方法论

高级产品质量规划（Advanced Product Quality Planning，APQP）是一个项目管理工具，它通过从规划阶段到交付/批量生产阶段对关键可交付成果质量和交付时间的监控，较早地提供有效预警，以避免由于可交付成果不成熟导致的花费昂贵的问题和返工，并提高内外部客户满意度。这些关键可交付成果被称为 “关键质量特性”（Critical to Quality，CTQ）。

本部分通过定义标准里程碑或关口审查（在此阶段，对项目进行评估以确保项目已足够成熟能进入下一阶段）提供了如何在项目生命周期中集成这一方法论。项目生命周期定义一个项目的每个阶段，清楚列明紧前步骤，随后步骤，涉及的其他功能，需交付的接口，谁已经交付了什么结果，以及下一阶段需要创建或发展的结果。所有活动，项目集及项目中的关键里程碑都会进行关口审查。关口审查可以比对这一阶段的关键成功标准为项目进程提供客观评估，确定远期计划的可接受性，以及是否可以进行到下一阶段，其目标是预防由于不成熟状态造成的进一步问题。客户评审无法替代关口评审。关口评审的主要原则是：

- 确保项目的成熟度与明确目标相符，资源可用。确定资源、工具和设施的可用性，以及潜在的作废和过程问题。加快可应用经验教训的识别和使用。
- 仅在其他相关评审通过的情况下（比如销售、商务及工程/技术，以及其他评审），安排关口评审；为避免重复劳动，关口审查会考虑其他相关评审的发现和措施。可进一步加快项目关键相关方的跨职能整合（比如运营、安保、商务、金融和法律、质量、工程、支持和服务等公司职能）。
- 为最高管理层提供结构化并独立的项目集/项目状态评估；基于“四眼原则”，评估项目集/项目，即评估项目集/项目的人与带领或执行项目集/项目的人并非同一人。对复杂项目集/项目提供透明且公正意见，并从项目的专家评审角度提供增值。

项目生命周期中 APQP 的整合是通过将 APQP 与关口评审对应执行的，如图 4-4 所示。每个关口评审的评估标准包含将被评估的可交付成果的预期输出和相关关键质量特性。表 4-1 是关口评审的一个标准评估示例。

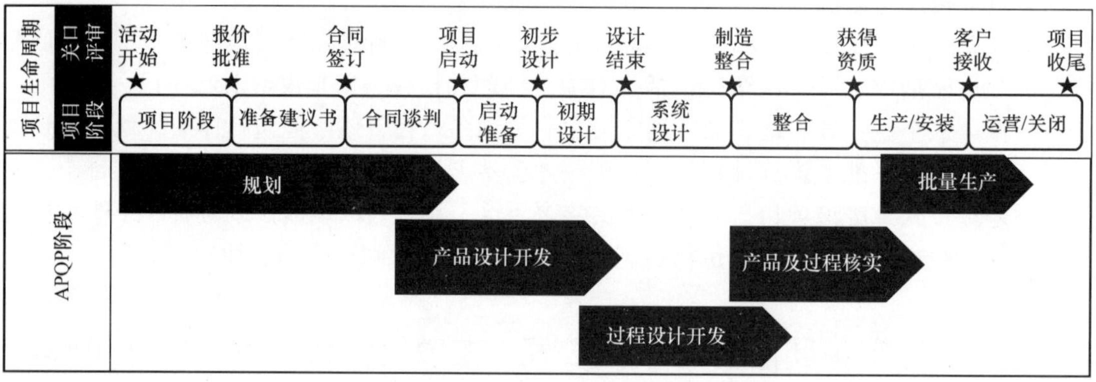

图 4-4　关口评审与 APQP 阶段

表 4-1　标准评估示例

标　　准	项目评估	APQP 评估	项目证明或可交付成果评估
合作伙伴/供货商合同	供货商/分包商相关合同是否已正式结束、签署并为最新版，包括确认的工作说明书及从客户合同而来的相关下行要求？ 是否要求里（规范、条件、条款）的所有变化已在与供货商/分包商的有效合同中包含？	**将要求传递给供货商**： 通过供货商要求确认考虑供货商对要求的相应声明 **下级供应商选择**： 我们要求提供此清单，但： • 我们是否真的得到了这份清单？ • 什么时候？ • 我们是否从供应商处获得过正式的监控计划？ 根据供应商和产品的关键程度设立	供货商/分包商清单/合作伙伴/供货商/分包商合同 **关键质量特性元素：** 技术规范、接口规范/下级供应商清单、下级质量控制/监控计划

4.7　项目质量关口——确保项目成功的结构性方法

项目质量是 SAP 项目交付的首要考虑，这一事实体现在 SAP 解决方案交付的质量管理结构性方法上——内在质量控制。SAP 项目质量方法最主要的就是执行正式的项目质量关口。ASAP 项目交付方法论中定义了质量关口，SAP 及其客户和合作伙伴使用这一方法论进行项目计划、管理和交付。每个项目类型都有预定数量的质量关口，在项目执行中作为关键里程碑，如图 4-5 所示。

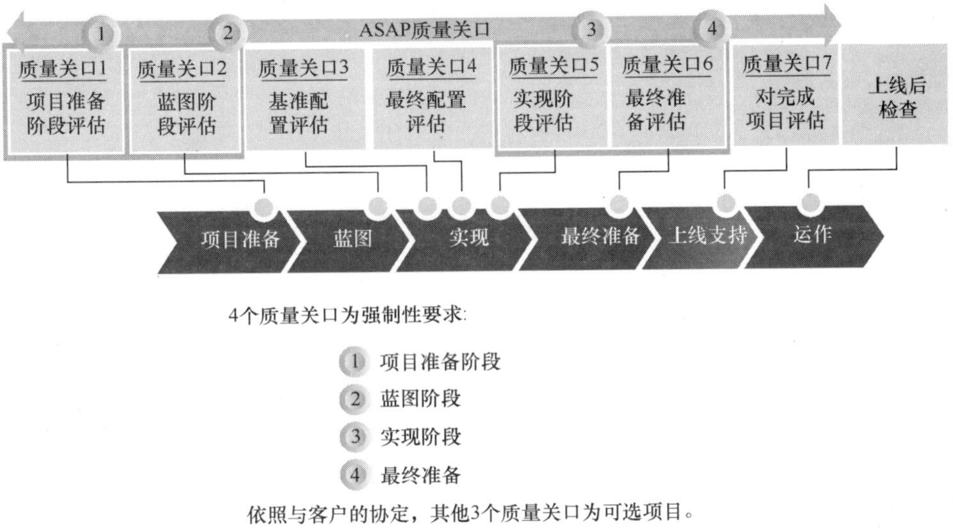

图 4-5　项目管理计划中定义了项目质量关口，并在项目生命周期内设定为关键阶段

SAP 认为质量关口是任何项目成功的必要因素，无论其部署战略是传统还是敏捷的。质量关口不仅集成在我们的交付方法论中，也体现在我们的交付政策及内部系统中。每个质量关口的结果都会记录在公司项目管理信息系统中，并且定期被审核及汇报。SAP 专职质量团队负责质量关口管理，项目健康审查，跟进项目经理、相关方和领导层。

ASAP 方法论中的项目质量关口为项目经理、相关方及项目团队在如何架构和进行质量关口审查上提供了清晰的指导。每个项目质量关口中，质量保证经理根据预设的质量关口检查表评估每个项目交付物的完整性和质量，质量关口检查表中不仅包含交付物名称，而且包含详细的验收标准。为完成质量关口，每个交付物在质量关口检查表中会标明其强制性或可选性。在完成质量关口后，质量保证经理会评估此质量关口的通过/未通过得分，并对在此过程中识别出的缺陷，建议后续改正措施。

正式的质量内化过程已在客户满意度方面显示出了积极效应，提高了整体项目组合的健康状态，并对收入产生正面影响。

◆ ASAP 方法论

ASAP 方法论是一种具备结构性、可重复性和规范性的方法，用于交付 SAP 项目和创新项目。SAP 交付项目在执行 ASAP 时，遵循结构性、可重复性及规范性的方法论。用于执行的 ASAP 方法论包含 SAP 的丰富内容，在各行业及客户环境下协助 SAP 解决方案执行及/或升级。基于成千上万的 SAP 项目经验，ASAP 为各行业及客户环境提供了内容、工具及最佳实践，来协助咨询者交付出连贯一致和成功的结果。

ASAP 的 6 个阶段为 SAP 解决方案的整个生命周期提供了支持。这些阶段的基础是对一系列价值交付进行检查，以确保解决方案，如实施，交付出预期价值。ASAP 各阶段如图 4-6 所示。

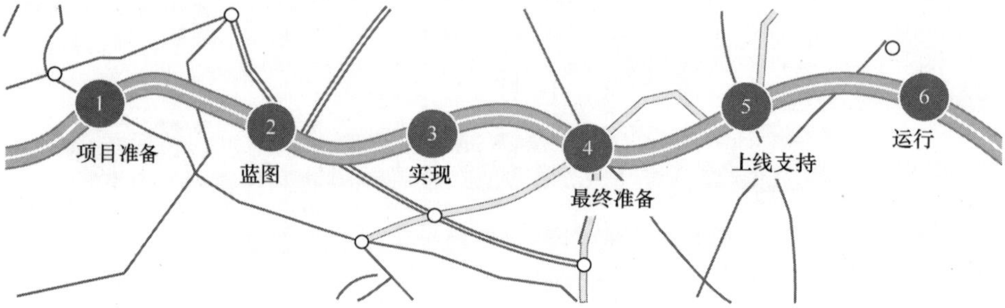

图 4-6 ASAP 各阶段

这一方法论涵盖了 SAP 实施中的各个关键方面：从以《PMBOK®指南》为架构的项目管理指导到商业过程设计、商业价值管理、应用生命周期管理、组织变更管理、技术解决方案管理、数据管理及其他对 SAP 解决方案交付的重要主题。

ASAP 方法论不仅是项目管理方法论，而且是以交付成功项目为目的的，集成了项目团队需要涵盖的所有关键因素。图 4-7 显示了这一点。

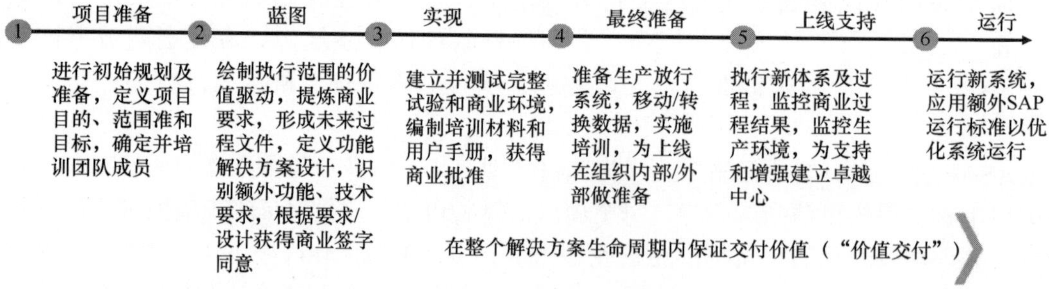

图 4-7 ASAP 方法论因素

ASAP 方法论的设计具备灵活性和可调节性，它能满足从诸如单一咨询服务交付的小项目到更复杂的跨国公司全球范围内的交付。这种灵活设计可以让我们用这一方法论作为创建所有咨询服务的基础。每个工程服务都能利用 ASAP 方法论的普通 WPS 来明确定义执行的工作，交付服务中所需的角色和技能，以及在组织内如何获取这些角色的细节。

这一方法帮助我们在非服务所有者核心专长（如项目管理）的服务领域之间取得共性，降低了创建服务的成本，简化了采购流程。

由于基于 ASAP 的常用分类法在创建服务中的使用，SAP 项目可以组合单个工程服务并以“订单式组合”的方式进行交付，而不是从零开始设计。2012 年，技术服务行业协会（Technology Services Industry Association，TSIA）认识到利用 SAP 高级交付管理方法在其服务交付中的创新途径：基于常用模块服务原理，在不同项目中组合并再使用，如图 4-8 所示。

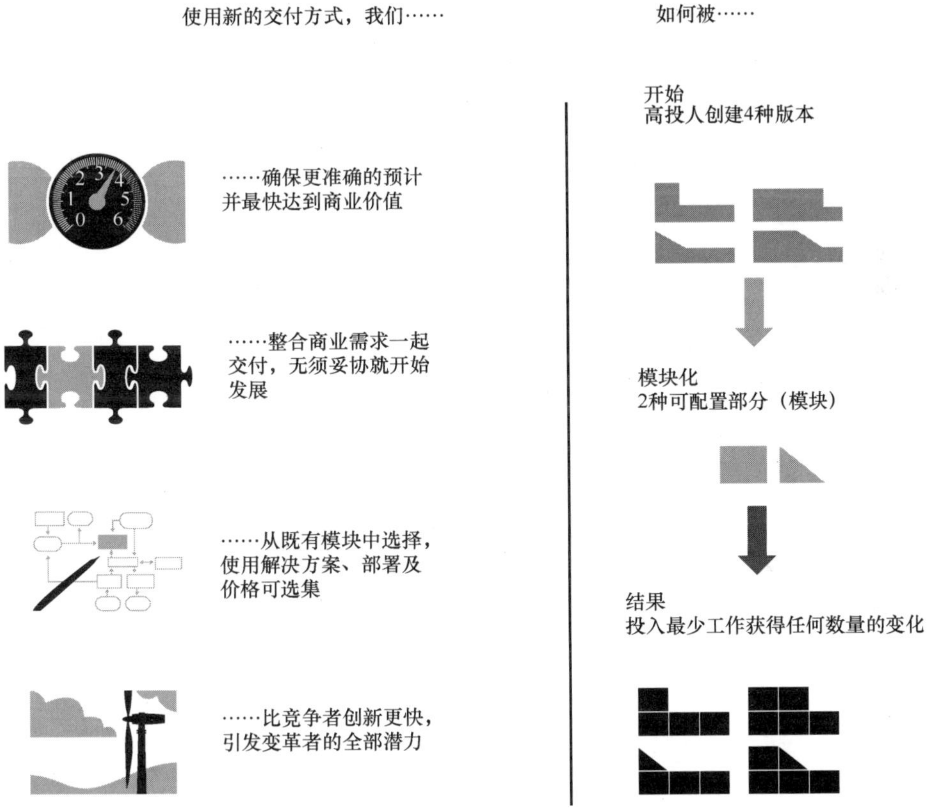

图 4-8　使用新的方式支付

利用这种方法，SAP 客户从预先创建服务和内容中受益，降低了项目的部署成本和复杂性，并将项目部署风险降到最小。在项目初期阶段，工程服务和快速部署解决方案被用来创建基准解决方案，随后在使用敏捷技术建立的一系列迭代增量中增强。这一项目交付的创新式方法大大改变了项目交付，并要求我们的项目经理们将他们的技能适应这一项目执行的创新方式。一个例子是项目经理需要了解如何使用敏捷迭代技术来构架及运行项目，以便设计、配置或开发客户定制式扩展。这是与传统项目管理最大的不同，在传统项目管理中，解决方案都是从零开始创建的。

共用的方法论及其分类法不仅大大增强了项目交付，也帮助 SAP 对已交付和部署的解决方案进行革新。

4.8 空中客车集团防务与航天公司：整合多级进度

或许一个好的方法论最重要的好处是其具有为所有相关方创建整体多级进度计划的能力。

◆ 为什么需要整体多级进度计划

整体多级进度计划实践的目标是为每一层级的项目管理，从客户和/或公司管理到项目管理、工作包管理，提供连贯一致的计划基准、连贯一致的过程测量及连贯一致的完工估算。这一实践广泛用在大型复杂项目中。

整体多级进度计划的定义

项目整体多级进度计划以以下 3 个层级的管理为目标：

- 主进度计划（第一层）：客户和/或公司管理
- 概括性进度计划（第二层）：项目管理。
- 详细进度计划（第三层）：工作包管理。

一般默认，不同层级的进度计划可以自给自足，其反映了项目中管理责任的授权：

- 主进度计划为项目经理所有。
- 概括性进度计划为项目经理所有（对于大项目而言，项目经理可能得到 PMO 的支持）。
- 详细进度计划为工作包经理所有。

另外，为了交付及维护项目多级进度计划，需要将不同层级连接起来以便提供一份整体多级进度计划。

准备及交付整体多级进度计划的前提条件

在编制整体多级进度计划之前，要完成并执行以下可交付物。

通过下述活动界定项目范围：

- 收集需求。
- 使用所有内部及外部可交付物定义产品分解结构。
- 编制工作分解结构——考虑可交付物。
- 详细列明工作包，主要关注所需输入及预期输出，包括可交付物的验收标准。
- 计划同项目所有主要相关方对所有工作包描述进行一次审查，目标是分享并控制不同工作包输入和输出的一致性。
- 对每个工作的目标持续时间、成本及技能进行估算。
- 对风险与机会进行管理，以确定并计划缓解措施，以及识别在计划中何处增加缓冲。

整体多级进度计划的原则

为确保整体多级进度计划成功，应遵循下列原则：

- 主进度计划（也称一级计划）应对项目进度计划有一个综合考虑（一页），其反映了主要里程碑（合同里程碑、对合同可交付物有关键性影响的主要客户项目或设备、关键里程碑与主要阶段概括之间的依赖关系，合同日期（合同承诺）及当前的合同状态（已完成的主要里程碑和带有预期完成日期的当前过程）。
- 概括性进度计划（也称二级计划）应包括完整的项目 WBS，并且可以根据 WBS 进行组织。它应能提供项目中所有工作包之间的依赖关系及工作包可交付物和项目主要里程碑之间的依赖关系。
- 详细进度计划（也称三级计划）应展现每个工作包（Work Package，WP）的详细进度计划，其应被分解成活动，每个活动应该有一个可交付物，并应可分解为带有指定资源的基本任务。

另外，在不同层级间，应实施多级进度计划连接（见图 4-9）：

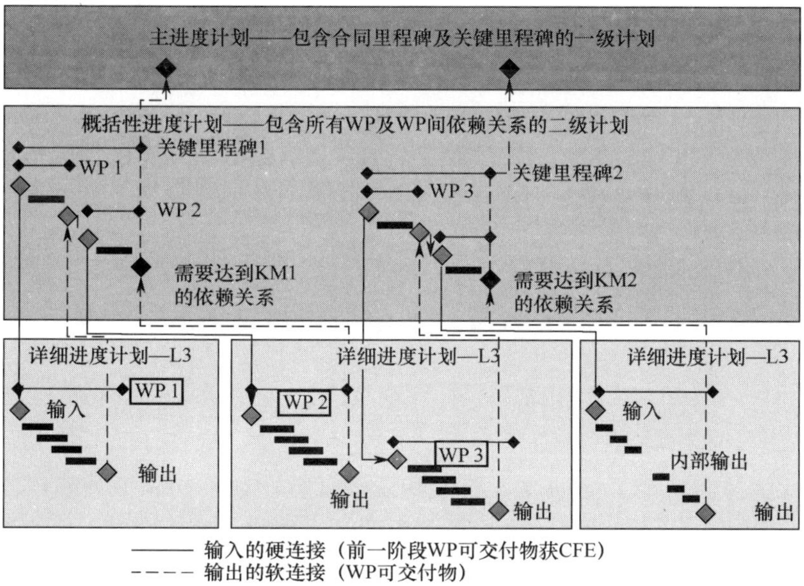

图 4-9　整体多级进度计划示例

- 在一级计划和二级计划之间，应定义遵循合同里程碑日期（客户承诺）及其他关键里程碑日期的连接。由此，所有一级计划内的主要里程碑可以连接到二级计划中相应的主要里程碑。
- 在二级计划和三级计划之间，应定义遵循项目日期（项目目标日期）的连接，这样，二级计划中每个工作包的输入和输出应能连接到三级计划中相应的输入和输出。
- 应使用两种类型的连接。
- 应有输入的硬连接（也称驱动连接），以便自动同低级相应输入的可用日期匹配。
- 应有输出的软连接，以便通知输出在低级的预期日期，而不会自动影响上级确定的日期。

整体多级进度计划的监督和控制

不同级进度计划的监督和控制，包括一致性，应根据以下方案在 1 个月内进行检查：

（1）每个工作包经理基于当前真实情况对三级进度计划进行升级，并根据正在进行中的工作包过程情况进行新的预测。

（2）PMO 对多级一致性进行检查，包括对关键里程碑的影响的偏离和识别。

（3）PMO、工程部门及工作包经理共同审查进度计划，以识别恢复到目标日期的行动计划。

如需要，项目经理基于做好的决定和更新的绩效基准，验证更新后的三级和二级进度计划。

4.9 Técnicas Reunidas 公司

本部分资料由 Felipe Revenga Lopez 提供，自 2008 年 9 月以来，他一直是 Técnicas Reunidas 公司的首席业务官。他 2002 年作为项目总监加入 Técnicas Reunidas 公司，后来成为一批国际战略项目的项目发起人。他在全球石油和天然气生产单位、精炼业、石油化工业及电力部门的 EPC-LSTK 和 OBE-LSTK 项目上有着非常丰富的经验。他是工业工程师学校的一名工业工程师（专业为化学制品），目前正在马德里理工大学攻读化学工程和生化加工博士。

◆ 开放式估算对于石油和天然气行业项目执行来说是一种成功的合同备选方案

简介

由于预计能源需求增长的速度，石油和天然气行业在不同领域面临广泛的挑战和机会。因此，几年前这一领域就开始进行新工厂的开发项目，在多数情况下，这些都是巨型项目。

如图 4-10 所示，石油和天然气行业资本项目的典型完整生命周期横跨所有阶段。理解并管理好这些阶段，对于项目的长期成功非常关键。

在石油和天然气行业的项目中，交钥匙总承包（Lump-Sum Turnkey，LSTK）及成本加合同是非常普遍的合同形式。根据项目客户可接受的风险级别、预算限制及客户组织的核心竞争力，可以确定哪种方法最适合他们的项目。

这一领域中大部分项目都是以工程、采购及建设（Engineering，Procurement and Construction，EPC）LSTK 合同的形式执行的。Técnicas Reunidas 公司的主要经验大都基于这样的项目：通常都是管理整个项目，实施详细的工程（在一些情况下，包含在工作范围内的基础工程或 FEED），采购所需的设备和材料，然后施工、预调试及启动可操作的功能设施的交付。LSTK 合同最具风险，所有风险都由 EPC 合同方承担。

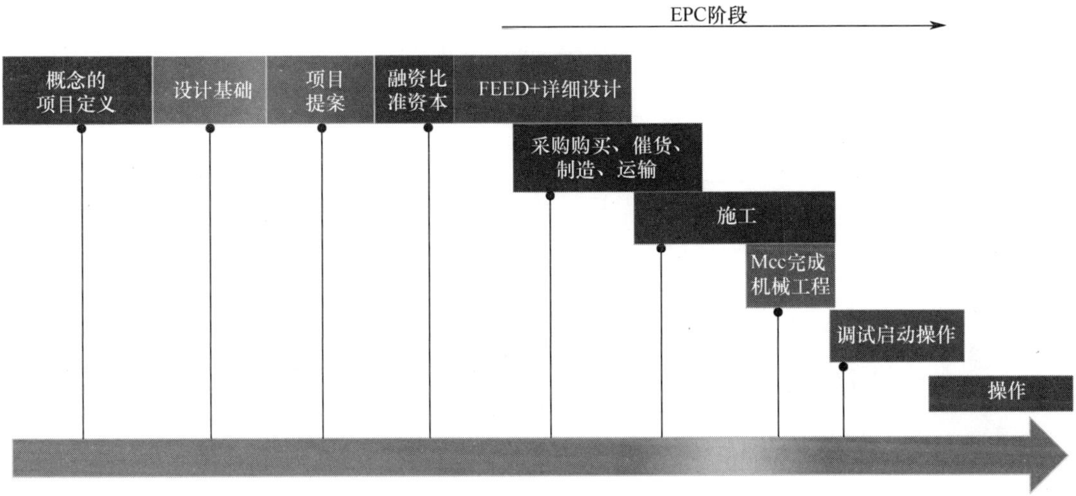

图 4-10 典型的生命周期阶段

开放式估算（Open Book Estimate，OBE）或开放式成本估算（Open Book Cost Estimate，OBCE）是执行 EPC 项目的备选方案。通过这种合同，工作的最终目标是同客户合作来确定项目的总体价格；项目的全部成本是通过透明的方式（开放式）形成的。

开放式估算

OBE 的主要目的是通过应用之前客户和合同方达成的一致的参数，建立准确的 EPC 价格，通过 OBE 形成基准费用，前端工程扩展的开发，以及在某些情况下，对于已选的长供货周期和关键项目下采购订单，以保证项目的总体进度计划。OBE 会固定项目基准费用，并为确定项目的一次性 EPC 费用打下基础。

在 OBE 阶段，合同方会在补偿基础或一次性费用或替代方案的基础上制定前端工程设计（Front-End Engineering Design，FEED 和/或部分详细工程，包括对项目的完整和开放式预算。在共同约定的工程开发周期（通常是 6～12 个月，主要取决于精度等级、进度计划和其他客户要求的因素）及与合同方达成一致的基准费用后，合同被变更或转变为 EPC-LSTK 合同（包含了之前已达成一致的各因素）。

◆ 成本估算方法论

主要成本因素及定价类别

在通常情况下，OBE 是以充足的以 OBE 合同中识别的可交付物为依据的工程开发为基础的。一般在项目进程中，最大限度地开发这些可交付物是可能的。在转换阶段完成之前，要求的可交付物会准备好并提交给客户。

如图 4-11 所示，下文将对包含 OBE 的最主要的成本因素进行说明。OBE 费用估算应包括全部工作范围。

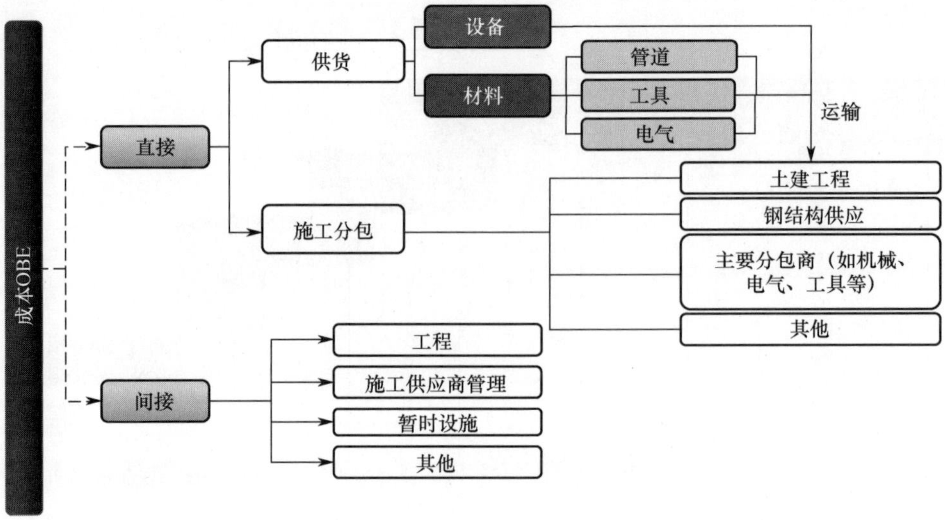

图 4-11 典型的成本因素

（1）详细的工程、采购及施工服务。
（2）提供设备、散装材料和备件。
（3）运输至施工地点。
（4）清关。
（5）现场施工和安装。
（6）提供临时施工设施和服务的分包商。
（7）施工及预调试服务。
（8）调试和启动服务。
（9）培训服务和卖方支持。
（10）保函、保险及对冲费用。
（11）其他费用，包括第三方检验及承包方保险。
（12）其他。

费用基础

- OBE 程序是在合同阶段制定的，并在项目 OBE 阶段执行。如何准备 OBE 所需的所有细节应事先达成一致，并应作为附件包含在合同中。
- 应提前就费用、增长、条件、技术设计费用、盈余、削减及浪费达成一致。
- 基于 PDS 的捡料 MTO，使用 P&ID 测量、布置图及估算。程序中的所有细节应在 OBE 合同签署前达成一致。

在可变基础下执行合同时，在正常项目执行的同时，TR 制定 OBE，确保这两项活动在不受干扰的情况下顺利进行。在 OBE 阶段中，在特殊情况下且与客户达成一致后，TR 可以提前进行主要设备的采购并启动施工分包合同的谈判。提前执行这些活动加快了项目进度计划要求的实现。

项目的 OBE 阶段由客户和 TR 共同制定。OBE 完全对客户透明，一旦风险/回报因素确定，可以很容易地达成向 LSTK 的转变。

在图 4-12 中，我们可以看到达到 OBE 目标及转化到项目下一阶段的主要步骤和活动。

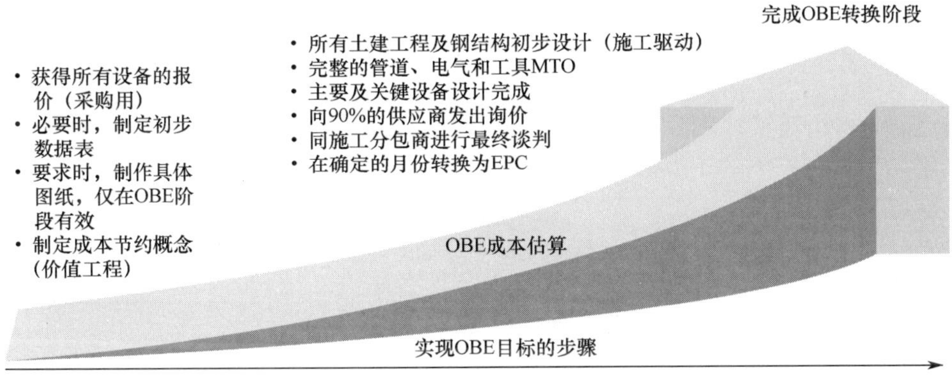

图 4-12　实现 OBE 目标的步骤

在 OBE 阶段中，可考虑制定节省成本的办法，以便对最终成本估算进行调整。为此，指定一个由工程专家组成的特殊团队同工程经理和估算经理协作，目的是找出在不影响安全、质量或进度计划的前提下，通过优化设计就能达到节约成本的潜在领域。任何可以带来节省成本的变更都会从技术角度进行仔细评估，如果潜在变更的可行性得到证实，那么备选解决方案，连同节约成本影响将会提交至客户，供客户考虑。

EPC 合同价格是基本费用乘以固定比率的结果，这一固定比率主要和设备、散装材料、施工及辅助成本费用和加成相关，而且是客户及承包商的一致意见。转换阶段的价格会变为一次性费用，因此在 EPC-LSTK 阶段不变。

合同

OBE 备选方案下典型的合同模式为：

- 一个合同，两个部分：OBE 和 EPC。转换时，将 EPC 部分价格包含进来。
- 两个合同，一个 OBE 及其他 EPC。两个都可以在开始的时候签订，或者一个在开始的时候签订，另一个在转换阶段签订。

合同中包括 OBE 的方法论。

在没有转换的情况下：

I. 合同关系消失，客户和承包商均违反承诺。客户可能由于无利益而中断合同，后果是：

- 新的 LSTK 报价需要 6 个月，评估报价需要再加 2～3 个月。
- 和不同承包商重复 FEED。

II. 在没有达成一致的情况下，合同提供机制：

- 在服务的基础上，继续合同［更好的总价（Lump Sum，LS）合同］。
- 同意部分转换。
- 依据合同协议一致的其他行动。

优势

OBE 阶段后跟随一个 LSTK 合同可以对整个项目执行进行优化，尤其在成本和进度计划方面：

- 就成本而言，由于这一估算的方法论，双方同意的诸如增加因素的转换条件等，以及客户和承包商之间的透明、一致及信任，客户和承包商可以通过 OBE 共同决定项目成本。由于这一模式可以避免不必要的紧急状况，因此，可以得出准确成本。
- 然而，由于转换谈判阶段可以缩短或取代投标周期，因此，这一模式有利于进度计划。由于在扩展的 FEED 和转换阶段中已进行了所有工作，因此 EPC 阶段也得以缩短。

图 4-13 显示了在时间进度上的优势。

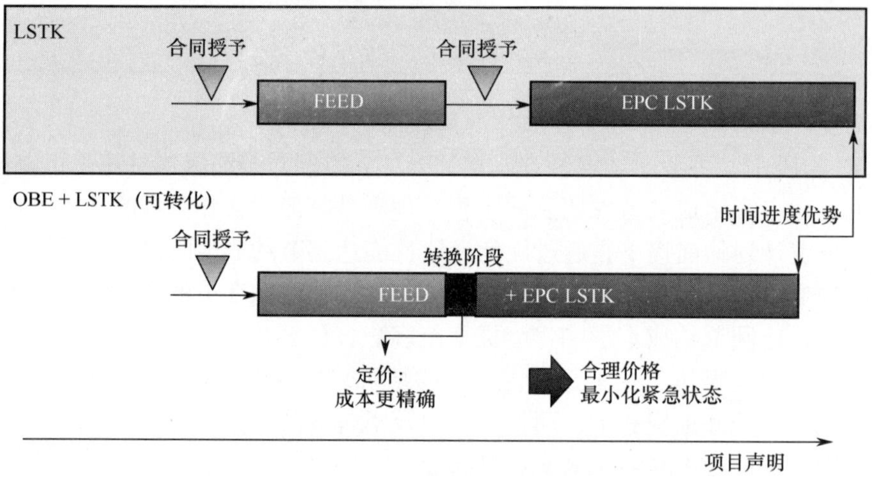

图 4-13　进度计划的典型性优势

总而言之，在成本和进度计划上的优势如表 4-2 所示。

表 4-2　在成本和进度计划上的优势

成　本	进度计划
•6～12 个月内制定 EPC 估算。这会使成本更准确 •基于真实报价的准确价格和达成一致的转换因素，确保客户和承包商之间的公平性 •有足够的时间发展项目，避免不必要的紧急状况 •应用成本节约，使项目成本匹配客户预算 •由于预算更准确，可以加速出资过程 •风险降低，更好地控制了客户和承包商的共同利益	•投标周期短，因为成本预估无须详细 •缩短了项目的整体进度计划，因为扩展 FEED 和 EPC 投标时间被大大压缩 •合同授予过程更容易，也更迅速 •可以授予或讨论供货周期长的产品和关键设备

收尾

对于石油和天然气行业内的项目执行，由于 OBE 统一了客户和承包商对项目的目标，被证实是成功的合同备选方式。无论是客户还是承包商，双方都致力于最佳成本估算或项目目标成本，与此同时，进度计划也优化了。

正如在前文中提到的，目前绝大多数石油和天然气行业项目都是大项目，因此包括供应商、承包商、分包商等巨大工作量的热门市场会带来很多风险。通过 OBE 这种形式，客户可以通过一种更为合作和一致的方式更好地管理风险。精确的估算减少了风险，风险被客户分担，而不是完全转嫁给承包商，通过这样的方式，项目成果得以改进。

Técnicas Reunidas 公司已使用并且成功地将项目从 OBE 转换为 LSTK-EPC。

定义

- 客户：石油和天然气公司。
- 承包商：负责执行工程、采购及施工服务的相关公司。
- 工程、采购及施工：典型的工业工厂施工领域合同类型，包括工程服务、材料采购及施工。
- 前端工程设计：指概念设计或可行性研究完成之后进行的基础工程。在 EPC 之前，在这个阶段中，需要进行各种研究以识别出技术问题和粗略估计出投资成本。
- LS 合同：指承包商同意以一固定价格完成特定项目。
- LSTK 合同：总价合同加上所有要付给客户可以运行的系统。
- MTOS（Material Take-offs Of）：管道、电气及仪表的材料估算单。
- OBE：开放式估算或开放式成本估算。
- PDS：通过多学科工程活动，用于设计工业工厂的软件。
- P&ID（Process and Instrument Diagrams）：工艺及仪表流程图。
- TR：Técnicas Reunidas 公司。

4.10 延锋汽车内饰系统有限公司

产品实现过程（Product Realization Process，PRP）项目是公司在全球范围内推行的一项倡议，目的是制定一个共同的活动开展进程，以便在所有地区的执行能保持一致。所有职能的区域项目主题专家组成项目团队，共同合作，为每个项目集的开展制定一套标准的可交付成果和时间目标，并提供培训，支持此进程的开展。PRP 项目章程，由组织领导层批准，使项目团队可以制定一个能够在全球范围内应用的共同活动开展进程。高目标要求此进程在 6 个月内完成，能在试点期支持项目集的执行。PRP 使得我们的新公司在项目集开发和开展中做到“使用同一种语言”。

PRP 项目团队成功地在 6 个月时间内开发出了新的进程，并在 2016 年 10 月前自内部体系中发放使用。核心 PRP 项目团队成员包含每个区域和每个职能集团经验丰富的项目主题专家，超过 30 人。

初始项目开发活动于 2016 年 8 月在荷兰和美国密歇根州以第一研讨会开始，并在 2016 年 12 月上海的第四研讨会结束。来自北美、欧洲及亚太地区的职能专家，除了他们的日常工作，都参加了各种研讨会活动。不同研讨会之间也持续合作，有助于确保职能可交付成果的要求全球一致。

PRP 团队成员协助制定了职能培训材料，以支持 PRP 试点阶段活动。培训方式有网上培训、视频及现场培训。试点阶段团队培训于 2016 年 2 月开始。来自 3 个全球区域，超过 200 名团队成员参加了 PRP 培训，以进行他们的试点项目集。超过 30 个 PRP 试点团队使用了 PRP 开展进程。

通过工作坊活动及跨职能合作这一过程，制定并发放了超过 100 份进程文件。

一个全球团队的巨大努力形成了一个共同进程，可以在所有区域进行持续性开展执行，并使得全球项目集能无缝执行。PRP 项目团队达成了项目章程中确立的要求。

PRP 项目团队在 6 个月的项目中全面展示了组织的价值。由团队创立的进程会在未来很多年对项目集产生积极影响。

项目要求跨职能团队成员经验丰富，并能在不同地区、文化及时区下共同工作。团队合作紧密，愿景是在之前的 JCI-PLUS 和 YF-IDS 开展进程基础上创建一个新的共同进程。每个职能团队都展现了和区域同级团队优良的合作能力。由于工作群组中的团队成员都集中关注独特的地区性要求，因此工作群组中的团队合作非常好。

团队成员在完成平常工作活动的同时，还承担了这次活动及其他责任。这个项目需要在超出平常工作时间之外，大量的旅行和额外支持。每个项目团队成员都很专注于投入完成项目可交付成果。多文化团队的每个成员都很有耐心，并且以开放的态度互相学习，制定出了世界级的开展进程。

职能组的领导和个人，一直都呈现出一种自觉进取态度，责任感和追求卓越的激情。制订了行动计划，并贯彻执行，达到了整体项目目标和时间。每个团队成员都知道这个项目的重要性及对于延锋汽车饰件系统有限公司的长期利益。

加快开展项目集的标准进程仅仅是项目集管理办公室责任中的一个因素。另两个是对进程的治理及让项目集团队成员服从（见图 4-14）。

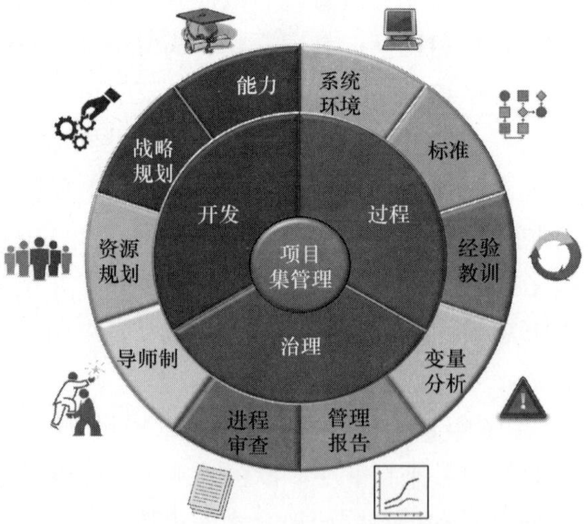

图 4-14　项目集管理的主要组件

制定和将新的 PRP 制度化的真正最佳实践在于使用项目管理中典型方法把它当成真正的项目来管理。项目时间应用的是标准时间线和甘特图。集成了所有 PMBOK 中的知识领域，项目的成功是通过完成整个项目阶段实现的，即启动、规划、执行、监控和收尾。

4.11　索尼公司及挣值管理

挣值管理（Earned Value Management，EVM）是项目管理中最常用的工具之一。如使用恰当，EVM 就会是最佳实践，能让经理们和管理者们更加清楚地了解项目真实的健康水平。EVM 也可以引起显著的持续改进。索尼就是个例子。

所以和其他公司一样，索尼也面临一些同样的问题。由于索尼的项目规划没有具体的细节水平要求，因此索尼认为自己是在“负循环”里运营项目，如图 4-15 所示。索尼的挑战是要找到有效且可持续性的方法，突破负循环。

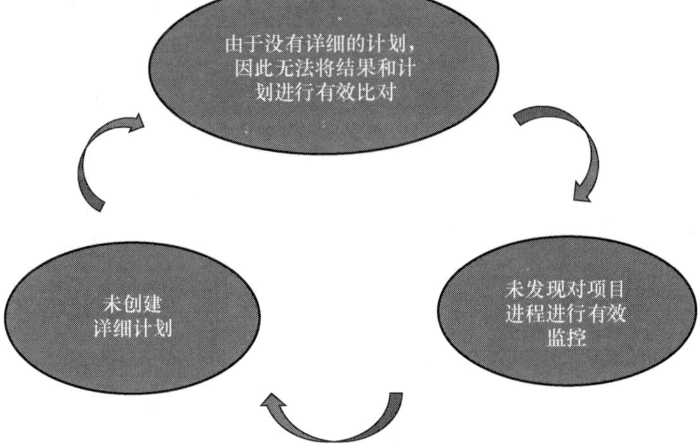

图 4-15　索尼的负循环

索尼的基本想法或假设是如果人们意识不到变化的必要性，并想加入其中的话，什么都不会发生，更别说是改进了。索尼意识到，在一开始进行 EVM 进程的时候，可能需要牺牲信息的准确性。

索尼找到了对于项目经理和团队成员而言，可能是最容易或者最基本的进行持续监控进程的方法。

索尼从以下开始：

（1）把每个最终可交付成果和完成日期都放在一张清单上。团队成员无须再花费额外力气整理这一信息，因为已经提供给他们了。

（2）在 EVM 方法中，选择固定比率法，如加权里程碑法，完成百分比法及标准达成法报告进度。固定比率法可最小化项目经理和团队成员的投入力量。

（3）运用不同图标，如图 4-16 和图 4-17 的进度绩效指数报告将项目进程和监控进程可视化。

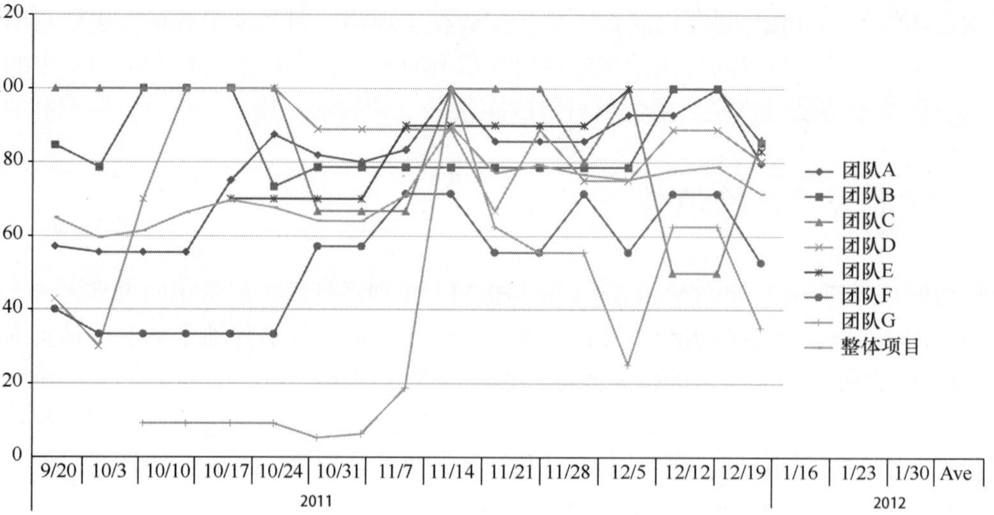

图 4-16 团队的 SPI（进度比率）

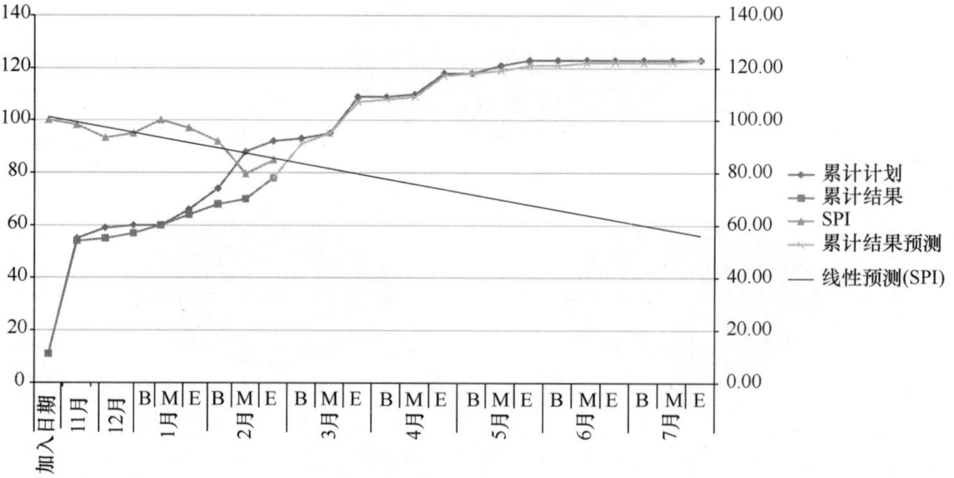

图 4-17 整体项目进度预测（线性近似）

在人们开始实践这一基本的进度监控和报告方法之后不久，我们开始观察到如下进步：

（1）项目经理和团队成员对预测、预警、提早进行措施提高生产力（如 SPI）的意识增强。

（2）项目经理和团队成员增强了审查和创建详细计划是进一步提高生产力关键的意识。

可视化及绩效帮助项目团队更容易理解进行项目过程监督的重要性和有益性。

如图 4-18 所示，项目经理和团队成员开始采取行动提高项目过程监控和报告。例如，如果数据不够准确或是不够详细的话，团队成员发现很难发现过程延误：

（1）将一个月分为三部分。之前，数据是每月提供的。

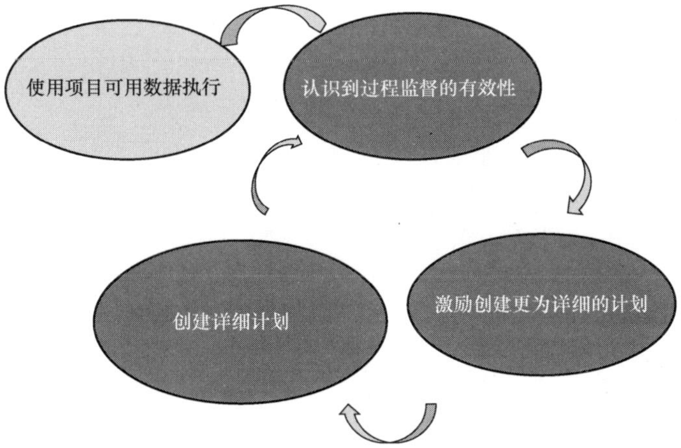

图 4-18 过程改进周期

（2）改变固定比例方法。之前应用的是 1/100 定律，现在则是 20/80 定律。

（3）增加中间阶段可交付成果。除了最终可交付成果，也需要回报中间阶段可交付成果。

总而言之，作为有效执行进度监控的第一步，先开始使用组织中已有的可交付成果的数据是很重要的。

通过过程监控可视化及预测，确保采取正确的措施解决问题。

一旦人们意识到项目过程监控的有效性，准确性就会提高。

参考文献

Nagachi, Koichi. 2006. "PM Techniques Applied in Nile Firmware Development: An Attempt to Visualize Progress by EVM." Paper presented at the PMI Tokyo Forum.

Nagachi, Koichi, and Jun Makino. 2012. "Practicing Three Earned Value Measurement Methods." Paper presented at the PMI Japan Forum.

Tominaga, Akira . August 20, 2003. *EVM: Earned Value Management for Japan* . Society of Project Management .

Yamato, Shoso, and Koichi Nagachi. April 20, 2009. "IT Project Management by WBS/EVM,"Soft Research Center Inc.

4.12 项目管理工具及社会化项目管理

项目管理最初几年，EVM 是许多公司使用的唯一工具。诸如国防部之类的客户创建了标准表格，要求每个分包商填写，进行绩效报告。一些公司还有一些其他的工具，但是仅限于内部使用，不会与客户共享。

随着项目管理的发展，公司创建了公司项目管理（Enterprise Project Management，EPM）方法，其中包括诸如表格、指导方针、模板和核对表等多种工具。设计这些工具的目的是增加项目重复成功的机会，并能用于多个项目。使用附加工具的想法源自对最佳实践及每个项目完成后的经验教训的分析。许多新的工具来自对项目错误学习的经验教训，目的是期望错误不会再重复发生。项目团队目前有 50 种不同的工具可以应用。一些工具用于：

- 定义项目成功，因为此定义不同，项目可能不一样。
- 从整个项目生命周期中而非仅在项目完成时学习最佳时间及经验教训。
- 提高项目绩效汇报技巧。
- 在项目生命周期中获得利益和价值。
- 在项目生命周期中测量客户满意度。
- 将项目工作切换到其他职能团队上。

随着项目管理进一步发展，公司将同一工作地点团队发展为分散或者虚拟团队。现在需要额外的工具协助支持新的项目沟通形式。项目经理被期望与每个人沟通，包括相关方，而不仅仅是项目团队成员。有些人将其称为 PM2.0，重点在项目管理的社会实践上。

技术的进步也导致了合作软件的发展，如脸书和推特，以及诸如公司内联网的合作型沟通方式和平台；可能需要用到新的项目管理工具，如仪表盘报告系统。项目管理哲学也从集中要求和控制转向社会化项目管理，需要额外的工具实现有效沟通。新工具使得项目管理以更严格的方式出现，并确保更为精确的绩效报告；也使得可以依据事实和证据而不是猜测做出决定。

4.13 人工智能和项目管理

现在看来，人工智能正进入项目管理的实践区域，对这一话题的兴趣也很大。人工智能会引起项目管理的工具增加或是减少还不确定，但预计会有影响。

人工智能的普遍定义是由机器展示出的智能。从项目管理的角度而言，一个机器是最终可以模仿项目经理的思维认知功能，如做决定和解决问题。人工智能的原则已经在语言识别系统和搜索引擎中有所使用，比如 Google 搜索及 Siri。无人驾驶汽车将 AI 概念应用到军队模拟操作和内容交付网络中。计算机现在可以在战略游戏，如棋类中打赢人类。人工智能技术应用到项目管理中只是时间的问题。

AI 的整体目标是创建能以智能方式运作的计算机和机器。要做到这点，需要使用统计方法、计算机智能和优化技术。这种 AI 技术编程不仅需要了解技术，也需要了解心理、语言、神经科学及其他许多知识领域。

AI 的使用问题在于项目经理的思维活动是否能被描述得如此精准，以便人工智能可以使用上述描述的技术。或许在短期看来，任何一种简单的逻辑都无法达到这一目标，但随着计算机的运行速度越来越快，云计算的使用及机器学习技术的增加，还是有希望实现这一目标的。然而，近期看来，AI 的一些应用是可以协助项目经理的：

- 越来越多地使用竞争约束，而不是传统的三重约束让项目经理更难做交换分析。使用 AI 概念可以让项目经理们的日子更好过一些。
- 我们都有一种倾向，即想当然地认为在项目开始的假设和限制条件下会在整个项目生命周期内保持不变。现在，我们知道这并不真实，而且必须在生命周期内追踪所有假设条件和限制条件。AI 可以在这方面帮助到我们。

- 高级管理层往往不知道何时对项目进行干涉。今天很多公司都在使用危机仪表板。当一名管理人员在电脑上看到危机仪表板，显示器仅会辨别出那些可能有问题的项目，即指标超出可接受目标范围的，以及可能超出关键程度的项目。使用 AI 可以识别出立即能采取的措施，并缩短对超标情况的反应时间。
- 管理人员不知道还能在现有工作中增加多少额外工作，而不会给员工造成过分负担。因此，常常会在对资源的可用性、资源所需的技能水平、所需的技术水平考虑很少的情况下就会增加项目。使用了 AI，则可以创建一个项目组合，这个组合中的项目最有机会最大化公司的业务价值，并同时能考虑到资源的有效管理。
- 尽管已有一些软件算法在项目进程优化中有所使用，但操作起来还是试错技术人工活动。有效的 AI 应用可以通过考虑公司所有当前和未来项目，而并非单个项目，极大地优化进度。

项目经理通常都迫于压力根据直觉而非电脑的步步推理迅速做出决定。由于我们必须做出假设，因此没有什么能简单地归为错或对。通常来说，我们获取的信息越多，做出的假设就会越少。通过充足的数据信息，AI 工具能够在可能不完整或部分信息的基础上，进行推理并解决问题。AI 可以将未来可视化，并为我们提供决定价值最优化的选择。

如果 AI 对项目管理实践有益，那么过去存在的项目管理知识领域就必须统一在全公司的知识管理体系内，其中应包括公司所有的知识产权，如图 4-19 所示。

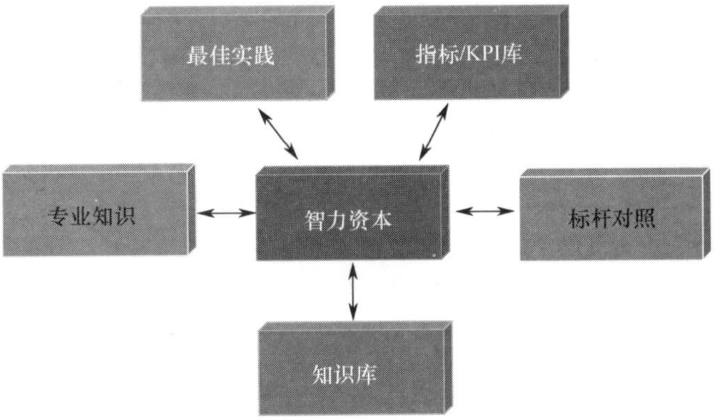

图 4-19　知识产权组件

AI 工具获得的信息越多，结果的价值就越大。因此，起始点应是对项目管理知识产权的统一和整理，并且 AI 工具可以获取此类信息。这应该是 PMO 的职责。

虽然上述一切都听上去可行，但仍然有一些负面风险，即在《PMOBK®指南》的知识领域中，我们该如何使用 AI 工具。举个例子，比如，在人力资源知识领域，AI 工具可以测量人际交往吗？甚至可以在与人打交道时表现出共情吗？在整合管理知识领域中，AI 工具可以增加在项目获得批准时，业务中当时未包含的额外假设和限制条件吗？在相关方管理知识领域中，AI 工具可以识别出每个相关的权利和权威关系吗？说道机器伦理，AI

工具能在做决定的时候，遵循 PMI 的道德规范和职业行为准则吗？

虽然对一些人而言，这些看上去颇有挑战，有些未来主义，但 AI 比你想的要更近。Amazon、Google、Facebook、IBM 及 Microsoft 已经建立了一个非营利合伙机构，制定 AI 技术的最佳实践，提高公众的理解及成为 AI 的服务平台。在一个联合声明中，这些公司表明：这个 AI 的合作将会研究、组织讨论、提供思维领导、向相关第三方咨询、回答公众和媒介的问题，并编制教材，以提高对 AI 技术的理解，其中包含机器感知、学习及自动推理。尽管 Apple 不是 2016 年的原始成员，但它也在 2017 年 1 月加入了其他科技公司，成为这个合伙机构的一个创建成员。合伙机构中的公司成员会提供资金和研究，并与科学界共同努力将学术变为现实。

考虑到 Amazon、Google、Facebook、IBM、Microsoft 及 Apple 是项目管理的重度用户，那你认为它们将 AI 实践应用在自己的项目管理实践中还需要多长时间呢？AI 实践在项目管理上的应用可能就近在眼前。

4.14 生命周期阶段

在开发项目管理方法论的时候，决定最合适的生命周期阶段数量可能是个难题。举例来说，我们考虑一下 IT 行业。在 20 世纪 80 年代，随着软件的爆炸式发展，很多 IT 咨询公司携着应用系统开发生命周期（Systems Development Life-Cycle，SDLC）阶段开发的 IT 方法论横空出世。这些咨询顾问向他们的客户保证，如果购买方法论包，外加附带的培训和咨询服务，就可以产生非凡的成效。接下来，在花费了成千上万的钞票之后，客户发现合同的附属部分里用小字写着方法论必须照原样使用，不可以进行个性化定制。也就是说，客户必须改变自己的公司来适应方法论，而不是反过来。大部分使用如此手法的 IT 咨询公司都已经不复存在了。

对一家公司来说，就生命周期阶段的数目达成共识，在一开始并不容易。但是当最终共识达成以后，所有的员工都应该按照同样的阶段来安排工作。然而，在今天的 IT 咨询公司中，"一刀切"的概念并不适用。不管创建了什么方法论，都必须具有灵活性，才能为客户进行定制。在这么做的同时，可能更需要专注于流程而不是阶段，或者也可以用一种框架方法结合二者的优点。

4.15 扩展生命周期阶段

以前，我们把项目的第一个阶段定义为启动阶段。在这一阶段，项目经理到位，拿到预算和进度计划，并被告知负责项目执行。今天，出现了一个预启动阶段，Russ Archibald 及其同事称之为项目孵化/可行性阶段。在这一阶段，我们审视项目利益、完成时的预期价值、是否有足够够格的可用资源，以及在一系列项目中相比其他项目的重要性。有可能这一项目永远都不可能到达启动阶段。

过去，由于项目经理是在启动阶段指定，所以项目管理才在这一阶段开始。如今，项目经理被认为能更好地了解整个业务，公司发现让项目经理在启动阶段之前更早到位，协助做出业务决策而不是仅仅做出项目决策，是有益的。

今天，我们还引入了后项目评估阶段。一些公司也将其称为客户满意度管理阶段。在这一阶段，挑选出来的项目团队成员、销售/市场人员及治理委员会的成员会和客户见面，讨论是否需要改变执行项目使用的方法论或过程，以及因此客户的未来项目需要做出什么变化，以更好地改善客户、承包商、相关方之间的工作关系。

4.16 丘吉尔唐斯公司

丘吉尔唐斯公司建立了一套清晰地反映组织特质的项目管理方法论。来看看项目集管理总监 Chuck Millhollan 的说法。

> 我们在以专业标准为基础的同时，也开发了符合行业内理解规范的图表（并使用了术语）来帮助增进理解和认可。举例来说，我们有一套结构化的投资申请、批准和优先处理流程（见图 4-20）。我们使用这样一个比喻：汗血宝马在上场比赛之前先要进入赛前鞍具着装场做好准备，才能进入起跑门准备起跑。项目或者比赛，在汗血宝马进入起跑门之前都无法开始。

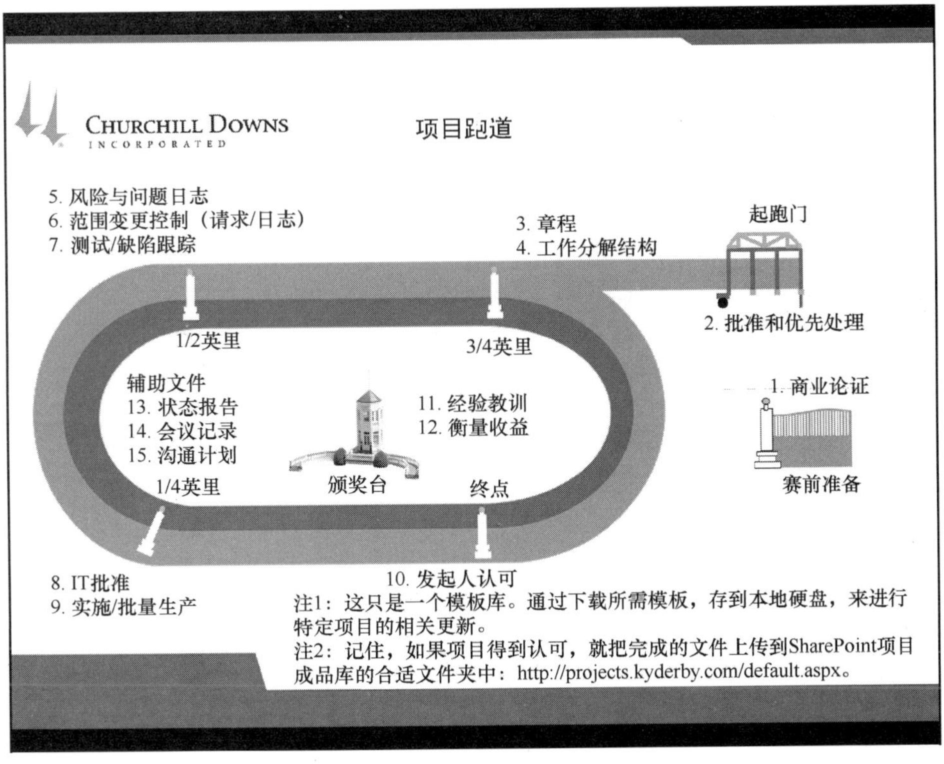

图 4-20　丘吉尔唐斯公司的方法论

4.17 英德拉公司：方法论的需求

就像之前在第 3 章中提到过的那样，对卓越项目管理的追求几乎总要伴随一套项目管理方法论的建立。在英德拉公司也是这样的。英德拉公司这样定义卓越的项目管理："卓越的项目管理是在管理指定项目时，通过反复逼近项目目标、创造业务机会和改善管理流程本身来实现的。"英德拉公司 PMO 主任、PMP 专家 Enrique Sevilla Molina 在讨论通向卓越之旅时说：

> 20 世纪 90 年代中期，我们根据在主要国际项目中获得的经验，正式确立了一套项目管理方法论。我们面临的主要问题涉及对范围的界定、方法论的局限性，以及如何采用正确的策略来将相关知识传播到整个公司。为了解决这些问题，我们的管理层选择了聘请外界的咨询公司来充当推进和驱动文化改变的催化剂。
>
> 是的，这一进程从一开始就得到了高级管理人员的切实支持和密切关注，直到它在全公司的各个领域得到完全执行。
>
> 这一进程中的主要里程碑大概是这样的。
>
> - 项目管理战略决策：20 世纪 90 年代中期。
> - 方法论定义和文档化：20 世纪 90 年代中后期。
> - 工具定义与筹备：20 世纪 90 年代末。
> - 培训流程开始：2000 年。
> - 部门层面的风险管理：2002 年。
> - PMP 证书培训开始：2004 年。
> - 风险管理流程在集团层面的确定：2007 年。
> - 开始定义项目集与组合管理流程：2008 年。
>
> 在 20 世纪 90 年代初期开发了一套项目管理方法论，并在 90 年代中得到正式定型。它后来一直在不断更新，来应对公司和行业的不断演进。它作为一个框架来开发和维护项目管理信息系统，也在全公司范围内训练项目经理。
>
> 它的基础是项目生命周期，并具有下列的两大时期和六大阶段结构，如图 4-21 所示。
>
> （1）合同前期：
>
> - 阶段 1 启动。
> - 阶段 2 方案准备。
> - 阶段 3 合同谈判。
>
> （2）合同期：
>
> - 阶段 4 项目规划。
> - 阶段 5 执行、监管与控制。
> - 阶段 6 收尾。

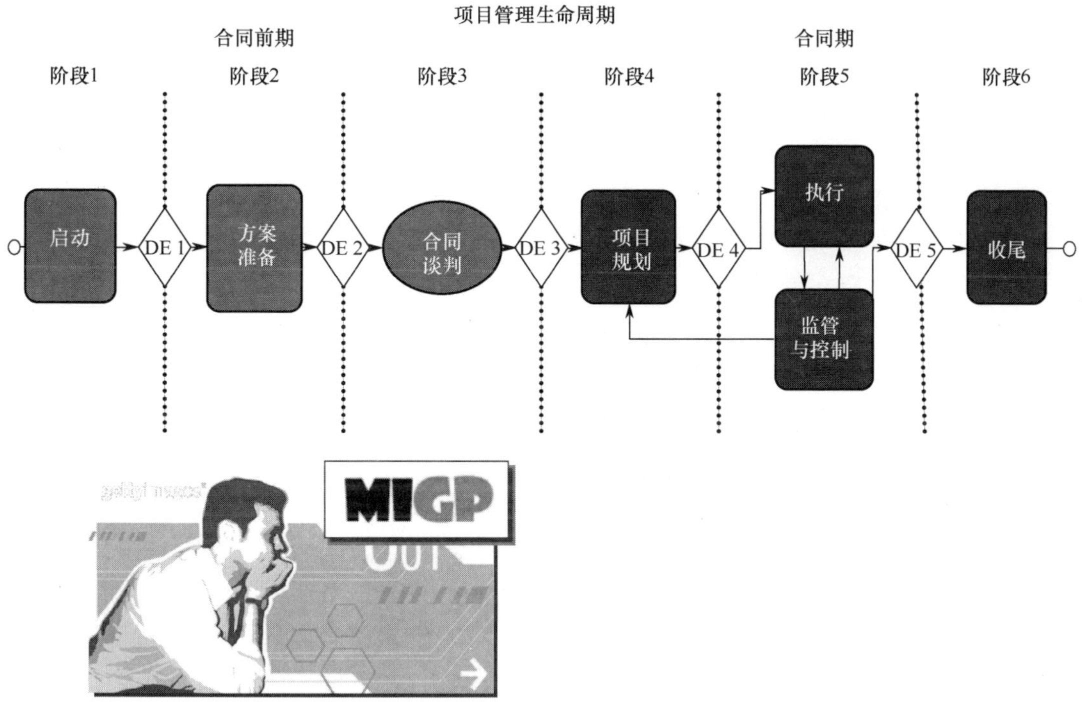

图 4-21　项目管理生命周期

合同前期与合同期都是项目与其生命周期的一部分。大部分在项目运行中出现的问题，起始于定义本身，以及与客户就其目标、内容和范围进行谈判的过程当中。对合同前期的适当管理，是预防之后出现问题的最佳途径。

在每个阶段结束的时候，会有特定的成果来帮助做出关键决策，决定下个阶段的任务方向和重点，借此减少项目起始时的风险和不确定性。

关于各时期和阶段做出的决策，主要是基于我们的标准项目概念与开发周期的需要，同时是根据我们接触最多的项目类型做出的。

风险管理流程已经整合到方法论和企业项目管理工具之中。一个最初的风险认定流程会在提出方案的阶段完成，之后是在规划阶段和合同期的完整风险管理规划，以及接下来在项目执行阶段的监管流程。质量认证和变更控制流程在这个方法论中被认为是主要的辅助流程。

4.18　方法论的实施

方法论的实际存在，并不意味着它就是世界级的方法论。方法论本身不过是几张纸。把标准方法论转化为世界级方法论的是组织文化和方法论的实施方式。

世界级方法论的存在，其本身并不能构成卓越的项目管理。只有整个公司的接受和使用，才能形成卓越的项目管理。也就是通过卓越的实施，一个普通的方法论才成了世界级的方法论。

一家公司开发了一套杰出的项目管理方法论。公司里大约 1/3 的人采用了该方法论，并且认识到了它的真正的长期利益。另 2/3 的人并不支持该方法论。公司总裁最后进行了组织重组，并且要求必须使用这一方法论。

执行的重要性再怎么强调都不过分。拥有世界级项目管理方法论的公司的特征之一，就是在组织的各个部分都有世界级的经理。

要想迅速开发一套世界级的方法论，就必须有一个执行负责人，而不仅仅是执行发起人。执行发起人主要在需要的时候发挥作用，而执行负责人不同，他会亲自参与、自上而下地推动方法论的开发和实施。大部分公司都认识到需要执行负责人。然而，许多公司并没有认识到，执行负责人的职位是一个终身职位。底特律的一家公司在使用方法论取得了一定成功后，任命了新的执行负责人。结果，再也没有人推进对这一方法论的持续改进了。

好的项目管理方法论让你能管理你的客户及其期望。如果客户相信你的方法论，那么当你告诉他们，项目一旦进入了特定的生命周期阶段，就不可能再有进一步的范围变化时，通常他们都能理解。有家汽车部件分包商把这种信任的理念发挥到了极致。这家承包商在每个阶段结束时，都邀请客户参加他们的阶段总结会议。这在客户和承包商之间培养了非常稳固的信任。不过，在这些会议的最后 15 分钟，需要讨论项目的财务问题时，会请客户离开会议室。

项目管理方法论是一个“有机的”流程，这就意味着它们会不断变化、改进。方法论的改进通常包括以下几个方面：

- 改进和供应商之间的接口。
- 改进和客户之间的接口。
- 更好地解释子流程。
- 更清晰地定义里程碑。
- 更清晰地描述高级管理层的角色。
- 认识到需要额外的模板。
- 认识到需要额外的度量。
- 为决策委员会的参与开发模板。
- 完善项目管理指导手册。
- 找到让客户了解体系方法的工作方式的 方法。
- 缩短基准评审会议的方法。

4.19 实施中的重大失误

尽管公司看到了需要改进项目管理的驱动力，但是实际改善项目管理的投资决定可能直到公司陷入危机，或者资产负债表上出现亏损时，才会真正出现。认识到需要比做些事情来应对需要容易得多，因为后者需要时间与金钱。在很多情况下，高级管理人员反复拖延前进的指令，寄希望于奇迹发生，让公司不再需要改进项目管理。当他们逡巡不前时，情况就会进一步恶化。请参考以下来自 Ameritas 保险公司的副总裁 PMP 专家 Carl Manello 的意见。

> 我发现我的客户们为改进项目管理投入资金的最大动机，是他们如何看待项目管理对业务的影响。当他们在推动大型业务计划的时候发现情况不如预期（缺少足够的流程、方法、工具或技能），他们就会理解继续投资的必要。无法实现的项目部署、打了水漂的预算和低劣的质量都会闹出很大的动静，逃不过高级管理人员的眼睛。这里的挑战反而是在几百万美元挥霍殆尽之前，就让高级管理人员注意到情况不妙。
>
> 一开始，很多企业并不想投资于改善项目管理基础设施，如 PMf 项目管理功能。“不如去完成一些有实际收益的真正的项目。”然而，当这些机构开始苦苦挣扎，了解到自身弱点及改善基本项目管理的需求之后，就会把重点放在这些改进上了。

迟迟不愿投资改善项目管理能力只是众多重大失误之一。另一个普遍存在的失误，甚至是连最好的公司都无法幸免的，就是没有把项目管理当成一项专业工作。在一些公司中，项目管理是一项兼职活动，在员工的主要职务以外完成。员工职业生涯中的晋升机会来自主要职务，而不是项目管理。在其他一些公司，项目管理可能只是被看作一种使用进度工具的特殊技巧。Carl Manello 继续说：

> 虽然项目管理协会的工作成效显著，尤其是在过去 10 年，提倡项目管理应该作为一项由专业人士负责的特殊技能，我还是发现很多公司依然认为项目管理只是一种技能，而不是一项专业工作。无论是在市场营销还是工程机构中，经常有人被随机地抽调到一个项目经理职位上去，而不考虑他们受过的训练及表现出的作为项目经理的业务水平或能力。这种对项目管理职业的不重视可能是世界各地持续出现表现不佳的项目的一个决定因素。很多项目缺少有经验和能力的项目经理来掌舵。

4.20 克服开发和实施障碍

对企业来说，做出需要项目管理方法论的决定比实际执行要容易得多。当设计和实施团队启动工作后，便有一些障碍和困难显现出来。典型的困难包括：

- 我们是开发自己的方法论，还是参考其他企业的最佳实践并试图在企业中使用它们的方法论？
- 我们是否能够让整个组织同意所有类型的项目都采用同一套方法论，还是我们必须具备多种方法论？
- 如果我们发展多种方法论，其所需的持续跟进投入是否有困难？
- 当只有企业中的一部分能够看到使用这一方法论的益处，而企业的其他部分想自作主张时，我们该如何处理？

- 我们如何说服员工认识到项目管理是战略能力，而项目管理方法论就是支持这一战略能力的流程？
- 对于跨国企业，我们如何使全球所有组织机构都能使用同样的方法论？是否必须基于局域网？

这些是在方法论发展过程中困扰企业的典型问题。这些挑战是能够被克服的，并伴随着巨大成功，在后文我们便会以企业实例来说明这一问题。

4.21 瓦锡兰集团：认识支持工具的需求

尽管我们对发动机一直都充满着热情，但我们现在不仅仅是一家发动机公司。如今，由于我们同船厂和发电厂的项目越来越大且越来越复杂，因此，专业的项目管理已经成为我们持续成功的关键。

◆ 卓越的项目管理——客户满意的前提条件

瓦锡兰项目管理办公室（Wärtsilä Project Management Office，WPMO）成立于 2007 年，致力于发展项目管理文化、流程、能力及工具，以保证我们的客户可以获得他们应得的满意。

首先，我们对项目管理进行了详细分析，识别出改进区域。那时，我们还没有任何可用于项目和项目组合管理的软件。因此，WPMO 首先采取的行动就是启动了一个名为“网关”的全球改进计划，通过一个支持应用，开发和执行了一系列项目和项目组合管理过程。

据项目负责人 Anitti kämi 所说，“网关”的出发点及为何瓦锡兰需要进一步推进项目管理的原因如下：“专业的项目管理对于我们的盈利、竞争力及为我们客户提供价值而言是真正必不可少的。”

项目分为 3 种类型

为了获得尽可能高的预期利益，公司内所有部门和以下所有 3 种项目类型都会使用这一新工具统一流程的相关部分：

- 客户交付项目。
- 运营开发项目。
- 产品和解决方案开发项目。
- 这一方式的应用意味着成千上万的项目都由新工具管理，涉及约 2 000 人。

良好的项目管理实践

今天，整个瓦锡兰都在使用统一的业务流程（关口模型）、协调的指南和术语。此外，我们通过项目管理的专业培训和认证方式来一直维持这一资源。

对于所有此类规模的项目，一直都存在挑战，特别是在工作方式和并行软件共同开发时。公司内部项目管理成熟度的水平不同也是一种挑战。好的方面是，现在围绕着项目管理的对话一直积极持续，部门和不同项目类型之间坦诚地交流经验，这是一种真实的“一个瓦锡兰”的感觉。

在很多项目管理领域，特别是在项目组合管理和资源管理方面，我们已经看到改进和好处。

目前，我们在研究和开发项目组合规划中使用这一新应用作为项目数据库。这使项目都以项目组合的方式进行组织安排，这意味着更加结构化的后续流程。反过来，这也会给项目带来更好的透明度和可见性，也可以对相关方的询问更快、更容易地回应，并且总体项目汇报更有效。

自全公司的运营开发项目中使用了信息管理资源以来，一流的资源管理就变得重要起来。拥有共享的软件工具确保了良好资源的可用性、管理和监控工作量的透明性及为良好的规划提供可靠的事实依据。

使用共同项目和项目组合管理工具的益处还有：能够记录和使用经验教训、合作能力，以及所有项目团队成员都能更容易地获得信息。

工具的确使项目管理变得不一样

简而言之，这就是瓦锡兰集团的“网关”：为计划和运行项目制定并应用了更有效的方法，一个可以让我们收集、处理和分享项目相关信息的共同工具。另外，通过执行这个工具，确保了内外部客户都能够满意。

4.22　通用汽车动力系统集团

对项目规模小、周期短的公司，项目管理方法论可能不经济，也不适合。对项目规模较大的公司，则必须有一个可行的方法论。通用汽车动力系统集团就是大公司成就卓越项目管理的一个例子。公司的业务尽管有少部分外部客户的合同项目，但是主要的业务都是基于内部项目的，项目规模在 1 亿～15 亿美元。通用汽车动力系统集团已开发并实施了一个具有 4 个阶段的项目管理方法论，该方法已成为其业务的核心流程。公司决定采用项目管理，是为了加快其产品推向市场的速度。集团的前高级管理人员、副总裁 Michael Mutchler 认为：

> 作为以产品为中心的组织，我最主要的期望是高效执行。这包括训练有素的、高效的产品群开发、实施和日常运作。我们成立了产品团队，以建立一个让领导更好地理解市场和客户的需求的环境，鼓励系统级的思考和跨职能、互助的行为，并且使所有员工能理解他们在实现通用汽车动力系统战略和交付优秀产品中的角色。这一组织战略的目标，是使大型组织能够及时响应，并交付客户想要而且买得起的高质量产品。

通用汽车动力系统集团的项目集管理流程基于通用模板、核对表和系统制定。下面列出了 20 世纪 90 年代集团的所有项目集的几个通用元素：

- 图表和合同。
- 项目集团队的组织结构，以及定义好的角色和职责。
- 项目集计划、时间进度和逻辑网络。
- 项目集一级和部件一级的追踪系统。
- 4 阶段的产品开发流程。
- 变更管理流程。

在通用汽车动力系统集团的方法论中，两个关键的元素是项目集章程和项目集合同。项目集章程定义了项目集的范围及可度量的目标，包括：

- 业务目的。
- 战略目标。
- 希望从项目集中得到的结果。
- 工程和资产预算。
- 项目集的时间安排。

项目集的合同定义了项目集将如何满足这个章程。这个合同是对项目集团队的交付物，以及通用汽车动力系统集团的人员为团队提供的资源和支持等方面的共同理解。

虽然这里关于通用汽车动力系统集团的资讯可能看起来有一点过时，但它确实显示了通用汽车在开发企业项目管理方法论方面，比大多数公司领先了数年。通用汽车动力系统集团已经对其方法论进行了大量变革。很多公司刚刚开始进行的步骤，通用汽车动力系统集团已经在 10 年之前就达到了。今天，通用汽车动力系统集团使用以上方法论来开发新产品，并有第二套方法论来应对软件项目。

4.23　爱立信电信公司

通用汽车动力系统集团和银行（见第 4.2 节）都是用于组织内部，即内部客户的项目管理方法论的例子。对爱立信电信公司（简称爱立信）来说，情况要复杂一些。爱立信的大部分项目是为外部客户开发的，而且爱立信在全世界各地都有分支机构。能否开发一个满足全球条件的方法论呢？

1989 年，爱立信开发了一种被称为 PROPS 的项目管理方法论。最初这种方法仅用于公共通信业务领域的技术开发项目，后来得以应用于爱立信全球的各个部门、各类项目，并获得赞誉。在作者看来，PROPS 是世界上最成功的方法论之一。

新用户和新的应用领域给 PROPS 提出了更多的要求。用户提供了他们的经验总结，这样，他们分享的经验可以用于更新 PROPS。1994 年开发了第二代 PROPS，包括了小项目应用、并行开发工程项目、跨职能项目，以及为提高质量进行的功能改进等。

PROPS 本质上是通用的，可以用于各种组织，这加强了爱立信在全球成功运作项目的能力。PROPS 也可用于各类项目，包括产品开发、组织发展、建筑、市场、单一项目、大项目、小项目及跨职能项目等。

PROPS 关注业务，这意味着所有的运营活动都是为了让客户满意，并且通过有效使用公司资源来确保盈利。PROPS 使用关卡概念及项目发起人制度，来保证项目的启动和获得是以业务为导向的，并确保对爱立信和对客户的利益都能同时兼顾。

PROPS 模型通用范围极广，在每个项目中的应用都具有很好的灵活性。这一通用项目模型的 4 个基石是关卡、项目模型、工作模型和里程碑。

关卡是项目中的高层决策点。在这些点上，会根据公司的一个统一概念，对项目的目标和执行做出正式的决策。PROPS 中的 5 个关卡构成了该模型的骨干。关卡的功能和位置对所有项目来说都是标准的。这样，只要使用 PROPS，就能保证爱立信的企业关卡模型得以贯彻实施。

项目发起人进行关卡决策，并对整个项目及其产出负有整体的业务责任。关卡决策必须有充分的准备。关卡决策过程包括评估及准备概要总结，这些是项目发起人进行决策的基础。必须从几个方面来评估项目及其产出：项目的状态、资源的使用、为客户及爱立信带来的预期收益。在这 5 个关卡上，将做出以下决策：

- 决定开始项目的可行性研究。
- 决定执行项目。
- 决定继续执行项目，确认项目或其限制的修订，实施设计。
- 决定采用项目的最终结果、交付给客户，以及有限地投放市场。
- 决定项目的结束。

项目模型描述了从预先研究的开始到项目结束，所要执行的项目管理活动及要准备的项目文档。项目发起人对这一项目发布指令并做出关卡决策，项目经理则负责项目模型中描述的其他大部分的活动。项目模型分为 4 个阶段：预先研究、可行性研究、执行和结束。

预先研究阶段的目的是根据内部、外部客户的需求，无论是否表达出来，从技术和商业的角度评估可行性。预先研究阶段会形成一系列可选方案。对于项目的每个不同实施方案，都会做一个粗略的时间进度、工作量的估计。

可行性研究的目的是为将来的项目打下良好基础，并为项目的成功执行做好准备。在可行性研究阶段，会分析不同实施方案及其可能的结果、满足需求的潜在能力；还会定义项目的目标和战略，准备项目计划，并评估其中的风险。合同谈判也会启动，项目组织也将有全面的定义。

执行阶段的目的是在时间、费用、特点方面都按计划执行项目，以期实现项目目标、满足客户需求。技术工作由一线组织根据预先决定的流程和工作方式来执行。项目工作则在积极的控制之下，也就是说，会不断检查项目的进度，并采取必要的行动保证项目不偏离计划。

结束阶段的目的是解散项目组织，编辑、记录项目中获得的经验，并且负责处理所有未尽事宜。在结束阶段，由项目控制的资源将分阶段释放出来，提出改进项目模型、工作模型、流程等的度量建议。

在工作模型中，不仅有对达到特定结果所需执行的活动的描述，还有里程碑的定义。然而，要得到某个特定项目中的工作的完整描述，就应该定义一个甚至多个工作模型，并与通用的项目模型联系起来。带有通用项目模型的工作模型是 PROPS 的一个应用。如果项目没有合适的工作模型，项目经理就有责任定义活动和里程碑，这样就可以遵循项目计划积极控制项目。

里程碑是项目的阶段性目标，定义项目中一个重要的、可度量的事件，代表在这一点必须实现的结果。里程碑将工作模型与项目模型联系起来。对项目监控来说，清晰定义的里程碑是非常关键的，尤其是在大型项目及长期项目中。里程碑不仅提供了组织时间进度的方法，还能对可能的延误提出预警。里程碑还能帮助项目成员和项目发起人了解项目的进度。在到达每个里程碑之前，都要在项目内进行里程碑评审，来检查实现的结果是否满足里程碑的标准。项目经理负责里程碑的评审。

爱立信在全球的成功，部分归功于对 PROPS 模型的接受和使用。爱立信的例子表明，无须开发严格的方针和过程，使用最简单的模型，也能取得成功。

4.24 英德拉公司：项目收尾

像英德拉公司这样的科技公司，项目就是开发、生产及维护复杂的硬件和软件系统，如果没有处理好，项目的收尾做得不够成熟的话，那么也会给效益造成巨大的损失。

对项目投入的工作往往呈曲线形，顶峰都在项目生命周期的开始和一半时出现（见图 4-22）。换句话说，从项目经理的角度来看，最需要关注的是计划、监控阶段。

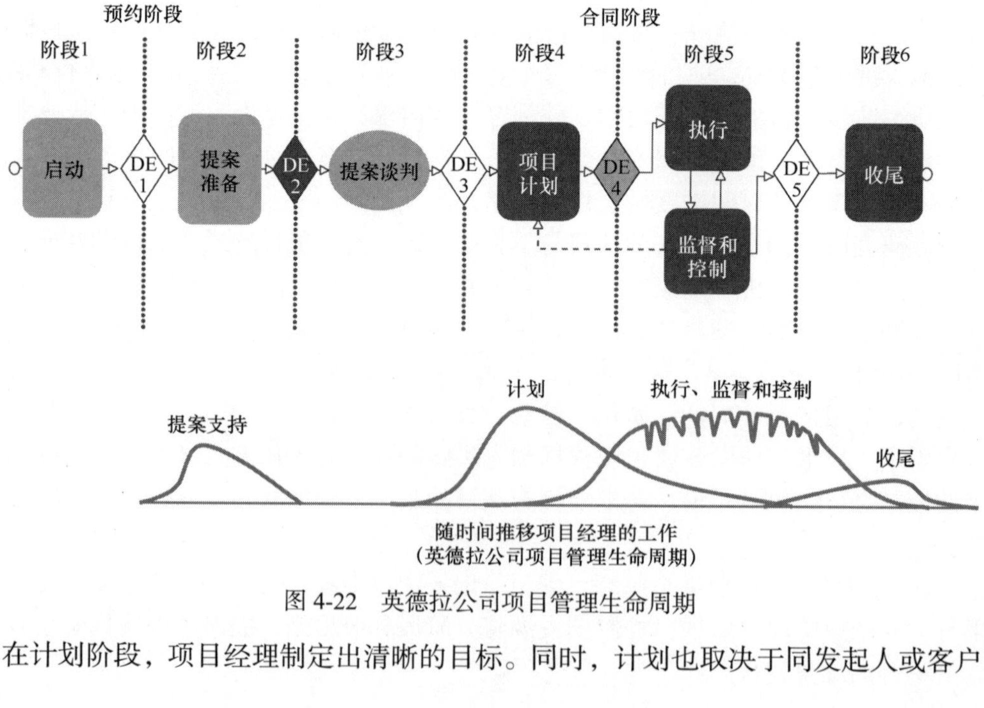

图 4-22 英德拉公司项目管理生命周期

在计划阶段，项目经理制定出清晰的目标。同时，计划也取决于同发起人或客户已确立的承诺。在监控阶段，项目经理的关注会集中于协调团队力量达到项目里程碑、识别偏离基准项及保护项目不要发生变更，这些实际上占用了项目经理的大多数时间。

在项目尾声的时候，就不是这样了：承诺一旦兑现，项目经理的压力就会释放。有时，由于项目经理的关注度和精力下降，甚至还可能有新的任务正在等着项目经理，因此，他会在没有很好地结束前一个项目的时候就开始承担新的责任，这样就不能很好地到达项目的一个里程碑（项目收尾）。

像英德拉这样的公司，主要业务是向其客户交付项目结果。我们希望在业务改进的框架下，能以最有效的方式组织资源，使我们对客户的承诺得到最有效的回应。

项目经理对做好项目收尾可能在主动性上不高，他们认为这是简单的行政工作。因此，大家可能忘掉，如果我们不把它当作巩固我们在项目中获得效益的机会，那么组织就会失去这一利益，特别是在范围和资源管理方面（范围和资源是计算生产力时的主要数值）。

如果我们关注范围管理，如果项目收尾没有做好，可能存在以下风险：可交付物的验收协议可能被削弱，客户可能重新展开验收，或者重新解释验收结果。如果项目收尾没有做好，或质保期糊涂混乱，就会发生上述情况。

举个例子：在植入新系统后，客户的需求可能发生变化，对要求的解读也会变化，对项目初始范围的跟踪及其验证的前置条件就会不同。如果没有一个正式的收尾，客户方对可交付物执行验证的人可能随着时间的流逝改变他的看法。这样的话，客户可能对项目提出新需求，而不是像本来那样，将需求放入项目扩展中。

尤其要建议的是，当在敏捷模型（现在很流行）上进行项目管理的时候，要特别注意致力于客户需求接受。

如果我们关注资源管理，会出现很多组织内障碍，最常见的是阻止资源从我们的项目中释放到其他的项目里；也会出现未释放的资源降低在项目中已获得的生产力的情况。另一个负面影响是项目收尾没做好，没有方法论，后来的事件变化和突发事件导致将其慢慢遗忘。这种没有预防性的做法，违背了对于变化、范围、改进和责任的设想的遵守，这些设想本来已经在项目的其他阶段由项目经理通过合理的谈判得以确认，但可能在项目收尾时又濒于险境。

这一担忧使英德拉公司通过在 PMIS 中实行一系列推进做法改进了项目收尾时的做法：

- 尽早开始项目收尾活动，使其与之前阶段重叠（如当范围缩减时或当收尾日期已有计划时）。
- 使用 PMIS 在项目生命周期中积累的信息，以识别可能阻止项目正式收尾的情况。
- 链接与项目收尾相关的指标和报告，同时提供项目收尾状态。
- 链接经验教训，以便能够查找之前的经验知识，这也会影响收尾过程。

西班牙谚语说，“关上门，否则猫就会跑掉”，话很简单，却显示出如果项目收尾没有做好，组织就会面临风险。如果我们没有关上门（项目），猫就跑了，换句话说，之前控制好的风险最后极可能都会发生。如果项目经理没能仔细执行项目收尾，就可能给项目增加很大风险，而这一风险在他的精力和关注度很高时曾经被控制得很好。

4.25 罗克韦尔自动化公司：追求共同流程

罗克韦尔自动化公司是由两家主要的自动化公司在 20 世纪 80 年代末期合并而来的。这两家公司——Allen-Bradley 和 Reliance 电子公司，是罗克韦尔自动化公司的基础。这些年来，罗克韦尔自动化公司一直以并购领先的自动化服务供应商作为一种增长策略，也作为一种为公司获取新的尖端自动化科技的方式。2005 年，当罗克韦尔自动化公司准备推出一套新的 SAP 业务系统时，它们发现需要一套新的“共同”产品开发流程，要根据公司的最佳实践，并结合被认为是业界最佳的产品开发实践对其进行定义。这一努力的成果是一套以“可以在全企业范围内应用”的方式来定义的“共同产品开发”（Common Product Development，CPD）流程。这在图 4-23 中有所体现。这意味着，16 种不同的产品业务，从大尺寸部件供应商到复杂的持续流程控制系统解决方案供应商，都使用同样的概要流程框架来开发新产品。

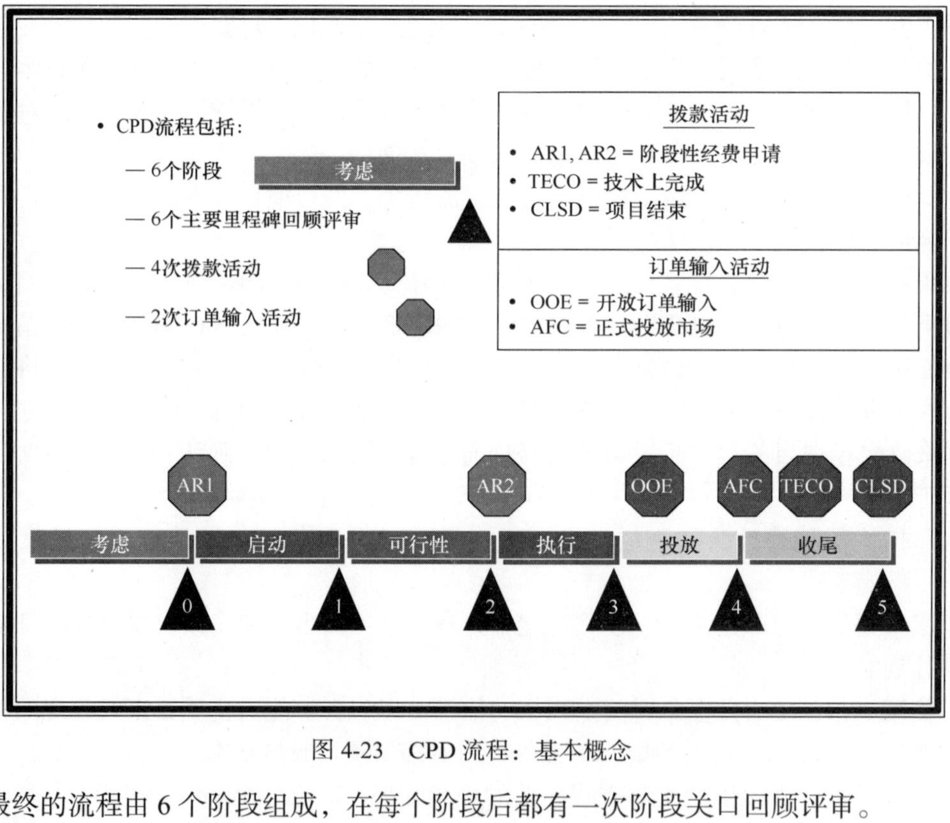

图 4-23 CPD 流程：基本概念

最终的流程由 6 个阶段组成，在每个阶段后都有一次阶段关口回顾评审。

考虑

- 开发一个概要的商业案例及项目建议书，为 AR1 的拨款提供依据，以执行启动可行性阶段的活动。

启动

- 进一步提炼考虑阶段中创建的概要商业论证文档（Business Case Document，BCD），将其精炼为一系列客户要求，达到足够项目团队在可行性阶段创建解决方案概念、产品要求和功能要求文件的程度（见图 4-24）。

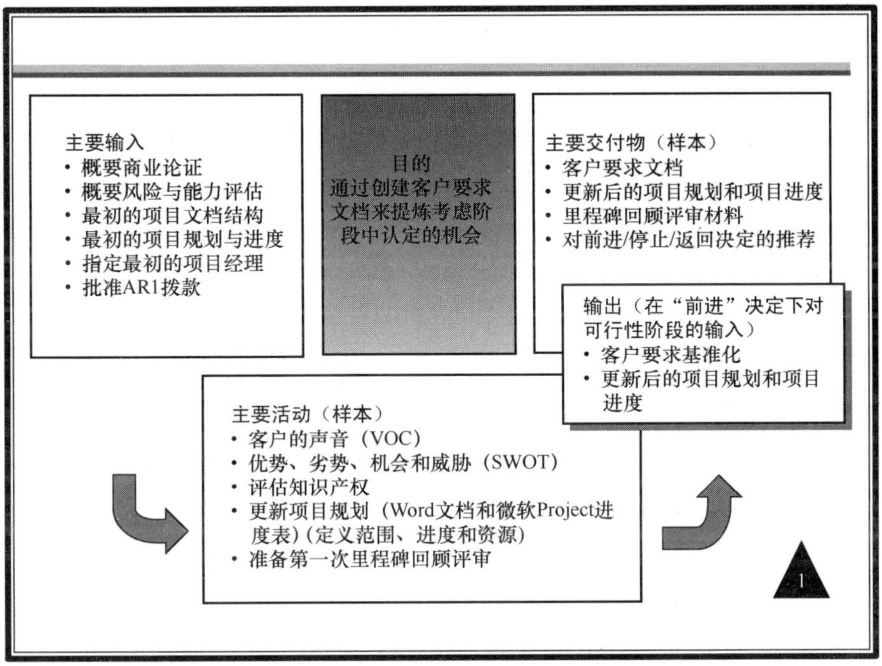

图 4-24 启动阶段摘要

可行性

- 评估解决方案概念，对应解决启动阶段中的客户要求。
- 定义产品要求和功能要求。
- 完成所有项目规划和进度，来更新关于所有完成项目执行、投放和收尾阶段所需要的活动和资源的项目计划。
- 开发一套 BCD，来证明执行选中解决方案概念的项目计划所需投资的正当性（见图 4-25）。

执行

- 根据可行性阶段中的基准化功能要求规格（Functional Requirement Specification，FRS），开发产品或服务；进行必要的回顾评审；在项目进程中进行批准的要求及设计变更。

投放

- 完成所有测试、证明和其他项目认证文件的最终版。
- 进行确认试生产。
- 开放订单输入并执行商业发布。

图 4-25　可行性阶段摘要

收尾

- 准备将产品转换到持续/维护工程模式；清理文档，事后检查活动，经验教训，记录保存，并完成所有财务交易。

我们的目标是实现一个持续带来高质量产品的快速可重复框架。开发出这一流程的团队的一个主要重点是驱动产品业务，使之在面对创新、决定为哪些项目拨款或不拨款时，变得更加有序。曾经有太多的例子表明，很多项目在没有达到一系列最低标准来说明它们获得商业成功的可能性之前，就得到了管理层的支持和拨款。投资意向并不是根据由我们的客户推动的构思流程来达成的。

我们发现一些得到拨款的项目例子，它们在没有任何客户驱动的商业基础的情形下就享有支持和拨款。这些项目的正当性往往来自有趣的新技术、在没有真正市场需求的情况下片面追求产品家族范围而进行的投资、由单一客户驱动的缺乏扩展潜力的特殊解决方案等。

为了解决这个问题，团队原先的重点是最佳实践定义的两个方面。已经有无数的理论试图描述一种迎合客户需求并将其作为开发有效新产品的基础的最佳方法。我们的目标是在得出解决方案概念之前就理解客户遇到的问题。我们通过将一个现有的叫作市场需求文档（Marketing Requirements Document，MRD）的工具及项目管理中使用的流程，分解成两个工具来达到这一目的。

我们希望产品所有人在考虑解决方案之前就明白市场与目标顾客的问题。通过将 MRD 分解为两项交付物，其中的第一项（客户要求文档）关注市场的需要和客户问题，而第二项（产品要求文档）注重解决方案概念和产品要求，并且把这些工具和活动由一次管理关口检查评审分成两个阶段，我们迫使项目经理脱离了我们之前处于的“持续产品进化的死亡行军”状态。

当然，认可的实践与公司文化都是很难打破的，所以在驱动变革的进程中，监管很重要。这个简单的步骤，就是令公司新产品开发实践明显改善的开始。

在管理层对实施这一新的流程与促成文化变迁的承诺背后，是对一套全企业新产品开发中一致的方法论的愿景。这种一致性被自上（管理层对阶段关口评审的直接参与）而下地列为第一要务，以期尽快实现收益。

企业往往在大多数情况下被迫拒绝为战略项目拨款，因为没有尽头的产品累积改进总会不断涌现。通过强制业务管理层批准每个项目通过一个阶段进入下一个阶段，我们促进了每个项目的透明度的提升，让忙于为能真正创造变局的项目寻找资金的决策者，能够看清所有资金和资源的来龙去脉。这样的透明度，让企业拥有者可以更方便地终止那些没有确定的回报前景的项目，或者暂停一个项目来解放关键的人力资源。一旦看到这些以确实产生影响的产品介绍为特征的决策的回报，管理层就开始把重点转移到进一步优化所用的流程和方法论上（见图 4-26）。

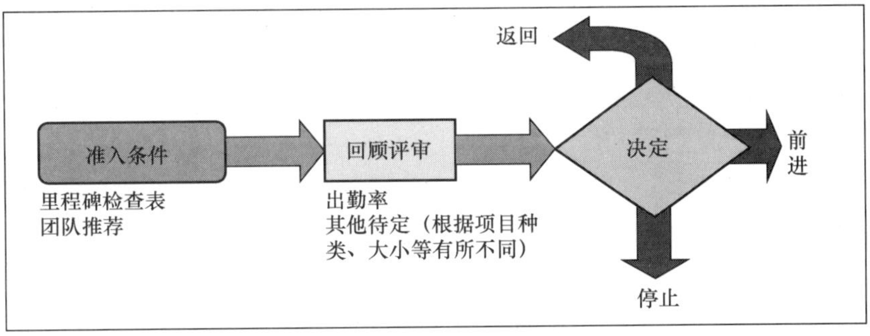

图 4-26　决策制定流程

阶段关口检查评审是一个项目中最重要的事件。以前在旧的项目执行方法条件下，这些评审是非正式的。团队可以继续花钱，甚至超额支出，而不必真正担心取消项目。新的流程保证了所有相关的组织都会在评审会上得到展示机会，并有机会就交付物是否齐备与项目经理表达一致或不同的意见。这样做的动机，是让负责前一个阶段交付物的主要组织与负责后一个阶段交付物的主要组织都参与到前进/停止的决策过程中来。所有这些组织都要出席历次阶段关口检查评审。如果操作得当，我们就可以通过在之前的阶段中保证透明度，来避免在之后的阶段中突发的惊险状况。

一旦项目经理已经指定，项目团队也已经组成，那么定义清晰、易找、易用的交付物的重要性，就变得显而易见了。新流程最初发布之后的 12 个月被用来持续地改进阶段定义、步骤文档、交付物模板及监管政策。在严格与累赘之间有一条微妙的分界线，其中的技巧在于尽力逼近这条线来保证严格的实施，同时避免减缓项目组的进度。

在可行性阶段的最后，随着项目带着批准的拨款进入执行阶段，项目规划就成了必须遵照的“圣旨”。项目规划推动所有的行动，从执行阶段到投放阶段，再到最终的项目收尾。项目团队面临的任何问题如果需要改变项目前进的方向，那么就必须在一份经过更新的项目规划中得到正式确认。在项目结束时，规划必须展现出真实发生的状况。在任何新产品投放市场准备给客户发货之前，所有受到影响的相关方都要在给予最终批准之前，就产品的完备状态达成一致。

公司是由很多互相关联但各有不同的产品业务构成的。每个业务部门在关于产品开发的各个方面，甚至是有无正式的项目管理机构这方面来说，都处于不同的成熟度水平。

项目经理是执行产品开发流程的重要手段。如果一致性、透明度和风险转移都对一家公司比较重要，而且它们对罗克韦尔自动化公司来说也是重要的，那么正式且组织和管理良好的项目管理实体的重要性是至高无上的。

罗克韦尔自动化公司正在其机构的各个层面上努力完成项目管理训练。

4.26 宣伟涂料公司

公司开发项目管理方法论有很多种方式。把开发流程外包给另一家公司是有好处的。有些公司有方法论模板，可以以它为基础，开发自己的方法论。如果这些方法论模板足够灵活，能修改、适用于你的组织，这将是非常有利的。这个方法可能有的弊端是，最后的结果可能不满足你的组织的需要，或者不符合你的公司文化。聘请外面的咨询师可能使这种情况稍有改观，但最终结果可能还是不尽如人意，而且费用更高。这种方法可能需要把承包人长期放在你的薪水册上，这样他们才能完全理解你的文化及你的业务方式。

制定标杆可能比较有效。但是等到完成标杆制定的时候，公司可能已经开始开发自己的方法论了。制定标杆的另一个潜在的风险是，你可能得不到使方法论奏效所需的全部信息及支持信息。

那些在公司内部自己开发方法论的公司看起来更成功，尤其是当它们能结合自己的最佳实践，以及从其他活动中总结教训的时候。本书中大部分公司都是这样的。

◆ 公司背景

宣伟涂料公司致力于生产、配送及销售油漆、涂层和相关产品，客户遍布北美洲、南美洲、英国、欧洲、中国和印度，包括专业客户、工业客户、商业客户及零售客户。公司的运作分为4个部门：油漆商店、消费者部、拉丁美洲部和全球产品部。公司的油漆商店部门向终端客户销售油漆、涂层和相关产品。这一部门负责营销宣伟品牌的建筑油漆和涂层、工业与船舶相关产品，还有原始设备生产商产品喷涂及相关产品。到2008年12月31日，它负责运营3 346家油漆商店。消费者部负责开发、制造多种油漆、涂层和相关产品，配送给第三方客户及油漆商店部。拉丁美洲部与全球产品部在全球开发、授权、制造、配送和销售建筑油漆和涂层、工业与船舶相关产品、汽车表面喷涂及整修产品，还有原始设备生产商涂层及相关产品。这些部门同时对特定的技术和商标进行授权，并通过由 541 家公司运营的分支机构、直销人员和外部营销代表组成的网络，向零售商、经销商、批发商、授权商和众多的第三方销售者配送宣伟品牌的产品。公司创建于 1866 年，总部位于美国俄亥俄州的克里夫兰。

宣伟涂料公司的信息技术部为上述 3 个运营领域提供共享的支持服务。这些部门构成了整个组织。

◆ 案例背景分析

在 2002 年夏天，公司 IT 部忙于更换目前的语音通信运营商，转为由一家新的运营商提供国际、州际、州内及本地的电信服务。该项目运用了项目管理的原理和最佳实践，采用结构化的项目管理方法论，最终取得了成功。

项目的实施采用了阶段化的方法，其主要阶段如下所述。建立这些阶段时，运用了《PMBOK®指南》中提到的许多原理，以及宣伟涂料公司过去开发的许多最佳实践。如有必要，阶段之间可以交叠，这样就能从一个阶段渐进到下一个阶段。必要时这种重叠还可以加速进度，但是可能带来额外的风险。在每个阶段结束的时候会进行项目评审，来决定进入下一个阶段是否可行，做出前进或停止的决定，评估现有的、将来的风险，并且决定是否需要修正路线。

- 启动：第一个是启动阶段。在这个阶段，成立项目团队，召开项目启动会议，确定要求，定义角色和职责。
- 规划：第二个是规划阶段。大部分项目经理认为这是最重要的一个阶段。大部分项目精力都花在规划阶段上，而且人们相信，在这个阶段投入适当的时间和精力，能确保为项目建立一个稳固的基础。管理层全力支持我们在这个阶段的投入，因为我们许多的最佳实践都产生于这个阶段。另外，在这个阶段打下的稳固基础，能够使我们更高效地完成项目的后续阶段。这样也让高级管理层更有信心，相信我们的项目经理能完成既定的交付，从而满足客户的期望。

通常，在这个阶段会召开一系列的会议，来确定最具体的项目需要、要求、期望、流程，以及流程中的活动和步骤。会议的结果是这样几个交付物，包括需求文档、项目计划、风险管理计划、问题日志及行动项列表。另外，需要建立的文档还包括质量管理计划和变更管理计划。这些文档合在一起，为管理层提供了整个项目的概览，以及为在管理层规定的日期完成服务转变的目标所需投入的工作量。

- 执行：第三个是执行阶段。一旦完成了大部分计划，就可以逐渐进入这个阶段。在计划阶段的流程中列出的所有活动，都在这个时候得以实现。这个阶段产生了真正的通信线路订单，并安装各种必要的设备，开始分部门转换服务，由于时间紧迫，项目的实施工作在全速进行。至关重要的是，要严密监控这个阶段的活动，以便积极主动地发现可能对项目的时间线、费用、质量和资源有负面影响的问题。

为了便于对项目进行监控和控制，项目经理每周都和厂商、项目团队一起召开状态会议；每天还有简短的内部会议来回顾当天计划的活动；必要时也会召开特别会议。

- 收尾：项目最后一个是收尾阶段。在这个阶段，通常会召开收尾会议，指出项目还存在的所有遗留问题，并决定客户满意度的级别。这个阶段还包括对项目的清理活动、行政上的收尾，对实施后的支持过程进行沟通，并回顾吸取的经验教训。

在宣伟涂料公司内运行的最有效的最佳实践，包括建立项目目标和需求分析的成功准则、项目团队内部及与相关人员的定期沟通、专用的资源、定义好的角色和职责、跨职能部门的知识交流、团队协作、建立协同工作气氛、经验教训的回顾等。

项目管理的最佳实践之一是当高级管理层不仅积极地支持项目管理，而且能够清楚地向整个组织传达他们对项目管理工作将来发展的愿景时，就会很快实现成熟和卓越的项目管理。这种愿景能够激励整个组织在同行中脱颖而出，迅速实现最佳实践对项目管理方法论的改进。这就是宣伟涂料公司的情况。宣伟涂料公司首席资讯官 Tom Lucas 表达了他眼中公司未来的愿景。

在宣伟涂料公司（以下简称宣伟公司），未来的项目管理包括将项目管理理论与最佳实践整合，再结合组合管理技巧，来持续地交付高价值的项目成果。宣伟公司预计，PMO 的应用不仅可以将最佳实践注入核心竞争力中，更可以促进组织项目管理成熟度的增加。

我们的目标是通过应用一套共同但又灵活的项目管理框架，将各个部门的目标拧成一股绳，来追求让项目更好地全面开花结果。我们已经在这方面迈开了巨大的步伐。宣伟公司希望从过去的成功与失败中学习，让流程效率更高，并开发员工的技能和潜力，让他们通过建立一套公司内的标准化步骤来更加高效地工作。总之，我们在运用项目管理时必须展现出真正的商业价值。

虽然项目管理专家可以深入多个运营单位来尽可能地接近内部客户，但我们的意图是拥有一小队项目管理专家，作为标准制定者来帮助认定和分享最佳实践。

我们都曾经管理过项目，但很少有人能称得上称职的项目经理。这里存在实施专业项目管理时的最大障碍之一。我们可以拥有训练有素的项目经理，可以让所有合适的流程就位，可以采用所有正确的字眼，但 PMO 还是会失效或只是徒有其表。要员工和管理层欣然接受专业项目管理的力量及其带来的更好的成果，是一个艰难的过程。直到他们亲身融入，亲身感受，并对成果眼见为实后，管理一个项目和项目管理的区别就只是说法不同了。

管理项目与专业项目管理的区别就像在湖面上划船与坐赛艇的区别。两种船都能把你载到湖对岸，但是划船的过程是漫长而艰辛的。如果没有上船经历航程，人们怎么可能知道这一点呢？

电信案例研究就是这样的航程。虽然这个案例研究的重点在于清晰地阐述 PMO 流程的机理，但隐藏的真相其实是这一成功的举措所直接带来的每股收益提升。另外，公司内部对于这一变化的进程万一出现失误，可能为我们的内部和外部客户带来潜在影响，也有着情理之中的顾虑。在这里所应用的专业的项目管理，给了所有人一种对项目继续进行的审慎乐观态度，而成果让员工和管理层真正成为流程的“信众”。

随着一个项目接着一个项目，一个成功接着一个成功，一种文化转型正悄然兴起。当我们通过专业的项目管理展现出不断进步的业务成果时，我们就可以向更广大的受众提供服务，可以在 PMO 起始的 IT 部门以外承接项目。

通过坚持专注于业务成果，坚持接近客户从而了解他们的需要，也通过不断地挑战我们自己来改进我们的基本流程，我们的 PMO 服务日趋成熟。这对所有人来说都成了妙趣横生的航程。

4.27　惠普公司

很多客户都有一套项目管理的方法论，而且大多数公司有不只一套项目管理方法论，包括项目管理原则。惠普成功地将项目管理的方法集成到其他方法中，可以不重复地使用项目管理的标准和工具。

惠普开发了一个面向客户的架构，叫作信息技术企业管理（Information Technology Enterprise Management，ITEM）。这个架构可以帮助客户把他们的战略方向对应到切实可行的发布上。ITEM 是一个由 3 个模型和一个方法论结合成的架构，如图 4-27 所示。发布管理方法论包括 4 个时期（规划、集成、实施和运行）。每个时期又包括一些阶段、活动或任务，如表 4-3 所示。

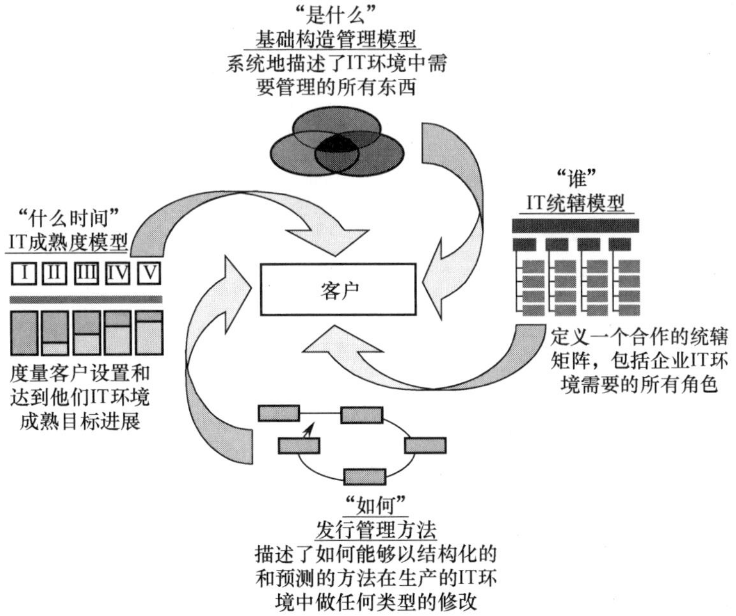

图 4-27　用综合途径达成综合解决方案

表 4-3　发布管理方法论的阶段

阶　段	描　述
规划	建立和管理企业 IT 环境的远见和战略方向，并且预先定义所有 IT 发行版本的内容和时间安排。提供一个通用的方法，让客户和服务提供商能够清楚、准确地规划企业 IT 环境，并管理规划的方方面面，估算每个版本，让客户对每个版本会包含的内容建立起适当的期望
集成	最终确定计划的基础结构发行版本的设计方案，执行所有要求的测试和客户验证，准备把这个版本发送到用户群中。提供一个通用的方法，让客户、惠普和服务提供商能够清楚、准确地验证每个版本的准确性、安全性和内容，并且结束所有开发活动。为客户提供清楚准确的版本结果的全貌和对执行和操作的活动、花销和时间安排有一个适当的预计
实施	一个组织在它的目标环境中贯彻企业 IT 设计（商业、支持和技术部分）的新版本，提供一个通用的方法，让客户、惠普和服务提供商能够清楚、准确地安排时间、执行，使更新的环境开始生产工作
运行	用于维护作为企业 IT 环境一部分的 IT 组件和可配置项生产环境。要提供一个稳定的 IT 环境，这是 IT 用户支持他们商业角色和责任所必需的

在 2007 版 ITIL 发布之前，我们识别出在管理服务生命周期和开发所谓的发布管理方法论之间有差距，发布管理方法论包括 4 个时期（规划、集成、实施和运行）。每个时期又包括一些阶段、活动或任务，如表 4-3 所示。

自那以后，ITIL 在 2007 年引入了生命周期方式及 2011 版。他们的阶段——服务战略、服务设计、服务过渡、服务运营及持续服务运营，基本和我们的发布管理体系（Release Management Methodology，RMM）吻合。自 2007 年推出以来，由于新的 ITIL 版本无法提供全面的工作分解结构，我们也细化了很多分支。我们仅仅是将 ITIL 生命周期框架的 WBS 和整体目标及内容匹配上。这是我们如何持续实践及应用在工业进步上的图示。

基本上，我们用 9×9 法则，如图 4-28 所示。如果一个时期有超过 9 个阶段，并且每个阶段有超过 9 个活动（一共 81 个工作单元），那么这个范围就太大了，我们的编号方案就会变得不稳定。

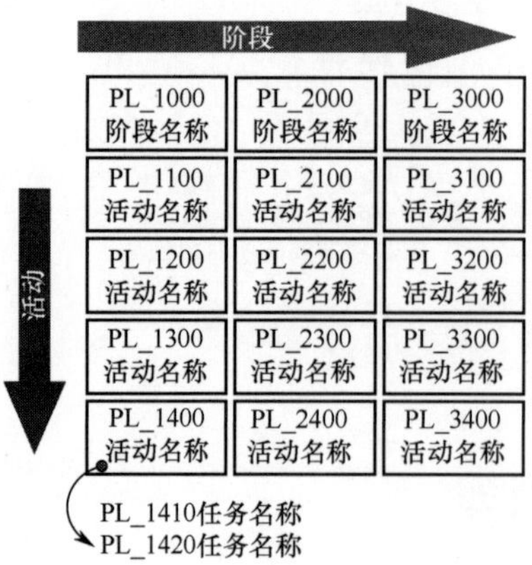

描述：
事件的前后顺序不需要调整。这个图展示了执行流程时最可能发生的情况，主要目的是说明每个活动下属的任务

价值：
- 每个工作元素都可以被识别并对应到内部或外部的组成部分
- 所有活动都被分成若干个任务（合理的）
- 所有工作都只出现一次（尽管可能被执行多次）

结构：
- 所有的工作都有一个唯一识别
  —千位代表阶段
  —百位代表活动
  —十位代表活动
- 所有的工作元素前都有一个组成部分名称识别（PL_1000，PL_1100）
- 活动和任务名称应该尽量短，只是工作完成的表述，而不是句子
- 活动的范围就是所有的任务
- 这不是一个关系模型

图 4-28　活动阶段

4.28　空中客车防务及航天公司：项目管理中的黄金法则

在本章中讨论的所有公司都有优秀的项目管理方法论。当一家公司获得了项目管理中的最佳实践并应用于相关的方法论，那么公司就能够开发“项目管理中的黄金法则”。第 4.28 节的其余部分由空中客车防务及航天公司提供。空中客车防务及航天公司提供优秀的案例来说明项目管理应该如何为达到利益和价值目标而工作。这些材料也代表在第 3 章讨论的项目管理中的卓越之旅可能带来的结果。

◆ 为什么项目管理需要黄金法则

项目管理的黄金法则是项目生命周期的项目管理顶级要素。它们开发的要求是容易理解和适用于每个项目/项目集的。含有项目管理黄金法则的系统提供了一组适用于常见的所有项目和项目集的规则。

它们形成一个基本的、必须遵循、无一例外的规定主体。它们适合复杂度高、容量大、高风险的项目和低成本的或资源有限的项目。

它们描述的主要领域是为了提高项目的质量，所有项目必须覆盖的相同级别的性能。遵循这些规则将带来一个共同的基本质量标准，最终将有助于避免任何关键缺陷。

这些黄金法则应当有助于就“时间成本质量”要求提高整个项目/项目集的卓越水平，并且是“项目集和项目管理”这个流程的支柱。

◆ 项目管理的黄金法则

（1）黄金法则：项目经理全面负责项目的成本、现金、时间和质量（如项目章程所示），并且在生产管理中被他的发起人积极支持。

目标：授权项目经理，在计划和执行团队对应的其他功能区域清晰定义职责，并要求项目经理履行他的责任。

（2）黄金法则：组织需分配一个合格的项目经理，积极参与到提案准备和合同谈判中。

目标：培养积极合作的建议和项目执行责任，来增加从启动到规划阶段的透明度和无损耗传输。

（3）黄金法则：项目管理责任，根据相关的合同基线和项目章程（如成本、范围和进度、融资前协议、最终项目分类），应当最多在合同签订后 10 个工作日从提案团队正式移交给项目团队。

目标：快速转移，全套文档可用，长期目标是符合时间周期。在这 10 天中，需要证据证明提案团队提供了合适的质量。

（4）黄金法则：在项目计划阶段，不迟于合同签订的 3 个月后，项目经理应当建立一个正式的、现实的和可量化的综合项目计划。针对项目进度测量和每月报告的性能度量基线（成本、范围和进度）应当建立。

目标：确保整体计划包括项目进度、主要与次要里程碑、里程碑/依赖关系、成本规划、资源规划和基线。建立挣值管理作为监控的基础和基于初始基线跟踪项目计划。

（5）黄金法则：提案经理（在合同签署之前）和项目经理（项目执行）知晓项目的风险和机遇并确保它们被积极管理。首席工程师在任务中负责处理技术风险和机遇。

目标：从项目启动后遵循项目定义和法规，确保有适当的风险和机会管理。

（6）黄金法则：项目范围和目标应当关注客户需求，建立专门的需求管理以避免范围蔓延。另外，变更和配置管理应在项目执行之前充分到位。

目标：对不服从增加了需求管理。重点关注客户的必要需求和完整项目生命周期中的项目范围定义和目标。促进早期客户接受项目需求，以避免未来的误解。

（7）黄金法则：项目经理应当建立沟通（正式的项目沟通计划），以促进作为一个整体的项目团队的工作，确保团队内部的最佳信息流动。

目标：项目团队内每个人都知道他们的交流方式和内部或外部接口。清晰建立报告并面向任何项目相关方。

4.29 当传统方法论可能失效时

虽然方法论服务于可行的目标，但是当出现一个令人担忧并且需要采取紧急措施去挽救失败的项目时，传统的方法论可能不会产生良好的效果。在这种情况下，其他的一些因素可能比跟随传统的生命周期阶段更加重要。

◆ 挽救问题项目和项目集

当今的项目和项目集已经变得非常复杂，所以无论你在哪个城市，或者你公司的业务基础如何，可能每天都需要有效的项目挽救技术。我们必须面对许多不同的、无法预料的情况，这些情况与国籍、语言或共有的经历是没有关系的。在项目的实施过程中，我们被大量内部与外部的风险所影响，这些风险在项目的实施过程中会变成真正的问题。

Dr. Alexandre Sorensen Ghisolfi 与国际学习集团合作数年，并且在全球项目管理社区面对这种挑战。以下是他杰出的实践成果和想法。

> 项目挽救可以成为许多想法和经验教训的来源。当项目需要被挽救的时候，通常伴随冲突、争论等。

当一个项目出现了问题，你可能能够更好地了解一个人的本质，并且知道他是否真的效力于组织。换句话说，当事情进行顺利时，我们很容易看见笑容，通常可以知道一个人好的方面。当事情进行不顺利时，一个人不同的一面往往会暴露出来。

在这种环境下我们可以知道，挽救项目若想成功，通常需要一个专家团队和一个高效的项目管理领导者。不是所有的项目经理都具有挽救项目管理的技术。项目经理和解决方法都是挽救的最重要的标准，专业的项目管理团队也是必要的。

当情况显示出项目很有可能失败了，我们必须能明确地改变文化中不良感觉将要出现的方面。用这种方法，我们可以创建出一种新的文化来帮助挽救项目。

挽救项目管理团队由高层人士组成，包括专家，有新想法、天赋并且认识到成功的挽救有益于他们的职业目标的年轻人，以及有领导力的挽救项目管理者。他们必须在一起工作，将一个不良感觉的环境转换为一个人们相信他们仍然可以使项目恢复并且交付需求的环境。如果这个团队成功了，这会使这个团队为他们的成就而自豪。这会产生一种极大的认同感，并且这种感觉会保持一生。

在挽救的过程中，我们必须考虑两种不同的环境：

- 人类行为。
- 应用专业技术。

人类行为

每个有问题的项目都有不同的情况和备选方案。挽救的进程取决于你的经验和找到解决方法的能力，也取决于你能多好地影响不同的相关方，并且使他们产生“游戏一定会赢”的共识。由于成功的解决方法基于团队成员不同的贡献，项目经理需要知道怎样选取它们之中最优秀的或者影响它们去实现领导的预期目标。

但是，在你开始识别并评估不同的备选方案时，最好考虑到一些与人类行为有关的不同的方面，这会大大影响结果。为简单起见，我们不讨论政治、等级、知识和其他影响人类行为的因素，但是我们建议你至少清楚你身在哪种类型的公司和团队。我们可以通过关于组织成熟度的研究来搞明白。

你有一个成熟的团队吗？你的公司在项目管理方面同样成熟吗？

一些应该去实践的最佳做法：

- 公司和团队组织的成熟度将会直接影响结果，所以你所在的团队越成熟、专业，那么它挽救错误计划的能力就越强。最好的做法是首先深刻地分析公司和团队的成熟度；通过分析结果，你可以明确地知道差异、问题和需要改变的环境。在成熟度的分析之后，把一份成熟度报告握在手里，对于准备挽救计划和向项目发起人解释为什么一些重要的活动必须紧急展开是非常必要的。当在一个矩阵组织中工作时，我们会面对很大的困难——不直接属于我们项目组织结构的资源和那些可能对于项目的结果和我们有不同利益的人。

其他必须去做的最佳做法：

- 提醒人们改变的必要性。如果有必要，每天提醒人们我们的使命和日常工作。
- 适当地为人们提供培训并在态度上做榜样是十分必要的。这可能是提高团队和组织成熟度的最好方法。
- 授权给团队成员，使我们的挑战就是他们的挑战。
- 确保整个团队都完全效力于取得好的结果的挑战。

保证交流的过程是有效的。你可以交流少一点或多一点，但是在交流结束时，交流必须是有效果的。这仍然取决于你的公司和团队的成熟度和我们对于项目投入了多少。真正投入的团队成员会集中精力于交流，交流会自然而流畅。

当讨论进程和工作的时候，灵活变通是很重要的。另外，在交代重要活动时一定要适当地强调纪律。团队组织的结构、部门和供应商的利益会对出现好的还是坏的事情产生巨大的影响。

人类行为可能比应用需要的专业技术更具有挑战性。

对于组织和团队成熟度的研究可以指出一个更加安全的前进方式。更快、更好的表现需要尽快发生，因为你不能再失败一次；行动必须有效率。

应用专业技术

在技术方面，当挽救项目时，明确地知道或者确定优先顺序可能是更重要的。你会将重点放在你要交付的产品的质量标准上（如质量验收标准）；不用怀疑，你不会牺牲质量。约束条件的平衡将会取决于你的谈判能力和你与客户的合同条件。

你可能不能准备好一个项目需要的所有的事情，因为一定会有损失。可能当与项目基线比较时，你发现交付的结果是不同的。一个挽救计划需要立刻实施。

牺牲了什么？花费？项目成本？产品成本？时间？下调的规范？改变产品、项目交付策略？不良的谈话？文档写作、报告？

当项目出问题时，许多因素都会明显地影响成功并且增加问题。这里有一些好的做法可以实施：

- 强调风险管理是一个必要条件。在有问题的项目中，风险管理变得格外重要。当你鼓励一个团队在风险管理的驱使下执行一个计划时，这个团队已经明确了优先级，这个优先级是通过风险分析得到的。风险管理作为一个整体的视角，可以推动周边的任何事情，如范围、时间、团队组织、技能、沟通等。
- 让你最好的员工第一个去做最难的活动。
- 把重点放在关键的活动上，以减少它们各自的持续时间。
- 不要临时带来缺少经验的新人；当你想要适当地改变文化或兴趣重点时，你可以带来新人。
- 避免利益冲突，我们不能在解决不必要的事情上浪费时间。和你的发起人更加努力地工作，以获得他们的支持。
- 在项目场景中采用最佳实践也是关键点。你必须找到一个方法使你的团队执行以前可能从来没做过的事情。挑战你的团队成员，询问他们是怎样想的，以及如何用不同的方式工作。通过这种方式，你会产生认同感。
- 你可能在寻找快速成功的方法。不久之后你会发现，团队试图去应用的一些最佳实践法已经奏效，但是另一些没有好的效果。替换或者采取以前没有采用过的并且你的项目非必需的最佳实践，你可以迅速获得满意的答案。快速明确哪种做法是有效的，哪种做法是无效的，对于弥补时间的损失是十分重要的。

成功地挽救失败的项目是一段令人难忘的经历。当你拥有一个有良好心态的团队时，它的确会有益于提高企业和项目管理的成熟度。防止项目进入一个通向失败的关键情境，在未来的项目管理中就可以获得很好的结果。

第 5 章 整合的流程

5.0 简介

在项目管理方面特别成功的公司，都对项目管理实施了战略性的计划。这些公司不满足于仅仅与竞争对手打个平手，而是要超过它们。要想持续地比竞争对手表现得更好，流程和方法论必须能够促成持续的成功，而不能是昙花一现。

图 5-1 定义了卓越六边形。卓越六边形中的六个构件，正是那些在项目管理中表现卓越的公司领先其竞争对手的领域。

这六个领域将会在第 5～10 章介绍，本章将从整合的流程开始。

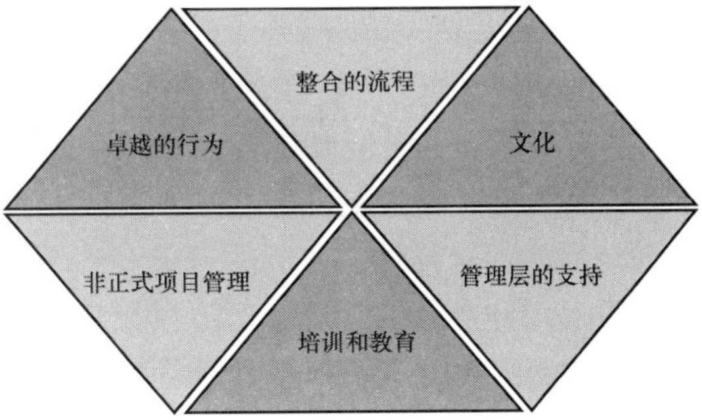

图 5-1　卓越六边形

资料来源：Reprinted from H. Kerzner: In Search of Excellence in Project Management，Hoboken，NJ: Wiley，1998，p. 14.

5.1 理解整合的管理流程

如同我们在第 1 章中讨论的那样，自 1985 年以来，一些新的管理流程（如并行工程）

提高了项目管理被接受的程度。最重要的几个补充管理流程及其出现并被引入项目管理的年代如下所述。需要了解的是，这些流程在引入项目管理流程之前就已经发布。

- 1985：全面质量管理。
- 1990：并行工程。
- 1992：员工授权和自发型团队。
- 1993：重构。
- 1994：生命周期成本计算。
- 1995：变更管理。
- 1996：风险管理。
- 1997—1998：项目办公室和卓越中心。
- 1999：集中办公团队。
- 2000：跨国团队。
- 2001：成熟度模型。
- 2002：项目管理的战略计划。
- 2003：局域网状态报告。
- 2004：能力计划模型。
- 2005：六西格玛与项目管理的整合。
- 2006：虚拟项目团队。
- 2007：精益/敏捷项目管理。
- 2008：最佳实践库。
- 2009：项目管理业务流程认证。
- 2010：复杂项目管理。
- 2011：委员会治理。
- 2012：使用价值元素的竞争限制。
- 2013：指标管理和仪表板报告系统的进步。
- 2014：价值驱动型项目管理。
- 2015：文化差异管理在内的全球项目管理。
- 2016—2017：并购项目管理增长。

项目管理与其他领域管理流程的整合，是实现持续卓越的关键。并不是每个公司在所有的时候都使用所有流程。公司选择最适合它们的流程。然而，无论选择哪些流程，这些流程都与项目管理方法组合并整合在一起。前述提到的采用世界一流方法论的公司，都选用一种基于整合流程的单一且标准的方法。其方法既涵盖业务流程，也涵盖项目管理的相关流程。

每个整合的过程都要经过持续的改进，使用该过程的项目管理体系同样如此。最佳实践库和知识库包含有关整合的流程及整体项目管理方法论的最佳实践。

能否整合各种流程，取决于公司选择实现哪些流程。例如，当一家公司实现了阶段关口模型的项目管理之后，公司很可能发现，整合诸如并行工程这样的新流程变得相当容易。唯一的前提条件是，新的流程不作为独立功能，而是从一开始就设计成已有项目管理系统的一部分。通用汽车动力系统集团使用的 4 阶段模型（见第 4.22 节），以及爱立信的 PROPS 模型（见第 4.23 节），都能很容易地吸收新的业务和管理流程。

如今的项目管理被看作对一部分业务的管理，而不仅仅是对一个项目的管理。因此，项目经理必须既理解支持项目的流程，也理解业务和支持业务的流程。本章将讨论列出的每种管理流程，以及这些流程如何加强了项目管理。下面，我们通过实际的案例分析，来看一看其中的一些整合管理流程是如何取得成功的。

5.2 辅助项目管理流程的演进

从 1985 年开始，一些新的管理流程与项目管理同时获得发展。在这些流程中，全面质量管理和并行工程是与项目管理相关度最高的。将在第 15 章讨论的敏捷和 Scrum 方法同样具有显著影响。只有卓越的公司才能最早认识到应针对当今众多管理选择进行统合综效。最快成熟起来并实现卓越的公司，也正是那些能够认识到流程之间相互协作关系的公司。让我们考虑下面列出的 7 种概念，看看它们可否构成项目管理方法论的一部分。

- 团队工作。
- 战略整合。
- 持续改进。
- 对人的尊重。
- 以客户为中心。
- 用事实来管理。
- 结构化的问题解决。

事实上，这 7 种概念是 Sprint 电信公司全面质量管理流程的基础。它们也都有可能轻松地构成项目管理方法论中的一个方面。

20 世纪 90 年代，柯达曾经设立了一个名为质量领导力的课程，包括以下 5 个原则。

（1）关注客户。无论是内部客户还是外部客户，我们都非常关注。客户的意见和需求推动了产品和服务的设计。我们的产品和服务的质量完全由客户决定。

（2）管理层的领导力。通过这些原则，我们将会在各层级的管理中展现非凡的领导力。

（3）团队协作。我们一起工作，综合我们的主意和技巧来提高我们工作的质量。我们会加强并奖励质量改进方面的贡献。

（4）分析的方法。我们采用统计的方法来控制并改进我们的流程，用基于数据的分析指导我们的决定。

（5）持续改进。我们积极地追求质量改进，对关键流程，采用持续的计划—实施—验证的循环来改进。

只看左边这一列，我们可以认为这些也是项目管理的原则。

图 5-2 描述了当一个组织无法整合其流程时会发生什么。结果是一系列完全脱节的流程。那些在每个流程里面采用独立方法论的公司，最终可能导致重复的工作量、重复的资源，甚至重复的设备。尽管在图 5-2 中还包含其他一些流程，但我们只集中讨论项目管理、全面质量管理和并行工程。

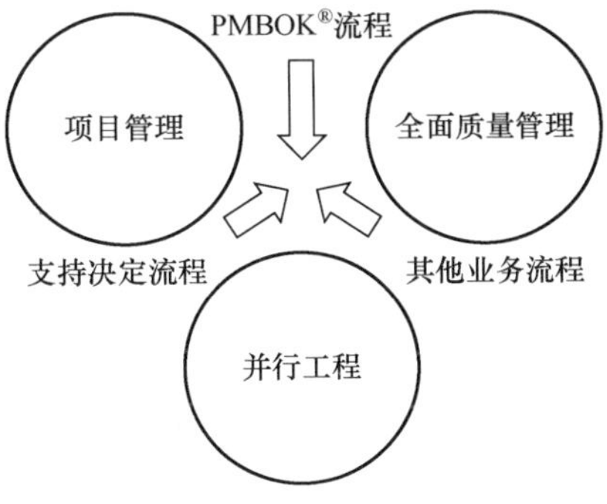

图 5-2 完全脱节的流程

如图 5-3 所示，当公司开始认识到，把若干流程置于同一方法论下会产生协同促进作用时，最早被部分整合的两个流程就是项目管理和全面质量管理。如图 5-4 所示，当协同促进和整合的好处越来越明显时，组织将选择整合所有的流程。

图 5-3 部分整合的流程

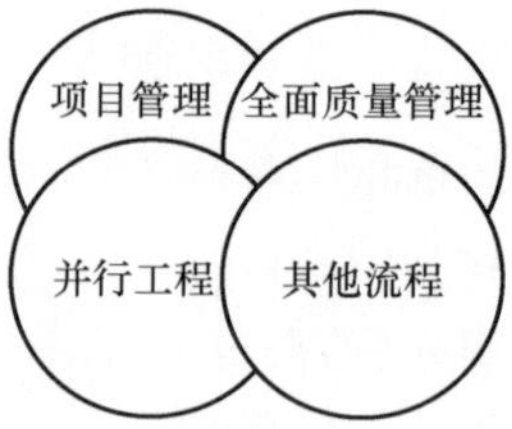

图 5-4 完全整合的流程

卓越的公司能够认识到对新流程的需要，并能把新流程迅速整合到现有的管理结构当中。20 世纪 90 年代早期，将项目管理和全面质量管理及并行工程进行整合就受到了关注。到了 90 年代中期，另两个流程也开始被重视，即风险管理和变更管理。尽管这两个流程本身并不是新流程，但整合这两个流程是一个新的概念。

在 20 世纪 90 年代末，延锋汽车饰件系统有限公司的前产品开发副总裁 Steve Gregerson 描述了整合流程的方法论：

> 我们的组织，基于我们公司在全球的最佳实践及客户的需求和期望，开发出一种标准的方法论。这种方法论符合 ISO 9000 的要求。我们的流程由 7 个关口组成，每个关口都要求在一张纸上列出具体的交付物。有些交付物包括一个工序，并且在大多数情况下都有定义好的格式。这些指南、检查清单、表格及工序，是我们项目管理结构的骨架，而且能帮助吸取和记录教训，用于后续的项目集。这些方法论与我们的业务系统的所有方面结合在一起，包括风险管理、并行工程、高级质量计划、可行性分析、设计评审流程等。

另一个采用整合流程的例子是北电采用的方法论。在 20 世纪 90 年代末，北电网络供应链管理部的副总裁 Bob Mansbridge 认为：

> 北电的项目管理是与供应链整合在一起的。现在，大家都能够很好地理解，在管理一个项目时，项目管理就是指整个供应链管道中一系列整合的流程。在北电，全面质量管理是由管道的度量体系定义的。这些度量体系来自从客户及外部的角度衡量的“最好的”成果。这些度量是分层次的，并同时向主管经理和执行人员提供互相联系的指数。项目经理需要和供应链中的各个领域一起协作，优化最后的结果，以使正在进行的项目得益。全球实施的标准流程包括项目管理和业务单元对管道度量体系进行月度评审，使得“最佳实践”的实施变得更加可控制、可度量，而且有意义。

人们最终认识到整合风险管理的重要性。Drexel 大学的项目管理教授 Frank T. Anbari

认为：

> 从定义上来讲，项目就是有风险的活动。项目的目标是创建以前不存在的、新的、独特的产品、服务及流程。因此，要有可重复的成功，必须仔细地管理项目的风险。量化的方法在风险管理中起到重要的作用。所以，必须对这些工具拥有足够的认识，此外别无他法。

对于卫生保健、财政金融、法律服务类的组织来说，风险管理是它们几十年来关注的焦点，其原因是显而易见的。现今，在各类组织中，风险管理使我们不至于把问题向后推，寄希望于晚些时候能找到一个容易的解决方案，或者寄希望于问题自行消失。作为项目管理中的一部分，变更管理用于控制项目范围蔓延的负面效应——成本增加（有时 2 倍或 3 倍于最初的预算）及进度延迟。当变更管理流程成为整个项目管理系统的一部分时，原有项目范围的变化可以作为单独的项目或子项目，以免原有项目的目标迷失。

现今，卓越的公司整合了 5 种主要的管理流程（见图 5-5）：

- 项目管理。
- 全面质量管理。
- 风险管理。
- 变更管理。
- 并行工程。

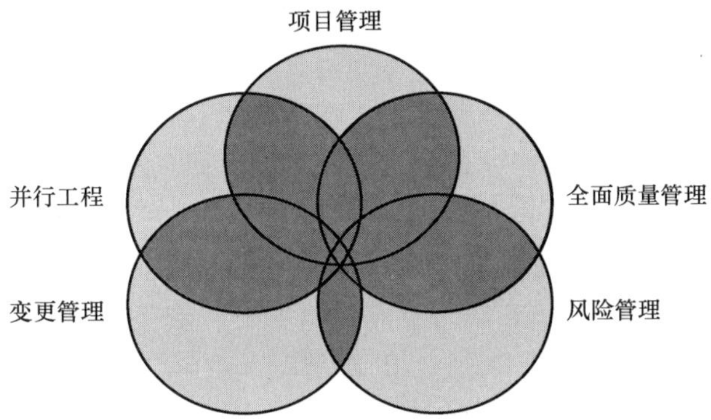

图 5-5　21 世纪的整合管理流程

一些公司也把自主管理型团队、员工授权、重构、生命周期成本计算等与项目管理相结合。我们讨论过普遍应用的管理流程后，再简略地讨论这些应用不太广泛的流程。

5.3　苏黎世美国保险公司

拥有整合流程的益处之一是它可以带来更加全面也更加实际的应急规划。北美苏黎世项目管理办公室的 Kathleen Cavanaugh 是这样说的：

> 如我们所知，简单来讲，所有 PMO 的最终目标都是在时间与预算限定内交

付项目。如今的公司对项目的监督变得越来越细致，很多公司都启用了保护性的监管铠甲，确保最合适的项目都能做出成果。在投放市场时机的推挤下，项目预算和完成时间很容易被估测得太早，甚至太早就立下了“军令状”，让项目经理很不舒服。为了帮助缓解可能的失望情绪，苏黎世美国保险公司的信息技术PMO为项目期限和资金都实行了一套应急流程。

应急流程帮助冲淡项目范围内确定存在的未知风险。我们是苏黎世金融服务集团全球企业的一部分，有一套比较严格的监管流程，需要时间和金钱来操作。一旦你通过了监管铠甲，就不会想再回去进行重新获批、日期扩展授权等的活动。所以，对风险与项目变更的恰当规划势在必行。

应急流程运用一个决策矩阵，综合考虑如资源和技术复杂度等风险因素。它被设计用来帮助项目经理为资金和期限分配适量的应急资源。这不是一个新的概念，但还没有作为一种迫切需要被广泛接受。

我们的目标不仅仅是防止陷入耗时费力的项目监管文件提交中，而且是更远离使用个案预测来补缺。在这种应急方法引入之前，有些项目经理在进行预测时就包括了紧急状况。这样做的主要缺点在于，因为紧急状况是“潜伏”的，于是随着风险在项目进行中持续降低，没有一个系统的过程让资金回流到项目资金储备中。现在，应急计划与项目规划分开，让我们可以更好地看到原始的预测在什么地方，以及为什么出了问题。只有这样，我们才能找到最根本的原因，从而改进我们进行预测的方法。

需要注意的一个要点是，客户参与到应急需要的决策中，所以他们可以很好地理解为什么它对项目的成功如此关键。这个流程让应急制度透明化，而一旦客户认识到应急资金不会在得到他们首肯之前使用，他们就会以更开放的心态去理解项目进程中内在的、可能产生的变化。

应急制度应该在项目进程中得到积极有效的管理。每个月，对项目风险进行重新评估，并且发现发生风险的可能性降低时，在预算和进度方面的应急余量也应该进行相应的调整。如果通过更新的风险评估，确定不再需要应急资源，那么就应该把它们从项目中释放出来。这样一来，公司的其他任务就会有更充裕的资金。

综上所述，以下的重点是对有效使用应急流程的步骤的总结概括。

（1）规划。IT项目经理与业务项目经理和项目团队合作，运用决策矩阵来计算在项目资金全部到位的情况下，已经准备就绪时，所需应急资源的百分比。

（2）文档/沟通。项目经理更新项目规划和用途日志，将应急数据记录到文档中并进行沟通。

（3）批准。项目发起人需要在应急步骤启用之前，负责签字批准。

（4）管理。项目经理在应急资源得到使用时更新用途日志，而其他应急方面的数据与风险评估一起，每月进行更新。

（5）释放。当风险降低时，应急资金回流到项目资金储备中去。

总体来说，这个流程应对的问题是，项目工作在信息不充分的情况下仓促开始，而这个问题是久已存在的；同时，该流程在这个不断变化的环境中，给了项目经理们一个按时、按预算交付项目的奋斗机会。因为不管怎么说，变化总在发生。

5.4　全面质量管理

在过去的 30 年间，全面质量管理（Total Quality Management，TQM）（及六西格玛）的概念使许多公司的运营和生产职能发生了革命性的变化。公司很快领悟到，项目管理的原理和系统可以用来支持和管理 TQM 项目集，反之亦然。最终，卓越的公司将这两个互补的系统完全整合在了一起。

TQM 的重点在于强调整个系统的质量问题。然而，质量从来都不是终极目标。全面质量管理系统持续、并行地运行于公司的各个业务领域，其目标是带给市场越来越高质量的产品，而不仅仅是和去年或前年类似质量的产品。

全面质量管理是在戴明、朱兰及 Phillip B. Crosby 所主张的原理上建立起来的。其中的戴明，因其曾在促使第二次世界大战后的日本发展成世界经济主导力量的过程中充当过重要角色而闻名于世。全面质量管理的流程正是建立在戴明提出的一个非常简单的“计划—实施—检查—行动”周期（后文中的 PDCA 周期。——译者注）的基础之上的。

戴明周期与项目管理的原理非常契合。要想实现任何项目的目标，首先应该计划要做什么，接下来就应该按照计划去实施。在实施过程中，应该进行检查，并对检查出的问题进行修正，使之最终能按照原来的计划执行。应该注意到，周期并不是随着结果的产出而结束的，相反，它是一个持续改进的系统。当每个项目结束时，都应该对项目计划和执行过程中汲取的经验教训进行总结，进而把这些经验教训整合到流程当中，在后续的新项目反复开始新的“计划—实施—检查—行动”周期。

此外，全面质量管理还基于另 3 个非常重要的元素：关注客户、流程思维和减少变更。这应该很容易让你回想起项目管理的原理。“计划—实施—检查—行动”的周期，可以用于在项目管理中识别、验证和实施最佳实践。

20 世纪 90 年代中期，在一个关于“如何实现成熟项目管理”的实时视频会议上，江森自控的质量和项目集管理组副总监 Dave Kandt 评价了江森自控令人惊讶的成功背后的原因：

> 我们引入项目管理和其他公司有些不尽相同的地方。我们组合了项目管理和全面质量控制（Total Quality Control，TQC）或称全面质量管理。20 世纪 80 年代中期，公司的第一个设计开发项目使我们意识到，尽管公司的各职能部门可以非常好地独自运作，但事实上我们更需要一些能把各职能部门有机连接在一起的系统。我们很自然地想到，项目管理的很大一部分职能，正是让工作在公司内各职能部门之间并行展开。于是，我们立刻联系了 Norman Feigenbaum 博士。这位身

在北美的 TQC 鼻祖帮助我们建立了一系列系统，把整个公司有机地连接起来。Feigenbaum 博士从一个最广泛的角度看待质量，包括产品质量、系统质量、交付物质量，当然还有项目质量、新产品的推出等。这些系统中一个非常关键的部分是强调产品推介及产品推介流程的项目管理系统。此外，还有一个不可缺少的环节，那就是项目管理培训，有了培训才能交付这些系统。

我们的培训从总裁办公室开始。一旦我们向这些人解释清楚项目管理的原则和原理后，我们便将培训进一步推广到工厂经理、工程经理、成本分析人员、采购人员，当然还有项目经理等。只有在夯实基础之后，我们才开始真正的项目管理和角色职责定义。这样，当整个公司的人员开始投入工作时，每个人都理解各自在项目管理中的角色。正是这种理解，使我们得以进一步转型为矩阵型组织，并最终拥有了独立的项目管理部。我们这套方案的效果到底如何呢？自从实施之后，从 20 世纪 80 年代中期开始，我们在北美和欧洲的项目，从二三个增长到约 50 个。我们的项目经理，从二三人增长到 35 人。我坚信，如果没有项目管理系统和程序，没有公司最高层人员的理解，我们根本无法管理如此规模的增长，也不可能赢得这么多项目。

20 世纪 90 年代早期，我们开始在欧洲市场上取得成功，赢得了第一个欧洲的设计开发项目。通过这个项目，我们不仅把理解项目管理原理的项目经理和工程经理带到了欧洲，也把我们在北美洲整合的系统和培训带到了欧洲。这样，在整个公司范围内，我们有了整合的项目管理方法。在我看来，从过去 10 年的项目管理实践中，我们学到的最重要的东西，就是要从系统开始，从明确公司里不同的人在打破各职能部门之间壁垒的过程中应该充当什么角色开始；然后，引入项目管理培训；最后，实施项目管理。

当然，项目经理对于项目管理来说也是相当关键的，我们选择了合适的人来担当这一角色。大家也提到了项目经理充分理解业务的重要性。因此，充当我们项目经理的人员都是精心挑选的。通常，他们要拥有技术背景、市场背景、业务背景和财务背景。尽管很难找到同时兼具这些背景的人，但是我们不得不承认，只有对不同职能都具备必要了解的人，才能胜任项目经理这个职位。

在江森自控，项目管理和 TQM 是并行发展的。就在同一个视频会议上，当 Dave Kandt 被问及公司是否必须先有坚实的 TQM 文化，才能试图发展项目集的项目管理时，他说：

我觉得不一定。因为，江森自控这样的公司对 TQM 和项目管理的同时实施并不是一种规范，相反，仅仅是一个特例。我知道，有些公司在项目管理方面相当成熟之后才采用 ISO 9000。因为它们的项目管理已经就位，并以相当成熟的形式存在。这样，对它们来说，实现 ISO 9000 和 TQM 是更容易的过程。毫无疑问，如果 TQM 也能同时就位，甚至 TQM 能先就位，那么实现起来会更容易一些。但是，我们在经济衰退期中了解到，如果你想在欧洲竞争，如果你想遵照 ISO 9000 的指南，那么就一定要实施 TQM。在通常情况下，项目管理可以很好地帮助 TQM

的实施。

也有人问，成功的项目管理能否存在于 ISO 9000 的环境中。Dave Kandt 说：

> 项目管理与 ISO 9000 是和谐一致的。不仅如此，ISO 9000 要求的很多系统正是项目管理成功的关键。如果没有一个很好的质量系统、工程变更系统，以及其他一些 ISO 9000 要求的系统，项目经理想要执行并完成这个项目将会非常吃力。更进一步来说，我觉得很有趣的是，正在试图建立并部署 ISO 9000 的公司，只要它们是成功的，那它们多半采用了项目管理的技术。每个不同的 ISO 要素都要求进行培训；有时甚至还要求在公司内部创建新的可以进行进度设定的系统，要求可以被指派任务的团队，要求可以被建立、跟踪和监测的交付物，以及要求汇报给高级管理人员的报告。这些正是我们在江森自控建立 TQC 的做法，而且在我看来，ISO 9000 所推动的目的与此非常相似。

全面质量管理

虽然 TQM 的原则依然成立，但六西格玛概念的重要性正在不断上升。第 5.4 节的其余部分由 AFSCN 卫星控制网络合同副项目总监、2006 年科兹纳项目经理年度奖得主埃里克·艾伦·约翰逊及科罗拉多大学科罗拉多泉分校定量方法专家、讲师杰弗里·尼尔提供。

> 在使用 TQM 的 PDCA 周期之余，持续改进 DMAIC［定义（Define）、衡量（Measure）、分析（Analyze）、改进（Improve）和控制（Control）］模型也可以用来改善项目管理的成效。这一模型已经在六西格玛和精简企业流程改进中得到运用，但其结构化、通过数据达成的问题解决方法论的基本原则，也可以用来助力项目管理的成功。
>
> 通过对从项目成功中采集到的数据和项目失败的根本原因进行评估，DMAIC 模型可以用来改进和提炼对项目的管理，从而提升最终产出产品的质量。
>
> 在定义阶段中，详尽的项目定义与要求是根据从客户和历史项目表现中收集的数据做出的。在这些方面尽可能多地收集信息，能够让项目经理可以专注于客户真正关切的焦点，同时回顾过去的表现，从而避免问题并将过去的成功经验发扬光大。在定义阶段中，通过评审人员、流程、供应商方面的可用资料，来确定完成项目成本、质量与进度要求的能力。简单来说，在定义阶段不仅要评估客户的要求，还要评估系统满足那些要求的能力。这两项评估都必须根据由专门的衡量系统收集的数据来进行。另外，在定义阶段应当确立相应的衡量指标，用于在项目执行期间监督和控制项目进程。这些指标会在衡量与分析阶段得到持续的评估（这些 DMAIC 阶段与 PMI 规定的项目管理阶段一致）。
>
> 在 DMAIC 模型的下一个阶段，也就是衡量阶段，我们会在项目执行中不断地评审来自衡量系统的数据（衡量指标在定义阶段已经认定），来确定项目正受到有效的管理。在定义阶段中用到的同样的数据指标应该用特定的项目数据加以

更新，来确定项目的进展是否顺利。基于执行中收集的数据的项目表现持续评估，是数据支持的项目管理的关键。

在继续衡量项目的进展时，很有可能其中的一些关键指标会显示有问题正在发生（现有问题）或有可能发生（诱导指标）。如果要项目按时、按预算并满足要求地执行，我们必须应对这些问题。此时，DMAIC 模型中的分析部分就成为项目管理的关键方面。对数据的分析本身就是一个全面的领域。关于如何评估数据的问题有无数的专著和论文，但我们的主要目标不变。数据分析的目标是将数据变成可用的信息，构成项目决策的基础。

对于特定的数据类型来说，有特定的数据分析方法，这些方法有针对性地解决特定的问题。第一个步骤（在收集数据之后）是得到关于数据的全景图。这一全景图应该包括一项中心趋势量度（例如平均数），以及如标准差这样的偏差量度。另外，像柱状图或帕累托图这样的图形工具，对于总结和显示信息作用很大。验证显著性和置信区间，对于决定分析的结果是否具有统计学上的显著性，以及预测获得相似结果的可能性来说，也非常有用。

在对流程进行持续监控时，控制图表也是常用的工具，用于评估流程的稳定状态并决定偏差是否显著到需要授权进行进一步的调查。另外，控制图表可以提供依据，来决定偏差的种类是特定原因还是普遍原因造成的。这种区别在决定是否需要采取合适的矫正措施方法时是非常关键的。

为了提供一个依据来认定项目表现问题的潜在根本原因，我们可以使用一些工具，如失效模式与影响分析（Failure Modes and Effects Analysis，FMEA），以及鱼骨图（也被称为石川图），来启发并记录我们对造成偏差的主要和次要原因进行分辨所必需的、组织化的思维过程。

如果数据满足了所要求的统计条件，如方差分析（Analysis of Variance，ANOVA）和回归分析这样的测试，可以在量化和预测流程及项目绩效方面极为有用。因为 ANOVA（一般线性模型）可以用来检测两个或更多因素或层级的平均数区别，ANOVA 也可以用来认定对应各类项目相关参数的重要独立参数。众多的回归模型（简单线性、多元线性和二元线性）可以用来量化独立参数对关键相关参数的不同程度的影响，这对项目成功至关重要。

简单来说，这个阶段运用数据来进行深入和彻底的根本原因调查，以期发现造成项目执行问题的关键事项，以及如果不加以矫正，会继续对项目造成的影响。

下一个阶段包含流程矫正和改进，来解决前一个阶段发现的问题的根本原因。这是一项矫正性措施（修正你遇到的问题）及预防性措施（确认这个问题或类似的问题不会再次出现）。于是，一旦根本原因得到认定，就会同时采取矫正性和预防性的流程改进措施，来应对当前项目的执行，并防止该问题在将来的项目中再次出现。为了保证当前的项目不会成为最近发现的问题的牺牲品，并避免之后的项目重蹈覆辙，会实施控制规划来监督和控制项目。这一循环对所有项目管理问题都适用。

对项目状态和指标的持续监督，以及对它们的持续分析与矫正，是一个从不中断的进程，并构成了项目的控制阶段。在这个阶段中，我们会使用在启动阶段中确立的关键衡量指标来跟踪项目绩效，并与要求进行比较。当项目问题的每个根本原因得到了分析以后，这些根本原因及随之而来的矫正性和预防性措施都会被输入一个“经验教训”数据库中。这使得我们可以采取持续一致的问题解决措施。之后，我们也会同时使用数据库来认定潜在的项目风险，并确立提前缓解风险的措施。

运用六西格玛工具和概率模型来进行风险/机会管理

无论合同的类型是什么，风险/机会管理是项目或项目集经理工具箱中最关键的工具之一，甚至可能是唯一的。一般来说，项目或项目集都会关注风险出现的可能性和/或风险带来的潜在影响。虽然这些都是开发良好风险缓冲计划的重要关键因素，但是项目团队机敏地察觉风险的能力才会对成功的项目执行产生最大的影响。如果无法察觉到风险，那么应对风险的能力就永远是被动的。无法察觉的风险比起高风险概率和高风险影响因素，会对项目执行构成更大的威胁。在这样的情况下，使用六西格玛工具中的失效模式与影响分析就会非常有效。FMEA 工具可以帮助项目团队进行评估，也就是察觉潜在的风险。专注于察觉风险可以帮助项目团队跳出思维的“条条框框”，提议、规划和执行成功的项目。

例如，如果你的项目/项目集存在一项非常有可能发生的风险，那它很有可能就不只是风险，而是一个问题。如果影响甚大而发生的概率不高，那么你会加以留意，但通常不会运用后备管理人员来试图减少风险。如果风险具有高度的影响或发生概率，却很难察觉，其结果可能是灾难性的。

管理项目/项目集的另一面，是缺少对机会的认定和管理。如果一个项目团队只专注于风险管理，那么他们可能错过项目潜在的机会。我们需要对机会进行和风险一样严格的评估。对一个项目团队来说，必须在机会的影响、概率和发现机会的能力方面给予同样的重视。FMEA 对机会识别与管理来说也是非常有用的工具。有时会产生无法察觉的风险，但发现和认识到机会的能力可以缓冲风险带来的影响。对机会识别的应用可以对固定价格项目产生最大的影响，因为节约成本就是增加边际利润。

如果项目具有风险进度表，那我们如何量化该风险呢？一种方法是通过概率模型。对你的进度表进行概率模型化操作可以帮助你预测按期实现所有里程碑的可能性。如果完成进度的风险过高，你可以用这些模型来进行假设分析，直到风险因素能够被降回到合理的水平。这种分析应该在项目进行基准化之前完成，或者（理想的情况是）在提议阶段完成。

成功实现这一策略的关键是一套相关的信息数据库，它能让你建立最符合现实的概率模型。这些信息必须从众多种类的大量项目中收集而来，从而保证能够评估有相似规模和范围/复杂度的项目。它必须与来自这些其他项目的“经验教训”

相整合，来建立缓冲进度风险的最佳概率模型。需要时刻牢记的是，模型的好坏取决于用于创建它的信息的质量。

5.5 并行工程

一直以来，美国公司都深受缩短产品开发时间这一需求的困扰。在经济条件好时，公司部署大量资源来解决开发时间长的问题。在经济走下坡路时，不仅资源短缺，时间也成为一个关键的约束。现今，作为这个问题几乎唯一的理想解决方案，并行工程的原理被广泛采用。

在进行项目管理时，并行工程要求不同的步骤和流程同步执行，而不是顺序执行。这意味着在项目开始且任何工作均未启动之前，工程、研发、生产、市场就都要参与进来。这并非易事，而且在项目进行过程中还会带来风险。这就需要优秀的项目计划，避免在之后的项目期间增加风险。最严重的风险是产品进入市场时的延迟，以及计划不当导致返工所引起的成本。项目管理必不可少的是经过改进的规划。因此，卓越的公司将并行工程和项目管理系统整合在一起，也就不足为奇了。

克莱斯勒汽车（现在的亚特克-克莱斯勒）公司在运动汽车上运用了并行工程和项目管理，使得该车型仅用了不到 3 年的时间便从概念进入了市场。并行工程很可能是推动人们更加接受现代项目管理的最强有力的因素。

5.6 风险管理

风险管理是采用有序的方式，识别和度量风险，并开发、选择和管理用于处理这些风险的选项。在贯穿本书的内容中，我都在强调未来的项目经理需要具备超群的业务技巧，以评估和管理包括项目风险和业务风险在内的各种风险。过去，项目经理很少被培训有关量化风险、对风险做出反应、开发应急计划、保存经验教训记录等方面的技能。当出现风险情况时，项目经理只能向高级管理人员寻求帮助。现在，高级管理人员逐渐授权项目经理做出与风险相关的决定，这就要求项目经理既有技术知识，又有扎实的业务技巧。

项目计划的准备是基于历史经验的，简单地说，就是我们从过去学到了什么。风险管理则鼓励我们面向未来，预测将来哪里会出现问题，从而开发应急战略来减轻风险。

过去我们也做过风险管理，但仅仅拘泥于对财务和进度的风险管理。为了减轻财务风险，我们增加项目的预算。为了减轻进度风险，我们在计划中加入更多时间。但是，在 20 世纪 90 年代，技术风险变得非常关键。简单地在计划中加入更多时间和金钱并不能减轻技术风险。技术风险的管理要处理两个基本问题：

- 我们能在现有的约束条件下开发这项技术吗？
- 如果我们确实要开发这项技术，该技术是否有过时的风险？我们预测的风险什么时候会发生？

为了处理技术风险，需要基于技术预测基础之上的、有效的风险管理战略。表面上看，把风险管理作为项目计划的必备部分应该相对容易。不就是在风险因素发生之前识别并处理它们吗？遗憾的是，至少在可预见的未来，情况通常是正好相反的。

多年来，公司对风险管理只是动动嘴皮子，采取的态度是“我们应该简单地学习如何应对风险”。很少有出版物讨论如何开发结构化的风险管理流程。1986 年 1 月，挑战者号航天飞机的灾难使人们意识到进行有效风险管理的必要性。

今天，风险管理已经变得如此重要，以至于公司在内部成立单独的风险管理部门。尽管许多公司已经多年使用风险管理功能单元，但仍旧未能领悟风险管理的本质概念。下面是总部在美国俄亥俄州的一家国际制造公司的风险管理部对项目集管理方法学的一段阐述。这个部门已经运营了大约 25 年。

> 风险管理部是公司财务规范的一部分，最终向财务主管汇报，财务主管进一步向首席财务官汇报。该部门的整体目标是协调保护公司的资产。实现这一目标的主要手段是通过损失预防计划消除或减少潜在的损失。该部门与内部环境健康安全部密切合作。此外，我们也雇用公司外的损失控制专家来帮助公司预防损失。
>
> 为确保整个公司都参与到风险管理流程当中，公司要求各个部门各自承担分派的预留自保准备金范围内的损失。一旦发生大的损失，部门必须自行消化损失及损失对利润空间的影响。这使得部门直接参与到损失预防及理赔要求管理当中。出现理赔要求时，风险管理部与部门人员保持定期联系，以建立理赔、准备金及最终解决方案。
>
> 公司购买的保险确实高于分派的预留准备金。对于直接索赔，保险费都分配到部门。这些保险费是基于销售额和以往的索赔记录来计算的，其中最大的比例分配在索赔历史记录上。
>
> 公司的每个驻地都需维护一个业务应急预案。这个预案由风险管理部门评审，并由内部审计部门及环境健康安全部门审核。
>
> 风险管理是公司运营中有机的一部分。例如，在公司收购和拆分时，风险管理被应用于尽职调查流程。尽职调查流程一开始，风险管理即被引入，并为部门管理层提供具体的书面报告和口头讲解。
>
> 客户服务是公司章程的一部分。用风险管理进行客户服务是公司的一个分支。部门与其客户的管理风格建立在共识基础之上，而不是强行定制的。从管理的角度看，在全国使用统一的 TPA（Third-Party Administrator）会容易得多。然而在各州，使用部门分支机构所在地的、强有力的地区 TPA 能给分支机构提供充分的、与当地特定法律相关的知识援助。这一方法在公司内实行得非常好，因为在各州有其特定的专业需要。

现在，全世界都认识到了风险管理的重要性。风险管理的原理不仅用于项目中，也可以用于业务的各个方面。一旦公司开始使用风险管理的实践，公司就能识别出风险管理流程的其他应用。

对于项目驱动的跨国公司，风险管理极为重要。并不是所有的公司都能理解风险管理及其重要性，特别是在不发达国家。这些国家有时会把风险管理看作对项目的过度管理。

请考虑以下的情况。当你的组织越来越善于进行项目管理时，客户开始给你越来越多的工作。你现在开始拿到“交钥匙”合同，或者完全解决方案的项目。以前，你所要做的就是按时交付产品，然后就结束了。现在，你还要负责项目的安装、启动，有时甚至要负责持续的客户服务。客户在项目中不再使用自己的资源，因为他们并不担心你如何处理你的项目管理系统。

也可能是另一种情况。你正在为第三世界国家的客户服务，这些客户还没有开发出他们自己的系统。100%的项目风险都由你来承担，特别是在项目越来越复杂时（见图 5-6）。

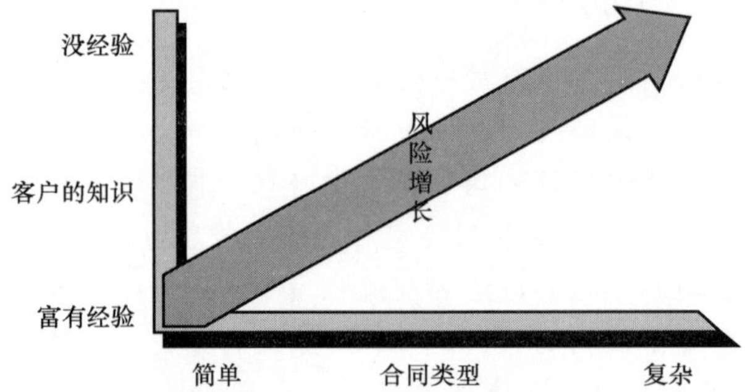

图 5-6　未来的风险

一个承包商得到一个在客户的新工厂中安装部件的合同。工厂会在某个特定的日期前竣工。竣工后，承包商会安装设备、进行测试，然后启动。直到启动成功，承包商才能收取产品和服务的费用。如果交付延迟，还会面临罚款。

承包商的部件及时交付了，但是由于工厂施工拖延，这些部件只能放在仓库中。这样一来，承包商将面临现金流的问题，而且因为在关键路径上的外在依赖，还有可能被罚款。换句话说，承包商的进度是由别人的活动决定的。如果当初项目经理不仅仅针对技术进行风险管理，也针对业务进行风险管理的话，这些风险可能要小得多。

对管理全球项目的项目经理来说，风险管理还有一个新的维度。如果项目所在国家的文化既不理解风险管理，也没有任何风险管理的流程，怎么办？如果员工都不敢报告坏消息，也不敢识别潜在问题，怎么办？如果当地员工根本不在乎项目在时间、成本、质量、绩效等方面的约束条件，怎么办？

5.7 瓦锡兰集团：对积极风险管理的需求

◆ 瓦锡兰电厂项目中的积极项目风险管理

在瓦锡兰集团，项目风险管理的主要内容一直是识别和规划。我们发现，如今复杂的项目需要将风险管理扩大至包含反思和发挥主观能动性。在风险发生并可能破坏项目目标之前需要解决风险。以下我们将简述在这方面所采取的措施。

项目中如何处理不确定性和风险在很大程度上取决于经验。可以说，许多项目经理只处理项目中实际遇到的不确定性和风险，而有经验的项目经理可以在风险变得突出之前就提前发现风险。同样，有经验的项目经理能够更容易发现机会和积极的不确定因素。然而，机会的发现不仅仅靠经验，还需要有承担风险的意愿。在许多情况下，项目经理需要转变思维方式才能做到这一点。

由于如今的大型项目变得越来越难管理，项目经理具有足够经验，能够准确认识项目的各个方面是非常重要的。除了项目本身，了解地理位置、客户和环境也是非常重要的。不提前掌握这些问题的知识和经验将带来严重问题，使得项目比通常情况更加复杂和困难。为避免这些缺陷，有必要利用整个项目团队的综合知识、经验和创造力。虽然风险管理是项目经理的职责，但不仅仅是他的任务。整个项目团队需共同承担该职责。

这让我们认识到建立包含项目团队中的分享信息的经验教训数据库的重要性。该数据库对新加入的项目经理或其他团队成员是一个重要的资源。同样，当项目团队接受一个新的项目类型或位于完全不熟悉的地理位置的项目时，能够获得类似案例的知识将会起到帮助。鉴于这些，需要实施一个分享所有知识和经验的经验教训数据库。

据我们了解，知识和经验在管理项目中的风险、不确定性和其他因素时发挥着重要作用。然而，积极的风险管理并不总是很容易实施，因为它取决于许多人的不同认识。需要进行大量沟通以获得组织对关于风险和不确定性的需求的共识，以及对组织的潜在益处的清晰理解。积极的风险管理不仅仅是发现风险及对风险进行定性和量化。运用风险管理流程就是充分准备好使用此前获得的经验和知识来防止风险发生，以及有信心采取必要措施鼓励积极机会的发展。

项目团队需要一个项目风险管理工具，可以持续跟踪预见和未预见的即将发生的事件。风险管理工具不需要多复杂，最重要的是在组织内使用的方式。我们认为，该案例中的口号“越简单越好”很好地概括了其需求是什么。

瓦锡兰使用的积极的风险管理流程包含 3 个不同阶段（见图 5-7）。首先，应进行项目分类以确定项目的复杂程度。其次，风险流程本身将在整个项目生命周期内作为连续流程管理。最后，应记录从采用与计划中的应对差别较大的行动的风险中所获得的经验教训。在瓦锡兰，我们在所有项目管理团队和管理层使用的共同项目管理工具中实施整个流程。

分类的流程将为风险识别步骤提供重要信息。该流程的意图是鼓励项目经理对项目进行思考、确定项目的复杂程度及为风险管理流程识别提供参考。该流程必须客观描述项目。项目分类为项目管理带来的核心附加值之一是确定资源分配所需的资源。

风险管理流程基本上还依赖其作为一个连续流程。分类流程中使用的所有相同的元素在该流程中实施。《PMBOK®指南》中描述的传统的风险管理流程用作新的风险管理流程的基础。

项目团队的充分利用对于积极的风险管理流程取得成功至关重要。忽视风险和不确定性，将在其意外出现并变成具有破坏性的问题时给项目管理造成重大问题。

需建立完善的沟通体系，以在项目团队中实施统一的风险管理流程。此外，应就如何使用风险管理流程进行培训，以改善对积极的风险流程如何运用的理解，并获得对其重要性的认识。

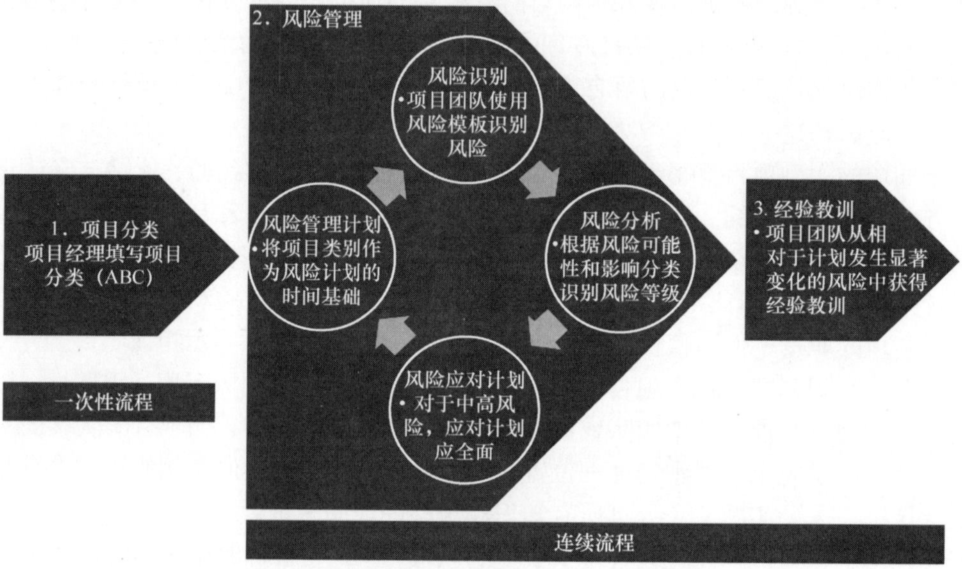

图 5-7 瓦锡兰电厂的积极项目风险管理流程

5.8 英德拉公司：当风险变成现实（问题管理）

对于像英德拉公司（以下简称英德拉）这样拥有在地理上分布广泛的数千个行动项目的公司，建立一套固定、持续的风险管理实践方法至关重要。这在图 5-8 中有具体展示。这些行动可能包含在整个项目生命周期内，计划并监控项目风险的结果所造成的影响。

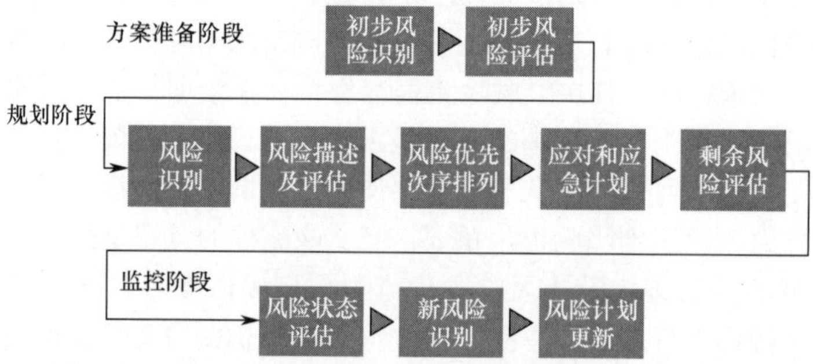

图 5-8 英德拉的项目风险管理流程

具有风险计划和风险登记的项目，在英德拉的比例非常高。然而，公司 PMO 指出，这一高比例未能防止一些风险发生，更糟糕的是，其他未知风险变成项目经理在计划中未能发现的问题。

然而，问题并不是在未来，而是现在已经影响到项目节点或进度，或者特定 WBS 元素，或者项目的承诺预算或质量水平。鉴于此，问题通常需要立即应对，必须尽快有效地解决，以避免影响到项目的其他领域。

我们认为，分析风险与问题之间的关系对一体化风险管理策略必不可少。通过事先评估风险及相关问题和分类，以及在规划早期阶段分析风险未能得到解决的原因，我们希望了解产生风险的原因并确定事先风险筛选标准。

随后，我们需要了解它们对项目的实际影响及所提出的解决方案是否有效。这将使得我们能够建立数据库并发现一些经验教训，帮助我们尽早识别有出现问题倾向的风险，并防止它们在未来的项目中出现。

并非所有问题都是相同的或对组织产生相同的影响。它们的影响取决于项目规模或容量、内外部可见性、复杂性、初步经济预测变量、进入正轨所需时间及对公司形象的影响。

经过事先所有考量，我们决定专注于具有更重要问题的项目。这些是需要密切监控的项目。对于这些项目，发现问题来源、它的直接影响和后续的行动计划是关键。为此，我们在 PMIS 中建立了名为问题注册的新功能，嵌入我们的 PMIS 问题管理模块中。

问题注册的工作原理如下：当负责项目控制的 PMO 或用户分析项目并发现存在严重问题时，项目经理需要在问题注册模块中填写详细信息。这在 PMIS 中通过红色警报自动触发（见图 5-9）。

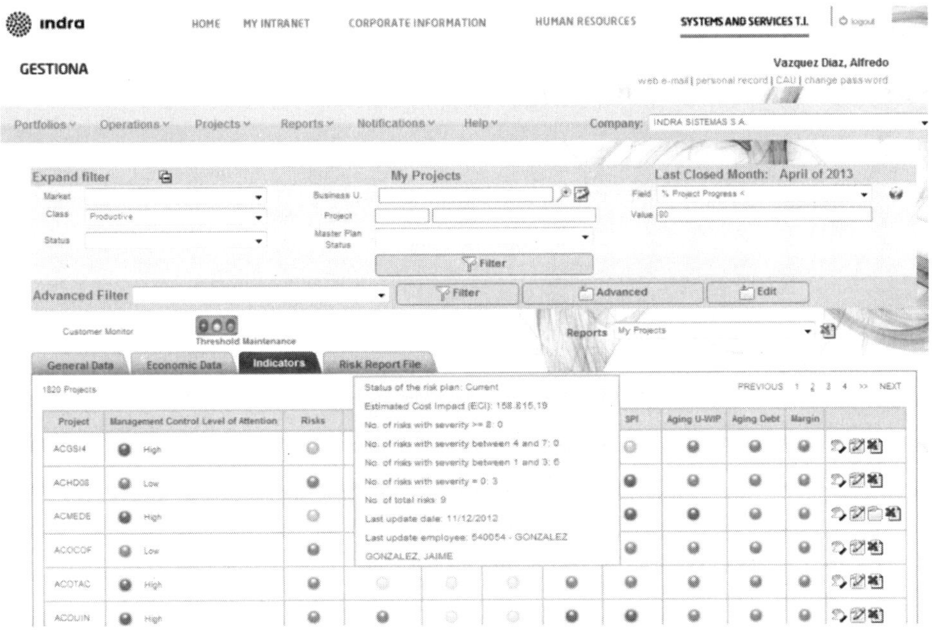

图 5-9　英德拉在 PMIS 中的项目风险监控

项目经理必须在报告中描述现有问题、应对问题的行动计划及令项目恢复正常必须实现的恢复目标。一旦完成，为了避免状态停滞，项目经理需要在此后的每个报告期更新信息，注明最新行动计划和与最初目标相比的项目状态。

我们希望用问题注册实现什么目标？我们希望专注于：

- 确定哪些问题来自此前发现的风险，哪些不是。
- 获得受到问题严重影响的项目的同类和典型代表。
- 追踪问题行动计划的效果。
- 不同角度（部门、解决方案、项目类型、地理位置等）就这些问题和项目向业务管理做出自动化和系统化的汇报。

我们的组织向来重视风险管理，将问题管理作为第二流程，与风险管理分开。问题管理更取决于项目经理的参与和积极性，因此需要以不同方式接触，尤其在内部项目背景中，并且不需要像风险管理那样由组织密切监控和跟进。

项目的注册和跟进及风险与问题之间的可追踪性可以从 PMIS 中完成。为扭转实际情况，我们将学习已经发生的问题作为第一步；在此分析基础上，在第二步专注于防止那些已经由其他项目经理注册、诊断并解决的问题复发。这些宝贵的信息能够使项目经理学习到其他人的经验。解决方案蕴藏在问题内，只有在了解问题后，我们才能解决并避免问题。

5.9 风险管理的失败

有无数的原因会导致风险管理的失败。典型的原因可能包括：

- 不能：
  - — 实施风险管理。
  - — 认定风险。
  - — 衡量风险发生的不确定性。
  - — 预测影响是正面的还是负面的。
- 在风险管理工作方面的预算不足。
- 有团队成员不理解风险管理的重要性。
- 害怕认定真正的风险会导致项目被取消。
- 害怕无论是谁发现了关键的风险都会被打入另册。
- 来自同事与领导的压力，他们希望无视风险看到项目完成。

所有这些失败都在项目执行过程中产生。这些失败我们基本上是可以理解的，也可以通过适当的培训和风险管理活动的预算分配来矫正。然而可能最惨痛的失败会在人们拒绝哪怕是考虑一下风险管理的情况下发生，而这种拒绝只来源于对风险管理的用处和项目重要性的一些先入为主的观念。David Dunham 在讨论一些人在新产品开发（New Product Development，NPD）项目中回避风险管理的原因时说：

> 在新产品开发方面谈论风险看上去就是件困难的事情。虽然事实是新产品开发本质上的高风险已经嵌入企业灵魂之中，但很多公司还是对管理风险采取一种听天由命的态度。对风险不加以重视的原因五花八门，取决于你所处的位置。

项目集经理

- 在风险评估与管理上花费时间与很多企业的行动文化相悖。“风险管理无法创造资产。”一位高级管理人员如是说。
- 管理层感到学习可以/应该在市场上拼杀的过程中完成。

项目经理

- 开发团队对关注不利的方面存在自发的抵触情绪。
- 将风险作为关注重点对开发团队来说是违反常识的，他们想要的是在竞争 NPD 拨款时争取最大的机会。

5.10　用风险管理定义成熟度

多年以来，项目管理方面的成熟度是通过我们是否能够频繁地满足项目的时间、成本、绩效或范围的三重约束来衡量的。如今，我们开始通过不同的要素来衡量成熟度，如《PMBOK®指南》中的知识领域。成熟度如今是通过不同步骤和要素来衡量的，如我们在范围管理、时间管理、风险管理和其他知识领域中的表现。Gregory Githens 相信，我们处理风险管理的方式可以成为组织成熟度的一个指标。

> 有些公司在进行良好的风险管理方面有更强的能力，而这些公司在成长与收益率方面是最有保证的。可能对风险管理成熟度最简单的验证方式，就是察看一下对新产品开发项目（集）经理所授予的权限：如果权限比较高，那么这个组织在自身风险管理方面的定位应该就比较好，而如果权限很低，那么公司可能只是在蒙着眼摸黑前进。另一种验证方式是对检查表的使用：如果在检查表上“打钩”就是公司对风险的全部应对措施，那么组织的成熟度就不高。风险管理提供了绝佳的窗口，可以看到公司将战略诉求和日常运营加以整合与平衡的能力。
>
> 很多公司忽视风险管理，因为他们看不到对风险管理的需要。他们认为自身所处的行业是稳定的，而将重点放在他们的竞争对手和运营挑战上……在项目层面应对风险，也就鼓励了组织让附加的战略考虑浮现。
>
> 顶尖的 NPD 公司有成熟的风险管理能力，它们会“预订”一个项目规划，注意产品范围和项目范围的细节，使用风险管理工具，如计算机模拟和基于原则的商讨，并将它们的规划和假设写入文档。这些相对成熟的公司也就是那些会在建立项目基准和合同时考虑风险的公司。举例来说，北电就运用一种被称为“界外球”的概念，为 NPD 项目集经理提供更大的自由度，在时间、绩效、成本与其他因素之间进行权衡取舍。风险分析和管理是非常重要的工具。
>
> 不那么成熟的公司通常确立一个截止日期，而不怎么关注其他的事情（就我的经验来说，大多数公司都是这样的）。那些运用“赶上发布日期”决策规则的

公司，就等于自动弃权进入了被动接受状态——试图隐藏而不是管理风险。“救火行动”和危机管理是它们的组织文化特色，而它们的战略表现是飘忽不定的。这些公司就像神话人物伊卡洛斯：飞得很高，却因为忽视了显而易见的风险而摔落下来。（希腊神话中的少年伊卡洛斯用蜡和羽毛制成的翅膀飞上高空，因为蜡被太阳融化而坠落丧生。——译者注）

5.11 波音公司

随着公司在项目管理上获得成功，风险管理成为在整个项目生命周期中持续进行的、结构化的流程。支撑对持续风险管理的需求的两个最常见的因素，是项目的持续时间及风险可能危及的费用。以波音公司的项目为例，设计交付一种新的飞机可能需要 10 年，投资可能超过 150 亿美元。

表 5-1 显示了波音公司的风险类别（注意，表中的风险类别并不是互相独立的，也不仅限于这些风险）。新技术能够满足客户的需要，但与已有技术相比，新技术的学习曲线会更长，因此生产的风险也更高。当产品特性是为个别客户单独定制的时候，学习曲线可能进一步延长。另外，在飞机的生命周期中，供货商的流失也会在一定程度上给技术和生产的风险带来影响。这些风险之间的关系，需要利用风险管理矩阵及持续的风险评估来管理。

表 5-1 波音公司的风险类别

风险类型	风险描述	风险减轻战略
财务	基于售出的飞机数，决定预付金和回收期	• 按生命周期投资 • 持续的财务风险管理 • 与次承包商分担风险 • 根据销售意向重新评估风险
市场	基于飞机 30～40 年的寿命，预测客户对成本、配置、设施的期望	• 确定客户的联系人和意见 • 是否愿意为客户进行定制设计 • 开发允许定制的基准设计
技术	由于飞机的寿命很长，必须预测技术及其对成本、安全、可靠性、可维护性的影响	• 结构化的变更管理流程 • 使用已经验证的技术，而不是高风险技术 • 并行的产品改进和新产品开发流程
生产	在不影响成本、进度、质量、安全的前提下，协调生产及大批次承包商的配件组装	• 与次承包商密切合作 • 结构化的变更管理流程 • 从其他新飞机项目集中吸取教训 • 使用学习曲线

5.12　变更管理

公司使用变更管理来控制内部产生及客户驱动的项目范围变更。大多数公司成立了配置控制委员会或变更控制委员会，用来控制变更。对于客户驱动的变更，客户也是配置控制委员会的一个成员。配置控制委员会至少要处理下面 4 类问题：

- 变更的成本是多少？
- 变更对项目进度有什么影响？
- 变更给客户或最终用户带来什么增值？
- 存在什么风险？

开发变更管理流程的好处在于使你能够管理你的客户。当你的客户提出一个变更要求时，你必须能够马上预测变更对进度、安全、成本、技术表现所产生的影响。这些信息必须马上传递给客户。特别是，当你的方法论决定了一旦进入项目生命周期的某个阶段后就不能再有任何进一步的变更时，更需要通知你的客户。让客户了解你的方法论是如何工作的，是在范围变更流程中客户能否认可你所给出的建议的关键。

风险管理和变更管理共同发挥作用。风险导致变化，然后，变化又导致新的风险。以一家项目经理负责新产品开发的公司为例。管理层常常在项目还未开始前就确定了交付时间，并希望在某个日期前从项目中得到收益，以抵消开发的成本。项目经理在新项目开发过程中把管理层看作他的客户，而管理层把期待新产品带来收入的股东看作他的客户。如果交付时间不达标，则会让各种“乌纱帽”掉落一地，通常，先遭罪的是管理层。

在本书的上一版中，我们提到过 Asea、Brown 和 Boveri 开发了卓越的风险管理流程，所以它同样构成了变更管理流程也是可以理解的。具有卓越项目管理的公司，在其项目的整个生命周期中贯穿着风险管理和变更管理。风险及变更对产品质量、成本、进度的影响，都会以最快的速度不断更新、报告给管理层。这样做的目的是最大限度地减少意外的发生。

5.13　其他管理流程

在 20 世纪 90 年代早期，员工授权和自发型团队曾引起商业界的一场风暴。随着对客户满意度的日益重视，授权给离客户最近的人（如订货服务员、护士、秘书等），让他们采取行动解决客户的抱怨，是很有意义的。员工授权的合理拓展就是自发型工作团队。自发型工作团队是指一组从事特定日常工作的员工管理他们自己及他们所做的工作，其中包括运用资源及解决问题等。

有人认为授权是下一次工业革命的基础。确实，许多知名的跨国公司都建立了自发型工作团队。这些公司包括洛克希德–马丁、霍尼韦尔和惠好公司等。时间可以证明这些概念最终会成为主流还是昙花一现的风潮。

“重组一家公司”是指由于（通常很遗憾地）相信同样的工作可以由更少的人完成、

成本更低、周期更短而进行的裁员。因为正是项目管理提出要在更短的时间内、由更少的人完成更多的事，因此，只好把项目管理作为重组的一个部分加以实施。现在还不能确定在裁员的同时实施项目管理工作能否起作用，但是有些项目驱动型的组织认为这种做法是成功的。

生命周期成本计算最早应用于军事组织。简单地说，生命周期成本计算要求在研发流程中的决定要根据系统整个生命周期的成本来评估。生命周期成本是指一个组织在产品的整个生命周期中，拥有并获取该产品的所有成本。

第6章 文 化

6.0 简介

在项目管理方面非常卓越的公司，最重要的特点也许就是它们的文化。项目管理的成功实施创造出一种组织文化，这种组织文化能够根据每个项目的需要迅速地变化，而且能够迅速适应一个不断变化的动态环境。成功的公司需要能够应付实时的变化，而且能够承受随之而来的潜在混乱。如果两个具有不同文化背景的公司必须在一个共同的项目上合作，情况可能变得更加困难。

在所有组织中，变化都是不可避免的，在项目驱动的组织中更是如此。卓越的公司已经认识到，只有组织形成了一种鼓励和维持必要的组织行为的文化时，才能在竞争中获得成功。公司的文化不会在一夜之间改变，而是通常需要几年的时间，但如果有行政支持，就可以减少（转变的时间）。即使只有一个高级管理人员不愿意支持有潜力的、好的项目管理文化，都可能导致一场灾难。

在项目管理早期，一家小型航空航天公司为了生存，不得不建立起项目管理的文化。变化是迅速的。遗憾的是，工程方面的副总裁不愿意接受新的文化。在接受项目管理之前，组织中权力的基础是在工程方面。所有的决定不是由工程方面提出的，就是由工程方面批准的。这个组织如何才能让这位副总裁接受新的文化呢？

公司总裁认识到了这个问题，却找不到解决方案。有个办法是裁掉这位副总裁，但是由于他以前取得的成功及他掌握的技术诀窍，这个办法不可行。这时公司拿到了一个具有重要战略意义的两年项目，于是这位副总裁被委任为临时的项目经理，不再是工程副总裁了。项目完成时，这位副总裁又被委任为项目管理副总裁，这是个新创立的职位。

6.1 公司文化的创建

公司文化的创建和到位可能需要很长时间，然而公司文化的毁灭可以发生在转瞬之间。公司的项目管理文化是基于组织行为的，而不是基于流程的。公司文化反映了高级管理层的目标、信仰和渴望。建立起良好的文化所需要的组成要素，可能需要好几年。但是这种文化可能仅因一个高级管理人员个人拒绝支持项目管理的想法而迅速坍塌。

项目管理文化可以存在于任何组织结构中。然而，这种文化成熟的速度，可能基于公司的规模、项目的性质和规模、客户的类型是内部还是外部等。项目管理是一种文化，而不是方针政策或办事流程。因此，可能很难为项目管理文化定一个基准。在一家公司适用的文化可能在另一家公司就不太适用。

好的公司文化也能促进更好的客户关系，特别是外部客户。例如，一家公司作为承包商，建立了总是诚实地向外部客户报告测试结果的文化。相应地，客户渐渐地把承包商当作合作伙伴对待，而且定期共享自己的专有信息以便能和承包商互相帮助。

在卓越的公司中，项目管理的流程演变为基于向多个老板汇报的行为文化。向多个老板汇报的文化非常重要。有种错误观点认为，项目管理的基准能成功地从一家公司搬到另一家公司。定义基准的过程，是不断比较、度量世界各地的组织，获取信息以帮助组织改进绩效、提升竞争力的过程。竞争基准是组织绩效与竞争组织绩效的对比。流程基准是指针对单个流程，将那些在这一流程上表现出卓越绩效的组织的绩效定为基准。

由于项目管理文化是一种行为文化，定义基准的工作最好是定义最佳实践，如能产生出众的绩效的领导力、管理、运营方法等。因为存在很强的行为影响，所以几乎不可能把一家公司的项目管理文化转移到另一家公司。就像前面提到过的，在一家公司起作用的文化可能到了另一家公司就不起作用了，或者成本过高。

当把项目管理看作一种职业并得到高级管理层的支持时，能产生强势的文化。一种强势文化也可以用来区别主要业务。无论一种项目管理方法是正式的还是非正式的，强势文化都能够专注于它。然而，在任何文化的形成过程中，总会出现一些需要跨越的障碍。

AT&T 的发言人表示：

> 项目经理被看作项目团队中拥有特定工作技能、承担特定责任的专业人士，而项目管理就是因此得以被支持的。一个项目经理可以挑选项目团队并全权掌控预算拨款吗？不是的。对一家大公司来说，这是行不通的，因为会有来自不同职能机构的众多项目在同时竞争资金和专家。
>
> 正式的项目章程并不总是指定个人作为项目经理，然而，一旦被任命为项目经理，随之而来的就是被赋予这个角色的相应权力。由非正式过渡到正式的过程通常是从项目规划和时间管理开始的，而范围管理在稍后进行。
>
> 近期项目经理大多能获得支持，但是障碍还是存在的。曾经最大的障碍就是使管理层相信他们并不需要一直管理所有的项目，他们可以管理项目经理并让项

> 目经理管理那些项目。帮助解决这个问题的一项措施就是将项目经理们调至一个工作团队，并由一个强大的项目经理支持者管理监督，而不是将项目经理们分散在公司的各个项目团队中。卓越项目管理中心如果能够完成他们的工作，即提高整个公司的项目管理能力，也将有益于此。这其中包括影响公司文化来支持项目经理。
>
> 我们的成功归功于从一个领导层的视角建立起一个具有奉献精神的项目管理组织文化，这种组织文化清楚地知道项目管理对于业务的价值。我们的愿景是，建立起全球最好的项目管理体系，使客户体验最大化，并为 AT&T 增加利润。

在好的文化中，项目经理的任务和职责是明确确定的，而且项目经理能够获得高级管理层的支持和公司内部所有人的理解。英德拉公司项目管理办公室前主任 Enrique Sevilla Molina 表示：

> 基于我们公司的历史背景及在项目管理方面已经进行过的实践，我们发现项目经理是决定项目是否成功的一个关键因素。通过在决策时全力支持项目经理，也从而在项目定义和执行方面给他所有的尊重，我们的项目管理理论和实践得以建立。
>
> 我们相信项目经理不仅仅在运行项目或掌控预算和进度，更如同我们的首席执行官过去常说的那样，他会带着一种“将项目视如己出”的心情来理解和看待他管理的项目，并运用统筹方法来完成他的工作。
>
> 我们的文化将支持项目经理的工作，把在决策过程中为他们提供帮助及为他们的工作提供所需工具和培训作为优先要务。这种方式实现了在一定程度上不那么严格的正式流程。它使得项目经理的责任感和主观能动性得以发挥，但仍是符合框架体系标准和规范的，从而保障了稳健的财务和业绩报告。
>
> 我们可以说，在公司整个发展过程的不同阶段、在所有的业务部门，项目管理总是能够得到支持，尽管在有些地方我们并不情愿改变已经建立起的一套工作方式。主要的一项障碍或不利条件就是对不同类型的项目和产品运用同一套项目管理概念的能力。我们的培训项目主要关心的仍旧是试图解释框架体系和方法是如何运用到项目中去的，这些项目包括在定义上高度清晰的项目及不那么清晰的项目（模糊项目）。

6.2 公司的价值观

在优秀的公司中，文化的一个重要部分是已经建立的、所有员工都遵守的一套价值观。价值观不仅仅是通常的“标准行为”手册，或者与客户打交道时的道德和伦理。确保公司的价值观和项目管理互相契合，对任何项目的成功都是至关重要的。为了确保这种价值观的契合，公司的目的、目标和价值观被项目组的所有成员深刻理解是非常重要的。

成功的文化由各种类型的价值观构成，图 6-1 显示了其中的一些。每个公司都可以有自己独特有效的价值观。不同公司间的价值观不能互换。

图 6-1 价值观的类型

成功文化的一个更有趣的特征是，当员工在工作之外和工作中有社交时，生产力和合作往往会增加。

在任何结构中，成功的项目管理都可以蓬勃发展，无论这种结构在理论上看有多么糟糕，但是组织内的文化必须支持项目管理的 4 个基本价值观：

- 合作。
- 团队工作。
- 信任。
- 有效的沟通。

有些公司更愿意加入第五个基本价值观，即道德行为。这主要是由于项目管理协会的行为准则和职业责任导致的。

6.3 文化的类型

基于业务的性质、信任和合作的程度、竞争的环境等，项目管理文化有不同类型。

- 合作的文化：这种文化基于信任和有效沟通，不仅仅是内部的，也包括外部的利益相关方和客户。
- 不合作的文化：在这种文化中普遍存在不信任。员工更多地为个人利益和个人兴趣着想，而不是为团队、公司、客户的利益着想。
- 竞争的文化：这种文化迫使项目团队之间为了得到公司宝贵的资源进行竞争。在这种文化中，项目经理经常要求员工展现出更多对项目的忠诚，而不是对一线经理的忠诚。当员工同时为多个项目工作，并且接受项目和职能经理的不同指示时，就可能导致灾难性的后果。

- 孤立的文化：当一个大型组织允许职能单位发展它们自己的项目管理文化时，就会发生这种情况。这可能导致战略业务部门内部产生一种“文化中的文化”的环境，当多个孤立的文化必须相互接触时，这可能是灾难性的。
- 分裂的文化：如果项目团队中的部分成员与其他成员地理上不在一起，就会导致分裂的文化。虚拟团队通常被认为是支离破碎的文化。分裂的文化也存在于跨国的项目中，可能公司总部的团队有很强的项目管理文化，但是国外的团队没有持续的项目管理文化。

以下着重介绍其中几种。

合作的文化因有效沟通、信任和合作而盛行。决策的制定是基于所有相关方的最大利益的。无论是个人还是委员会，行政支持更多的是被动的，而不是主动的，很少有问题会上升到行政层面来解决。项目管理更多的是非正式的，而不是正式的，有最低限度的文档记录，而且只在必要时开会。这类项目管理文化的形成需要很多年的时间，并且在经济景气和不景气时都很好地发挥着作用。

不合作的文化反映了高级管理层内部无法协同合作，也可能是他们无法与下层员工协同合作。互相尊重在这种文化中是不存在的。如果为了正当目的可以不择手段，不合作的文化也可能给客户好的交付物。然而，这种文化无法像合作的文化那样，有那么多的成功项目。

竞争的文化在短期可能是健康的，特别是当工作量很充足时。长期的效果却通常不太好。一家电子公司以前不断投标那些需要三个部门合作的项目。然而，管理层实施了一个无益的决定，即允许每个部门自行投标，从而使它们在内部产生竞争。一个部门得到合同，另两个部门就会作为次承包人。

管理层认为这种竞争是有益的，但遗憾的是，其长期结果是灾难性的。这三个部门互相之间拒绝交流，信息的共享也停止了。为了能以投标的价钱完成工作，中标的部门开始把少量的工作交给外部承包商，而不是交给成本更高的另两个部门。随着越来越多的工作交给了外部承包商，公司开始裁员。管理层最终意识到了竞争性文化的弊端。

文化的类型可能受到行业及业务规模和性质的影响。Eric Alan Johnson 和 Jeffrey Alan Neal*：

> 数据导向的文化（也被看作数据驱动的文化和以知识为基础的管理）的特点是领导层和项目经理将关键业务行动立足于根据定量方法得到的结果。这些方法包括各种工具和技术，如描述统计学和演绎统计学、假设检验和建模。这类管理文化极大地依赖一套一致、精确的数据收集系统，这套系统专门（作为标准）用

* Eric Alan Johnson 卫星控制网络合同项目副主任，获得了 2006 年科兹纳年度项目经理奖；Jeffrey Alan Neal 获得了科罗拉多州斯普林斯市科罗拉多大学定量方法专业的黑带、精益专家和讲师。

于衡量关键绩效。一套健全的衡量体系分析项目集需要确保数据的精确性和基本可用性。

为了将关键业务和项目集对象展现给所有的工作人员，这种类型的文化也需要可视化管理技术。一套可视化管理方案不仅需要将项目的流程和绩效展现出来，还要逐渐持续地将自豪感和主人翁意识灌输给那些最终为项目和项目集是否成功负责的人，也就是员工本身。

还有一个对于这类管理文化的成功至关重要的因素，那就是为实现这样一个体系而需要的技术方面的培训。为了精确地获得评估结果并能够根据不同类型的数据（包括标称数据和区间资料）制定精准的决策，组织需要在不同种数据分析和诠释方面有专长的专家。

6.4 公司文化应用于工作

合作的文化是基于信任、沟通、合作和团队工作的。因此，组织的结构可能变得不那么重要了。仅仅为了引入项目管理而重组公司可能导致灾难性的后果。重组公司应该有别的原因，如为了与客户更接近。

成功的项目管理可以在任何结构下产生，无论这种结构在理论上看多么糟糕，只要它能促进团队工作、合作、信任和有效沟通就可以。

◆ 波音公司

在项目管理早期，航空航天及国防领域的承包商会为特定的客户，如空军、陆军、海军等，设立针对客户的项目办公室。这些项目办公室的好处之一就是能为这一客户建立特别的工作关系和文化。

因为项目常常持续数十年，发展这种特别的关系或文化是合适的。这就好像在文化中另有文化。当项目消失且不再需要项目办公室时，项目办公室中的文化很可能也就随之消失了。

有时，一个大型项目可能需要公司文化持久的变化。波音公司决定设计、建造波音 777 飞机时，就是这样的情况。波音 777 项目需要新的技术，工作方式也发生了根本的变化，人们需要在一起工作。文化的变化要渗透到公司的各个管理层级，从最高层直到车间的工人。表 6-1 显示了一些已经发生的变化。该表的内容显示，在一些大型、长期的项目中，文化的变化可能是必要的。

随着项目管理的成熟和项目经理的责任越来越重，这些经理可能被赋予工资和绩效管理的职责。然而，即使优秀的公司也还在为这种新的方法而努力改进。第一个问题是，项目经理自身的薪酬也许还不在公司的管理层薪酬范围内，却被赋予签署绩效评估的权力。

表 6-1 波音 777 新飞机项目带来的变化

情　　境	以前的新飞机项目	波音 777
高级管理层的沟通	秘密的	开放的
沟通方向	纵向的	横向的
思考流程	二维的	三维的
决策	集权的	分散的
授权	经理	直到车间工人
项目经理	经理	包括非经理
问题解决	个人	团队
经理的绩效考评	单向的	3 个方向的
HR 的焦点问题	弱	强
会议风格	秘密的	开放的
客户参与度	非常低	非常高
核心价值	最终结果、质量	领导力、参与度、客户满意度
决策速度	慢	快
生命周期成本	最低	大量的
设计灵活性	最小	较大

注：本表中的信息是作者对所发生的一些变化的解释，不一定是波音公司的官方意见。

第二个问题是决定采用何种工会员工评价方法。这可能是最严重的问题，评审委员会还没有决定采用何种方法开展评价。高级管理层不太愿意实施会影响项目管理的薪酬管理方式的原因是担心工会的介入。这将使情况发生明显变化，尤其是当项目团队中的一员认为工会某位员工可以晋升，该员工的直线经理却说晋升必须取决于工会的标准时。对这种问题没有黑白分明的答案，大多数公司甚至还没有解决这样的问题。

◆ 中西部公司（化名）

公司越大，对整个公司建立统一的项目管理文化就越困难。大公司有不少的项目管理方式，让每个项目都可以以不同的速度成熟。中西部公司有一个在项目管理方面非常出色的部门。这个部门有很强的文化，而且每个人都对项目管理提供支持。该部门因其成功管理项目的能力赢得了多个奖项及表彰。同时，有一个兄弟部门比这个优秀的部门在项目管理成熟度方面大概落后 5 年。在一次对这一兄弟部门的审查中，以下方面的问题暴露出来：

- 新技术导致流程不断变化。
- 没有给工作留下足够的时间。
- 外部的干扰太多（如会议、延迟等）。
- 时间进度是基于一些假设安排的，而这些假设最后在项目执行过程中发生了变化。
- 劳动力不均衡。
- 不同的团队有不同的目标。

- 使用的流程对“自由职业者”没有任何灵活度。
- 无法开放地讨论问题，因为有些人把技术批评当作人身攻击。
- 缺乏质量计划、进度安排、进度追踪。
- 缺乏资源的追踪。
- 从其他人那里继承了项目，却发现很少甚至没有支持的文档记录。
- 要进行合同管理或代理商管理。
- 项目的预期不断变化或不断扩展。
- 项目的最终期限不断变化。
- 在最后时刻的需求变更。
- 项目中的成员有自己的幕后动机。
- 项目的范围从一开始就不清楚。
- 依赖其他一些资源，却对这些资源没有控制。
- 互相指责。
- 没有正式的成本估算流程。
- 缺乏对工作分解结构的理解。
- 很少或没有对客户的关注。
- 重复劳动。
- 缺乏或几乎无法得到关于客户需求/要求的声音。
- 支持人员的能力很有限。
- 缺乏管理层的指导。
- 没有产品或项目的发起人。
- 糟糕的会议。
- 人们不容易合作。
- 当人们被要求做他们该做的工作时，觉得自己被攻击；他们的经理只想开发出高质量的产品。
- 有些任务需要的时间不清楚。
- 有些人希望参与，却不具备解决问题所需要的技巧。
- 依赖关系。要确保规范变化时，其他与之有依赖关系的事物也跟着变化。
- 每天都要“救火”，以便不危及以前安排好的其他工作。
- 重叠的任务（如同时进行 3 个）。
- 团队中没有委派合适的人。
- 缺乏管理层支持。
- 工作以“距到期时间还有……天”的方式开始，而不是以“尽早开始”的方式。
- 在非管理层员工之间的小团体势力。
- 不存在风险管理。
- 项目范围的蔓延（每个增量在当时看起来都很小，但是所有这些变化累积起来非常多）。

- 与海外部分行动的沟通效果差。
- 模糊的/不断变化的责任。（谁在推动事情？）

大公司往往喜欢多个小型的项目管理，而不是整个公司统一的文化。然而，在有些情况下，公司必须有一种全公司统一的文化来保持竞争优势。有时只是为了保持竞争优势，而另外的情况是为了成为一家全球化公司。

6.5 基伊埃公司与喜力公司合作：学习体验

项目管理规则中最重要的一个方面，是根据项目的具体特点，适应项目所在国家的工作文化及项目的客户。

基伊埃公司是一家全球一流的技术供应商，为各种加工行业的交钥匙工厂提供服务，尤其是食品和饮料行业的最大供应商之一，与世界第三大酿酒公司喜力公司一直在全球范围内紧密合作，根据喜力公司的需要在喜力工厂实施不同类型的项目。为西班牙喜力工厂实施的最后一个项目，尤其是喜力公司和西班牙基伊埃公司本地团队之间的密切合作，是从文化角度定义的在项目管理中学习和应用的最佳实践方法，以实现两家公司的战略目标的范例。

在西班牙的几家工厂中，基伊埃公司为喜力公司开发的项目中，文化方面是关键。为了能够成功地做到这一点，两个团队都必须以开放的方式，将两个公司之间不同的项目管理方法相结合。

项目管理是基伊埃公司的核心竞争力。为了使所有项目管理人员能够在预算内，按照客户的期望，按时保质地交付项目，基伊埃公司开发了项目管理方法、工具和培训。这都包含在基伊埃公司项目管理手册中。

本手册基于项目管理的知识体系指南，向项目经理解释如何管理和实施项目。它将项目分为单个步骤，这些步骤可以单独视为小项目。该方法不仅保证了正确的项目实施，而且保证了项目与销售、售后阶段之间的平稳过渡（见图 6-2）。

这种模式是基伊埃公司实施项目的关键，为基伊埃公司与西班牙喜力公司的合作提供了巨大的附加价值。

接下来我们将解释模型中显示的步骤序列。

过渡阶段

- 喜力公司项目团队和项目经理在销售阶段的互动非常频繁，以确保客户的需求包含在提交的报价中。
- 明确项目范围和所有条款、条件是为项目开发创造坚实基础的必要条件。在这一点上，甚至与项目未来阶段相关的问题，如职业健康和安全、工厂基础设施，也与喜力公司进行了讨论。
- 经常召开协调会议，在项目经理和双方项目团队成员之间建立了良好的关系。当然，只要有可能，这些会议都是以预定的议程和特定的时间间隔举行的。从基伊埃公司的角度来看，这项练习不仅可以让你更好地了解项目需求，还可以让你更好地了解客户最重要的利益相关者。

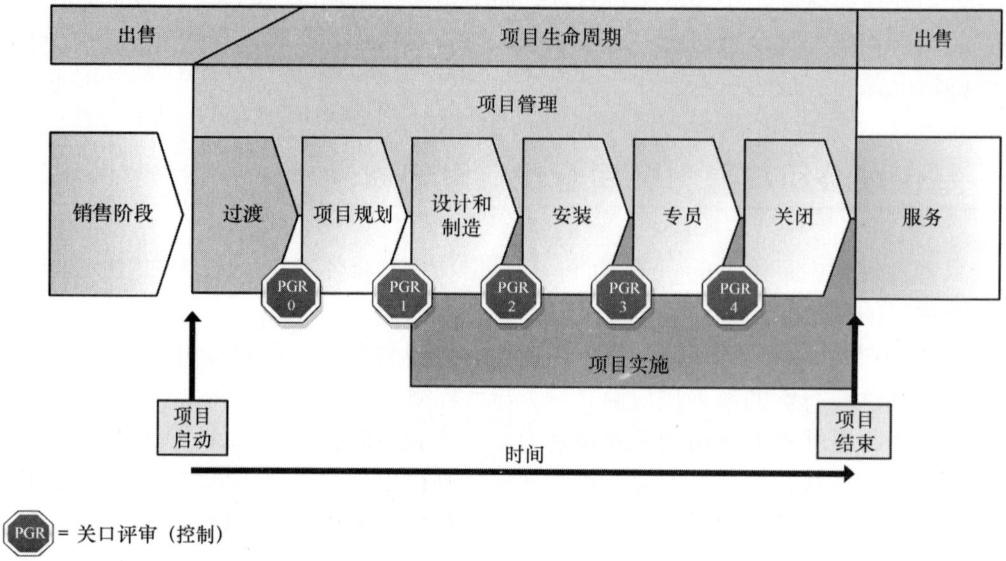

图 6-2 基伊埃公司项目管理模式

规划阶段

- 在计划阶段，两个项目经理之间的联系非常密切。从合同签订之日起，所有创建不同管理计划的过程都是共同完成的，重点是沟通、风险评估、资源分配、进度（活动、采购、物流等）、预期质量等。
- 频繁的讨论一直持续到达成共识，这最终对项目实施和项目团队成员之间的关系非常有益。对于公司和它们的最高管理者来说，从那时起，只有一个联合项目团队存在。
- 虽然它属于项目的其他阶段，但基于项目演进的时间安排的更新对双方都非常有用，也是一种成功面对项目问题和风险的方式。

设计与工程

- 设计和工程也共同完成。基伊埃公司根据喜力公司制定的项目要求制定了详细的工程设计，包括各个方面（工艺和仪表图、三维实体图、布局图、滑橇、液压设计、设备和组件选择等）。
- 一轮又一轮的初步协商、工作开发和进一步的确认在所有学科（机械和工艺、电气）中进行。
- 因此，通过减少设备制造、安装和调试中的范围变化，这些初步协商所消耗的时间相对较大。双方的开放思想是允许良好工程开发的一个因素。
- 喜力公司通过与基伊埃公司分享工艺的关键因素，向设计和工程师展示了其对基伊埃公司的承诺——透明度、相互信任和明确的目标，当然，所有这些都受到双方签署的保密协议的保护，对于确保项目这一部分的成功非常重要。

- 与前几个阶段相反，在可交付成果的数量并不多的情况下，在设计和工程阶段有大量可交付成果。随着现有文件（主要是时间安排和风险评估）的更新，这些文件包括工艺和仪表直径图、电气和实体图纸、三维设计、布局及液压、电气和结构计算。
- 此外，必须指出的是，这一阶段也与零部件的采购和设备的制造有关。基伊埃公司向喜力公司咨询了设备的技术规范及合格供应商和承包商的使用情况，还商定了采购日期，以确保喜力公司能够安全、可靠地储存其工厂进一步安装所需的所有材料。
- 作为采购的重要组成部分，基伊埃公司向喜力公司提供了推荐的备件清单，该清单将在以后用于支持项目的调试。这种做法可确保项目调试不受缺少更换零件的影响。

安装阶段

- 在安装阶段，设计变得真实了。
- 在这个阶段，客户方的利益相关方的数量通常会显著增加。在早期阶段，基伊埃公司只与项目经理或关键工程师接触；在这一阶段，许多其他角色突然出现。有一长串的人需要处理，包括来自其他承包商（土木工程、公用事业、职业健康和安全等）的相关人员，来自客户（工厂管理、维护、仓储等）的其他人员，甚至政府官员（许可证、法规、正式授权等）。
- 喜力公司的项目案例是有效项目管理实践的一个很好的例子。在集成商和客户之间经常发生冲突的情况下，前几个阶段建立的稳固关系对于顺利完成安装非常重要。喜力公司和基伊埃公司工作顺利。设备和组件符合批准的工艺和仪表图，其质量和标准是正确的。仓库空间、服务等基础设施已可用于工厂的运营。
- 此外，在这一阶段，与其他承包商的互动非常频繁。每天召开联合会议，以协调待完成的工作，不仅是为了更好地协调，也是为了避免事件和意外事故。关于互动，喜力公司所做的工作必须得到赞许。
- 项目开发的另一个相关主题是对参与机电安装的分包商的控制。基伊埃公司、其分包商和喜力公司之间的互动非常频繁，始终从积极的角度进行管理，为项目开发取得良好效果奠定了基础。
- 一旦安装接近完成，就应该进行一次通用的验证，以确保所有问题都得到了正确的注册，并规定了解决问题的措施。

调试阶段

- 重要的是启动调试阶段，安装完成并经过验证。如果不可能的话，一个好的待定要点列表，包括所有者和解决日期，是至关重要的。
- 在这个阶段，不同的集成商和客户之间的交互比项目中任何时候都要频繁，有时甚至充满冲突。基伊埃公司的方法是让客户不仅是管理层，而且尽可能多地参与所有运营层面的管理。喜力公司的管理在西班牙工厂开发的所有项目中都非常乐于接受和合作。由于项目对工厂正常生产运行的干扰，由于之前与生产部门的管理保持一致，通常的冲突被最小化。此外，还及时为项目工程区域提供了服务和公用设施，方便了调试开始。

- 喜力公司成功地进行了系统验收测试，确保了产品的可靠性、耐用性和可重复性。此外，在安装阶段，还创建了一个待解决问题列表，用于记录、分析和修复所有需要注意的问题，以使工厂保持良好状态，尽管这些问题不会妨碍正常生产。
- 项目文件在调试结束时提供。它涵盖了所有维护要求，以及设备工程师和技术人员使用的材料清单。在此阶段，工厂操作人员接受了培训。在这里，喜力公司在提供合适的人员和适当的设施方面的干预是确保进行良好培训的适当环境的关键。主要目标是在项目移交给客户后，让员工做好维护和操作工厂的准备。
- 产品试验的开始，特别是商业生产的发布和安装的临时验收，是资产移交给喜力公司和保修期的开始。如设计和工程阶段所述，备件清单的存在减轻了部件和设备故障的影响。
- 从那时起，所有保修问题将由基伊埃公司服务部和喜力公司生产和维护部门进行管理。在这方面，确保从项目阶段到售后阶段的平稳过渡是非常重要的，而且两个团队的项目经理共同支持任何需要解决的问题。

关闭阶段

- 关闭阶段提供安装的微调，并确保设备达到满负荷前的良好提升。如果调试中有待解决的问题，也将予以解决；项目的竣工查核事项表将被完全清除。项目关键绩效指标最终必须完成，并需要再次得到验证，但目前是全面生产。现在，在基伊埃公司，从项目实施到服务，从工程到生产；在喜力公司，运营的过渡是完整和最终的，打开了售后阶段，虽然超出了项目生命周期，但也应小心过渡。
- 这个阶段也是管理性关闭项目的阶段。从基伊埃公司那边更新了项目储存库中有关工厂的所有数据，喜力公司提供了项目的最终验收和根据财务节点发布的最终付款。
- 这也是准备内部经验教训会议和项目评估的时间，由内部和客户负责。经验教训和项目评估都允许列出值得称赞的好做法和在未来项目中应该纠正的坏做法。它们是基伊埃公司推崇的持续改进理念的重要组成部分，是其价值观、卓越性的首要和最重要的基础。

综上所述，喜力公司和基伊埃公司就根据该方法共同开发的项目进行合作的框架，以及管理层的支持，不仅在项目执行期间，而且在销售、售后和服务阶段，在基伊埃公司和喜力公司之间，对项目成功和建立强大的合作伙伴关系至关重要。

除此以外，两家公司的团队还学习了一个又一个项目，如何改进协作，以及如何在未来的项目中合作。这一伙伴关系的成功，不仅是一个良好的开端，也是一个共同的目标：改进和学习我们克服的障碍。

最后，除了遵循项目管理方法并与客户保持密切联系，喜力公司和基伊埃公司之间共享的其他最重要的最佳实践是：

- 利益相关方的管理。喜力公司项目经理涉及所有可能影响每次会议的部门，这是利益相关方参与的关键。即使在每次会议上都考虑到了他们的需要，当他们参加会议时，他们的参与度和购买量都要高得多。

- 范围管理。
- 收集需求管理假设和验证验收标准的关系是非常大的。审查项目范围的技术会议提供了开放讨论和宝贵意见，使项目团队能够在工程方面做出重大改进。在最初的项目中，假设了一些项目，这在下一个项目阶段造成了一些差异。这些会议成为一个又一个重要的项目，降低了组装和调试过程中出现问题的风险。
- 范围验证。在项目期间，基伊埃公司了解哪些工程任务对喜力公司来说非常重要，并为其提供了附加价值。工程审查，尤其是立体审查对喜力公司来说是至关重要的，这些审查被确定为项目进度中的重要节点。
- 范围经验教训。最初的项目采用了不同的工程设计标准。因此，在调试期间，它们的控制方式与喜力公司预期的不同。对于下一个项目，在定义设计标准之前，所有各方都需确认满足喜力公司的期望，即使最初的设计标准是有效的。
- 资源管理。在执行阶段，喜力公司和基伊埃公司对现场资源管理的期望在资源数量、责任和其他方面有所不同。由于团队之间缺乏任务管理，一些阶段超出了预期，而其他阶段落后于最初的预期。在下一个项目中，期望得到了调整和改善，创造了更开放的沟通来审查这些事项。
- 沟通管理。即使团队之间定义了定期和频繁的沟通以满足需求，管理项目优先级的成功因素也是基伊埃公司和喜力公司项目经理之间的紧密沟通。

毫无疑问，关注所有这些最佳实践是确保项目良好实施和确保基伊埃公司及其客户可持续性的最佳方法。

6.6 英德拉公司：构建有凝聚力的文化

在英德拉公司，项目经理在项目的成功中扮演了重要角色，因为项目运营是公司业务的核心部分。因此，公司在政策和执行上都全力支持项目经理，并且在项目的定义和执行上赋予他们全部责任。正如我们的前任首席执行官所说："项目经理必须把他们的项目当作自己的生意来经营。"

这句话概括了英德拉公司项目管理文化的基础，它表明项目经理对他们的项目必须采取综合性的措施，不仅仅把注意力集中在三重约束下的主要目标，设置日程和费用基准，还要有商业视角，并且为了实现商业目标（盈利能力、成本效益、资源开发、生产能力等）而努力推动。项目管理基础如图 6-3 所示。

截至 2013 年，公司项目管理办公室向约 3 300 名项目经理提供了帮助，这些项目经理有明确的方向、任务、战略、方法和一系列常用的工具与程序来开展他们的工作。我们负责开发和更新英德拉公司项目管理方法（国际项目管理手册），即公司项目管理方法。基于这种发展，对公司的项目管理信息系统进行升级的要求被采纳并实施了。通过培训和教育、非正式交流及参与业务部门所要求的与项目管理有关的不同举措，我们持续不断地为业务部门和项目管理个体提供帮助。我们的最终目标是在英德拉公司内部建立并巩固一个强大的、有辨识度的项目管理文化，无论执行部门、地理条件和业务部门如何。

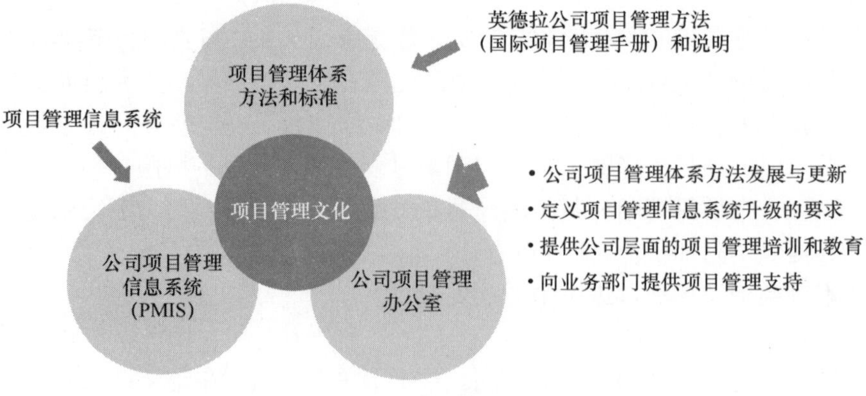

图 6-3　项目管理基础

2005 年，我们为少数高级项目经理、项目经理和业务部门经理启动了一个内部认证项目，使他们通过培训获得项目管理专业人士资格认证。从那以后，这个认证项目每年都会进行一次，而且成了最受项目经理欢迎的培训活动。业务经理对参加这个项目的候选人进行了小心仔细的筛选。

有 950 多名专业人员通过培训获得了项目管理专业人士资格认证。到 2012 年年底，我们实现了 500 人获得项目管理专业人士资格认证的数量目标。截至 2013 年 5 月，我们拥有 500 多名获得项目管理专业人士资格认证的人员。

对于我们来说，这些数字意味着一部分最有经验和天赋的专业人士在项目管理最佳实践中得到了充足的锻炼。考虑到我们的项目管理方法（国际项目管理手册）与项目管理知识体系的一致性，我们可以预计，获得项目管理专业人士资格认证的人员可以轻松地在其影响领域传播项目管理最佳实践的知识和经验。想要在公司内部所有的分支建立起一个强大的项目管理文化，这就是一种行之有效的方法（见图 6-4）。

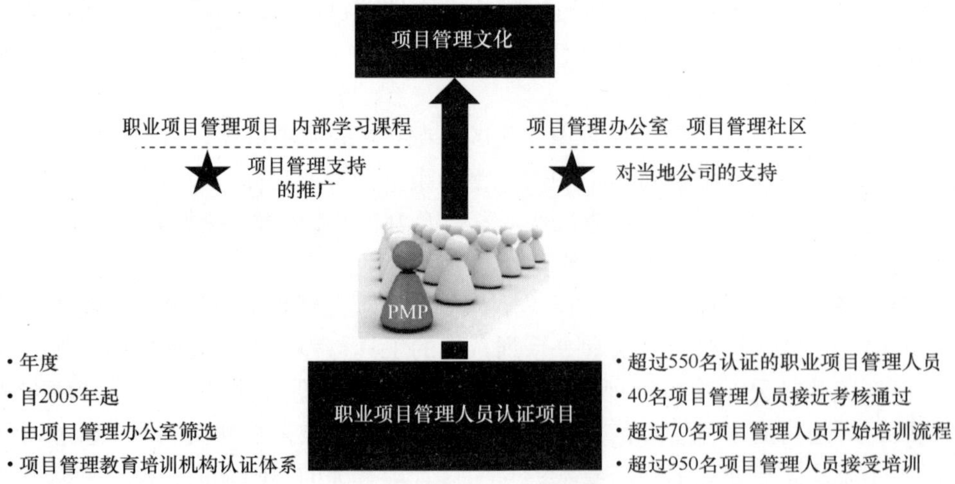

图 6-4　人员：内部培训师

2008 年，我们开始以获得项目管理专业人士资格认证的人员为内部培训师，由公司项目管理办公室开设“英德拉公司项目管理”课程。这个课程讲解了国际项目管理手册方法和项目管理信息系统。多亏了这个倡议，我们以项目管理知识体系的标准来训练我们的员工，同时职业项目管理人员的经验提供了一个合适的项目管理环境，以英德拉公司向客户提供的项目和服务为培训案例。事实上，这种合作已经取得了成功，对于参与者来说是一种双赢。

- 获得项目管理专业人士资格认证的人员有助于创造更好的项目管理文化，在公司内部传播最佳实践方法，并让专业开发单位保持认证。
- 接受培训的人无须经过任何外部培训师的讲解，可以直接与培训背景相联系，因为获得项目管理专业人士资格认证的人员作为老师，很清楚要管理我们公司的一个项目时需要解决哪些问题。
- 人力资源部也从中获益，因为他们可以投资其他需要外部培训师的领域。
- 公司项目管理办公室必须监督和支持在培训过程中信息传递的一致性。

最终，英德拉公司整体上受益匪浅，因为这个项目管理课程的内容可以通过电子平台学习。它被翻译成英语和葡萄牙语，无论在世界的哪个地方，它成了任何一家英德拉分公司项目管理培训的必修内容（见图 6-5）。

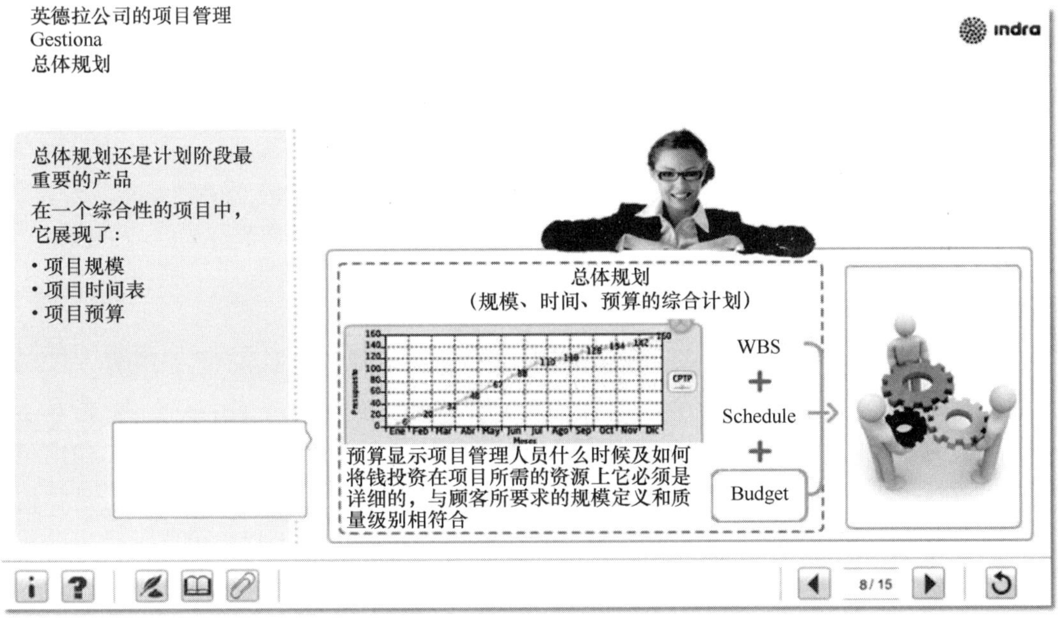

图 6-5　“英德拉公司的项目管理”电子学习平台上的课程

此外，2010 年，人力资源部建立了一个所有员工通过内部网络可以使用的平台，旨在让员工相互联系、分享和学习。这个平台（名叫“知识共享”）拥有社交网络的界面和体验，目的在于支持专业人士之间非正式的知识和经验交流。它是公司和本地范围的，通过平台传递最佳实践内容，方法、管理和技术问题，商业信息等，快捷又方便，而且可能建立组群和社区，甚至传播数字内容和课程。

对于我们来说，“知识共享”已经成为一个强有力的工具，可以让我们的项目经理一起讨论，与企业的项目管理办公室保持联系，并保持项目管理文化的建设。我们为英德拉公司的认证专业人员创建了项目管理专业人士资格认证网站（见图 6-6），只要他们想接触或者更新任何有趣的项目或活动，或是仅贡献自己的经验和想法。

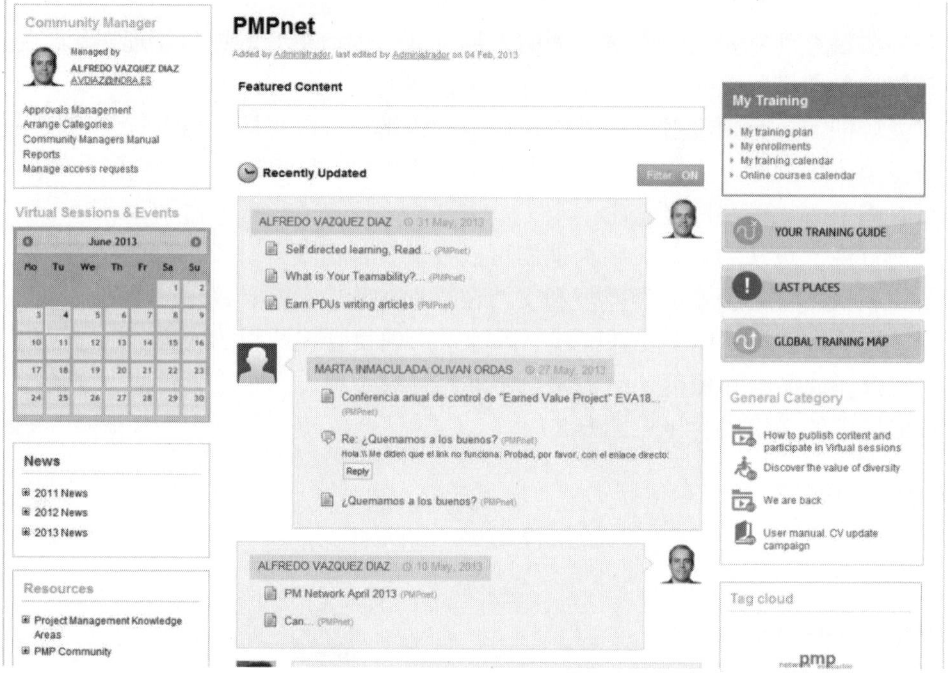

图 6-6 分享知识工具的项目管理专业人士资格认证网站

6.7 DFCU 财务公司*

DFCU 财务公司拥有 34 亿美元资产，是美国密歇根州最大的信用合作社，也是全美国前 40 家信用合作社之一。2000 年以来，它的净收入增加了 318.7%，创造了公司历史上空前的业绩。其中，有效的项目执行起到了关键的作用。这个成功故事的根本，是如何利用公司文化中最好的那部分。从长远来看，这个故事还证明了忠于核心价值观是通向成功的必经之路。

◆ 1997—2005：战胜过去

时光追溯到 1997 年年底，我刚刚毛遂自荐，成了 Y2K 的项目经理——这个项目可能涉及的范围、规模和风险把大多数人都吓到了。当然，公平地说，我们不是以项目成功而

* 由 DFCU 财务公司前副总裁 Elizabeth Hershey 提供。

著称的公司。然而，我们圆满地完成了这个项目，我也从中学到了许多 DFCU 财务的文化。我们并没有什么特别的体系方法。我们并没有那些过去习惯于正规、积极地参与项目的业务单元经理。我们甚至没有足够的、过去习惯于为交付承担个人责任的信息技术人员。然而，我们所拥有的是共有的出色服务的核心价值观——尽我所能，把工作做好。让我感到惊异的是，当这样的价值观和精心选择的正式项目管理技术结合起来时多么有效。

尝到项目管理的成功滋味后，我们就想要尝试建立一个正式的项目管理体系方法。这种想法背后的理论是，如果正式项目管理的一小部分能发挥很好的作用，那么更多的正式项目管理就能发挥更大的作用。不说这一体系的官僚色彩，它并没有确保 2000 年中期的核心系统转变的成功。我们转回来重新设计项目管理，因为变革所需的项目清单让人畏缩。

随着 2000 年年底新总裁上任，DFCU 财务公司的高层管理队伍开始发生变化。新队伍并没有花费太长时间来评估文化平衡表。但消极的一面是，我们面临数个直接影响项目成功的文化挑战：

- 缺乏对项目执行的问责制度。
- 糟糕的战略计划和战术优先顺序。
- 项目几乎完全由信息技术人员控制。
- 项目管理过度官僚化。
- 有限的授权。

积极的一面是，我们最大的优势还是我们强大的服务文化。带着分析公司在市场上的价值定位的任务，市场部前高级副总裁 Lee Ann Mares 做了如下的观察报告。

> 从专题组成员和员工讲出的故事来看，非常清楚，这个组织承继的就是非凡的服务。很容易确定 DFCU 财务公司品牌的全部就是服务。但是，将这个一般性原则变得可以理解及可以实施，还是很困难的。你如何把杰出服务这样的高尚概念变成与人们日常工作相关的事情？我们提出 3 个扼要、清楚的指导原则：习以为常、驾轻就熟、成为专家。很有趣的是，这些简单原则不仅让我们有了共同语言，也帮助我们在众多方面不断进步。然后，我们与组织内不同部门的一线员工一起，进一步详细阐述这些概念。结果是列出了 13 个品牌行动——为了提供出色的服务，我们每个人都可以做的事情（见表 6-2）。

表 6-2　DFCU 财务公司品牌行动

习以为常	驾轻就熟	成为专家
发言权	我们认为团队成员是公司成功的关键，而且重视每个团队成员的角色、贡献和意见	
承诺	我们的品牌承诺及指导原则是 DFCU 财务公司不打折扣的服务水平的基础。这样的承诺和原则是我们共同的目标，为我们每个人所熟知，我们每个人都为此负责	
目标	我们将公司目标和关键活动传达给所有团队成员，每个人都有责任了解这些目标和活动	
清楚	为了营造参与的工作环境，我们每个人都有权清楚定义职位期望、培训、支持这一职能所需的资源；我们每个人都在工作的计划和实施上有发言权	
协同工作	我们有责任建立协同工作的环境，相互支持，满足我们的会员的需要	
保护	我们有责任保护公司及会员的资产和信息	

续表

习以为常	驾轻就熟	成为专家
尊重	我们是服务于会员的团队成员。作为专业人员，我们尊重我们的会员，我们的团队也相互尊重	
责任	我们负责解决问题和客户抱怨，直到解决为止，或者直到我们找到合适的人员来解决这些问题为止	
授权	我们得到授权，来处理、解决会员的问题，我们要满足预先定义的期望	
态度	我们对于每天的工作，都抱着积极、“能做”的态度——这是我的工作！	
质量	每次和我们的会员或其他部门打交道时，我们都使用服务质量标准来要求自己，以确保满意度、忠诚度和客户保持度	
形象	我们以我们的专业形象为荣，遵守着装规范以支持我们的专业形象	
自豪感	我们是 DFCU 财务公司的大使，积极地谈论公司，将意见、关注与适当的人员进行沟通	

我们在忙于定义品牌的同时，当然也在执行项目。自 2000 年以来，我们通过无数流程改进项目，提高了运营效率。我们替换了几个关键的子系统，发布了新产品和新服务，开设了新的分支机构。同时我们也越来越擅长项目的执行，这主要归功于我们在处理项目的方法上做出的几个具体改动。当我们仔细考虑这些变化时，让人吃惊的是，它们竟然如此适合我们的指导原则和品牌行动。正如听起来这样简单，通过真正地在行为中体现我们的品牌，我们的项目管理越做越好。

品牌行动——责任

项目控制是最先改变的事情之一。在公司历史上，信息技术部门单独控制着多数项目。公司的项目经理甚至向首席信息官（Chief Information Officer，CIO）汇报。作为前首席财务官，Eric Schornhorst 说：“很多项目只有较弱的，甚至根本没有业务方面的支持。为了更好地建立项目责任，我们将项目经理移出信息技术部门，而且我们现在只把他们分配到大规模项目上，和业务单元经理一起工作。项目经理主要发挥行政、辅助作用，而业务单元经理真正领导项目。”我们更新了领导力课程，这门课程是所有经理都必须完成的，包括一门非常基础的项目管理课程，为在这个领域做进一步的专业发展打下基础。

指导原则——驾轻就熟

随着项目主体责任的清晰建立，我们也简化了项目计划和追踪流程。我们开始借助一个简单的电子表格来追踪公司和部门所有的大型项目，高级管理人员每月评审这一表格。表 6-3 列出了报告的表头。项目优先级和我们的战略主动性直接相关。我们有限的资源要应用到最有影响、最关键的项目上。Eric Schornhorst 说：“简化项目管理表格和流程，使我们更能将精力集中于找到潜在的障碍和问题。我们可以更好地管理项目风险。”

表 6-3　DFCU 财务公司项目清单报告表头

项　　目	项目名称
优先级	1＝ 已报告董事会，最高优先级
	2＝ 高优先级
	3＝ 公司优先级，但可以延迟
	4＝ 关注业务单元，如果时间允许，就报告

续表

项　目	项目名称
描述	简要条目，特别是对新的活动
需求文档状态	R = 已要求
	Y = 已接受
	N/A = 不需要
状态	阶段（发现、发展、执行）和目前阶段完成的百分比情况
业务负责人	负责该项目的业务单元经理
项目经理	安排担任项目经理的人
项目交付时间	预期交付的年度和季度
资源	参与项目的职能领域或具体人员
项目备注	对即将来临的主要里程碑或问题的简要叙述

品牌行动——目标

首席信息官 Vince Pittiglio 回顾信息技术部门过去超额承担任务的历史问题时说："由于缺乏有效的战略和战术计划，我们过去常常管理项目愿望清单，而不是进行真正的关键项目组合管理。在信息技术部门，我们每年会先列出关键的基础设施项目清单。在这一年的过程中，各个经理会不断地把新项目加到我们的清单里来。很多这类项目，通常和我们真正想实现的战略目标没什么关系。我们的项目太多，无法有效完成；说老实话，我们常常根据信息技术部门的利益，而不是根据组织利益和我们会员的利益排定项目的优先次序。"集中力量进行关键的活动，才有可能不做那些没有附加价值，或者不代表我们会员最大利益的低优先级项目。另外，目前项目成功的衡量尺度，不仅仅要看项目的信息技术部分是否完成，更在于项目是否实现了更大的目标，以及是否为公司的整体成功做出了贡献。

品牌行动——协同工作

从历史上看，DFCU 财务公司是较强的功能型组织。很少有跨部门的合作，即使有，也只是在极特殊的条件下。这样的文化状况不能为项目运行提供最理想的环境。每月的项目评审会议将整个高层管理团队聚在一起，讨论所有目前的项目和即将开始的项目。管理团队会决定哪些项目是对整个组织最有利的。这一重要的合作活动对建立更有效的跨职能项目团队大有帮助。我们现在清楚地知道何时某个特定的团队或部门需要参与到某个项目中。我们现在也更好地理解了荣辱与共的概念。

品牌行动——授权

现已退休的首席运营官 Jerry Brandman 指出："我们的员工一直都是积极的、愉快的。但是从来没有人鼓励他们说出自己的想法，特别是对管理层说出自己的想法。这通常对项目造成直接的负面影响——他们已经预见到问题，但是觉得不该由自己提出警告，这主要是因为担心给别人'找麻烦'。我们已经在尽力让员工能够大胆地提出问题。如果皇帝的新衣并不存在，我们希望听到有人讲出来。为了形象化地让员工意识到大胆直言的必要，我让他们想象自己正乘坐一列火车，并且确知有些事将把旅途置于危险的境地。他们有义务拉闸，让火车停下。对人们而言，这绝非易事，但在这方面，我们每天都在不断进步。"

品牌行动——质量

过去 DFCU 财务公司的项目实施模式更像大爆炸模式——同时实施每件事并影响到所有的人。如果一切都步调一致，这是有可能成功的。然而，事情往往不那么顺利。Jerry Brandman 说："大范围推广得一步步来，而且只要可能，你都应该先在小范围内试行。这样你就能根据真实的反馈，来调整、修正你的项目。" DFCU 的全体员工在公司内都有账户，这样我们可以很方便地在员工中试用。最近的一些项目，诸如自动取款机向借记卡的转换、电子对账单引进等，都是先在员工中试用，然后才向全体会员推出的。

最基本的一点是，在 DFCU 财务公司，最重要的最佳实践一直是忠于我们的核心文化价值观，即提供非凡的服务。随着我们不断地对这个价值观进行阐释，并寻找把该价值观落实到行动中的方法，我们进行项目管理的方法也有所改变，而这些变化都与我们的价值观非常吻合。我们决心在行动中体现我们的品牌，这一点帮助我们：

- 将项目责任从信息技术部门转移到业务部门。
- 简化项目管理表格和流程。
- 利用项目评审会议来确定优先级，并且更有效地分配资源。
- 打破组织障碍，鼓励各部门的人为项目献计献策。
- 通过试用和反馈，提高项目的成功度。

公司总裁、首席执行官 Mark Shobe 在 2005 年的总结中说："如果你诚实正直、说到做到，好事自然发生。我们在项目处理方法上取得的进步，就是在我们对品牌保证的共同承诺中自然而然产生的。我们在如何管理项目上是否已经取得了很大进步呢？是的。是否已经实现了我们所有的目标呢？还不是。我们是否在朝着正确的方向前进呢？当然！我们拥有一张相当好的路线图，指导我们到达目的地。"

◆ 2005—2009：稳定增长

路线图有多好？前面的材料写于 2005 年年初。据客观估计，最近的 5 年对于 DFCU 财务公司来说是不错的年景（见表 6-4）。公司资产超过了 20 亿美元，信用合作社的各项最重要的关键指标均在行业前十名。

表 6-4　DFCU 财务公司数据（截止到 2008 年 9 月 30 日的季度数据）

衡量指标	DFCU 公司	结　果		排　行	
		全国同行平均值	区域同行平均值	全国同行	区域同行
资产收益率	1.94%	0.42%	0.77%	1	1
股本回报率	13.98%	4.23%	7.19%	2	2
效率比	49.57%	65.41%	69.31%	5	3
资本/资产	13.91%	9.82%	10.69%	2	9
总资产（美元）	2.0B	3.4B	1.0B	39	5

注：1. 全国同行是通过总资产衡量的前 50 家最大的信用合作社。

2. 区域同行是位于密歇根、宾夕法尼亚、俄亥俄、印第安纳、伊利诺伊、威斯康星和明尼苏达诸州，总资产 5 亿美元以上的信用合作社。

所以，从纯财务的角度看，DFCU 财务公司运营得非常好。特别是考虑到 2009 年以来全球经济环境不景气。另外，DFCU 财务公司还为大量与汽车行业有关联的会员提供服务，而这一行业正是密歇根州经济的重要组成部分。

这样扎实的财务数据，是现任管理层在过去几年间不懈努力的成果：精简并改进运营方法，明确 DFCU 财务公司的品牌及价值观，并开始实施有效的项目选择及项目执行流程。

在进行这些努力的同时，公司管理团队及董事会还在评估一个令人不安的数字，这个数字能够逐渐削弱公司维持近期成功的能力：DFCU 财务公司的会员数量已经很多年基本不变了，这是一个正在影响几乎全美信用合作社的趋势。因此，现任管理层在最近几年已经在集中研究公司成长的关键战略问题。另外，可以很明显地看出，DFCU 财务公司的品牌及指导原则也为导致这样的结果推波助澜。

品牌行动——发言权和质量，指导原则——习以为常

当 DFCU 财务公司的管理团队及董事会探索几条公司成长的道路时，新的核心处理系统的选择工作也在 2005 年中期开始进行。在战略意义上，不管是否会对 DFCU 财务公司的运营结构产生影响，核心系统转换项目都被认为是公司成长所迫切需要的。2000 年，由于没有考虑需要关注的延迟数据和流程问题，导致了糟糕的执行效果，以致早期的系统转换做得不好。当项目于 2006 年 1 月正式启动时，我们的目标是在同年 10 月完成转换。但是从项目一开始，我们就因为系统供应商而陷入了麻烦。供应商当时正在进行它有史以来最大规模的客户扩展工作，很难在其流水线上满足转换项目的所有需求。这对我们的影响是显而易见的，包括频繁更换作为项目组成员的关键供货商、交付物质量差、缺乏对于转换问题的回应。由于数据整理质量较差，到 6 月时项目转换已陷入困境。

由于项目范围较广，系统转换项目是 2006 年唯一授权的公司项目，而且受到所有人的关注。因此，公布项目正在困境中的消息并不是件容易的事。首席信息官 Vince Pittiglio 说："当我们坐下来讨论 10 月是否能顺利转换系统时，Mark 完全了解了我们正面临的困难。我之前已经不得不将坏消息告诉了其他上司，但是与 Mark 的谈话和与之前其他上司的谈话有很大不同。"我们之前陈述的进行本次转换的基本目标是不造成任何损害。我们都认为不能让我们的会员或员工经历 2000 年 6 月那种类型的转换。我们要尽可能地让人几乎感觉不到转换的发生。Pittiglio 说："我向 Mark 摆出了我们面临的关键问题，以及这样一个事实——我们这些所有在转换项目上的人都认为不可能在 10 月前解决问题。如果执着于既定日期，我们相信这将会给会员们带来负面影响。"我们的首席执行官 Mark 很肯定地坚持，这个项目将如我们在一开始全都认同的那样，使会员和员工都感受到卓越的效果。他愿意向董事会申请将日期延后并冻结其他关键既定活动，以确保转换项目的成功。项目组达成了一致，将转换日期修改为 2007 年 6 月初。转换项目的项目经理、高级副总裁 Martha Peters 说："尽管项目组持续面临着供货商方面的难题，我们还是努力工作并完成了项目，没有遇到什么大问题。知道我们的反馈在领导和董事会那里得到重视，让一切都不一样了。在项目结束时，对于大多数会员和员工来说，真的感觉不到转换的发生，正如我们所有人所期望的那样。推迟这次转换是一个艰难的决定，很多公司都不愿意这么做。但是这个决定是正确的——我们真的在尝试在行动中体现我们的品牌。"

品牌行动——清晰度和协同工作

在 2007 年 6 月系统转换项目完成前的两年间，我们真的只投入在这一个项目上。尽管这是一个具有战略重要性的大型项目，它还是被有意延迟了 8 个月。这个项目占据着我们的资源，以致在这两年间我们几乎没有完成其他事情。首席财务官 Eric Schornhorst 说："完成这次系统转换项目后，我们面对的是大量之前被压下来的项目需求。自然，所有人都认为他们部门所面临的问题是最紧迫的。我们很快就发现，我们的快捷项目跟踪清单及每月的公司项目会议，在按优先度来调度我们仅有的项目资源上，是远远不够用的。"为使立项和项目批准更有效、更一致，我们很快组建了一个小组来提出一个流程。这个小组的一个重要目标是将官僚主义最小化，并尝试建立起有用的结构，包括初步评述信息技术部门新提出的所有要求。小组最终给出了立项和批准流程的简单流程图，让每个人都能看清楚流程中的每步（见图 6-7），并给出了整合各部分指示的表格。

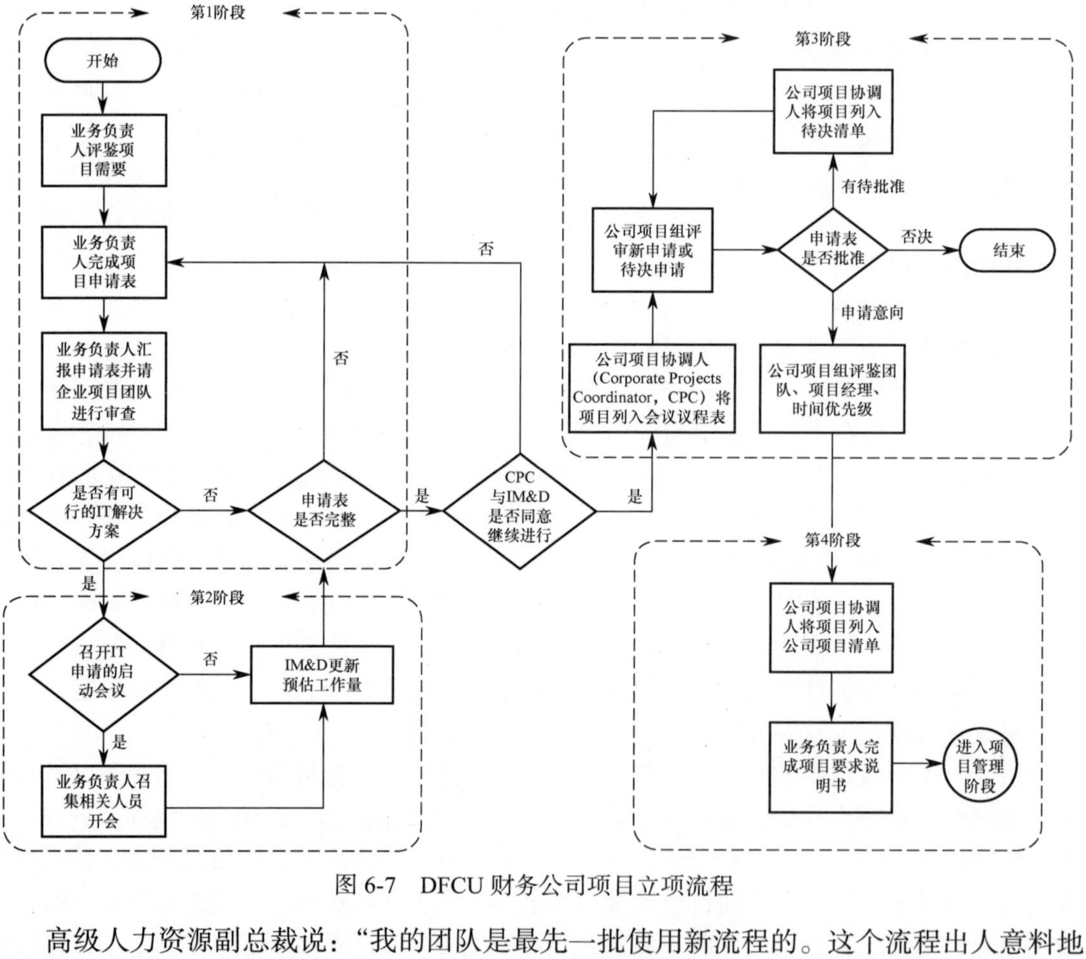

图 6-7 DFCU 财务公司项目立项流程

高级人力资源副总裁说："我的团队是最先一批使用新流程的。这个流程出人意料地好用，而且将信息很好地整合到了一起。我们很高兴地将我们的学习管理系统替换成了一个更稳健的外包解决方案。这是一个登上了 2008 年年度清单的项目。老实说，我们那时真的正值公司的历史转折点，正需要在这个流程中得到多一点的训练。在过去的几年中，我们和我们的部门领导自主地为我们的项目提出时间预算。如果我们的预算获得了认可，我们就认为我们的项目‘在清单上’了。当真正需要执行项目、将来自不同部门的资源进行排列时，尤其是处理那些来自信息技术部门的资源时，我们却常常遇到麻烦。”

新的流程不仅仅为公司项目提供了清楚明白的步骤，也对协同工作有益。Schornhorst 说：“最近，我们评审了 2009 年使用新流程立项的项目。我们发现，在我们尚未完成所有因为系统转换项目而积压的项目时，2009 年又出现了另一个很可能占用公司大多数资源的项目。这对各个尚未处理完自己那部分项目的部门来说并不是个好消息。尽管有上述事实，而且我们不得不推迟了许多重要的事情，有趣的是，当我们回顾 2009 年的事项摘要时，竟然很少出现争议。我认为，当你让所有人步调一致地一起评审所有事情时，能更容易地得到一系列优先级高、对组织有意义的事项，而且大家会将个人利益放在一旁并相互扶持。这能帮助所有人做到最好。”

那么这条路通向何方

2009 年年初，DFCU 财务公司的会员数量正稳步增加。经过对公司运营形式选择的评审后，董事会和管理层决定让公司维持一家信用合作社的形式，并通过其他途径来实现公司成长。为此，2009 年年初，董事会投票通过了提案，将位于密歇根州次中部和西部的分支机构合并成一家信用合作社。首席运营官 Jerry Brandman 说：“为实现公司成长的战略构想并扩大会员规模，我们考虑了很多种不同的选择，包括合并及各种各样的内部成长措施。我们所在的信用合作社行业现在面临着与其他财务机构相同的挑战，另外，我们这个行业也以服务闻名。在 DFCU 财务公司里，我们不仅谈论服务，也提供优质服务。我们的员工很快乐也很有干劲。他们对待我们的会员非常好。基于员工的反馈，我们已经连续 5 年成为在密歇根州东南部排名前 10 名的最适合员工工作的公司。我们还有一个会员店计划，向我们展示我们的服务是怎样在行业基准上一步步攀升的。与我们的同行相比，我们一贯为顾客提供最高水准的服务。几年前发生了一件重要的大事，本田联盟信用合作社的员工寄给了我们一张巨大的贺卡，祝贺我们在会员服务评分上超过了他们！与这样的同位于密歇根州的信用合作社合并，将会使公司上升为一个共同体机构，将给我们提供所需要的发展，并确保我们的会员和员工拥有一个光明的未来。这也将使我们能将 DFCU 财务公司的品牌扩展至其他地理区域。我们相信这个提案对我们的会员很有吸引力并将取得成功。我们相信人们会愿意成为我们组织的一部分。”

这不无道理。同样在 2009 年年初，DFCU 财务公司为公司连续 3 年以上的会员分发了 1 700 万美元的合作社股息。从开始分发红利以来，红利总值已超过了 5 000 万美元，而这期间正是底特律遭受最强经济冲击的几十年。市场部高级副总裁 Keri Boyd 说：“自从我们决定维持一家信用合作社的形式以来，我们还在寻找能改进我们价值观的途径，来留住老会员并吸引新会员。分发合作社股息是我们作为一家信用合作社发展业务的基本途径。”Mark Shobe 总结道：“在我们有自信可以年复一年地如此做下去之前，董事会和我并不想开始分发红利。只有我们努力工作，并经过一些艰难的决策，实现优秀的高层项目管理，日复一日勤勉地运营，才有能力将我们的成功与会员分享。最简单的事实就是，能推动我们成功的是我们为了品牌而共同付出的努力。”那么，随着 2009 年已敲定的项目提上日程，可能的合并即将到来，拥有一群非常、非常满意的会员的 DFCU 财务公司依照着路线图走得怎样了呢？Mark 回答道："非常好，谢谢！"

◆ 2009—2013：多种方式支付股息

在 DFCU 财务公司最近一个时期的财政史上，我们在战略增长目标上取得了很大进展。2009 年年底，我们完成了与卡普空株式会社的合并，同年以密歇根州安娜堡为阵地，我们开始了与中西部财务信用合作社的合并，并于 2011 年年初完成。2012 年 1 月，我们在密歇根州的诺维市开设了一家新的分公司，在写这篇稿件的时候，我们正在其他地方建立一个新的分支机构。表 6-5 总结了最近 4 年主要的增长情况。

表 6-5 DFCU 财务公司增长指标

	2000 年	2008 年	2009 年	2010 年	2011 年	2012 年
会员数量（个）	170 812	167 910	201 329	218 374	213 869	214 454
分公司数量（个）	6	12	12	21	22	23
员工数量（个）	409	336	434	426	408	413
资产（10 亿美元）	1.2	1.9	2.4	2.7	3.0	3.2

正如我们开始想做的那样，我们通过合并和创建分公司扩大业务，但是业务扩大并不是衡量成功的唯一指标。如果管理糟糕，业务扩大可能对核心财务、服务和员工士气造成灾难性的影响。那么，我们是如何做的呢？

同一时期，与同行公司相比，我们一直保持着强势的财务地位。我们的财政力量使我们每年都可以向会员支付赞助分红。2013 年 1 月，我们发出了我们的第七次分红，总数达 2 180 万美元，如果把这次也计入，自 2006 年起我们一共发出了 13 340 万美元。据我们的会员分店项目估计，会员满意度达到前所未有的高度。2012 年与同行公司相比，在这方面我们再次排在榜首。

最重要的是，我们一直不断获得一些认可 DFCU 财务公司为一流的雇主的奖项——这些奖项完全基于员工反馈，如"101 家最佳供职公司"和《底特律自由报》颁发的"热门职场"奖。

我们也因近年来的增长和地理扩张被 *Corp*！杂志提名为密歇根州经济"亮点"。这些成功在表 6-6 中进行了汇总。

表 6-6 DFCU 财务公司成功指标

	2000 年	2008 年	2009 年	2010 年	2011 年	2012 年
	关键财务指标 [1]					
资产回报率	1.01%	1.69%	1.25%	1.23%	1.38%	1.55%
净资产收益率	13.08%	12.06%	9.52%	9.53%	11.11%	12.36%
效率比	77.50%	50.84%	52.90%	54.73%	57.56%	52.26%
资金/资产	7.66%	14.00%	13.12%	12.94%	12.70%	12.49%

续表

	2000 年	2008 年	2009 年	2010 年	2011 年	2012 年
	特殊分红					
总奖金（100 万美元）	—	17.5	19.3	18.9	21.1	21.8
	会员满意度					
会员店 0～5 规模		4.80	4.86	4.89	4.96	4.97[2]
	员工满意度					
最好&最佳——Metro Detroit[3]	—	✓	✓	✓	✓	✓
最好&最佳——Wesat MI	—	—	—	—	—	✓
最好&最佳——National	—	—	—	—	—	✓

注：1. 2012 年 12 月 31 日，与 50 家顶尖的同行公司相比，DFCU 财务公司在资产收益率中排第 8 位，在净资产收益率中排第 15 位，在效率上排第 5 位，在资金/资产比重上排第 5 位。

2. 与 2012 年的同行比较得分为 4.82。注：商店始于 2002 年，基线为 4.05。

3. DFCU 财务公司连续 8 年成为大底特律都会区评选的 101 家最好和最佳供职公司。

品牌仍是我们的秘诀

当我们通过建立新的分公司来扩展业务时，DFCU 财务公司的品牌自然扩张。在新公司的项目中，品牌的所有元素我们都牢牢把控，从工厂的外观和感觉，到新员工的培训和上岗，甚至到我们使用的项目体系方法。通过合并来增长并不是自然而然的，保证品牌在所有项目中得到维护不是件小事。首席执行官 Mark Shobe 说："在寻找潜在的合并伙伴时，我们不仅找那些战略上适合我们的，而且要找明显认同我们价值观的。但无论配对看起来多么成功，任何合并项目最大的挑战仍然是文化。"

品牌行动 —— 目标和清晰度

卡普空株式会社是 DFCU 财务公司完成的第一次合并，它使我们接触到两个新的地理市场，但更重要的是它给我们提供了一次改变章程的机会。DFCU 财务公司起初是美国联邦设立的信用合作社，现在是州设立的社区信用合作社，业务范围已经扩大到密歇根州次半岛的所有郡。要改变章程需要会员投票。会员的章程投票是卡普空株式会社合并项目里最重要的任务之一。负责战略营销和行动的高级副总裁，也是卡普空株式会社合并项目的项目经理 Martha Peters 说："为了实现此次合并的最初目标，我们不仅要成功整合系统和功能区域，还要有一个令人信服的理由来说服我们现有的会员，改变我们的商业结构。为了实现这两点，我们利用了我们的品牌。我们必须向现有的会员保证我们的公司还是那个他们信赖的 DFCU 财务公司，而且只会变得更好；同时我们要向新卡普空株式会社公司的同事们展示，如果他们接受了 DFCU 财务公司的文化，他们和他们以前服务的会员会获得怎样的好处。为了保证这个项目的成功，我们对这个项目的结构和沟通方式非常小心谨慎。我们建立了一个指导委员会，由 DFCU 财务公司和卡普空株式会社的行政人员组成，负责做出所有的重大决定，就这些重大决定的影响做出评估并与会员和员工交流。这个组织结构让我们时刻掌握员工和会员的意见反馈，有效地让人们了解项目风险。"

这个项目的所有关键目标都已达到——章程变化、功能合并、法律合并和系统合并，更重要的是 DFCU 财务公司的品牌从中获益。

品牌行动 —— 尊重与责任，指导原则 —— 习以为常

当卡普空株式会社合并项目顺利进展之时，我被任命为中西部财务公司合并的项目经理。在卡普空株式会社合并中，章程变化扮演了重要角色，关于如何进行合并，我们从这个项目中学到了很多。既然我们开设了正式的课程来学习卡普空株式会社合并中的经验教训，我就能够再利用那些有用的元素，把注意力集中在那些需要加强的领域。

作为一家小公司，我们没有专门的项目管理资源。一线和后台部门业务单元经理和他们的团队都要作为项目团队成员参与到项目中，并且通常担任项目经理。在我们的合并项目中，所有的经理对与他们的业务部门有关的所有功能合并任务负责。与操作核心系统有关的经理甚至负有更大的责任，他们要保证注销系统里所有的数据安全和正确地转移到现有系统里。这是异常艰巨的任务。

我们从卡普空株式会社合并中学到的教训之一就是并不是每个人都十分明确自己的责任，因此我们对项目方法有不同程度的承诺。为了把我们从卡普空株式会社中学到的东西进一步深化，我与执行团队一起开发了一个项目章程，以解释项目的范围、目标、结构和参与者的责任，并且在启动会议上回顾这份文件。接着，为了让业务部门经理更好地管理这个大型项目，我把每个人需要用的所有小工具全部整合在一起——我们在 Lotus Notes 常用的项目数据库，Excel 表格里的简单任务表样板，以及一个简单的情况汇报样板，并且明确说明了参与规则：①必须积极使用这些工具；②任务表和情况表必须在截止日期前上传到数据库；③在每次项目会议上，各个领域的项目经理必须与整个项目团队一起回顾他们所写和所发布的情况表。任何人需要这些工具的使用帮助，我都乐意帮忙。通过这次项目，我们的项目管理所达到的竞争力水平是可喜的。

品牌行动 —— 授权、责任和质量

两个合并同时进行，而且第一个发生于 2007 年，正是我们的主要核心系统转换不久后，我们的项目储备金由此增长。一次真正的清算发生于 2010 年 10 月，当中西部财务公司合并正全力开展之时。在卡普空株式会社合并中浮现的问题之一就是提款机。所有原来的 DFCU 分公司在每个柜员窗口都有提款机，但是卡普空株式会社的分公司没有。我们更改了许多现金操作程序以适应有或没有提款机的分公司，而不是给卡普空株式会社的分公司购进提款机。尽管这解决了短期问题，但是分公司的高级经理不喜欢安插在操作中的复杂程序。出于对提款机更多的技术考虑，这个管理团队决定考虑不使用提款机。他们在一家更忙碌的分公司里悄悄地进行着计划。短期内，我们还有另一个合并项目进行到一半。是时候刹车了。分公司发展高级副总裁 Steven Schulman 说："当时我刚刚升职为副总裁，我的第一项大任务就是摆脱提款机。没什么大问题，是吗？突然，我面临其他经理提出的许多问题——你想过这对进程的影响吗？所有的部门都已经摊销完毕了吗？需要修改柜员设施吗？他们对此是否有预算？我们需要把提款机的现金盒子从系统中移除吗？诸如此类。我以前觉得我做的是对的，但我渐渐明白，如果想要做得对，我必须遵从我们项目管理的正常规章来办事。吸取这个教训！"

提款机的拆除项目从几种层面上来说对我们是一个重要时刻。这当然是明智之举，甚至再拖延都显得不明智。与此同时，所有部门的业务经理都有大大小小要做的项目，而这些项目有些正和拆除提款机一样急需进行。因此，为了所有相关方的利益，我们急需把我们的项目方法和工具覆盖到更大的受众。因此，我们给 Steven 提供了他用来完成项目的工具，接下来，2011 年，我们不仅花时间完成了中西部财务公司的合并，而且改进了我们管理项目的方式及关于它们的沟通方式。尽管我们在大型项目管理如合并中仍使用专门的数据库，但我们在 Lotus Notes 的公司项目数据库里添加了项目样板，并给所有正在积极进行的项目（见图 6-8）提供了一个发布文件的地方。

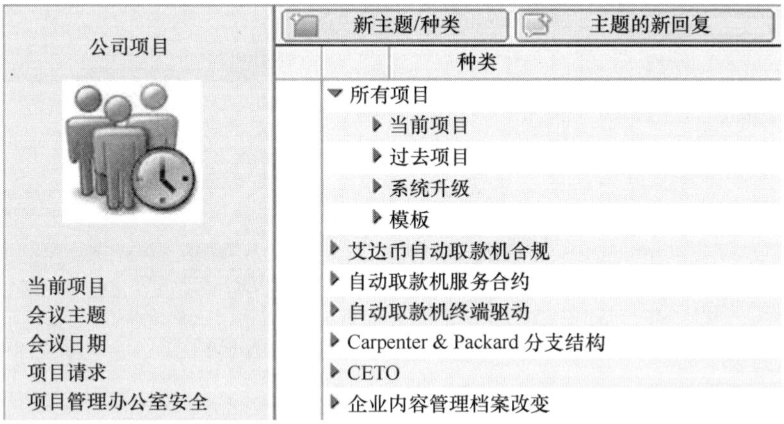

图 6-8 DFCU 财务公司项目数据库

2011 年年底，我们还引进了一个正式的业务转换流程，旨在保证避免另一个像提款机拆除一样突如其来的项目。这个流程没有什么官僚成分，要求业务部门经理在支持系统内发布一条快速消息，说明他们需要解决的问题或者他们认为他们需要参与的项目。我们有一个小的业务转换委员会，由每个分公司的代表组成，每周他们会回顾这些消息以便更好地理解每个行动的范围，并决定需要涉及哪些领域。有时业务转换消息达到了公司项目的高度，仅次于我们正式的项目管理规章。然而多数情况下，业务转换行动以小型项目的形式进行（如果时间允许的话），服从于已批准的公司项目和必须反复进行的项目如核心系统升级和报税。

加上这次流程转换，我们建立了新的项目列表，可以在任何时间涵盖所有正在进行的项目，让管理人员不仅弄清了项目的优先顺序，还有公司现有的资源是如何分配的（见图 6-9）。这个列表每周都会发给所有的管理人员，鼓励他们花时间去回顾列表上的内容并分享他们认为哪些适合他们的团队。建立新项目列表的目的是保证资源分配的透明度，并且使所有人认识到行动可能对员工和会员产生的后果。

品牌长存

在过去几年里，我们在财务上取得了巨大成功，而且执行团队把注意力集中于长期保持这种成功。DFCU 财务公司的品牌指引我们应该做什么，而且在很多情况下指引我们什么时候去做，怎样去做。我们的品牌对我们的项目方法有重要影响，因为它反映了我们如何认识自己及我们想要实现的目标。我们将竭尽所能地改进我们管理有序的增长战略。我们最近完成的对分公司扩张的学习将影响我们设立新的分公司的决定，尽管环境在改变，但我们将持续寻找合并的机会。同时，我们正用心寻找把我们的产品、服务、流程带入新高度的方法。因此，2013 年伊始，我们的工作中有很多项目和行动在品牌之中找到了它们的起点。

#	Corporate Projects	Strategic Value	Impact	Size	Lead	J	F	M	A	M	J	J	A	S	O	N	D	Comments
1	IVR Replacement	Req'd	Member	Med	Peters													Launched 2/13; monitoring member feedback.
~~2~~	~~Mobile Banking & Security Alerts~~	~~High~~	~~Member~~	~~Med~~	~~Peters~~													Complete!
3	ATM Terminal Driving	High	Member	Large	Peters													Conversions finish in March.
4	MFA	Req'd	Member	Large	Dinn													Still testing error message.
5	ECM Phase 1 – BDS-OnBase Conversion	High	Staff	Large	Hershey													Training Mar 11-29; launch on April 1st.
6	Plymouth Rd Branch Construction	High	Member	Large	Winnik													All tasks on track.
7	Plymouth Rd Branch Opening	High	Member	Large	Kidwell													In full swing; early May opening.
8	IB RFP	High	Staff	Small	Kidwell													Vendor responses due 4/12.
9	Hardware Security Module	High	Staff	Small	Peters													Awaiting equipment delivery.
10	Public Website Infrastructure Upgrade	Req'd	Member	Large	Sweet													Add to April meeting.
	Required Recurring Projects																	
1	Patronage Dividend	High	Member	Med	Kalinski													Jan 2013 payout complete!
2	2012 Year End & Tax Reporting	Req'd	Member	Large	Kidwell													On track.
3	2013 SDB Billing/Drilling	Req'd	Member	Med	Chiles													Collections mode.
4	2013 Escheats	Req'd	Member	Med	Mahony													Project starting.
~~5~~	~~2013 Fee Analysis~~	~~Med~~	~~Member~~	~~Med~~	~~Soullier~~													CETO replaces this for 2013.
6	2013 Privacy Mailing	Req'd	Member	Small	Mallery													Awaiting US Senate vote.
7	Velocity	Req'd	Staff	Med	Cochran	x	x											Release buggy; awaiting 3.0; timing tbd.
8	C Cure	Req'd	Staff	Small	Winnik													GF & SF done; OB up next.
9	i-Vu	Req'd	Staff	Small	Winnik													Upgrade HVAC controls for FL
10	CETO	High	Member	Med	Kalinski													Testing, fee schedule & disclosure updates in process.

Business Process Change Requests

#	Project	Lead	Team	To – From	Status
17	Business Account Process Changes	Golles	Kidwell, Mallery, Belanger, Conway, Cameron S	2013	Suspend
25	Address/Multiple Statement Clean Up	Chiles	Soullier, Northup, Peters, Earhart, DCS	Mar 12 – Mar 13	Open
42	Branch BCP Procedures & Forms	Golles	Branch, DCS, Fitzpatrick	Mar 12 – Mar 13	Open
55	Branch Appointments Database (follow up from Account Switch project)	Golles	Hershey, Belanger, Mtg, MSC, Branch, ConsLend	2013	Suspend
62	eReceipt & Voucher Study (for later phase ECM project)	Kidwell	DCS, Marketing, IM&D	Aug 12 – Mar 13	Open
70	FHLBI Mortgage Loan Pledge Extract	Solarz	Core Resource Group, IM&D	Dec 12 – Mar 13	Open
71	Replace Email Vendor with Exact Target	J Nelson	O'Gorman, Soullier, Buchanan, Moss, Moorhead	2nd Q 2013	Open
72	Member Retention Model	Soullier	Will work alone this first phase	Tbd	Open
75	Modify POD Fix to Remove Deceased Accounts	Kidwell	Northup, Blazo, Davis	March 1st Install	Open
76	Custom Notice for POS Declines	Buchanan	O'Gorman, DCS, Ops, Programming, DataMail	Jan – tbd 2013	Open
77	Modifications to the Suggestions Database	Morgan	Belanger	Feb – tbd 2013	Open
78	Gift Card PIN Rollout	Jackson	Moorhead, Kulik, Kidwell, T&D	Tbd	Open

IM&D Infrastructure Projects

Project	Lead	Team	To – From	Status	% Done
MS SQL servers need DR plan*	Tim	ENG	Apr 12 – Jul 13	Active	25%
Upgrade lotus notes to current ver 8.53*	Doug	CSS	Jan 12 – Apr 13	Active	99%
Upgrade vmware to current ver 5.0*	Doug	CSS	Jan 12 – June 13	Active	50%
Network Upgrade (Fairlane datacenter)	Cyndi	Voice & Data	Jan – June 13	Active	40%

*Become priority in the event of another merger

图 6-9 DFCU 财务公司资源规划文档

品牌行动——保护

与其他金融服务机构一样，由于低税环境和来自所谓“消费者保护”对收费收入不断增长的压力，我们的贷款和投资组合必须重新估价，DFCU 财务公司面临着较低纯利润的问题。最近几年，这对 DFCU 来说就是每年 600 万美元的损失。首席财务官 Marv Elenbaas 一直让管理团队关注一些这样的时期尤其重要的指标：核心营业收入增长和核心非利息费用增长。他还强调了环境对我们的影响，包括在每月财务中过去 5 个季度的平均盈利资产收益率，从 2011 年第四个季度末的 3.34%到 2012 年第四个季度末的 2.66%。通过让大家了解环境对我们的核心财务造成的冲击，Marv 能够推动一个对我们的费用结构进行彻底回顾和分析的项目并赢得支持。但是，对会员收费在信用社很多领域是争论激烈甚至遭到完全反对的话题，而且这些观点是非常激进地反对我们的品牌的。为了保障一个多产的、合作的分析和决策程序，Marv 找到了一个客观的第三方来协助这次回顾。一系列费用变化建议是可执行的核心项目。Marv 说：“这个项目达成的费用变化赢得了各方的支持和理解，最重要的是反映了我们品牌的原则的平衡性。这个计划强调了在未来几年我们要增加收入来源的急切需要。同时，它保证了 DFCU 财务公司继续为会员提供稳定的价值观。不仅会员会从不断降低的贷款利率中获利，与同行业其他公司相比，我们定位为在费用问题上表现得比较温和，使得我们在市场上能维持我们‘习以为常’的承诺。财务、客户服务和市场的相关方并不总能在像费用这样的问题上达成一致，但我们几乎做到了。”

指导原则 —— 习以为常和驾轻就熟

我们最近在进行合并时涉及的最主要的基础工程之一就是实施一个新的、充满活力的企业内容管理系统。这是个耗时多年的行动，它的早期阶段不值一提，但是十分基础——替代现有的文件档案并改进内容。接下来的阶段要求收集员工和会员在文件账户上的电子签名，彻底消除纸张的处理和移动，为会员提供自助的电子文档，把柜员线上的纸质发票和收据移到电子收据上：根据诸如此类员工和会员早已提出的要求，越来越多的商业正变得绿色环保。

品牌行动 —— 发言权

为了保证我们受青睐的雇主地位和加强员工向心力（这些肯定会随着密歇根州经济状况的改变而受到冲击），在 2013 年 1 月的员工大会上，人力资源部启动了一个新的改进过的员工建议流程。如果 DFCU 财务公司想要把业务上升到新高度，那么倾听员工的反馈意见无疑会成为吸引和留住人才的项目和行动的起点。

品牌行动 —— 承诺

2013 年也是我们把注意力集中于评估和改进内部顾客服务的一年。公司发展执行副总裁 Keri Boyd 说：“我们提供直接会员服务的一线员工已经辛勤工作多年，他们的业绩十分优秀。但我们不停地问自己，我们还可以做得更好吗？这个问题指引我们在服务交付流程上把目光放得更远些。当一线员工需要帮助时，他们从我们的支持办公区域寻求帮助，无论是信息技术、运营、销售还是采购部门。我们希望这种互动尽可能地积极有效、提供帮助。我们都是服务价值链上的一部分。通过关注内部服务，我们能确定哪些领域需要改进。”

指导原则 —— 专业

优秀会员服务的关键组成部分就是竞争力，因此呼吁“专业”。当我们在进行核心体系转换时，每件事对每个领域来说都是全新的，因此文件形式的具体流程是那个项目的重要组成部分。在合并项目中，政策和流程也十分重要，因为我们要保证我们的新成员正明确地以 DFCU 财务公司的方式在做事。交付渠道支持主管 Kelly Kidwell 说：“我们现在有一个富有经验的团队，但我们仍然从成文的知识中寻求文字的证据支持，当提供会员服务时，高效解决问题和决策会用到这些证据。我十分关心这个问题，因为我的领域就是书写和保持所有的执行政策和流程，并且为一线成员提供关于操作问题的电话支持服务。”为了强调这种趋势，Kelly 的团队发起了“解决对的问题”活动，并且提高他们在为一线员工提供支持时的倾听和适应能力，鼓励内部讨论哪些方法管用，哪些不管用。这个活动已经帮助我们确定改进对死者账户和受托账户的服务交付流程，这个项目我们会在 2013 年年中启动。

指导原则 —— 驾轻就熟

当我们专注于系统转换和合并时，我们没有带宽来拓宽我们的交付渠道。战略营销和运营高级副总裁 Martha Peters 说："我们必须使一些事情持续下去。合并和转换本身会带来巨大的变化。我们不能同时承担渠道变化的风险，这对我们的会员是具有破坏性的。因此，不用多说，最近几年我一直在关注渠道问题。2012 年，我领导项目关闭了自动取款机终端平台，把我们的互动式语音应答替换了，提出了移动银行申请。我们目前正在进行注册财务策划师流程来替换我们的网络银行渠道。我们把这个转换的目标定在 2014 年。所有这些行动的战略关键就是简化我们的解决方案，使它变得容易改变和改进。为了达到这个目标，我们必须从现在的高度适应的平台转换到能够帮我们快速适应科技和市场变化的解决方案。"

随着 DFCU 财务公司开启下一段旅程，路线图更多的是关于完善专业技能、提高服务交付质量、变得成功和敏捷的。同时，如往常一样，我们的旅程将如何进行，将由我们维持的和建立在成功之上的利益所指引，并利用我们的品牌来达到这个目标。

6.8 惠普公司

在许多情况下，将项目管理制度化是组织所要求的文化转变的一部分。当需要重大的改进时，文化的改进是通过项目管理的制度化来实现的，而项目管理无法依赖当时已有的文化。

在实施全公司项目管理时，要求公司的文化将组织管理形式由功能型转变为矩阵型，将交付由以项目为中心转变为以各组成部分为中心，并且将计划从战术或感性的计划转变为战略或理性的计划。这种层面的文化变革，要确认其需求，对其进行设计并实施。

我们最近与一个主要管理单个项目的组织的项目管理办公室一起工作，它用典型的仪表板来进行沟通，并且是这个组织的管理职能机构。我们为他们提供了成为"一流项目管理办公室"的机会，并说能帮助他们开展一些最好的行动，使他们能够做到以下事情。

1. 直接将信息技术服务路线图向客户发布

（1）与商业需要的时间有关。

（2）与服务/架构的兼容性和整体性有关。

2. 管理/整合信息技术服务发布

（1）给每个服务/交付团队。

（2）利用服务管理生命周期。

（3）管理每个发布的集成和依赖关系。

3. 拥有非标准服务请求的设计和实施

（1）项目、上岗培训、实施和员工调动。

（2）建立季度预测，为账单要求开放采购订单。

4. 就服务情况与信息技术服务所有者和/或客户交流

5. 建立和衡量信息技术服务生命周期/政策

（1）建立整体服务管理生命周期并持续改进。

（2）就如何提供服务建立一致性（如更改政策）。

（3）提供适合客户和药品标准的杠杆式服务。

因为项目管理办公室没有正式“认同”信息技术基础设施库作为最佳实践方法，他们拒绝改进可使他们的项目管理服务更完善的机会，继续坚持他们的管理方法。他们曾有机会变成他们公司的重要推动力，为整个信息技术方向的管理发挥价值，但是他们不愿改变，渴望维持现状。

我们合作的下一个客户拥有一个基本参数相同的提供项目支持的项目管理办公室。当我们提供这个机会时，他们非常高兴，因为有人愿意帮助他们变得对公司更有价值并摆脱“管理模式”。这个故事告诉我们，机会是有的（通过利用最佳实践），愿意利用最佳实践的人是渴望提供优秀服务的人。

6.9 在新兴市场中进行项目管理的障碍

计算机技术与虚拟团队的发展让这个世界变小了。第一世界国家对新兴市场国家趋之若鹜，以获得丰富的高质量人力资本。这些人力资本相对便宜，并且希望加入虚拟项目管理团队。毫无疑问，在这些新兴市场国家，人才比比皆是。这些人才对项目管理有着相当好的理解，而且其中有些人以加入虚拟项目团队为荣。

但是，在虚拟项目管理团队工作也有可能带来伤脑筋的问题。在由项目组成员掌控的工作层面上，项目管理已经开始被接受。但在管理层级的上层，则有可能出现对实行与接受项目管理的抵触。由于项目管理在全世界范围内的成长，很多高级管理人员总会公开表示接受项目管理，但这仅仅是“空头支票”，在幕后他们对项目管理的正常运行造成了巨大障碍。这也同样为虚拟团队中第一世界国家的成员带来了相当大的困难，因为他们必须依赖项目组其他成员的支持。由于信息流动差、决策流程长、成本控制差，并且在很大程度上依赖外部将导致进度表不断拉长，以致超过了买家的合同日期，最后的结果可能让人充满挫败感。简单地说，有很多顽固的文化问题需要考虑。在本节，我们将把美国作为第一世界国家的典型例子进行分析。

影响有效项目管理的障碍在全世界范围内都存在，并不仅仅出现在新兴市场国家。但是在新兴市场国家，这些障碍更明显。为了简单起见，这些障碍可以分为 4 类：

- 文化障碍。
- 阶层和政治障碍。
- 项目管理障碍。
- 其他障碍。

◆ 文化障碍

文化是人们信奉的一套信条。每家公司都可能拥有自己的文化，一些公司甚至拥有多重文化。其中有些文化强势而另一些文化比较弱势。在一些新兴市场国家，存在非常强势的国家文化或民族文化，以至于会驾驭公司文化。有很多因素都可能影响一个组织的文化。在这里，我们讨论的仅仅是那些可能影响实行与接受项目管理的因素，包括：

- 由少数人掌控的官僚主义中央集权。
- 缺少有意义的或确实存在的高级管理层支持倡议。
- 组织层级体系的重要性。
- 不合适的法律法规。
- 贪污腐败的潜在可能性。

由少数人掌控的官僚主义中央集权

很多国家维持着这样一种文化，决策权集中在少数人手里，而这就是巨大权力的来源。在私有企业和政府组织中都存在这种因素。项目管理提倡的是权威和决策权的分散化。在很多国家，最高管理层永远不会将决策的权威、权力或权利下放给项目经理。在这些国家，高级管理层的任命并不一定是基于能力的。相反，这些任命是基于资历的，或者隶属于相应政党，又或者是个人与政府有私交。这样做的结果可能是，高级管理层对他们自己的业务知之甚少，或者缺乏领导能力。

缺少有意义的或确实存在的高级管理层支持倡议

项目的发起机制可能存在于公司的某一层级，但是一定不会在高级管理层。原因有两个：第一，高级经理们明白他们自己能力上的不足，甚至可能对项目一无所知。因此，他们很有可能犯严重错误，而那些将他们置于该权力位置的人就会看在眼里。第二，也可能是最重要的，作为项目的高级管理层发起人，如果失败了，可能就意味着作为高级管理人员政治生涯的结束。因此，发起机制，如果存在的话，很可能是在组织层级体系的下层，也就是如果项目失败，人员可以牺牲的那一层。这样做的结果是，如果发起人不能在出现麻烦时出面解决，项目经理就会结束他发起人的身份。

组织层级体系的重要性

在美国，项目经理普遍有权与公司的任何人谈话，以获得与项目有关的信息。这样的目的是使工作不仅在纵向流动，也在横向流动。在一些新兴市场国家，项目经理必须遵循权责指挥链。组织层级体系是神圣的。遵循权责指挥链必定会增加决策流程，以至于尽管有一个发起人存在，项目经理还是不知道需要多长时间才能获得需要的信息或者制定决策。没有成熟的基础结构来支持项目管理，现有基础结构的作用仅仅是滤除高级管理层的坏消息，以及证明每个职能经理的存在。

在美国，麻烦将止于发起人。发起人有最终决策权威，并需要协助项目经理度过危机。发起人的职责是清楚界定的，而且可能在企业项目管理体系方法中逐条细化。但在一些新兴市场国家，即使发起人都可能没有决策权威，有些决策需要上报政府部门才能制定。简单地说，人们不总是清楚何时何地需要做出决定，以及由谁做出决定。同样，在美国，由项目发起人负责报告坏消息。在一些国家，消息也可能上报到政府部门。简单来说，你不会知道项目信息会止于何处。

不合适的法律法规

新兴市场国家的一些法律可能在其他国家或明确或含蓄地视为合法或宽恕。然而美国的项目经理在与这些国家合作时，必须像其他国家一样遵守那些法律。例如，合同并不一定会由那些质量最高的供货商或价格最低的竞标者获得，而有可能派给位于高失业率城市的竞标者。再如，有些国家的法律暗示在竞标时收贿受贿是可以接受的。有些合同也可能签给亲友，而不是给那些质量最高的供货商。

贪污腐败的潜在可能性

一些国家可能或确实存在贪污腐败的现象，这会给那些关注三重约束的项目经理带来巨大灾难。项目经理习惯上会提出一个计划，在三重约束下达成目标。他们同样假设所有事情都能够系统化并有序地完成，也就是假设贪污腐败并不存在。在一些国家，总会有些潜在营私舞弊的个人或组织，不择手段地停止或拖后项目，直到他们能够获得个人利益为止。

◆ 阶层和政治障碍

阶层和政治是在所有地方都普遍存在的，并有可能对项目管理产生负面影响。在一些新兴市场国家，阶层和政治实际上会暗地破坏项目管理并阻止它正常运作。会影响项目管理的因素包括：

- 法律手续和政府约束。
- 高级管理层缺乏安全感。
- 地位意识。
- 社会义务。
- 内部政治。
- 失业和贫困。
- 对待员工的态度。
- 低效。
- 所有层级都缺少奉献精神。
- 缺乏信息。

法律手续和政府约束

在美国，我们相信表现不好的员工会被开除出项目组，甚至被解雇。但是在一些新兴市场国家，即使员工的表现达不到标准，他们还是有合法的工作权。有法律明确规定在何种情况下员工可以被开除，如果真的有的话。

还有些关于加班的法律。加班可能不被允许，因为付钱让人们加班可能最终会产生一个新的社会阶层。因此，当项目进度拖后时，加班不能维持或加快日程进度。

高级管理层缺乏安全感

高级管理人员经常会比手下的经理们更缺乏安全感，因为他们的位置可能出于政治任命。因此，项目经理就可能被高级管理人员看作“明日之星”，而对他们构成威胁。允许项目非常成功的项目经理向政府最高级别管理层做报告可能让高级管理人员感到威胁。相反，如果项目有麻烦了，那么项目经理可能被迫做陈述报告。

地位意识

在某些文化中，特别是在一些新兴市场国家，企业高管具有高度的地位意识。他们非常担心实行项目管理可能使他们失去地位，因此他们不愿意成为积极的项目发起人。如果项目失败的话，可能导致他们地位的丧失。地位经常伴随附加福利，如公车或其他特权。

社会义务

在新兴市场国家，出于宗教习俗和信仰或政治要求的社会义务可能比在第一世界国家显得更重要。为了维持与那些赋予高级管理人员或项目经理权力的人的结盟关系，社会义务就是必要的了。因此，项目经理可以与某些群体交往，但不能与其他群体进行交流。这也可能妨碍项目管理的实施。

内部政治

内部政治存在于全世界的每家公司。在高级管理层考虑支持一种新的方式（如项目管理）前，他们会担心因此变得更强还是更弱、有更多还是更少的权威、有更多还是更少的晋升机会。这就是只有一小部分比例的新兴市场公司拥有项目管理办公室的原因之一。无论哪个高级管理人员控制住了项目管理办公室，他的权力就会比其他高级管理人员都大。在美国，我们允许多个高级管理人员拥有自己的项目管理办公室，因而问题得到了解决。是在新兴市场国家，这方法却被视为人员过多。

失业和贫困

事实上，所有高级管理人员都能理解项目管理及其附加利益，但他们仍旧保持沉默，而不明确表示对项目管理的支持。实行项目管理的一个好处就是它可以让组织更有效率，以至于需要较少资源就能完成需要的工作。这对一名高级管理人员来说可能是个威胁，因为除非有额外的业务，高效率会导致公司需要裁员，高级管理人员的权力和权威受到削减，失业率增加，并可能加重社区内的贫困程度。因此，项目管理带来的效率提升可能被视为不适宜。

对待员工的态度

在一些国家，员工会被视为建立一个商业帝国的垫脚石。对建立商业帝国来说，为完成相同的工作，雇用3个能力在平均水平以下的员工比雇用2个能力在平均水平的员工要好，但是这样可能以项目预算增加和日程拖后为代价。虽然找到合适的人力资源可能确实困难，但是有时候公司根本没有努力去寻找。不管能力如何，雇用亲朋好友总是首选之策。当寻求具有项目管理专业知识的人时，问题就更复杂了。

低效

在前面，我们已经说明，公司在雇用有能力胜任工作的项目管理人员方面可能觉得困难。并不是所有人都是能胜任的。有些人尽管能够理解项目管理，却根本不能完成他们的工作。其他人则感到沮丧，因为他们发现自己没有权力、权威，或者没有那些来自第一世界国家同事的责任感。有时，希望成为高效员工的新员工会因为低效的文化而感到压力很大，要不然就是因为有差劲的员工作为同事。同事带来的压力是存在的，并且可能妨碍人们发挥出他们真正的实力。

所有层级都缺少奉献精神

当人们相信他们不会丢掉工作时，就很难有动力。很多人也许根本不会理会三重约束。有些人或许更喜欢看到进度出现问题，相信这在一定程度上确保了更多的时间。人们同样也缺乏从产品到项目结束的承诺。当一个项目接近尾声时，员工可能已经开始在其他项目中寻找栖身之所。他们甚至可能在工作完成前就过早地离开他们当前的项目，来确保其他地方的工作机会。

缺乏信息

在新兴市场国家工作的人可能觉得他们必须对同事和项目经理隐藏一些事情，特别是坏消息，或者出于必要，或者为了保住自己的工作和威望。这给项目经理带来了巨大的障碍，因为他们需要依赖实时信息，无论是好消息还是坏消息，来成功管理项目。延迟报告可能浪费期间问题修正的重要时间。

◆ 项目管理障碍

除了文化、阶层和政治可能对新管理思想造成障碍，还有其他一些与项目管理直接相关的障碍，包括：

- 实行项目管理的成本。
- 失败的风险。
- 培训成本及培训限制。
- 对于精密成熟度的需要。
- 缺少项目收尾环节。
- 职业道德。
- 计划不周。

实行项目管理的成本

实行项目管理是需要成本的。公司必须配备相应的硬件和软件，建立起一种项目管理体系方法，并开发出一套项目绩效汇报技巧。做这些需要巨大的财务支出，对有些公司来说可能负担不起。同样，在实行项目管理的长期时间内，需要占用大量资源。由于资源紧张，或者由于实行项目管理需要更好的资源，并且无法用于正在进行的工作，所以即使公司知道项目管理的好处，但还是会回避。

失败的风险

即使一家公司愿意为实行项目管理投入时间和金钱，但仍存在着巨大风险导致项目管理无法实行。即使项目管理实行成功，但项目由于任何其他原因失败了，也会将责任归咎于错误的实施。一旦高级管理层发现他们必须为没有实际成果的时间及金钱投入负责时，就会发现他们在层级体系中的地位可能被撼动。这也是有些高级管理人员拒绝接受或不明确支持项目管理的原因。

培训成本及培训限制

如果没有面向员工的培训计划，实行项目管理是困难的。这带来了 3 个附加问题：①需要分配多少钱用于培训？②谁来提供培训，培训师的资格如何？③员工应该暂停手边的项目工作来参加培训课程吗？培训项目管理人员既费时又费钱。实施和培训的成本可能阻止一些管理人员接受项目管理。

对于精密成熟度的需要

项目管理需要一定的精密成熟度，不仅体现在所需的有限技术或工具方面，也体现在员工团队合作的能力上。新兴市场国家普遍缺乏成熟的团队合作。员工可能看不到团队合作的好处，因为其他人可以因此看出他们缺乏竞争力或发现他们犯的错误。这样的人没有经过培训，无法在团队中正常工作，对团队也没有什么贡献。

缺少项目收尾环节

在项目结束时，会总结经验教训和最佳实践，而这时员工经常会害怕这些与自己有牵连。经验教训和最佳实践不仅从我们做得好的方面获得，也会从我们做得差的方面获得。员工不愿意看到在总结报告中出现任何这样的内容，暗示最佳实践是由于他的错误而被发现的。

职业道德

在一些国家，与有效项目管理实践相反，由于无法雇到人，就会产生相对较差的职业道德。员工上班或开会容易迟到早退。就算员工真的出现在会议上，也仅仅在团队中讨论好消息，而对坏消息进行一对一的讨论。沟通技巧和报告写作技巧同样薄弱。员工缺少责任心，因为责任心意味着当出现问题时你需要为你的行动负责。

计划不周

在新兴市场国家，计划不周是屡见不鲜的。在计划过程中总是缺乏责任感。因为缺少标准，而这可能是由于职业道德水平不高，所以预估项目时间、工作量和成本就非常困难了。计划不周导致的最终结果是项目日程的拖后。对于下一个任务不确定的员工，至少在短期内可以将其视为工作保障。

◆ 其他障碍

无法一一提及其他障碍，下面列出一些比较重要的。这些障碍在新兴市场国家并不一定是普遍存在的，而且许多障碍是可以克服的。

- 货币兑换效率低。
- 无法获得实时的报酬。
- 缺少对虚拟团队合伙人宗教信仰的宽容。
- 在得到合伙人所在地政府的认可方面存在风险。
- 法律反对引进和输出知识产权。

- 迷信。
- 使用差劲或落后的技术。

◆ 优点

尽管我们绘出了一幅看似黯淡的图景，但其中有很大的机遇。新兴市场国家有大量的人才，他们的能力还没有被完全开发出来。这些员工的真实能力现在仍不得而知。虚拟项目管理团队可能是全面实现项目管理的开始。

随着项目管理开始成长，高级管理人员将会意识到并接受项目管理带来的好处，并看到他们的业务基础在不断增长。使用虚拟团队的合伙经营和合资企业将会更加普遍。尽管那些妨碍实行成功项目管理的障碍仍旧会存在，但是项目经理会逐渐学会与这些障碍共处，学会在那些强加在持续新兴的虚拟团队上的约束下工作。

巨大的新兴市场经济将会有更多的机会。人们看到了项目管理更大的价值，并且开始大踏步地扩大对项目管理的使用。一些快速发展的经济力量将会变得更加强有力，为克服刚才提到的许多障碍提供所需的支持。随着更多成功故事涌现出来，各式各样的经济力量会得到加强，它们之间的连接也将更紧密，人们也将开始充分利用真正的项目管理。

第 7 章
管理层的支持

7.0 简介

就像我们在第 6 章中看到的那样，高级管理人员是公司文化的建造者，他们的职责是要确保一旦公司的文化被接受，以后不会再分崩离析。为了维持项目管理的文化，明显的管理层支持是非常重要的。这种支持必须是持之以恒的而不是三天打鱼两天晒网。

本章将探讨管理层的支持在创立、维持项目管理文化上的重要性。案例分析显示，在项目管理体系中，员工授权及项目发起人的角色是至关重要的。

7.1 高级管理人员明确的支持

作为项目的发起人，高级管理人员会支持并鼓舞项目经理及项目团队的其他成员。具有卓越项目管理的公司都有以下特点：

- 高级管理人员采用不干涉的做法，但是有问题时，他们也能给予帮助。
- 高级管理人员期望得到精确的项目状态报告。
- 高级管理人员对下级进行授权。
- 高级管理人员分散项目的权力及决策。
- 高级管理人员期待项目经理及其团队不仅提出问题，还要给出可供选择的解决方案及推荐方案。

然而，有效的发起支持和压迫性的发起支持之间有一条微妙的分界线。对于这一点，3M 公司的前副总裁 Robert Hershock 在一次关于卓越项目管理的视频会议上给出了最好的表述：

> 可能最重要的事就是一定要从上层开始接受这种方法，一定要有从上层而来

的领导力，而且上层必须 100%地支持整个流程。如果你是个控制狂，或者你具有高度组织技巧而且愿意凡事亲力亲为，那么这会是令人非常不舒服的流程，因为基本上这是个乱套的流程，而且你在这里一定要能容忍错误。但是，经理层必须做的是显示他们对团队成员的信任。他们需要确立战略和方针，然后给予团队成员所需要的授权，以便他们能够完成各自的工作。在团队经过培训建立起来之后，管理层所能做的最好的事情就是不要挡道。

为了保证他们的支持清晰明确，高级管理人员需要相信“走动中的管理方法”。这样，每个员工都会渐渐认得发起人，并且认识到带着问题去找发起人是合适的。走动管理也意味着高层发起人要敞开他们的办公室门，让每个一线经理及他们的每个员工都能感受到发起人的支持，这一点是很重要的。保持门户开放政策偶尔也会导致一些问题，如员工会企图绕过低层经理而直接去寻求更高层的许可。这种情况不太常见，而且发起人可以很容易地把问题转回给合适层级的经理去处理。

7.2 项目发起机制

高级管理人员作为项目发起人，能向项目经理及项目团队提供指导，并负责确保领导职能部门的一线经理会去满足正在进行的项目的资源需求。另外，高级管理人员也负责保持与客户的沟通。

项目发起人通常由一位高级管理人员担任，除了他的日常职责，发起人还向其负责的项目提供持续的指导。一位高级管理人员可能同时负责几个正在进行的项目。有时，一些低优先级的或维护性的项目也会由中级管理人员担任项目发起人。我知道有一个组织甚至更愿意安排中级管理人员而不是高级管理人员作为项目发起人。这家公司认为，这样会避免常见的一线经理对项目不认可的问题，如图 7-1 所示。

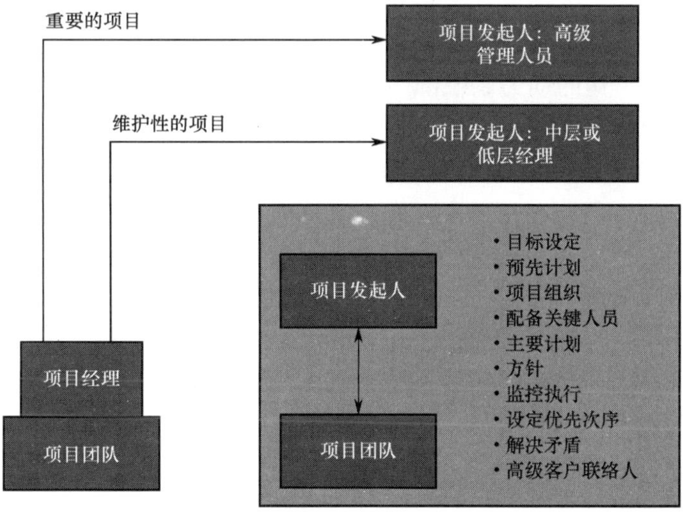

图 7-1 项目发起人的角色

在一些大型、多样化的公司里，高级管理人员没有足够的时间来完成项目发起人的职责。在这种情况下，项目发起人就由公司高级管理人员之下的层级承担，或者由委员会承担。

也有一些项目不需要项目发起人。通常来讲，大规模的、需要很多资源的复杂项目要有发起人。大规模的复杂项目也需要发起人来整合各个职能部门的活动，以解决具有破坏力的矛盾并维持牢固的客户关系。

考虑一下这个项目发起人支持项目的例子。一个在美国联邦政府的部门中管理项目的项目经理认定他的团队只有再增加新的职位才能如期完成。他已经在公司中找到了一位符合他所列出的条件的年轻女性。但是，看来要增加一个全职的职位不太可能，政府项目办公室的人数是在单位人员配备文档中明确规定的。

该项目经理就向项目的高层发起人寻求帮助。高层发起人和组织中的人力资源及人事管理部门协商，增设了项目经理要求的职位。新增的职位在 30 天内就批准了。如果没有发起人的介入，组织出于官僚作风可能要几个月才能批准这个职位，以致影响项目的如期完成。

另一个例子发生在某家中等规模的制造公司，该公司的总裁想成为一个特别项目的发起人。项目经理就决定让这位总裁为项目的最大利益服务。他要求这位总裁，也就是项目的发起人处理一个特别关键的情况。总裁发起人飞到公司总部，两天后返回时，拿到了对项目经理需要的新工具的许可。最后公司在项目上节约了时间，项目完成比预计时间提前了 4 个月。

◆ 用委员会作为发起人

随着公司的成长，有时候不太可能为每个项目安排一名高级管理人员。因此，会由委员会而不是个人来担任项目的发起人。事实上，在多种不同的组织中，最新的趋势是由委员会作为项目发起人。项目发起委员会通常由公司中各个职能单元的代表组成，包括工程、市场、生产等职能单元。委员会可能是暂时的，如委员会的形成就是作为一个阶段性项目的发起人。委员会也可能是常设的，即由一个常设委员会作为新项目的发起人。

例如，通用汽车公司的动力系统部门就把将委员会作为项目发起人这个方法运用得非常好。两位关键的总裁，即工程部的副总裁和运营部的副总裁，领导一个生产和运营办公室。这个办公室是专门成立的，负责对所有产品开发过程的管理工作做全局性的宏观统筹。这个办公室向整个组织展现和传达来自高级管理人员的支持和承诺，其角色和职责包括：

- 在制定项目章程的过程中，负责任命项目经理和组建团队。
- 解决战略性的问题。
- 批准项目合同并检验其完备性。
- 通过与项目集经理一起进行定期回顾评审来确保项目的执行。

委员会治理方式已经变得普遍。那些专注于从战略项目投资组合中实现商业价值最大化的公司，使用的是委员会的管理，而不是单一的项目发起人。这样做的原因是，项目现在变得越来越大，越来越复杂，以至于一个人可能无法做出所有决定来支持项目经理。

遗憾的是，委员会治理存在一些问题。许多被指派到这些治理委员会的人以前可能从来没有在治理委员会工作过，并且可能有这样的印象：项目的委员会治理与组织治理是相同的。更糟糕的是，有些人可能从来没有担任过项目经理，并且可能没有认识到他们的决策会如何影响项目管理。治理委员会成员如果对项目管理缺乏了解，就会给项目组合带来很大的麻烦。许多采用敏捷开发实践的组织使用委员会治理，而且在大多数组织中，委员会成员对他们的新角色和职责有很好的理解。

◆ 不同阶段中的项目发起人

项目发起人的角色在项目的整个生命周期中不断变化。在启动和规划阶段，发起人在下列活动中起到积极的作用：

- 帮助项目经理建立项目的目标。
- 在组织形成和人员配备的阶段，为项目经理提供指导。
- 向项目经理解释哪些环境因素、政治因素可能对项目的执行产生影响。
- 独自或与公司的其他高级管理人员一起确立项目的优先次序，把项目在公司内的优先等级及其原因告知项目经理。
- 指导项目经理建立项目的方针和程序。
- 作为客户的联络人。

在项目的执行阶段，发起人必须非常仔细地考虑，确定哪些问题需要他的指导。如果试图参与项目中出现的每个问题，会导致事必躬亲的微观管理。这样也会破坏项目经理的权威性，同时使得高级管理人员很难完成他的日常职责。

对于在 2 年或 2 年以内的短期项目，最好的做法通常是，发起人在整个项目期间不变。对于 5 年左右的长期项目，必要的话，可以在项目的每个阶段安排不同的发起人。最好在公司的同一层级的高级管理人员中选择发起人，因为同一级别的发起人可以在一起平等对话，而不同层级的发起人就可能有偏向。

项目发起人不一定来自这个项目中工作量最大的职能领域，有些公司甚至从与项目没有既定利益关系的一线职能部门来指定发起人。从理论上讲，这样的系统会促进公平的决策。

◆ 客户关系

高层项目发起人在客户关系方面的角色，取决于组织的类型是完全项目驱动还是部分项目驱动；同时也取决于客户的类型是内部客户还是外部客户。为外部客户开发大型项目的承包商，通常由其高层项目发起人来保证客户完全了解项目的进度。涉及上百万美元的项目的客户通常非常关注他们的钱是怎么花掉的。如果有一个高层的项目发起人，客户就很容易得到解答。

对积极参与竞争性投标的承包商来说，在投标书中标明他们的项目经理及高层项目发起人的简历是非常常见的做法。如果其他方面都相同，这些简历就可能给予这个承包商更大的竞争优势。

客户都希望能有与承包商的高级管理人员直接沟通的渠道。一位承包商认为，高层项目发起人的职能包括：

- 积极参与早期的销售活动及合同的谈判。
- 建立并维护高层的客户关系。
- 帮助项目经理启动项目，如计划、人员配备等。
- 了解当前的项目的主要活动。
- 处理主要的合同问题。
- 向项目经理解释公司的方针。
- 帮助项目经理确认并解决重要的问题。
- 让总经理及客户经理了解项目的重要问题。

◆ 决策制定

把项目管理想象为赛车。黄旗就是警告要提防问题，需要项目经理或一线经理采取行动。只要项目经理不是想让发起人来解决问题，那么，将黄旗问题告知高级管理人员是没什么错的。然而，红旗问题通常确实需要发起人的直接参与。红旗指的是可能影响项目的时间进度、成本及绩效指标等的问题。所以红旗问题需要得到认真对待，而且相关的决策需要由项目经理和项目发起人共同做出。

严重的问题有时会产生严重的冲突。项目经理和一线经理之间有分歧并不少见，而这需要高层的项目发起人的审慎干预。首先，发起人应该确认，没有他的帮助，这个分歧无法解决。其次，发起人需要从各方面收集信息，并考虑已提出的各种可能的方案。再次，发起人必须决定他是不是解决这一问题的合适人选。这些争论常常属于技术问题，需要具备合适知识的人来解决它们。如果发起人不能解决这个问题，就需要找到具有相关技术知识的权威人士。最后，公正、恰当的解决方案应该可以为每位参与的人所接受。如果在项目上没有高层发起人，争论的双方就不得不一层一层地向上反映，直到找到一个共同的领导来帮助他们。高层项目发起人的存在，最大限度地减少了参与解决工作争端的人的数量及时间。

◆ 战略计划

高级管理人员负责公司的战略计划，而项目经理负责他们管辖的项目的运营计划。尽管这两种计划的思考方法及计划时间是不同的，但高级管理人员的战略计划方面的技能可能对项目经理很有帮助。对那些包括流程开发或产品开发的项目，发起人能够提供专门的市场监察，以辨识那些会影响组织长期利润的新机会。另外，发起人也能从下级经理及员工那儿得到很多对战略很重要的信息：什么时候组织中缺乏制造新产品所需要的知识和技能，什么时候公司需要招聘更多技术工作人员，什么样的技术变化可能影响所在的行业。对于这些问题，有谁能比他们知道得更清楚呢？

7.3 卓越的项目发起机制

在优秀的公司中，发起人的角色不是监督项目经理，而是确保客户和公司的最大利益都能实现。然而，正如下面的两个例子所揭示的，高级管理人员的决策不可能让每个人都满意。

弗兰克林工程公司（化名）以开发高质量的、创新的产品著称。不过，该公司为了获得这样的声誉，也付出了很高的代价——高额的研发预算。在研发部门发起的项目中，只有不超过 15%的项目能实现最终产品的商业化并收回研发成本。

公司的高级管理人员决定实施新的政策，要求所有的研发项目发起人必须定期分析其项目的成本收益。如果一个项目的成本收益比不能达到政策中规定的级别，就要为公司的大局着想而取消该项目。

一开始，研发人员看到他们的项目被取消会非常不高兴。但是很快，他们就认识到，与其把大把的钱花在一个很可能失败的项目上，还不如早点把这个项目取消。最终，项目经理和团队成员达成共识，要把钱花在更成功的项目上，而不是毫无意义地浪费人力物力。在两年之内，这个组织用相同的研发经费完成了更多项目，项目的成功率也更高。

另一个案例涉及一家加利福尼亚州的计算机设备设计和制造公司。让我们称这家公司为设计解决方案公司。研发组和设计组充满了最有天分的组员，他们相信他们能实现“难于上青天”的事，他们也确实经常做到这点。这两个强有力的组的组员对他们的项目经理不怎么尊敬，而且痛恨时间进度安排，因为他们觉得时间进度限制了他们的创造性。

1997 年 6 月，公司发布了两款新产品，刚好在竞争对手之前，险些落后。公司起初的计划是在 1996 年年底发布这两款新产品。推迟的原因是，项目团队希望新产品不仅要满足原来要求的特性，还要超过这些要求。

为了将来避免类似的延误，公司决定为每个研发项目配备高级管理人员发起人，以确保项目团队能遵从标准的管理做法。有些团队成员试图隐藏他们已经完工的事实，因为他们觉得自己可以做得更好。但是，发起人威胁要解雇这些员工，员工最终服从了。

上述两个例子中的教训是很清楚的。事实上，高级管理人员发起人能改进现有的项目管理系统，以更好地满足公司和客户的要求。

7.4 项目取消标准的需要

并非所有项目都会成功。高级管理人员必须愿意建立一个“退出标准”，以指示何时终止项目。如果项目注定要失败，那么它越早终止，可以越早地将宝贵的资源重新分配给表现出更高成功可能性的项目。如果没有取消标准，甚至可能在项目的商业论证中识别到，仍然存在着项目继续存在并浪费资源的风险。

例如，两位副总裁提出了个人钟爱项目的想法，并使用其职能型领域的资金在内部资助项目。这两个项目的预算接近 200 万美元，进度大约为一年。这些都是有些高风险的项目，因为两者都要求取得类似的技术突破。两个项目都没有制定取消标准，是否可以取得技术突破无法保证。即使技术突破，两位高管都估计产品的保质期大约一年后就过时了，但他们相信可以很容易地收回他们的研发成本。

这两个项目被认为是个人钟爱项目，因为它们是在两位高级管理人员的个人要求下建立的，没有任何真实的商业论证。如果这两个项目被要求通过正式的投资组合项目选择过程，那么这两个项目都不会被批准。这些项目的预算与公司将获得的价值及投资回报率相差甚远，即使可以取得技术突破，也会低于最低水平。项目管理办公室积极参与项目过程的项目组合选择，并表示绝不建议批准最终结果的保质期只有一年或更短的项目。简单地说，这些项目的存在是为了让两位高管自我满足并让他们获得来自同事的声望。

然而，两位高管都为他们的项目找到了资金，并且愿意在没有标准审批程序的情况下让他们继续运行。每位高管都能够从他们的团体中找到一位经验丰富的项目经理来管理他们的个人钟爱项目。

在第一次阶段关口审查会议上，两位项目经理站起来，建议取消他们的项目，并将资源分配给其他更有希望的项目。他们都表示无法及时取得所需的技术突破。在正常情况下，这两位项目经理都会被颁发象征勇敢的奖牌以表明他们支持取消项目。这肯定是出于公司最佳利益的推荐。

但两位高管都不愿意轻易放弃。取消这两个项目对于发起项目的高管来说是一种羞辱。相反，两位高管都表示，他们的项目将继续进行下一次的阶段关口审查会议，届时将就可能的取消做出决定。

在第二次阶段关口审查会议上，两位项目经理再次建议取消他们的项目。和以前一样，两位高管都声称项目应该在做出决定之前继续进行下一次的阶段关口审查会议。

幸运的是，最终取得了必要的技术突破，但已经晚了六个月。这意味着销售产品和收回研发成本的机会的窗口将是六个月而不是一年。遗憾的是，市场知道这些产品可能在六个月内过时，而且这两种产品的销售都很少。

两位高管都不得不采取一种方式来挽回面子，避免承认他们在两个无用的研发项目上浪费了数百万美元的羞辱。这可能对他们的年终奖金造成很大的影响。高管们发现的解决方案是促使项目经理创建产品，然后责怪营销和销售没有找到客户。

在项目审批过程中应建立退出标准，并且这些标准应在项目的商业论证中清晰可见。标准应基于上市时间、成本、销售价格、质量、价值、安全性或其他制约因素制定。如果没有这样做，刚刚给出的例子将会一次又一次地重复出现。

7.5 惠普公司项目发起机制在行动

惠普公司的 ITIL 服务经理、架构咨询师、PMP 专家 Doug Bolzman 认为：

> 管理层支持项目管理的结果。如果 PMO 了解当前的环境并知道如何去改进

结果，管理层将会知悉。如果只是给管理层一个关于项目没有被有效管理的问题描述，那么他们就没有存在的价值。

下面分享一个故事。一个生意上的合伙人曾经来找我们问为什么我们的版本管理体系方法并没有作为一个公司方法在组织中正式执行。这个提案的发起人曾经联系过公司 CIO 并和他开过会（这发生在 21 世纪的头几年）。我们展示了体系方法概况，对组织的价值，以及一些成功案例。CIO 当时回应说："这一切都很好，但你想让我做什么呢？" 发起人坐回他的椅子上继续说道："我们正在为这个体系方法寻找'管理层认可'。" 当会议结束的时候，我意识到，除了前一天晚上美味的晚餐，在我们飞回总部后，这次会议是一点收获都没有的。关键点在于，我们并没有明确地定义我们从管理团队中所找到的问题。现在，当我们处于相同的情况时，我们会说明投资、资金、资源需求、文化改变及需要他们批准和实施的政策。我们会描述他们在支持项目、实践、PMO 的过程中担当的角色和职责，以及一切我们需要从他们那里得到支持的内容。

7.6 苏黎世美国保险公司：提高相关方的参与度

苏黎世美国保险公司（ZNA）的 PMO 领导 Kathleen Cavanaugh 为我们提供了一个项目发起人可以帮助提高项目相关方参与度的想法。项目经验教训为我们提供了针对在项目/流程中什么做得好、什么做得不好的很有价值的剖析。当经验教训上升到项目组合级别，这些项目/流程所面对的本该暴露或被推断出的常见问题将有可能被忽略。

近些年，在 ZNA，我们从项目经验教训的众多改进机会中发现了一个新的项目领导角色的需求，我们称之为业务领导。大量的项目反馈显示，在大型的转型项目或项目集中，从始至终必须有更强的业务参与度。值得注意的是，中层管理人员通常会构成这类大型流程和/或人员相关的项目变更中的最大的联盟挑战。需求是明确的。各级别的相关方都必须对项目目标拥有知情权，并且需要参与到项目全生命周期中去。没有相关方的认同和参与，项目/项目集将很难被接受或开展，更糟的是，还有可能被彻底取消。

因此，为了帮助解决这个问题，公司中各业务部门的领导为落实业务领导角色而为其定义了职责。这个角色首先用来协助概念论证，并在推行之前争取认同。指导手册中阐明的业务领导的职责包括：联合相关方，确保项目目标始终支持业务战略，利用变更管理准备项目可能影响的相关方，确保适时的支持及利益实现。然而，业务领导的实际职责最终由项目发起人决定，不同的项目有所不同。

业务领导角色本身被设计为补充和配合项目发起人和项目领导的角色，共同建立项目领导团队的三角结构。它们共同形成了强有力的合作伙伴关系，合力为项目/项目集做出关键性的决定。项目领导和业务领导经常紧密合作，通过项目/项目集连接业务和 IT 世界。我们会采用多种方法以确保相关方可以参与其中，包括焦点小组会议、用户委员会、多层反馈机制。由于中层管理者可以确保最终用户了解并理解主要信息，因此他们应该是项目/项目集沟通中的重点。项目发起人为项目/项目集提供持续的监督和指导。如果一个项目遇到了障碍，那么将可以直接通过项目发起人或督导委员会找到解决方案。

若要有效，担任业务领导角色的人必须或有相当高的水平，他们必须拥有一系列独特的技能，这些技能包括具有跨部门知识，能够挑战现状，打破障碍和团结所有相关方。角色本身需要选择一个擅长变更管理和沟通艺术的人。但这个人要真正成功，就必须致力于大型的跨职能项目/项目集。我们经常发现业务领导角色需要在项目的日常活动中有很高的参与度。因此，在许多情况下，被选中的业务领导为了 100%致力于这一关键的项目角色，而放弃他们现有的职责 12～18 个月。把某人从一个角色中拉出，并将他们安排进大型的转型项目或项目集中所需要的时间并不短，也并不很容易。但是，如果这个项目/项目集对于组织来说真的很重要，那么它将会以很小的代价换取项目的成功实施。这是一个重大的决定，通常由经验丰富的权威项目发起人决定最适合这个角色的恰当人选。

业务领导作用的价值已经在过去的几年中大幅提高，一个实践集合正在形成。业务领导可以分享彼此的经验和教训，从而提高他们的能力。这个角色已经在 ZNA 的大型的转型项目中成为一块坚实的基石，项目发起人、项目领导和业务领导角色之间的协同合作是成功的关键。这个项目的领导结构被证明是一个可行的模式，以帮助确保项目相关方参与整个项目生命周期，转化为更大的成果并提高最终用户的满意度。

7.7 项目治理

所有项目都有可能出问题，但通常情况下，项目管理都会发挥作用。当问题出现的时候，不要把项目需求的沉重压力强加给项目经理，项目发起人应该作为同盟者和项目经理一起解决问题。遗憾的是，在今天这种混乱的环境中，这种压力反而增加了：

- 为了生存，公司正在接受高风险、高复杂度的项目。
- 客户要求小而精的产品，而且要在一定程度上进行个性化定制。
- 项目生命周期与新产品开发周期都被压缩了。
- 事业环境因素对项目执行的影响更大了。
- 客户与相关方希望更积极地参与到项目的执行中去。
- 公司与供应商正在形成战略伙伴关系，而各个供应商可能在项目管理方面的成熟度与公司不同。

在相关方想要加快项目决策过程时，这些压力反而会使这一过程趋缓。单个项目发起人可能既没有时间也没有能力去处理所有这些额外的问题，这将会使项目迟缓，这种迟缓的原因如下：

- 期望项目经理在自己没有充分认识的领域做出决策。
- 项目经理在接受项目的全部控制权和对项目负全责的问题上有迟疑。
- 在项目管理的机构之上存在过多的管理层级。
- 风险管理的责任被推到组织中的更高层。
- 项目经理表现出的领导能力不能让人信服。

这些压力造成的问题可能无法得到解决，至少无法由单个项目发起人简单和及时地解决。这些问题都可以通过运用有效的项目治理来解决。项目治理其实就是一个用来做出决策的框架。治理与一系列进行定义的决策相关，包括对期望、问责、责任、授权或验证绩效进行定义。项目治理关系到项目管理中的一致性、紧密联系的政策和流程，以及在特定责任范围内做出决策的权利。治理使项目管理更高效，而且使效果显著的决策过程成为可能。

即使每个项目都是用同样的企业项目管理体系方法，它们还是可以采用不同的治理模式。治理职能可以作为项目经理工作的一部分，也可以是单独的流程。设计治理制度的目的不是用它来代替决策，而是防止做出对公司不利的决策。

以前，项目治理是通过项目发起人来进行的。如今，治理一般由委员会来执行，并且可以包括来自每个项目相关方组织的代表。表 7-1 列出了针对各种项目类型所采取的不同治理方法。不同行业和不同项目的委员会的成员可能不同。

表 7-1　项目治理的类型

组织结构	描　述	治　理
本地分散型	团队成员可以全职或兼职。他们仍然隶属于其行政所属职能部门	通常由一个人作为项目发起人，视项目复杂度而决定是否需要内部治理委员会
地理分散型	这是一个虚拟的团队。项目经理可能永远不会看见一些团队成员。团队成员可以全职或兼职	通常由包含项目相关方的治理委员会监管
协同办公型	所有团队成员都和项目经理在一起办公，项目经理不具备项目成员薪资待遇的行政管理权	通常由一个人作为项目发起人
项目制型	这类似于一个协同办公团队，但项目经理的职能通常和一线经理相同，具备对团队成员的薪资管理权	根据项目的规模和战略合作伙伴的数量由委员会治理

项目治理委员会成员可以根据项目相关方的数量和是不是内部或外部客户而变化。对于长期项目，参与成员可以在整个项目中变更。

由于人们会混淆公司监管和项目治理，项目和项目集的监管有时会失败，结果导致委员会的成员不知道他们的角色应该是什么。两者的一些主要差异包括：

- **定位。**公司监管的重点是如何做好项目的投资组合与满足整体经营目标；项目治理的重点是持续跟踪项目进度。
- **方向。**公司监管为如何使项目符合公司目标提供战略指导；项目治理更多的是对预定义的参数决定的项目范围、时间、成本和功能方面的操作层面上的指导。
- **仪表板。**公司监管仪表板基于财务、市场和销售指标；项目治理的仪表板基于时间、成本、范围、质量、措施、风险和可交付物这些指标。
- **成员。**公司监管委员会由资深的高级管理人员组成；项目治理委员会成员可能包括一些中层管理人员。

另一个导致失败的原因是项目或项目集监管组织的成员并不了解项目管理。这会导致治理委员会参与管理。什么样的决定必须由项目治理委员会做出，而项目经理又可以做出哪些决定？通常来说，项目经理有权做出保证项目基线的必要操作的决定。项目治理委员会有权批准一定费用支出之内的项目范围变更，并做出对项目符合公司目标和战略的必要调整的决定。

7.8 东京海上控股集团：卓越的项目治理*

◆ 高级管理必须建立 IT 治理：东京海上控股集团

Yuichi（Rich）Inaba，CISA

东京海上控股集团下属的东京海上控股及日动系统股份有限公司（以下简称 TMNS）的一位 IT 治理、IT 风险管理、IT 信息安全领域的资深顾问专家。在他去 TMNS 之前，是在东京海上控股集团 IT 计划部门工作的，也曾参与过东京海上控股集团基于 COBIT4.1 的 IT 治理系统框架的建立。他现在的职责是将东京海上控股集团的 IT 治理在 TMNS 中实施并执行。Inaba 是 ISACA 东京分会标准委员会的成员之一，他正在参与 COBIT 5 出版物在日本的翻译工作。

Hiroyuki Shibuya

东京海上控股集团 IT 部门的负责人。2000—2005 年，他领导了 IT 方面的创新项目，重建了东京海上控股及日动火灾保险公司当时的保险产品线、业务流程及信息系统。为了解决集团公司其他陷入困境的开发项目，并利用他在这个项目上的经验，他在 2010 年 7 月被任命为东京海上控股集团新成立的 IT 部门的总经理。自那时以来，他一直带领整个部门努力建立 IT 治理的基本方针政策和标准，以加强整个东京海上控股集团的 IT 治理。

东京海上控股集团是一家全球性集团公司，从事各种保险业务。旗下有约 70 家公司遍布全球，包括东京海上控股及日动火灾保险公司（日本）、费城保险公司（美国）、Kiln 公司（英国）和东京海上控股亚洲公司（新加坡）。

东京海上控股及日动火灾保险公司是日本最大的财产和意外险保险公司。除此以外，东京海上控股集团在日本还有其他几家公司，如东京海上控股及日动人寿保险有限公司。此外，还有服务提供商，如东京海上控股及日动医疗服务有限公司和东京海上控股及日动设施有限公司。

东京海上控股集团的 IT 治理实施

东京海上控股集团负责制定集团的 IT 治理办法。东京海上控股集团高管认为，这是企业管理的一个重要基础设施，希望利用它来加强公司管理。一些总监和高管却对 IT 持反对意见，他们认为 IT 难以理解，成本太高，会带来频繁的系统故障及系统开发的失败。

一个组织的管理层认识到系统开发的重要性是很常见的，但把它的发展完全放在 IT

* 本节由 Yuichi（Rich）Inaba，CISA 和 Hiroyuki Shibuya 提供。

部门的肩上，认为系统开发只是 IT 部门的工作。其他高管甚至更进一步，认为 IT 管理或治理是只属于 IT 部门或首席信息官的业务。这种关于 IT 的想法类似于认为会计是会计部门的工作和处理人事事务是人力资源部门的职责。

这些都是典型的实施 IT 治理系统失败的行为。东京海上控股集团的管理层认为，IT 并不是单纯的 IT 工作，而是一种提升公司业务水平的工具。

东京海上控股集团的管理层意识到，虽然会有多种不同原因导致系统开发失败（如由服务日期导致的延期、项目超预算），但更常见的是需求差异，如在一个系统完成后，业务人员说“这不是我们要的系统”或“你做的这个系统太难用了，它对我们的业务没有用”。

为什么会有需求差异产生

系统开发的过程与建筑施工类似，但二者之间有一个显著的差别：系统开发不是可视化的，而建筑施工恰恰相反。因此，在系统开发中，认知和沟通的差异会不可避免地存在于业务部门和 IT 部门之间。

东京海上控股集团系统开发的成功解决方案

为了弥补这些差异，业务和 IT 部门必须有足够的沟通，以最小化图 7-2 中 A 和 C 的部分，最大化达成共识的 B 部分。系统开发的成功之路在于提高业务部门和 IT 部门之间的沟通的质量。

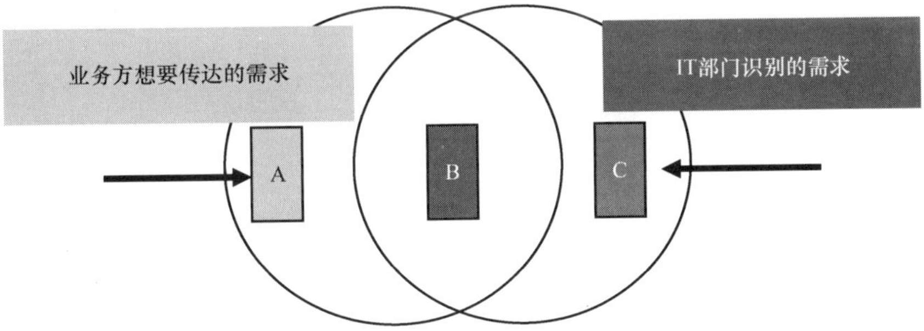

图 7-2　需求差异

这些沟通不能到达或保持在同一水平上。理想的沟通是业务和 IT 部门各自合理地分配角色并承担相应的职责，做到权责分明，形成一种平等的合作伙伴关系。这是东京海上控股集团应用所有者系统的核心概念。

应用所有者系统的实施

东京海上控股集团决定将应用所有者系统作为集团 IT 治理系统的核心概念来实现。他们认为这个系统对于集团在系统开发中的成功，以及集团业务在当前的商业环境中取得增长是至关重要的。

应用所有者系统（见图 7-3）的基本思想是：

- 业务部门和 IT 部门之间带有适当的制衡关系的相互合作，有助于分配职责和达成共同的目标。
- 每次业务部门和 IT 部门的密切沟通，都会让他们充分考虑各自的职责。

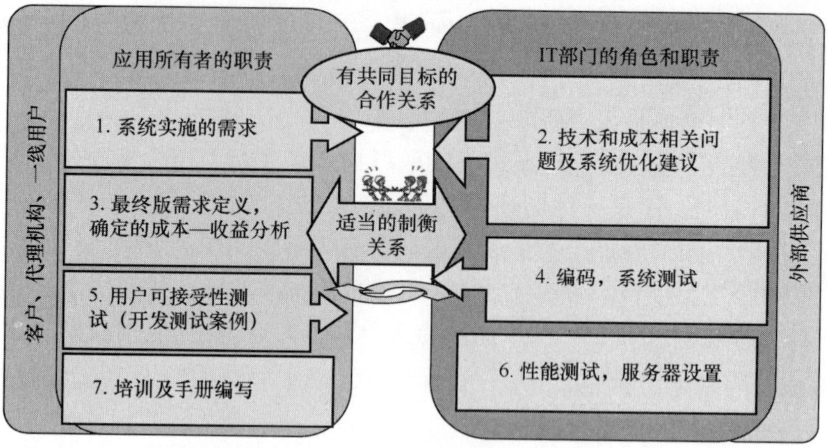

图 7-3　东京海上控股集团的应用所有者系统

东京海上控股及日动火灾保险公司早期的成功

东京海上控股及日动火灾保险有限公司是集团最大的公司，从 2000 年起就使用了应用所有者系统。该系统上线后立即降低了 80%的系统故障和问题（见图 7-4）。

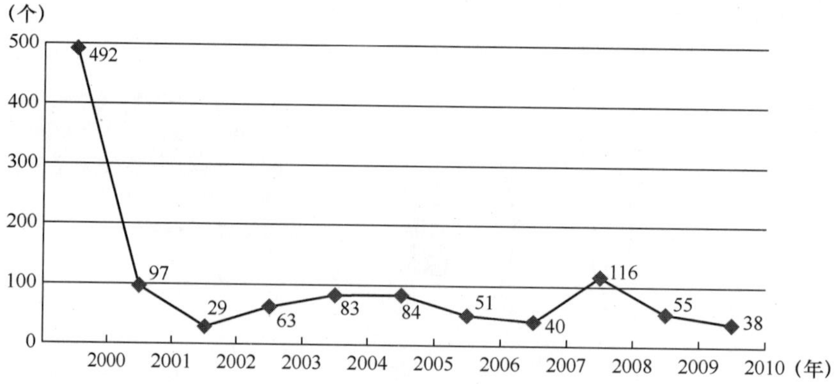

图 7-4　系统故障数量

IT 思维模式

东京海上控股集团的思维模式是只有管理层可以建立企业级的 IT 治理系统，那么 IT 治理就是管理层的职责。

此外，不仅仅是管理层要有这样的思维模式，整个组织中的所有员工都应该知道，强大的 IT 系统不是仅仅依靠 IT 部门孤军奋战就可以建立的，而是业务部门和 IT 部门通力协作的结果。所有员工都要意识到 IT 的事情与自己息息相关，而不仅仅是 IT 部门的职责，这一点是非常重要的。

在企业内部建立起这样的思维模式是管理层应发挥的作用。

东京海上控股集团的 IT 治理系统

以应用所有者系统为特征，东京海上控股集团曾经介绍过一个 IT 治理框架，集中在 COBIT 4.1 框架，特别是计划和组织（Plan and Organize，PO）域。

IT 治理框架的主要目标在于：

- 建立基础的 IT 治理原则。东京海上控股集团建立起的 IT 治理基本原则或为整个集团的 IT 治理规定。
- 建立 IT 治理指导规则。东京海上控股集团定义了 7 项原则作为指导原则（见表 7-2），该原则涵盖了 IT 治理方案中的 5 个重点领域，特别强调战略定位和价值传递。这 7 项原则是包含在 IT 治理基本原则中的。东京海上控股集团认为，在应用所有者系统中最重要的原则如下所述：在计划实施过程中，IT 部门和应用所有者部门之间相互合作，又有着相互制约的职能。管理层可以清楚地确定 IT 部门和应用所有者部门各自所承担的职责，两个部门都由可靠的合格的人员组成，并建立起一个确保每个部门都会根据各自责任来执行计划的管理系统。

表 7-2 7 项指导原则

序 号	原 则	主要领域
1	建立一个战略计划，能够实现对企业的战略规划，建立业务流程，制订可执行的计划	战略定位
2	在计划执行阶段，确认 IT 部门和应用所有者部门在适当的检查和平衡功能下合作	战略定位
3	在信息系统的开发和实施阶段，确保从质量保证、可用性、承诺的服务日期、恰当的成本预估、人力资源可用性匹配度等角度来衡量项目计划的有效性	价值传递
4	确保为实现信息系统开发和实施的目标，公司中全体成员都在使用该系统	价值传递
5	进行适当的 IT 资源管理，包括计算机容量管理和人力资源管理	资源管理
6	进行适当的风险管理和信息安全管理，并建立对各种 IT 常见风险因素的系统故障应急预案，如业务流程对于 IT 的高依赖度，重要信息的集中化及互联网的广泛使用而带来的威胁	风险管理
7	鼓励 IT 运营透明度的改进，监控运营流程，如项目流程、IT 资源使用率及信息系统的使用	绩效考核

- 建立适用于东京海上控股集团的治理和管理系统。东京海上控股集团定义的治理和管理系统将会在所有集团公司内实行。它包含 5 个领域，由 3 个主要部分构成：组织结构的建立，规则和标准的建立，以及可执行的计划、实施、检查及行动（Plan，Do，Check and Act，PDCA）周期性的改进。东京海上控股集团旗下公司所需的治理和管理系统在集团 IT 治理标准中详细列出。
- 建立一个 IT 治理标准（东京海上控股优先级流程的定义）。东京海上控股集团已经确定使用 COBIT 4.1 定义管理系统。然而，他们也意识到，在相对较小的集团公司实施所有 COBIT 4.1 的成熟流程是有一定难度的。为解决这个问题，他们尽量将设置和流程最小化，或对目标进行更细致的管理，这对于在 IT 治理过程中的集团业务发展至关重要，对于东京海上控股集团对整体业务的控制也非常重要。

在 IT 治理标准中，东京海上控股集团列出了东京海上控股集团 IT 管控的优先级（见图 7-5）。IT 管控的优先级定义为 5 个领域、14 个过程，以及从 COBIT 4.1 的 210 个管控目标中选出的39个管控目标（见表7-3）。

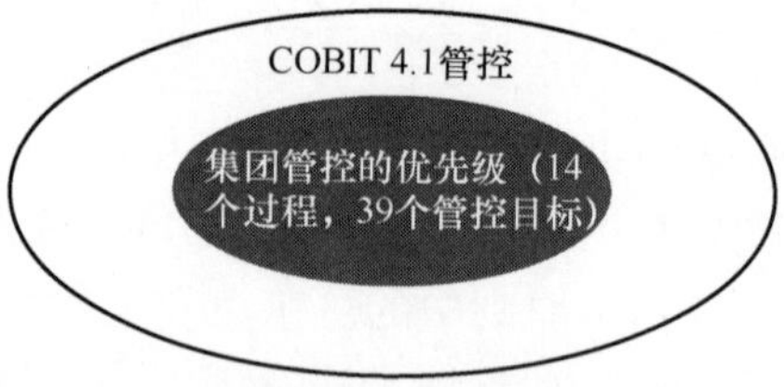

图7-5　东京海上控股集团管控的优先级

表7-3　东京海上控股集团管控的优先级

	域　名	编　号	过程名称
a	计划和组织	a1	年度IT计划
		a2	IT部门和应用所有者部门的权责定义
		a3	建立一个IT指导委员会
b	项目管理	b1	开发及实施项目的管理
c	变更管理	c1	变更控制
d	运营管理	d1	事件/问题管理
		d2	供应商管理
		d3	安全管理
		d4	IT资产管理
		d5	计算机容量管理
		d6	灾难恢复及备份/恢复
e	绩效及投资回报率监控	e1	年度审查
		e2	监控IT指导委员会
		e3	监控项目管理、变更管理及系统运营管理

根据COBIT成熟度模型，集团公司需要提高优先级控制以达到3级成熟度，并向东京海上控股集团汇报改进进度。

展望未来

自从东京海上控股集团的IT治理系统建立后，东京海上控股集团就一直不懈地与CIO、CEO及集团公司的管理层沟通，确保他们理解并愿意带头推行IT治理。

通过这些活动，组织有理由相信IT治理系统的核心概念已经被管理层更好地理解，并且应用所有者系统已经在集团子公司中取得了好的进展。东京海上控股集团将会继续向集团公司推行IT治理系统，实现集团业务的效益，使相关方得到更好的投资回报率。

7.9　对项目经理的授权

让高级管理人员发起人与一线经理及项目经理并肩工作会导致的最大问题是，基层经理会觉得他们失去了控制权。这个问题是确实存在的，而且必须由高级管理人员来处理。

MCI 的前高级管理人员 Frank Jackson 认为，信息就是力量：

我们对团队进行了一次评审，看看我们是真像自己想象中那样在不断进步，还是在自欺欺人。结果非常令人惊讶。评审结果显示，50%的中级管理人员的时间都花在为组织的上上下下过滤信息上。当我们安排了发起人时，信息会从团队传到发起人，再传到运营委员会。这确实在我们的中级管理人员中制造了危机。

MCI 找到了解决这个问题的方案。如果有人认为公司转变为团队工作的环境是很容易的，或者认为公司不知不觉地就可以变成团队工作的环境，那他就大错特错了。在我所供职过的那些公司里都能看出，很难让经理们放弃他们已有的一些权力。只有进行推动，才能实现团队工作的环境。我们有一个 MCI 内部沟通的 MCI 邮件系统。这是一个电子邮件系统，它使全公司都能跨越管理的层级进行沟通。虽然有时你可能陷入沟通的细节，但是，这使得你能够跨层级沟通，而任何人都无法截留信息。

高级管理人员有能力推动项目管理的成功，同时能建立导致项目失败的环境。3M 公司的前副总裁 Robert Hershock 认为：

我碰到的项目失败要么是因为管理层多管闲事，要么是管理层不能 100%遵守流程，或者管理层要求报告或通过大量的旁敲侧击让整个流程陷入瘫痪。我所看到的最大的失败，真正的原因都在于管理层。基本上有两类事情会使得项目无法成功。一种是管理层多管闲事，他们无法放弃他们的决策能力，不断地跑到团队中去讲“你做的这件事是错的”“你做的那件事是错的”。另一种是团队无法沟通清楚其目标。当团队不能集中精力、范围不断扩展时，就导致项目崩溃。团队也因失去重点而分崩离析。

项目的失败经常出于错误的观念。大多数高级管理人员相信，他们已经升到了组织的顶层，并且在扮演“孤胆英雄”。如果让他们改变，他们就会觉得是在放弃大量公司高层所拥有的权力。为了改变这种情况，可能最好的做法是从小处开始，正如一位公司高级管理人员所观察到的：

高级管理人员从来不愿意参加培训，也不愿意倾听，不过我认为很多事情真的是做过才会知道效果。如果你想在组织中慢慢建立项目管理团队，那就从一点点开始。如果公司不允许你采用“只要跳进来放手去做”的耐克式做法，那就从小处开始，而且每走一步，就向它们证明项目管理的成功。让团队为结果负责，结果会不证自明。

当然我们也要知道，高级管理人员进行事必躬亲的微观管理的原因可能显得很合理。一位高级管理人员这样评论为什么项目管理在他的公司不能按计划进行：

我们这些高级管理人员需要给项目经理授权，然后这些项目经理又会给他们的团队成员授权，为项目或为项目中相应的职能做决定。遗憾的是，出于对我们的项目经理缺乏信心这种考虑，我觉得我们（高级管理人员）无法完全支持决策的分权化。这些项目经理既不积极主动，也没有展现出领导能力。

在大多数组织中，高级管理人员的出发点是他们只相信他们这个层级的经理们。随着项目管理系统的完善和项目管理文化的发展，尽管项目经理在组织结构图中并不占据很高的位置，高级管理人员还是逐渐开始信任项目经理。授权不是在一夜之间发生的，这需要时间。遗憾的是，非常多的公司从来也没有实行过完全的项目经理授权。

7.10 工作中的管理层支持

高级管理人员明确可见的支持，对成功的项目管理及项目管理文化的稳定来说是必需的。但是，也会有一些高级管理人员出现得太过频繁的情况。请参考以下的事件，作为一个例子。

◆ 中线银行

中线银行（化名，以下简称中线）位于美国西北部的一座大城市，是一家中等规模的银行。中线的高级管理人员认识到，在不久的将来，银行业的发展会基于整合和并购。因此，中线需要展现积极的姿态，才能保持竞争力。在财务方面，中线已经为并购其他中小规模银行以拓展其组织做好了充分的准备。

银行的信息技术组负责开发一套全面、复杂、成熟的软件包，用于评估有意并购的银行的财务健康状况。这一软件包实际上需要中线的每个职能分支的输入，可想而知，这种项目的合作非常困难。

中线的文化是由大型、无法逾越的职能帝国主导的。这一软件项目是该银行历史上第一个需要不同职能部门间合作和整合的项目。银行任命了一位专职的项目经理来负责指导这个项目。

遗憾的是，中线的高级管理人员、经理及员工对项目管理的基本原理几乎一无所知。不过，高级管理人员确实认识到需要高级管理人员发起人。一个由 5 位高级管理人员组成的指导委员会成立了，他们为项目经理提供支持和指导。但是这 5 个人没有一人懂项目管理。指导委员会认为它的角色是对项目进行日常的、不断的指导。

在 5 位高级管理人员发起人中，每位都要求项目经理每周提供个性化的简报，而发起人给出的指示互相矛盾。每位高级管理人员对项目都有自己的盘算。

到第 2 个月月末，项目已经一片混乱。项目经理的大多数时间都花在准备状态报告上，而不是在管理项目。高级管理人员频繁改变项目的要求，而这个组织除了指导委员会的批准，没有别的变更控制流程。

在第 4 个月月末，项目经理辞职离开公司另谋高就。指导委员会中的一位高级经理就做了兼职的项目经理。最终项目又换过两次项目经理，完成时间比原计划晚了 1 年。公司学到了一个至关重要的经验：发起人多，不一定比少强。

◆ Contractco 公司

另一个案例是关于美国肯塔基州的一家公司的，我称它为 Contractco 公司，这是一家在核聚变测试领域的公司。该公司正参加美国能源部的一个合同的竞标。能源部要求公司的标书中要包含项目经理及其职责。为了让能源部产生深刻印象，公司委任了高级副总裁和工程副总裁共同作为项目发起人。

能源部质疑了双重发起人的想法。对能源部来说，显然公司并不理解项目发起人的概念，因为这两位发起人的角色和职责看起来有重叠。能源部也质疑高级副总裁作为项目发起人是否有必要。

合同最终给了另一家公司。Contractco 公司学到，公司永远也不要低估客户在项目管理及项目发起人方面的知识。

◆ 健康管理协会

健康管理协会（化名）为新英格兰的大型、小型公司提供健康管理服务。这家公司与新英格兰的 23 家医院合作，有超过 600 位医生的专业团队，而且许多医生也是公司分支机构的一线经理。这些医生也有自己的私人诊所。

公司的做法是，利用市场部准备的样板建议书来争取新业务。如果客户真的对健康管理协会的服务感兴趣，那么可以针对该客户的要求，准备一份定制的建议书。通常，定制设计的流程会花 6 个月甚至 1 年时间。

健康管理协会希望加快定制设计建议书的流程，并决定采用项目管理的流程来实现这个目标。从 1994 年 1 月起，公司决定，要比竞争对手提前一步，为每个新的建议安排一位医生经理作为项目发起人。这样做的原因是觉得这会给客户留下良好而深刻的印象。

波士顿的新科能源公司（化名，以下简称新科）拥有 8 600 位员工，遍布新英格兰的 12 个城市，成为这一方法的试行项目。健康管理协会向新科保证，健康管理计划书会在 1994 年 6 月前就位并开始实施。

项目完成几乎拖了 60 天，而且严重超过预算。健康管理协会的高级管理人员单独与新科项目的每位员工面谈，以确定项目失败的原因。员工提供了下面这些观察结果：

- 尽管医生受过管理培训，但他们还是在应用项目管理原理上碰到很多困难。结果，医生最后扮演的角色是看不见的发起人，而不是项目的积极参与者。
- 因为这些都是执业的医生，他们并没有完全投入项目发起人的角色。
- 由于没有强有力的发起人机制，也就没有有效的流程来控制项目范围的蔓延。
- 医生没有权力管理一线经理，而项目成功所需的资源都需要这些一线经理提供。

健康管理协会的高级管理人员学到了两个教训。首先，并不是每位经理都是合格的项目发起人。其次，项目发起人的委任，应该基于他们推动项目成功的能力。让客户得到一个好印象并不能解决一切问题。

◆ 英德拉公司*

英德拉公司的高级管理人员在支持公司内部的项目管理发展方面动力十足。他们定期强调改进我们的项目经理培训计划，以及关注让最佳的项目方法到位的必要性。

有时候，一个项目的成功，会构成一项新技术的研发、在一个新市场的亮相或在建立新的伙伴关系中推进一大步，而在这些情形下，经理主管往往扮演一个特别活跃的角色，作为项目或项目集执行的发起人。他们与客户一起加入项目或项目集的指导委员会，并协助决策制定或风险管理流程。

基于相似的原因，根据特定的较低层项目的重要性，安排中层管理人员来仔细照看它们的执行过程，并提供额外的支持（如与客户就特定问题的解决方案进行协商），也并不罕见。

获得中层管理人员的支持也是借由同一套全公司所有层级和所有项目统一的项目管理企业工具来完成的。不在企业系统体制内的项目不会得到承认，而为了让项目获得承认，一线经理就必须遵照统一的基本规则与方法，无论这个项目是经常性项目、非经常性项目，还是其他种类的项目。一套开发充分的工作分解结构，一个完整可见的进度体系，一套风险管理规划和量身定制的挣值方法，可以适用于任何种类的项目。

7.11 获得一线经理的支持

来自管理人员的支持并不只限于高级管理人员，前文已经谈到了这一点。为了让项目管理有效运作，一线经理的支持也是至关重要的。一线经理通常对项目管理更加抗拒，并往往在支持新的流程之前，要求给出项目管理为组织带来价值的证据。这个问题之前在 Exel 的通往卓越之旅中已经讨论过，而在摩托罗拉也有出现。以下是一位摩托罗拉公司发言人的说法：

> 这（获得一线经理的支持）在一开始很难。项目经理花了好几年时间才真正为公司创造价值。

当组织在项目管理方面更加成熟时，高级管理人员层级和中层管理人员的发起人的作用已经微乎其微了，而整合的项目团队已经组成，这些团队也被称为核心团队，得到了授权可以管理这些发起人很少介入的项目，关键决策的制定除外。这些整合团队或核心团队可以介入一线管理，也可以不参与。核心团队的概念在摩托罗拉成了一项最佳实践：

> 大多数项目决策与权力都属于项目核心团队。核心团队由来自不同职能领域（市场、软件、电子、机械、制造、系统测试、项目集管理、质量等）的中、低级经理构成，并且对项目拥有所有权和责任。这个核心团队要负责对产品要求进

* 由 Enrique Sevilla Molina，PMP、英德拉公司前项目管理办公室主任提供。

行检查评审和批准，并安排资源和进度日期。它同时作为项目变更控制台，可以批准或拒绝项目范围变更请求。然而，任何交货验收日期变更都必须得到高级管理层的批准。

7.12 启动倡导者和退出倡导者

随着项目管理不断演进，高级管理人员在项目管理中的角色也在不断演进。如今，高级管理人员主要扮演 3 种角色：

- 项目发起人。
- 项目（启动）倡导者。
- 退出倡导者。

项目经理在项目中作为发起人的角色已经比较成熟。大部分关于项目管理的教科书都会有关于项目发起人的章节。然而，项目倡导者的角色才刚刚起步。Stephen Markham 对倡导者的角色做出如下定义：

> 倡导者是以一种比较没有确定性的方式产生的非正式领导人。做倡导者是一种来自个人的自愿行为，为了促进推动特定的项目。在从事倡导者的活动中，个人不大会将自己称为倡导者，而是表示自己只是在试图为正确的公司做出正确的事情。一位倡导者也很少在倡导项目时单独做出决定。实际上，这个人会从一种简单的方式开始，慢慢地为项目培养越来越高的热情。一位倡导者会对项目充满激情，并最终根据个人认为这个项目有利于整个组织的坚定信念，让其他人加入。倡导者会通过在整个组织中传播积极的信息，影响其他人对项目的看法。在没有正式的权力或责任的情况下，一位倡导者可以通过推动项目前进，为新产品的研发做出贡献。因此，倡导者是这样的非正式领袖：他们以一种个人的方式对项目视如己出，在他们的位置上将项目宣传到超出人们的期望值，并承担由此带来的风险，以及通过获得其他人的支持来推动项目。

在新产品研发项目方面，需要倡导者来克服“死亡之谷”中的障碍，如图 7-6 所示。“死亡之谷”是 NPD 中的一个区域，在这里，对创意/发明的认知与将产品进行商业化的努力交织在一起。在这一区域，好产品往往被扔在路边，而项目组合中经常加入不那么有价值的项目。Markham 继续说：

> 很多原因导致了“死亡之谷”的产生。研发员工（见图 7-6 的左侧）经常无法理解商务员工（右侧）的关切，反过来也是一样。这两种员工之间的文化鸿沟，在受到一方赞赏而受到另一方贬低的成果中不言自明。进行人际网络建设和联系人管理可能对商务员工来说很重要，但对研发员工来说只是肤浅和自我膨胀的行为。研发员工从探索发现和推进知识前沿中找到价值。商务人员需要可以在市场上销售的产品，而往往只是把探索发现的成果当作理论性的，因为完全没用。研

发与商务员工都需要获得帮助，把研究成果转化为优秀的产品。

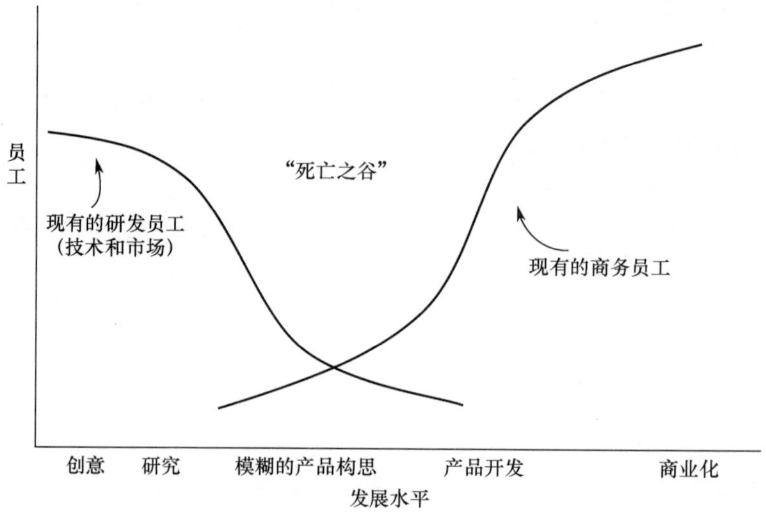

图 7-6　死亡之谷

如同在图 7-6 中所看到的那样，“死亡之谷”似乎来源于模糊的产品构思附近（Fuzzy Front End，FEE）。

> 产品开发中那个混乱的“准备开始”阶段，出现在正式且结构严谨的产品开发流程之前，而此时产品的概念还十分模糊。它基本上包括产品开发流程最初的三大任务（战略规划、概念一般化及尤其重要的前期技术评估）。这些活动往往比较混乱，无法预测也没有结构。相比之下，新产品开发流程通常都结构严谨，也很正式，有一系列规定的活动、需要回答的问题和需要做出的决策。

项目倡导者通常既不是项目经理，也不是项目发起人。倡导者的角色是推销创意或概念，直到它们最终成为一个个项目。倡导者甚至不需要理解项目管理，也可能没有管理项目所需要的技能。倡导者可以处于比项目经理高得多的组织层级中。

允许项目倡导者履行项目发起人的职责可能就像让他们做项目经理一样糟糕。当项目倡导者和项目发起人是同一人时，项目永远也不可能取消。

有些项目，尤其是倡导人积极参与的长期项目，往往使一种共同信念占据主导地位。这种共同信念是一种狂热的，甚至是盲目的对建功立业的渴望，能够渗入整个团队、项目发起人，甚至最高管理层。这种共同信念可以让一个理性的组织以一种非理性的方式行动。如果项目发起人传播这种信念，这一点就会尤其突出。

当存在一种共同信念时，人员是通过他们对共同信念的支持来筛选的。倡导人可能拒绝让有才华的员工进入项目组，除非他们与倡导人怀有同样的狂热信念。非信徒们会被说服加入进来支持共同信念，而团队成员是不允许对结果提出质疑的。随着共同信念不断成长，支持和不支持它的人都会深受其害。共同信念的压力会超出成果的实际。

这样的共同信念有一些特点，也就是一些大型高科技项目往往无法强制结束的原因：

- 不能或拒绝承认失败。
- 把坏消息看成个人失败。
- 拒绝看到危险信号。
- 把失败看成软弱的象征。
- 只看到愿意看到的部分。
- 把失败看作一个人职业生涯的污点。
- 害怕暴露错误。
- 把失败看作一个人名誉的污点。

项目发起人和项目倡导人会尽一切努力让他们的项目成功。但如果项目倡导者及项目团队和发起人对于项目的成功有着盲目的信仰，又该怎么办呢？如果固执地坚持共同信念完全无视迫切危机的预警信号，又会发生什么呢？如果共同信念让不同的声音完全被湮没了，又会怎么样呢？

在这些情况下，必须指派一位退出倡导者。退出倡导者有时需要直接参与到项目中来获得威信，但并不是需要直接参与的。退出倡导者必须愿意让他们的名声悬于一线，而很可能要面对被项目团队驱逐的可能性。以下是 Isabelle Royer 的说法：

> 有时候需要一个人站出来，而不是日渐增加的证据，来撼动一个项目团队的共同信念。如果完全不受约束的狂热开始引发问题，项目倡导者的工作带来了非预期的结果却在法理上难受指摘，那么需要的可能就是一种对抗的力量——一位退出倡导者。这些人不只是在唱反调。他们寻求客观的证据来证明问题实际上存在，而不是简单地对项目提出问题。这让他们可以质疑——或者根据现有数据的模糊程度，可以想象甚至确认——项目的存活能力。之后他们就可以根据数据来采取行动了。

项目越大，牵涉的公司财务风险越大，退出倡导者所处的位置就应该越高。如果项目倡导者正好是首席执行官，那么董事会的一位成员甚至所有的董事会成员都要担当退出倡导者的角色。遗憾的是，在一些情况下共同信念已经渗透了董事会。在这种情况下，共同信念会迫使董事会逃避他们的监督义务。

大型项目会导致巨大的成本超支和进度拖延。一旦开始了，做出取消这样的项目的决定就会非常艰难。David Davis 是这样说的：

> 在花费几百万美元之后放弃一个项目的困难，几乎阻止了客观的回顾检查和重新估算成本。由于这个原因，理想情况是有一支独立管理团队——它没有涉及项目的开发，来进行成本重估，以及在可能的情形下完整地回顾检查整个项目……如果成本重估和回顾检查中得到的数字无法让人接受，那么公司就应该放弃项目。之所以有一些坏项目最终走到了运营阶段，就证明了它们的支持者往往阻碍退出决定。

……高级管理人员需要创造一个环境来奖励诚实与勇气，并为项目经理授予更大的决策权力。公司必须有一种鼓励项目成功的氛围，但管理者也要允许项目失败。

项目时间越长，就越需要退出倡导者和项目发起人确保业务计划具有“出口通道”来让项目在分配到和消耗掉大量资源之前就可以终止。遗憾的是，当一种共同信念存在时，“出口通道”会被故意从项目和业务计划中移除。另一个需要退出倡导者的原因是让项目收尾流程可以尽快发生。当项目接近结束时，团队成员往往对他们的下一个任务心存疑虑，并试图最大限度地延长现有的项目，直到他们准备好离开。在这种情况下，退出倡导者的角色就是在不影响项目质量的前提下加快收尾流程。

有些组织让项目组合评审委员会的成员来担当退出倡导者。项目组合评审委员会在项目选择方面有最终发言权。他们同时也对项目是否应该终止有最终发言权。通常，委员会的一位成员会担任退出倡导者，并对委员会的其他成员做最终演示。

第 8 章
培训和教育

8.0 简介

由于项目管理涉及众多复杂的、互相关联的技巧（如定性的、行为的、组织的、定量的等），所以建立项目管理的培训计划是培训主管的最大挑战之一。在项目管理初步兴起的时代，项目经理只能吃一堑、长一智，却无从学习别人的经验。今天，具有高水平项目管理的公司都提供项目管理方面的公司课程。有效的培训使得项目管理能够成为一个专业领域。

有些大公司提供的内部项目管理课程甚至超过大多数学院及大学。这类公司几乎将教育视为一种宗教。小公司也有一定的内部培训计划，而且通常会送员工参加社会上开办的培训项目。

本章将讨论确定培训需要、选择需要参加培训的学员、设计并实施培训，以及度量培训的投资回报率等方面的流程。

8.1 现代项目管理的培训

在项目管理发展的早期，从 20 世纪 50 年代后期到 60 年代末，培训课程都集中在不同组织形式（如矩阵型、传统型、项目型和职能型）的利弊上。然而，高级管理人员很快意识到，只要采用了基本的项目管理，任何组织结构都能富有成效并高效率地运转。基于信任、团队工作、协作、沟通等的项目管理技巧，能解决哪怕最糟糕的组织结构问题。

从 70 年代起，强调的重点从组织结构转移到项目管理上。两种新的基本计划取代了以前的培训计划：

- 基本的项目管理，强调行为方面的主题，如多级汇报关系、时间管理、领导力、矛盾解决、谈判、团队建设、激励等，以及基本的管理技能，如计划和控制。

- 高级项目管理，强调时间安排的技巧，以及用于项目计划和项目控制的软件包。

当今项目管理的培训课程，既包括行为课程，也包括技术课程。培训经理面对的最重要的问题是如何有效地平衡行为和技术这两部分课程，如图 8-1 所示。社会上举办的培训由研讨班的老师自行决定在技术和行为方面的分界线。然而，对公司内部培训的培训师而言，这一平衡点必须由培训经理根据安排管理项目的学员的情况、项目的类型、项目的平均长度等预先设定，如表 8-1 所示。

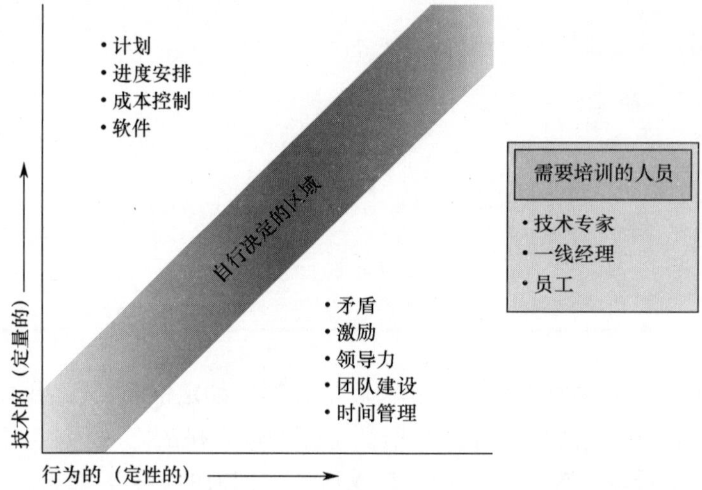

图 8-1　项目管理培训类型

资料来源：Reprinted from H. Kerzner, *In Search of Excellence in Project Management* (Hoboken, NJ: Wiley, 1998), p.174.

表 8-1　不同培训课程的不同侧重

安排参加项目管理培训的人员类型（项目经理的来源）	培训课程的重点	
	技术或定量技能	行为技能
项目经理职能的培训		
• 短期项目中的技术专家	高	低
• 长期项目中的技术专家	高	高
• 作为兼职项目经理的一线经理	高	低
• 作为专职项目经理的一线经理	高	中到高
• 有协同合作经验的员工	高	中到高
• 没有协同合作经验的员工	高	中到高
一般知识性的培训		
• 任何员工或经理	中	中

资料来源：Reprinted from H. Kerzner, *In Search of Excellence in Project Management*. New York: Wiley, 1998, p.175.

8.2 对商业教育的需求

在之前的一节中，我们讨论了在技术技能与行为技能之间寻找合适平衡的重要性。这种平衡正在改变，因为我们对项目经理角色的看法在变。如今，我们有了一种新的项目经理。若干年以前，基本上所有的项目经理都是拥有高学历的工程师。这些人对技术熟练掌握而不仅仅是了解。如果一线经理确信项目经理真的对技术了如指掌，那么他就会允许指定的职能员工从项目经理那里听取命令。结果就是，对项目经理的期望是既要管理人员，也要提供技术指导。这意味着项目经理必须对功能性的可交付成果负责。

今天的大多数项目经理只是理解技术而没有熟练掌握技术。结果就是，对项目成功的责任需要项目经理和所有有关的一线经理来共同承担。由于需要共享责任，一线经理现在必须对项目管理有良好的理解，这也就是为什么现在越来越多的一线经理成了 PMP®证书持有人。现今对项目经理的期望是既要管理可交付成果又要管理员工。管理分配的资源不再仅仅是一线经理的责任。

另一个重要的事实是，人们认为项目经理是在管理一部分业务，而不仅仅是在管理一个项目，也就是需要项目经理做出可靠的业务决策及项目决策。项目经理必须理解业务原理。将来，对项目经理的期望可能是，在外要获得 PMI 的认证，而在内部要通过公司关于业务流程熟悉度的认证。

现在，在设计培训课程时，我们需要对技术技能、行为技能和商业技能进行平衡。ABB 集团负责项目管理体系方法和人才开发的前助理副总裁 Benny Nyberg 表示，软技能和商业敏锐度，对完美的项目执行来说是必不可少的。

> 将 ABB 项目管理流程作为共同的概要流程，实施到公司的整个项目营销组织及好几个产品开发组织之后，有一件事情会非常明显。有一家技术性公司雇用了大量能力高超的工程师，并且其中一些工程师晋升到了项目经理的职位上。在这家公司，项目管理的技术层面如规划、进度设计和成本控制等，是最容易实施的。不那么资深的员工确实需要这方面的培训，但在达到卓越运营的项目管理、天衣无缝的项目执行、令人满意的项目成果和高级别的客户满意度等方面，真正的挑战来自寻找和培训具有非凡商业敏锐度的项目经理人选。项目经理是一个需要卓越的商业、沟通和领导技能的管理岗位。一位项目经理必须具备出色的商业头脑，有能力与一系列不同的相关方进行有效沟通，并有能力领导员工和激发他们的工作热情。在交付项目方面，对合同（条款与协议，还有范围及其他任何承诺）的准确理解，对刚好交付客户想要的结果至关重要，只有这样才能满足客户的要求，并因此保证客户满意度和项目成功。理解合同，对取得最好的财务成果及发现销售机会来说，更是进一步的必要条件。
>
> 项目经理的角色与重要客户经理的角色颇为类似，对持续几个月甚至几年才能完成的大合同来说，尤其是这样。下列这些技巧/能力对成功来说都是最为重要

的，包括商业头脑、沟通能力、谈判能力、领导能力、风险管理能力、营销能力。

为了识别和应对各种各样的能力和技巧所需的培训及其他提高活动，ABB 已经实施了一个能力模型。这个模型包括必需能力的定义、用于自我评估的问卷、附加提高指南的面试问卷，以及最后但同样重要的一系列可选的培训模块，完成后可以得到相应级别的认证。

8.3 SAP：项目管理职业道路的重要性

在 SAP 服务部，我们为任何支持我们客户交付项目（或内部转换项目）的人建立了一条清晰的项目管理职业发展道路。项目管理职业发展道路跨越各种层次的项目经理职位，从入门级的项目管理助理一直到规划经理或交付执行官的角色（见图 8-2）。

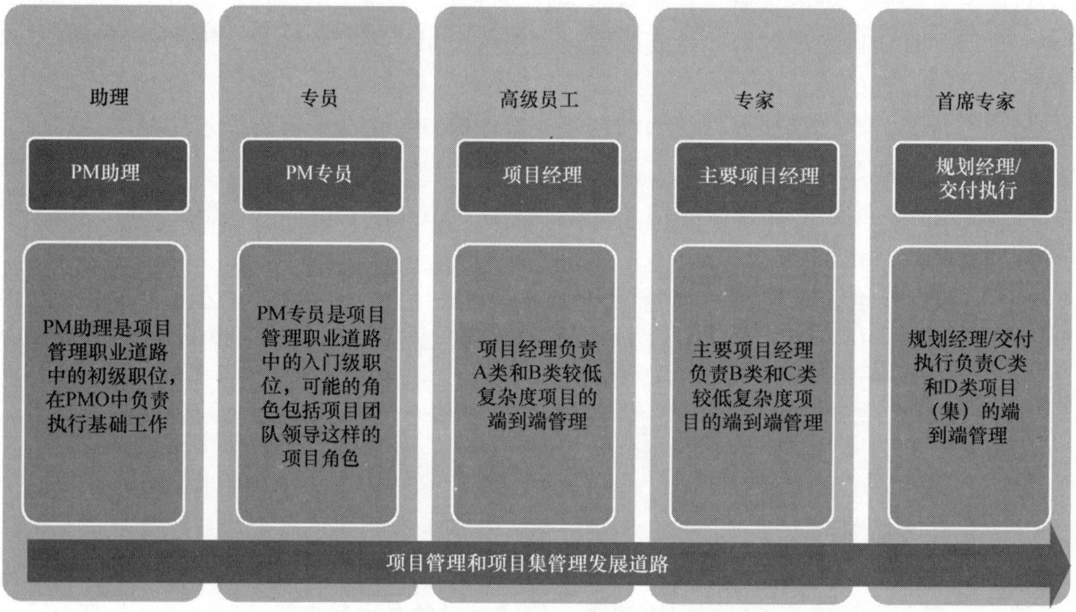

图 8-2 项目管理和项目集管理职业发展道路

每个角色有一个明确界定的技能概要，包括对必要工作技能的明确定义和每种技能的预期熟练程度。每个概要都涉及处于该种职业层级的人所预计要管理的项目种类——这种分配的维度涵盖项目规模、复杂性、风险敞口及收入等。

每个概要都与人力资源工作概要和相应的个人发展道路密切相关，发展道路中明确指定了概要中每种技能的推荐培训课程。项目管理实践的培训内容指定培训的目标角色，培训学习目标则与概要中的具体技能相关。培训目录涵盖广泛的技能，从基于 PMI 标准的项目管理核心技能，如 PMI 的《PMBOK®指南》项目管理基础，以及 SAP 具体知识（如 SAP 解决方案知识、SAP 实施方法、灵活交付、交付及内部项目管理工具等）到领导力和人际关系技能。

通过结构化的职业道路，项目经理在知识、专业和经验方面获得成长，得以沿着项目管理职业道路前进。这条职业道路与 SAP 公司中的其他工作互相联系，所以项目经理可以做职业选择，从此走向不同的职业道路，如管理、销售的角色，或者留在项目管理事业中。

8.4　蒂森克虏伯的项目集管理培训

2015 年 7 月，蒂森克虏伯在其芝加哥地区总部设立了项目集管理主管职位。蒂森克虏伯北美执行委员会的卓越运营计划包括为该地区 4 个业务部门的 2 万名员工设计并实施项目管理（Project Management，PM）培训。执行委员会（ExCom）希望该培训项目能惠及每位参与者，为其提供交流机会。

◆ 第一步：定义架构和内容

因为蒂森克虏伯是一家多元化的工业公司，总部位于德国埃森市。夯实基础的第一步是与总部确认公司 PM 培训的方向。毕竟，在该区域的空白领域开展培训课程是一项错误，并可能导致后期严重的返工问题。与总部进行商讨是有益的，显然这种合作对于在全球推广 PM 流程和 PM 培训的通用方法至关重要。经过多次讨论，达成共识，把重点放在三个 PM 培训模块上：

- PM 基础知识。
- PM 先进方法。
- 领导项目团队。

第四个模块是由蒂森克虏伯北美 PM 主管建议，为高管人员举办的项目发起人意识研讨会（见图 8-3），它在埃森总部引起了一些积极反响。他们最近也在考虑举办这样一次研讨会。如果蒂森克虏伯能够成功地试点该模块，它可能也会帮助该模块在德国获得支持。

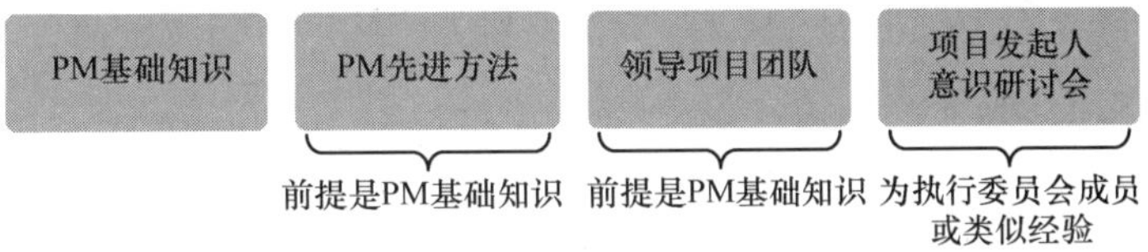

图 8-3　发起人意识研讨会

◆ 第二步：蒂森克虏伯北美执行委员会理念认可

蒂森克虏伯北美执行委员会喜欢拟议的四个训练模块方法。它为大多数与会成员提供了一些帮助：项目团队成员和没有经验的项目经理、经验丰富的项目管理专业人士和 C 级主管。虽然对认识研讨会有疑问，但培训理念很快得到批准。执行委员会希望在 2015/2016 财务年度进行两次试点，4 个培训模块同时运行。

◆ 第三步：选择一个培训伙伴

与蒂森克虏伯北美地区总部的采购团队和供应商管理团队合作，起草了一份报价预估，并将其发送给6个潜在PM培训供应商：三家在欧洲，三家在美国。选择标准包括PM专项化、多年项目管理经验、多国/文化经验、语言技能（英语和西班牙语）、蒂森克虏伯就职经验、资源深度/可用性、培训内容和成本。

德国总部与之合作开发了一份潜在培训供应商的简短清单。在做出决定之前，要对入围公司的培训师进行访谈，以确保培训师的专业知识、经验和"实力"。资源深度尤其重要，因为所有4个培训模块都将同时完成。截至2016年2月1日，已做出决定并选择了培训合作伙伴。

◆ 第四步：培训领航员

经过与培训供应商的讨论和对课程内容的微调，我们进行了两次试点：一次是2016年4月在凤凰城，有57名参与者（包括执行委员会成员），另一次是8月在亚特兰大，有55名参与者（包括首席财务官和IT主管）。两次领航训练的正式参与评估和非正式反馈都非常好：

- 教师有良好的专业知识储备。
- 概念与材料可以被立即使用和完成。
- 与其他小组的PM会面和交流非常好/好的交流网络。
- 希望看到德国蒂森克虏伯高层管理人员也参与其中。
- 没有值得修改的纰漏。

这两次试点令人激动不已并产生了许多积极反响。事实上，发起人意识研讨会已经迅速扩展到了德国，目前已经为蒂森克虏伯在德国的高管开展了10余次培训。另三个培训模块，加上MS项目培训，现在作为蒂森克虏伯北美中心学习平台的一部分，在美国和墨西哥授课。其他PM培训模块正在开发中，包括敏捷项目管理、启动/项目启动和恢复问题项目。

◆ 第五步：吸取经验教训

从蒂森克虏伯北美总部和德国总部的角度来说，蒂森克虏伯北美PM培训计划被视为一次十分成功的决策。此项目成功必不可少的成功因素/从开展工作中获得的经验包括以下内容：

- 高层主管的赞助、积极参与和可视性。
- 与总部密切汇报合作，以确保决策正确和全球适用性。
- 与采购和供应商管理部门就报价请求和供应商选择流程进行合作。
- 培训模块提供给大多数与会人员：项目团队成员和没有经验的项目经理、经验丰富的项目管理专业人士和 C 级主管。

- 为来自其他领域的项目经理和主管提供互相学习交流的机会。
- 理想的培训场所、设施及人员配置，可以支持举办大型培训活动。
- 选择一个敏捷的培训合作伙伴，应当具备：
  - — 卓越的领导才能和远见。
  - — 建立一份长期合作关系的愿望。
  - — 有项目管理的才能、文化修养和语言能力。
  - — 全球基层力量/培训人员在项目管理工作经验上的深度。
  - — 良好的后勤保障：培训材料、打印和物流。

8.5 国际学习集团

鉴于一个组织的战略是通过项目、项目集和其他主要的计划来实现的，那么在当今和未来就会一直需要项目管理培训和教育。国际学习集团（International Institute for Learning，IIL）的总裁兼首席执行官 E. LaVerne Johnson 评价了项目管理培训需求的增长（如果希望得到关于 IIL 的更多信息，请访问 IIL 的网站 www.iil.com）。

在 IIL25 年多的历史中，我们和世界上成千上万的组织一起，制定和提供项目、项目集和项目组合管理方面的培训。我们的客户来自各行各业，既包括世界一流的大公司，也包括想通过有效的培训获得竞争优势的小规模组织。IIL 既满足客户日常的需要，也服务于客户不断提出的新需求。随着项目管理成为一门成熟的专业学科，我们也享有了独特的优势，参与和观察项目管理行业的全面发展。在这个项目管理从兴趣领域转变为组织的必要之事的过程中，我们一直“在场”见证。

我们认为，几年前还满足要求的课程，现在已经达不到要求了，这真正体现了项目管理的不断发展。全球的市场及项目管理重要性的不断提高，都要求有一系列新的课程：内容要更丰富，而且培训实施的方法也要更灵活，使得学生在任何时间、任何地点，只要需要，都可以学习——不管是在真正的课堂里，还是在虚拟教室；是独自在桌前、在家里，还是在办公室；是自学还是有老师带领。IIL 为它的多模式学习（Many Methods of Learning™）品牌深感自豪，这可以保证它提供的教育能够适应多种需求、风格和兴趣。

◆ 不断进化的年代：学习的趋势

20 世纪 80 年代的培训课程更多的是提高项目经理的技巧。培训的焦点是基本的技能：项目计划与控制，以及通过 PMI 的项目管理专业认证所需要的知识。相应地，IIL 启动了项目管理基础的培训，并建立了一套完整的认证程序，使得学员能够准备并成功地通过 PMI 的 PMP 考试。我们向在公司里管理项目的人提供了小范围的书目、课堂上的课程，以及一些软件产品，以帮助发展和协助他们的项目经理成功地执行他们的项目。

◆ 变革的年代：市场的趋势

近年来，各行各业有越来越多的公司都认识到，更有效地管理项目对业务非常重要。与前些年相比，项目管理出现了革命性的变化，有证据显示，出现了以下几种趋势：

- 随着越来越多的公司通过项目的方式运营业务，项目的数量在逐渐增多。确实有一些领先的组织每年承接几十万个项目，有些是简单的小规模的项目，而另一些是复杂的大规模的项目。
- 有效管理项目的能力对业务来说至关重要。对顶尖的公司来说，好的项目管理技巧已经成为其竞争优势。
- 这种革命性发展的结果是，项目经理的状况及其价值越来越重要。拥有这样的知识，能使公司的项目完成更快，成本更低，客户满意度更高，项目的产出会更让人满意。
- 有些知识，原来觉得是“锦上添花”，现在则是“不可或缺”的。公司经济上的成功和生存，都依赖它的以下能力：决定哪些项目可以支撑其总体战略目标，以及做出合适的安排来达到成功。
- 今天，不仅仅是项目经理才具有项目管理技巧，团队成员及中高级管理人员也在不断积累这方面的经验。
- 项目管理体系方法的复杂程度和范围已经扩展，包含了新的技巧和新的应用。例如，加速采用敏捷管理为项目执行提供了创新的方法，从而产生积极的结果。
- 通过直接、实际参与的支持或知识管理解决方案来发展和改进流程，已经成为在最困难的时刻让公司生存下来的必要条件。例如，IIL 开发统一项目管理体系方法（Unified Project Management Methodology，UPMM）软件包就是为了支持项目、项目集和项目组合管理中的一致性和质量。
- 大量的规划与项目管理相关的软件程序继续扩展，如微软的 Project、Project Server、SharePoint、Primavera，以及其他许多这类程序，以辅助项目管理。
- 项目管理认证对个人的工作发展来说，比以前更有价值了。因此，截至 2017 年年初，PMI 的成员已经超过 477 000 人；而注册 PMP 已经增加到 759 065 人。
- 迄今为止，项目经理的技能主要还在技术方面。但是，现在我们看到项目经理更加接受其他的诸如领导力和人际技能领域的知识。
- 项目管理的战略计划也逐渐占据了重要地位。组织在寻找系统化的方法，使项目管理与业务目标更好地协调一致。
- 越来越多的公司成立了项目与项目组合管理办公室。
- 相对来说，组织内部的项目管理方法仍然是多样的和不标准的。为了更多可重复的和可预见的成功，公司需要寻找一种更成熟的内部统一的体系方法。
- 公司及其项目管理办公室都更加强调通过运用如战略管理、效益实现、知识管理和商业关系管理等管理模型，提供高质量的服务、高质量的产品和改进的流程。

◆ 变革的年代：学习的趋势

与上述市场趋势相对应，针对行业面的拓宽，我们也提供了更多样化的课程，还引进了新的学习方式，满足客户更多样化的需求。以下是 IIL 如何应对这些需求，为项目经理、项目集经理、项目发起人和执行者们提供培训和教育的最佳实践的例子：

- 除基础知识外，IIL 还提供了各种各样的专业课程，以拓展项目经理知识和技能的深度。这些课程包括风险管理、复杂项目管理、需求管理、项目办公室的设计和实现等先进理念，以及以敏捷管理为重点的完整课程。
- 也有一些课程强调项目管理"柔性"的一面，进一步提高引导技巧、人际技巧、领导技巧及其他非技术领域的技巧等。
- 随着组织在项目管理方面的成熟度不断提高，就需要对有效运用企业项目管理软件进行培训，如 Project Serve 及其他许多这类软件。
- 越来越多的大学要么提供项目管理学位，要么将项目管理课程作为某些学位要求的一部分。IIL 与纽约大学职业学习学院合作，提供项目管理认证。
- 我们学习的方式也在发生变化。与以前相比，员工没有时间在教室里学习。因此，IIL 提供实时虚拟培训，参与者可以从任何地方参加课程。此外，许多组织倾向于对参与者采用混合学习的方法，其中包括多种方法，包括面对面教学、虚拟教学和按需网上学习。在通常情况下，参与者以队列的形式参加这个混合课程，从而提供共享的社会体验，有助于知识的保留和应用。

◆ 探讨未来：趋势及相应的学习方法

人们总是很难预测未来。但是，还是有一些不断出现的趋势，而针对每种趋势，都需要开发相应的学习方式。公司的一个关键竞争因素是选择并成功执行所有类型的项目的能力，从设计到研发新产品和服务，从而增加收入和利润，以有助于组织改善内部绩效、降低成本。可以肯定的是，选择提升公司竞争态势的项目组合的能力，在当今的环境中至关重要。

- 项目管理方法将与其他已证实的业务战略和框架相结合（如六西格玛、敏捷管理、质量管理、风险管理和商业分析等）。与之相关的培训也会结合在一起。
- 项目、项目集和项目组合管理的重要性会不断增加，而且会成为组织保持竞争力的战略性差异化因素。现在，项目组合管理软件必不可少。
- 高级管理人员会对项目管理更了解，并更多地参与到项目管理中。这就需要项目管理的培训，满足高级管理人员的特别需求。
- 项目管理的战略性计划会成为领导组织的常规方式。项目办公室/组合办公室的角色会越来越重要，而且逐渐在各公司中普及，其成员将包括最高层的管理人员。高级管理人员将领导公司项目组合管理方面的工作。
- IIL 会继续与公司合作，提供外部和内部双重认证，为他们的项目经理、团队成员和产品所有者进行认证。

- 高级管理人员会专门为了项目管理，更多地参与到如能力规划、组合管理、优先级排序、流程改进、供应链管理及战略规划这样的活动当中。实际上，越来越多的高级管理人员正在获得项目管理认证。
- 各组织的奖励和表彰制度将改变，以刺激和加强项目管理的目标和目的。
- 经认证的项目经理的地位将显著提高。专业的项目经理将具有技术、业务、战略规划和思维能力的组合。
- 项目基准及持续项目改进将对领导组织必不可少。在这方面，当前及新的项目管理成熟度模型会起到很重要的作用，因为这些模型能帮助公司认清其长处、短处，以及具体的改进点。
- 项目、项目集和项目组合管理重要性的不断扩展，要求更多员工接受项目管理方面的培训。这也反过来要求开发新的、更好的授课方式。基于视频的在线互动培训将发挥越来越重要的作用。
- 我们会看到，达到更高等级的项目管理成熟度的组织会出现呈指数级的迅速增长。
- 越来越多的学院和大学会提供项目管理学位，并试图让他们的课程与国际标准和最佳实践相符。
- 项目管理专注于提供知识和最佳实践来支持可持续的活动。项目在全球经济中，通过价值、领导和专业责任来实现的可持续性会成为所有项目、项目集和项目组合经理及发起人的强制性要求。

8.6 确定培训需求

为了确定培训的需求，一线经理及高级管理人员需要认识到两个关键的因素：第一，培训是在公司里掌握项目管理知识最快的方法之一；第二，培训的目标应该是通过提高效率和效果来提高公司的利润率。

在过去 10 年中，由于已经出版了很多项目管理培训效益的案例研究，确认培训的需求变得更容易了。这些效益可以分为定量的和定性的。定量的结果包括：

- 产品开发周期缩短。
- 更加优质、高速的决策。
- 成本降低。
- 利润空间提升。
- 需要的人员减少。
- 文书工作减少。
- 质量和可靠性的改进。
- 员工流失率降低。
- 最佳做法实施加快。

定性的结果包括：

- 结果更显著，也更容易关注结果。
- 协同合作更融洽。
- 士气更高。
- 加速培养管理人员。
- 更好的项目控制。
- 客户关系提升。
- 更好的职能支持。
- 需要高级管理人员参与解决的矛盾变少。

公司最终认识到，适当的培训能加速实现项目管理带给公司的效益。

8.7 选择学员

选择参加培训的人员是很关键的。我们已经在一系列的案例研究中发现，常见的错误是只培训项目经理。如果想要成功地实施项目管理，整个组织都必须深入了解项目管理，并拥有项目管理的技能。例如，某汽车分包商花了好几个月的时间培训其项目经理。6 个月之后，项目还是延误了，而且超过预算。公司的高级副总裁最后认识到，项目管理是整个团队的事，而不仅仅是某个人的职责。在了解到这一点之后，公司为与项目有关的所有员工提供了培训。项目的结果马上就变好了。

江森自控公司的质量和项目集管理与持续改进部门前副总监 David Kandt，解释了如何制订公司的培训计划，来完成卓越的项目管理：

> 我们从总裁办公室开始，一旦我们向这些人解释清楚项目管理的原则和原理后，我们就继续向工厂经理、工程经理、成本分析人员、采购人员，当然还有项目经理等，解释这些原理。只有在这些基础打好之后，我们才开始真正的项目管理和角色职责定义。这样，全公司的人在投入工作时，都理解各自在项目管理中的角色。就是这种理解，使我们得以转型为矩阵型的组织，并最终拥有了独立的项目管理部门。

8.8 项目管理培训的基本原理

20 年前，我们的项目管理培训和教育的资源还比较有限，重点都放在岗位在职培训上，寄希望于工作中出的错越来越少。今天，我们除此以外还有许多其他类型的培训，包括：

- 大学里的课程及研讨班。
- 企业内部的课程及研讨班。
- 供应商提供的公司培训。

学习的方式可以是：

- 面对面学习。
- 虚拟学习。
- 网上在线学习。

随着各种文献资料的增多，我们也有了多种多样的方法来传授这些知识。常见的授课方式包括：

- 讲课。
- 讲课加课后讨论。
- 考试。
- 其他公司的实证案例研究。
- 本公司项目的工作案例研究、定制场景或为一般学习目的构建的标准场景。
- 角色扮演和模仿。

培训经理现在正在尝试不同时机的培训，最常见的选择包括：

- 及时培训。包括安排员工进入项目工作之前，进行培训。
- 接触型培训。包括给员工培训基本原理，这些知识足够使他们能理解公司里项目管理方面的活动。
- 持续学习。先进行基础培训，再进行高级培训，使员工能在项目管理方面不断成长进步。基础培训可能涉及进度规划的原理，而高级培训可能包括使用特定软件包的培训。
- 自信心培训。与持续学习类似，但主要关于目前业界最前沿的尖端的知识。这样能加强员工的信心，让他们知道自己的技能与那些拥有卓越项目管理的公司相近。

8.9 项目管理教育的一些变化

在项目管理的早期，几乎所有项目经理都来自工程学科。项目经理被认为是精通技术而不仅是理解技术的。当挣值管理原理形成时，项目管理课程强调成本和进度控制。市场上出现了所谓的“项目管理”研讨会，其两三天课程的内容几乎都是 PERT 和 EVM。除了几个行业，项目管理均被视为兼职工作和个人主要工作的附加。完全理解这些技能和能力以实现有效的项目管理这一需要并未被认为如此重要。

现今，几乎所有公司中都有一条项目管理的职业道路。高等院校现在提供项目管理硕士和博士学位。这些项目的典型课程如下：

核心课程

- 项目管理原理。
- 项目计划方法。
- 项目评估方法。
- 项目融资方法。
- 创造力和头脑风暴。
- 全球项目管理。
- 多重项目管理。
- 项目管理领导力。
- 虚拟团队管理。
- 项目组合管理。

- 问题解决和决策制定。

选修课程

- 高级项目管理。
- 项目质量管理。
- 项目采购与合同。
- 工程伦理和专业行为准则。
- 项目监测和控制方法。
- 项目报告实践。
- 相关方关系管理。
- 实施项目健康检查。
- 管理有问题的项目。
- 获取最佳实践。
- 管理文化差异。

一些教育机构还为学生提供各项目管理领域认证的专业培训。通过认证考试所需的知识可以来自专业课程或传统的核心要求和选修课程。一些与项目管理相关的认证项目的部分列表可能包括：

- 项目管理。
- 项目集管理。
- 项目风险管理。
- 敏捷项目管理。
- 商业分析。
- 复杂项目管理。
- 其他项目管理认证。
- 专业认证或定制认证。

项目管理教育的最大改变似乎在于对软技能的要求。这是可以理解的，因为项目需要人们一起工作。在行为领域及在一些技术领域，现在正在把重点放在以下方面：

- 问题解决技能。
- 决策制定技能。
- 概念化技能。
- 创造力/头脑风暴技能。
- 过程技能。
- 应对压力。
- 无权威的领导力。
- 多老板报告。
- 咨询和便利。
- 指导技能。
- 谈判技能。
- 冲突解决技能。
- 展示技能。

在未来，社交媒体技能可能被添加到此列表中，因为项目执行情况信息是通过移动设备传输的。

8.10　课程设计和授课

许多公司现在认识到，岗位在职培训可能不如正式培训有效。岗位在职培训无异于让人们通过犯错误来学习，但是他们学到了什么呢？是如何犯错误吗？从一开始就训练人们以正确的方式做事，恐怕是更有效的。

项目管理已经成为一个职业方向。今天，越来越多的公司允许、甚至要求其员工通过项目管理的认证。某公司告知其员工，在职位薪酬体系中，项目管理证书与研究生的学位相当。拿到项目管理认证的培训成本只是常见的商业管理硕士学位的 5%～10%。这一证书还能为公司带来更高的投资回报率。对没有大学学历的员工来说，项目管理证书也很有用。该证书为员工在公司内开辟了另一个职业方向。

人们也有这样的疑问，即内部培训好还是社会上开办的培训班好？答案取决于公司的性质、多少员工需要培训、培训预算的规模、公司已掌握的知识基础等。如果仅仅是少数员工的一次性培训，送他们去参加社会培训可能是比较有效的。但是如果不断有大量的员工需要培训，那么就应该设计、实施定制的公司内部培训计划。

通常，量身设计的课程是最有效的。做得好的公司会把课程内容的调查问卷送到公司的各级管理层中。例如，很多年前，位于美国俄亥俄州 Alliance 市的 Babcock and Wilcox 公司的研发部门需要对 200 名工程师进行项目管理培训。培训部的领导知道，自己不是决定课程核心内容的合适人选，因此她向高级管理人员、一线经理及组织中的专业人士发出了调查问卷。根据调查问卷返回的信息，她设计了 3 门不同的课程。在福特汽车公司，培训分解为针对高级管理人员的 2 小时培训、针对项目人员的 3 天培训，以及针对行政人员的半天培训。

对内部培训课程而言，选择合适的培训师是非常重要的。如果公司的内部人员在项目管理方面有深厚的知识积累，那么公司可以任命这位员工作为培训师。公司还可以送内部人员参加外面咨询公司的培训师培训，培养其成为内部培训师。这两种方法，无论哪种，来自公司内部的培训师不仅必须有公司所需要的专业知识，同时要有必要的引导技能，以最大限度地提高培训结果。大多数外部教育提供者，如国际学习集团，选择基于技术知识和引导技能的培训师。使用内部培训师的一些问题包括：

- 内部培训师在项目管理上的经验可能不全面。
- 内部培训师可能不了解其他公司采用的、新的项目管理技术。
- 内部培训师可能在公司内还有其他的工作，因此准备培训的时间不充分。
- 内部培训师可能不像外部培训师那样专门教授项目管理，或者不如外部培训师有技巧。

如果有必要的话，内部培训师的知识基础可以与外部培训师互为补充。事实上大多数公司选用外部培训师来提供公司内部培训。选择培训师的最好办法，就是去咨询其他公司的培训经理，以及大学级别项目管理课程的授课教师。另一个办法是与培训师所在的单位联系，但是培训师的质量可能达不到公司的要求。最常见的寻找培训师的办法是查阅社会上组织的研讨会的宣传材料。当然，这些小册子都是作为营销材料设计的，因此评价社会培训的最好的办法是亲自参加。

选好培训师后，下一步是检查其建议书。表 8-2 中列出了选择外部培训师的常见错误及避免方法。

表 8-2 选择外部培训师的常见错误及避免方法

预警信号	避免方法
培训师声称自己是多个领域的专家	验证培训师的资格。人们很难成为多个领域的专家，向聘用过该培训师的其他公司了解情况

续表

预警信号	避免方法
培训师的简历上列出了数个知名的大公司作为客户	看看培训师是否多次为这些公司做咨询。有时，虽然培训师一开始很善于推销自己，但是公司请他们做过一次后，就不愿意再聘用他们了
培训师给人留下的第一印象是很善于推销自己，简短的课堂观察结果也印证了你的印象	活跃的培训师不一定能保证讲课的质量。有些培训师太有活力了，可是等受训人认识到"人很好，但是课程的内容只是刚及格"时，为时已晚
培训师的简历显示有 10～20 年，甚至更长的项目管理工作经验	在某个特定行业或公司中的 10～20 年经验，并不意味着培训师的知识能满足贵公司或行业的特定需求。问问培训师都管理过何种类型的项目
培训师所在公司的市场人员积极地展示其公司的质量，而不是培训师的质量，给出的客户清单是公司的客户清单	你聘用的是培训师，不是市场人员。要求与培训师见面谈谈，并要求看看培训师的客户清单而不是其母公司的客户清单
培训师承诺，要根据贵公司的需要量身设计培训材料	要求至少在讲课两周之前看到培训师为贵公司设计的材料，也要确认幻灯片和其他材料的质量

最后一步是评估外部培训师将在课程中使用的培训材料和演讲材料。以下问题可以作为检查清单：

- 培训师采用案例研究吗？如果采用的话，这些案例研究是以事实为基础的吗？公司最好开发出自己的案例研究，并要求培训师使用这些案例，因为这些案例才与公司的业务相关。
- 是否安排了角色扮演和实验室体验？如果有，会对学习很有帮助，但也会对参加学习的人数有限制。
- 课程里是否安排了必读材料和家庭作业？如果有的话，这些能否在研讨班下次上课之前完成？

8.11 衡量培训的投资回报率

项目管理培训的最后一个领域是确定培训的投资回报率。一定要记住，除非培训能给公司带来持续的回报，否则不要进行培训。也要知道，培训师的费用只是培训成本的一部分。计算时，还要包括因员工培训而未到岗给公司带来的成本。有些不错的公司聘请外部的咨询师来确定投资回报率。咨询师根据面谈、岗位评估、书面问卷等进行评估。

某家公司要求受训人在培训前后分别参加考试，以确定受训人真正获得的知识程度。另一家公司聘请外面的咨询师，起草、解读培训后的关于培训价值的问卷调查。

任何一家公司所需要的培训，取决于两方面因素：公司是不是项目驱动的，以及公司采用项目管理的时间是否足够长，并已经发展出成熟的项目管理系统。图 8-4 显示了所需的项目管理培训课程（包括复习课程）与组织采用项目管理的年限的关系。项目驱动的组织提供的项目管理培训课程最多，而刚刚开始实行项目管理的组织提供的课程最少。这并不令人感到吃惊。在项目管理上有超过 15 年经验的公司的情况则千差万别。

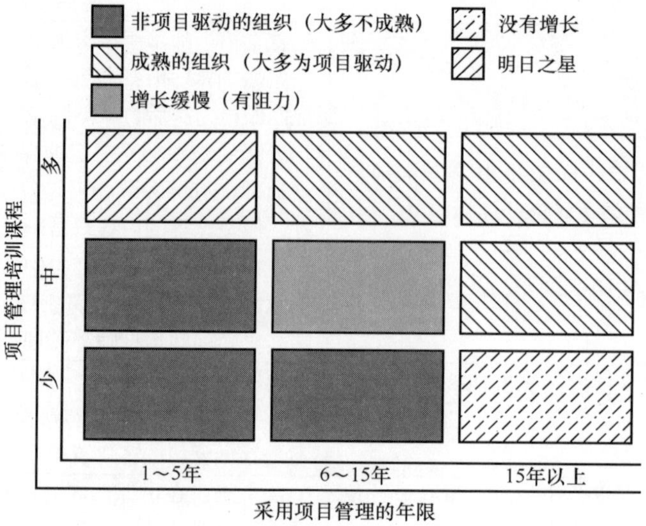

图 8-4 所需的项目管理培训课程与组织采用项目管理的年限的关系

8.12 项目管理是一种专职工作

在好几年的时间里，项目管理被看作一项兼职工作，因此所有的培训都是针对主要职位描述进行设计的，无论这个职位是什么，而不是针对项目管理设计的。因此，就没有必要制定项目与项目集经理的职位描述。如今，这些职位描述已经存在，项目管理已经被看作一项专职工作，而且人们也会根据这些职位描述来提供培训计划。当被问到 AT&T 是否有这些职位描述时，一位发言人在项目与项目集管理两方面都做出了肯定的回答。

项目经理

项目经理负责在项目的整个生命周期内，通过直接管理指挥项目团队的工作来提供端到端的项目管理，以交付完整的产品和/或服务。项目经理要对管理大型低复杂度到高复杂度项目，或者在可能涉及多个地区或职能部门的项目集范围之内的项目，负全部的责任；多个并行的项目也可能在需要管理的范围之内。项目经理的职位描述包括预测、规划进度、统筹协调、分配资源、确保项目资金到位，以及协助推荐项目需要的业务解决方案或替代方案。项目经理对项目风险、问题、危机、升级和问题解决进行评估、规划和管理。项目经理也负责管理项目范围、项目预算与成本汇报，并在运用组织的标准流程达到质量、进度和成本目标的同时确保项目完成。项目经理还需要充当 IT 伙伴、客户组织与 IT 领导人之间的项目联络人，同时也可以协助对已有供应商进行管理。项目经理可以指挥项目副经理为项目沟通和项目进度跟踪提供支持。项目经理的职位描述不包括管理那些极大规模、极其复杂且拥有多个子项目并需要高层监督和大量高层沟通的项目集。

项目经理必须使用超过 80%的时间来履行以上所述的项目管理职责。

项目集经理

项目集经理负责在项目/项目集的整个生命周期内，通过使用直接管理指挥项目/项目集团队的工作来提供端到端的项目管理和/或项目集管理，以交付完整的产品和/或服务。项目集经理要对管理可能涉及多个地区、职能部门和/或业务单元的，高度复杂的并行项目和/或项目集，负全部责任。项目集经理要负责进行详尽的规划，包括项目/项目集的结构和员工部署、预测、资源分配与指派、详细的进度规划、关键路径分析、将项目规划合并到项目集整体规划，以及协商所有的顺序上的冲突。项目集经理指挥项目和/或项目集的活动，利用组织的标准流程来确保按时交付规定的业务收益，将实际与计划加以比对，并在需要的情形下调整规划。项目集经理要对项目/项目集的风险进行评估、规划和管理，包括风险缓解和应急规划；还要对问题、危机、升级和问题解决进行管理。他们的职责还包括对项目/项目集的范围进行定义，并确保范围和交付物发生的变更通过变更管理流程进行管理。项目集经理还要负责管理大型项目集或项目的预算及支出汇报。项目集经理还需要充当与 IT 伙伴、客户与 IT 领导人之间的项目联络人，进行交流沟通并提供有关项目/项目集进展的状态资讯。项目集经理也可以协助投标申请书的创作、评估，还有供应商的筛选，以及维持与供应商和咨询师的持续良好关系。项目集经理利用在业务、产业和技术方面的知识，来把业务流程方面的改进合并到组织中去，以及开发业务战略和职能/业务/技术架构。项目经理可以指挥项目经理管理项目或高级项目/项目集经理负责的子项目集。项目集经理的职位描述可能包括管理那些极大规模、极其复杂且拥有多个子项目集并需要高层监督和大量高层沟通的项目集。项目集经理必须使用超过 80%的时间来履行以上所述的项目管理职责。

把项目管理看成一项专职工作的观念已经在全世界传播开来。据英德拉公司的前 PMO 主管 Enrique Sevilla Molina 所说：

> 项目管理现已被看作来自一套特定的知识与经验组合的成果，而这些知识和经验是在履行项目经理的职责、尽力负责地实现项目成功的过程中积累获得的。
>
> 我们有一系列管理角色，与不同的项目管理责任与专业能力层级相关，并用于开拓业务机会（项目经理、项目集经理等职位）。对于每个角色，都定义了一套达到一定程度的特定技能，因此可以对绩效和成就进行评估。对个人表现的年度评估是根据职位描述、达到的角色成熟度，以及角色表现的期待值与实际值的对比来评定的，因此个人发展的不断演进也可以得到评测。

8.13 竞争力模型

30 年前，公司用职位描述来阐述项目经理的角色和职责。遗憾的是，职位描述通常都是经过缩略的，而且对如何获得升迁或加薪没什么指导意义。20 年前，我们还在强调职位描述，不过那时增加了课程或必修课的要求。到 20 世纪 90 年代末，公司开始强调核心竞争力模型，模型中清楚地描述了成为称职的项目经理所需要的技巧的等级。核心竞争力模型所对应的培训计划也已制度化。然而建立核心竞争力模型及其相应的培训并不容易。

美国礼来制药公司所拥有的可能是当今业内最全面和有效的竞争力模型之一。药剂学项目管理部门（Pharmaceutical Projects Management，PPM）的主管 Martin D. Hynes 三世，是推动开发这一竞争力模型的主要发起人之一。PPM 的运营经理 Thomas J. Konechnik 负责实施这一竞争力模型并将它与 PPM 群体内的其他流程整合。以下描述的是这一竞争力模型的基础。

礼来制药公司研究实验室的项目管理竞争力被分为 3 个主要领域。

科学/技术专业知识

- 了解业务：带着对药品开发过程与组织中现实情况的了解来应对决策的需要。
- 主动行动：在情况千钧一发之前，采取积极步骤应对需求或问题。
- 批判性思维：寻求事实、数据或专家意见来指导决策或行动方略。
- 管理风险：预计到并允许在优先级、进度和资源等方面的变更，以及由于科学/技术问题造成的变更。

流程技能

- 清晰交流：进行良好的倾听，并为他人提供容易理解的有用信息。
- 注意细节：为规划、会议记录和协定留下完整详细的备案。
- 结构化流程：构造、采用或遵循一套有逻辑性的流程，来确保达到目的和目标。

领导力

- 关注结果：持续地将自身与他人的注意力放在切合实际的里程碑和交付物上。
- 建设团队：在职能部门之内和职能部门之间创造一个合作与共同承担责任的环境，来实现共同的目标。
- 管理复杂的事情：组织、规划并监督诸多活动、人员与资源。
- 做出困难决定：表现对自身能力、判断与才干的信心，对行动履行责任。
- 建立战略支持：从高级管理层和其他人那里获得支持和所需的努力，来让项目保持在轨道上。

接下来我们更加仔细地分析这些竞争力。

（1）了解业务：带着对药品开发过程与组织中现实情况的了解来应对决策的需要。

表现出这一竞争力的项目经理/助理将会：

- 了解礼来制药公司的其他职能部门对开发工作的成功有什么样的影响。
- 通过对项目整体活动的理解来建立威信。
- 当自身或其他职能部门的团队成员需要额外帮助才能完成一项任务/活动时，能够了解情况。
- 根据对项目不同部分之间潜在联系的理解来发现问题。

- 将注意力集中于那些对特定项目活动或任务的成功有最大影响的问题与假设。
- 理解/认识到组织的政治问题/结构。
- 运用对相互竞争的职能与业务优先级的理解，对项目规划、假设、时间估计和来自职能部门的承诺进行现实评估。
- 明确地指出决策和组织其他部门发生的事件对项目造成的后果和影响。
- 认识到组织内不同部门的不同视角和运营现实，并做出适当反应。
- 考虑决策的长期效果（正面的和负面的）。
- 了解不同的选择带来的财务后果。

没有表现出这一竞争力的项目经理/助理将会：

- 依赖来自活动或任务负责人员的资源或时间估计。
- 根据理想的结果状况来进行决策。
- 通过把单独的时间表简单地衔接起来等方法建立规划和整体时间表。
- 把拖延看作组织内其他部门有意为之。
- 认为团队成员理解他们的行动是如何影响项目其他部分的。
- 把注意力集中在记录已经发生的事情上。
- 只要还没到万不得已，就会避免改变计划。
- 等待团队成员主动请求协助。

没有表现出这一竞争力的项目或业务的一部分后果如下：

- 项目经理/助理可能依赖高级管理层来解决问题和获得资源。
- 提议的项目时间表会被大幅重新修改，以满足现有的指南。
- 注意力可能集中在次要问题上，而不是核心业务或技术问题。
- 现有的承诺、供应商等，可能在不顾可靠性与价值的情况下继续下去。
- 项目交付物可能受到公司其他部门发生的变化的负面影响。
- 项目规划可能对组织的其他部门产生负面影响。

（2）主动行动：在情况千钧一发之前，采取积极步骤应对需求或问题。

表现出这一竞争力的项目经理/助理将会：

- 在意料之外的事件发生时立即跟进。
- 推动紧急行动来解决问题并做出选择。
- 为项目团队构思决策和选项，而不仅仅是激发讨论。
- 负责处理没有其他人来处理的问题。
- 当认清了需求或差距时，制订提议和行动方案。
- 快速地展现并提出项目团队与其他方面的问题。
- 当问题对项目有严重影响时，尽早让其他人知道。
- 采取行动来保证其他人将有关的角色包括进关键流程或讨论中。

没有表现出这一竞争力的项目经理/助理将会：

- 将精力集中在保证面面俱到地探索问题上。
- 请求其他人来制订对问题或发展中的事态的初步回应或计划。

- 让职能部门自己解决资源问题。
- 在充分了解困难或潜在的问题的影响之后再提出它们。
- 逃避干涉或介入自身专业知识领域之外的事务。
- 认为项目团队成员和其他人会自动尽快地做出反应。
- 听从更有经验的团队成员对问题的处理。

没有表现出这一竞争力的项目或业务的一部分后果如下：

- 高级管理人员可能对项目相关事宜感到诧异。
- 项目活动可能由于“沟通误会”或等待职能部门回应而被延迟。
- 精力和资源可能被浪费或没有充分得到利用。
- 可能同时采用多种途径。
- 困难的问题可能被留在原地，没人解决。

（3）批判性思维：寻求事实、数据或专家意见来指导决策或行动方略。

表现出这一竞争力的项目经理/助理将会：

- 从拥有专业经验或关于问题的第一手知识等类型的人士那里寻求指导。
- 进行强硬、尖锐的提问来澄清时间预测或质疑假设，并能够理解答案。
- 完全把自己沉浸到项目信息中，迅速地获得对项目状况和关键问题的透彻理解。
- 当问题产生时，把注意力集中到关键假设和根本原因上。
- 快速、简洁地概括冗长的讨论。
- 收集有关过去项目的数据等，以帮助决定项目的最佳未来选项。
- 努力获取足够的事实和数据来做出准确的判断。
- 消化吸收来自各种信息源的大量资讯。
- 在适当的时候运用正式的决策工具，以评估选项并认清风险与问题。

没有表现出这一竞争力的项目经理/助理将会：

- 接受关于资源要求与时间预测的传统假设。
- 依赖团队成员来提供所需的信息。
- 在没有确定错过前一个里程碑的原因的情形下，就急于向下一个里程碑推进。
- 对讨论的细节和论点进行概括却没有得出结论。
- 限制对标准信息源的咨询。
- 使用现存可用的步骤和工具。
- 狭义地把自己的角色定义为激发和记录团队成员的讨论。

没有表现出这一竞争力的项目或业务的一部分后果如下：

- 可能对不切实际的或未经验证的日期进行承诺。
- 可能在没有获得公开认可的情况下采用高风险的途径。
- 完成项目所花费的时间可能比必要的时间要长。
- 新的发现与成果可能只是缓慢地合并到现有的实践中。
- 巨大的问题可能在毫无准备的情形下发生。
- 同样的问题可能需要多次处理。

- 项目规划可能在资源、人员和优先级发生了很大变化以后依然保持不变。

（4）管理风险：预计到并允许在优先级、进度和资源等方面的变更，以及由于科学/技术问题造成的变更。

表现出这一竞争力的项目经理/助理将会：

- 在做出有争议性或有潜在风险的决策之前，重复确认关键数据和假设的有效性。
- 在接受那些明显有风险的选项时，创建一套应急方案。
- 与“有风险的”或关键的路径活动不断保持直接联系，来理解流程。
- 推动团队成员认清在他们的预测与承诺中所有暗含的假设。
- 与那些可以做出影响项目的决策的人保持经常性的联系。
- 让管理层和其他人尽早知道与一项特定行动计划相关的风险。
- 争取能够从容应对可预测的“突发”事件所需要的资源级别和时间预测。
- 明确地指出科学性风险的主要来源。

没有表现出这一竞争力的项目经理/助理将会：

- 不顾进度地保持乐观。
- 在极其有限的条件下同意项目的时间表。
- 重视创新与新创意而不顾随之而来的风险。
- 在关键领域接受不那么有经验的团队成员。
- 给个人探索不同选项的自由。
- 在未经充分讨论的情况下接受预测与评估。

没有表现出这一竞争力的项目或业务的一部分后果如下：

- 完成项目所花费的时间可能比必要的时间要长。
- 项目可能在应对组织优先级变化方面遇到困难。
- 如果提议的创新途径最后被证明是不合适的，就可能产生严重的延迟。
- 已知的问题领域可能还会是难题的来源。
- 项目规划可能经过大量修改。

（5）清晰交流：进行良好的倾听，并为他人提供容易理解的有用信息。

表现出这一竞争力的项目经理/助理将会：

- 以一种精确、明晰并令人信服的方式，展示技术和其他复杂的问题。
- 根据需求或接收人的理解能力（如医学人士、高级管理人员等）来对交流沟通进行准确定位。
- 对信息进行过滤，以提供相关度最高的资讯（如不要详细解释所有细节，要知道在什么时候及怎样提供一个概括的全面介绍）。
- 让其他人及时知晓那些可能影响他们的决策和问题。
- 促进和鼓励团队成员间公开的交流。
- 建立与偏远地区团队成员进行定期交流的机制。
- 准确地抓住复杂或漫长讨论的重点。
- 花必要的时间来准备管理所需的演示文稿和演讲内容。

- 有效地传达和描绘自身专业知识领域以外的技术论点。

没有表现出这一竞争力的项目经理/助理将会：

- 提供所有可以获得的细节。
- 认为多重提醒或信息是没有效率的。
- 期望团队成员互相理解各自专业领域内的技术术语。
- 在不同的观众面前重复使用交流与简介材料。
- 沟通只限于周期性的状态更新。
- 在会议上只邀请那些（被认为）需要参加会议的人，或者那些可能有所贡献的人。
- 依赖技术专家来提供专业技术领域的简介。

没有表现出这一竞争力的项目或业务的一部分后果如下：

- 直接团队以外的个人可能对项目了解很少。
- 其他团队可能被“消防演习”或最后时刻的计划变更干扰打断。
- 关键决策和讨论可能没有得到恰当的记录。
- 管理人员简介可能让团队和管理层备受煎熬。
- 资源/精力可能被浪费或误用。

（6）注意细节：为规划、会议记录和协定留下完整详细的备案。

表现出这一竞争力的项目经理/助理将会：

- 对个人进行截止日期和其他要求方面的提醒。
- 保证将会议和决定通知到所有相关群体。
- 准备及时、准确和完整的会议记录。
- 持续地更新或调整项目文档来反映决策和变更。
- 在建立计划时检查关键假设的有效性。
- 进行跟进活动，以确保所有承诺都已经得到充分理解。

没有表现出这一竞争力的项目经理/助理将会：

- 假设有其他人在跟踪细节。
- 把正式回顾评审看成说教和浪费时间。
- 选择在细节跟踪方面要求最少的步骤。
- 只是偶尔零星地对项目文档进行回顾检查和更新调整，来反映决策和其他变更。
- 把项目文档记录局限于正式要求的那些内容。
- 把会议笔记作为恰当的会议文档。

没有表现出这一竞争力的项目或业务的一部分后果如下：

- 可能缺乏与组织中其他部门的协作。
- 要用来回顾检查项目问题时，文档记录可能不够完全或很难使用。
- 对于究竟承诺了哪些内容可能产生分歧。
- 项目可能过度依赖项目经理/助理实际在场。

（7）结构化流程：构造、采用或遵循一套有逻辑性的流程，来确保达到目的和目标。

表现出这一竞争力的项目经理/助理将会：

- 选择团队可以用来评估进度的里程碑。
- 让会议的结构可以确保所有的议程项目没有遗漏。
- 认定执行项目管理流程所需步骤的顺序。
- 时刻保持最新的文档备案，与对个体团队成员的期望相对应。
- 运用现有的规划工具，将步骤标准化并构建活动的结构。
- 创建简单的工具来帮助团队成员跟踪、组织和交流信息。
- 创建一套可以在高效利用团队成员时间的同时，允许他们参与项目决策的流程；不应该让所有团队成员都参加所有的会议。
- 对项目规划方面的讨论或决策所带来的影响进行回顾评审，并将其作为一种归纳和澄清讨论内容的机制。
- 通过记录分歧而不是试图马上解决分歧来保持讨论继续进行。
- 创建并运用一套流程来确保建立优先级及定义项目的策略。

没有表现出这一竞争力的项目经理/助理将会：

- 确信有经验的团队成员知道自己在做什么。
- 把复杂的一系列活动看成一个整体。
- 分配主持会议、制定议程等的责任。
- 创建尽可能详尽和细节丰富的计划和文档。
- 只在被要求的情况下提供书面文档。
- 让团队成员也有发言权。

没有表现出这一竞争力的项目或业务的一部分后果如下：

- 项目获得的关注度可能有显著的差异。
- 项目可能缺乏一个单一的关注方向。
- 有关计划的文档可能不完整或已经过时了。
- 演示和介绍可能需要大量额外的工作。
- 会议可能显得没有效率。
- 关键问题可能被放任自流，无人解决。
- 组织中的其他部门可能不知道在什么时候需要什么东西。

（8）关注结果：持续地将自身与他人的注意力放在切合实际的里程碑和交付物上。

表现出这一竞争力的项目经理/助理将会：

- 强调需要保持项目相关的活动不断前进。
- 持续地关注最终交付物（如产品投放市场、化合物的疗效成立/不成立、项目/项目集对礼来制药公司的价值）（仅就项目经理而言）。
- 根据需要完成的目标来选择行动，而不是寻求最佳解法或答案。
- 就关键项目里程碑和进度，对项目团队成员进行提醒。
- 让关键项目里程碑对团队来说保持清晰可见。
- 以项目的根本目标作为一种手段，来衡量那些驱动及时决策的选项。
- 推动团队成员对交付物进行明确和公开的承诺。

- 及时终止项目或低价值的活动。

没有表现出这一竞争力的项目经理/助理将会：

- 假设团队成员对项目交付物和里程碑有清晰的认识。
- 只在万分紧急时处理任务和问题。
- 对负面结果或后果轻描淡写或忽视。
- 不顾新的数据/主要的变化而继续强行向原先的目标推进。
- 追求与原先的项目要求无关的活动。
- 相信一旦团队成员参与到项目当中，就会对确切的计划达成共识。
- 允许缺乏能力的个人继续执行任务。
- 让出席项目规划会议变成一项自由随意的活动，可来可不来。

没有表现出这一竞争力的项目或业务的一部分后果如下：

- 可能在缺乏足够解释的情况下错过里程碑。
- 职能部门可能对要求的关键资源感到诧异。
- 可能对不可理喻或不切实际的目标或进度做出承诺。
- 完成项目所花费的时间可能比必要的时间要长。
- 团队中各个成员的目标和优先级可能有很大不同。

（9）建设团队：在职能部门之内和职能部门之间创造一个合作与共同承担责任的环境，来实现共同的目标。

表现出这一竞争力的项目经理/助理将会：

- 公开承认不同的观点和分歧。
- 积极鼓励所有团队成员参与进来，无论他们在组织内的职能背景和级别是什么。
- 明确地投入时间和资源来建立团队身份和一套共享的目标。
- 保持客观公正，避免把问题和分歧个人化。
- 与团队成员建立一对一的紧密联系。
- 鼓励团队成员对职能领域以外的领域发表意见。
- 让团队成员从头到尾参与计划过程。
- 认识到并深入发掘每个团队成员拥有的经验和专业知识。
- 在不同的职能部门正式参与进来之前，恳求他们发表意见和参与。
- 一旦做出了决定，坚持让团队接受，直到出现额外的信息可供参考。
- 在解决富有争议的问题时，促使团队成员做出明确的承诺。

没有表现出这一竞争力的项目经理/助理将会：

- 列出可以完成和不能完成的事项。
- 假设成熟的专业人士只需要很少的支持或团队认可。
- 与团队成员的交流只局限于正式会议和讨论。
- 把影响团队成员工作表现的问题看作职能一线管理层的责任。
- 只在受到明确请求时才帮助他人。
- 对其他团队成员的贡献或态度持公开的批评态度。

- 在团队成员再次提出同样问题时继续使用同样的处理决定。

没有表现出这一竞争力的项目或业务的一部分后果如下：

- 团队成员可能对自己的职责并不明确。
- 关键人员可能转向其他项目。
- 障碍和挫折可能断送整体的努力。
- 在项目团队内部关于优先级的冲突可能上升到高级管理层。
- 对项目的责任感会被减弱。
- 团队成员可能不情愿为彼此提供支持或适应特殊要求。

（10）管理复杂的事情：组织、规划并监督诸多活动、人员与资源。

表现出这一竞争力的项目经理/助理将会：

- 在遭受人身攻击或极端压力的情况下保持冷静。
- 频繁且持续地对流程进行监督。
- 使用“80/20”法则，专注于最关键的任务。
- 仔细地记录下承诺与责任。
- 向所有人定义任务与活动，让他们能够监督进展并对进展有一些整体的认识。
- 把活动和任务分解为看起来可操作性更强的组件。
- 在不同团体与个人之间对工作量进行平衡与优化。
- 快速地组成特别团队或使用外界的专家，来应对紧急或特殊情况。
- 进行任务报告来获取最佳实践并总结经验教训。

没有表现出这一竞争力的项目经理/助理将会：

- 限制回顾评审的次数，以把尽量多的时间留给团队成员自行安排。
- 了解所有的细节。
- 依靠团队成员自己来跟踪自己的进度。
- 让其他人知道他们对一个问题或特定人员的看法。
- 依赖团队来解决问题。
- 假设人们会认识到自己的错误并从中学习。

没有表现出这一竞争力的项目或业务的一部分后果如下：

- 项目受到关注的程度可能明显不同。
- 项目可能自生自灭，没有明确的指引或可以达到的成果。
- 进行决策的责任可能被分散到一个个团队成员身上。
- 项目的具体状态可能很难判定。
- 重大问题可能变得难以管理。
- 业务不同方面的活动可能是杂乱无章的。
- 项目领导人与礼来制药公司其他部门的矛盾冲突可能不断涌现。

（11）做出困难决定：表现对自身能力、判断与才干的信心，对行动履行责任。

表现出这一竞争力的项目经理/助理将会：

- 质疑目前做事的方式并自行决定该如何做。

- 迫使他人面对和处理不尽如人意的现实状况。
- 在新的信息/数据出现时，推动管理层对富有争议性的决策进行重新评估。
- 让其他人注意到具有重大影响的事件。
- 有意地使用过去的经验和历史数据来说服他人。
- 与达不到自己承诺的人员当面对质。
- 促使一线管理层撤换达不到期望的人员。
- 如果数据显示一个项目无法成功，会反对对该项目的追加投资。
- 追求或采用那些有开创性的、可以带来巨大潜在收益的步骤，哪怕以前可以参考的经验非常有限。

没有表现出这一竞争力的项目经理/助理将会：

- 听从更有经验的团队成员的想法。
- 把质疑那些未达到的承诺的益处留给别人。
- 拖延制定决策，直到最后一刻。
- 追求多个选项而不是停下备选方案上的工作。
- 在提出困难的问题前先等待他人明确的支持。
- 全盘接受高级管理人员的决定，并认为这些决定是“毋庸置疑”的。
- 依赖团队来做出争议性的决策。
- 为表现糟糕的员工提供额外的资源和时间。

没有表现出这一竞争力的项目或业务的一部分后果如下：

- 完成项目花费的时间可能比必要的时间要长。
- 失败项目可能被允许继续苟延残喘。
- 决策权可能被推向上层。
- 因为特定项目组成员不作为，团队的士气可能受到打击。
- 不到最后一分钟，“坏消息”可能都得不到沟通。
- 关键人员可能为了追赶进度而筋疲力尽。

（12）建立战略支持：从高级管理层和其他人那里获得支持和所需的努力，来让项目保持在轨道上。

表现出这一竞争力的项目经理/助理将会：

- 履行倡导推销项目的责任，但同时表现出在激情与客观之间的平衡。
- 仔细打造论点和演示来应对那些有重要影响力的决策者的关键顾虑。
- 让自己熟悉礼来制药公司内部主要部门的运营和业务考虑。
- 运用联系人网络来确定提出一个问题或进行一项提议的最佳方式。
- 促使那些真正拥有推动事态发展经验和影响力的人士积极参与进来。
- 明确地指出在冲突状态下的影响力分布。
- 提前开始推销富有争议性的观念或资讯。
- 选择合适的演讲人，以确定发布了合适的信息。
- 在与其他高级经理发生定位问题时，请求高级管理层的协助。

没有表现出这一竞争力的项目经理/助理将会：

- 只在正式会议上与高级管理层和项目发起人会面。
- 在小组会议上提议进行重要的方向变动。
- 在面对障碍或问题时与主要决策者联系。
- 限制与“全球”伙伴进行面对面交流的次数。
- 把所有人员看得同等重要。
- 避免出现显得像“拉票活动”的行为。
- 依靠其他团队成员来与礼来制药公司中不熟悉的部门的高级经理交流沟通。

没有表现出这一竞争力的项目或业务的一部分后果如下：

- 有生存能力的项目可能在没能清楚地说明收益的情况下被强行终止。
- “文化差异”可能限制全球项目的成功。
- 可能在缺少关键人员意见的情况下做出决策。
- 对项目范围或方向变更的抗拒，可能在新提议的优点得到理解之前就处于先入为主的稳固地位。
- 关键个人/组织可能永远也不会认可项目的方向或范围。
- 极小的冲突可能升级并不断拖延。

8.14 Harris 集团

在大多数情况下，参加 PMP 专家认证培训研讨会与课程的人都被课堂上呈现的知识压得喘不过气。他们感到疑惑，怎么可能有企业执行课上说过的所有内容，而他们又为什么要学所有这些信息呢？

虽然确实很多公司不需要执行课程中描述的所有活动，但航空航天与防务承包商被要求执行所有这些活动。航空航天与防务承包商能否生存，取决于他们能够多好地执行项目管理流程。当 Harris 集团这样的公司在项目管理方面的表现非常突出，并让项目管理经历持续的改进时，它们的表现可以大大超出竞争对手。Harris 集团在项目管理方面有一段辉煌的成功史。

这一节接下来的部分由 Harris 集团的 Alex Sadowski 提供，他以前是 Harris 集团政府通信系统公司的项目集经理。他在一个包括各种文职政府和军事组织的庞大的、多样化的客户群有 30 多年的经验。他的项目管理活动集中在航空航天与防务承包商的业务领域。他还参与了 Harris 集团分部进程小组和培训指导委员会的倡议。在读完这一节余下的部分之后，读者可能对为什么需要把这些材料教给学员，以及在一个视保持出色项目管理能力为企业生命血液和生存本钱的行业中经营的复杂性，有更好的理解和更深的认识。

（1）项目管理的基本原理对所有项目都适用，无论项目规模如何或项目属于什么行业。然而，每个行业都有自己独特的环境和文化，而对项目管理体系方法的应用可以根据这些独特性而采用不同的形式。航空航天与防务承包商所处的行业的独特环境概括如下：

- 这一环境是动态的。
- 进度在大多数情况下非常紧张。
- 改变任务情境就会造成要求的改变。
- 有效的变更管理是绝对必需的。
- 这一类型的项目都是第一次进行的。
- 在大多数情况下技术组合会得到扩展。
- 为了完成项目，通常必须开发新的技术。
- 必须开发新的体系方法。
- 风险管理具有至高无上的重要性。
- 涉及专有及绝密信息。
- 这会阻碍公开坦诚的沟通交流。
- 安全顾虑会影响项目的各个方面。
- 过度关注富有挑战性的新技术会对管理整个项目造成问题。
- 对应用新型和正在开发中的技术的要求在很大程度上来说可能是压倒性的。
- 获得成功的关键，是在满足技术挑战的同时，不失去对成本和进度的控制。

（2）作为一家航空航天与防务承包商，Harris 集团多年来开发了细致的流程和步骤，覆盖了项目管理的所有阶段，从对机会的认定到最终的完成、售出和收尾。

（3）这些流程与步骤在媒体中心以非常细致的方式记录下来，并定期通过研讨会、课程和一般会议在适当的时候进行宣讲。

（4）这些流程包括很多关口（如决定是否继续的回顾评审、决定是否竞标的会议、提案书红色小分队、定价回顾评审、职能起始评审、项目集定期回顾评审、系统要求评审、初步设计评审、关键设计评审、同行评审、生产准备就绪评审、测试准备就绪评审、最终客户评审、合同收尾等）。

（5）这些流程与体系方法具有很强的拓展性，但有几个体系方法的关键方面确保一切都在正确地运作，并促进项目成功。

（6）通过很多经验，有些是痛苦的经验，我们发现预先进行详尽的规划是实现项目成功的最佳途径。

（7）在很多时候，存在一种危险情况，那就是项目团队的过度自信与客户的不耐烦导致绕过预先规划的结果。这样的组合会带来灾难！

（8）合适的规划需要以对客户合同中需要的内容、客户同意支付的价格及他们期望看到完成的日期的理解为基础。

（9）在整个项目团队参与之前，需要开发一套完整的项目规划。

（10）有效的规划取决于以下因素（见图 8-5）。

- 工作分解结构（Work Breakdown Structure，WBS）。
- 整合项目进度（Integrated Project Schedule，IPS）。
- 挣值管理系统（Earned Value Management System，EVMS）。

- 变更管理规划。
- 风险管理规划。

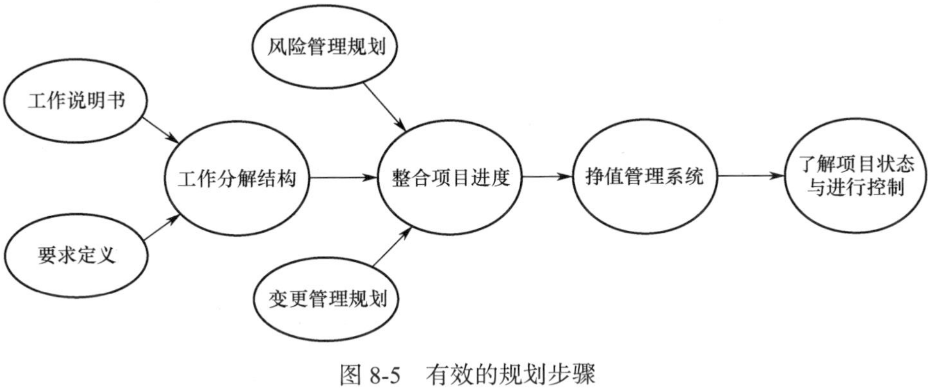

图 8-5　有效的规划步骤

（11）工作说明书（Statement of Work，SOW）和系统要求文档（Systems Requirements Document，SRD）都是用来开发工作分解结构的。

- SOW 认定需要做什么，有什么限制，有没有任何特殊的客户关口，项目的交付物和时间框架。
- SRD 是正式的要求定义，是项目在技术方面的基础。它的使用是为了确保所需要的功能可以实现。

（12）WBS 把需要完成的事宜的细节记录下来。

- 它把项目分解为所必需的部分。
- 它为分配任务和责任提供基础。
- 它是一套等级森严的结构，显示出每项单独的任务对整体任务做出怎样的贡献。
- 这些单独的任务对定义进度和为项目建立 EVMS 是至关重要的。
- 会开发一部 WBS 字典来定义每个任务，以及谁对哪个任务负责。

（13）变更管理。

- 变更在任何项目中都是不可避免的。
- 有些变更对项目整体没有影响。
- 有些变更会对项目的成本、进度或技术完整性造成强烈的影响。有时候以上 3 项都会受到影响。

需要开发一套规划，它的元素包括：

— 对变更的认定。
— 变更带来的影响。
— 应该如何应对这类变更（接受还是拒绝）。
— 应该如何说服客户接受变更。
— 如何及由谁对合同进行变更。

（14）风险管理。

- 所有项目都有风险。

- 风险就是任何可能影响项目成功的因素。
- 风险会影响到：
  — 成本。
  — 进度。
  — 技术完整性（如功能性、可靠性等）。
- 如果风险没有得到处理，就会变成一个难题。
- 在项目最初的起始规划阶段就需要认定风险。
- 需要制订一个计划，内容包括：
  — 对风险的认定。
  — 风险严重程度的定义。
  — 风险发生可能性的定义。
  — 风险对项目成功的影响（也就是成本、进度等）的定义。
  — 风险分级。
  — 风险的缓解。
  — 风险的消除。

（15）整合的项目进度。

- 从始至终地为项目活动的进度敲定细节。
- 说明每个独立的活动的开始和终止时间。
- 说明每个活动之间的关系。
- 鉴别关键路径。
- 鉴别所有关键里程碑。

（16）挣值管理系统。

- 促进对各个单项活动的进度跟踪，检查是否符合进度和成本计划。
- 客观地显示哪些任务符合进度，以及它们是否在预算之内。
- 提供一种持续评估项目是否在按进度和预算运行的方法。

（17）项目进展状况与控制。

- 任何项目如果要成功，那么持续地了解进展状况和进行控制是至关重要的。
- 大体上来说，来自 EVMS 系统的报告应该每月生成并经过评审。对于有问题的项目或高风险的项目，每周用 EVMS 鉴定项目状态是最有益的。
- EVMS 提供一套方便、精确和持续的体系方法来确定项目的进程。
- 在 WBS 和 IPS 上做的工作越充分，从 EVMS 中获得的信息就越准确。
- 切合实际又有意义的里程碑能够充分覆盖所有的任务，这些里程碑是成功运用 EVMS 的关键。
- 里程碑必须定期跟踪（通常是每月检查，但在必要的情况下也可以频繁到每周检查）。
- 一旦确认实现了项目里程碑，那么相应的进度和预算状况监控也可以算完成了。
- 生成进度绩效指标（Schedule Performance Index，SPI）为项目是否在按进度运行提供了客观的衡量标准。

- 生成成本绩效指标（Cost Performance Index，CPI）为项目是否超出预算提供了客观的衡量标准。
- 应该定期（也就是在了解每月状态时）生成一个新的完工尚需估算（Estimate to Complete，ETC），并与项目的完工预算（Budgeted-cost at Completion，BAC）进行比较。
- ETC 与 BAC 之间不相符的地方必须经过分析并最终经过协调达成一致。最后的成果应该是实施一个计划让项目重新回到轨道上。
- 一个实施良好的 EVMS 系统是项目经理最有力的管理工具。
- 通过 SPI 数值，项目经理能知道项目是否满足进度要求。
  - 如果这个数值小于 1，那么项目经理就知道项目落后于进度了，因而必须确定是什么任务拖了后腿及原因何在，因而可以采取合适的矫正措施。
  - 如果数值大于 1，那么它预示着项目已经领先于进度。这时还不应该高兴得太早，因为这可能只是一时的情况。如果数值比 1 大很多，那么这可能表明原先的预测和规划存在一些问题。这种情况需要详细分析。
- 通过 CPI 数值，项目经理能知道项目是否超出了预算。
  - 如果这个数值小于 1，那么项目经理就知道项目超出预算了，因而必须确定是什么任务超支了及为什么，从而可以采取合适的矫正措施。
  - 如果数值大于 1，那么它预示着项目的预算有富余。这时必须多加小心，因为这可能只是暂时的情况。如果数值比 1 大很多，那么原先的预测和规划很可能存在一些问题，从而必须进行详细的分析来确定为什么会出现这样的矛盾差异。
- 当项目进行规划时，确立了一个预算。预算中的项目成本是期望在项目结束时花费的数目，也就是完工预算。随着项目的进行，产生了实际的成本。通过回顾检查这些实际成本，并对还需要做的工作进行考虑，项目经理可以得到一个完工尚需估算。
- 通过将 ETC 与 BAC 进行比较，可以计算出完工偏差（Variance at Completion，VAC）。这个 VAC 指出项目是会超支还是会有结余。
- 如果完工偏差表明会出现预算超支，那么必须进行调查和分析来认定问题。接下来就可以采取措施来缓解问题了。

（18）在航空航天与政府项目要求严格又瞬息万变的环境中，对定义严格并实施充分的挣值管理系统的运用可以提供必要的体系方法，保持项目按进度和预算运行。

8.15 诺基亚公司：认识到项目管理的卓越价值

有时，公司可能无法利用其项目经理保留的知识产权（包括，特别是他们的 PMP），同样，也无法认识到他们能对公司做出的贡献。一些公司只把 PMP 认证当作在名片上放在人名后面的一样摆设，或者放在提案书里作为竞标努力的一部分装饰。一些公司为获得认证的培训项目提供资助的原因，甚至仅仅是害怕员工会到其他具有更多项目管理培训机会的公司寻找工作机会。

但当像诺基亚这样的公司（包括前阿尔卡特朗讯）认识到项目经理可以为公司创造的价值时，项目经理卓越的管理才可以带来巨大的投资回报率。这种投资回报关系的可能体现形式包括对希望成为 PMP 或希望再次考取证书的项目经理们进行导师指导，建立顾问委员会或供陷入麻烦的项目进行求助的热线，或者仅仅是建起一个全球项目管理信息网络，让世界各地的员工都可以了解公司当前与项目管理有关的发展状况和最佳实践。

像诺基亚这样认识到 PM 价值的公司会从中受益匪浅。以下内容由 Rich Maltzman、PMP、PM 能力发展团队、诺基亚全球 PMO 提供。

诺基亚一直在试图通过建立和部署一套整合的项目管理发展框架来增加项目管理方面的成熟度。这套项目管理发展框架包括一条专门的职业路径，其中的职务描述与一系列灵活且专注项目管理的教育机会相互联系。我们还将这些发展机会与内部认证计划相结合。在内部，该公司将这发展中心转移到更好的项目管理上，称为“PM @ Nokia”，诺基亚为其 PM 提供了一套完善的设备及方法，去帮助他们交付项目，以衡量并把控风险，监管和控制项目财务。这些框架（开发框架和交付框架）为成就 PM 成熟度奠定了基础。

在其北美地区，诺基亚使用科兹纳的 KPM3 系统在 2014 年和 2015 年对其项目管理成熟度进行了评估。诺基亚 NAM 组织在成熟度 1～3 级（常用工具、常用流程和统一模式）上的得分远远高于行业平均水准，也对有待改进的领域有了深入的了解，包括确定了发展基准和可持续学习性（4～5 级）。

在此过程中，该公司调整了其所有子公司的联合全球项目管理办公室，以确保其支持部署其产品和服务的项目经理的整个社区。事实上，请注意，以下背景来源于构成新诺基亚的公司的传统，强调了该公司如何整合项目的最佳特性以合并形成新诺基亚公司。

◆ PMP 学习小组和虚拟讲师指导训练

PMP 学习小组由前阿尔卡特朗讯成立，并且已经被整合并成熟为虚拟讲师指导的 PMP 预科班。PMP 学习小组是基于时区进行分组的，每个小组有 10～20 名成员，他们在志愿教师的指导下一起学习 PMP 考试内容。该讲师通常是新得到认证的 PMP，因此他对申请流程和考试本身有一手的经验。按照团队确立的周期召开会议，并以大多数成员期望参加考试的语言开展工作，利用相同的材料在科目内容上共同训练，使用一套由公司的项目经理建立的课程大纲模板，但是要根据小组的需要进行调整。他们专门为这些团队建立了一个专用的 PMP 网站，可以提出问题、共享新知，当然也可以分享通过考试的喜讯！学生接受 30 小时的联络时间，这是申请考试时间中的一大部分，教师可以通过他们作为讲师的授课表现来申请获得宝贵的专业发展单元（Professional Development Unit，PDU。PMI 官方认证的专业发展单元，类似于项目管理专业认证所需的“学分”。——译者注）。导师和学生都反映这是一项具有丰富意义的活动，如有人表示学习小组可以“让我结识其他来自不同领域背景的项目经理，并学习他们的经验。运用来自这些不同背景的知识，能够帮助我成为一名更有能力的项目经理”。诺基亚还根据需要使用面对面和新兵训练营的“Boot Camp”PMP 培训（Boot Camp 是一款可以在 Mac 电脑中安装双系统的软件。——译者注）。

以前的“PM 学习小组”的概念已经发生了变化。现在，在诺基亚，这些已成为虚拟讲师指导的课程，由名为 NokiaEDU 的企业大学赞助。会议现在使用供应商提供的幻灯片，辅以“自行开发”的例子和练习，当然还可以访问供应商提供的练习考试模拟，让学生对 PMP 考试和教师工作充满信心。讲师会和学生一起改进模拟区域，表明需要进行“更深入的潜水”并进一步审查。此外，这些课程还利用在线书籍，包括通过公司订阅在线图书服务提供的 PMP 备考材料。

诺基亚还利用企业社交媒体集团（例如使用微软的 Yammer）提供 PMP 启动资源。事实上，企业社交媒体的使用率已经在公司中飙升，现在可以作为卓越项目管理的实时通信渠道，而不仅仅是应用于 PMP 的准备。

◆ 国际项目管理日座谈会

诺基亚长期以来一直为其 PM 社区提供高质量的培训课程。每季一期的“PM 培训周”的特点是源自诺基亚传统的关于 PM 的及时主题的网络研讨会，现在已经补充了一年一度的国际 PM 日，其最初是来自阿尔卡特朗讯的传统。

诺基亚庆祝国际 PM 日，它从 2007 年开始举办（当时是阿尔卡特朗讯），通过举办国际项目管理日座谈会，并因此成为首批购买概念或特殊产品的商业企业之一。国际 PM 日也成为 PM 人的特别认可日。这是一个 100%免费的、基于网络的内部会议，通过电话和基于网络的视频提供连接。它从 2007 年开始举办，每年大概有 1 000 人参加。每次座谈会都有一个主题，演讲者递交提议，然后由同行 PM 的特设委员会选择在会议上使用。过去的主题包括“重要的项目管理”和“项目管理——一个与众不同的世界”。来自 6～8 个国家的演讲者分享经验教训或处理一个项目管理知识领域，如风险管理。另外，特邀演讲人，如著名的哈罗德·科兹纳博士和 Jean Binder（PMI 颁发的 David Cleland 大奖得主），美国国家航空航天局的 Charlie Pellerin 博士，知名 PM 播客 Ricardo Vargas、Elizabeth Harrin、Peter Taylor 和 Cesar Abeid，有时 PMI 的主管也会被请上主席台。这个座谈会始终注册为内部课程，学生们可以通过参与并得到证实而获得 9～13 个 PDU（2016 年为 12.25）。这些会议的资料将进行归档整理，并可以通过诺基亚内部员工培训中心不断进行重播。这一传统在 2016 年诺基亚第十届年度国际 PM 日座谈会上继续——以“Power Up!”为主题，我们非常重视“国际”部分。2016 年会议的主题作者有 Gary Nelson（新西兰）、David Hillson 博士和 Susanne Madsen（英国）、Liliana Buchtik（乌拉圭）、Bill Dow（加拿大）、北极研究科学家 KamilJagodzinski（冰岛）、PMI 副总裁 Brian Weiss（美国）和其他人。该会议内容存储在诺基亚内部员工培训中心，是诺基亚 PM 随时可用的培训课程，而非一次性的活动。

◆ 内部认证

除了外部 PMP 认证，该认证专注于全球项目经理（及重要的诺基亚客户）广泛接受的框架和词汇表，诺基亚认识到项目经理在运行项目的具体方法中的认证对这些客户来说也很重要。诺基亚确实在管理日益庞大、重要、复杂、地理和技术多样化及具有战略重要性的项目方面取得了事业上的发展进步，并有一个内部认证计划，与该进程保持一致。

对于较大的项目，内部认证要求将成功的项目成果呈现给由同行和 PM 领导组成的"评审委员会"，该委员会评估候选人及其提交的可能获得认证的方案。这里的重点是成就，并展示诺基亚专有方法和工具的实际使用，以便在预算范围内按时完成客户项目，满足所有要求，同时最大限度地减少威胁并保持稳固的团队合作和自始至终的沟通。

◆ 圆桌会议和对等学习

除了实时交流、正式的大学式培训、PM 培训周和国际 PM 日，该公司不时（通常由草根要求驱动）赞助定期的一小时网络研讨会，研讨会重点关注由诺基亚内部或外部的主题专家领导的特定主题。研讨会一般是非正式的、有创意的，并为学生提供 1 个 PDU。通过被存档和索引，研讨会也成为诺基亚项目管理社区可用的学习选项之一。

◆ 其他 PM 学习选项

全球 PMO 与诺基亚的内部学习组织密切合作，以确保始终有与广泛的能力匹配的 PM 资源用于研究，包括一系列一般 PM 培训电子学习课程，诺基亚专业课程涉及 PM 方法、模板和工具，以及一系列最新的书籍和参考文件。然而，如上所述，最新的学习机会来自我们在 PM 社区间分享学习的能力，以便通过企业网络工具积极高产地在全球范围内共享最佳实践和经验教训。

8.16 惠普公司

与高级管理人员的认可一样，公司员工受到项目管理培训教育的质量，是公司最终实现卓越的项目管理的最重要的因素之一。除了公司员工，培训还可以针对公司的供货商，这些供货商也会与客户的项目管理体系方法打交道。下面让我们来看一些有效的培训计划的例子。

惠普公司一直致力于项目管理培训和教育。惠普美国公司项目管理专业主管 Jim Crotty 提供了以下内容。

◆ 发展项目管理

惠普服务部有一套完整的项目管理发展课程计划（Program Management Development

Program，PMDP），其课程涵盖项目管理培训的各个方面。该计划在世界范围内有超过 100 门标准课程，内容涵盖项目集/项目领导、管理、沟通、风险管理、合同签订、管理业务绩效、进度安排和成本控制、质量等。课程是基于 PMI 的项目管理知识体系制定的，也包括特定的、惠普内部的关键主题，如项目集体系方法、项目中的业务、财务管理精华等。

惠普的项目管理课程计划中的所有课程，都在 PMI 的注册教育提供方（Registered Education Provider，REP）计划中注册，以确保统一的基础和视角。惠普的项目管理发展计划，赢得了美国培训与发展协会（American Society for Training & Development，ASTD）的职业发展和组织学习实践优秀奖。该协会是世界领先的工作场所学习与表现方面的权威机构。

即便最有经验的惠普项目经理，也在继续参加拓展活动以增强其知识和技能。惠普服务部发起了项目管理大学（Project Management University，PMU）计划。PMU 包括在每个主要地理分区（美洲、亚太地区和欧洲）的 5 天座谈会及在惠普办公室的一天活动。这样的安排，为项目经理们提供了集中精力、专心学习的时间，以及与来自全球各地和自身地理区域的其他惠普项目经理交流知识和想法的机会。PMU 已经获得了来自 ASTD 和 PMI 的双重优秀认可。

◆ PMP 认证

惠普有一套成熟的方案，鼓励并支持项目经理获得认证。惠普服务部有 5 000 多名员工获得了 PMI 的 PMP 认证。

◆ 对 PMI 的支持

惠普积极支持项目管理机构 PMI，这是一个有着超过 26.5 万名会员的非营利性组织。PMI 为卓越的项目管理设立的标准为业界和我们来自全球的客户所认同。

惠普的员工参与 PMI 的董事会并在数个委员会中任职，包括全球企业理事会、全球认证中心、研究计划成员咨询组、项目管理专业助理认证（Certified Associate Project Management，CAPM）的开发、IT 系统及 IT 网络的附加质量认证（Certificates of Added Qualification，CAQ）的开发、PMO、《PMBOK®指南》评审、《PMBOK®指南》更新团队等。全球的许多惠普员工在 PMI 的分部及专门调研组中担任领导职务。

第 9 章
非正式的项目管理

9.0 简介

过去的 30 年，项目管理中最重大的变化之一，可能就是认为非正式的项目管理确实也奏效。20 世纪五六十年代，项目管理技术和工具主要应用于航空航天、国防、大规模的建筑行业。因为项目管理还是一种相对比较新的管理流程，承包商和分销商的客户希望能有证据显示这一系统真的起作用，将要使用的方针和流程的文档，也列为投标书的一部分。那时，由成百个方针、流程、表格组成的正式项目管理成了普遍的做法。那么，究竟潜在的客户为什么愿意签署一个采用非正式的项目管理的上千万美元的项目合同呢?

本章将首先澄清正式的和非正式的项目管理的差别，然后讨论非正式的项目管理的 4 个关键要素。

9.1 非正式的项目管理与正式的项目管理

正式的项目管理是费时费力的。早些年，花在书面的方针、流程上的时间和精力主要是为了让客户安心。随着项目管理的确立，创建正式文档也主要是为了客户。承包商开始采用更加非正式的管理方法，但是客户还在为正式的项目管理文档付钱。表 9-1 列出了正式的和非正式的项目管理之间的主要区别。正如你所看到的，最显著的区别在于文书工作的数量。

表 9-1 正式的和非正式的项目管理

因　素	正式的项目管理	非正式的项目管理
项目经理的级别	高	低到中
项目经理的权力	文档化	隐含
文书工作	过多	最少

文书工作是昂贵的。即使团队会议的例行分发材料，每页纸也要花 500～2 000 美元来准备。优秀公司的高级管理人员知道文书工作是昂贵的。他们鼓励项目团队无须太多纸张，也可有效沟通。然而，有些人在做事时，还是错误地认为 ISO 9000 认证需要大量的文书工作。

图 9-1 展示了项目管理对文书工作要求的变化。20 世纪 80 年代早期是喜欢文书工作的人的好时光。那时，方针和流程手册的初期准备，大概要花 300 万～500 万美元，而在项目生命周期中，每年的更新还要花 100 万～200 万美元。项目经理被淹没在表格的海洋中，几乎没什么时间来真正管理项目。客户开始抱怨分包商的成本太高，文书工作渐渐地从繁荣走向衰败。直到 20 世纪 90 年代早期，随着并行工程的发展，真正的成本节约才实现了。并行工程通过将原来串行的活动改为并行，缩短了产品的开发时间。这种变化加大了每个项目的风险程度，因而要求项目管理舍弃一些以前的做法。不那么具体的、更通用的检查清单取代了正式的指南。

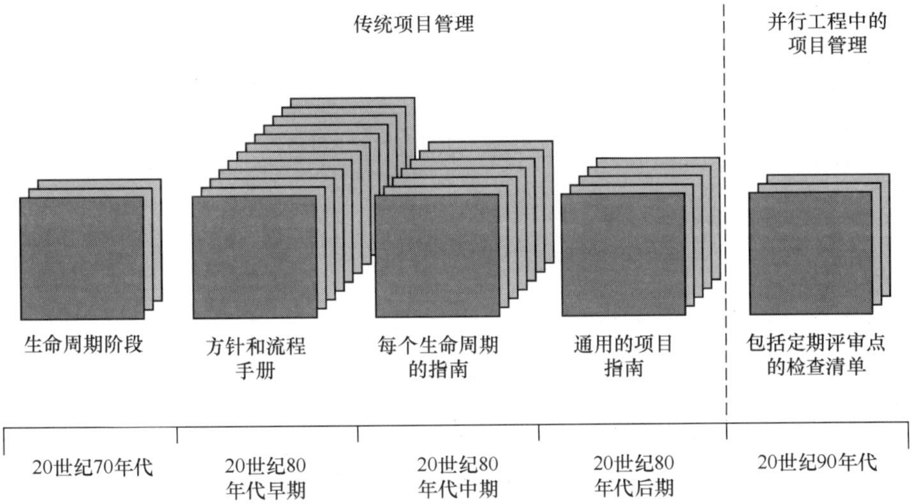

图 9-1　方针、流程、指南的演变

方针和流程代表正式性，而检查清单代表非正式性。但是，非正式并不意味着项目完全没有文书工作，而是把文书工作的需要降低到能接受的最小程度。从正式到非正式，这需要组织文化的改变，如图 9-2 所示。非正式文化的 4 个基本要素是：

- 信任。
- 沟通。
- 合作。
- 团队合作。

大公司即使有采用非正式的管理项目的愿望，通常也无法真的做到。公司越大，越倾向于采用正式的项目管理。北电 IOC 销售运营及客户服务部的一位前副总裁相信：

> 在北电全公司引入项目流程及工具标准，并使用渠道指标（由客户定义、业界的标准度量），这为公司提供了正式项目管理框架。由于我们承担的电信项目

的复杂度，以及短期内提供集成方案的要求，这样的正式项目管理框架是必要的。北电的项目经理需要协调多个组织，才能在迅速变化的环境中实现客户要求的项目成果。

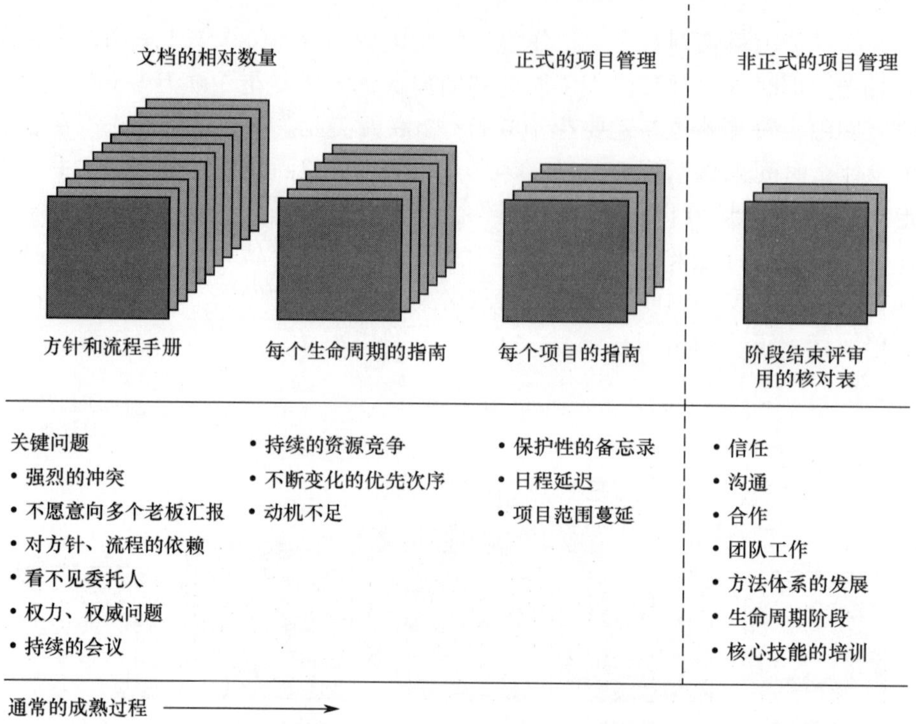

图 9-2 文书工作的演进及正式程度的变化

大多数公司要么正式地管理项目，要么非正式地管理项目。然而，如果你的公司是项目驱动型的，而且有很强的项目管理文化，你可能就要根据客户的需求，决定是采用正式的管理，还是非正式的管理。

9.2 信任

信任项目的所有参与人员，这是至关重要的。早上，你驾车去上班，路上可能踩 50 次刹车。你虽然从没见过设计刹车踏板的人，也没见过制造或安装刹车踏板的人，但是你从没怀疑过踏板是否会在需要刹车的时候失灵。然后你到达工作地点，按下电梯按钮。你从没见过设计电梯的人，也没见过制造、安装、监测电梯的人，但是，同样，你很安心地乘电梯到了你所在的楼层。当你在早上 8:00 到达办公室的时候，你已无数次满怀信任地将你的生命交付到你从没见过的人手中。当你在办公室坐下来时，却不肯信任你隔壁办公室的人做出的关于 50 美元的决定。

信任是成功实施非正式的项目管理的关键。没有信任，项目经理和项目发起人就会要求进行所有的文书工作，而这只是为了证明每个在项目上工作的人是按指示工作的。信任也是在客户和承包商、分包商之间建立成功关系的关键。我们来看一个例子。

可能我见到过的最好的非正式项目管理应用发生在几年前，由 Bendix 集团的重型车辆部门实施。Bendix 集团聘请了一位培训师来进行为期 3 天的培训。该培训是为公司特别设计的。在课程设计阶段，培训师征求部门副总裁和总经理的意见，是要培训非正式的项目管理，还是培训正式的项目管理。副总裁倾向于非正式的项目管理。为什么是非正式的项目管理呢？这个部门的文化是以相互信任为基础的。雇用一线经理的标准，不光是技术专长。雇用和提升的标准是新经理是否能与其他一线经理及项目经理沟通、合作，共同为公司和项目的利益着想，做出决定。

一旦客户和分包商的关系是以信任为基础的，双方都会得到很大效益。这种效益在惠普、CA 公司及众多汽车分包商中是非常显著的，如表 9-2 所示。

表 9-2　在客户和承包商之间的信任关系所带来的好处

没有信任	有了信任
不断进行竞争性投标	长期合同，回头客多，供货方合同
大量文档	文档最少化
过多的客户和承包商的团队会议	团队会议最少化
团队会议要有文档	团队会议无须文档
高级管理人员担任发起人	中级管理人员担任发起人

9.3　沟通

在传统的、正式的组织中，员工经常抱怨沟通不畅，而高级管理人员认为公司中的沟通还是挺好的。为什么意见不同？在大多数公司，高级管理人员淹没在业务的各个职能部门的文山会海、每周状态报告中，而流向组织基层的信息的质量和频度不一致，越是在正式的公司中，越是如此。但是不管问题出在信息向上到高级管理人员的传递，还是信息向下到基层员工的传递，问题的症结总是在上层的某处产生。一有什么对报告或会议的需求，多半都是高级管理人员提出的。而且，很多这样的会议和报告都是不必要的、重复的。

大多数项目经理喜欢口头的、非正式的沟通。正式的沟通的成本可能很高。项目沟通包括发布决策信息、工作授权、谈判、项目报告等。卓越公司的项目经理们认为，他们 90% 的时间都花在和团队成员的内部沟通上。图 9-3 显示了项目经理常用的沟通渠道。在项目驱动型的组织中，项目经理的大部分时间，花在与客户及管理机构进行外部沟通上。

好的项目管理体系方法，不仅鼓励非正式的项目管理，也鼓励横向、纵向的有效沟通。这种体系方法本身就起到沟通渠道的作用。某家大规模的会计师事务所的高级管理人员是这样评价其组织所谓的项目管理标准（Project Management Standards，PMS）的项目管理体系方法的：

PMS 引导着项目经理在项目中的每一步。PMS 不仅规定报告的结构，还指出谁应该参与项目及其不同层级的评审。这就建立了适当的人群中的有效沟通渠道。项目中的沟通是成功的最重要的因素之一。即使有出色的计划，离开了沟通，也无法实施。

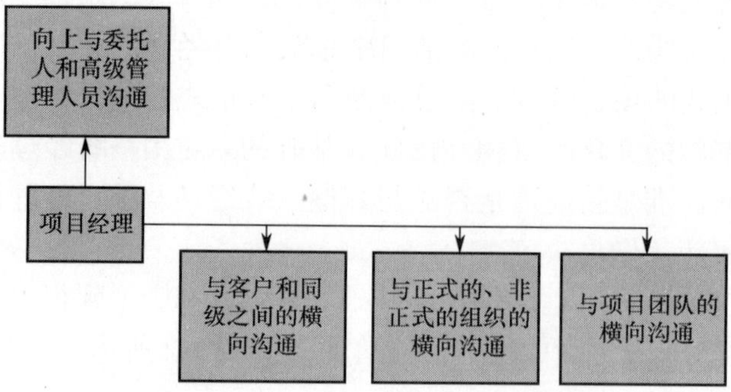

图 9-3 项目管理的内部及外部沟通渠道

大多数公司相信，好的项目管理体系方法会带来有效的沟通，这也使得公司的管理更加非正式。问题是要花多长时间才能实现有效的沟通。如果所有的员工都在同一工作地点，这可能花不了太长时间。但是由于全球项目分散的地理位置和文化差异，可能使达成有效沟通的时间拉长到几十年。即使如此，也不能保证全球的项目能实现非正式的项目管理。

惠普公司的全球项目集经理 Suzanne Zale 强调：

> 任何一个全球项目的沟通都会比一般项目更复杂。在项目早期需要更多的计划，需要早早确认大家认同的因素。为了利用现有的标的物、熟悉当地文化的专家和供货商，我们显然需要建立虚拟团队。这更增加了有效沟通的难度。
>
> 沟通的机制也可能发生很大的变化。面对面的会议或讨论更困难了。我们通常依赖电子通信，如视频会议、电话会议及电子邮件。事先需要就沟通的标准形式达成一致和理解，这样信息才能迅速流动。由于文化差异和时区的不同，沟通也要花更多时间和精力。

非正式的项目管理的存在，也暗示着员工需要理解各自的组织结构、在组织中的角色和职责，以及在项目中的角色和职责。诸如线性职责图、责任安排矩阵等工具很有帮助。现在，沟通工具的使用，不像 20 世纪七八十年代那么频繁了。

在跨国项目中，组织结构、角色和职责等都必须清楚地定义。有效沟通具有至高无上的重要性，或许应该采用正式的沟通而不是非正式的沟通。

Suzanna Zale 这样讲：

> 任何全球项目都必须清楚地定义组织结构，以最大限度地减少可能的误解。最好有清楚、分明的组织图及角色和职责。任何对员工的激励，都要周密地考虑文化的差异。不同文化中的激励因素和价值观可能有非常大的差距。

当公司要培养一种非正式的文化的时候，需要克服的两大主要沟通障碍，我们称之为

“疝气报告”及“辩论会”。“疝气报告”的产生，是因为高级管理人员认为，未曾书面记录下来的话，就没有说过。尽管这种看法在一定程度上是对的，可是要把话都记下来，花的时间可不少。我们要考虑的不仅仅是准备报告及正式备忘录所花费的时间，还有收到报告的所有人读报告的时间，以及处理、复印、分发、归档所花费的时间。

如果为管理层准备的书面状态报告需要订起来或夹起来，那就太长了。超过 5～10 页纸的项目报告，基本就不会有人看。在实现卓越的项目管理的公司，内部报告要尽可能扼要地回答以下 3 个问题：

- 我们现在的状况如何？
- 我们将来会走向何方？
- 是否有需要管理层参与解决的问题？

所有这 3 个问题的答案，可以在一张纸之内写清。

所谓的团队“辩论会”，是指预先安排 30 分钟，而实际花了 3 小时的会议。当高级管理人员干预日常工作活动时，就产生了“辩论会”。甚至项目经理也会陷入这种错误中，如项目经理把不该由管理层处理的信息传递给管理层。这种情况完全是自找麻烦。

9.4　合作

合作是指个人为了团队的利益，去和别人一起工作的意愿。这也包括一个团队自愿采取行动，一起工作以得到好的结果。在具有卓越的项目管理的公司中，合作是习以为常的惯例，不需要权威来进行正式的干预。团队知道该干什么，而且自己就去做了。

在表现一般的公司（或者在这方面表现一般的任何类型的组织），随着人们的相识、相知，他们开始学习合作。这要花时间，而项目团队经常时间不足。但是，诸如爱立信、通用汽车动力系统集团、惠普等公司，都建立了促进共同利益的合作的文化。

9.5　团队工作

团队工作是指一组人在合作精神下协同工作。有些人把团队工作与士气混淆起来，但是士气更多的是指工作的态度，而不是工作本身。当然，好的士气有助于团队工作。

在卓越的公司中，团队工作具有以下特点：

- 员工和经理互相分享各种观点，在工作组中建立起高度的改革和创新。
- 员工和经理互相信任，而且彼此忠诚，也对公司忠诚。
- 员工和经理为工作尽职尽责，而且信守承诺。
- 员工和经理自由地分享信息。
- 员工和经理一直坦诚相待。

让人们觉得他们是团队的一部分，并不需要花太多精力。让我们来看看道氏化工公司（Daw Chemical Corporation）的工程建筑服务分部在几年前的情况。那时道氏化工公司要求一位培训师开发项目管理的培训课程。培训师在课前与几位将参加研讨班的学员进行了面谈，以确定存在问题的领域。看起来，最大的问题是缺乏团队工作。这一问题在草图部尤为明显。草图部的人员抱怨说，制图中变化太多。他们真的完全无法理解这么多变化背后的原因。

找出的第二个问题，也可能是更关键的一个问题，是一旦制图完成，项目经理就再也不与草图部沟通。草图部对他们所做的项目的状态一无所知，而且他们也不觉得自己是团队的一部分。

在培训课程中，一位负责建造大规模化学工厂的项目经理被问到为什么他负责的项目中有这么多的制图变化时，他说："这些变化有 3 类原因。第一，好多时候，客户一开始并不知道他们想要什么；第二，当我们完成初步制图后，我们会做一个厂房的塑料模型，从模型中，我们经常看到，出于维护保养及安全的考虑，需要把设备挪个地方；第三，有时我们不得不在环保机构批准前匆忙地开始动工。等到环保机构最终批准时，总有可能带来对已经完工工程的主体结构的变更。"道氏化工公司的一位老员工说，他在公司工作了 15 年，从没有人解释过制图变化背后的原因。

一旦讲明了沟通不足的问题，解决起来就很容易了。项目经理保证每月与草图部分享项目建设的简要进展。草图部的人员感到很高兴，觉得自己更像项目团队的一部分了。

9.6 用颜色标示的状态报告

无论是打印出来的报告，还是内部网上的视觉演示，在状态报告中使用颜色越来越重要了。使用颜色的报告，能促进非正式的项目管理的产生。使用颜色能降低风险，因为这样能迅速地向管理层发出警报——有潜在的问题。某公司准备了复杂的状态报告，但是在每页右边的空白处标注了颜色，以便特定的受众及特定层级经理审阅。一位高级管理人员说，他现在只看那些为他标注了颜色的页，无须在整篇报告中搜索需要的内容。在另一家公司，高级管理人员发现，使用颜色的内部网上的状态报告使得他们能更及时地评阅更多内容，因为只要集中精力关注那些指明潜在问题的颜色即可。颜色可以用来指示：

- 还没有得到应对的状况。
- 状况已经得到应对，但并不存在问题。
- 项目正常运行。
- 将来可能存在的问题。
- 确实存在问题，而且很严重。
- 对这个问题可以不采取任何行动。
- 活动已经完成。
- 活动还在进行，但是已经过了预计完成的日期。

9.7 危机仪表板

在过去的几年中，用仪表板向项目团队、客户和相关方展示项目状态信息已经司空见惯。仪表板的目的是将原始数据转换成有意义的信息，这些信息便于理解并可用于正式的决策制定。仪表板为观众提供了“情境感知”，即这些信息现在意味着什么，如果现有趋势持续下去，这些信息将来意味着什么。作为沟通工具，仪表板让我们实现无纸化项目管理、精简的会议，并且消除浪费。

当今环境下的项目明显比过去的许多项目更复杂。在现在的项目中，参与治理的是一个治理委员会而不是单个项目赞助商。每个相关方或治理委员会成员都很可能有不同的度量标准和关键绩效指标要求。如果每个相关方都采用二三十个指标，那么指标计量和报告的成本会非常高，有违于实现无纸化项目管理的目的。

实现与相关方和治理团体有效沟通的方法是告诉他们，他们很有可能获得做出明智决策所需的所有重要数据，以及可以显示在一个仪表板屏幕窗口内的 6～10 个指标或 KPI。这并不总是如此，必要的时候可能多于一个窗口显示。通常来说，一个窗口就足够了。

如果一种超出容忍的条件或危机情境与仪表板屏幕上的任何一个度量指标或 KPI 同时存在，那么对观察者来说这个情境就会十分明显。但是如果危机是由屏幕外的其他度量指标引起的呢？在这种情况下，观察者就会立刻被引向一个包含所有超出容忍条件的度量指标的危机仪表板。这些指标会一直存在于仪表板中，直到危机或者超出容忍度的条件被纠正。每个相关方就会看到常规的屏幕截图，然后被引向危机屏幕截图。

◆ 定义一场危机

一场危机可以是任何事件，不管是否超出预期，能够造成影响项目结果的不稳定或危险情形的事件都可以被定义为危机。危机意味着消极的结果，会伤害组织、相关方和一般公众。危机会导致诸多变化，包括公司商业战略、公司如何配合事业环境因素、如何展现公司社会意识及公司如何维护客户满意度等方面。一场危机并不一定意味着项目失败，也不一定意味着项目应该被终止，而可能仅仅说明项目结果会偏离预期。

有些危机可能是慢慢出现的，出现前会有早期警告信号，这些信号可以视作“冒烟的危机”。度量指标和仪表板的目的就是识别出表明可能发生危机的动向，为项目经理制订紧急计划提供充足的时间。越早知道即将发生的危机，就可能有越多的补救选择。

我们如何确定超出容忍条件的情况仅仅是一个小问题还是一场危机呢？答案在于其潜在的破坏性。如果可能发生以下任何一件事情，那么这种情况很可能被视作危机：

- 对项目结果造成重大威胁。
- 对组织整体、相关方甚至一般公众造成重大威胁。
- 对公司业务模型和战略造成重大威胁。
- 对工人健康和安全造成重大威胁。

- 对客户造成重大威胁，如产品侵害。
- 可能造成人员死亡。
- 由于系统重置，可能造成工作推迟。
- 由于组织变革，可能造成工作推迟。
- 很有可能损害公司形象或声誉。
- 很有可能恶化客户满意度，导致现在及将来的大额收入损失。

理解风险管理和危机管理的区别很重要，根据维基百科所述：

> 风险管理包括评估潜在威胁并找出避免威胁的最佳方法，与此相反，危机管理是在威胁发生前、发生时和发生后的应对。也就是说，危机管理是积极主动的，而不仅仅是反应式的。它是一门更广范围内的管理学科，包括识别、评估、理解和应对严峻情况的技能和技术，特别是从它第一次发生到恢复过程开始的时候。

应对危机通常需要快速决策。有效的决策制定需要信息。如果一个度量指标似乎处于危机模式并出现在危机仪表板上，观测者可能发现有必要看看其他指标，这些指标可能不处于危机模式，也没有出现在危机仪表板，但可能引发危机。观察仪表板上的指标比观察月度报告容易得多。

问题和危机的区别就像“美丽”，取决于当事人的眼光。一个相关方认为只是一个小问题的情况，在另一个相关方眼中可能是一场危机。表 9-3 说明了做出明确的区分很困难。

表 9-3 问题和危机的区别

度量指标/KPI	问 题	危 机
时间	项目会推迟，但客户仍可接受	项目会推迟，客户在考虑取消
成本	成本超支，但客户会提供额外资金	成本超支，无额外资金，项目很可能被取消
质量	客户不太满意但可以妥协	交付质量不能接受，可能造成人身伤害，客户可能取消合约，而且可能该客户再也不会和我们合作
资源	项目人手不足或资源不够，可能出现计划推迟	资源质量或短缺会造成计划严重推迟，工艺可能不合规定，可能导致项目取消
范围	大量范围变化，导致基线变化，发生推迟和成本超支，但目前尚在客户可接受范围内	范围变化导致客户认为计划失误且将发生更多范围变化；项目收益不再大于成本，项目可能被终止
活动项目	客户对处理活动项目所用的时间不满意，但对项目的影响不大	客户对处理活动项目所用的时间不满意，但对项目的影响很大。由于开放活动项目治理决策被推迟，可能对项目造成严重影响
风险	存在重大风险水平，但团队能缓解部分风险	由于风险水平超过客户接受范围，可能发生潜在损失

续表

度量指标/KPI	问　题	危　机
假定和约束	已经出现新的假定和约束，可能对项目带来不利影响	已经出现新的假定和约束，可能需要重大的重新规划，项目的价值可能不复存在
事业环境因素	事业环境因素已经改变，可能对项目带来不利影响	新的事业环境因素将大大减少项目价值和预期收益

我们现在可以得出有关危机仪表板的以下结论：

- 对于观测者来说，危机的定义并不是十分明确的。
- 不是所有的问题都是危机。
- 有时候，不利的动向被视为危机并出现在危机仪表板上。
- 危机仪表板可能是一系列危机度量指标的混合，而这些指标仅仅被视为问题。
- 为了确保所有的度量指标都易于理解，当被放在危机仪表板中时，传统仪表板报告系统中的度量指标可能需要修改。
- 危机度量指标通常意味着必须密切检测这种情况或必须做出某些决定。

9.8　实际工作中的非正式的项目管理

让我们在以下两个案例中，看一看非正式的项目管理是如何在实际工作中运作的。

◆ Polk 公司

Polk 公司（化名）拥有资产 3 500 万美元，位于佛罗里达州 Jacksonville 市。这家公司生产灯泡、闪光灯及其他多种多样的照明器材。其业务完全基于产品和服务，从不承接从外部客户来的项目合同。公司的大多数股票是公开发行的。Polk 公司的总裁自 1985 年该公司创建起，就一直担任这个职位。

1994 年，Polk 公司的活动集中于研发。总裁亲自管理研发活动，不愿意聘用研发总监。总裁相信在业务的任何方面都可以使用非正式的项目管理，但是他对非正式的项目管理的使用有自己的想法。大多数公司采用非正式的项目管理的原因，是尽量控制成本；但是 Polk 公司的总裁喜欢非正式的项目管理，是因为这样他可以保持对研发的控制。然而，如果公司要发展，总裁就需要增加更多的管理层级、严格控制项目预算，而且要采用比以往更为正式的项目管理，最终可能不得不雇用一位研发总监。

公司股东的压力最终迫使总裁为公司的进一步发展开绿灯。随着公司的发展，总裁要承担更大的行政管理职责。最后他聘请了一位研发总监。

在几年之内，公司的销售额翻了番，但是还在采用非正式的项目管理。尽管随着公司的成长，项目预算和进度安排被设立，但是真正的项目管理方法和团队共同工作的方式，还是继续维持以前那种非正式的方式。

◆ 波音公司（20世纪70年代）

波音公司是美国空军新一代短程攻击导弹（Short Range Attack Missile，SRAM）的主要承包商，它把开发导弹的推进系统的合同转包给了Thiokol公司。

通常，因为复杂的、事关几十亿美元的合同有可能导致的潜在的不信任，大客户及其承包商之间的沟通都必须是比较正式的。不过，采用现场代表，发展非正式的关系就能把有潜在争议的关系变为信任、合作的关系。

波音公司认真挑选了两名员工，到Thiokol公司作为现场代表，来监管SRAM的推进系统的开发。Thiokol公司的PMO和波音公司的现场代表之间迅速建立起相互信任的工作关系。团队会议召开时，也无须交换过多的文档，而且双方都愿意与对方合作。Thiokol公司的项目经理对波音公司的代表非常信任，会在Thiokol公司的工程师提出自己的分析观点之前，就把测试的原始结果交给波音公司的代表。波音公司的代表则反过来保证说，他们会等到Thiokol公司的工程师与其高级管理人员发起人准备好分享测试结果后，再把原始数据传递给波音公司。

Thiokol公司和波音公司在该项目上的关系，清楚地表明非正式的项目管理也可以运用于客户和承包商之间。通过采用非正式的项目管理及派驻现场代表，大规模的建筑承包商也在建立信任和合作上取得了同样积极的结果。

第 10 章 理解最佳实践

10.0 简介

之前我们看到，拥有卓越的项目管理的公司对行为技巧的培训非常重视。过去，人们认为项目的失败主要是因为计划不周、估计不准、调度低效和缺乏成本控制等。今天，优秀的公司认识到，项目的失败更多地归因于行为上的缺陷——员工士气低落、人际关系糟糕、生产效率低下和对工作缺乏责任心等。

本章将讨论在情景领导及矛盾解决中的这些人为因素，也提供关于项目管理中的人员配备的信息。最后，本章就如何实现优秀的行为表现给出一些建议。

10.1 情景领导

随着项目管理开始强调行为管理重于技术管理，情景领导也受到了较多的关注。项目的平均规模有所扩大，项目团队的规模也扩大了。随着项目团队的扩大，流程整合及有效的人际关系也更重要了。现在，项目经理需要和许多不同的职能部门去沟通。现在有一个项目管理谚语是这么说的："当研究人员和研究人员对话时，他们完全（100%）理解对方；当研究人员和制造人员对话时，他们部分（50%）理解对方；当研究人员和销售人员对话时，他们根本就不（0）理解对方。但是项目经理要和所有这些人对话。"

克里夫兰联邦储备银行的前高级副总裁 Randy Coleman 在强调宽容的重要性时说：

> 成功的项目管理所必需的、最重要的特点，就是宽容：对外部事件的宽容，对人们个性的宽容。通常，联邦储备银行的工作人员中有两类人，一类是终身执业者，另一类是流浪者。你得用不同的方法对待这两类人，但是同时你的方法又

得基本类似。你得稍微迁就那些独立的、年轻的流浪者，因为他们有好的、创新的主意，而且你想留住他们，特别是那些愿意冒险的人。你得承认，你总得有些折中的办法。

一家国际会计师事务所的高级项目经理描述了他自己在成为项目经理后，领导风格是如何从传统风格转变为情景领导风格的：

我以前认为存在某种最佳的领导方法，但是经验告诉我，领导力要和个性相结合，适用于一个人的方法不见得适用于另一个人。所以你一定要对项目结构、人员有深入的了解，然后采用适合你个性的领导风格，让它看起来自然而真诚。这是个人经验、个性、领导风格交融的结果。

许多公司开始采用项目管理时，并不理解项目经理与直线经理之间基本的行为差异。我们假设直线经理不承担项目经理的职责，那么他们的行为差异有：

- 项目经理要处理多重的汇报关系，而直线经理只向唯一的上司汇报。
- 项目经理没什么真正的权力，而直线经理因为其头衔拥有很大的权力。
- 项目经理通常不提供员工绩效考核的依据，而直线经理的正式评价是其直接下属的绩效考核的依据。
- 项目经理的报酬并不一定在管理层级上，而直线经理的报酬通常属于管理层级。
- 项目经理的职位可能是暂时的，直线经理的职位是稳定的。
- 项目经理的报酬级别有时低于项目团队成员的级别，而一线经理的报酬级别通常比其直接下属高。

多年前，现在的 AT&T 俄亥俄州分公司（当时被称为俄亥俄贝尔公司）还只是美国电话电报公司（American Telephone and Telegraph，AT&T）的一个分支机构时，它聘请了一位培训师，进行为期 3 天的项目管理培训。在定制课程的过程中，要求培训师强调计划、进度安排、控制等，而不要费神来考虑项目管理中的行为方面。之前，AT&T 提供过如何成为一线监督人员的课程，那个研讨班的所有学员都曾参加过这个课程。之后，在培训师与课程内容设计者的讨论中，很显然，领导力、激励、矛盾解决在 AT&T 的课程中都是从经理对下属的角度来教授的。当课程内容的设计者在讨论中意识到，项目经理是要领导、激励那些不直接向他们汇报的员工时，他们同意培训师在研讨班中引入与项目管理相关的行为方面的话题。

组织一定要认识到工作关系中的行为因素的重要性。一旦组织认识到这一点，它们就会认识到，聘用项目经理时要全面考虑他们的项目管理技能，而不是仅仅考虑其技术知识。通用电气塑料公司的前现场培训经理、首席流程师 Brian Vannoni 描述了他的部门选择项目经理的方法：

选择什么样的人作为项目经理参与进来，不是依据其项目管理的其他方面，而主要基于他们的行为技巧，以及他们作为领导者的技巧和能力。一些专业人士及全职的项目经理带领并辅导一些资深工程师，因此这些工程师能学会并掌握项目管理的一些方面。但是我们寻找的主要技能，事实上是领导技巧。

具有高超的行为技巧的项目经理更倾向于让团队参与决策，而共同的决策是成功的项目管理的特点之一。今天，项目经理更大程度上是在管理人员，而不是在管理技术。3M 公司的前副总裁 Robert Hershock 说：

> 信任、尊重，特别是沟通，都非常非常重要。但是我认为有一件事，我们必须牢记的是，团队的领导不是在管理技术，而是在管理人。如果你正确地管理了人，这些人会管理好技术。

另外，与技术较强的项目经理相比，以行为为导向的项目经理更倾向于授权给团队成员。1996 年，MCI 公司（前美国世通公司）的前高级经理 Frank Jackson 说：

> 团队领导要关注最终目标，并且对此尽心尽力。你当然要为你的团队及你团队的产出负责。你得能与大家共同决策。你不能把你自己单独划出来，作为唯一有权做决定的人。你得能和大家分享这个权力。最后，再说一遍，沟通——在整个团队中的、向上的、向下的清楚、简洁的沟通，非常非常重要。

有些组织更喜欢由具有高超的行为技巧的人作为项目经理，而技术专长放在项目工程师身上，另一些组织认为反过来会更有效。通用汽车动力系统部门的前集合项目管理流程经理 Rose Russett 说：

> 我们通常指定有技术背景的人作为项目经理，有商务及系统背景的人作为项目行政经理。这样的技巧组合能互相补充。不同的一线经理为项目的技术方面最终负责，而集合项目经理的关键责任是整合所有的功能不同的交付产品，以实现项目的目标。在牢记这项责任的情况下，项目经理理解技术问题固然对项目有帮助，但是他们对项目的价值，不在于解决特定的技术问题，而在于遵照流程、带领团队实现整个项目而不是某个特定的职能方面的最佳解决方案。项目的行政经理根据所有团队成员的建议，写出项目计划，确定关键路径，并且在项目的整个生命周期中定期向团队传达这些信息。这些信息会用于辅助问题解决、决策和风险管理。

10.2　冲突解决

反对项目管理的人声称，一些公司之所以不愿转变成项目管理的文化，是因为它们害怕随着变化而来的、不可避免的矛盾。在采用项目管理文化的公司中，矛盾是每天都要面对的。矛盾可能在组织的任何层级产生，而且通常是目标冲突的产物。项目经理是冲突管理者。在许多组织中，项目经理经常在处理人际间、部门间的矛盾导致的危机。他们因为忙于处理矛盾，只好将日常的管理项目运转的职责交给项目团队。尽管这种安排不是最有效的，但有时这种安排还是必要的，特别是在组织重组或启动需要额外资源的新项目后。

要具备冲突解决的能力，首先需要理解为什么会有冲突。我们可以问 4 个问题，这些问题的答案有助于处理项目管理环境下的冲突，而且还可能预防这些冲突：

- 项目的目标是否与正在进行的其他项目的目标相冲突？
- 为什么会发生冲突？
- 我们如何才能解决冲突？
- 在冲突恶化之前，我们能做点什么以预测并解决冲突？

尽管冲突是不可避免的，但是仍然可以预先准备如何应对。例如，如果团队成员不理解对方的角色和职责，就很容易产生冲突。可以画出责任图，显示谁负责项目中的哪项工作。在角色和职责上没有歧义，冲突就解决了，并且避免了将来的冲突。

冲突解决意味着协作，而协作意味着人们愿意信赖对方。没有了协作，猜疑之风就会盛行，报告进度的文档就更多了。

最常见的冲突包括：

- 人力资源。
- 设备和设施。
- 资本支出。
- 成本。
- 技术观点和权衡。
- 优先次序。
- 行政流程。
- 进度。
- 职责。
- 性格冲突。

以上每类冲突的程度都可能随着项目的生命周期发生变化，相对剧烈程度可能取决于以下因素：

- 接近项目的约束。
- 只能满足 2 个约束条件，而不是 3 个都满足（如只满足时间和绩效的要求，就不能满足成本要求）。
- 项目生命周期本身。
- 处于矛盾冲突中的个人。

冲突可以是有意义的，只要它能带来有利的结果。只要不违背项目的局限，而且能产生有利的结果，这些有意义的矛盾就应该继续存在。这种有意义的矛盾的例子，如两位技术专家争论解决问题的更好方法，有益的结果是双方都尽量寻找更多的额外证据以支持其假设。

有些矛盾是无法避免的，并会一再发生，如原材料和成品库存的例子。制造部门希望原材料库存越多越好，以避免停工。销售和市场部门希望成品库存越多越好，这样账面好看，而且不可能有现金流的问题。

项目经理可以考虑采用以下 5 种方法解决冲突：

- 积极面对。
- 妥协折中。
- 促进和解（或软化）。
- 强迫。
- 退缩。

积极面对可能是项目经理最常用的解决冲突的方法。采用积极面对的方法，项目经理能直面矛盾。在项目经理的帮助下，意见分歧的双方都试图说服对方承认自己的方案才是最合适的解决问题的方案。

当积极面对不管用时，项目经理常采用的另一种方法是妥协折中。在妥协折中过程中，矛盾中的双方同意让步，直到找到一个每个人都能接受的方案。这种互让的方法很容易产生双赢的矛盾解决方案。

第三种解决冲突的方法是促进和解。通过运用促进技巧，项目经理着重强调一致的领域，减弱不一致的方面。例如，项目经理可能说："我们在 5 点上意见不同，到现在为止，我们已经在其中 3 点上达成了一致。我们还有什么理由不能在最后 2 点上达成一致呢？"对不同意见的促进，并不解决矛盾。促进和解能削弱矛盾发生时的感情因素。

强迫也是解决冲突的一种方法。当项目经理试图推行自己的看法来解决分歧，而牺牲其他参与人的看法时，他就是在强迫。通常，强迫矛盾双方接受一个方案，造成了有赢有输的结果。请项目发起人来解决矛盾，是项目经理有时使用的另一种形式的强迫。

用得最少，也最无效的冲突解决方法是退缩。项目的总指挥可以直接从矛盾中抽身，而不去解决矛盾。使用这种方法时，矛盾并没有消失，而且以后很有可能再发生。个性的冲突可能是最难解决的冲突。个性冲突可能在任何时间，关于任何事情，与任何人发生。它看起来很难预期且无法事先计划解决方案。

让我们看看如何在一个项目中找到预期并避免个性冲突的方法。Foster 国防集团（化名）是一家《财富》500 强公司的政府合同分公司。该公司了解项目团队中的个性冲突可能产生有害的后果，它不希望看到整个团队在一起互相攻击。公司找到了一个更好的办法。项目经理列出团队成员的名单，然后，他与团队的每个成员面谈，让他们找出名单中与之有过节的人。这个信息是保密的，而项目经理通过分开有个性冲突的人来避免可能的矛盾。

只要有可能，项目经理应该着手解决冲突。只有在项目经理无法平息矛盾时，才应该请项目发起人来帮助解决问题。即使这样，项目发起人也不应该强迫达成问题的解决方案。发起人应该促进项目经理和团队成员之间的进一步讨论。

10.3　实现卓越所需的人员配备

项目经理的人选通常由高级管理层决定。然而，在拥有卓越的项目管理的公司中，高级管理层不仅仅选择项目经理：

- 项目经理在项目早期就加入进来，帮助列出项目的大纲，设定项目目标，甚至为市场和销售做计划。项目经理在客户关系方面的角色越来越重要了。

- 高级管理层为项目安排项目经理，项目经理服务于项目的整个生命周期及项目的终止。在项目的生命周期中，发起人可以变，但项目经理不能变。
- 项目管理也有了自己的职业层级阶梯。
- 在客户关系中承担职责的项目经理，远在目前的项目完成之前，就要帮助销售将来的项目管理服务。
- 高级管理层认识到，项目范围的变更是不可避免的。项目经理是管理变更的经理。

擅长项目管理的公司随时准备处理危机。公司鼓励项目经理和一线经理尽快让问题浮出水面，以便为应急预案和问题解决留出时间。项目出了问题，第一个解决方案已不再是更换项目经理。只有在项目经理企图掩盖问题时，才会撤换项目经理。

某国防项目的承包商的项目进度延迟了，为了赶上进度，导致制造组加很多班。制造组的两名员工（都是工会成员）使用了错误的原材料来生产项目所需的一件价值 65 000 美元的设备。客户对进度延误及因更换无用的设备所导致的成本增加很不满。客户和承包商的高级管理人员、项目经理、那两名员工，召开了一个类似审判会的会议。当客户方的代表要求解释发生了什么时，项目经理站起来说："我为所发生的事情负全部责任。要求人们过多地加班导致错误的发生。我应该更谨慎一些。"会议就此终止了，没有人受到责备。当项目经理为保护两名工会工人所做的一切在公司里传开时，为了使项目如期完成，每个人都尽力投入其中，即使没有报酬也自愿加班。

安排项目团队的人员时，也要考虑人的行为因素。不能仅仅根据人的技术知识来安排项目中的团队成员。要认识到，有些人就是无法在团队中高效地工作。例如，新英格兰的一家公司的研发总监手下有一名 50 岁的工程师，该工程师拥有两个工程学科的硕士学位。在之前的 20 年中，他一直从事单人项目。总监很不情愿地把他安排到项目团队中。在独自工作了这么多年后，这位工程师除了相信他自己的结果，不相信任何人的工作成果。他不愿意与团队中的其他成员合作。他甚至把团队中另一位工程师给他的所有计算结果重新算了一遍。

为了解决问题，总监把这位工程师安排到了另一个项目上，在那个项目里他负责管理两位不如他有经验的工程师。这位老工程师又一次试图自己完成所有的工作，即使这意味着他得加班而别人没事做。

最后，总监不得不承认，有些人就是无法与团队合作。总监又把这位工程师安排到只需要一个人的项目上，在那里他能发挥他的技术能力。

3M 公司的前副总裁 Robert Hershock 曾经发现：

> 总有那么一些人，你不能把他们放到团队中。他们不善于团体活动，他们会分裂团队。我认为我们必须认识到这一点，而且确保这些人不必成为团队的一部分。如果你需要他们的专业知识，你可以请他们来做团队的顾问，但是你永远、永远不要把这些人放到团队中。
>
> 我想，另一点是，我永远也不会完全剥夺任何人成为团队成员的机会，不管这个人在什么层级上。我认为，经过合适的训练，任何层级的人都能拥有团队的概念。

1996 年，MCI 公司的前高级经理 Frank Jackson 相信，建立一个每个成员都能有所贡献的团队是有可能的：

> 不应该因为一个人无法很好地参与团队工作，就把他孤立起来。每个人拥有的技能、个人经验都不同，他们都能加入一个团队，并对团队有所贡献。当你加入团队的环境时，另一件非常重要的事是你不能妨碍沟通。沟通，是任何团队成功、实现目标的关键。

在项目管理的圈子中，至今仍有一个很重要的争论，即员工（甚至项目经理）是否有权力拒绝领导的安排。明尼苏达电力照明公司公布了项目经理职位空缺后，没有人申请这个职位。公司认识到，可能员工不理解这个职位的职责。在 80 多个人接受了项目管理的基础培训后，很多人就申请了这个空缺职位。

如果安排做项目经理的人不能专注于项目管理的流程，也没有这个职位所需要的负责精神，那项目就走上死亡之路了。

10.4　虚拟项目团队

从历史上来看，项目管理是一个面对面的环境，团队会议是所有参与人都在一个房间里进行的会议。今天，由于项目的规模和复杂度，几乎不可能在同一个地点聚集所有的团队成员。Duarte 和 Snyder 定义了 7 种类型的虚拟团队，如表 10-1 所示。

表 10-1　虚拟团队的类型

团队类型	描　　述
网络	团队成员身份是分散和流动的，成员根据需要随时加入或退出。在组织中缺乏清晰的团队边界
并行	团队有清楚的边界及明确的成员身份。团队在短期内合作，目的是对流程或系统的改进提出建议
项目或产品开发	团队成员身份是流动的，有清楚的边界，确定的客户群、技术需求、产出。相对长期的团队任务不是例行的，而且团队有制定决策的权力
工作或生产	团队有明确的成员身份和清楚的边界。成员从事常规的、对外的工作，通常在同一个职能领域中
服务	团队有明确的成员身份，持续地支持客户网络中的活动
管理	团队有明确的成员身份，例行地对公司活动进行领导
行动	团队处理需要立即行动的事，通常是一些紧急情况。成员可以是流动的，也可以是明确的

文化和技术会对虚拟团队的绩效产生很大的影响。Duarte 和 Snyder 明确了其中的一些关系，如表 10-2 所示。

表 10-2 文化和技术

文化因素	技术考虑
权力距离	来自高权力距离的文化的成员，可能更容易和技术打交道，因为技术不需要同步，可以进行匿名的输入，这些文化有时使用技术来反映团队成员之间状态的不同
避免不确定因素	来自强烈避免不确定因素的文化的人，可能采用技术的步伐较慢，他们还有可能更喜欢采用能产生讨论或决定的永久记录的技术
个人主义和集体主义	来自注重集体主义的文化的人，可能更倾向于面对面交流
男性化和女性化	来自更“女性化”文化的人，可能更倾向于用技术来使团队成长，特别是在团队初创的时候
情景	来自更注重情景的文化的人，可能喜欢提供信息更多的技术，以及能提供让人感到有社交机会的技术，他们可能不愿使用那种没什么社交意味的技术来与未曾谋面的人交往；来自低情景度文化的人，可能更倾向于不需要同步的交流

文化的重要性怎么强调都不过分。Duarte 和 Snyder 明确了人们要牢记的、文化对虚拟团队影响的 4 个重要方面。

（1）文化包括国家文化、组织文化、职能文化、团队文化等。虚拟团队理解了如何利用这些文化差异来建立统合综效，这些就都能成为竞争优势的来源。与成员都来自同一文化、想法和行动都相似的团队相比，理解并且对文化差异灵敏的团队领导和成员能产出更可靠的结果。如果能理解并积极地运用文化差异，团队就能具有独到的优势。

（2）理解并处理文化差异的最重要的方面是建立能让问题浮出水面、能积极讨论差异的团队文化。

（3）非常重要的一点是，要能区分问题是由文化差异导致的，还是与绩效相关的。

（4）世界上各个地方的商业操作和商业道德都是不同的。虚拟团队要清楚地讲明这些不同的做法，以便每个团队成员都能理解并且遵守。

10.5 奖励项目团队

今天，大多数公司都在使用项目团队制度。然而，对于如何奖励表现成功的项目团队，还存在一些挑战。Parker、McAdams 和 Zielinski 都明确指出奖励团队方法的重要性。

> 有些组织喜欢说：“我们都是团队的一部分。”但是这种话大多是管理层的说法。这种情况在传统的组织层级中尤为普遍。它们虽然这样说，实际上却少有重要的举措。它们的员工可能读到各种文章，参加各种会议，然后渐渐地相信许多公司都转变为合作型的。然而，实际上，没有几家公司是真正基于团队的。
>
> 另一些管理者诡辩道，他们用诱人的奖金或利润分享计划来认可或奖励团队。但是，这些计划本身并不是对团队的承诺，它们更像“阔舅舅”的礼物。如

果高级管理人员相信，只要用金钱或年度团队称号之类的为数不多的几个奖励计划就能够加强团队工作，那他们就错了。单靠这些东西并不能根本性地改变人员管理和团队管理的方式。

但是，在很少的一些组织中，团队是公司战略的重要组成部分，参与到团队之中是非常自然的事，而且不需要什么奇思妙想，也不需要高谈阔论，就可以实现合作。在这种组织中有自然的工作小组，一队人在同一地点做同样或类似的工作，有固定的跨职能团队、特别项目团队、流程改进团队及真正的管理团队，这样就自然而然地有了团队的参与。

为什么奖励项目团队这样困难？为了回答这个问题，我们必须理解何谓团队。

试想这一概念：组织中的单元可以像团队一样行动，但是团队并不一定是组织的一个单元，至少从奖励计划的角度来看是这样的。组织中的单元就是由一组员工组成的组织结构图中明确的业务单元。他们的行为可能表现出团队精神，但是，从开发奖励计划的角度来说，他们不是一个团队。组织单元可以是整个公司、某个战略性的业务单元、某个分公司、某个部门或者某个工作组。

一个“团队”是一小组为共同的项目集合在一起且共同承担绩效目标的人。他们通常具有互补的技能和知识，而且互相依赖，需要共同工作才能实现项目的目标并为其结果负责。这种团队在组织结构图中是找不到的。

可能因为组织结构图中没有项目团队，因此很难实施激励计划。图 10-1 显示了员工的加强模型。对项目团队来说，重点在于图中右面的 3 个箭头。

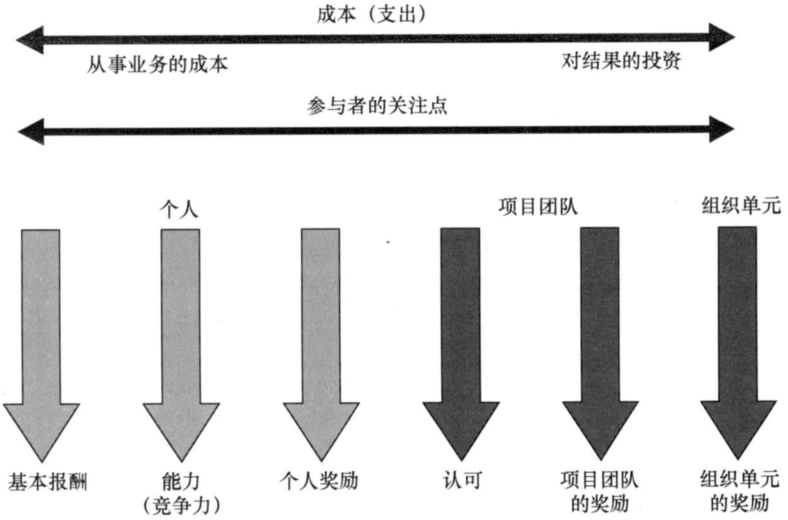

图 10-1　员工的加强模型

项目团队的激励是很重要的，因为团队成员期望有适当的奖励和认可。

项目团队通常是（当然并不总是）由管理层建立的，要在预定的时间框架内，完成特定的项目或解决特定的难题，如评审提高效率或节约成本的流程建议、发布新的软件产品或实施企业资源计划系统等。也有另外的情况，为了解决特定的问题，自发形成了团队；或者团队是持续改进建议的一部分，如基于团队的建议系统。

项目团队可以包括跨职能部门的成员，也可能就是目前组织单元的一部分。发起团队的人，也就是团队的倡导者，通常会建立一个激励计划，计划中包括具体的目标度量及达到这些指标的时间进度。合格的激励计划必须包括预先宣布的目标，对团队保证“如果完成了什么，就可以得到什么”。激励通常随项目的附加价值而变。

项目团队的激励计划通常会用到以下几个基本衡量标准的组合。

（1）项目的里程碑。如果按时、在预算内完成了里程碑，那么所有的团队成员都得到一定数量的奖金。这种奖励方式尽管理论上听起来不错，但是把物质奖励与完成里程碑联系在一起，有它固有的问题。里程碑经常因为一些很合理的理由而变化，如技术的进步、市场的转移、其他的发展等。你不希望看到团队和管理层开始为拖延得到激励的日期而谈判。除非里程碑是非常固定的，而且实现这一里程碑只需要团队完成日常工作，否则最好用庆祝的方式来奖励里程碑的完成，而不是把金钱奖励与之挂钩。

奖励也不见得总要与时间相关。团队在特定日期之前达到里程碑，不见得一定要奖励。例如，产品开发团队按时完成了新软件的调试工作，不见得就是奖励团队的理由。但是，如果团队发现并解决了以前不知道的问题，或者在交付日期之前写出了更好的程序，那就应该给予奖励。

（2）项目完成。如果项目团队按时在预算内完成了项目，或者团队实现了团队倡导者的质量标准，那么所有的团队成员就得到预先规定的奖金。

（3）附加价值。该奖励由项目的附加价值决定，而且非常依赖组织建立和追踪目标度量的能力。附加价值可能包括缩短客户需求的解决时间、加快产品开发周期、采用新的高效率的流程来节约成本，或者项目团队开发或实施的产品或服务提高了利润或市场份额。

关于项目激励计划的一个警告是：这些计划可能非常有效地帮助团队集中注意力来实现目标，而且觉得自己的努力有所回报。但是这些计划有一些排他性倾向。并不是每个人都能加入一个项目团队。有些员工是团队的成员，因而有机会赢得奖励，但那些非团队成员的员工就没有机会，这就存在内部的不公平。解决这个问题的办法之一是在实现团队目标的时候，奖励团队的核心成员，并认可那些支持团队的外围成员。支持的方式可能是提建议、提供资源或伸出援手，或者帮助项目团队成员完成其本来的日常工作。

有些项目在战略上非常重要，因此作为管理层要能够接受这些内部不公平的问题，以及非团队成员对无缘于奖励的抱怨。然而底线是，这种工具用起来要小心。

有些组织只注重现金奖励，但是，Parker 等人的研究结论显示，非现金奖励即使不比现金奖励好，至少可以起到与现金奖励一样的作用。

> 在我们的案例研究所涉及的组织中，很多都采用非现金奖励，因为这种奖励具有持久的功效。每个人都喜欢钱，但是随着时间的推移，金钱可能失去其激励作用。而非现金奖励具有的纪念意义功效持久，因为每当看到获得的电视机或纪念杯，都使你回想起你和你的团队为赢得奖项所做的一切。每个激励计划都提供

了人们向往的奖励，因此具有难忘的纪念意义。

如果你问员工他们想要什么，他们总会说钱。但是，因为预算有限或激励计划涉及的目标盈利不多，可能很难提供金钱奖励。如果一年发多次奖金，再扣除税金，净值可能看起来非常少，甚至显得廉价。非现金奖励更多地代表象征意义，而不是其账面价值。

非现金奖励可以有很多形式：一句简单的“谢谢”、一封感谢信、带薪假、奖杯、公司的产品、奖牌、礼品兑换券、特别服务、双人晚餐、免费午餐、公司发放的当地商店的购物卡、特别的产品、从大量商品中进行选择、可带家人的商务出差或休假、股票期权等。除了建立计划的人的创造力和想象力，没有什么能限制不同奖励的可能性。

10.6 带来优秀行为表现的关键

项目经理可以采取一些与众不同的行动来确保项目的胜利完成。这些行动包括：

- 坚持选择关键项目团队的权力。
- 争取得到在该领域中有良好记录的核心团队成员。
- 从一开始就建立承诺和形成使命感。
- 寻求得到来自发起人的充分授权。
- 协调与顾客、母公司和团队的关系，维持良好的关系。
- 力求提高项目的公众形象。
- 让团队的关键成员参与决策和问题解决。
- 做出合理的成本、日程、进度和绩效的估计及目标。
- 针对潜在问题维护备用的战略（应急预案）。
- 建立适当的团队结构，使其既灵活又精简扁平。
- 为人员和关键决策提供超出正式权限的影响力。
- 采用可行的项目计划和控制工具。
- 避免过分依赖一种控制工具。
- 强调控制成本、保持进度、实现绩效目标的重要性。
- 对于实现最终目标的任务或职能给予更高的优先级。
- 有效控制变更。
- 尽力确保高效的项目团队成员的职位稳定。

在本书之前的章节中我提到过，除非大家认识到这是一个项目，而且此项目得到高级管理人员的支持，否则项目是无法成功的。高级管理人员一定要愿意投入公司的资源，并提供必要的行政支持，以便项目成为公司日常业务的一部分。另外，项目的上级组织一定要培养出有利于在项目经理、上级组织、客户组织之间建立良好工作关系的氛围。

高级管理人员应该采取一定的行动，确保组织作为一个整体，既支持每个项目及项目团队，也支持整体的项目管理系统，这些措施包括：

- 表现出愿意协调各方努力的诚意。
- 展现出愿意保持结构灵活性的诚意。
- 表现出愿意适应变化的诚意。
- 进行有效的战略计划。
- 保持与团队的和谐关系。
- 对过去的经验给予适当的重视。
- 起到外界缓冲的作用。
- 及时并准确地沟通。
- 展现出热情。
- 认识到项目确实对整个公司的能力增强有所贡献。

高级管理人员发起人可以采取以下行动，来提高项目成功的可能性，包括：

- 在项目早期就选择一个在行为技巧、技术技巧上都有成功经验的项目经理。
- 给予项目经理清晰可行的指导原则。
- 充分授权给项目经理，以便他能与项目团队成员共同做出决定。
- 展现出对项目及对项目团队的热情和承诺。
- 发展并保持直接的、非正式的沟通渠道。
- 避免为赢得合同给项目经理太大的压力。
- 避免任意削减或控制项目团队的成本估计。
- 避免“收买行为”（形容故意进行价码过低的虚假竞标来赢得合同。——译者注）。
- 与主要客户联络人及项目经理发展密切的工作关系，但不要管闲事。

通过尽量减少团队会议、迅速回应要求的信息、不要总是打扰承包商等行为，客户组织能对项目的行为方面产生很大的影响。客户组织能够采取的积极行动包括：

- 表现出愿意合作的态度。
- 保持和谐关系。
- 建立合理的、明确的成功标准。
- 建立进行变更的流程。
- 及时、准确地沟通。
- 保证客户方必要的人力。
- 尽最大努力减少红头文件。
- 充分授权客户代表，特别是在决策制定当中。

有了这些行为作为基础，就有可能实现优秀的行为表现，包括：

- 从一开始就鼓励所有参与人的坦诚。
- 建立健康的竞争氛围，而不是你死我活的竞争或不正当竞争。
- 为整个项目的完成准备足够的资金。
- 对成本、进度、技术性能指标的相对重要性有清楚的理解。
- 具有直接、非正式的沟通渠道和精简扁平的组织结构。

- 给主要客户联络人以足够的授权，以加快重要的项目决定的批准或否决。
- 拒绝“收买行为”。
- 能根据合同走势做出迅速的决定。
- 与项目的参与者建立起密切的工作关系。
- 避免疏远的关系。
- 避免报告过多的制度。
- 变化发生时能迅速做出决定。

具有卓越的项目管理的公司做到的不只是上面列出的条目，它们做到的额外的行动包括以下几个方面。

- 出众的项目经理展现出以下品质：
  — 理解并展现出作为项目经理的能力。
  — 必要时，展现出非常规的创新能力，但并不热衷于找麻烦。
  — 从一开始就展现出高度的自我激励能力。
  — 高度正直诚信，脱离政治斗争和欺诈行为。
  — 专注于公司利益而不仅是项目利益，从来不自私自利。
  — 无论是对内还是对外，都展现出很强的整合的行为技巧。
  — 主动而不是被动地思考。
  — 愿意承担大的风险，而且愿意花足够的时间来准备应急预案。
  — 了解何时要着力处理复杂问题，而何时要直接化繁为简，展现出坚韧、顽强的品质。
  — 愿意帮助人们发挥其全部潜能，尽量让人们表现出自己最优秀的一面。
  — 及时沟通，用信心沟通，而不是绝望。
- 项目经理能保持自己及团队的高标准的绩效，表现在以下这些方面：
  — 强调管理、运营、产品的完整性。
  — 无论是对内还是对外，待人接物都符合道德准则。
  — 从来不隐瞒信息。
  — 小心谨慎地确保质量和控制成本。
  — 不鼓励政治手腕和以诈取胜，强调公正和平等。
  — 为持续改进而奋斗，但是保持对成本的关注。
- 出色的项目经理组织、执行项目的方法既可靠又高效：
  — 在项目的启动会议上就告诉员工他们的表现会如何被衡量。
  — 更喜欢精简扁平的组织结构，而不是官僚的组织结构。
  — 发展出一套快速、有效地处理项目危机和紧急情况的流程。
  — 及时告知项目团队各种信息。
  — 不要求过度的报告，营造信任的氛围。
  — 预先定义好角色、职责和责任。
  — 建立有客户参与的变更管理流程。

- 出色的项目经理知道如何激励成员：
  — 总是采用双向沟通。
  — 能与员工有相同的感受，是一个好的倾听者。
  — 让团队成员参与决策，总是寻求意见和解决方案，从不急于评判员工的想法。
  — 从不强令别人做事。
  — 将成绩归于应得的人。
  — 进行建设性的批评，而不是人身攻击。
  — 有成绩时，公开地赞美和感激，而批评是私下的。
  — 确保团队成员知道，他们要为自己的任务尽职尽责。
  — 保持“开门”政策，总是能让员工找到，即使员工需要解决的只是个人问题。
  — 对员工的不满迅速采取行动，体察员工的感情和意见。
  — 允许员工与客户接触。
  — 尽量确定每个团队成员的能力和兴趣，不断寻找更符合兴趣、发挥能力的安排，为项目结束后对员工的安排着想。
  — 尽量在团队和行政、运营问题之间起缓冲作用。
- 项目经理最终负责提高团队凝聚力、生产率，营造开放、创新的环境。如果项目经理成功地做到了这些，那么团队会展现出以下行为特征：
  — 展现创新能力。
  — 自由地交换信息。
  — 愿意接受风险，尝试新主意。
  — 有足够的工具和流程来执行项目。
  — 勇于表现不同，不满足于只是达到要求。
  — 理解项目的业务面和经济面。
  — 尽力根据整个业务而不仅是项目本身做出可靠的决定。

10.7 主动与被动的项目管理

项目经理，特别是新的项目经理，面临的最大的行为挑战之一，可能就是学习如何积极地而不是被动地应对项目管理。Kerry Wills 讨论了这个问题。

◆ 主动管理能力倾向

在当今的世界里，项目经理经常需要忙于同时处理几件不同的事。这使得他们的时间刚好足够对当天发生的问题做出反应，这些问题是每个项目经理都可能面对的。他们没有时间展望项目接下来几周的计划，导致需要紧急救火的情形更多了。以前有个叫“打鼹鼠”的游戏，玩家有一个槌棒，每当一只鼹鼠冒出来，就用槌棒把它打下去。每打到一只鼹鼠，就有一只新的鼹鼠冒出来。这种忙于救火、无暇顾及导致更多火灾的问题的恶性循环模式，可以称为“打鼹鼠项目”。

我的经验是，主动管理是项目经理保证项目成功的最有效的工具之一。然而，要管理好几个项目，很难有时间向前展望。我把这种能花时间进行展望的能力称为“主动管理能力倾向”（Proactive Management Capacity Propensity，PMCP）。本文将揭示主动管理的好处，定义 PMCP，并提出加强 PMCP 进而提高项目成功的可能性的几种方法。

主动管理

项目管理包括许多预先的计划，如工作计划、预算、资源配置等。我所见到的最精确的初始计划声称项目终了时，与最初的计划相比，有正负 30%的偏差。因此，一旦计划完成、项目启动，项目经理就需要不断地重新评估项目，来理解未知的、可能发生的 60%的影响。

字典里把“主动”定义为“预先行动来应付预见到的困难”。通过“预先行动”，项目经理能在一定程度上影响这些未知因素。然而，如果不事先采取行动，未知因素的影响会更大，因为如果产生滚雪球的效应，项目经理应对起来就被动得多。

当我早晨开车去上班时，我有自己的计划和日程。我离开家，走上特定的路线，40 分钟内到了公司。如果我把开车去公司作为一个项目（有始有终，有特定的目标），那么我有两种选择来管理我的往返路程（见图 10-2）。

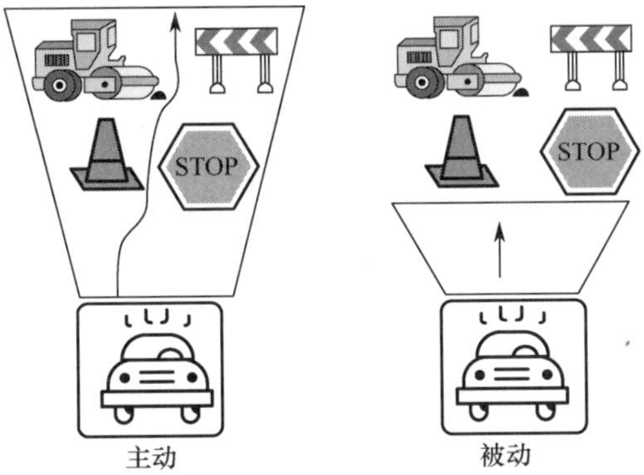

图 10-2　开车的比喻

通过主动地管理我的往返路程，我早晨看新闻了解天气和交通。尽管我有一个计划，但是如果在我通常走的某条路上有施工，我还可以改变计划，选择另一条路，以确保按时到达。如果我知道要下雪，我就可以早点出门，路上的时间就更宽裕。当我开车时，我向前看，来了解是否发生了什么事。可能有事故，或者路上有坑，我要绕开。向前看就给我变换车道提供了足够的时间。

被动地管理往返路程的方法，是假定我自己预先的计划很圆满。当我开上高速公路时，如果有施工，那我只能坐在车里等着，因为当我意识到施工的影响时，我已经错过了所有的出口。这导致我无法按时到达。同样，如果我走出门去，看到满地雪，我也无法按时到达。我的项目范围扩大了，因为增加了为车道和汽车铲雪的工作。如果我是一个被动的司机，我就可能直到开到了坑里才意识到有坑。这会导致预算的增加，因为我需要更换新的车轴。

主动管理的好处

上述比喻揭示了被动管理对项目的害处，因为当你意识到问题时，它通常已经影响了进度、范围或成本。主动管理还有其他几点好处：

- 主动管理计划使得项目经理能看到后续的活动，并为之做好准备。准备有可能很简单，如为开会准备好会议室。我也曾看到这种情况，即任务没有如期完成，仅仅是因为这类后勤安排没有做好。
- 理解后续活动也能帮助确保合适的人员能够就位。项目时常需要项目团队之外的人员，而集合起这些人总是不太容易。通过预先准备好人员安排，当需要他们时，他们就更有可能及时就位。

关系

- 项目经理应该不停地重新调整计划。通过审视手头的工作及后续的工作，就能估计并管理成功的可能性，而不是坐等最后期限的到来，直到那时才知道有些东西不能如期完成。
- 主动管理也使得我们有时间关注质量。被动管理的特点，通常是忙着以最快的速度解决冒出来的"鼹鼠"，不管这是个什么样的鼹鼠。这通常意味着一个临时的补丁，而不是适当的修正。通过适当地计划工作，问题能够得以正常解决，也就降低了返工的可能性。
- 当以前没想到的工作冒出来时，可以对这些工作有所计划，而不是认为"我们只要做就好了"。

主动管理对项目成功的可能性有极大的影响，因为这样就能在问题有严重影响之前，重新做计划并解决这些问题。

我观察到，项目经理的工作量与其主动管理的能力有一定的关系。随着项目经理的任务越来越重，同时进行的项目越来越多，他们主动管理的能力就下降了。

如图 10-3 所示，随着项目经理工作量的增加，他们进行主动管理的能力下降了，反过来也就更被动了。

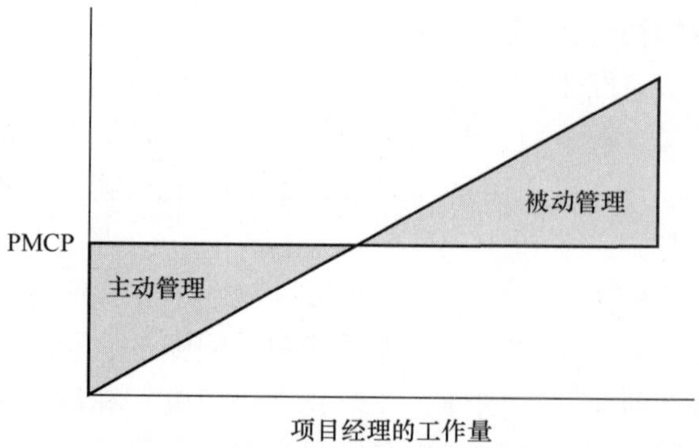

图 10-3　项目经理的工作量和他们进行主动管理的能力的关系

项目和项目不同，项目经理也各不相同。有些项目经理能很好地处理几个项目，有些项目比其他项目需要更多的关注。因此我列出了项目管理能力倾向，即影响项目经理主动管理项目的因素的总和。

下面列出了影响 PMCP 的几个因素：

- 项目经理的技能组合会影响 PMCP。好的时间管理和组织技巧让项目经理有更多的时间关注未来。有效运用时间的项目经理能审阅更多的后续活动并为之进行计划。
- 项目经理在项目上的经验也会影响 PMCP。如果项目经理是该业务或该项目的专家，他们可能不需要花时间去收集信息、澄清信息，因此能更快地做出决定。
- PMCP 也受团队组成的影响。如果项目经理管理一个大型的项目，而且有几位团队领导帮助他管理计划，那么他们就更能关注计划及后续的任务。另外，如果团队成员中有相关领域的专家，项目经理需要花费的精力也少一些。

提高 PMCP

有一个好消息是 PMCP 是可以提高的。项目经理可以通过培训来寻找提高 PMCP 的方法。在时间管理、优先次序、组织等方面有很多著作，也有相关的研讨会。参加这些研讨会，能提高项目经理花在各项活动上的时间的效果。

项目经理也可以重新评估团队的组成。通过获得强有力的团队领导或不同的团队成员，项目经理的工作负担可以减轻，也就能花更多时间进行主动管理。

所有这些方法都能提高 PMCP，提高主动管理的能力。图 10-4 显示了 PMCP 的提高如何提高了主动管理的上限，因而在同样的工作负担下可以进行更多的主动管理。

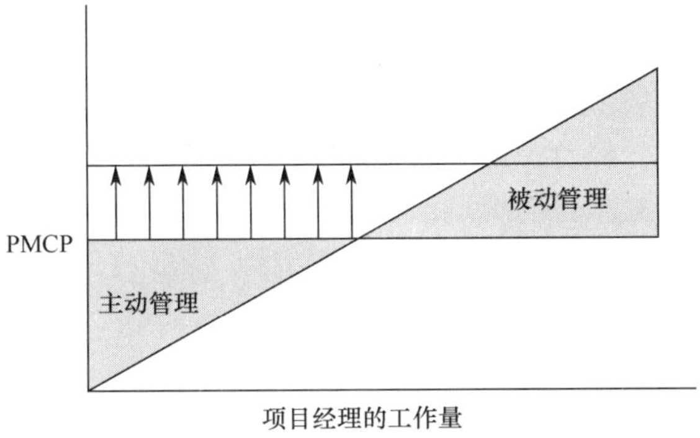

图 10-4 提高 PMCP

结论

主动地管理项目能提高成功的概率。在项目经理的工作负担和他们向前展望的能力之间存在直接的关系。项目经理的确能控制一些因素，使得他们更能集中精力主动管理。这些因素，即 PMCP，可以通过培训及建立适合的团队而得到提高。

总之，走路时记得要注意看路。

第 11 章 衡量项目管理培训的投资回报率

11.0 简介

20 世纪 60—80 年代的近 30 年，项目管理的发展及对项目管理的认可，仅限于航空航天、国防及建筑行业。对所有其他行业来说，项目管理只是一个锦上添花而非不可或缺的选择。社会上几乎不提供任何项目管理培训课程。即便能找到一些课程，它们也只涉及最基本的项目管理，很少针对不同公司的需求而定制资料。没有培训的投资回报率（Return On Investment，ROI）这一概念，至少没有针对项目管理课程的。然而最近，一些研究已经量化了项目管理的收益，在项目管理培训的收益方面已经有了一些开创性的成果。尽管还有大量的工作要做，但我们已经意识到了回报分析的必要性。

现今，我们对项目管理教育的观点已经改变，同样，我们对项目管理培训基金的 ROI 进行评估的需求也已改变。引起这些改变的原因有以下几个：

- 高级管理人员认识到，培训是公司进一步发展的基本必要条件。
- 员工渴望通过培训获得职业成长和进步的机会。
- 项目管理已经被认为是一个专门的职业，而不再是兼职的副业。
- 成为项目管理专家持证者的重要性在不断提高。
- 可以通过众多的大学课程计划获得项目管理硕士、工商管理硕士和博士学位。
- 学生可以完成选修课程而不是硬性的必修课来获得许多高级项目管理理念的认证。
- 企业维持盈利能力的压力不断增长，导致企业可用的培训投资变少。然而希望成为 PMP 持证人的员工在不断增加，他们要求培训资金不断增加，以保证每 3 年能累计完成 60 个专业发展单元（Professional Development Unit，PDU），从而维持他们的认证资格。
- 管理层认识到应该将一大部分的培训资金分配到项目管理课程上，而且资金应该分配到能为企业带来最高 ROI 的课程上。这样一来，培训 ROI 的概念就摆在了人们面前。

11.1 项目管理的效益

在早期的项目管理中，以航空航天、国防工业等领域为主，进行了一系列的研究工作以判定项目管理的效益。其中，Middleton 的一份研究报告指出，这些效益包括：

- 更好的项目控制。
- 更好的客户关系。
- 更短的产品开发周期。
- 更低的项目成本。
- 质量和可靠性得到改进。
- 更高的利润率。
- 更好的项目安全控制。
- 参与项目的公司各部门的合作得到改进。
- 参与项目的员工士气更高，具有更好的任务使命感。
- 由于项目职责变宽，能够更快地培养管理人员。

以上结论是 Middleton 通过寻访调查得出的，本质上是主观的判定。他并没有试图量化这些效益。在那个时候，也并不存在真正的项目管理培训计划。在职培训被认为是学习项目管理的首选方法，大多数人通过自己的经验教训来学习项目管理，而不是通过借鉴他人的经验教训。

Middleton 指出的项目管理的效益，现今仍然适用。在其基础上，我们又新增了如下一些效益：

- 以更短的时间、用更少的资源，完成更多的工作。
- 更高效率及更高效的表现。
- 客户的满意度带来更多业务。
- 与客户保持长期合作伙伴关系的潜能。
- 更好的范围变更控制。

高级管理人员希望获得所有上述的项目管理益处，或者说，他们早就希望获得这些益处了。虽然只采用在职培训也可以获得这些效益，但那是在时间绰绰有余的假设下，而不是在时间非常有限的情况下。高级管理人员希望员工从别人的教训中吸取经验，而不是非得自己吃一堑、长一智。此外，高级管理人员还希望参与项目管理的每个人都能够找到持续改进的途径，而不仅仅是偶然的一时心血来潮产生的最佳实践。

并不是每个项目管理培训计划都能涵盖所有上面的这些效益。一些课程可能只针对其中一项效益，另一些则可能针对一组效益。希望获得的效益是决定你选择培训计划的基本要素。同时，如果在培训结束后，这些效益可以被量化，那么高级管理人员就可以通过选择合适的培训机构，实现项目管理培训的 ROI 的最大化。

11.2 ROI 模型的发展

在过去 10 年里，全球的 ROI 模型层出不穷。美国培训与发展协会也针对 ROI 模型进行了专项研究。在全世界范围内，各种专业团体不断组织各种研讨会、论坛、国际会议等，专门探讨培训的 ROI。

根据 2001 年《培训》（*Training*）杂志的年度报告，全年花费在培训上的资金逾 660 亿美元。因此，毫不奇怪，管理人员会用做生意的心态来看待培训，并采用 ROI 进行衡量。尽管全世界成功使用 ROI 模型的案例比比皆是，仍然有很多公司因畏惧而拒绝使用它。典型的说法有“它对我们并不适用”“我们无法定量评估它的效益”“我们不需要它”“分析的结果毫无意义”，或者“成本太高”等。这种畏惧情绪阻碍了 ROI 技术的实施，然而大多数是臆想的障碍。

在大部分公司里，人力资源发展部门（Human Resources Development，HRD）负责推动克服上述畏惧情绪，并实施 ROI 研究。持续实施这些研究的成本可能占到人力资源培养总预算的 4%～5%。一些 HRD 组织很难论证这笔成本的合理性。再加上 HRD 的人员不了解项目管理使情况更糟了。

事实上，负责克服上述畏惧情绪并设计合理的项目管理培训计划的最佳部门应该是 PMO。既然 PMO 成为所有项目管理知识产权的监管机构，并且负责设计项目管理培训课程，那么 PMO 也理当负责计算项目管理相关培训课程的 ROI。就像成为 PMP 持证人或获得六西格玛黑带认证一样，PMO 的成员可能也需要通过类似的方式获得教育方面的 ROI 衡量的认证。

另一个利用 PMO 的原因是企业项目管理体系方法。企业项目管理是将一系列流程整合为一套应用于整个公司的项目管理体系方法，包括全面质量管理、并行工程、持续改进、风险管理、范围变更控制等。之前可能无法得到跟踪和报告的每个流程，现在都有了可测量的产出。这也对 PMO 和项目管理培训提出了额外的要求，即设计成功的衡量指标。

11.3 ROI 模型

任何 ROI 模型都需要提供系统的 ROI 计算方法。与企业项目管理体系方法类似，模型应该是基于生命周期的或是逐步可行的。和企业项目管理一样，对于任何模型都有最基本的标准，那就是能行之有效。

由于上述这些标准被认为是对 ROI 分析的最基本的要求，因此任何 ROI 体系方法即便不能满足所有的标准，也应该尽可能地满足大部分标准。事实上，坏消息是大部分 ROI 流程通常无法满足这些标准。不过好消息是，Phillips 的书中所提出的 ROI 流程完全满足所有的标准。图 11-1 描述了该模型，表 11-1 中给出了图 11-1 中各个级别的定义。

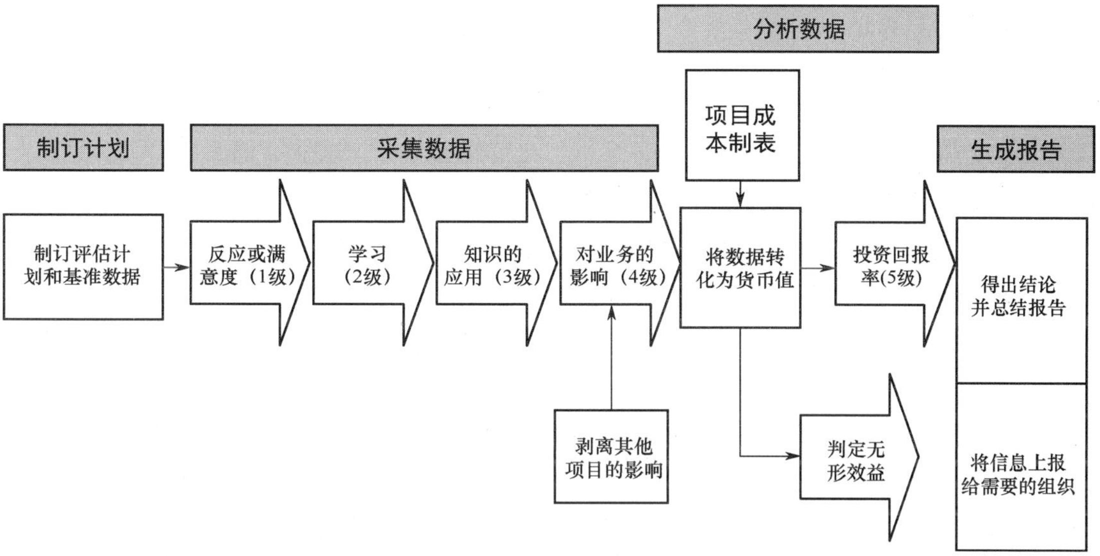

图 11-1　ROI 模型

表 11-1　各个级别的定义

级　　别	描　　述
1：反应或满意度	评估参与者对课程的反应，可能为实施这些想法制订行动计划
2：学习	评估具体的技能、知识、态度的变化等
3：知识的应用	评估工作习惯或工作绩效的改进，以及对所学知识的应用
4：对业务的影响	评估实施改进后对业务产生的影响
5：投资回报率	计算货币化效益与培训成本的比值，用百分比表示

11.4　生命周期的制订计划阶段

在 ROI 模型中，第一个生命周期阶段是制订评估计划和基准数据。评估计划类似于某些《PMBOK®指南》中的知识领域，这些知识领域的第一步就是制订计划。评估计划应该指明：

- 培训目标。
- 培训目标的验证方法。
- 目标受众。
- 假设和制约条件。
- 培训的时间安排。

在完成 ROI 建模之前，就必须清楚地定义培训计划的目标。表 11-2 中列出了典型的目标，必须清晰地定义模型的 5 个级别中每个级别的目标。其中第 2 列，可能是公司派人参与项目管理认证计划（Project Management Certificate Program，PMCP）培训课程时期望实现的典型目标。在这个例子里，公司出资让员工参加培训，目的可能是希望该员工成为

PMP 持证人，以帮助机构开发基于《PMBOK®指南》的 EPM 体系方法，从而期望获得更好的客户满意度和更多的业务机会。表中第 4 列，可以代表公司派员参与项目管理最佳实践的培训课程时期望实现的典型目标。一些公司认为，培训计划的参与者如果能从每天的培训中吸取两个好的理念，并且这些理念可以足够迅速地付诸实施，那么该培训计划就是成功的。在这个例子里，公司所制定的目标是吸取那些其他公司正在使用的，并能有效地在本公司中实施的项目管理的最佳实践。

表 11-2 典型的目标

级 别	目标	
	PMCP 培训	项目管理最佳实践培训
1 反应或满意度	理解《PMBOK®指南》的原理	理解公司要总结记录其最佳实践
2 学习	展现相关领域的知识或技能	示范最佳实践如何使机构受益
3 知识的应用	基于《PMBOK®指南》开发 EPM 流程	开发最佳实践库或其他记录最佳实践的方法
4 对业务的影响	用 EPM 衡量客户和用户的满意度	确定最佳实践带来的机会及成本节约
5 投资回报率	EPM 带来的商业机会和客户满意度	衡量实施的每个最佳实践的 ROI

管理人员制定的培训目标可能是见仁见智的。参考表 11-2 中的第 3 列和第 4 列，可能有这样一些目标：

- 学习可以立即应用于当前工作的技能。在这种情况下，ROI 分析可以很快地给出结果。第 3 列中的 PMCP 课程就属于这种典型情况。
- 学习技术和如何进步。在这种情况下，必须有额外的成本开销才能获得收益。ROI 的结果可能要到该技术完全应用后才有意义。第 4 列中的最佳实践课程就是这种典型情况。
- 上述两个目标的综合。

11.5 生命周期的采集数据阶段

为了验证培训过程中是否达成了每个级别的目标，必须采集和处理数据。表 11-1 中的第 1～4 级共同组成了数据采集这一生命周期阶段。

为了理解数据采集的方法，我们回顾一下项目管理中最佳实践的课程。该课程包含了全球众多公司采用的最佳实践。我们做如下的一些假设：

- 通过培训，受训人准备至少将两个理念带回公司，并在 6 个月内实施这两个理念。
- 获得 PDU 是次要的效益。
- 课程时间为两天。

表 11-3 给出了典型的数据采集方法，并有针对各个级别的解释。

表 11-3　数据采集

级　　别	衡量方式	数据采集的工具和方式	数据来源	采集时间	负责人
反应或满意度	1～7 分的课后评测	调查问卷	受训人（课程最后一天时）	课程结束	培训师
学习	课前测试、课后测试、在线课程、案例分析等	课堂测验和技能实践	培训师	课程每天	培训师
知识的应用	课堂讨论	跟进的活动和调查问卷	受训人及 PMO	课程结束后 3 个月*	PMO
对业务的影响	评测 EPM 持续改进的成果	PMO 对效益和成本的检测	PMO 的记录	课程结束后 6 个月	PMO
投资回报率	效益和成本的比率	PMO 的研究	PMO 的记录	课程结束后 6 个月	PMO

注：*通常仅针对内部培训。对于公开的研讨会，PMO 可以在培训结束后的一周内完成。

◆ 第 1 级：反应或满意度

第 1 级评估受训人对课程的反应，并为实施这些想法制订行动计划。通常采用课程结束时的问卷调查进行第 1 级评测，受训人通过打分（1～7 分）对培训的内容、培训的质量、培训材料，以及其他一些方面给出评价。在通常情况下，这种评价更多地基于培训师的演讲水平，而不是培训内容的质量。尽管这是最通用的方法，并作为用户满意度及是否能带来回头客的标志，但这种方法几乎无法保证对新技术或知识的掌握。

◆ 第 2 级：学习

这个级别评估从课程中学到的特定技能、知识，或者态度变化。培训师在培训中使用了大量的教学方法，包括：

- 演讲。
- 教学和讨论。
- 测验。
- 其他公司的案例分析。
- 公司内部项目的案例分析。
- 模拟或角色扮演。
- 综合以上教学方法。

针对每个教学方法，必须建立相应的评测方法。一些培训师在课程开始时进行课前测验，课程结束时做课后测验。两者分数上的差异通常代表课程中学习的成果。这种方法通常只适用于内部培训课程，对公开的研讨会并不适用。当采用课前测验和课后测验时，必须特别小心。有时，为了凸显课程中学习的效果，课后测验设计得相对简单。案例分析家庭作业及在线问答也可以作为课后测验。

测试是验证学习效果及知识吸收程度的必不可少的手段。但是，仅仅因为进行了学习，并不能保证学到的最佳实践知识能够或即将应用到公司中。掌握这些知识，可能仅仅表明公司做得不错，并没有落后于其他竞争者。

◆ 第 3 级：知识的应用

这一级别评估工作习惯或工作绩效上的改进，以及所学知识的应用。这个级别的评估，通常是通过后续跟进的活动或问卷调查完成的。但是，对于有大量受训人员参与的公开课程来说，培训师不可能后续跟进所有的受训者。在这种情况下，评估的责任就落在了 PMO 的身上。PMO 可能要求受训者准备 1～2 页的简短报告，用以陈述他们从课程上学到的知识，以及什么样的最佳实践适用于本公司。这些报告要提交给 PMO，并可能由 PMO 来最终决定是否将这些理念付诸实施。不同规模的最佳实践理念甚至可能影响项目的产品组合管理。即使在这个级别，还是不能保证培训会对业务产生积极的效应。

◆ 第 4 级：对业务的影响

这一级别评估改进实施后对业务产生的影响。典型的评估领域（事后分析金字塔）如图 11-2 所示。

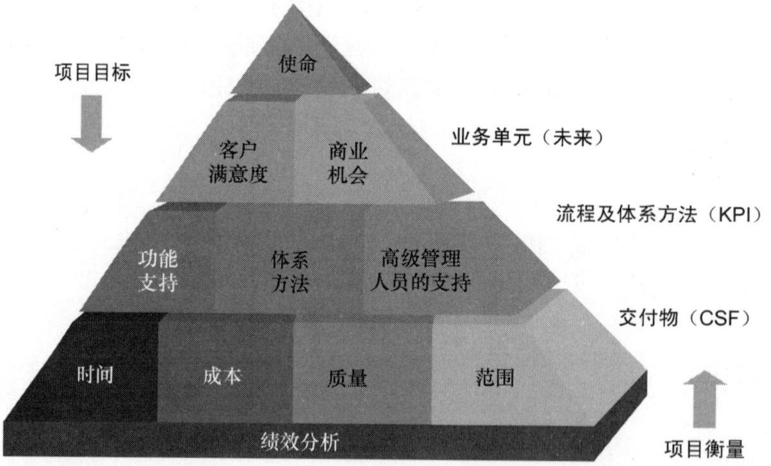

图 11-2　事后分析金字塔

图 11-2 中的关键术语包括以下几个：

- 关键成功因素。用来评价实施最佳实践后，项目产出的改进。有可能包括时间、成本、质量、范围等的改进。
- 关键绩效指标。用来评价使用 EPM 系统及获得职能经理和高级经理的支持方面的改进。

- 对业务单元的影响。通过实施最佳实践后的客户满意度变化，以及未来的商业机会来衡量。

第 4 级的评估衡量通常由 PMO 来完成。这是因为：

- 用于评测的信息可能是公司的商业敏感信息，不能披露给培训师。
- 在培训和实施最佳实践之间，可能存在很长的时间跨度，培训师届时可能无法提供相应的支持。
- 公司可能并不希望本公司以外的人员向公司客户征询客户满意度。

尽管实施最佳实践可能带来积极的商业效益，但是必须同时仔细关注实施的成果是否物有所值。

如图 11-1 所示，第 4 级的重要输入是“剥离其他项目的影响”。通常，很难清晰地判别哪些商业影响是直接由培训项目产生的。这是因为人们通过多种途径来学习项目管理，包括：

- 正规教育。
- 同事之间的交流。
- 在职的经验。
- 公司内部对持续改进的研究。
- 制定标杆。

由于很难区分特定知识的来源，这个步骤往往被忽略。

11.6 生命周期的分析数据阶段

为了计算 ROI，必须将第 4 级得出的商业影响数据货币化，转换成一定的货币值。相关的信息，可以从与员工和管理人员的面谈、数据库、该领域的专家、历史数据等多种途径获得。很少能从某一个途径获得所需的全部信息。

数据分析要求的另一类输入是培训项目的成本。通常应该被考虑的成本包括：

- 课程设计和开发的成本。
- 课程资料的成本。
- 培训师的成本。
- 培训过程中设备和餐饮的成本。
- 每个受训者的差旅费、餐饮费和住宿费。
- 受训者的全额工资。
- 与培训课程或受训人参与培训的方式相关的行政、管理成本。
- 培训期间，因受训者缺席而无法正常工作造成的成本或收入的损失。

并非所有的效益都能被转换为货币，因此图 11-1 中有一个“判定无形效益”的方框。比较容易转换为货币值的商业效益包括：

- 生产开发周期缩短。
- 优质、高速的决策。
- 成本降低。
- 利润空间提升。
- 资源消耗降低。
- 文书工作减少。
- 质量和可靠性的改进。
- 员工流失率降低。
- 最佳实践的实施加快。

典型的、不太容易转换为货币值的无形效益包括：

- 结果更显著，也更容易关注结果。
- 协同合作更融洽。
- 士气更高。
- 加速培养管理人员。
- 项目控制加强。
- 客户关系提升。
- 更好的职能支持。
- 需要管理人员支持解决的矛盾减少。

尽管上述这些效益可能是无形的，仍然应当尽可能地为这些效益分配恰当的货币价值。

◆ 第 5 级：投资回报率

完成第 5 级需要两个公式。第一个是效益成本比率（Benefit Cost Ratio，BCR）公式，可以表示为：

BCR＝ 项目效益÷项目成本

第二个是百分比形式的 ROI 公式。该公式基于项目的净效益，即去除成本后的净效益，可以表示为：

ROI=项目的净效益÷项目的成本×100%

下面给出 3 个例子来说明这个级别的意义。这 3 个例子均基于同样的培训课程。假定你参加了一个为期两天的项目管理最佳实践的研讨会。参加这个课程的公司成本包括：

• 注册费	475（美元）
• 两天的时间（100 美元/小时，共 16 小时）	1 600（美元）
• 差旅费	800（美元）
	2 875（美元）

研讨会结束后，你带回了 3 个最佳实践推荐给你的公司。你的公司决定悉数采纳，并指派你作为项目经理负责实施这 3 个最佳实践。为了获得期望的效益，必须投入额外的资金。

实例 1

研讨会期间，你发现很多公司通过实施“交通灯”状态报告系统，已经采纳了无纸项目管理的概念。你所在的公司已经拥有基于网络的 EPM 系统，但过去一直为状态回顾评审会准备纸质报告。现在，所有的状态评审会都要实现无纸办公，用 PowerPoint 演示文稿（PowerPoint Presentation，PPT）显示基于网络的工作分解结构里的每个工作包的“交通灯”状态。

开发“交通灯”系统的成本是：

• 系统编程（100 美元/小时，共计 240 小时）	24 000（美元）
• 项目管理（100 美元/小时，共计 150 小时）	15 000（美元）
	39 000（美元）

货币化的效益包括：

- 高级管理人员参与项目报告会的时间（从每个项目 20 小时缩减到每个项目 10 小时×15 个项目×每个会议中有 5 位高级管理人员×250 小时）：187 500（美元）
- 报告准备时间的缩减（每个项目 60 小时×15 个项目×100 美元/小时）：90 000（美元）

因此，共获得效益 275 000 美元：

$$\text{BCR} = (275\,000 - 39\,000) \div 2\,875 \approx 82$$

$$\text{ROI}=275\,000 - 39\,000 - 2\,875) \div 2\,875 \approx 81.09$$

这意味着每投入 1 美元到培训项目中，就可以获得 81.09 美元的净效益！在这个实例中，我们假定一名员工的全额成本为 100 美元/小时、管理人员为 250 美元/小时。效益以一年计，“交通灯”系统的开发成本是不可摊销成本，冲抵当年的效益。

并不是所有的培训计划都能产生如此巨大的效益。密歇根州迪尔伯恩的 Lear 公司拥有一套项目管理“交通灯”系统，此系统是基于网络的 EPM 系统的一部分。Lear 公司的经验表明，以前用纸质报告评审一个项目的状态的时间，现在可以完成所有使用“交通灯”的项目状态报告的评审。

实例 2

在培训中，你发现其他公司使用模板来完成项目的批准和启动。在培训课上，你得到了这些模板。你发现只需要很少的工作，就可以把这些模板集成到 EPM 系统中，并确保每个人收到更新的通知。新的模板每周至少可以减少一次会议，从而节省 550 美元：

收益 =（550/会议）×（每周一次会议）× 50 周= 27 500（美元）

$$\text{BCR} = 27\,500 \div 2\,875 \approx 9.56$$

$$\text{ROI}=（27\,500-2\,875）\div 2\,875 \approx 8.56$$

在这个例子当中，每投资到最佳实践课程 1 美元，就可以获得 8.56 美元的净效益。

实例 3

在培训课上，你了解到其他公司正在对它们的 EPM 系统进行扩展，以便与客户所使用的系统更好地相互兼容。此举将带来更高的客户满意度。升级 EPM 系统、解决各种客户报告生成器的成本约为 100 000 美元。

报告生成器成功运作后，一家每年与你有 4 个合作项目的客户对此非常满意，决定与你所在的公司订立唯一供方采购协议。这将使得采购成本锐减。你所在的公司通常需要 30 000 美元准备议案：

$$\text{BCR} = [(4\text{个项目} \times 30\,000) - 100\,000] \div 2\,875 \approx 6.96$$

$$\text{ROI} = [(4 \times 30\,000) - 100\,000 - 2\,875] \div 2\,875 \approx 5.96$$

在这个例子当中，每投资到最佳实践课程 1 美元，就可以获得 5.96 美元的净效益。

时至今日，除了飞利浦，几乎没有人尝试专门衡量项目管理教育的 ROI。不过，也确实存在一些成功的案例。一家保险公司正着手于一项 1 亿美元的项目。所有的员工在加入这个项目之前，必须接受项目管理的培训。最终，这个项目以低于预算 3%（300 万美元）完成。

为了查明，到底是因为更好的项目管理培训节省了 300 万美元的开支，还是初期预算太不准确以至于多预估了 300 万美元，这家公司对所有要求员工先接受项目管理培训再加入项目组的项目进行了综合研究。结果令人震惊，培训的投资回报率高达 700%。

另一家机构，人力资源发展部门会同项目管理部门共同开发了基于计算机的项目管理培训课程。初期结果表明 ROI 高达 900%。员工利用自己的时间，而不是公司的时间，完成了这些课程。这可能标志着电子学习（e-learning）课程所带来的效益。由于不占用正常的工作时间，极大地削减了电子学习的成本，使得电子学习的 ROI 比传统课程高得多。

11.7 生命周期的生成报告阶段

图 11-1 中的最后一个生命周期阶段是生成报告。结果是否被采纳，很大程度上取决于报告的准备情况。报告对任何目标团队都必须能自圆其说。如果对成本或效益做了假设，那么这些假设必须合理。如果为了使培训计划看上去更好而夸大 ROI，人们很可能对此产生怀疑，从而拒绝接受今后各种 ROI 分析的结果。所有的结果必须以事实为根据，并有实际的数据给予支持。

11.8 结论

随着可供选择的项目管理培训计划的数量越来越多、内容越来越深入，对培训投资的 ROI 进行评测的概念也将在可预见的未来得到越来越广泛的认可。高级管理人员会认识到 ROI 分析的效益，并像应用于其他培训计划一样，将其应用在项目管理上。项目管理培训组织则必须有 ROI 分析的专业能力。最终，PMI 甚至可能建立针对 ROI 评测的专门调研组。

第 12 章 项目办公室

12.0 简介

随着公司逐渐认识到项目管理给利润率带来的积极影响，公司开始着眼于利用项目办公室（Project Office，PO）的概念，来使得项目管理变得更加专业。PO 或 PMO 的概念很可能是近 10 年来最重要的项目管理活动。

在认识到项目办公室的重要性之后，人们开始进行项目管理和项目办公室的战略计划。单靠长期使用项目管理，并不能实现成熟、卓越的项目管理。相反，只有制订项目管理和项目办公室的战略计划，才能走向成熟和卓越。

通常的战略计划包括确定你对将来的期望，以及你如何实现这一期望等。在制订项目办公室的战略计划过程中，确定哪些事情由项目办公室来控制，通常要比确定怎样或何时做这些事情容易。将任何一项职能交与项目办公室管理，都可能面临一系列阻力。因为一开始，将这种职能移到项目办公室，会被原有的职能领域视作对它们权力和权威的威胁。赋予项目办公室的典型职能包括：

- 评估的标准化。
- 对现有体系方法加以推荐并实施改进。
- 计划制订的标准化。
- 确定项目标准。
- 进度安排的标准化。
- 确定最佳实践。
- 控制的标准化。
- 为项目管理制订战略计划。
- 报告的标准化。

- 建立项目管理问题解决热线。
- 项目管理角色和职责的明晰。
- 协调并/或推进项目管理培训计划。
- 为项目经理准备职位描述。
- 通过训练和指导来传递知识。
- 对经验教训进行总结存档。
- 制订公司资源能力管理及资源利用计划。
- 持续的标杆管理。
- 支持项目组合管理活动。
- 开发项目管理模板。
- 评估风险。
- 开发项目管理体系方法。
- 制订灾后恢复计划。
- 审计项目管理方法的使用。
- 审计最佳实践的使用。

在 21 世纪最初的 10 年间，项目办公室在公司层级体系中变得相当普遍。在原有主要职能保持不变的基础上，项目办公室现在新增了一项任务：

- 项目办公室现在有责任维护所有与项目管理相关的知识产权，并积极支持公司的战略计划。

现在，项目办公室服务于整个公司，特别是在为项目管理制订战略计划上，而不是针对某个特定的客户。项目办公室转化为公司中控制项目管理知识产权的核心。随着项目管理信息的数量在整个公司内呈指数增长，这样的角色变化是必要的。

在过去的 20 年中，对高级管理人员来说，使用项目办公室所带来的益处显而易见，例如：

- 公司运营的标准化。
- 得以进行公司整体决策，而不是部门决策。
- 更好的能力计划（如资源分配）。
- 更快捷地获得更高质量的信息。
- 清除或减少公司内各部门的本位主义。
- 更高效且有效的运营。
- 更少的重组需求。
- 更少的会议，避免浪费高级管理人员的宝贵时间。
- 更现实地划分工作的优先级。
- 总经理候选人的培养。

所有这些益处，都直接或间接地与项目管理知识产权相关。为了维护项目管理知识产权，项目办公室必须借助一些媒介来收集各种数据，并将这些数据分发给各相关方。这些媒介包括公司项目管理的内部网络、项目网站、项目数据库及项目管理信息系统等。这些信息中的大部分，对项目管理和公司战略计划的制订来说都是必要的。因此，必须为项目办公室制订战略计划。

现在，全世界的公司都意识到了项目管理办公室的重要性。英德拉公司的项目管理办公室主任 Enrique Sevilla Molina 说：

> 我们拥有一个公司级别的 PMO，并且在公司的不同层级都设有 PMO，以发挥不同的作用。公司级别的 PMO 为部门 PMO 在各种项目管理问题、体系方法解释及工具使用方面提供指导。
>
> 除了为部门 PMO 及项目经理提供所需支持，公司级别 PMO 的主要职能还包括以下几个方面。
>
> - 维护并发展整套项目管理体系方法，包括项目集和项目组合水平的提升。
> - 为项目经理制定培训资料和流程。
> - 管理 PMP 认证流程并指导培训申请者。
> - 明确公司所需的项目管理工具。

公司级别 PMO 向财务主管报告。

典型的 PMO 并不获得盈利、不对项目负责，也不为外部客户管理项目。ABB 集团的高级副总裁说：项目办公室并不交付项目。项目由项目管理办公室管理的部分仅限于流程/工具开发、实施及培训。在一些国家，项目管理办公室有时只需要做述评、参与部门级别风险评估及汇报运营情况等。

大多数 PMO 被视作间接人工，因此也是公司在面对财务困境时缩减或移除的对象。为了将风险最小化，PMO 需要建立一套评价标准，向公司表明其是会为公司创造价值的。典型评价标准如下所示：

- 可感的衡量标准。
  - 客户满意度。
  - 有风险的项目。
  - 有麻烦的项目。
  - 需要修复的红灯数，以及需要多付出的努力。
- 不可感的因素也同样存在，但可能无法进行衡量，包括：
  - 问题提早发现。
  - 信息的质量和及时度。

12.1 波音公司

> 并不是所有公司都使用“项目管理办公室”这一术语。在有些公司，它被称为“卓越社区”或“实践社区”。每个公司都有其特有的 PMO 目标。PMO 的职责会因公司不同而变化。本节信息由波音公司高级项目经理 Sherry Kytonen 提供。除拥有超过 25 年的项目管理经验外，Sherry 从 2010 年起就一直领导着关于生活工作平衡的研讨会和培训，并为提高生产力而进行的放松思考。

波音公司企业项目管理办公室支持项目管理卓越社区(Project Management Community of Excellence，PjMCoE)，该社区是项目管理最佳实践的典范和波音公司内部项目管理发展的追随者。PjMCoE 的目标是提供一个波音公司范围内的跨职能论坛，以提高对项目管理的技能、规则和专业性的认识。作为思想和信息的交流中心，其涵盖了行业、方法、工具、最佳实践、子项目专家团队和创新。

波音公司内部的卓越社区（ Community of Excellence，CoE ）是一个正式注册的团体，至少与一个商业组织结盟，拥有企业代表，致力于覆盖整个波音公司的业务约定、知识共享、工作机会和教育。

PjMCoE 将波音公司全球员工通过一种志愿兴趣团体的运作方式连接起来，拥有超过 6800 名波音公司活跃成员及超过 1171 名注册 PMP。它是波音公司最大的兴趣团体之一。PjMCoE 成员资格对所有波音公司员工（直接和合同）和非美国本土波音公司员工开放。1997 年，PjMCoE 作为一个非正式项目管理兴趣团体成立，那时它只有 75 名成员。PjMCoE 主要承担领导和管理波音公司内部论坛的责任，以提高项目管理技能、规则和专业性。PjMCoE 对波音公司项目管理的成功可谓功不可没，下面是它为其成员和行业提供的服务：

- 网络、协作和支持，包括 InSite，允许在公司内共享、学习和复制信息和想法的网络工具。
- 由志愿者主题专家（ Subject Matter Expert，SME ）组成的精英团队，他们共同定义完善项目和项目集管理的最佳实践(Project and Program Management Best Practices，PMBP)。
- 项目管理指导、教导和培训。
- 协助寻求雇用或提升项目经理能力的管理者。
- 有关内部和外部项目管理会议的信息。
- 通过波音公司的全球企业成员团队，为社区服务项目提供志愿者和支持的机会。

PjMCoE 拥有自己的指导团队，职责明确，支持 CoE 产品和服务，是整个波音公司的运营团体中的典型。指导团队是实施 CoE 章程、举行常规会议的基础，它监督有效管理信息系统的运行，确保所有沟通顺畅，并且在收到项目团队、项目集或职能部门的支持请求时通知联盟组织。

PjMCoE 还通过提供以下服务来鼓励其成员提升项目管理技能：

- 图书馆提供项目管理的相关书籍、期刊、体系方法、软件和讲座。
- 门户站点和网站提供地区分会的信息新闻。
- 通过内部共同学习计划，提供学习培训和发展项目管理课程。
- 知识中心提供项目管理认证和项目管理学位的相关指导服务和信息。
- PMP 年度研究组举办 16 次现场和录音的培训会议和课程，免费帮助备考 PMP。第一个 PMP 小组成立于 2000 年，迄今为止参加 PMP 考试的成员通过率达到 95%。
- 内部敏捷和传统项目管理培训。
- 2 个月一次的 WebEx 会议邀请演讲嘉宾，并可以提供 PDU。
- 最新项目经理资源，包括职业发展机会、技能评估工具和临时岗位。

PjMCoE 和其他内部教育团体为波音公司员工提供了大量培训机会，包括很多具体的项目管理课程。许多员工利用这些服务的便利，促进他们职业发展机会及项目管理意识和技能。

其他特设课程可供员工获得 PMP 认证所需的 PDU。生活/工作平衡之道、MS 项目、职业里程碑、风险、问题和机会管理、领导力、沟通和虚拟团队管理是波音公司内部项目管理会议和教育场所中提出的部分主题。PjMCoE 与项目管理协会保持着牢固的关系，也是注册的 PMI 教育提供方。

12.2 飞利浦商业集团患者护理和监测服务

飞利浦业务组 PCMS 服务部的全球解决方案和服务管理办公室（Solutions and Services Management Office，SSMO）负责人 Michael Bauer 介绍了，SSMO 是如何以可扩展的项目实施方法支持全球运营解决方案和服务业务的。项目复杂性产生了多变的客户需求和广泛的解决方案产品，需要一种可扩展的项目实施方案来应对。高技能的项目经理需要使用更灵活和可扩展的方法，来处理这些不同项目的复杂性。

在医疗保健业务中实现卓越的解决实施方案和服务

飞利浦（纽约证券交易所：PHG，AEX:PHIA）是一家领先的健康技术公司，致力于改善人们的健康状况，并在从健康生活和预防到诊断、治疗和家庭护理的健康体系中实现更好的效果。飞利浦利用先进的技术和资深的临床和消费者洞察力以提供综合解决方案。该公司总部位于荷兰，是诊断成像、图像引导治疗、患者监测、健康信息学及消费者健康、家庭护理领域的领导者。飞利浦的健康技术产品组合 2015 年总销售额为 168 亿欧元，公司从事销售和服务的员工约 70 000 名，遍及 100 多个国家和地区。

患者护理业务组和监控解决方案（Business Group Patient Care & Monitoring Solutions，BG PCMS）为患者床边的实时临床信息提供企业级的患者监控解决方案，从价值解决方案到复杂的对接解决方案；患者分析、患者监控和临床决策支持系统，包括提高心脏护理质量的心电图数据管理；治疗护理，包括心肺复苏、紧急护理解决方案、用于急性和亚急性医院环境的有创和无创的呼吸机及呼吸监测设备；患者监测和治疗护理业务中的消耗品，以及客户服务，包括临床、信息技术、技术和远程客户建议。为提供卓越的客户体验，最大限度地提高客户和股东价值，BG PCMS 的服务支持交付创新服务和解决方案。

多变的客户需求和不同的项目复杂性

实施 PCMS 解决方案项目是在每个国家的每个医院组织中执行的本地活动，通常是在本地局域网中执行的。PCMS 同时使用本地和集中资源运行。这种全局/本地组织设计通常会导致一个具有特定需求的虚拟工作环境，从而有效地运行项目实施。每个国家/市场和每个医院客户的需求和成熟度水平都有很大的差异。医院中的每个项目都是独一无二的，其持续时间（从几周到几年）、规模（高达数百万欧元/美元）和复杂性（从一个临床医生的独立解决方案到数千个用户的区域分布式解决方案）各不相同（见图 12-1）。

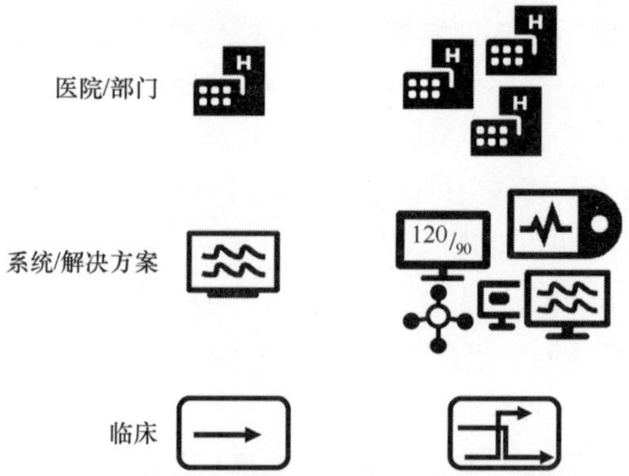

图 12-1　医疗保健项目复杂性驱动因素

医疗保健解决方案实施项目的规模和复杂性范围很广，它包括 PCMS 范围内的更简单的产品，高度可配置的系统、软件和服务，包括临床咨询。它受到不同客户情况和需求及现有和新技术的影响。因此，项目管理框架的需求变化很大：

- 从单科室到跨国界的多医院部署。
- 从集团实践或小部门的独立解决方案，到横跨多部门的医院基础设施中完全集成了不同系统、软件和服务的复杂解决方案。
- 从简单的临床流程到高度设计的工作流。
- 从所有模式和应用程序的"绿色领域"实施到现有医院环境中的定制解决方案。

当在一个网络简单独立的医院部门交付低复杂性、单一解决方案项目时，项目经理在 PMI 五大过程组内就可以完成基本任务，如相关方识别、计划制订、执行实施、控制范围和获得客户接受。接下来当在一个健康系统中交付一个高复杂性的解决方案时，有许多相关方和各种 PCMS 解决方案，解决方案交付模型会变得更加详细。项目经理会遇到 PMI 五大过程组之外的任务，例如，做客户期望分析、制定相关方 RACI 矩阵、执行工作流分析、执行解决方案集成测试、控制风险、成本和劳务预算及进行阶段性经验教训回顾。

图 12-2 说明了医疗项目复杂性的驱动因素。

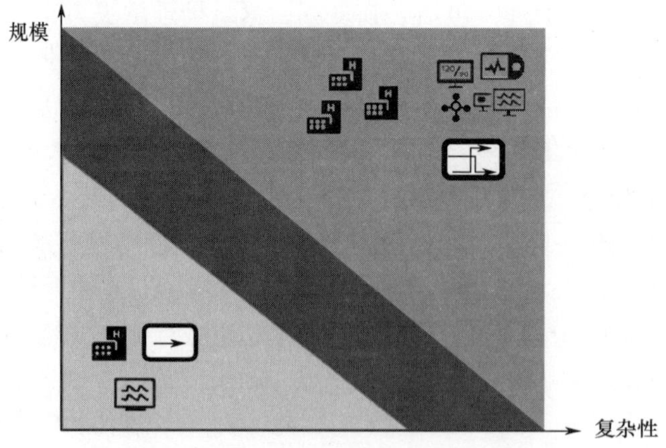

图 12-2　医疗项目复杂性的驱动因素

◆ 在客户生命周期中提供集成的解决方案和服务

从流程和方法论的角度，遵循全面集成的方法，对如何提供、实施和服务解决方案制定了 2015 年的 PCMS 战略。随着 PCMS 产品组合越来越多地转变为解决方案和服务业务，这一点变得越来越重要。在整个客户生命周期中，更全面的方法整体分析方式成为界定、设计、交付和服务客户解决方案的关键。

首先要与客户进行深入的对话，以进行完整的场景分析并充分了解客户的需求，然后在售前阶段进行解决方案设计，参考架构和设计指南有助于形成强有力的客户解决方案。这个阶段对于接下来的解决方案来说，是必不可少的，它建立真实的基础，并记录在工作说明书（SOW）中。“坚实的基础是实现项目卓越的一个重要因素。”McKinsey 强调了技术和商业能力的重要性，“在投资能力建设的公司，能够获得 40%～50%的新业务盈利率和 80%～90%的续订业务的盈利率。”此后，在实施最初解决方案之前，与客户确立长期的解决方案生命周期计划，并在生命周期中提供附加服务，以充分创造客户价值。持续的客户参与是全面成功和实现预期客户成果（包括持续的合作伙伴关系和未来的合作）的关键。

在图 12-3 所示的整个客户生命周期中，本章将重点介绍三个关键领域。

（1）方案设计：

- 技术上可行和可实施。
- 飞利浦和客户支持。
- 财务透明且盈利。
- 符合客户期望。

（2）项目管理：

- 根据范围成功实施。
- 实现精益和可扩展的项目管理方法。
- 提供适当的工具，以提供卓越的客户体验。
- 协调所有市场的工作方式。

（3）服务管理：

- 关注服务，而不仅仅是技术或产品。
- 规范我们定义和增加价值的方式，以支持客户体验。

图 12-3　客户生命周期：实现最佳客户体验的整体方法

- 拥有灵活、响应迅速的流程，支持创造价值。
- 面向内部和外部的服务。

◆ 客户生命周期和客户体验

PCMS 意识到每个组织都会给客户留下印记，这是一种由理性和情感方面组成的体验，它决定了医疗保健客户与飞利浦品牌之间的联系，以及飞利浦对他们意味着什么。这在服务业中尤其明显。客户体验是关系的核心，这意味着客户是否反复依赖组织的能力，并将其视为值得信赖的顾问。因此，另一个重要方面是组织如何积极、全面地从能力、工具和过程，来“设计”端到端的客户体验。PCMS 致力于在整个客户生命周期中应用这种以客户体验为中心的方法，从客户与飞利浦分享他们的愿景和授权的时间点开始，通过解决方案设计、交付和持续参与和改进来实现。

在这种情况下，解决方案实施和卓越服务是确保 PCMS 可靠且反复提供所需客户体验的关键战略要素。因此，建立和维持项目解决方案实施和服务的卓越性，并通过解决方案实施项目达到项目管理的高度成熟，是对客户和飞利浦至关重要的明确目标。

根据 PMI 2012 年 3 月的行业脉搏调查，在组织中只有 73%的高成熟度的项目实现了原有的目标和意图。对于飞利浦的 PCMS 服务，成功实施解决方案项目的抱负很高，并且在解决方案项目的设计和交付方面需要高度成熟。

上述是实施全球解决方案和服务管理办公室的关键战略驱动力，该办公室涵盖了解决方案和服务实施的方法论、过程和工具。

◆ 解决方案和服务管理办公室

建立一个全球 SSMO 是一个明确的战略决策，并得到了最高管理层的全力支持，以推动解决方案的实施和卓越的战略服务。SSMO 在这里被视为将 PMO 概念发展为围绕解决方案实现和服务的更全面角色的下一步。

显而易见，SSMO 范围和章程与组织目标的一致性是推动战略的关键。SSMO 的目的是创建和部署 PCMS 服务策略，用以解决方案体系结构、项目管理、服务管理过程、工具、框架和能力提升。

PCMS 服务在项目解决方案实施和卓越服务方面考虑了以下重要方面：

- 人员。良好教育、认证、技能（硬、软），并持续受训的解决方案架构师、项目经理和团队，以及具有专业思维、外表和行为的服务人员，也包括招聘最优秀的人才。
- 过程。高效、标准、精益、可复制和可持续改进的有文档记录的流程。
- 工具。从项目启动至项目结束，高度集成和高效的工具、模板及应用。

最终目标不是解决方案与优质服务，目标是持续推动项目执行的成熟度，同时也确保全面竞争和项目交付的能力。

SSMO 实现了解决方案实施的目标，并强调以下几个方面：

- 解决方案与服务实施的卓越性。这是改进与提升技能、过程和工具的关键。
- 变更管理。组织中的识别、启动、实施的改进和变更。
- 标准化。实现跨产品领域和区域的标准化和过程实践的精益化。
- 持续学习。根据需要进行培训、审查和指导。
- 为所有不同职业的实践社区（Community of Practice，CoP）提供便利。这是实现共享、学习、影响、链接和交流的关键方面。

在建立全球 SSMO 时，考虑了以下条件：

（1）SSMO 定位。解决方案、项目管理和服务管理方面的高级专家，通过强大的变更管理，引导组织实现解决方案实施和卓越服务的变革。

（2）SSMO 聚焦。SSMO 本身并不设计、实施或服务医院中面向客户的项目，而是专注于支持解决方案生命周期中所有涉及的角色，包括项目和服务团队。

（3）SSMO 顾问。以高级 SME 角色向所有国家的利益相关方提供咨询服务。SSMO 顾问职位的目标是推进解决方案实施和服务流程、工具和方法，以真正呼应解决方案实施和卓越服务的目标。

（4）SSMO 与所有市场/国家和公司职能部门合作。全球 SSMO 与各自国家的解决方案实施和服务交付组织联系紧密。SSMO 团队成员分散各处以实现真正的全球影响力。

◆ SOLiD 框架

SSMO 与全球的 PCMS 服务社区密切合作，开发了图 12-4 所示的 SOLiD 框架。SOLiD 框架是病患护理和监控解决方案的方法，用于设计、管理和服务面向客户的解决方案实施项目和服务。SOLiD 是缩写，代表：

- 可扩展性（Scalable）：可灵活地满足我们低、中和高复杂性项目的需求。
- 操作敏捷（Operationally agile）：这意味着它是第一次迭代，随着时间的推移，将继续通过迭代进行构建和改进。
- 精益（Lean）：包括只为项目和服务团队及更重要的医院客户增加价值的任务。
- 专注于 IT（iT Focused）：包括在 IT 解决方案环境中成功管理项目和服务所需的结构、工具和流程。
- 交付一致性结果（Deliver Consistent Results）：通过提供标准和精益的工作方式，提供一致的结果并带来业务价值。

该框架基于 PMI《PMBOK®指南》中定义的启动、计划、执行、监控和收尾过程组制定。每个过程组进一步细分为更具体的过程和程序，详细说明 PCMS 如何管理解决方案项目和服务。

项目实现中的可伸缩性是允许每个项目采用正确、灵活、敏捷和高效的方法的关键，使用了丰富的工具集。解决方案项目由其复杂性级别定义。定义复杂性的典型因素是项目总成本、涉及的团队成员数量、可交付成果的数量及大小、可交付成果和客户环境的复杂性及涉及的时间框架。

图 12-4 可扩展的项目实现：PCMS 的 **SOLiD** 设计和交付框架

PMI 将项目定义为在组织中有别于其他正在进行的运营，因为不同于运营，项目有明确的开始和结束，它们持续时间有限，并能为组织带来价值。

SOLiD 框架旨在帮助提供基于三个复杂层次的指导：

（1）基础。设计用于低复杂度项目，需要基本的项目管理任务（例如，基本测试和简单的 SOW）。

（2）高级。将基础任务与其他活动/过程结合起来，以助于管理中等复杂度项目，包括解决方案设计组件。

（3）集成。结合基础和高级框架，需要额外的活动来管理更繁复的项目；通常需要更多的技术集成和测试活动，以及不同等级的风险和相关方管理。

SOLiD 框架支持项目管理客户生命周期中的活动。图 12-5 概述了解决方案设计和交付。

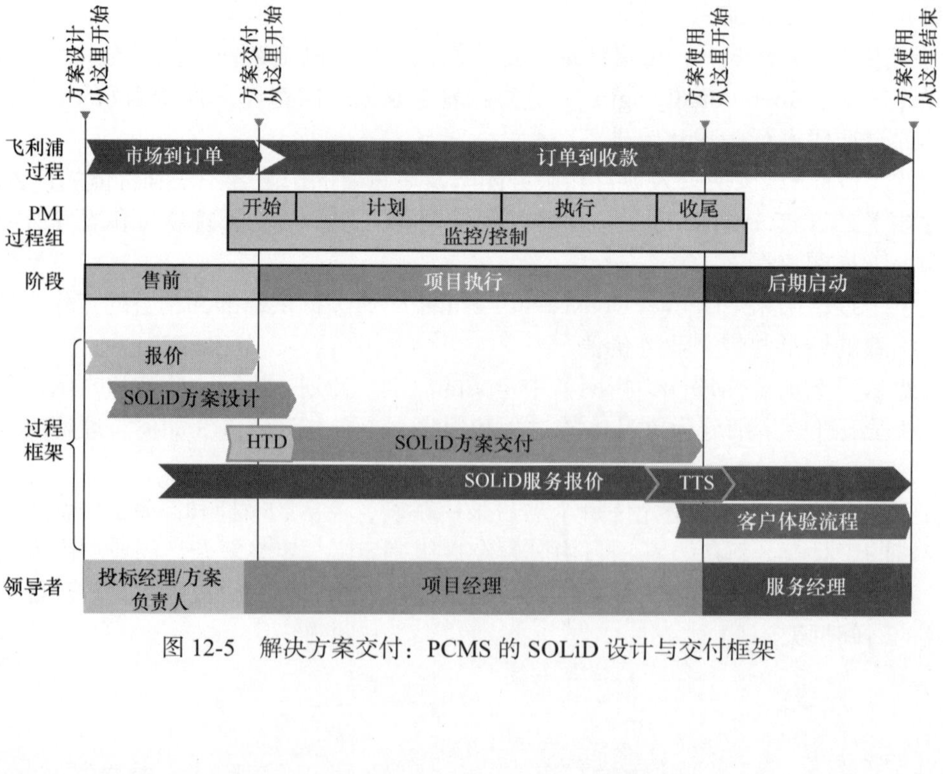

图 12-5 解决方案交付：PCMS 的 SOLiD 设计与交付框架

该图显示了流程结构、PMI 过程组的映射方式，以及流程框架如何重叠，以便在职责区域之间顺利交接。

- 解决方案设计。在遵循已定义的销售投标管理流程的解决方案项目中，销售和项目管理之间的紧密合作非常重要。
- 解决方案交付。依据确定的范围和精益可扩展的项目管理方法，实现遵循解决方案设计。
- 服务管理。使用 IT 基础架构库工具箱中的组件，是建立高效、先进的 IT 服务概念的行业最佳实践。
- 客户体验。为了在不同的项目里程碑和整个客户生命周期中显示当前的客户体验，在关键接触点邀请客户与 PCMS 组织分享他们的反馈。除实施和升级外，调查过程还将持续支持和维护。所收到的反馈在与期望的客户体验一致、确定改进空间，以及学习解决方案实施和卓越服务方面的优势方面进行评估。这种闭环过程是持续学习和改进组织的一个关键特征。

一个重要的结论是，不同的过程都是相互关联的，从而打破了传统的竖井方法。沟通和团队合作是这些过程定义期间的关键方面。特别是在像飞利浦 PCMS 这样的全球组织中，实施、培训和改进监控、标准化和精益流程非常重要。同样重要的是，每个人都讲相同的项目实现和服务“语言”，并使用相同的术语。这就是 PCMS 项目经理需要获得 CAPM/PMP 认证并接受 SOLiD 框架培训的原因之一。

◆ PCMS 服务实践社区

在客户生命周期中围绕所有职业建立 CoP 是解决方案实施、服务卓越性及持续改进的关键，同时也是学习、分享和影响的关键。CoP 有以下三个特点：

- 分享兴趣点（如项目管理）。
- 成员是从业者（如项目经理）。
- 鼓励成员参与联合活动。

SSMO 与 PCMS 服务领导小组紧密协作，进行支持、设计和安装 CoP，每个 CoP 需要一个核心团队，团队成员由来自不同地区的志愿从业者组成。CoP 的目标是在解决方案生命周期中，在各专业之间共享、学习、利用、互联和交流。在 CoP 中有非常积极的贡献成员，也有消极的参与成员。此外，CoP 也是联系会员分享信息或寻求反馈和支持的一种方式。

CoP 本身的交流有助于建立个人和团体的能力，解决问题，避免重蹈覆辙。CoP 自身也向 SSMO 提供反馈机制，通过各种工具（例如，查询技术，CoP 可以就偏好和优先事项提出建议）帮助其加强和发展服务能力及未来方向。

交流关键主题信息的定期在线会议等类活动，可以支持准备面对面的培训和会议，为特定产品领域或解决方案实施和服务流程创新形式内容。

在线 CoP 会议是一个反复成功的会议，也是一个定期的网络研讨会，旨在教授和分享解决方案实施和服务的关键方面。这是获得社区即时反馈的最佳方式。

◆ 实现解决方案实施和卓越服务的关键措施

通过全球SSMO实现项目实施和服务卓越的关键措施可概括如下：

- 促使不同的项目复杂性在扩展项目中实现成功。
- 针对客户生命周期的完全集成的方法，对医疗保健客户确定范围、设计、交付和服务解决方案至关重要。
- 与世界各地的CoP和专家密切合作。不同专业CoP是最先进的方法，也是一种关键的、公认的最佳实践，可以一起共享、学习、利用、互联和沟通。
- 过程协调和标准化对于一个在全球运营的组织的成功和降低复杂性非常重要。上游流程（如销售、投标管理）和下游流程（如整个生命周期）的紧密整合也非常重要。这种生命周期方法必须得到可靠的变更管理和培训活动的支持。
- 解决方案实施和卓越服务不是一个静态目标。它需要在人员、流程和工具方面不断改进。尽管这本身不是一个绝对的目标，但它被认为是一种前瞻性的方式，可以预测和满足客户在解决方案和服务方面的需求。
- SSMO是解决方案实施和服务卓越性的关键推动者，在这里，关注特定角色和设置对于成功非常重要。

12.3 日本NTT DATA集团

在大规模变化中，通过灵活和可扩展的标准提供可靠、可预测、高质量的结果。

日本NTT DATA集团（以下简称NTT DATA）在推动可靠、可预测、高质量的结果的同时，通过项目管理的标准化和全面的PMO框架，保持对变化的敏捷性和响应性，从而提供统一的无缝交付，使客户能够通过集成的、整体的、多服务的业务解决方案做更多的事情。

◆ 关于NTT DATA

NTT DATA与客户合作的方式，通过简化现代业务技术的复杂性，提供最重要的洞察力、解决方案和成果，以全面组合咨询、应用程序、基础设施和业务流程服务，将深厚的行业专业知识与数字、云和自动化方面的应用创新相结合，提供切实的业务成果。

NTT DATA是全球十大商业和IT服务提供商，NTT DATA在50多个国家拥有超过10万名专业人士，85%的《财富》100强企业都是NTT DATA的合作伙伴。

◆ NTT DATA PM3框架演进

在过去的29年中，NTT DATA通过IT服务为各国、社区、客户和世界各地的人们提供了支持，这些服务可以带来切实的业务成果，无论是更好地与客户联系，更快地将产品和服务推向市场，还是找到更符合规律的方法。这已经无关于技术，而是最终实现推动企业向前发展的终极目标。

NTT DATA 专注于成果和业务收益，将深厚的专业知识与经验证的最佳实践标准结合起来，实现按时、按预算交付；通过标准化项目管理和全面的 PMO 框架来推动可靠、可预测、高质量，同时保持灵活性和可扩展性，提供正确的结果，满足客户的目标。这意味着持续投资和发展 NTT DATA 全球项目交付框架的 PM3 中的人员、流程和工具。“PM3”代表项目管理、项目集管理和项目组合管理（见图 12-6）。

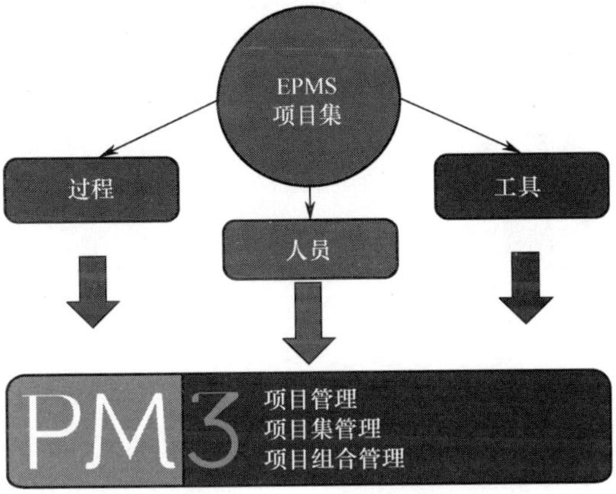

图 12-6　NTT DATA 全球项目交付框架

虽然持续治理和改进 PM3，但大规模的组织变革，如大型收购，需要专门的项目团队来确保为客户提供统一的无缝交付。例如，由高级执行层发起的企业项目管理标准化（Enterprise Project Management Standardization，EPMS）项目集，PM3 最初是在该项目集中建立的。意识到将两个组织合并的必要，但要同时保持专注于客户，就需要开展 EPMS 项目集管理，为项目管理实践建立一个最低标准，提高 NTT DATA 的项目管理的专业性、高效性和有效性，随着时间的推移，最终提高全球项目交付的成功率。

EPMS 计划团队从当前最好的项目管理组件开始，已经为整个组织的运营成功做出了贡献。通过联合所有部门的代表和全球的交付团队，EPMS 计划致力于建立起一个标准的项目管理框架。

这个获得专利的 PM3 是 NTT DATA 全球项目交付框架，该框架包含了项目（集）管理框架、项目管理办公室框架，以及内部项目交付治理标准和流程。

◆ PM3 项目/项目集管理框架

PM3 项目（集）管理框架：

（1）负责项目、项目集和项目组合管理的人员、流程和工具方面。

（2）对任何类型的项目都是灵活的、可扩展的和适用的。

（3）与行业公认的《项目管理知识体系指南》(《PMBOK®指南》)，以及 PMI 的项目组合管理标准是完全一致的。

（4）独特地打包和整合在线的方法论资料，以用户友好的视图帮助 PM 团队成员快速便捷地浏览流程、模板和支持工具包。

PM3 PMO 流程如图 12-7 所示。

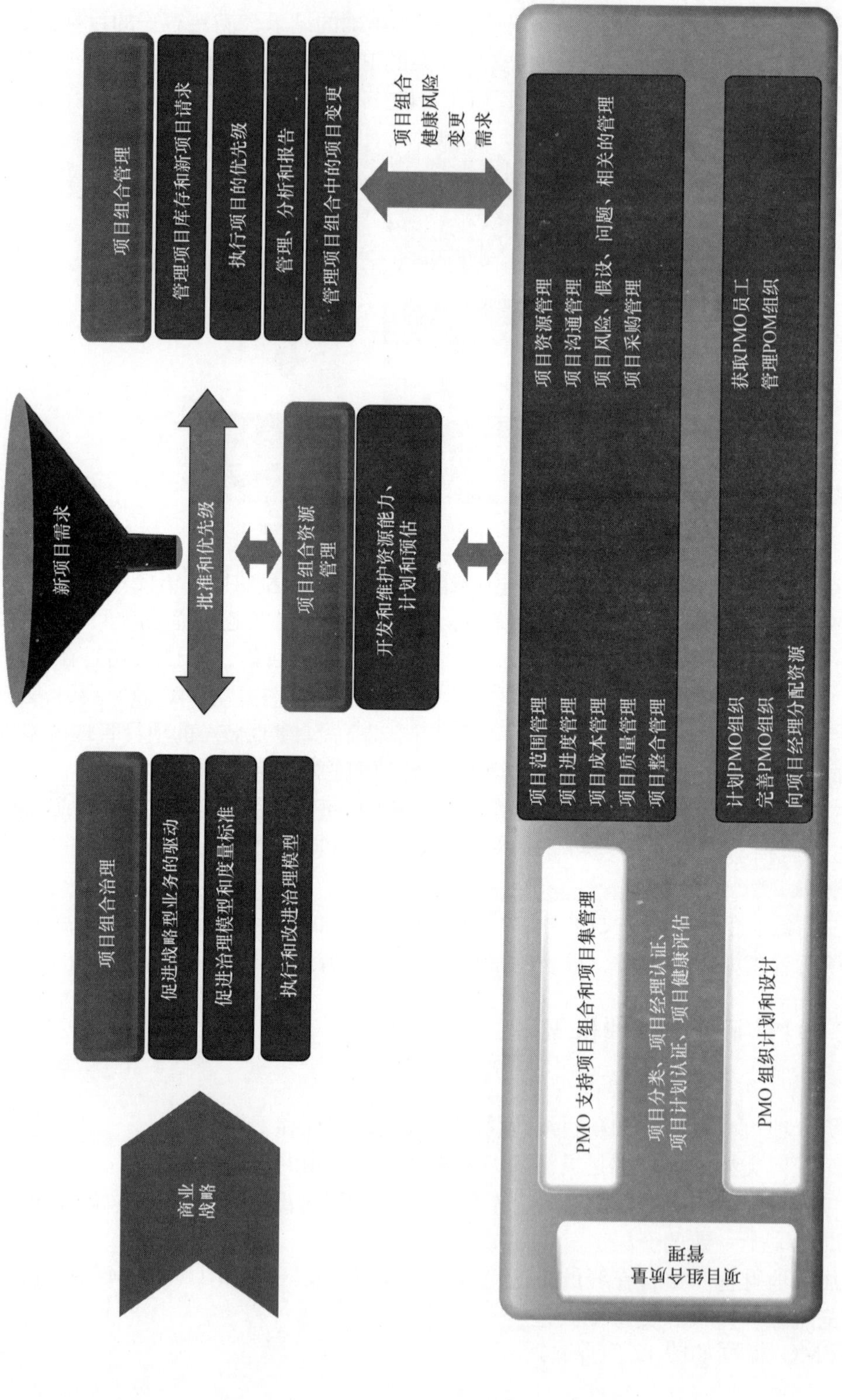

图 12-7 PM3 PMO 流程

- 重点关注项目组合级的标准、流程、工具和模板，负责 6 个标准的 PMO 职能。合理运用这些工具和流程，能够通过更好的治理、全面支持利用最佳实践和所学课程提高项目交付质量和效率。
- 通过以下几个方面，提供标准流程、工具和模板，执行一组促使项目成功的标准功能：
  — 项目、项目组合治理。
  — 项目、项目组合管理。
  — 项目组合资源管理。
  — 项目组合质量管理。
  — PMO 对项目和项目集管理的支持。
  — PMO 组织计划、设计和管理。
- 代表 PM3 的项目组合管理部分；工作基于 PM3 框架内，在战术和战略层面对项目执行的各个方面提供更深入的组织洞察力。PMO 也有助于从战略的角度对执行的计划和治理的项目进行资源有效分配，协助提高项目交付与客户战略目标的一致性。
- PMO：
  — 精简项目、项目集和项目组合管理投入，提高项目交付质量和效率。
  — 提供可用于增加项目处理量的数据，使客户投资的战略收益最大化。
  — 目的是促进组织变更管理。
  — 为问题上报和解决提供清晰有效的项目领导职权线。

总体来说，PM3 框架通过以下方式促进了 NTT DATA 及我们的客户实现卓越运营：

- 为客户提供统一的、无缝的高质量交付，通过整合的、端到端的和多重服务解决方案，实现项目管理标准化。
- 利用经过证实的、可重复的行业水平的最佳实践来增加交付的成功概率。
- 提供持续项目绩效监控和报告，利用定量早期预警指标，主动辨别并最小化有损客户忠诚度的消极影响。
- 使项目经理在灵活的、高效的、行业水平的培训和认证中成长发展，提供持续的职业发展和更清晰的职业道路。

◆ 通过项目交付治理确保质量

项目交付治理是检查、监督和控制全球项目交付绩效和项目管理遵循 PM3 标准程度的流程和有关问责制框架。

PM3 项目交付治理流程：

- 适用于内外部项目和项目集。
- 基于标准项目复杂度分类（Project Complexity Categorization，PCC）合理排列。PCC 根据一个通用的有关规模、复杂度和风险因子的问卷给每个项目打分。

- 包括 PMO 账号、业务线/交付团队 PMO/治理领导及 BU PMO 服务的责任。这个标准还定义了运营管理在项目交付治理中的角色及我们如何合作。
- 通过常规治理、报告、质量保证和质量控制活动来完成。

这个治理流程从高级行政人员的层面，提高项目绩效可见度，并定义绩效衡量和报告的标准。作为治理流程的一部分，被披露的信息提供了早期预警，被用于启动针对表现欠佳的项目的质量控制、干预和流程修正。

治理流程的控制范围包括：

- 全球项目交付绩效。
- 遵循项目管理标准的程度。

PM3 项目交付治理收益包括：

- 提高项目绩效在整个 NTT DATA 的可见度。
- 通过及时、客观、定量的绩效报告，提供对表现欠佳项目的持续监管、早期预警、识别和检查。
- 促进对表现欠佳项目的快速反应、主动干预和修复。
- 定义一个持续通用的绩效指标和报告标准。
- 最终有利于减轻对公司财务和客户满意度的消极影响。
- 加强我们在所有项目中复制卓越的能力。
- 用可靠的可预测结果实现执行的连贯性。
- 确保标准化项目管理方法和工具包为 NTT DATA 所用，促进其可扩展性和增长目标的实现。

◆ 确保项目管理发展、认证和领导技能实现成功

项目管理的“艺术”和“科学”

获得专利的 PM3 方法和支持文件要求合格的项目管理团队成员基于项目（集）的具体需要领会并合理运用方法、标准和工具，仅仅按照清单或刻板地逐步进行管理，既不能成功执行项目管理，也不能完全实现价值和收益。标准、流程和工具仅仅是这个等式的一部分，成功的项目管理还有赖于强大的领导力、决策力和判断力。为了取得最大收益，利用 PM3 项目和项目管理框架时，项目经理必须努力在严格执行的科学性和合理判断领导力的艺术之间保持平衡。当合理、有效地为我们的客户和 NTT DATA 运用了流程和工具，以所用的严格程度平衡了风险时，管理价值就显现出来了。

PM3 流程及支持工具和模板被设计用于减小风险，实现可预计、可重复的成果；这些流程和工具就是我们所说的项目管理中的“科学”。项目经理不仅必须关注他们需要遵循的流程，还要关注流程的内容和结果或后果，这些流程和标准的目的在于产出。

项目管理中的“艺术”是在商业问题和环境中实现“科学的”、明智的、成本高效的运作。方法论和工具很灵活，需要经验丰富、素质优良的项目经理合理应用。尽管我们的方法论提供了基于项目规模、复杂度和风险的衡量准则，但每个客户参与各不相同，需要

衡量项目经理的判断力和经验来决定哪里需要定制，哪里需要协调。

PM3 框架是一种达到目的的方式。让项目管理从业人员实现项目成功所必需的重要成果的方式有好几种。强大的项目经理会平衡“艺术”与“科学”，确保实现重要成果。

◆ 通过内部 PM3 项目管理认证项目发展和保持管理能力

- NTT DATA 内部 PM3 项目管理认证项目是协调合适的项目经理（基于其技能和经验）和正确的项目（基于规模、复杂度和风险因素或项目复杂度分类）的标准。
- 按照项目复杂程度实现更优的项目管理资源分配，以高效的方式减小风险，增加项目成功概率。
- 在整个 NTT DATA 建立统一的标准，通过更清晰的职业发展道路，实现职业流动，促进职业发展。
- 提供稳定的项目管理人员资格认证和素质保障，这在杠杆资源模型中十分重要。
- 这是一个多层次的项目管理认证项目，根据技能、培训和更重要的、成功的项目经验，来确认项目管理资源。
- 对客户来说，这是关键的区分因素和附加价值，表明了我们项目管理团队成员的质量保证和专业发展，增加了客户对项目管理资源的信心。
- 由组织优先事项和需要衡量和驱动。
- 是 NTT DATA 人员战略和 PMI 项目管理认证的补充。
- 正式认可项目经理的成功、经验和知识。
- 鼓励和促进导师制文化。
- 促进项目管理标准和最佳实践的成熟度和一致性。
- 保证任命一名全面发展的项目经理，这名经理需要具备有效应用标准的能力，在同等规模或复杂度的项目（集）中有过成功经验。
- 与 PMI 项目管理认证一致。
- 为项目经理提供更多明确的职业机会。

◆ 投资于项目经理的发展，提升管理质量，促进管理成功

在 NTT DATA，我们的员工不仅是今天的员工，而且是组织的未来。我们知道员工是我们最重要的投资，而且有了合适的工具和环境，就有无限的成功的潜力。

除了有关具体项目管理流程和工具的技术、技能（有时被称为项目管理中的“科学”），NTT DATA 的项目管理学习系统（Project Management Learning System，PMLS）还强调人力绩效技能，或项目管理中的“艺术”的重要性。卓越的领导技能和良好的判断力对任何项目经理的成功都很重要。

PM3 项目管理认证项目和相关的 PM3 培训对这个标准的长期持续发展很重要。PM3 涵盖一个全面的课程体系，该体系为项目管理团队成员提供培养项目管理技能和理解 NTT DATA 方法的机会。这些经验课程基于 PM3 及相关工具包安排，还有额外的、来自现实世

界的例子和案例，研究讨论如何应对常见的项目管理挑战。该项目管理课程表已获得 PMI 批准，提升了 NTT DATA PMI 注册教育提供商（Registered Education Provider，REP）的地位，这使参与者能够获得 PMI PMP 方向的 PDU，或其他 PMI 项目管理认证或再认证。

所有的 PM3 培训都是基于网络进行的，以最便利、高效的方式，在线提供给 NTT DATA 项目管理团队成员，访问便利，导航便捷。用户使用局域网可以访问培训主页，它帮助用户浏览所有可用培训资源。培训按照以下内容组织：

- 最近重点及新发布课程的快捷方式。
- 其他相关网址、特定团队培训的重要链接。
- PM3 资源库和 PM3 项目管理认证计划的直接链接。
- 按学习途径或项目分类的培训，与下列内容一致。
  — 角色和 PM3 PM 认证层级。
  — 领导能力。
  — 技术与职能竞争力。

◆ 通过组织变更管理方法促进长期采用和可持续发展

用于促进和维持主要变革的方法和技术，一直以来都是企业项目管理标准化项目的关键成功因素。

团队发现，使用不同组织变更管理（Organizational Change Management）技术的最有效方式通常以此为开始：坚定的高层发起人从最初就建立起来，并始终负责维护。

来自发起人的自上而下的沟通：

- 加强常规基础整体组织战略的优先性和一致性。
  — 对于长期运营项目最少一年两次，特别是在发生领导层变更和重大的重组之后。
  — 在战略沟通中和沟通后一直参与其中。

“变更准备评估”是一个标准的组织变更管理元素，利用来自组织中各级受影响的相关方样本的访谈和请求输入。这种输入对 PM3 实施、培训和沟通计划很重要。此外，它支持人员补进，因为项目管理团队在项目一开始就花了时间重视并评价相关方参与。

确保所有受影响的相关方小组和团队的参与

- 全球服务——来自所有项目交付团队的 SME 的广泛参与和紧密合作。
- 通过正式交付产品和例行的每周或双周会议征求和采纳反馈意见。
- 为项目建立一个“领导指导委员会”，由在业务单元范围内具有权威领导力的代表来执行标准、移除障碍、升级或解决问题。
- 合作还是专断；在不牺牲质量和标准内容的情况下，进行调整以适应业务情况和组织成熟度。关注预期效果。

在业务单元内建立和维护 PMO 和项目团队的可信度

- 以身作则，通过实践应用而非理论证明自身价值。
- 采用行业公认的最佳实践进行交流。

- 确保实施和（或）改进计划，可在早期证明对业务带来的价值，用“快速胜出法”和“低垂果实”（唾手可得的收益）效应，来应对最热门的业务“痛点”，在定期线上活动中维护价值的利益、发展势头和明确性。
- 支持、灵活，在适当的不牺牲质量的情况下，利用严格、缩放和精简平衡风险。
- PMO 服务于业务、客户和 PM 社区，是支持配合的，而不是侵扰破坏的。
- 倾听；持续努力理解业务，对客户优先事项保持敏感。
- 参与组织外部事务，抓住机会展示最佳实践，获取外部的行业认可和验证；在沟通中利用这些成绩、奖励和认可，建立和借用标准信誉及 PMO 团队，驱动变更。
- 沟通，沟通，沟通！保持可见性和动力。

贡献者

PM3 由来自 NTT DATA 的主题专家，以及企业中 PMO 团队提供：

Michele A. Caputo，PMP，NTT DATA 企业项目管理办公室领导者及企业项目管理标准化程序主任

Allison Bass，PMP，ITIL，6σ 绿带

Bonnie Flynn，PMP

Tracy F. Grimes，PMP

12.4　思科系统公司

思科系统公司（Cisco Systems，Inc.，以下简称思科）在 2016 年 7 月看准了关键领域和时机，欲组建世界一流的全球项目和项目集管理办公室。因此，2016 年 9 月，思科开始建立正式的全球项目和项目集管理办公室（Global Project and Program Management Office，GPMO）。为了创建这个新的 GPMO，思科将 12 个独立的 PMO 组织合并为一个组织。

随着市场需求的变化和客户期望的提高，思科认为，全球项目管理卓越是其专业服务交付战略的核心。GPMO 副总裁 Sanjay Pal 表示：“提供专业服务的关键是需要专业的项目和项目集的运作管理。这是思科内部最大的一个组织。”

思科以为客户提供高价值的战略成果而闻名。GPMO 的愿景是被其客户和服务行业公认的在产品组合、项目和项目集管理方面持续卓越的标准，集中到一个全球性的组织中，重点是创新、投资人才、推动一致性、释放业务价值和服务客户。思科意识到，随着市场的变化，需要开发新的 PM 交付工具，增强自身能力并创造新的职业机会，在全球范围内实施一套统一的 PM 最佳实践，管理风险并推动可预测的结果，并向客户展示更大的价值。

思科的 GPMO 主管 Erik Vogel 表示：“在专业服务方面，我们没有太多的 PMO 可以对标，这是思科面临的挑战之一。”将其视为一个可以成长的领域，思科建立了四大卓越运营转型支柱，以推动这一进步。四大支柱包括现代化项目组合、严谨式运营、流程简化和人才捕获。Erik 说：“我们今天所做的一切都与这些支柱一致。”这四大支柱的应用将使业务流程和数据驱动决策变得更好。

GPMO 正在推动流程的一致性和培养人才能力，以便思科能够管理适应日益复杂的环境。在倾听了客户的声音之后，思科定义了四个对 GPMO 成功至关重要的功能属性。整个组织结构集中在这四个领域，包括确保布局一致，能够领导大型复杂交易和推动大型转型项目，重点关注集中化领域和能力的技术方向及 PM 要求。

一般来说，思科正在形成一个全球性的治理职能：

- 使 PMO 能够在各地区得到有效和一致的管理。
- 标准化和持续性流程、政策、标准和培训。
- 确定和衡量组织指标和关键绩效指标。
- 提供了一个交流项目风险的场所，并根据思科标准制定、评估和实施 PMO 标准。
- 创建新员工入职、职业发展和培训要求。

随着思科 GPMO 转型为真正的世界级 PMO 组织，所有转型活动都遵循四个关键原则：提高简单性、非原则化的标准、数据驱动的决策制定及成为更好的业务合作伙伴。根据这些原则对所有转型举措进行评估，以确保它们符合总体目标。

思科将项目集治理与技术治理相结合，利用最好的员工为客户引领变革之旅。“我们将 1 300 多人和 11 个团队聚集在一个组织下。这是组织的核心，并将成为最先进的。”Sanjay Pal.Erik Vogel 赞同地说并进一步表示：“这一功能是复杂的跨职能项目的核心。随着思科在这一领域的发展，整个团队将逐步演变为一个战略角色。”

综上所述，思科将 GPMO 打造成一个一流的组织，提供最高水平的客户价值，拥有价值区分者的声誉，成为被客户和服务行业认可的，在项目组合、项目集和项目管理方面持续卓越的标准。这增加了思科的声誉，也为客户提供了高价值的战略成果。

思科努力为客户服务，挖掘业务潜力、创新业务、投资人才，推动一致性，并不断学习。思科的使命是推动高端业务的增长，推动员工的专业成长，提升客户的价值水平。思科的专业服务正在通过提高效率、改善资源流程和保持学习文化来改变它们的业务方式。

未来的 GPMO 是一个全球性的 PM 组织，从前端创新和领导，支持专业的 PM 社区，扩大下一代专业服务和增长，并释放客户潜力，到进一步提升思科为客户带来的价值。

12.5 丘吉尔唐斯公司：成立 PMO

决定成立项目管理办公室是很容易的事，但是想要真正建成需要克服特定的难题。丘吉尔唐斯公司的项目集管理前总监 Chuck Millhollan 按时间顺序列举了他的组织经历的一些大事，并讨论了一些需要克服的难题。

在我们实现结构化的项目、项目集及项目组合管理流程的过程中，遇到的一个主要难题就是“习惯”。丘吉尔唐斯公司的 PMO 成立于 2007 年 4 月，是纯种赛马行业的第一家。我们最高级的领导层很明白，申请、批准和管理项目及维持项目组合管理需要一个结构化、标准化的方法。然而，很多组织资源在使用过程中从来没有使用正式的项目管理概念。

我们的高级管理层在成立 PMO 的过程中十分积极。

我认为，这是导致丘吉尔唐斯公司 PMO 早期能够成功的主要影响因素之一。我们在成立 PMO 时，清晰定义了我们的使命、展望及业务目标。我们的 CEO 签署了特许状，授权给 PMO，以扩展与资本项目管理相关的组织资源。

- 我们的 PMO 正式成立于 2007 年 4 月。
- 我们拥有三重使命，集中力量解决经高级管理层认定的需要：
  — 建立、协助并管理项目组合选择决策及拨款流程。
  — 通过在丘吉尔唐斯公司的项目组内制定强有力、普遍适用的项目管理准则，为整个组织实现持续项目成功奠定基础。
  — 通过提供项目管理领导力，以及提高相关流程的质量及可重复性，引导关键项目获得成功。
- 我们制定了 PMO 的业务目标，并将其进展与 PMO 主任的薪酬方案相关联。业务目标简单来说包括：
  — 制定并实行项目选择标准。
  — 制定并实行一套标准化的项目管理体系方法。
  — 培养丘吉尔唐斯公司员工项目管理的专业精神。
  — 管理丘吉尔唐斯公司项目组合。
  — 为关键的主动战略措施提供项目管理指导。
  — 确保实现利益的相关流程。
- 我们会提供项目管理、团队建设、批判性思维等的培训课程，来实现知识共享，并在项目组成员和其他相关方之间建立起关系网。
- PMO 成立了一个目标同样明确的读书俱乐部。这一举措在整个组织都获得了认可，并且对于在不同部门间建立关系网有直接贡献。我们的读书俱乐部成员包括来自 9 个不同部门的代表，级别上至副总裁，下至个人贡献者。

目标 1：通过完整阅读指定书目、积极参与讨论，实现个人成长。

目标 2：通过概念的实际应用，在丘吉尔唐斯公司及相关团队中互相学习，获得创造性的想法并找到解决实际中业务问题的方法。

目标 3：通过积极参与读书俱乐部的讨论，在一个安全、保密的环境中解决实际中与工作相关的重要问题，促进不同职能部门之间的交流。

目标 4：通过部门内的讨论并且切实学到相关理念，与相关团队互相学习。

- 丘吉尔唐斯公司决定成立一个 PMO 的主要驱动因素是，在界定和管理项目范围、在多个项目间有效分配资源、完成项目预期方面遇到了挑战。

12.6 丘吉尔唐斯公司：范围变更管理

成熟的项目管理办公室，要么细致到直接参与涉及 1 美元以上的范围变更，要么建立起控制范围变更的流程。丘吉尔唐斯公司的项目集管理前总监 Chuck Millhollan 提出了对于范围定义和变更控制的 6 个必要步骤。

◆ 步骤 1：精简

对于一个没有控制的组织或环境，引进任何一种结构或控制的尝试都能带来很大的改变。一个项目管理组织在能够控制范围变更之前，必须实行一个定义范围的流程。让组织的决策制定者接受项目管理规范并不特别困难，但是如果再加上需要改变组织行为来遵循这些原则，就是另一回事了。我们越是试图更大程度地改变一个环境，这个环境就会有更大的困难来适应、认可以致欣然接受这些改变。为了避免过度改变带来的天然抗性，一个合情合理的方法就是限制变更的范围，并集中精力解决迫切需要，也就是集中于基础和基本方面。如果你无法长期完成好基本的事情，一个复杂、高度成熟的流程又有什么用呢？

◆ 步骤 2：定义初步范围

对一个组织来说，如果它没有一个流程来获得与项目要求紧密联系的业务目标，那么它当前的需要就是定义一个用于文档记录、预估及批准工作初步范围的结构化方法。值得注意的是，批准工作范围不仅仅是简单地用点头、握手表示同意或者一个广泛的、主观层面上的随意认同。在项目管理上，批准暗示了白纸黑字的赞同。更简单地说，需要签字来表明统一，并以此奠定工作的基础。有一件事很重要，那就是向不熟悉专业项目管理结构化方法的相关方和发起人强调，认可一个工作的初步范围并不代表只剩下执行了。远远不是这样的。相反，你需要着手设定界限，在此基础上才能开始有效计划，来保护他们的利益。换句话说，你在增加项目成功的可能性（正如之前的研究显示）。

◆ 步骤 3：理解对项目发起人来说什么才是最终的认可

我们怎么才能知道已经达到最终目的了呢？对旅行来说，当到达计划的目的地时，我们就认为旅途结束了。同样，当我们完成项目章程中描述的业务目标时，我们就认为项目完成了，是这样吗？是的。除此以外，还有其他一些因素。“其他一些因素”集中于范围变更的控制。你的组织怎样定义什么是最终发起人认可呢？推荐一种方法，采用简单明了的语言为相关方定义什么是发起人认可。发起人认可是指对项目的正式认可，认为项目已经达到了最初通过的工作范围定义的目标，也达到了经正式批准的变更请求中定义的目标。这种简单明了的定义能够帮助我们避免想达成的目标和文档记录之间的分歧。

◆ 步骤 4：定义、文档记录并推广一种结构化的方法来进行申请、评估及批准变更请求

什么是变更请求？有一些看法认为，变更仅限于对于新增特色、交付物或工作的申请。当这一纸申请集中于这些类型的变更请求或范围变更请求时，重点在于，要注意到任何对期望有潜在影响的改变都需要根据一套正式的变更请求、批准及沟通流程进行。请记住，激进的期望管理是我们用来影响相关方价值观的最好机会。范围、预算、进度及风险是有

相互依赖关系的典型代表，并能够直接影响相关方的看法。此外，还要记住最有效的变更控制流程包括风险评估，而且无论是认可变更请求的还是不认可变更请求的潜在风险都需要进行评估。

要记住，过多的官僚主义、分析或纸面文章会让相关方想要规避这些流程。如果你想要你的相关方逃避、忽视或完全跳过你的流程，那么就使用大量的 Administrivia 吧。Administrivia 是根据“Trivial Administrative Process”（琐碎的行政程序）创造的新词（作为作者，我保留将其添加进英语的权利）。请记住，我们的任务侧重的是交付及经营成果，而不仅仅是坚持一个预定的流程。采用一种精简的方法来进行范围变更请求文档记录，在影响这种有时痛苦，但又极其重要的取得变更的流程方面会有所帮助。

有关流程的忠告：早早决定（无论是从企业标准角度或是特定项目角度）对批准一个变更请求来说哪里是“雷区”及相关级别的权威。什么级别的变更能在内部被批准？例如，如果一项变更对项目只会产生较小的影响，如延长一周以内的进度或者增加少于 1 万美元的预算，那么项目经理就可以自行批准。什么样的变更需要逐级上报给项目发起人，又是什么样的变更需要变更控制委员会或管制委员会审查呢？事先做好这些决策将很大程度上揭开如何进行变更管理的神秘面纱。

确保每个人都理解自然分解流程和识别需要完成的新工作之间的区别，以期在业务目标及与新交付物或修改交付物的相关工作上达成预先共识。请记住，计划出现遗漏和错误将会导致进度和计划的变更，但通常并不是范围变更。

◆ 步骤 5：文档记录并校验范围内的所有工作（建立工作分解结构）

要想界定完成一个项目需要做的所有工作，有个特别好的方法，就是首先设定好想要的最终状态及与之相关的预期效益。为了获得这些效益，需要一些什么工作呢？为了达到已批准的最终状态目标（或业务目标），又需要一些什么工作呢？为了有效地管理工作，就要计划好必要的细节部分。如果已经能够进行有效管理，那么再进行工作单元分解就是琐碎的行政程序了。请注意，定义及沟通为获得最终发起人认可和变更请求的流程都在传统的分解工作之前。为什么？问得好！我们将业务目标分解到可确定的工作单元所遵循的自然规划过程，可以对变更请求起到催化作用。我们希望预先达成共识，变更不是无偿的，而且将新增请求纳入工作的项目范围之前，需要经过正式申请、文档记录、达成一致、批准等过程。

◆ 步骤 6：管理变更

至此，基础已经打好了，你已经完成了如下事项：用文档记录初步范围、定义获得最终发起人认可的流程、用文档记录范围变更流程、建立起了工作分解结构，还需要做的事情就只剩下按照你的政策和计划进行管理，以及管理必然会出现的变更请求了。范围变更控制可以保护项目经理及项目所在组织不受项目蔓延的困扰，并且在管理相关方的期望方面起到作用。

从业者频繁遇到的一个问题是：“当我的上级不允许我来定义、记录、管理变更时，我应该怎么办？”这是一个很现实的问题，而且很有必要解决。一个本能的解决途径就是，与上级进行沟通，让他们理解一种结构化的方法对于用文档记录、管理范围的必要性。正如我们的同行所承认的，在制定组织政策方面，我们并不总能得到足够支持。我们也许可以尝试采用非正规途径完成流程，或者就直接那么做了。这可能是一种展示价值的有效方法，但也可以被理解成一种自我保护方式，而不是一种用来增加项目成功可能的途径。人们会对那些为了个人需要用文档记录申请、辩护等的人抱有戒心。你需要确保信息共享，并解释采用这种方式的原因，以证明你在设法完成他们的期望。一般来说，人们很难不接受别人用无私的方式来达到他们自己的需要。

◆ 借鉴他人的经验教训：在真实世界的应用

丘吉尔唐斯项目集管理办公室从基础开始，学习经验、最佳时间及教训，建立起了自己的 PMO。新成立的 PMO 的三重使命是：建立、协助并管理项目组合选择决策及拨款流程；通过制定强有力、普遍适用的项目管理准则，为整个组织实现持续项目成功奠定基础；通过提供项目管理领导力，以及提高相关流程的质量及可重复性，引导关键项目获得成功。以上这些看起来是相当标准规范的。以上使命将被分解为详细明确的目标，而能否成功实现这些目标将会影响 PMO 主任的薪酬。

PMO 的目标

（1）为项目申请、评估及拨款制定并实行标准化流程，以确保批准通过的项目与丘吉尔唐斯公司的业务目标和目的相一致。

（2）制定并实行一套标准化的项目管理体系方法，包括政策、标准、指导方针、步骤、工具及模板。

（3）为项目组提供导师、培训及指导，让项目组学习、采用项目管理流程和最佳实践，来培养项目组成员项目管理专业精神。

（4）准备好所需文档，并使用关键绩效指标的有效报告向相关方准确汇报当前的项目组合进展，来管理丘吉尔唐斯公司的项目组合。

（5）为关键的主动战略措施提供项目管理指导。

（6）采用一系列流程清晰定义商业论证及相关衡量项目成功与否的指标，确保实现利益。协助完成利益实现后的评价与报告。

与变更控制相关的是，我们希望确保使用的流程是精简的，相关方能够理解该流程的重要性，以及最后也可能是最重要的，采用相关方能够理解的方式进行沟通，并遵循变更请求流程。这里有一个问题要问问我们的从业人员：“为什么我们期望相关方学习并理解我们内部的语言呢？”以理解和培训为目标，我们采用他们可以理解的语言开发了虚拟工具来记录整个项目管理的流程。例如，“跑道”项目（见图 4-20）向我们的上级及项目组成员展示了我们认为理所当然且被普遍理解的事；说明了项目拥有明确的起始、明确的结束，并在计划和管理过程中需要特定的文档记录，以保证每个人都能够理解预先的期望；

同时也说明了我们能够实现投资的预期效益。

对丘吉尔唐斯公司来说，范围变更控制的基础是完整的投资申请工作表（或商业论证），以及对于已通过章程中列出的工作范围的一致认同。这项工作之后将分解到所需的细化程度，来对行动进行控制并完成必要的工作，以实现请求，以及在该章程中批准的各项目标和范围变更请求。范围变更请求包括有助于理解的样本，填写空白模板及经项目经理推动的流程。更重要的是，范围变更申请表用于记录变更请求的业务目标、确保变更部分效益得以实现的衡量标准、对于进度及花销的影响、资金来源，以及将变更请求包括进整个工作范围所需的必要批准。

对于这一用于文档记录和控制范围的结构化方法，丘吉尔唐斯公司现在已经意识到了它的一些好处，包括：

- 追溯记录遗留项目的范围，以致取消那些受不可控变更困扰的项目，这些项目的最终产品不再可能带来在商业论证中表现出的效益。
- 否认范围变更请求基于投资的实际汇报及影响分析。
- 确保请求的范围变更将有助于完成投资委员会批准的业务目标。
- 授予项目组成员对非正式的变更请求说“不”的权力，无论这些请求是否可能产生可量化的效益。
- 揭示出看起来特别好的主意可能无法经得起结构化的影响分析。

12.7　项目办公室的类型

公司内普遍存在 3 类项目办公室。

（1）职能项目办公室：这类项目办公室应用于组织中的某个职能领域或分支，如信息系统部门。这类项目办公室的主要职责是管理关键资源库，即资源管理。很多公司里都建立了 IT 项目管理办公室，实际上，它可能负责管理项目，也可能不负责管理项目。

（2）客户群项目办公室：这类项目办公室的意义是更好地进行客户管理及客户交流。将共同的客户或项目集合在一起，以便更好地管理并维持更好的客户关系。可能同时存在若干个客户群项目办公室，最后甚至可能像临时机构一样发挥作用。实质上，客户群项目办公室更像公司中的公司，对管理项目负有责任。

（3）企业（或战略）项目办公室：这类项目办公室服务于整个公司，它并不注重职能问题，而是侧重于公司问题或战略问题。如果此类项目办公室确实管理项目，那么这些项目的目的通常是降低成本。

正如之后将会讨论到的，多种类型的项目办公室同时存在并不少见。例如，美国礼品公司（American Greetings）拥有一个 IT 职能项目办公室及一个公司项目办公室。再举一个例子，让我们一起来看看 AT&T 的一位发言人是怎么说的。

客户项目集管理办公室（Client Program Management Office，CPMO）代表了一个组织（如业务部门或分部），管理一系列指定的项目组合，并与以下部门和人员对口：

- 客户发起人及指定项目的项目经理。
- 指定的客户项目集管理办公室。
- 指定的项目组合行政办公室（Portfolio Administration Office，PAO）代表。
- 企业项目管理办公室的资源协调（Resource Alignment，RA）组织的下属工厂。

部门项目组合管理办公室（Department Portfolio Management Office，DPMO）为客户组织的执行官提供支持，并代理他们所有的部门项目组合。它起到主要联系点的作用，在以下领域将指定的 CPMO 及其客户组织与进行整个部门项目组合的 PAO 联系起来：

- 年度项目组合计划。
- 与项目组合资本和花销目标相关的资本及花销资金方案。
- 计划内清单的变更管理及商业案例补遗。
- 部门项目组合优先等级化。

PMO 由一位执行总监领导，这位执行总监属于项目管理执行总监之列。所有的执行总监均向项目管理副总裁报告。

PMO 的职能包括定义、文档记录、实行及持续改进项目管理流程、工具、管理信息及培训需求，来确保顾客体验到优质服务。PMO 开发并维护：

- 多个项目组合间有效且高效的项目管理流程及步骤。
- 集中于提高项目经理日常活动效率，以及实现外部和内部顾客需要的体系和方法。
- 衡量顾客体验、项目绩效及组织绩效的信息管理。
- 支持组织目标的培训/认证课程。

12.8 惠普公司

惠普是另一家认识到全球项目管理重要性的公司。以下是惠普项目集和项目管理实践主管、PMP 专家 Sameh Boutros 的描述。

> 对大型跨国公司来说，为了以有竞争力的成本提供更高价值的服务，项目管理标准化是至关重要的。惠普的惠普 EDS 业务团队在美洲、欧洲及亚太地区实现了项目集和项目管理（Program and Project Management，PPM）实践的联网。这些实践的使命在于：
>
> 由 PMO 业务领导人和项目经理牵头 IT 服务项目，为惠普的客户提供项目管理服务。如果项目经理能够始终如一地按时、按预算交付项目，并且使用了专业成熟的最佳实践，令客户满意，那么 PPM 实践的目标就实现了。PPM 实践为实现业务目标提供支持，这些业务目标包括资源的高效利用、盈利能力、公司增长及客户满意度。同时，它也提供专业领导，来确保项目经理有能力满足业务需要，并拥有发展壮大自身事业的机会。

项目管理的发展包括正式的培训和认证，也包括非正式的发展。对惠普服务来说，项目管理是它的核心技术和能力。获奖的项目管理发展培训计划包括核心项目管理课程、高级项目管理论题、针对惠普服务实践的特别课程及职业技能培训。我们通过多种语言来提供该培训计划。其他支持项目管理发展的活动还包括：

- 推动项目管理认证活动。
- 更新和管理正式的培训课程，以适应员工的发展。
- 推动和参与 PMI 年会、区域项目管理培训和联网等主要活动。
- 鼓励非正式的沟通交流和指导。
- 为现场项目经理提供指导。

项目集管理的全球方法，利用业界最佳实践，并结合惠普自身的附加价值，为项目经理提供了体系方法和标准化途径，如图 12-8 所示。

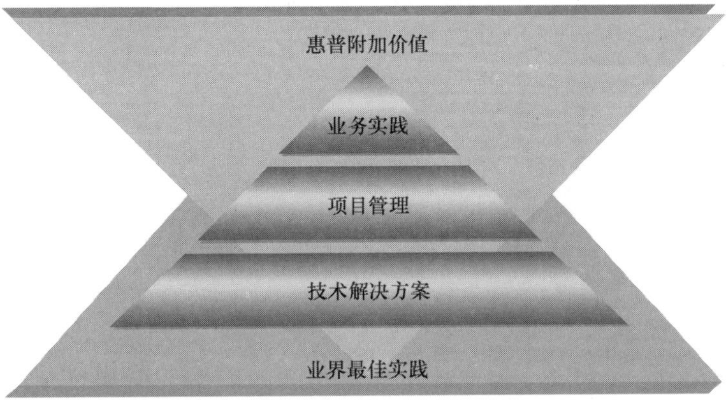

图 12-8　全球方法、项目集体系方法：利用业界最佳实践并结合公司自身附加价值的标准化途径

惠普公司的 ITIL 服务经理、架构咨询师、PMP 专家 Doug Bolzman 讲述了惠普内部 PMO 的方式。

> 很多组织都建立了 PMO，这是由于它们各自的项目需要 PMO 来管理。对那些 15 年前还不认可项目经理的价值，而现在已经建立起 PMO 的组织来说，这的确是一个飞跃。但大多数组织只是花钱供养着 PMO，仍旧没有认识到它的价值。这只不过是两害相权取其轻，这些组织不得已认可了 PMO 的存在。换句话说，这些组织认为，如果不供养 PMO 的话，事情有可能变得更糟。
>
> PMO 的主要职能包括项目监控、状态报告及保持项目一致性。由于产品发布的框架还不完善，公司经常会面临这样的窘境：主要生产组织往往只是把解决方案简单地扔给下一个生产组织。如图 12-9 所示，PMO 的建立正是为了使解决方案能够在组织之间实现便利的交接。
>
> 即便这种方法，它的执行仍旧会遇到困难，那就是：根本不存在适应这种架构的单一模型。PMO 必须增加额外的约束条件、人员和工作量。PMO 应该计划整个公司的方向，而不是仅仅局限于个别项目的执行。如图 12-10 所示，开发了另一种模型来替代前一种，它让所有的生产组织参与到产品发布的每个阶段中，共同承担计划和设计的职责；这也同时赋予了 PMO 适当级别的职能。

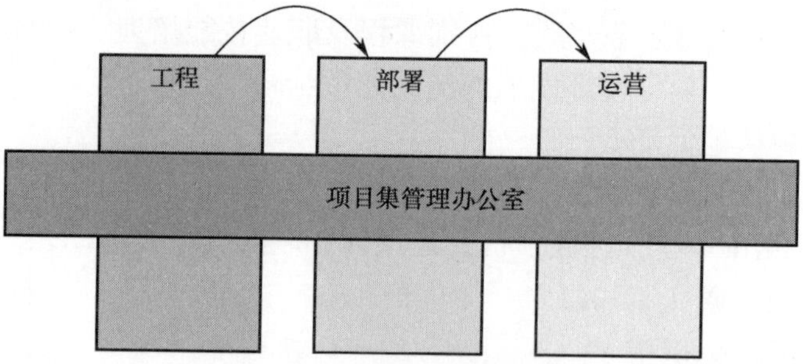

图 12-9　利用 PMO 实现便利

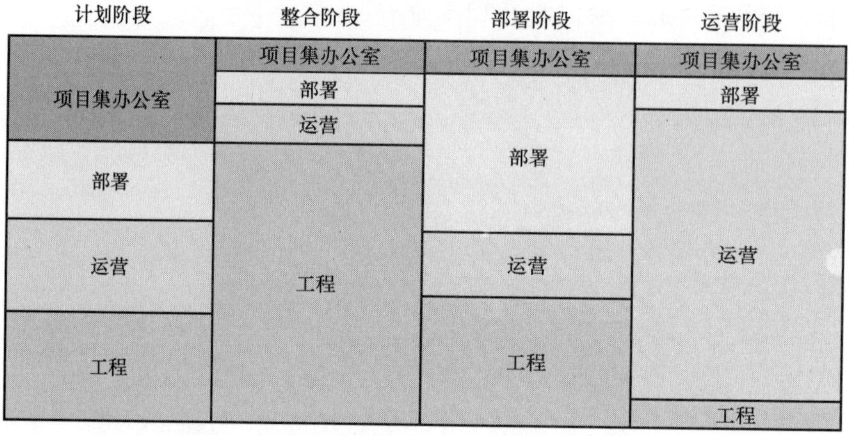

图 12-10　PMO 对应的各种职能

12.9 星空联盟

星空联盟是全世界第一家也是最大的航空联盟，拥有 28 家客运公司。总体来说，星空联盟的空运网络覆盖了 194 个国家的 1 329 个目的地，每天提供超过 21 900 次航班。2012 年，联盟成员共运载旅客 6.705 亿人次，营业额达 1 810 亿美元。星空联盟的每个成员都拥有一个 PMO。航空成员名单如下：

- 亚德里亚航空公司。
- 爱琴海航空公司。
- 加拿大航空公司。
- 中国国际航空公司。
- 印度航空公司
- 新西兰航空公司。
- 全日空航空公司。
- 韩亚航空公司。
- 奥地利航空公司。
- 哥伦比亚航空公司。
- 布鲁塞尔航空公司。
- 古巴航空公司。
- 克罗地亚航空公司。
- 埃及航空公司。
- 埃塞俄比亚航空公司。
- 长荣航空公司
- 波兰航空公司。
- 德国汉莎航空公司。

- 北欧航空公司。
- 深圳航空公司。
- 新加坡航空公司
- 南非航空公司。
- 瑞士航空公司。
- 英伦航空公司。
- 泰国航空公司。
- 葡萄牙航空公司。
- 土耳其航空公司。
- 美国联合航空公司。

星空联盟 PMO 并不是联盟成员客运公司 PMO 的上级 PMO。星空联盟 PMO 为整个星空企业提供项目管理服务。星空联盟 PMO 为业务单元提供的服务涉及信息技术、市场营销、销售、产品、服务、旅客项目及共源项目，即使用所有客运公司的合并购买力，来共同购买相同商品（零配件、机内服务等）的项目。

星空联盟项目的目标在于，在联盟内部及那些能扩大规模的所有客运公司之间创造共同的旅行体验，开发共同的 IT 应用程序、开拓共同的空运网络、使用共同的休息室、共同办理登机手续或进行跨客运公司的无间隙旅客升级。项目组成员通常是来自各成员客运公司的业务专家，在全球范围内提供服务。我们需要在文化意识和建立共识方面做得更好。

在 2011 年，星空联盟的 PMO 协助和协调一些成员客运公司使用星空联盟公共 IT 平台。星空联盟公共 IT 平台是一个战略计划，集中研究如何更好地服务顾客、显著降低 IT 费用、明显提升新产品面市的速度。一旦实施，它将使参与计划的成员航空公司提升客服质量，并提高运营能力。这个计划基于 Amadeus 公司首创的新一代客户管理解决方案组合项目制订，它包括 Altéa 订位、Altéa 库存及 Altéa 离港控制解决方案。

12.10 项目审计和 PMO

最近几年，对业务的不同部分（包括项目）进行结构化、独立审核的需求变得日益显著。一部分原因是遵从 Sarbanes-Oxley 法案的需要。这些审计工作现在已经成为 PMO 职能的一部分。

这些独立的审核是对发现或决策的审计。它们同样可能关注项目健康度的判定。这些审计可能是有计划的，也可能是随机的；可能由组织内部人员进行，也可能请外部审查人员进行。

审计的常见类型有以下几种：

- 绩效审计。绩效审计用于评定指定项目的进展和绩效，可由项目经理、项目发起人或执委会进行。
- 合规性审计。合规性审计通常由 PMO 主持进行，来确认项目在合理使用项目管理体系方法。通常，PMO 有相关权威来进行审计工作，但可能没有权威来强制执行使项目合规。
- 质量审计。质量审计确保项目的质量能达到预期，并符合所有的法律法规。质量保证团队进行这类审计工作。
- 终止审计。那些遇到麻烦而可能需要终止的项目通常需要终止审计。由项目外的人员，如终止负责人或执委会进行终止审计。

- 最佳实践审计。最佳实践审计在每个生命周期结束阶段或项目结束时进行。一些公司已经发现项目经理可能并不是进行最佳实践审计的最好人选。在这种情况下，公司可以培训专业推进人来进行最佳实践述评。
- 检查表和模板通常是进行审计和健康检查的最佳方法。Lilinoe 咨询公司首席执行官/总裁、PMP 专家 Nani Sadowski-Alvarez 与我们分享了一个用于审计项目的模板（见表 12-1）。

表 12-1　用于审计项目的模板

项目发起人：________			项目经理：________	
项目进行 生效日期：________			项目结束 审计日期：________	
确　认		**需要确认的文档/条款**	**等　级**	**备　注**
是☐	否☐	委员会批准（如会议记录、签字等，显示项目已获批准，经签字可以执行部署）	☐	
是☐	否☐	签字生效的项目范围(需有原始签字和/或附传真/电子版签字)	☐	
是☐	否☐	项目启动展示及启动会议议程（包括启动日期）	☐	
是☐	否☐	当前/最新的项目资本和运营支出成本单	☐	
是☐	否☐	所有特定的项目的变更请求（与三重约束相关的细节)，并附上所有相应的变更请求批准签字	☐	
是☐	否☐	由项目发起人签字的项目审批——终止证明文件及运营营业额	☐	
是☐	否☐	项目终止展示，以及议程和收尾会议日期	☐	
是☐	否☐	由所有受影响的团体（如供应商、发起人、法律人员）签字的供应商合同和工作说明书中有关项目收尾的完整项目终止检查表	☐	
		启　动		
是☐	否☐	项目章程和项目评分	☐	
是☐	否☐	最终批准的项目预算	☐	
是☐	否☐	早期工作流（如有需要)，用于表明项目需要和精简工作投入	☐	
是☐	否☐	注意：如果项目与硬件（Hard Ware，HW）/设备紧密相关，提供的图表可以是设备或网络器件（Net Ware，NW）图表	☐	
		规　划		
是☐	否☐	由供货商签字生效的合同并附工作说明书	☐	
是☐	否☐	建立项目日程表并通过清晰度及工作平台维护(注意：项目范围的附录内容应包括原始签名的复印件。当需要时，项目经理需将当前日程表提交给清晰度/工作平台的审计人员）	☐	

续表

确	认	需要确认的文档/条款	等　级	备　注
		规　划		
是□	否□	签字生效的项目范围，包括项目组织结构图、沟通计划、高阶里程碑、技术/业务/临床评估的全部文档，当项目首次公开时若需要详细的财务资料，还需提供项目财务资料	□	
是□	否□	技术评估及相关图表	□	
是□	否□	供应评估（如有需要），包括成本估算、预期设备等	□	
是□	否□	财务信息安全官（Financial Information Security Officer，FISO）认证的安全评估	□	
是□	否□	最终批准的项目预算	□	
		执行/控制		
是□	否□	设计/建造——任何适用的设计/建造文档	□	
是□	否□	风险和问题——项目经理需要通过清晰度部门（The Clarity）的问题/风险/变更请求清单记录问题和风险，并上传具体风险或问题的附属文件	□	
是□	否□	变更请求及附属签名文件——项目经理需通过问题/风险/变更请求清单记录项目的变更请求。变更请求同样需要上传至共享网站，保存在相应的项目文件夹内	□	
是□	否□	修正的及增强的工作流程和程序	□	
是□	否□	测试——项目测试的所有相关文档（测试脚本、测试计划等）	□	
是□	否□	培训——项目培训的所有相关文档（培训计划/日程表、课程信息等）	□	
是□	否□	在供应方面合适的衡量标准和表格（包括任何必要的流程来为安全途径获得签字）	□	
是□	否□	购货订单的详细资料（购买请求、成本估计等）	□	
是□	否□	所有的发货清单（可以通过清晰度部门及信息系统会计人员的复查和指导来追踪）	□	
是□	否□	由 FISO 执行的正式启动前安全评估	□	
是□	否□	正式启动前工作流程（如有需要），提供当前状态及随着项目进行的下一个预测状态的详细情况（如果项目包括设备，则需要本条目）	□	
是□	否□	与信息系统会计人员进行评估总览概述	□	
是□	否□	激活/正式启动计划，包括为核心小组及受到影响的其他团队提供的所有必要细节，以使项目启动成功且高效	□	
		收　尾		
是□	否□	项目预算——批准的项目预算细节与最后实际的终止预算	□	

续表

确	认	需要确认的文档/条款	等　级	备　注
		收　尾		
是□	否□	习得的经验教训——由项目经理和整个项目核心小组汇编	□	
是□	否□	运营营业额文档记录	□	
是□	否□	经检查的项目接受（终止）证明文件及发起人签名	□	
		议程表/备忘录		
是□	否□	所有与项目相关的议程表（以日期格式为标题，以方便引用）	□	
是□	否□	所有与项目相关的会议记录（以日期格式为标题，以方便引用）	□	
		展　示		
是□	否□	启动 PPT 展示	□	
是□	否□	与供货商相关的产品展示	□	
是□	否□	用于项目批准的内部展示（如有需要）	□	
是□	否□	项目收尾 PPT 展示	□	

12.11 项目健康度检查

经常出现这样的情况，那就是项目进行了健康度检查，却是由错误的人员进行的。如果让合适的人员进行健康度检查，并讨论合适的信息，那么进行健康度检查就是很好的实践。健康度检查的目的应该是提供有建设性的批评意见，并且如果必要的话，评估替代途径。会议经常以对项目组成员的人身攻击告终。高级管理层及 PMO 的复核可能并不能为项目经理提供想要的建设性意见。NXP 半导体公司的 Mark Gray 和 Eric Maurice 已经找到了一种革新的方法来解决这个问题。他们将这种方法提名为：如果两个人的头脑比一个人强，那么为什么不用三个人或四个人呢?

在我们提升项目成功可能性的征途上，经常使用的一个方式就是同行评议，借以寻求其他专家对我们的项目进行批判性分析，并提供他们的判断和建议。这个方式的主要问题在于，它通常是对项目管理文档记录的一次非常简要的评述，对项目的实际过程仅有很少甚至没有深刻的了解。

NXP 半导体公司研发部门的一位项目经理 Eric Maurice 已经想出了一个新颖的方式，来实现同行评议的真实价值，那就是多头脑项目经理（Multi-Brained Project Manager）! 有时这也被称作 Hydra（希腊神话中的蛇怪，长着许多头，斩去后能重新长出。——译者注）项目经理。

受到一次项目组范围内 MBTI（Myers Briggs Type Indicator，是一种迫选型、自我报告式的性格评估工具，用以衡量和描述人们在获取信息、做出决策、对待生活等方面的心理活动规律和性格类型。——译者注）测试结果的启示，Eric 意识到了一些重大隐患，即偏执于项目的某一个想法，有可能忽略本来明显的问题的可能性。如果项目复杂度升高，或者项目经理在起始阶段就需要考虑到数据数目（有时数据是自相矛盾的）时，这个隐患将进一步加剧。

Eric 紧接着就想出了这样一个方式，从整个组织中通过内部网络找出几个项目管理同伴，让他们组成一个“神经网络”——分享在特定项目背景下的想法、理念和观点。使用这种方式而不是使用单一人员评述的原因是，突破单一输入的局限性，同时增加获得附加价值的机会。

当然，想要完成这项工作需要一些准备和初始条件：

- 如果这些同伴的项目背景非常不同，那么需要做大量的准备工作，向团队人员解释项目背景。
- 需要有关于相互信任、公开、诚实、建设性批评意见的基本原则，但可以不进行正式说明。
- 克服个人心理障碍来展示缺点，从来都不是件容易的事——这同样依赖团队中和谐的信任及合作氛围。
- 频率要合理且有规律——对于一个 20 个月的项目，频率可以是一月一次。这是为了确保分享的观点与项目保持同步。

从经验中我们获得了以下事实和结果：

- 一个明确的结果可以为项目降低风险——对于风险规划的复核能够帮助确保内容规划及应对计划。
- 在那些实际上运作于此项目背景之外的同伴项目经理之间，建立起强大的纽带。这也能够帮助增加组织内的沟通价值。
- 参与者的反馈也是有积极意义的，可以为互相分享和学习增加机会。
- 能够为成功加码的一个因素是，对于每个部分（如计划、风险等），只专注于一个特定主题。对于主题的设定能够在一个真实的项目背景下，让这些项目经理基于对项目的理解，将他们的知识（或从他人那里学到的东西）应用到一个特定专一的领域。
- 这个小型的动态组织（最好有 3～6 人）是新想法产生的温床，也是在项目和整个组织之间输送习得经验教训的良好渠道。

总之，我们可以肯定地说，使用多头脑项目经理这种方式，在杰出执行项目方面，能够比正式的项目审核或正常的速览式同行评议提供更多明显的附加价值。这些附加价值不仅仅限于项目，对参与者和组织整体来说也是一样的！

◆ 一些建议及一个健康度警告

由于建立及运作 Hydra 群体的过程需要花费很多时间，所以我们需要考虑什么时候才是合适的。这个方式什么时候是合适的，什么时候又不是呢？我们对此给出了下列建议：

- 当项目的感知风险级别很高，或者想要以此进行导师式指导（无论是因为项目经理是岗位上的新人，还是因为团队的同伴需要一个机会向专家学习）时，这个过程将在投资上有很好的回报。

- 我们不建议对极短时的项目使用这个方式，因为这降低了该方式起到推进作用的可能性；也不推荐对那些战略重要性较低的项目使用这个方式，因为这会降低团队内成员的兴趣。
- 让项目经理待在多个 Hydra 群体中并不是一个好主意，这不仅是从所需时间上考虑的，也因为会导致注意力过于不集中。
- 需要由项目经理自发组成合适的 Hydra 群体。如果强迫实现这个过程，可能导致项目经理团队内的厌烦情绪，甚至更糟，导致互不信任。

有些人可能说这属于 PMO 的职能领域（如果 PMO 存在的话），但是这里我们想要给出一个健康度警告：PMO 当然应该帮助组成合适的 Hydra 群体，并支持其起到良好作用，但是其真正的价值在于让团队成员真正地融入项目。专家认为，如果将 Hydra 纳入 PMO 领域，那么就存在风险，Hydra 可能成为真正的希腊神话中的怪兽……

使用这个方式并不是想要有意地让它成为另一个“监督控制”的工具，它真正的好处在于项目日常职能的分享学习和多维度观点。

12.12 年度 PMO 大奖

有些人声称，21 世纪第一个 10 年，项目管理意义最重大的改变就是 PMO 这个概念的实施。因此，商业实践中心（The Center for Business Practices）开始设立“年度 PMO 大奖”就不奇怪了。

◆ 奖项标准

各个 PMO 通过论文和其他文件展示项目管理改进战略、最佳实践和习得的经验教训，年度 PMO 大奖则颁发给展示效果最好的 PMO。附加的支持文件，如图表、电子表格、宣传介绍册等，不得超过 5 份。在鼓励提供附加文件的同时，每个有资格竞选的 PMO 都必须在论文中通过例子或实际应用来清楚地说明其最佳实践及习得的经验教训。评委对这些论文进行评阅，考虑申请者的 PMO 是怎样将项目管理与组织的商业战略联系在一起的，以及在发展组织项目管理文化上起到了什么作用。除了申请者的 PMO 对项目及组织成功的贡献，还将评判论文的有效性、优点、精确性及一致性。

评委想要看到的最佳实践类型包括：

- 为了成功管理项目，进行 PMO 战略整合的实践。
- 对于项目管理流程、体系方法的改进，或者导致组织的项目更有效且/或更高效交付的实践。
- 提高组织项目管理能力的创新性途径。
- 在项目管理应用中有特色的、革新的或原创的实践。

- 提升企业范围内项目管理标准使用的实践。
- 鼓励使用绩效测量，来帮助制定决策的实践。
- 提高项目经理能力的实践。

最佳实践的结果包括：

- 已实现商业利益的凭证——客户满意度、生产力、预算绩效、进度绩效、质量、投资回报率、员工满意度、项目组合绩效、战略整合。
- 对资源的有效利用。
- 提升了组织的项目管理成熟度。
- 在政策及其他文件中表现出的对执行项目管理文化的承诺。
- 专注于组织业务结果的 PMO。
- 对项目管理知识及习得的经验教训的有效使用。
- 与项目成功的衡量标准相关的单独绩效目标和潜在回报。
- 在组织范围内对项目管理职能的持续运用。

◆ 完成论文

论文包括 3 部分。提交不完整的论文将被取消资格。

PMO 的背景

申请者用 1 000 字以内的文字描述他们的 PMO，包括其范围、愿景和使命的背景信息，以及组织结构。另外，他们还需描述：

- PMO 的存在时间。
- 申请者在 PMO 中的角色。
- PMO 运营的资金来源。
- PMO 的结构（员工、角色和职责、企业范围、部门范围等）。
- PMO 是如何运营项目管理标准来优化实践的。

PMO 的革新和最佳实践

申请者用 1 500 字以内的文字陈述在实施新的 PMO 实践之前组织遇到的挑战，以及他们是如何应对这些挑战的。他们需要言简意赅地描述实施的实践，以及实践对项目及组织的成功的影响。

PMO 的影响及未来的计划

申请者用 500 字以内的文字描述 PMO 在一段持续时期内的总体影响，如客户满意度、生产力、缩短了循环周期、成长、建立或改变了组织文化等。如果可能的话，申请者提供定量数据，来阐明 PMO 在业务方面影响最大的领域。最后，他们需简要描述他们的 PMO 在 2009 年的计划，以及这些计划将可能怎样影响他们的组织。

本书中讨论过的两家公司竞争过这个奖项：罗克韦尔自动化赢得了 2009 年的年度 PMO 大奖，以及阿尔卡特朗讯，在同年也位列该奖的最终名单之一。下面我们来看看它们的资料档案。

◆ 罗克韦尔自动化：2009年年度PMO得主

软件项目集管理办公室

组织类型：制造

总部：美国威斯康星州密尔沃基

全职员工（FTE）数目：21 000多人

PMO的全职员工数目：30人

PMO的年度运营预算：320万美元

PMO主任：安全及自动化项目集管理办公室总监James C. Browm

展示的挑战：一个持续产品的发布，以及跨16个业务的项目管理实践

商业利益：可预见性和生产力提升；革新速度加快；按时交付了一个包含多于20个项目的大型任务，并在公司历史上首次实现了成本节余

网址：http:/www.rockwellautomation.com/

罗克韦尔自动化：5年内从“历史空白”变为全球创新者

罗克韦尔自动化是在20世纪80年代，经Allen-Bradley和Reliance Electric这两家主要的自动化公司合并而成的。多年以来，罗克韦尔自动化不断地获得主要的自动化供应商，并以之作为成长战略及为公司带来新型先进自动化技术的途径。2005年，在罗克韦尔自动化计划发布一个新型S A P商业系统时，公司意识到了一个新型、通用产品开发（Common Product Development， CPD）流程的必要性，它将以公司的最佳实践及产品开发的行业最佳实践为基础。这一努力实现了企业范围内的CPD流程的采用。所有16个不同的产品业务，从大容量零件供应商到复杂连续流程控制系统解决方案供应商，现在无一不在使用相同的高级别流程框架，来进行新产品的开发。

由于项目经理对产品开发流程的执行是有促进作用的，所以人们很快就意识到，将一个端对端的流程引入一家公司，而这家公司是由许多相关但又非常不同的产品业务组成的，那么就需要将项目管理持续运用在所有生产线上。对于更复杂的情况，每个业务部分与产品开发的所有方面相关的成熟度级别互不相同。一个于2004年建立的正式项目管理组织已经存在，并且其职责是支持这项投入。PMO主任James C. Brown说：“如果对你的业务来说，一致性、透明性及风险减轻很重要，就像对我们的业务一样，那么我们相信一个正式的经过良好认可和管理的项目管理实体是至关重要的。”

Brown于2004年被聘来帮助PMO的建立运作，除去那些已经被认为是项目经理的人，他把项目管理环境变为“历史空白”。通过项目集经理监管项目集、项目经理监管项目，并使用两个附加支持工具（如微软Office Project Server和Sharepoint）进行协作，PMO的职能得以建立。

罗克韦尔自动化的新PMO发展速度很快，在两个月内办公室的每个人都获得了PMP认证，获得了该部门高级副总裁的注意。从那时开始，他们开始建立流程和体系方法，设立计分卡和标杆，配置工具来支持新产品的开发和服务。他们驱动项目的方式从瀑布式转变为敏捷式，驱动流程从20多页变为少于5页，并从纸张转成了电子版，正如Brown所

说："我们从报告所有事转变为报告例外情况。"

在仅仅 4 年间，PMO 成员人数从 10 人发展到了 30 人，并从北美扩展到了全球。在其指导下的项目从 12～15 个发展到了同时进行 50 个。在这个过程中，罗克韦尔自动化为其建筑和软件团队配置了一套项目组合管理流程。这套流程的目标和目的是将投资与商业战略联系起来，最大化项目组合的价值，实现项目（混合）的期望平衡，并聚焦组织的成果。项目组合流程与相关流程相关联，如创意管理、战略发展、项目集和项目管理，以及最近部署的 CPD 流程。项目组合流程已经成为规划流程的合并部分。Brown 主要侧重项目组合管理利益的人力方面，他说："这与相关人员使用可靠数据及通用制定决策框架来达成一致有关。"

当然，公司的文化是很难改变的，所以治理是关键的，并且需要管理层的承诺。管理层承诺实施新流程背后的驱动力量是，企业范围内对新产品开发使用通用一致的体系方法的愿景。一致性的优先级最高（阶段关口审核中包括直接管理层），以尽快实现利益。

由于永无止境的项目改进增量总是不断出现，业务人员经常被迫拒绝给战略项目供给资金。通过迫使业务管理层批准项目从一个阶段进入下一个阶段，新流程使每个项目、每项资源及每元钱的情况，都对那些努力奋斗着寻找资金来源来为真正的"游戏改变者"提供资金的决策者可见。

这种可见性同样让业务持有者能够更容易地终止那些回报有疑问的项目，或者延期一个项目，来腾出关键资源。这种方式与过去执行项目的方式不同。过去的审核不正式且没有计划，项目组可以继续花钱甚至过度支出，而并不需要真正担心项目会被终止。在新流程下，每个相关组织都会有代表在适当的复核中出现，并且能够就交付物是否可用给出同意或不同意的意见。其目的在于让在前一阶段对交付物负责的主要组织和在随后的阶段对交付物负责的主要组织来决定项目是否继续进行。在每次的阶段关口审核中，都需要这些组织的参与。通过这种方式，该流程通过确保项目早期阶段的透明度，来帮助罗克韦尔自动化避免在后期阶段才意外发现项目已无法进行。

所有这些都带来了一丝光芒，帮助人们接受新的流程。正如 Brown 所说："在感到艰难与感到负担之间，有一条很好的界限，而诀窍在于在不减慢项目组进度的同时，努力接近这条线，来保证严密的实施过程。"

在罗克韦尔自动化寻求可预测性、生产力及可见性提升的过程中，PMO 起到了促进作用。通过交付一个包括 4 个项目集和超过 20 个项目的大型任务，它的业务价值在组织中获得了证明。该任务交付不仅按时且成本低于预算，这在公司历史上还属首次。

◆ 阿尔卡特朗讯：2009 年年度 PMO 最终名单之一

全球项目集管理办公室

组织类型：电信

总部：法国巴黎

全职员工（FTE）数目：70 000 人

PMO 的全职员工数目：10 人

PMO 的年度运营预算：450 万美元

PMO 高级经理：学习与职业发展部门高级经理、PMP 专家 Rich Maltzman

展示的挑战：将两家公司在项目管理改进方面的投入合并为一个动力倍增的活动

商业利益：改进了大量的会影响客户满意度的项目衡量标准

阿尔卡特朗讯全球项目集管理办公室（GPMO）合并了阿尔卡特和朗讯两家公司的最佳项目管理实践。在 2006 年 11 月朗讯并入阿尔卡特时，这两家公司都已经在努力为项目管理重新注入活力。两个组织都已经研究了项目管理的最佳实践，而这套规则也被新公司的领导层所重视。在 2006 年后期，一个核心小组成立了，负责将两家公司在项目管理方面的努力成果合并为一个新的活动并发挥其主动性。企业范围的 GPMO 最初的重点定位于 2 000 多个面向客户的项目经理，他们负责监督新的解决方案对客户营业额的影响。GPMO 关注两个主要“框架”：项目交付框架及项目管理发展框架。

项目交付框架致力于公司范围内项目经理使用体系方法和工具，通过在不同的业务单元和地理区域提供实践的一致性，将项目管理成熟度提升到一个新的高度。它的核心是一个基于关口的体系方法，称为合同落实流程（Contract Implementation Process，CIP）。CIP 意味着收集能够为不同地域和不同单元面向客户的项目经理所恰当使用的工具。每套 CIP 体系方法都可以通过《PMBOK®指南》流程来进行追踪。公司已经采用了 CA 公司的 Clarity 系统，作为将电信项目作为组合来管理的标准。

项目管理发展框架是一个包含 9 个部分的整合模型，能够识别一些关键的项目经理发展元素（如竞争力模型、职业道路、项目经理培训、行业认证、内部鉴定和认可，以及项目经理技能管理）之间的互联性。GPMO 为其项目经理设立了严格的目标，要求在之后的两年中取得 PMP 资格。阿尔卡特朗讯因其在项目管理领导力方面的工作获得了 PMI 的年度项目管理领导力奖。公司为给项目经理提供一个支持的环境，进行了巨大努力，这在许多项目中都有体现。

- 项目管理专业鉴定：阿尔卡特朗讯有其专有的鉴定体系——通用项目经理鉴定。这套鉴定体系在外部客户项目的实际部署中声誉卓著。它要求完成一套基于大量案例的高级项目管理课程软件，并且要求达到非常严格的标准，包括通过正式评判委员会的评判。这套资格认证体系不仅保证了项目经理拥有通用的项目管理头脑，同时还具备在电信领域的实际项目中支持客户的具体经验和背景。经项目经理人员（2 000 人）试用，这套专业鉴定体系非常成功，现在已经面向服务机构的所有贡献者，共计约 18 000 人。
- 竞争力模型：项目管理发展框架的核心是一个竞争力模型，它继承了阿尔卡特和朗讯公司留下的遗产中的精华。这是一个动态模型，每年都会根据项目管理条例的变化及飞速发展的电信业务进行更新。

阿尔卡特朗讯：两个实现最佳实践的电信公司合并了它们的项目管理力量

- 资源与技能管理体系：资源与技能管理体系通过项目经理的工作资料档案，发现其技能缺陷，并提供弥补这些缺陷的发展选择建议，从而协助项目经理监管个人的发展。

- 阿尔卡特朗讯大学：作为一家 PMI 注册教育机构，阿尔卡特朗讯大学提供多方面的网络教学和导师引导式培训。其中一些内容是高度用户化的，并且以案例为基础，从而使得项目经理能够从实际的成功项目中有所收获。
- PMP 学习小组：GPMO 现在有 27 个 PMP 学习小组，有 8～12 人在为准备 PMP 的资格认证进行努力。有一位 PMP 指导人员引导这个团队。小组自行选择频率通过电信会议进行交流，使用推荐的书籍和一套实践方面的问题来完成学习过程。该项目已作为阿尔卡特朗讯大学的一部分，在 PMI 完成了注册。因此，该项目同样使指导人员受益，他可以获得 10 个 PDU。
- 国际项目管理日研讨会：在第二个年度国际项目管理日研讨会上，来自 7 个国家的专家就项目管理的各论题做了报告，其中哈罗德·科兹纳博士是发言人之一。约有 1 000 名项目经理参加了这次研讨会，获得了极好的反馈。

整合：本身就是最佳实践

阿尔卡特朗讯的学习与职业发展部门（关注项目管理的人力方面，包括职业道路、培训、内部认可的项目及技能管理）高级经理、PMP 专家 Rich Maltzman 说：“我们认为项目管理发展框架的整合本质上就是一项最佳实践。它迫使支持项目管理生涯成功的因素之间相互影响，并反过来形成一套能够支持客户项目的最佳项目管理规则，也因此提升了公司的财务处境。”

另外，一些主要的最佳实践工具包括：

- 项目交付框架。交付框架的核心 CIP 是管理公司的项目生命周期的标准化流程，它关注在项目生命周期的关键关口处项目的移交情况。由于是人在推动项目运作，该框架提供了职责矩阵来显示在每个移交点是谁在负责什么活动。项目交付框架为项目经理提供了大量的工具和流程，为管理项目提供了一套统一且高效的方式。
- 项目管理社群团体建设。GPMO 的网页提供新闻、行政消息、PMP 考试准备资源链接、CIP 及高频更新的通用项目管理博客。该博客名为范围蔓延，现在有大约 100 条公告，收到了 1 500 条独特的看法。该博客开通一年以来，在阿尔卡特朗讯超过 100 个业务实践中心的公司博客中，一直位列前 10 位。GPMO 现在正在进行实验，将博客作为一个手段，为项目经理提供“活生生的”学习案例，而不是依赖静态的知识库。
- 年度项目组大奖。2008 年 1 月，一个专门的计划建立起来，来奖励在每个区域及整个公司范围内最优秀的项目组。该项目由同行项目经理设计，收到了 32 个项目组提名，并由项目经理和高级管理人员组成的小组进行评判。在一年中，提名项目组的典型事迹在 GPMO 及其他重要的公司网站上进行展示。经筛选，共有 9 个项目小组进入最终名单，之后将选出一个大奖得主。所有进入最终名单的小组将参加项目组晚宴，而获得年度项目组大奖的项目组将派一名代表去巴黎，阿尔卡特朗讯的

CEO 将为大奖得主颁发特别奖励。

- 成熟度评估和改进。2008 年，GPMO 使用了一个主顾调查工具有意地进行了项目管理成熟度衡量。该工具由软件工程协会（卡耐基梅隆大学）、CMMI 及项目管理办公室执行委员会（公司执行董事会的一部分）推荐使用。问题的数目限制为 25 个，分成治理、项目绩效、资源管理及财务几个部分。调查的回应率非常高（700 人进行了回答），而通过这些答案，我们已经获得了数据及一字不差的反馈，可以帮助我们得出改进方案。GPMO 计划每年至少进行一次成熟度评估，以此提供追踪各个方面和区域的改进的途径。

利益追踪

在引进了资源与技能管理体系（Resource and Skills Management System，RSMS）之后，其报名情况在几个月内不断上升，尽管员工流动率很大，还是有超过 90%的人已经开始使用为 4 个项目经理工作档次定制的专项技能计划来管理他们的技能。由于有了目标，并参加了 PMP 学习小组，有超过 100 位员工通过了 PMP 资格认证，成了新的 PMP 持证者。另外，在 2008 年，有 36 位员工通过多种途径获得了通用项目经理鉴定，人数增长了近 30%。

通过以下方式，GPMO 率先传播了阿尔卡特朗讯的项目管理领导观念：

- 在 PMI 世界大会上的展示。
- PMI 的《项目管理领导力》杂志专访文章。
- 在佛罗里达州 PMO 峰会和得克萨斯州 PMO 研讨会上的阿尔卡特朗讯公司展示。
- 《PMBOK®指南》（第 5 版）的事务委员会成员。

最后，从统计结果上看，以下所有的衡量标准证明了 2007 年年底至 2008 年的改进：

- 在财务收入控制下的项目基准提高了 160%。
- （批准的）范围提升的项目百分比几乎翻倍。
- 预算结余的项目百分比翻了一倍多。
- 在 2008 年内企业项目管理体系下覆盖的项目百分比从 52%上升到了 87%。
- 进行正式项目管理发展计划的 CFPM 百分比从 52%上升到了 80%多。

很明显，对于人员和流程的双重重视让公司运作良好，并在 GPMO 的保护下，协助项目顺利度过合并阶段——这本身就是一项重大成就。

第 13 章 六西格玛和项目管理办公室

13.0 简介

在第 12 章里，我们讨论了 PMO 在战略计划和持续改进方面的重要性。在有些公司中，PMO 是专门为对六西格玛项目进行监管而建立的。整个组织中的六西格玛团队会收集数据并向 PMO 提供建议，以用于六西格玛项目。六西格玛的项目经理会被任命为 PMO 的固定成员，六西格玛的团队也有可能被任命为 PMO 的成员。

遗憾的是，不是所有的公司都能维护得了一个相当大的、包括常任的六西格玛团队及其他支持人员的 PMO。大多数 PMO 的常任人员不超过 4～5 个。作者认为，六西格玛团队及其项目经理，可能最终会“虚线”汇报给 PMO，而行政上“实线”汇报到组织里的其他部门。在这些组织中，PMO 的职责主要是对项目进行评估、审批、确定优先级等。PMO 也可能有权拒绝六西格玛项目的建议方案。

在本章中，我们主要关注 PMO 员工人数较少的组织。安排到 PMO 工作的人员，可能并不是六西格玛的绿带或黑带，但他们会拥有相当多的六西格玛方面的知识。这些 PMO 能够并且也可以继续管理特定的六西格玛项目，但是这些项目可能不是传统的、课堂中教授的那类六西格玛项目。

13.1 项目管理和六西格玛的关系

项目管理和六西格玛之间有关系吗？回答当然是肯定的。问题是，如何将二者的益处进行交换，也就是如何将六西格玛的益处整合到项目管理中，以及反过来，如何将项目管理的益处整合到六西格玛中。有些公司已经认识到二者之间的重要关系，特别是六西格玛原理对项目管理的贡献。惠普公司的 ITIL 服务经理、PMP 专家与架构咨询师 Doug

Bolzman 这样评论这种关系：

> 我们把信息技术信息库结合到信息技术企业管理（Information Technology Enterprise Management，ITEM）框架中，以设计用来维护和支持版本投放的运营模型。在每个需要强调运营的版本投放中，都包含 ITIL 运营模型并对其进行评估。我们生成六西格玛模型，用于帮助组织理解每个投放版本的功能及如何管理每个已经建立起来的功能的需求、标准、数据等。

今天，人们普遍认为大多数传统的、制造业导向的六西格玛项目失败的产生，是由于缺少项目管理；没有人把六西格玛项目当作项目来管理。项目管理为六西格玛提供了结构化的流程和更高速、高效的改进措施。

从项目管理的角度看，六西格玛黑带的问题包括：

- 无法将项目管理的原理应用于六西格玛项目的计划。
- 无法将项目管理的原理应用于六西格玛项目的执行。
- 过于依赖统计数据，而很少依赖业务流程。
- 无法认识到项目管理可以带来的附加价值。

如果这些领域的问题不能解决，那么六西格玛的失败就可能是以下现象的结果：

- 每个人都做了计划，但是几乎没有能有效执行的。
- 队列中有太多的项目，而确定优先级的工作做得很少。
- 六西格玛仅仅停留在制造层面，没有和整个业务目标保持协调一致。
- 黑带没有认识到，执行中的改进是项目中的项目。

六西格玛人员是项目经理，因此，必须理解项目管理的原理，包括工作说明书、安排进度的技巧等。最优秀的六西格玛黑带人员了解项目管理，而且是优秀的项目经理。黑带专家们就是项目经理。

13.2 让 PMO 参与

设立传统的 PMO，是通过采用企业项目管理体系方法来改进业务流程、支持整个组织，包括六西格玛黑带。项目经理（包括黑带专家）最主要的关注点是对内部、外部客户产生附加价值的活动。PMO 则关注对公司产生附加价值的活动。

PMO 也有助于使六西格玛项目与公司的战略保持协调一致，包括以下几点：

- 不断地重新排定优先次序可能是有害的，可能牺牲重要的任务，而且人们的积极性会受到打击。
- 为了取悦每个人而模糊优先次序，可能导致大量的工作被拖长或撤销。
- 在保持战略一致的过程中，可能需要文化变化。
- 项目可能与战略方向交叉，不一致。
- 战略是由上层开始的，而项目从组织的中层发起。
- 员工可能可以认识到项目，但是可能无法明白地讲出战略，如果不了解战略，就无法在项目的产品组合管理中有效地选择合适的项目组合，这可能导致误解。
- “分段”可以把大的项目分解为多个小项目，以更好地支持战略，这也使得项目的重新启动或否决更容易了。

PMO 也有助于解决与收集六西格玛最佳实践相关的一些问题，诸如：
- 引入某个最佳实践，可能过早地设置了“高标准”，现有的项目虽然迫于压力实施了该最佳实践，然而在那个时候可能这个最佳实践并不适合那个项目。
- 员工和经理不知道存在这些最佳实践，也就没有参与到它们的认定当中。
- 不存在部门间的知识传递，最好的情况是即使存在也非常弱。
- 陷入痛苦的、怀疑的观念，即大多数最佳实践都来自失败，而非成功。

简单地说，项目管理与六西格玛的结合，使我们能从更高的层次进行管理。

13.3　传统的和非传统的六西格玛

对六西格玛的传统看法认为，有两类项目：制造和业务。六西格玛的每个类别都包含多个方面，即管理战略、指标、流程改进方法学等，如图 13-1 所示。制造业的六西格玛流程使用机器来生产产品，而业务类的六西格玛流程采用人员及计算机来提供服务。六西格玛的流程改进体系方法方面，包括这两类项目，唯一的差别是所采用的工具。制造业中采用重复的流程来生产产品，我们更有可能采用先进的统计工具。在业务类的六西格玛中，我们可能更集中于使用图形分析及创新的工具和技术。

六西格玛项目的传统看法极其强调对重复流程或制造等相关活动的持续改进。这种传统的看法包括指标，还有可能有高级的统计、严格性和减少偏差的强烈愿望。大多数这种六西格玛项目更适合在制造业实施，而不是在 PMO 中实施。六西格玛团队管理那些与制造相关的项目。

并不是所有的公司都从事制造业，也并不是所有的公司都支持 PMO 的概念。没有制造需求的公司可能更集中于业务类的六西格玛。没有 PMO 的公司主要依靠六西格玛团队来管理类别和项目。

那些确实有 PMO 的公司，要问自己下面 3 个问题：
- PMO 是否应该参与六西格玛项目？
- 如果 PMO 应该参与，即使组织有制造能力，哪类项目适合由 PMO 来管理？
- 是否为 PMO 安排了足够的人手，积极参与六西格玛项目的管理？

PMO 如果积极参与第 12 章中所描述的大多数活动，就没时间、没精力支持所有的六西格玛项目。在这种情况下，PMO 必须有选择地支持部分项目。选中的项目通常都称为非传统项目，这些项目集中于项目管理相关的活动，而不是制造活动。

图 13-2 显示了对六西格玛的非传统看法。在这张图中，运营类六西格玛包括制造活动，以及图 13-1 中的所有其他活动，而业务类的六西格玛现在主要包括那些支持项目管理的活动。

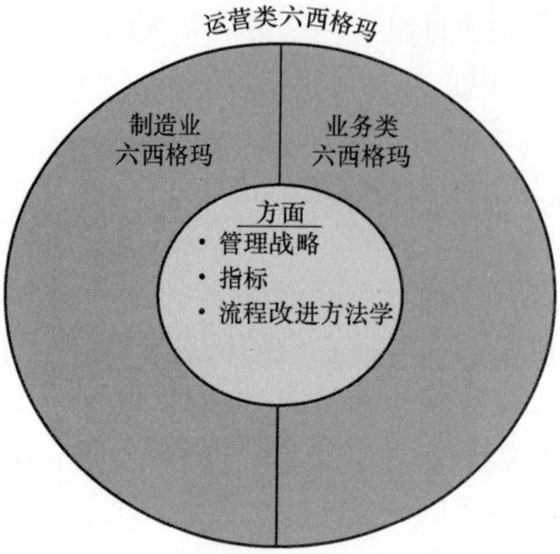

图 13-1 六西格玛类别（传统的看法）

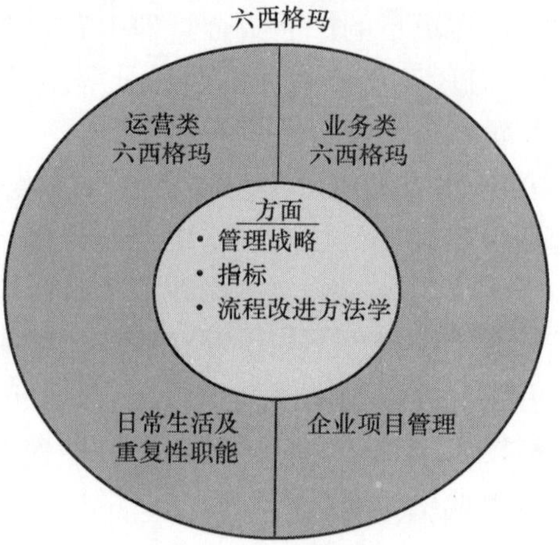

图 13-2 六西格玛类别（非传统的看法）

在非传统看法中，PMO 还是既能管理传统六西格玛项目，也能管理非传统六西格玛项目的。然而，有一些非传统六西格玛项目更适合由 PMO 来管理。目前由 PMO 管理的项目，包括企业项目管理方法学的加强、PMO 工具系列的加强、效率的提高、削减成本的努力等。安排给 PMO 的另一个项目是为减少新产品发布所需的时间，以及改进客户管理所需的流程改进。六西格玛的专家可能认为这些是非传统类的项目。也有顾虑怀疑这些是不是真正的六西格玛项目，还是只是把持续改进的项目更名后，由 PMO 管理。因为很多公司现在都把它们叫作六西格玛项目，作者也将遵循这一名词使用规则。

六西格玛项目管理的战略计划不是只做一次就完了。相反，与其他的任何战略计划职能一样，它也是一个持续改进的循环。改进可以有大有小，定性或定量地度量，为内部或外部客户设计等。

人们总是有很多关于持续改进的主意。最大的挑战是有效地选择项目并安排合适的人员。这两个挑战都可以通过在 PMO 中应用六西格玛项目管理最佳实践来克服。把六西格玛的绿带或黑带专家安排到 PMO，甚至也可能带来好处。

13.4 理解六西格玛

六西格玛并不是制造业的小工具，它是对流程的关注。既然 PMO 是项目管理流程的守护者，那么 PMO 理当在一定程度上参与六西格玛。PMO 可能更积极地参与问题的“根本原因”的确认，而不是管理问题的六西格玛解决方案。

有些人声称六西格玛不能满足期望，当然也就不适用于 PMO 从事的活动。这些人主张，六西格玛只不过是有些人相信可以解决任何问题的灵丹妙药。现实中，六西格玛可能成功，也可能失败，但是组织的动机和对它的理解一定要到位。六西格玛让你更贴近客户，提高生产率，而且确定在哪里能得到最大的回报。六西格玛是关乎流程改进的，通常针对重复性流程，并降低人的疏忽和机器的错误。只有你理解了内部或外部客户的关键需求，才能确定错误。

关于六西格玛的定义和看法多如牛毛。一些人把六西格玛看作改头换面的全面质量管理（Total Quality Management，TQM）。另一些人认为六西格玛是在整个组织中实施高级统计工具的严格应用。还有一些人组合了上两种看法，把六西格玛定义为在 TQM 的努力中应用高级统计工具。

这些看法不见得完全不对，但确实是不全面的。从项目管理的角度，可以把六西格玛看作为得到更高的客户满意度而进行的持续流程改进的努力。客户可以是组织外部的，也可以是内部的。对于外部客户和内部客户而言，"满意度"一词可能具有不同含义。外部客户期待产品和服务质量高，价格合理；内部客户可能从财务角度来定义满意度。内部客户也可能关注如缩短周期实践、安全要求、环保要求等条目。如果能在没有附加成本（如罚金、返工、加班等）的条件下，以最高效的方式满足这些需求，那么利润空间就提升了。

在满意度的两种定义之间可能有距离。总是能通过降低质量来提高利润，但这可能危及和客户将来的业务。为满足某个特定的客户而进行体系方法的改进，可能乍一看是可行的，但是最终可能危害其他客户。

对六西格玛的传统看法，主要关注制造运营，并采用定量的度量和指标。六西格玛工具系列也为这一目的专门创建出来。六西格玛的活动可以定义为运营类六西格玛和业务类六西格玛。运营类六西格玛围绕着这种传统看法，并关注制造和度量。运营类六西格玛更关注流程，如企业项目管理体系方法，强调对伴随的表格、指南、检查表、模板等的使用方面的持续改进。有些人争论说，业务类六西格玛只是运营类六西格玛的一个子集。尽管这种说法有它的道理，但项目管理、特别是 PMO 的大量时间花在业务类的六西格玛上，而不是运营类的六西格玛。

六西格玛的最终目标是客户满意度，但是达到这一目标的流程可能随运营类或业务类六西格玛而不同。

表 13-1 列出了六西格玛的一些共同目标。左侧列出了传统的目标，这些目标更多地属于运营类六西格玛，而右侧显示 PMO 如何计划实现这些目标。

表 13-1　六西格玛的目标

目　标	实现的方式
理解并满足客户需求（通过预防缺陷和减少缺陷，而不是通过审查）	为了理解客户需求，对表格、指南、检查表、模板等进行改进
提高生产率	提高执行项目管理体系方法的效率
通过降低运营成本来提高净收入	通过精益项目管理体系方法来提高净收入，而不牺牲质量或性能
减少返工	开发能更好地理解需求并将范围变更降到最低限度的方针指南
建立可预测的、一致的流程	对流程的持续改进

六西格玛的目标既可以由高级管理人员建立，也可以在员工层面建立。这些目标既有可能通过一个项目实现，也有可能需要多个项目，如表 13-2 所示。

表 13-2 目标及关注的领域

高级管理人员目标	PMO 关注的领域
提供有效的状态报告	• 确定高级管理人员的需求 • 有效利用信息 • “交通灯”状态报告
减少项目计划的时间	• 在计划文档之间共享信息 • 有效地使用软件 • 使用模板、检查表、表格等 • 客户状态报告的模板 • 客户满意度调查 • 将企业项目管理体系方法延伸到客户的组织中

项目管理方面的六西格玛举措，不是为了代替目前进行的措施，而是将重点放在那些对质量及客户满意度有关键的远期和近期影响的活动上。

运营类六西格玛目标着重减小人们犯错误的空间。但是由 PMO 管理的业务类六西格玛活动，可能与人的因素关系更大，如将个人目标与项目目标统一起来、为项目团队开发公平的报酬系统及项目职业发展机会等。解决人的问题是业务类六西格玛的一部分，但不一定是运营类六西格玛的一部分。

13.5 破解六西格玛迷思

关于六西格玛的十大迷思如表 13-3 所示。这些迷思为人所知已经有一段时间了，但是当 PMO 承担项目管理方面的业务类六西格玛项目举措后，这些迷思就越发明显了。

表 13-3 关于六西格玛的十大迷思

1	只对制造业起作用
2	寻求利润，忽视客户
3	建立平行的组织
4	需要大量培训
5	是在耗费额外的精力
6	需要大规模的团队
7	造成官僚主义
8	不过是另一个质量改进计划
9	需要复杂、困难的统计数据
10	成本上不经济

◆ 只对制造业起作用

最初应用六西格玛的成功，大多数基于其在制造业的应用。然而，近来的文献已经强调了六西格玛的其他应用。Breyfogle 列出了许多业务类或服务方面的应用。在通用电气 1997 年的年报中，CEO 杰克 · 韦尔奇（Jack Welch）自豪地谈到，六西格玛“致力于将我们与客户接触的每个流程——每个产品和服务（特别强调）——提高到接近完美的质量”。

◆ 寻求利润，忽视客户

这种说法并非完全的迷思，却是一种曲解。值得进行六西格玛投资的项目应该是客户主要关注的，也是有极大提高利润空间潜力的。两个标准必须同时满足。在今天的竞争环境中，没有什么比盲目追求利润而忽视客户，更能让公司板上钉钉地走向破产的了。

◆ 建立平行的组织

六西格玛的目标之一，就是去除组织中发现的每处浪费，然后把节约的钱的一小部分投入改进中。过去 20 年来，世界各地都在大规模裁员，再没人喜欢职能重复，也没有这样浪费钱的余地。现在很多职能部门已经人手不足。六西格玛致力于培养任何能为客户创造重大价值，并为公司极大提高销售额的职能。

◆ 需要大量培训

Peter B. Vaill 说：

> 我们所处的年代，积极的一面是有众多颇有价值的创新，但是付出的代价是，由于人们不停地修修补补，系统一直在变动。永不停息的激流总是把我们推出安全地带，要求我们付出我们从未想过要付出的东西。我们应该停下来，仔细想想，我们总是被从高处抛下，又成为新手，这就是持续学习的真正含义。在这样的生活中，我们不需要掌握如何“胜任”的技能，我们需要的是“不胜任”的技能，也就是作为一个高效的新手的技能。

◆ 是在耗费额外的精力

这其实就是“建立平行组织”的变形。同样的问题，同样的答案。

◆ 需要大规模的团队

商业界大量的书籍和文章宣称，团队要想有效，就必须小。这种想法认为，如果团队太大，在团队成员之间可能存在的沟通渠道就呈现爆炸性的增加，因而使得没有人知道其他人在做什么。

◆ 造成官僚主义

字典上对官僚主义的定义是“僵化地遵从行政惯例”。聪明地应用六西格玛方法时，唯一僵化的地方，就是它会无情地坚持客户的需要一定要予以解决。

◆ 不过是另一个质量改进计划

在过去几十年中出现过难以计数的低效能质量改进计划，在目前的发展阶段，六西格玛代表了“全新的管理组织的方法”。

◆ 需要复杂、困难的统计数据

毫无疑问，一些先进的统计工具对找出并解决流程问题特别有价值。我们认为，从业者需要具有分析背景，而且理解这些工具的巧妙使用，但是他们不需要理解统计技巧背后的所有数学内容。统计技巧的巧妙应用，可以通过对统计分析软件的使用来实现。

◆ 成本上不经济

如果明智地实施了六西格玛，组织能在第一年就获得非常高的投资回报率。

13.6 对评估的使用

可以安排给 PMO 的众多任务之一是项目的产品组合管理。组织中的任何地方都有可能产生对项目的想法。然而，对于那些特别的业务类六西格玛项目的想法，可能需要 PMO 去挖掘。

确定潜在的项目的方法之一是评估。评估是指组织进行改进、人力安排，甚至优先次序方面的决策时，采用的一系列指南、过程等。评估是进行以下活动的方法：

- 考察、定义，也可能是衡量提升绩效的机会。
- 确定实现组织的目标所需的知识和技能。
- 考察并解决绩效的差距问题。
- 为了验证的目的，对改进的状况进行追踪。

差距是指目前的情况和应该达到的状况之间的区别。差距可能存在于成本、时间、质量、绩效、效率等方面。评估能让我们明确地认识到差距，决定何种知识、技能、能力有助于缩小差距。对项目管理方面的差距，评估可以主要基于业务类问题，而非运营类问题。评估的结果可能很容易产生对行为进行矫正的项目。

在进行评估前，有几个因素一定要预先考虑。这些因素可能包括：

- 高级管理人员的支持和赞助程度。
- 一线经理的支持程度。

- 专注于包含广泛的应用。
- 确定进行评估的人。
- 参与者的偏见。
- 答案的现实情况。
- 多大程度上愿意接受结果。
- 对内部关系的影响。

评估的目标是先确定改进整体业务实践的方法，然后确定改进职能业务实践的方法。因为针对的听众通常是整体的，所以必须要对评估流程及认知的统一支持和理解，达到组织的最佳整体利益。为了组织的进步，政治、权力、威信等问题都要放在一边。

评估可以在组织的任一层级进行，包括：

- 整体的组织评估。
- 业务单元的组织评估。
- 流程评估。
- 个人或职位评估。
- 客户反馈评估（满意度和改进）。

评估可以采用不同的工具，典型的工具包括：

- 面谈。
- 重点小组。
- 观察。
- 流程图。

除非组织认为存在改进的机会，否则不要评估六西格玛项目管理。如图 13-3 所示，进行评估可能要耗费大量的时间和精力。

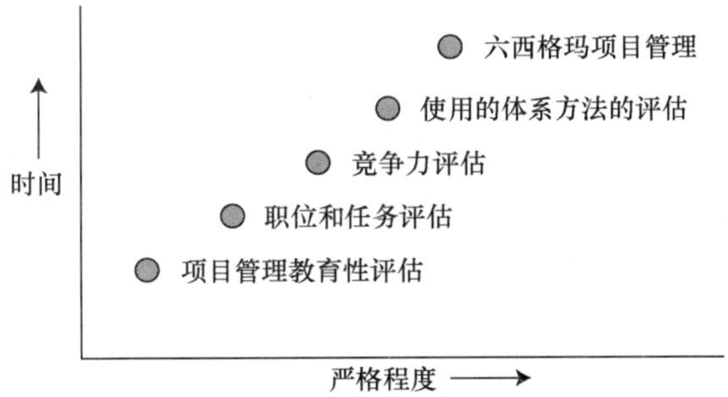

图 13-3　耗费的时间和精力

进行评估的好处是可能大幅度提高客户满意度和利润率。然而，评估也有一些缺点，例如：

- 执行成本昂贵。
- 需要大量劳动。
- 很难度量哪些项目管理活动能从评估中受益。
- 可能无法提供有意义的好处。

- 无法度量投资回报率。

评估也会有其自己的生命周期。存在一些典型的评估生命周期阶段。这些生命周期阶段不一定与企业的项目管理体系方法中的生命周期一致，其实现也可能较为非正式。典型的评估生命周期阶段包括：

- 差距或问题的识别。
- 适当的评估工具的开发。
- 进行评估或调查。
- 数据分析。
- 实施必要的变更。
- 审查是否有可能纳入最佳实践库。

确定工具套装可能很困难。最常见的工具套装的要素是对问题的关注。问题的类型包括：

- 开放的问题。
  - — 顺序的组成部分。
  - — 长度。
  - — 复杂度。
  - — 得到回答所需的时间。
- 闭合的问题。
  - — 多选。
  - — 强迫型选项（是否，真假）。
  - — 等级。

表 13-4 解释了如何设定等级。左列期望得到定性的回答，可能是主观的；而右列是定量的，也更加主观。

表 13-4 等级

强烈赞同	低于 20%
赞同	20%～40%
不确定	40%～60%
反对	60%～80%
强烈反对	超过 80%

至关重要的是，评估方法要先经过试运行。试运行包括：

- 验证对指示的理解。
- 检查回答的难度。
- 验证回答所需的时间。
- 验证回答空间。
- 对不好的问题进行分析。

13.7 项目选择

六西格玛项目管理集中于对企业项目管理体系方法的持续改进。找出产品组合的潜在项目，要比完成这些项目容易得多。原因主要在于以下两个方面：

- 典型的 PMO 可能不超过 3～4 位员工，基于安排给 PMO 的任务，员工能放在六西格玛项目管理上的精力可能受到限制。
- 如果需要职能方面的人手，那么这些人手可能首先安排到企业持续业务所必需的活动上。

在持续改进和正在进行的业务之间经常会有矛盾，如图 13-4 所示。理想的六西格玛项目管理活动，应该产生较高的客户满意度、更高降低成本的可能性、对正在进行的工作给予极大的支持等。遗憾的是，PMO 最关心的利益可能与正在进行的业务最关心的短期利益不同。

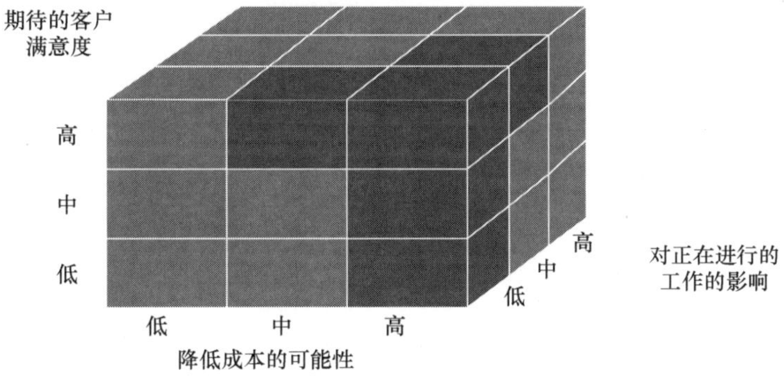

图 13-4　项目选择立方体

所有建议，无论是好是坏，都储存在“主意银行”中。这些主意可能产生自组织的任何地方：

- 高级管理人员。
- 企业的六西格玛倡导者。
- 项目的六西格玛倡导者。
- 首席黑带专家。
- 黑带专家。
- 绿带专家。
- 团队成员。

如果 PMO 积极参与项目的产品组合管理，那么 PMO 必须对项目进行可行性分析及成本收益分析，同时给出优先次序的建议。典型的机会可以用图 13-5 决定。在这张图中，ΔX 代表要花的钱数（或额外的钱数）。这是评价流程的输入。输出是改良量 ΔY，即得到的好处或节约的成本。考虑以下这个例子。

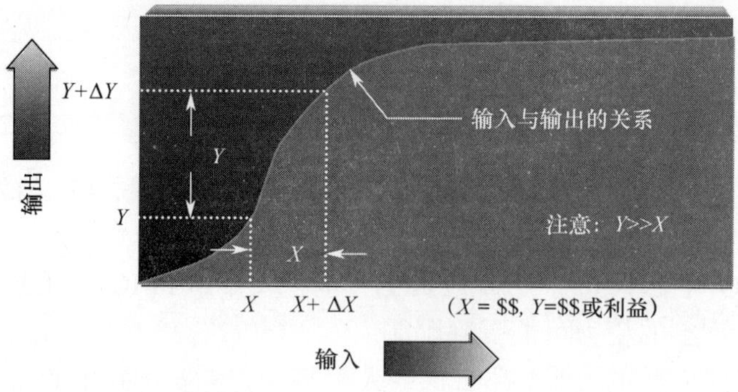

图 13-5　六西格玛的量化评估

◆ Convex 公司

Convex 公司确定了一个可能的六西格玛项目，涉及整合内部状态报告。项目的目的是尽量去除大量的纸质状态报告，代之以公司内部网络上的用不同颜色表示的“交通灯”报告。PMO 采用了以下数据：

- 高级管理人员的时间负担 =240（美元）。
- 每个项目通常需要的项目状态评审次数 =8（次）。
- 每个会议的长度 =2（小时）。
- 每个会议中出席的高级管理人员 =5（位）。
- 需要高级管理人员评审的项目个数 =20（个）。

根据上述信息，PMO 计算出了高级管理人员的总成本：

（8 次会议）×（5 位高级管理人员）×（每次会议 2 小时）×（每小时 240 美元）×（20 个项目）= 384 000（美元）

Convex 公司安排了一位系统程序员（成本是 100 美元/小时）工作了 4 周。在内部网中添加“交通灯”报告系统的成本是 16 000 美元。

实施 6 个月后，会议次数减少到每个项目 5 次，会议长度减少为平均 30 分钟。高级管理人员现在只要关注那些根据颜色显示可能出问题的项目要素。如果以年计，20 个项目的会议成本现在只有 60 000 美元。公司投入 16 000 美元，仅在第一年就节约了 324 000 美元。

13.8　典型的 PMO 六西格玛项目

安排给 PMO 的项目，既有运营类的，也有业务类的，不过主要是后者。典型的项目可能包括以下几种。

- 增强状态报告系统：该项目可以采用“交通灯”报告，报告系统的设计是为了让客户更容易分析绩效。报告系统可以是基于局域网的，目标是实现无纸项目管理。可以根据问题、当前及未来的风险、受众的头衔、层级等，决定采用不同颜色的原则。

- 使用表格：表格应该是用户界面友好且容易填写的。应该尽量减少用户的输入，如果必要的话，输入一个表格的数据可以为多个表格使用。要去除不必要的数据。表格应列为最佳实践库的索引。
- 使用检查表及模板：这些文档既要全面，又要易于理解。要用户界面友好，易于更新。表格要灵活，可以适应各种状况下的应用。
- 成功及失败的标准：必须建立项目成功或失败的标准。同时还要有流程保证针对这些标准的持续度量，以及重新定义成功或失败的方法。
- 团队授权：该项目关注整合项目团队的使用、团队成员的选择、评估团队绩效的标准等。设计该项目是为了帮助高级管理人员对团队进行授权。
- 目标的协调一致：大多数人都有自己的个人目标，这些目标可能与公司的目标不一致。这包括项目目标对公司目标、项目目标对职能目标、项目目标对个人目标、项目目标对专业目标间的协调一致，以及其他种种目标间的协调一致。目标之间协调程度越高，提高效率和效能的机会就越高。
- 衡量团队绩效：这一项目关注的重点，在于在团队绩效指标中统一应用关键成功因素和关键绩效指标。这还包括绩效和目标协调一致、报酬和目标协调一致等。该项目可能与工资薪酬计划交互，需要双方及三方的绩效评估。
- 竞争力模型：项目管理的职位描述正在被竞争力模型所取代。必须建立竞争力的标准，包括目标的协调一致和衡量标准。
- 财务评审的精确度：这类项目寻求在项目财务评审时引入更精确的数据的方法。可能包括与不同的信息系统的数据传递，如挣值衡量、成本会计等。
- 测试失败的解决方案：有些 PMO 维护失败报告信息系统，该系统与 FMEA 交互。遗憾的是，虽然能够找到失败，但是可能没有克服失败的办法。这类项目试图缓解这样的问题造成的影响。
- 准备交接检查表：设计这类项目，主要关注某一职能领域是否已经准备就绪或已经可以承担移交过来的责任。例如，可能要开发一个检查表，来评估工程部门到制造部门的项目移交的风险或准备度。理想的解决方案是为所有的项目开发统一的检查表。

以上清单是不全面的。然而，这一清单确实列出了 PMO 管理的典型项目。通过分析这个清单，能得出一些结论。

- 项目既有业务类的，也有运营类的。
- 大部分项目着眼于体系方法的改进。
- 具有六西格玛经验的人员会对项目很有帮助，如绿带、棕带或黑带专家等。

如果 PMO 接受了六西格玛项目管理的举措，PMO 可以开发一个只用于 PMO 的六西格玛工具箱。这些工具很可能不包括那些制造业的黑带专家们采用的高级统计工具，而是更加强调面向流程的一些工具或评估工具。

第 14 章 项目组合管理

14.0 简介

假设公司现在正在同时运作好几个项目，而且还有 20 个想要完成的项目排在等待名单上。如果可用的拨款只能支持不多的几个额外项目，那么在这 20 个项目中，公司该如何决定接下来运作哪些项目呢？这就是项目组合管理流程。理解项目管理与项目组合管理之间的区别是非常重要的。Debra Stouffer 和 Sue Rachlin 为信息技术项目做出了如下的区分。

> 一个 IT 项目组合是由一套或一组行动或项目组成的。项目管理是一种持续的流程，它是在成本、进度、技术和绩效基准的限制下，专注于创立、维护并达到其预期目标的特定行动。
>
> 项目组合管理把注意力放在一个更综合的层面上。它的主要目标是认定、选择、筹备资金、监控并维护一组经过适当混合的项目和行动，来实现组织需要的目标和目的。
>
> 项目组合管理集合了关于组合中所有项目的整体成本、风险与回报方面的考虑，以及项目之前的各种权衡关系。当然，项目组合经理也需要考虑 IT 项目组合中每个项目的“健康”与良好状态。无论如何，最终项目组合的相关决策，如是否为新项目拨款或者继续为已有的项目拨款，是要根据来自项目层面的信息来进行的。
>
> 项目的组合管理帮助确定把不同的项目恰当地混合在一起的方式，以及确定其中每个项目恰当的投资级别。最终的成果是在现有的与新的战略行动之间取得更好的平衡。项目组合管理不是一系列如 ROI（投资回报率）、NPV（净现值）、IRR（内部收益率）、投资回收周期，以及现金流这样的关于特定项目的计算，然

后根据对风险的预判来进行适当的调整，实际上，它是一个制定决策的流程，为整个组织的最根本利益服务。

项目组合管理决策不是凭空进行的。这种决策一般与其他项目的诸多因素相关，如可用的资金和资源的分配。另外，一个项目必须与项目组合中的其他项目配合良好，并符合战略规划。

对项目的筛选应该基于那些已完成的其他项目，它们所释放出来的资源可以满足新项目的需要。同时，选中的项目也可能受到其他项目完成日期的限制，因为只有完成这些项目所必需的交付物之后才能启动新的项目。在任何情况下，某种形式的项目组合管理流程都是必要的。

14.1　诺迪亚的项目组合管理历程

◆ 诺迪亚公司背景

诺迪亚有很深厚的基础，近 200 年来，诺迪亚使客户能够实现他们的目标和梦想。

在整个北欧和波罗的海地区，诺迪亚是欧洲十大综合银行中（在市场总值和金融服务方面）最重要的金融机构。诺迪亚有 11 000 000 位客户、30 000 名员工和近 650 家分支机构。如今，诺迪亚在公司和机构银行业务及零售和私人银行业务方面占据领先地位。同时，诺迪亚也是北欧地区首要的生活和养老金产品提供者。诺迪亚是欧洲银行中为数不多的 AA 级机构。

◆ 诺迪亚运用组合项目管理工具的历程

实施前的情况

诺迪亚每年在 IT 投资方面花费巨资，它的理想是使过程和纪律进一步成熟，以确保 IT 投资组合的各个部分得以优化，以面向多个战略目标（包括风险目标）。另外，在衡量从变化的投资组合和考虑到的范围所得到的好处方面，这一理想在逐步实现。因为在决定一个已有的投资是否过于狭隘、不成比例的加权时，聚焦点只会放在短期的项目成本上，以牺牲后续的项目运行成本为代价。此外，支撑它和相关领域（价值治理、投资组合管理、个体主动性的投资管理）的项目和投资组合管理工具集合并不能完全地满足需求，而且也并不总是足够一致。

基于以上情形，诺迪亚决定在它的组织中运用项目组合管理工具。愿景是为整个诺迪亚组织提供一个卓越的一体化项目和投资组合管理流程。目标是提供具有透明度的组织，使得策略能够执行，实现基于事实的决定，以及实现对 IT 投资与灵活性的监控。由于诺迪亚已经拥有用于申请注册的内部项目和投资组合管理（Project and Portfolio Management，PPM）Clarity，因此，利用投资和开始使用组合项目管理工具中的 PPM 部分是合理的。

诺迪亚采用高水平推出方法来运行项目组合管理工具

- 基于标准的成熟度评估体系，诺迪亚对目前的每个商业 IT 部分进行成熟度/准备就绪情况评估。该评估是在核心团队与部门代表的合作下完成的。
- 基于成熟度/准备就绪情况评估，以及与个别部门的合作，形成推出计划。
- PPM Clarity 的开发是为了支持达成的目标和纪律，并且达到以下水平：
  — 根据 Clarity 试点项目的经验，支持综合资源和规划。
  — 对最有经验和成熟的领域/单元进行增值，对相对不成熟的领域/单元允许逐步施行。
- 根据各自追求的目标和资源的可用性，在每个商业 IT 部门进行并行推出。

现状

实施投资组合管理工具的过程仍在继续，并且 PPM Clarity 在组织中是强制性的投资组合汇报工具。目标之一是在诺迪亚建立投资组合管理过程的工具支持基线。从短期角度看，主要关注领域是：

- 将 PPM Clarity 应用程序所有权从 IT 组织转移到公司级别。原因是，去年诺迪亚建立了一个投资组合管理办公系统，并且诺迪亚想把商业包含在整个投资组合中。
  — 如果不支持将应用程序所有权转移的决定，从 IT 组织向商业方向推行投资组合管理将会困难。
- 此外，诺迪亚将：
  — 更加关注本地项目管理办公室的股东管理。
  — 关注主要的投资组合概况。
  — 提高组合管理的汇报、监控和跟踪。
  — 改进资源预测和后续容量规划。
  — 更加关注投资组合优先级规划。
  — 在我们的投资组合中驱动风险和依赖性管理。

这些活动将使诺迪亚在群体层面能够创建必要的框架和流程，以支持透明的投资组合渠道管理。然后，将关注投资组合优先级，并且逐渐地在识别、沟通和执行最符合诺迪亚战略目标的项目方面做得越来越好。此外，它的目标是提供一个针对当前结构和关于所有权、决策论坛和决策制定过程的影响的概览，并且为未来“一个诺迪亚”投资组合管理治理体制提出方案。

展望

在不久的将来，诺迪亚的企业集团投资组合管理办公室将在三个主要的能力范围中进行提高/改善。这些能力包括投资组合管理、金融管理及 PPM 工具和方法。

接下来列出诺迪亚将使用的一些能力示例：

- 确保 2017 投资组合管理优先级过程用于创建一个更加透明和连贯的 2018 流程。将聚焦于流程、机构、会计原则和项目方法基础。
- 另一项任务是保护金融投资组合管理整体的持续改进、保护更好的利益跟踪、保护更好地利用 PPM Clarity 计划工具的财务方面，等等。

- 诺迪亚确立了控制大型和复杂投资组合管理的最佳方法之一是管理风险和依赖。因此，诺迪亚将改进集团发展投资组合风险和依赖管理方法，与组织中的第二、三线保持一致。
- 另外，诺迪亚希望进一步完善资源管理实施过程，以更好地控制整个集团的资源管理。

可以得出结论，诺迪亚在实施项目和投资组合管理工具的愿景/过程仍在继续。已建立的企业集团投资组合管理办公室现在负责推动由 PPM Clarity 工具支撑的一致的和结构性的项目，以及投资组合管理过程，确保资源平衡和沟通价值创造继续前进。

14.2 诺迪亚把资源管理作为投资组合管理的一部分

与许多其他全球大型企业一样，诺迪亚意识到一个成功的 PPM 实施方案中的核心部分是人力资源管理。随着能力变得更加专业化、团队更加分散，PPM 变得更加趋向于在合适的时间将合适的人与合适的项目进行匹配，同时，寻找资金来运行项目。通常，用于处理项目资源配置的解决方案是通过 PPM 软件实现的。

在诺迪亚，资源管理与 PPM 过程的整体成熟度紧密相连（是在处理项目中有效迈向更高成熟度的一步）。

基于以上所述，作为诺迪亚实施项目过程和投资管理工具（PPM Clarity）的一部分，实施资源管理的目标包括：

- 通过提高价值创造、战略协调、风险和资源平衡的透明度，改进日常的 IT 投资优先级。
- 改善投资组合规划和投资组合管理过程的资源平衡。

◆ 实施资源管理的假设

- 诺迪亚所有 IT 部门必须使用 PPM 过程和工具。
- 模型必须易于 IT 部门维护。
- 因此，1 个全职当量（Full-Time Equivalent，FTE）等于 100%（对于 1 个 FTE，小时数可能随着国家和单位的变化而变化）。
- 供应能力或者需求的任何变化必须在工具中进行更新，以确保良好的数据质量。
- 资源经理可以选择性地向个人提供额外的角色/技术。

更新供给过程

管理供应以确保正确的容量（可用性）。1 个 FTE 等于 100%可计费小时数，该信息由主数据自动加载。如果存在任何差异，线性管理器/资源管理器会自动更新。

更新需求过程

在规划阶段，对于启动和应用程序，以小时为单位的需求输入资源或角色。根据变化，不断更新需求，以保证需求总是接近等于资源预算。基于一个资源或者可交付成果的约束，当一个计划的需求从一个特定时间段的计划的小时数到某一时间段新约定的小时数变化时，需求会相应地得到纠正。

◆ 基础实施策略

PPM Clarity 解决方案开发

在投入使用之前，资源管理过程将开发用于所描述的预先定义的强制的和非强制的请求。本文中的方案被定义为 PPM Clarity 功能，包括用户角色、界面和用户指南。

试点项目

实施试点用于验证现实生活商业环境（预先定义的组织子集）中的方案的可行性。在一个部门中试行的解决方案应当涵盖相同的范围和功能，在整体实施中使用，并将其视为整体实施的开始。试点单位的指导原则应该是使组织和流程适用于通用解决方案而不是其他形式。这些试点将有助于增加对所需业务变化、培训方法的理解，以及增加对如何从实施的解决方案和过程中获取实际利益的理解。

整体实施

完整的实施意味着每个部门都经过组织和准备，以管理 PPM Clarity 的需求和供给，所有部门的资源将在更改启动或应用程序代码中注册时间，用于系统维护。需求和供给计划可以分阶段或者分成可管理的组块来实施。

PPM Clarity 报告

图 14-1 提取了资源管理报告中的可用标准，这些标准可以通过 PPM Clarity 高级报告来执行，以满足运行资源管理器的一些目标。

资源管理报告	资源管理报告	时间管理报告
生产能力与 OBS 的分配	生产能力与资源需求	缺少时间
生产能力与 OBS 的预订状态	按任务分配的资源	管理者的资源时间审视
生产能力与角色需求	资源的可用性	资源时间总结和细节
资源的过/欠分配	资源基线与按雇用类型计划	资源需求报告（追溯需求）
角色的过/欠分配	资源预测利用率	
资源分配和任务	资源预测利用率详细信息	

图 14-1 PPM Clarity 资源报告

◆ 总结

实施资源管理可能很棘手，特别是行业（如银行）处于破坏性的周期，并且发展方式正在发生变化时。由于实施周期通常很长，有一个明显的风险是，公司以实施一个已经过时的流程而告终。

并不是诺迪亚一家在面对这些挑战。在北欧地区一项针对 20 家中大型私企和国企的调查中，58%的采访者表示虽然资源管理已经实施，但是并不能满足他们的需求。

更加有趣的是，在相同的采样公司样本中，25%表示需要一项新的措施，而 50%表示计划重复他们的措施。

由此得出的结论是，在实施作为 PPM 一部分的资源管理时：

- 你最初的实施方案可能无法满足公司的期望。
- 即使在实施之后，尽管存在缺陷，你的公司也很可能愿意再次投资一次，或者继续向初始范围推进。

它具体指资源管理（一般可能为 PPM）作为一个生命周期的方法，而不是向更成熟的 PPM 过程迈进的单一步骤。随着商业环境的不断变化——项目成为商业交付的“标准”，需要不断重新审视已经建立的流程和工具。

公司意识到，实施 PPM 流程需要实践和时间，但是实施不完善的解决方案胜于完全没有任何解决方案。

14.3　高级管理层、相关方及 PMO 的参与

就项目组合的成功管理而言，需要那些能够领会项目组合管理所能带来的好处的人，同时需要他们展现出强大的领导才能。来自高级管理层的承诺是非常重要的。Stouffer 和 Rachlin 对于高级管理层在政府机关中的 IT 环境中所扮演的角色，进行了以下评论。

> 项目组合管理需要对于业务与整个企业的宽广视野。然而，IT 方面的投资决策必须在项目和项目组合两个层面进行。高级政府官员、项目组合与项目经理，以及其他决策者必须惯例性地提出两组问题。
>
> 首先，在项目层面，从事新的和现有的寻求拨款活动时，是否有充分的信心能在合理及可接受的成本、进度、技术和绩效参数的范围以内，完成它们既定的目标？
>
> 其次，在项目组合层面，在第一个问题得到了可接受答案的前提下，对于一个项目或组合的投资，与其他项目或组合比起来，是否显得合理？
>
> 得到了这些问题的答案之后，组合的高级官员、项目组合经理和其他决策者接下来就必须运用所得的信息，来决定 IT 投资组合的规模、范围和组成。项目组合在何种状况下可以进行变更，必须进行清楚的定义和传达。对项目组合变更的提议应该得到适当的决策权力机构的审议和批准，如投资评审委员会，并从整个组织的角度加以考虑。

高级管理层要最终负责清晰地定义和沟通项目组合的目标与目的，以及在考虑筛选组合中的项目时采用的标准与条件。Stouffer 和 Rachlin 认为，这包括：

- 充分定义 IT 项目组合的目标与目的并进行广泛沟通。
- 清晰地阐明组织与管理层对追寻的收益类型及投资回报率的期望。
- 识别并定义可能影响 IT 项目组合绩效的风险种类，组织正在进行哪些活动来规避

和应对风险，以及其对风险持续存在的容忍度。

- 建立一套标准，用于筛选与之竞争的 IT 项目与行动，对该标准达成共识并持续地加以运用。

高级管理层必须同时收集和分析数据来评估项目组合的绩效，并决定是否需要进行调整。这必须定期进行，来确保关键的资源没有被浪费在应该取消的项目上。Stouffer 和 Rachlin 通过访谈给出了他们在这个问题上的独到见解：

> 项目管理中心（Center of Project Management）主席 Gopal Kapur 表示，组织应该专注于它们的 IT 项目组合中有关重要项目关键标志的评估和控制会议。这些关键标志的例子包括发起人的承诺与时间、关键路径的状态、里程碑实现率、交付物交付率、实际成本与计划成本的对比、实际资源消耗与计划资源消耗的对比，以及概率和影响都比较大的事件。运用红色、黄色或绿色的汇报卡方法，以及预先定义的衡量标准，组织可以建立一个具有一致性的方法，来确定项目是否对 IT 项目组合有负面的影响，是否正在走向失败而需要提前终止。
>
> 需要收集和分析的特定标准及数据可能包括以下这些：
>
> - 标准财务衡量指标，如投资回报率、成本收益分析、挣值（专注于在可能的条件下将实际与计划进行比对）、增加的盈利、避免的成本或回收投资。所有参与了访谈的组织都表示，它们运用了其中的一个或多个财务衡量指标。
> - 战略协同（定义为对任务的支援），也几乎被所有组织采用了。
> - 客户（顾客）影响和在绩效指标中的定义相同。
> - 技术影响（通过对某种形式的架构所做的贡献或施加的影响进行衡量）。
> - 最初的项目与（在一些情况下）运营和进度。大多数组织提到了这一点。
> - 风险及风险规避（有时是具体的风险缓解措施）。大多数参与者提到了这一点。
> - 基本的项目管理技巧和方法。
> - 最后，数据来源和数据采集机制也是很重要的。很多参加访谈的组织更倾向于从现有的系统中获取信息，来源包括会计、财务和项目管理系统。

Stouffer 和 Rachlin 所认定的 IT 项目最佳实践之一是，同时对内部的相关方和外部的相关方进行慎重考虑。

> 扩展项目组合管理的业务参与通常包含以下各项：
>
> - 认识到业务项目集是关键的相关方，在整个生命周期中提升与之的合作关系。
> - 建立服务层级的协议，与问责制度（奖赏与惩罚）联系在一起。
> - 把责任转移到业务项目集中，让他们参与到关键决策制定组中。
>
> 在很多组织中，都有到位的机制来促进与相关方合作关系的创立、参与和支持。要想确保制定决策的流程更加具有丰富性和代表性，这些机制是不可或缺的。通过让相关方早早地对项目组合管理流程表示支持认可，也就更容易保证在整个

组织内实行一致的流程，也能保证整个组织对决策的接受度。相关方的参与和认可同时也可以在领导层发生变更时，让项目组合管理流程保持可延续性。

与相关方的合作关系有很多种不同的建立方式，这取决于组织、流程和手头的事务。通过把每个主要的组织部门中，对来自组织各处相互竞争的新提议进行优先排序的负责人员包括进来，就可以保证面面俱到了。通过运用预先定义的标准和决策支持系统，就能够在流程中实现客观性。将上述两种途径相结合，就能保证所有人在流程制定中都有份，也能保证流程的公正性。

相似地，最高决策制定机构的成员由来自企业各个部门的高级管理人员组成。所有主要的项目，或者那些需要拨款来源的项目，都必须经过这个决策机构的投票和批准。让相关方参与这种高层活动的价值在于，这一机构的工作是为了支持组织的整体使命和优先任务，而不是狭隘的地方或部门利益。

如今越来越多的公司都非常依赖 PMO 来支持项目组合管理。典型的支持活动包括能力规划、资源优化配置、商业案例分析及项目优先级排序。从这个角度来说，PMO 的角色是对高级经理的支持辅助，而不是替代他们。项目组合管理几乎一直是高级经理们的主要职责，但 PMO 所提供的建议和支持会让高级经理们的日子稍微好过一些。在这个角色中，PMO 可以更多地表现出催化剂的功能。CDI 的项目集管理总监 Chuck Millhollan 描述了在他的公司中的项目组合管理。

我们的 PMO 要负责项目组合管理流程，并通过我们的“投资理事会”来进行项目组合评审。我们有意地把请求启动项目、评估项目（在原则上批准项目）和分配工作（加入现有的项目组合）的流程分开了。

在被问及 PMO 与项目组合管理的关系时，Chuck Millhollan 进行了如下描述。

（1）投资理事会：投资理事会的人员构成包括高级（投票）成员（首席执行官、首席运营官、首席财务官、集团副总裁等），以及来自各个业务单元的代表。理事会定期举行由 PMO 引导的月度会议，来评审和批准新的请求，并回顾现有的项目组合。投资理事会的目标和目的包括：

- 为项目排定优先级并分配资本。
- 根据相关商业案例的价值来决定批准还是拒绝新的项目请求。
- 在各自代表的组织中，独自或集体作为口头的或可见的项目倡导人。
- 在必要的情况下，在批准项目交付物、帮助解决问题和方针决策，以及提供与项目相关的领导与指引方面，扮演积极的角色。

（2）请求、评估和批准：我们运用一张“投资请求工作表”对项目（也就是投资请求）呈现给投资理事会的格式进行标准化。其中的元素包括请求描述、成功标准和相关的量度、对当前和未来状况的描述、与战略目标的协同、初步的风险评估、对相关项目的认定、初步的资源可用性与限制评估，以及对投资回报率和成本估价的回报分析。

（3）工作授权：如果项目在年度运营规划流程中获得批准，并且是能产生ROI或总成本估价的资本投资，那么就要回到投资理事会来获得工作授权并加入现有的项目组合当中。这可以与在中期规划周期中启动的项目请求、评估和批准同步进行。

（4）项目组合维护：我们使用一种两周一次的项目状态汇报流程，且只包括投资理事会认为需要项目组合回顾评审或监管的项目。项目组合报告两周进行一次，并在投资理事会的月度会议中呈现。

当 PMO 支持或促进项目组合管理流程时，PMO 就在战略规划流程中成了一个积极的参与者，并通过确保队列中的项目与战略目标保持一致来支持高级管理层。其角色可能是支持或监管与控制。英德拉公司 PMO 主任、PMP 专家 Enrique Sevilla Molina 在论及其组织中的项目组合管理时说：

项目组合管理在监管和控制项目组合的绩效、检查组合与战略规划的协调性方面，是有着强烈导向性的。对趋势与预测的仔细分析也要定期进行，从而让项目组合的组成可以得到评估并在需要的情况下重新定向。

一旦项目组合的战略目标在组织的各个层级进行了定义和分配，流程中的主要循环就要包括：在项目组合的绩效、问题、风险、预测和新合同计划方面，进行汇报、检查并采取行动。为了把注意力集中到与项目组合管理相关的主要问题上去，人们定义了一系列警报、信号或指示，并进行自动运作。那些被标记为需要特别注意的项目或提议，会由管理团队谨慎跟进，并且会提供特别的状态报告。

项目组合管理流程所用到的关键工具之一是我们的项目监视器。这是一个基于网络的工具，能够提供任何预先定义的项目（或项目组合）的全貌，包括一般数据、绩效数据、指标和信号。它也能够提供不同种类的报告，如单个项目的报告、项目组合层面的报告，或者选定项目组合的特定风险报告。

除企业 PMO 以外，整个公司中主要的业务单元都在项目组合管理流程中使用自己的 PMO。其中的一些 PMO 负责为项目组合中的主要项目或项目集进行风险状态汇报。另一些 PMO 负责为项目或活动进行最初的风险等级定义，来提前发现潜在的风险领域。还有其他一些 PMO 在向上级管理层汇报时，为项目组合经理提供具体的支持中扮演了重要的角色。

我们的企业级别 PMO 对项目组合管理流程进行定义，以期与项目管理等级协调一致。在这样做了之后，就需要定义在公司的工具和信息系统中实施这些流程的要求。

一些公司在没有 PMO 参与的情形下进行项目组合管理。项目组合中可能包括很多花费资本的项目时，这会非常普遍。一位 AT&T 的发言人这样说：

我们的 PMO 并不是项目组合管理的一部分。我们设立了一个项目组合行政办公室（Portfolio Administration Office，PAO）来通过一个年度的规划流程，对主要的资本支出项目和项目集进行批准。PAO 利用变更控制来应对任何对批准通过的项目列表的修改。每个项目经理都必须跟踪他们项目的细节并更新项目组合行政工具（Portfolio Administration Tool，PAT）中的信息。集团项目集办公室使用 PAT 中的数据来监控项目是否健康、状态是否良好。单个项目要经过审计，来确保与流程相符，并准备好报告来跟踪进程和状态。

14.4 项目选择中的障碍

项目组合管理的决策者们在评估候选的项目时，拥有的信息通常比他们想要的少得多。项目成功的可能性、项目最终的市场价值，以及项目完成所需的全部成本，往往被不确定性笼罩着。这种足够信息源的缺乏往往带来另一个难题：缺少一种系统性的方法来进行项目的筛选和评估。我们需要根据一些已经达成共识的标准和方法来评估每个候选项目，而这些标准和方法对理性的决策来说是不可或缺的。虽然大部分公司已经确立了组织目标和目的，但是它们往往不够详细，无法作为标准用于项目组合管理决策。不管怎样，它们都是一个非常重要的起点。

项目组合管理决策往往被很多行为因素和组织因素搅得不知所措。部门的忠诚度、欲望和冲突、视角的差异，以及不愿公开共享信息，可能使项目的筛选、批准和评估流程陷入困境。很多项目评估数据与信息本质上都是客观的。因此，各方是否愿意公开地分享并信任彼此的意见，就成了一个重要因素。

一个组织中关于冒险精神的氛围或文化也可以对项目筛选的流程产生决定性的影响。如果组织中的氛围是保守谨慎的，高风险的项目就永远没有出头之日。组织中对创意的态度和产生创意的多少会影响所选项目的质量。总体来说，创意的数量越多，选中高质量项目的机会也就越大。

14.5 对项目的认定

项目组合管理的选择流程是一种包括 4 个步骤的方法途径，如图 14-2 所示。第一步是对项目想法和业务所需要的协助支持的认定。认定可以通过头脑风暴会议、市场研究、客户研究、供应商研究和文献搜索来进行。所有想法，无论价值如何，都应该列出来。

因为潜在想法的数量可能很大，就需要某种分类系统。有 3 种常用的分类方法。第一种方法是把项目分为两大类，如生存型和成长型。这两类项目的资金来源和种类可能有所不同，并且应该有所不同。第二种方法来自典型的研发战略规划模型，如图 14-3 所示。使用这种途径的话，开发新产品或新服务的项目会被分成进攻型项目或防御型项目。进攻型项目的设计是为了抓住新的市场或在已有的市场中扩大份额。进攻型的项目对于新产品和新服务的持续发展来说是必需的。

防御型的项目被设计用来延长已有产品或服务的生命周期。这可能包括增添功能或改进，来为已有的产品或服务留住现有的客户或找到新的客户。防御型的项目通常比进攻型的项目更容易管理，因为它们成功的概率更大。

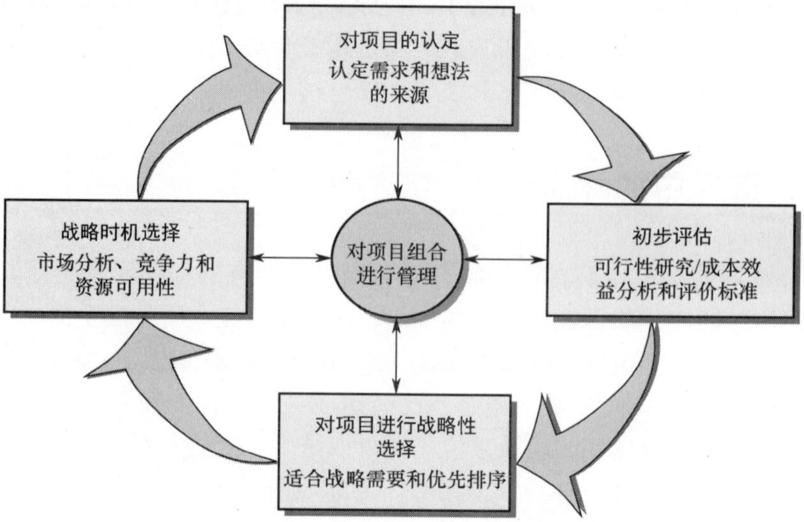

图 14-2　项目组合管理的选择流程

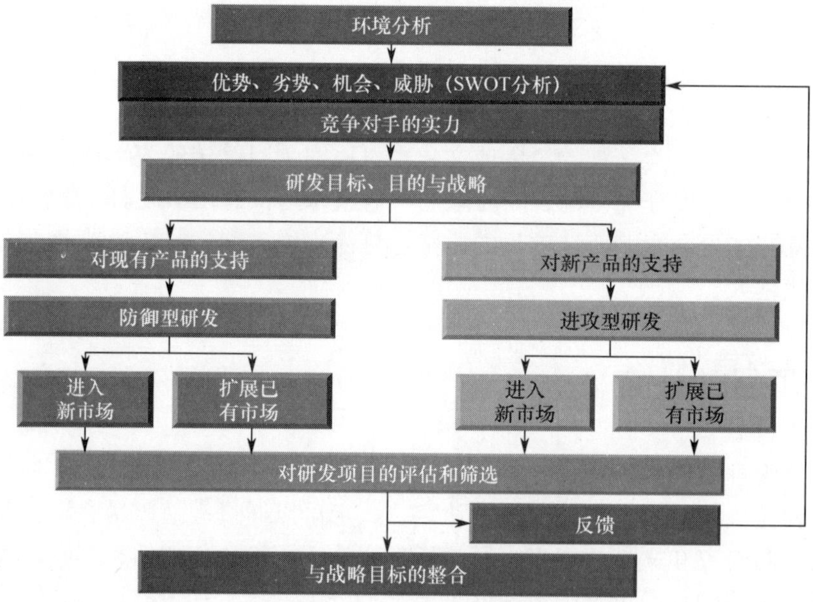

图 14-3　研发战略规划模型

第三种对项目进行分类的方法是：

- 激进的技术突破项目。
- 下一代产品项目。
- 新的产品家族成员项目。
- 增添功能和产品改进项目。

激进的技术突破项目最难管理，因为需要创新。图 14-4 展示了一个典型的创新项目的模型。创新项目如果成功，就可以带来比原先的开发成本多很多倍的利润。失败的创新项目则会带来同样巨大的损失，这也是高级管理层必须在批准创新项目方面非常谨慎的原因之一。在耗费大量的资源之前，必须小心谨慎地进行鉴别，并剔除不那么优秀的候选项目。

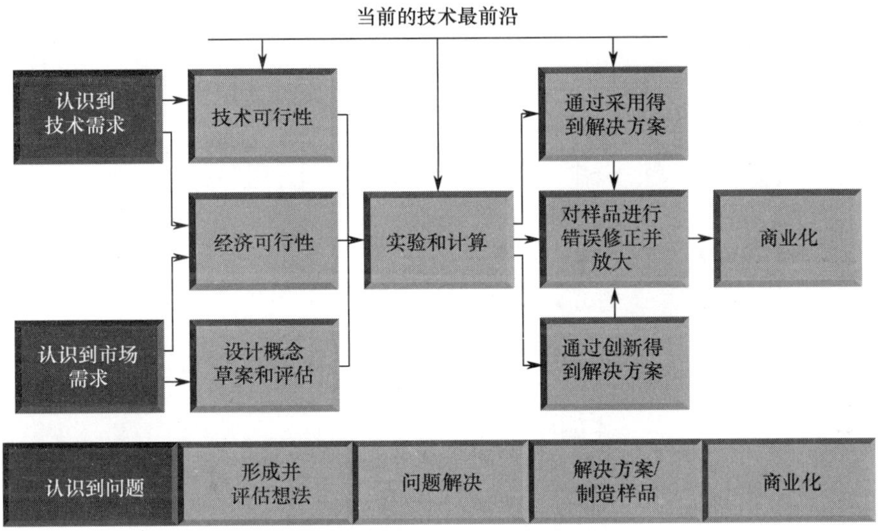

图 14-4　创新项目的模型

创新项目管理起来最为困难也花费最高，这是毋庸置疑的。有些公司错误地认为，对此的解决方案是最小化或限制关于创新项目的想法的数目，或者限制每个类别中想法的数目。这样的错误会让公司付出巨大的代价。

在一次面向各行各业、涉及几百家公司的新产品开发活动的研究中，Booz、Allen 和 Hamilton 把新产品的演化流程定义为把产品正式商品化所需的时间。这一流程始于公司的目标，包括产品收益领域、目标和成长计划，并且希望以一个成功的产品而告终。这些目标定义得越明确，对新产品计划的指导作用就越大。这一流程被分解为 6 个可以管理的且基本清晰的顺序阶段。

（1）探索：搜寻那些符合公司目标的产品创意。

（2）筛选：进行一次快速的分析，决定哪些想法是符合公司目标并值得进行进一步研究的。

（3）商业分析：通过有创意的分析，将想法展开为站得住脚的商业推荐，包括产品特点、财务分析、风险分析、市场评估和一项针对产品的计划。

（4）开发：把纸上的想法转化为手中可以展示、可以生产的产品。这一阶段专注于研究与开发，以及公司发明创造的能力。当意料之外的问题出现时，就寻求新的解决方案与折中方案。在很多情况下，如果困难太大而找不到解决方案，工作就只好终止或推迟。

（5）测试：验证早先的技术和商业判断所必需的技术与商业实验。

（6）商业化：运用公司的名声与资源，全面发布产品，进行生产与销售。

在 Bozz、Allen 和 Hamilton 的研究中，新产品开发流程具有的特点之一是想法的衰减曲线，如图 14-5 所示。这显示了在产品演进流程的各阶段中不断否决各种想法或项目的过程。虽然否决的比例在各行业与公司当中不尽相同，但衰减曲线的基本形状是典型的。通常需要差不多 60 个想法来产生一个成功的新产品。

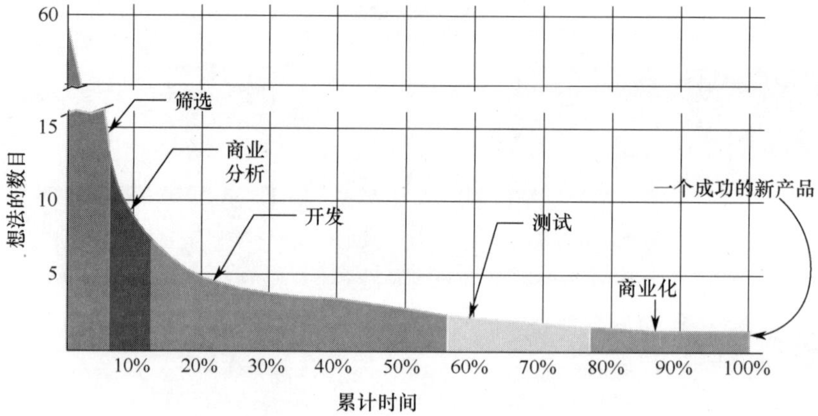

图 14-5 新产品想法的衰减曲线

新产品演化的流程包含一系列的管理决策。在时间和金钱两方面，每个阶段都会比前一个阶段更昂贵。图 14-6 以一家一流的公司为例，显示了一般的项目中开支随时间增长的情况。这一信息是基于所有行业的平均值得出的，因此对于理解典型的行业新产品开发流程很有帮助。非常值得注意的是，大部分资本开支都集中在演化过程的最后 3 个阶段。因此，十分重要的一点是，要在商业和财务分析的筛选方面做得更好。这可以帮助在一些缺乏潜力的想法演化到相对昂贵的阶段之前，就消灭它们。

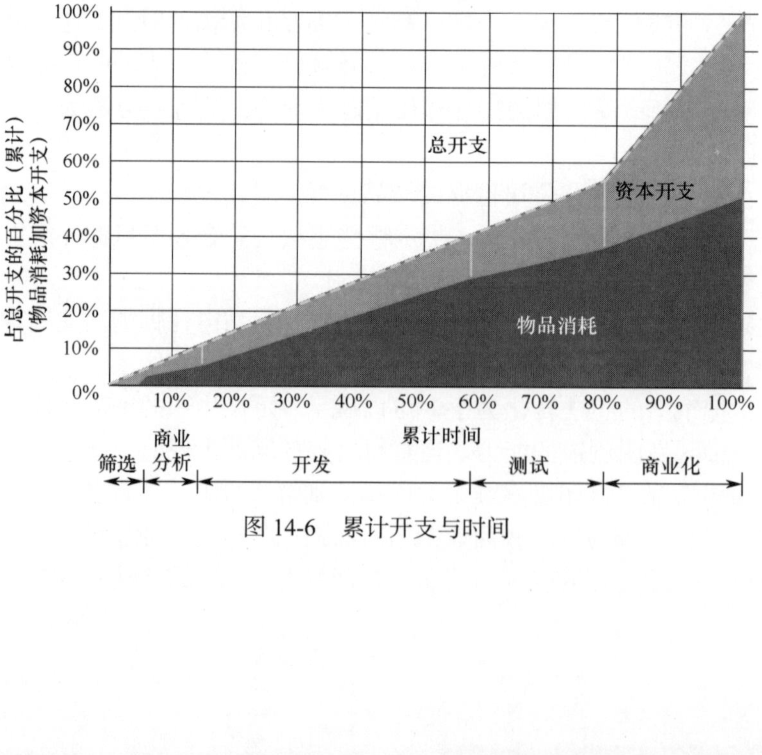

图 14-6 累计开支与时间

14.6 初步评估

如图 14-2 所示，项目选择的第二步是初步评估。从财务的角度来看，初步评估基本上是一个分为两部分的流程。第一个部分，组织要进行一个可行性研究来确定这个项目到底能不能完成。第二个部分，是进行成本效益分析，来看看公司是否应该做这个项目（见表 14-1）。

表 14-1　可行性研究和成本效益分析

项　　目	可行性研究	成本效益分析
基本问题	我们能做吗	我们应该做吗
生命周期	初步概念化的	概念化的
项目经理人选	未指定	可能指定
分析	定性的 技术、成本、质量、安全、合法、经济	定量的 净现值、折现现金流、内部回报率、投资回报率、假设、现实
决策准则	战略上合适	效益大于成本

可行性研究的目的是证实创意或项目可以满足成本、技术、安全、市场和执行容易度等的可行性要求。公司可以请外来的咨询师或项目涉及的特定方面的专家来协助进行可行性研究及成本效益分析。也许直到可行性研究完成之后公司才会委派项目经理，因为项目经理可能没有足够的业务或技术支持，以便在这个时间点之前对项目做出贡献。

如果项目被认为是可行的且与战略目标高度相符，那么项目就会获得优先处理，与其他获批的项目一同进行开发。一旦可行性得到了确认，就会进行成本效益分析，来验证如果项目得以正确地执行，是否就可以带来所需的财务和非财务方面的效益。成本效益分析所需要进行仔细分析的信息，会比可行性分析阶段一般能获取的信息还要多得多。这样的分析可能很昂贵。

及时地评估效益与成本是非常困难的。效益经常有如下的定义：

- 有形效益，可以用货币值来合理地量化与衡量。
- 无形效益，可能是用货币以外的其他单位来量化，或者可能是主观认定和描述的。

成本的量化明显要困难得多，至少很难及时而经济地进行量化。至少要确定的成本包括那些专门用于和效益比较的。它们包括：

- 当前的运营成本，或者在当前的条件下进行运营的成本。
- 未来一段时间内预期的或可以规划的成本。
- 可能较难量化的无形成本。这些成本如果对决策过程影响不大，一般会在量化过程中省略掉。

在研究成本与效益的过程中所订立的任何已知的限定与假设，都必须仔细地记录下来。不切实际或未经认定的假设往往是导致不切实际的效益预测的成因。对于项目是否继续的决策质量，很大程度上取决于所做假设的有效性。

14.7 对项目进行战略性选择

在图 14-2 中我们可以看到，项目选择的第三步是对项目进行战略性选择，其中包括确定项目如何适应战略需要及确定优先排序。在这里，高级管理人员的参与是至关重要的，因为项目可能对战略规划产生重大影响。

战略规划和对项目进行战略性选择在某种意义上来说是类似的，因为二者都在处理有关未来的利润和组织成长的事宜。如果没有一系列持续不断的新产品或新服务，公司的战略规划选项可能就比较有限。如今，技术的进步和不断增长的竞争压力，迫使公司开发新型且具有独创性的产品，而现有产品的生命周期看上去正在以令人警觉的危险速度不断递减。与此同时，高级管理人员可能依然把研究团队置于真空之中，没有能够利用研发战略规划和项目选择所能带来的潜在利润。

企业从事内部项目的主要原因有 3 个：

- 为了带来新的产品或新的服务，来保证高利润的成长。
- 为了对现有的产品和服务进行有利可图的改进（也就是成本削减举措之一）。
- 为了带来可以对认定新的机会或“救火行动”有所帮助的科学知识。

成功的项目选择是目标锁定的，但锁定目标的过程需要良好的信息系统，遗憾的是，这往往是大多数公司中最薄弱的环节。达到最大化效果的目标锁定需要信息系统，而这包括评估客户和市场的需求、经济方面的评估及项目选择。

评估客户和市场需求涉及机会寻求和商业智能功能。大多数公司把这些责任放到市场部门，而这可能导致有害的举措，因为市场部门基本上过分注重现时的产品和短期的盈利。他们没有时间或资源来恰当地分析其他具有长期效益的活动。同时，市场部门可能也没有受过技术训练的人员来有效地向研发部门传达关于客户与供应商的信息。

大多数组织都建立了项目选择标准，可能是主观的、客观的、定量的、定性的，也可能仅仅是凭借直觉经验猜测的。选择的标准大多时候是根据适合度标准来确定的，例如：

- 技术上类似。
- 运用了类似的市场营销方法。
- 运用了类似的分销渠道。
- 可以让现有销售团队来进行销售。
- 现有产品的客户会买这些新的产品。
- 符合公司的哲学或形象。
- 用到已有的专门技术或专业经验。
- 适合现有的生产设备。
- 研发和市场人员都满怀激情。

- 符合公司的长远规划。
- 符合现有的盈利目标。

在任何情况下，都要有一个选中项目的正当理由。负责进行选择和优先排序的高级管理人员在进行下一步之前，往往寻求来自其他高级管理人员和经理的意见。对于一名快速、高效和理性的经理人来说，寻求意见的一种方式是把上面所示的适合度标准转换为评分模型。典型的评分模型如图 14-7、图 14-8 和图 14-9 所示。这些模型既可以用于对项目进行战略性选择，也可以用于优先排序。

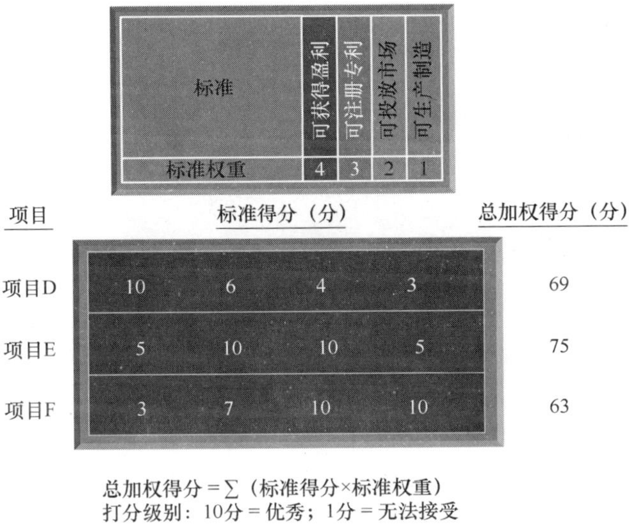

图 14-7　打分模型

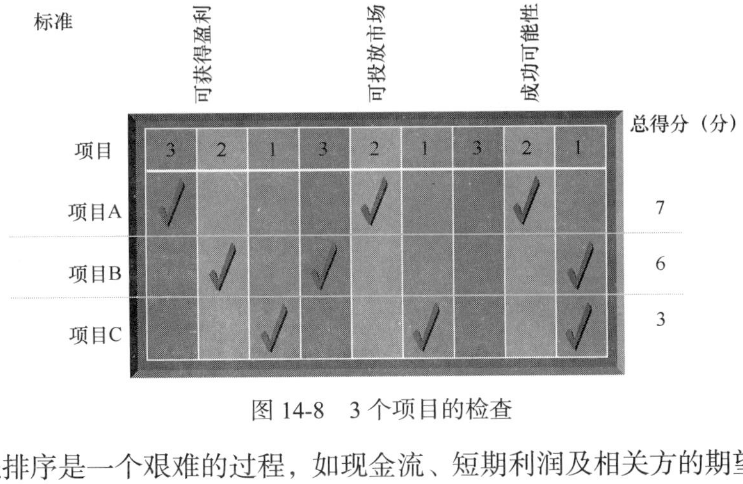

图 14-8　3 个项目的检查

进行优先排序是一个艰难的过程，如现金流、短期利润及相关方的期望这些因素都必须考虑到。同样需要考虑的还有一系列环境因素，如客户需求、竞争者的动态、现有的或预测中的技术，还有政府的政策。

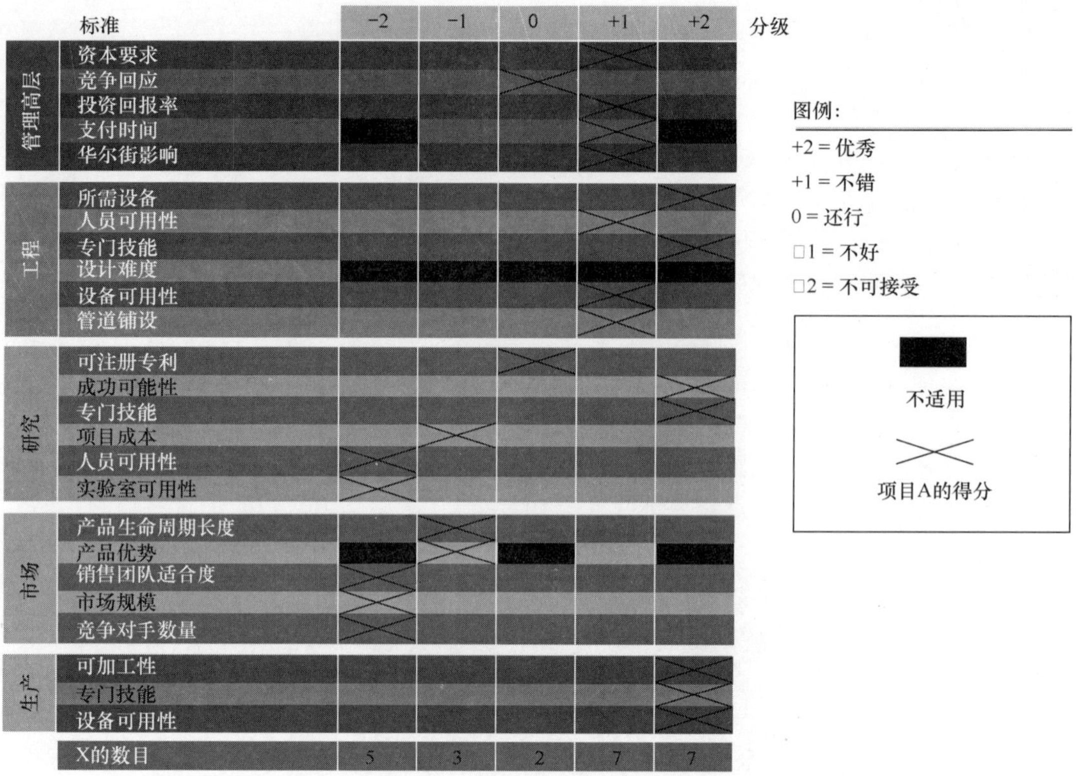

图 14-9　一个项目的分级模型，项目 A

在项目选择与优先排序方面做得过于保守，可能直接走向灾难。拥有高度成熟复杂的工业产品的公司，必须在项目选择或风险淘汰方面采取非常进取的姿态。这也必须要以一个强大的技术基础作为支持。

14.8　战略时机选择

很多组织犯了不顾可用资源的有限性，而承接过多项目这一致命错误。结果就是，技艺高超的员工被分配到超过一个项目中，造成进度重叠、生产力低下、利润达不到预期，以及没有尽头的项目冲突。

选择项目并进行优先排序必须以高质量人力资源的可用性为基础。我们可以使用规划模型，协助选择人力资源介入的战略时机。这些模型往往被称为综合规划模型。

关于战略时机选择的另一个问题是确定哪些项目需要最优秀的人力资源。有些公司使用一个风险回报立方，根据风险与回报的关系分配人力资源。采用这种途径的问题在于，实现收益所需要的时间（也就是投资回收周期）并没有被考虑在内。

综合规划模型使得组织可以发现人力资源任务过重的问题。这可能意味着由于缺乏高质量的人力资源，高优先级的项目可能需要进行时间调整或从队列中去除。非常遗憾的是，公司明明知道没有足够的人才资源，还要去考虑那些项目，同样浪费了时间。

时机选择的另一个重要组成部分是组织对风险的容忍度。在这里，重点在于项目组合的风险级别而不是单个项目的风险级别。理解风险管理的决策者可以有效地分派资源，从而降低或规避项目组合中的风险。

14.9 分析项目组合

作为项目驱动型组织的公司，必须在它们从事的项目种类和数量方面非常小心，因为可用的资源有限。由于时机选择非常关键，所以并不是什么时候都能雇用到新的员工并及时对他们进行培训，或者最终发现，公司雇用的分包商的技能值得怀疑。

图 14-10 展现了一个典型的项目组合，从具有生命周期的投资组合管理模型（通常用于战略规划活动）改编而来。每个圆圈代表一个项目。每个圆圈的位置代表了项目资源的质量和项目所处的生命周期阶段。圆圈的大小代表了项目相对于其他项目的收益多少，而扇形的饼块代表了项目到目前为止完成的百分比。

在图 14-10 中，项目 A 的收益相对较低而使用了质量中等的人力资源。项目 A 处于定义阶段。然而，当项目 A 前进到设计阶段时，人力资源的质量可能转为低等或高等。因此，这种类型的图表需要时常进行更新。

图 14-11、图 14-12 和图 14-13 展示了 3 种不同的项目组合。图 14-11 代表了高风险的项目组合，其中每个项目都需要高质量的人力资源。这可以代表那些获得了大型、高利润项目的项目驱动型组织。这也可能是一家计算机领域的公司，在这样一个行业当中竞争，产品生命周期很短，新品推出 6 个月就会过时。

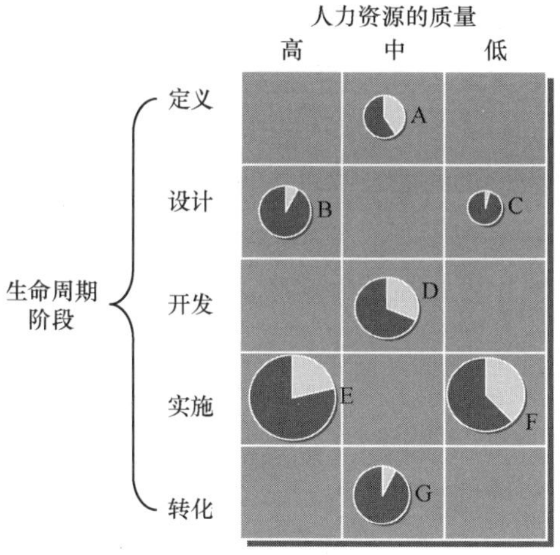

图 14-10　典型的项目组合

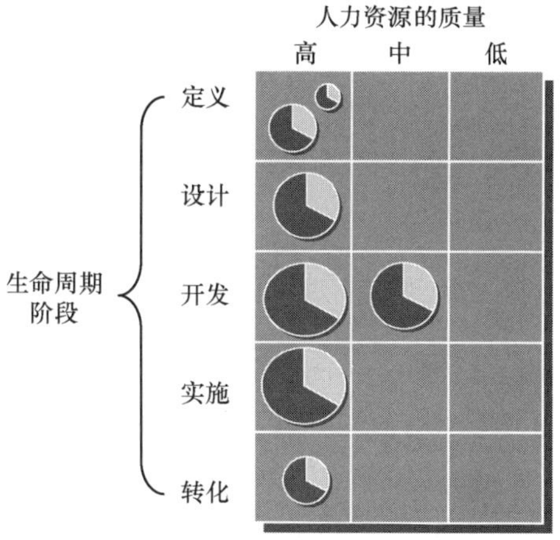

图 14-11　高风险的项目组合

图 14-12 代表了一个保守、注重利润的项目组合，这样的组织从事低风险的项目，只需要低水平的人力资源。这可以代表在一个服务型组织中的项目组合选择，甚至一家制造业公司，所设计的项目基本都是用来进行产品改进的。

图 14-13 展示了一个均衡的项目组合，有处于各个项目生命周期阶段的项目，也充分利用了各个水平的人力资源。这样的项目组合往往也是非常有效率的，而且需要非常高超精妙的技巧来维持这样的平衡。

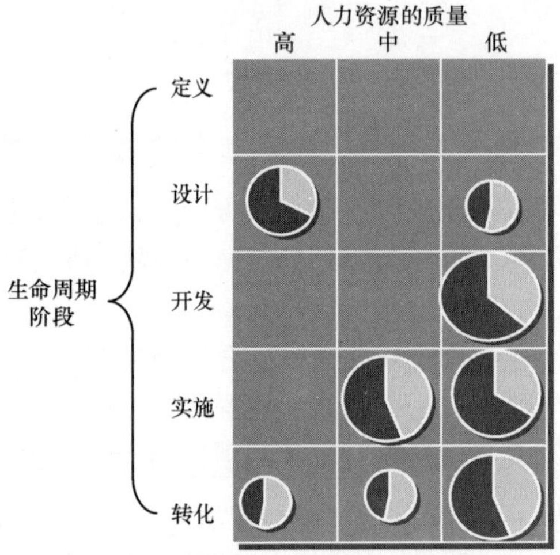

图 14-12　注重利润的项目组合

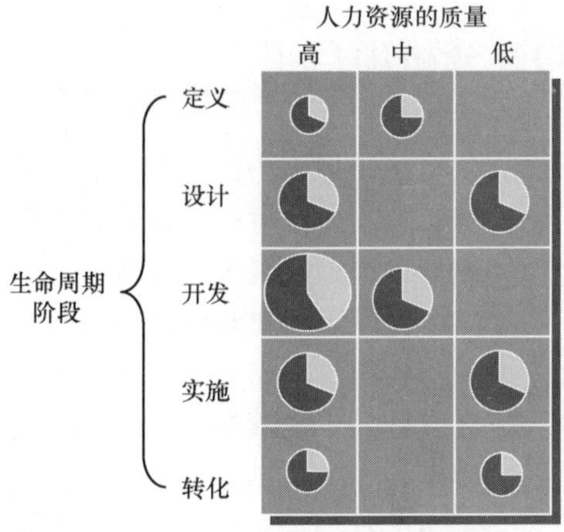

图 14-13　均衡的项目组合

14.10　实现期望的问题

为什么一个项目或整个项目组合的成果，在更多的情况下，没能达到高级管理层的期望呢？这个问题困扰着很多企业，而这会最终（往往也是错误地）归咎于差劲的项目管理实践。举个例子来说，一家公司在 2001 年批准了一个包含 20 个研发项目的项目组合。选中每个项目的标准都是其发布成功的新产品的能力。在完成了可行性研究之后会做出正式批准的决定。接下来会建立预算与时间表，从而来自新产品发布的现金流就可以支持持续运营所需的分红和现金。

在 20 个项目当中，每个项目都分派了全职的项目经理，并开始制订详细的日程表和项目计划。对其中的 8 个项目来说，很快事实就变得很明显，那就是高级管理层施加的财务和进度限制是完全不切实际的。这 8 个项目的项目经理决定不向高级管理层汇报这些潜在的问题，而是等着看会不会建立应急规划。高级管理层没有听到任何不好的消息，于是就获得了这样的一个印象，所有的发布日期都是切合实际的，一切都会按计划运行。

8 个麻烦不断的项目此时正备受煎熬。在用尽了所有的选项也没有任何奇迹出现之后，项目经理们才不情愿地向高级管理层报告，无法实现他们的期望了。这发生在项目生命周期中如此靠后的阶段，以至于令高级管理层非常恼火，辞退了数名员工，包括一些项目发起人。

从这个例子中我们可以吸取几个经验教训。首先，如果财务分析是用“软”数据而不是“硬”数据做出的话，就会产生不切实际的期望。在表 14-1 中，我们展示了可行性研究与成本效益分析之间的区别。一般来讲，可行性研究是基于“软”数据来进行的。

因此，关键的财务决策如果是根据可行性研究做出的，就可能出现很显著的错误。这也可以从表 14-2 中看到，它描述了典型预测方法的准确度。可行性研究所用的自上而下的预测可能包含显著的误差。

表 14-2　成本/时间预测

预测方法	种　　类	工作分解结构关系	精确度	准备所需时间
参数法	ROM（粗数量级估计）	自上而下	–25%～+75%	几天
类比法	预算	自上而下	–10%～+25%	几周
工程法（草根）	确定的	自下而上	–5%～+10%	几个月

成本效益分析应该运用更确定的预测数据，由详细的项目计划引导进行。成本效益分析结果应该被用来验证高级管理层确立的财务目标是否现实可行。

哪怕有着最好的项目计划和全面的成本效益分析，范围变更还是会发生，必须及时定期地重新调整期望。这样做的方法之一是运用图 14-14 中展示的滚动计划概念。滚动计划概念暗示，随着你在项目的进程中越走越远，就会得到更多的知识，可以用来进行更加细致的规划和预测。这就可以带来更多的信息，我们可以从中验证原先的预期。

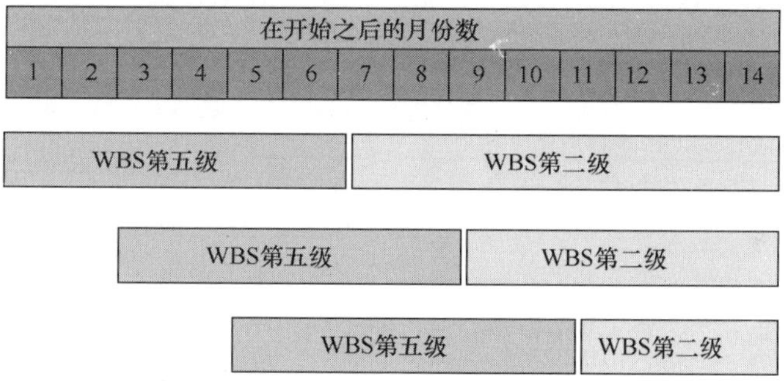

图 14-14　滚动计划概念

持续对期望进行重新评估是至关重要的。在项目的开端，不可能确保高级管理层期望得到的收益可以在项目完成时获得。项目的长度是一个关键因素。基于项目的长度，范围变更可能带来项目的重新定向。在最常见的情况下，罪魁祸首是不断变化的经济状况，造成原先的假设不再有效。同时，高级管理层必须能够意识到有哪些可能改变预期的事件。这些信息必须进行快速的传播。高级管理层必须不抗拒听到坏消息，并有勇气在可能的情况下取消一个项目。

由于变化可能改变期望，项目组合管理必须与项目的变更管理流程整合起来。白宫下属的行政管理和预算局 IT 与电子政府副主管 Mark Forman 说：

> 很多机构没有能够运用项目组合管理流程来转换它们的 IT 管理流程，是因为它们在开始之前，没有把变更管理准备到位。IT 不会解决管理问题，重组工程则可以。机构需要培训它们的员工来应对文化问题。它们需要问一问，要使用的

流程是不是一个简单的流程。我们需要一个变更管理计划。在这里，高级管理层的远见和指导对机构来说是有着迫切需要的。

虽然这里的说法来自政府的 IT 机构，但这一问题在非政府组织和所有行业中，也依然是具有非同一般的重要性的。

14.11 罗克韦尔自动化的项目组合管理

罗克韦尔自动化在其架构与软件集团中部署了一套项目组合管理流程。该套流程的目标和目的是把投资与我们的业务战略连接起来，把项目组合的价值最大化，在项目之间实现合适的均衡（混合），并把组织的力量集中起来。项目组合管理流程通过成为我们规划流程中的一个整合部分，把重点放在我们如何管理投资资金方面。它的意义在于，人们可以运用可信的数据来达成共识，并且有一个共同的决策框架。项目组合管理流程与相关的流程有所关联，如创意管理、战略制定、项目集与项目管理，以及我们新近部署的通用产品开发阶段关口流程（见图 14-15）。

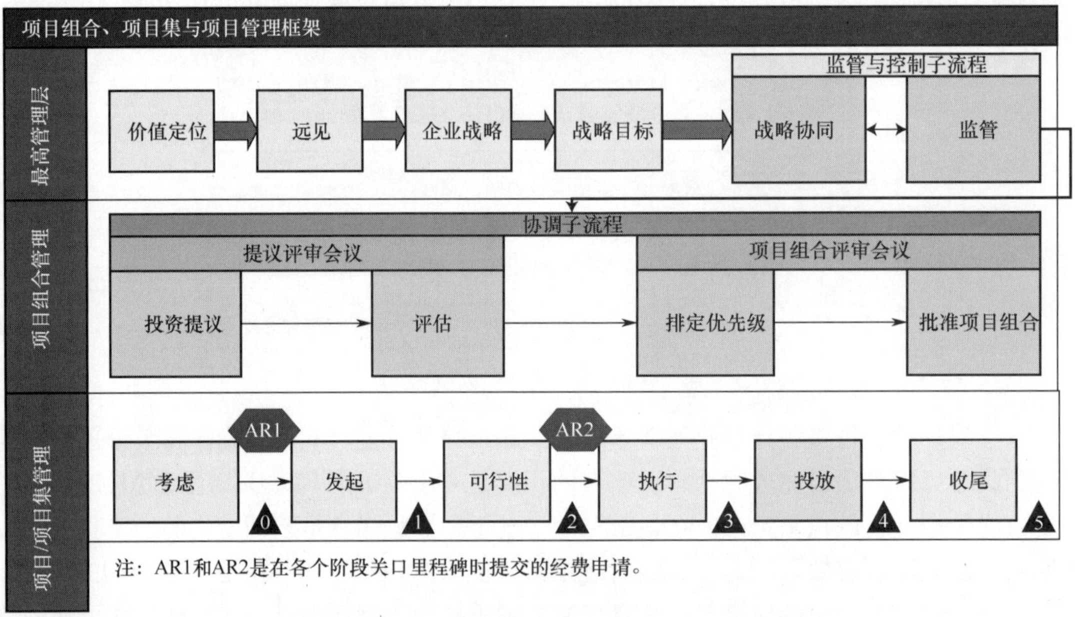

图 14-15　项目组合管理与通用产品开发阶段关口流程

我们可以使用一个通用的概念计分卡，来对投资请求进行资格限定。概念计分卡是一张动态的电子表格，可以通过投资请求，对概念的吸引力进行量化和打分，而一旦通过批准，就可以用来在阶段关口流程中量化项目，包括拨款活动。用于决策的数据从早期开始积累，随着预测的准确性和确定性的不断提高。所有未拨款的提议和得到拨款的项目都通过按序排列概念列表来管理，这个列表也是从概念计分卡得出的（见图 14-16）。

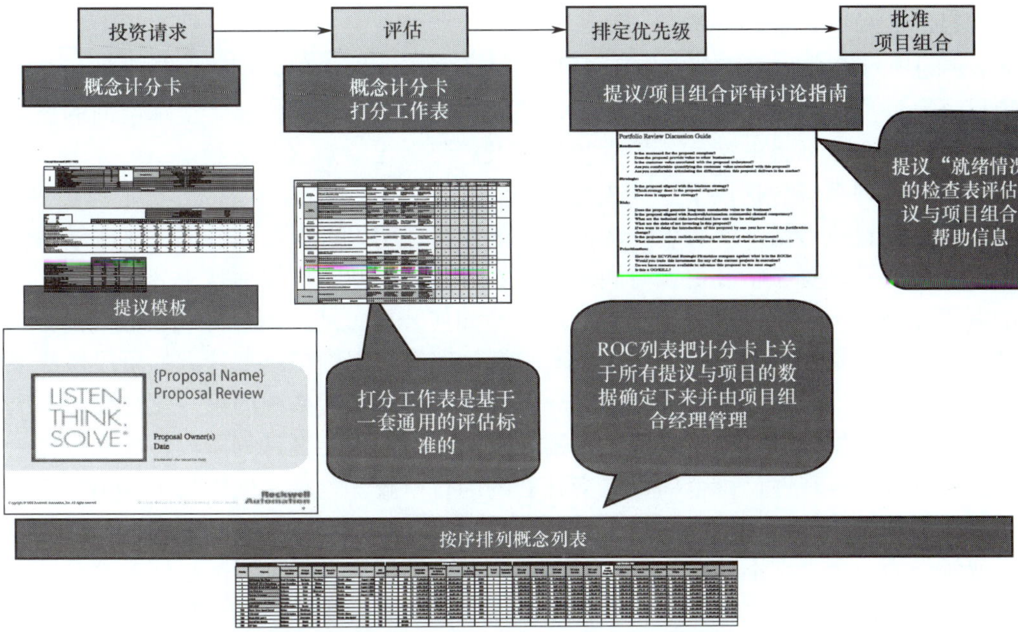

图 14-16　项目管理流程与通用模板概览

14.12　世界自然基金会

◆ 项目组合管理：WWF 衡量短期和长期的结果

世界自然基金会（World Wildlife Fund，WWF）是世界上最大的环境保护组织之一，基于国家办事处网络提供一个共同的全球项目框架（Global Program Framework，GDF），这是一个关于生物多样性和生态足迹的宏大的项目组合，直到 2020 年，WWF 全球网络都将优先开展该项工作。WWF 正在实施一套全球优先项目，重点在于有优先权的地理区域（生态区）、旗舰物种、生态足迹和驱动，来实现全球项目框架的目标。

WWF 作为秘书处来协调整个网络，并提供集中管理服务，设置标准和最佳实践。像所有的组织一样，WWF 需要监控其项目组合的执行情况，来使资金的价值最大化，管理风险，并识别和分享最佳实践。

然而，作为一个非营利组织，在一个非常复杂和不断变化的工作环境中，WWF 项目组合管理面临一系列独特的挑战：

- 组织结构严重分散，有各自独立的管理与审批系统，还有本地特殊优先级，以及并不标准的业绩考核。
- 全球财务和人力资源有限，因此迫切需要将项目设定优先级，以最大化集体的影响。
- 在不断演变的全球化背景下，深受全球经济和地缘政治趋势的影响。
- 在干预和衡量影响之间有显著延迟，并且归因困难。

为了解决这些挑战，WWF 已经开发了一个全球项目组合监测管理系统，在通知全球决策的时候也授权本地管理；可用来展示短期、中期和长期结果，发现新兴趋势和机会，并且能够最高效地进行资源分配。

WWF 的项目组合监测管理系统于 2013 年 7 月推出，提供包含用于调整管理所需的信息的项目，允许治理主体在项目内部和项目之间探索发展，还允许一个全球层面的充足数据集合，以便对全球项目框架和环境保护影响及趋势做出有意义的分析。

项目组合管理系统包括以下三大支柱。

（1）评估项目执行情况。WWF 认识到，很少有短期内可观察到的环保监测结果。在许多情况下，项目需要 5 年或更长时间来证明其改变。因此，环保项目十分重视对其变化理论的阐明和测试，也就是说，该项目的逻辑是如何开展短期干预，并随着时间的推移，造成越来越大的成果和影响。一个阐述清晰的变化理论将明确规定把计划的阶段性成果作为短期工作计划和日常项目管理的基础。WWF 项目组合管理系统的第一支柱要求每个项目每年进行自我评估，从第 1 阶段持续到第 7 阶段，向实现年度计划阶段性成果推进。为了提高这一流程的客观性，每个项目提交独立的同行审查。这样，就为每个 WWF 的优先项目生成一个整体的“环保目标 KPI”；在项目组合层面可以使用该 KPI 作为执行情况的快照，或者作为一个表现不佳或需要来自 WWF 网络额外支持的项目的早期预警系统。

（2）衡量结果和影响。项目组合管理系统的第二支柱要求组织超越项目的短期表现，从长远角度评价选定的结果和影响。

结果通常是减少对生物多样性的威胁，并由项目的既定目标定义。结果监测将回答这样的问题：新保护区建立了吗？进行有效管理了吗？渔业捕捞是否有改善？误捕有没有减少？关键政策的变化是否获得同意和实施？

影响是对项目在多大程度上实现最终目标的一个衡量，最终目标与这一项目试图保护生物多样性或减少生态足迹区直接相关。它会回答这样的问题：老虎的数量增加了吗？亚马逊地区的森林覆盖面积保持稳定吗？鳕鱼渔业恢复了吗？能源消耗减少了吗？当地社团因项目结果而得到发展了吗？

WWF 网络形成了一套旨在提供项目结果描述的 20 个“共同指标”，提供了一组通用的可对比的衡量方式。共同指标详细阐述了各地状况（栖息地和连通性、旗舰物种种群、海洋健康、物种多样性、湿地）、面临的压力（栖息地的丧失或退化、河水断流、物种减少和过度开发、二氧化碳排放）、做出的反应（保护区的大小和管理有效性，可持续生产的原材料、能源和水，野生动物贸易）和社会影响（受益人）。相似项目的类似指标可以集群，供项目组合管理治理主体进行全球分析。

（3）项目组合仪表板。项目组合管理系统的第一和第二支柱系统地提供了关于短期执行情况（环保目标 KPI）和中长期执行情况（常见的结果和影响指标）的项目级数据。这些数据可以在一个仪表板上整体查看，它提供了一个每个项目如何独立于其他项目来执行的整体视图。数据将在项目目标的背景中展现，来提供一个对于交付结果和影响进程的相关衡量。仪表板将包含 WWF 年度全球环保项目报告的核心内容，并伴随一段叙述来将结果放在项目行动和变化理论的背景中。

通过使用常见的短期和长期衡量，该系统还允许这些数据被 WWF 项目组合查看，实现对项目执行情况的比较，并通过汇总数据来衡量 WWF 作为一个有着“全球项目框架”这一全球目标的组织的表现。图 14-17 提供了一个数据如何在项目组合层面收集和使用的模拟图。

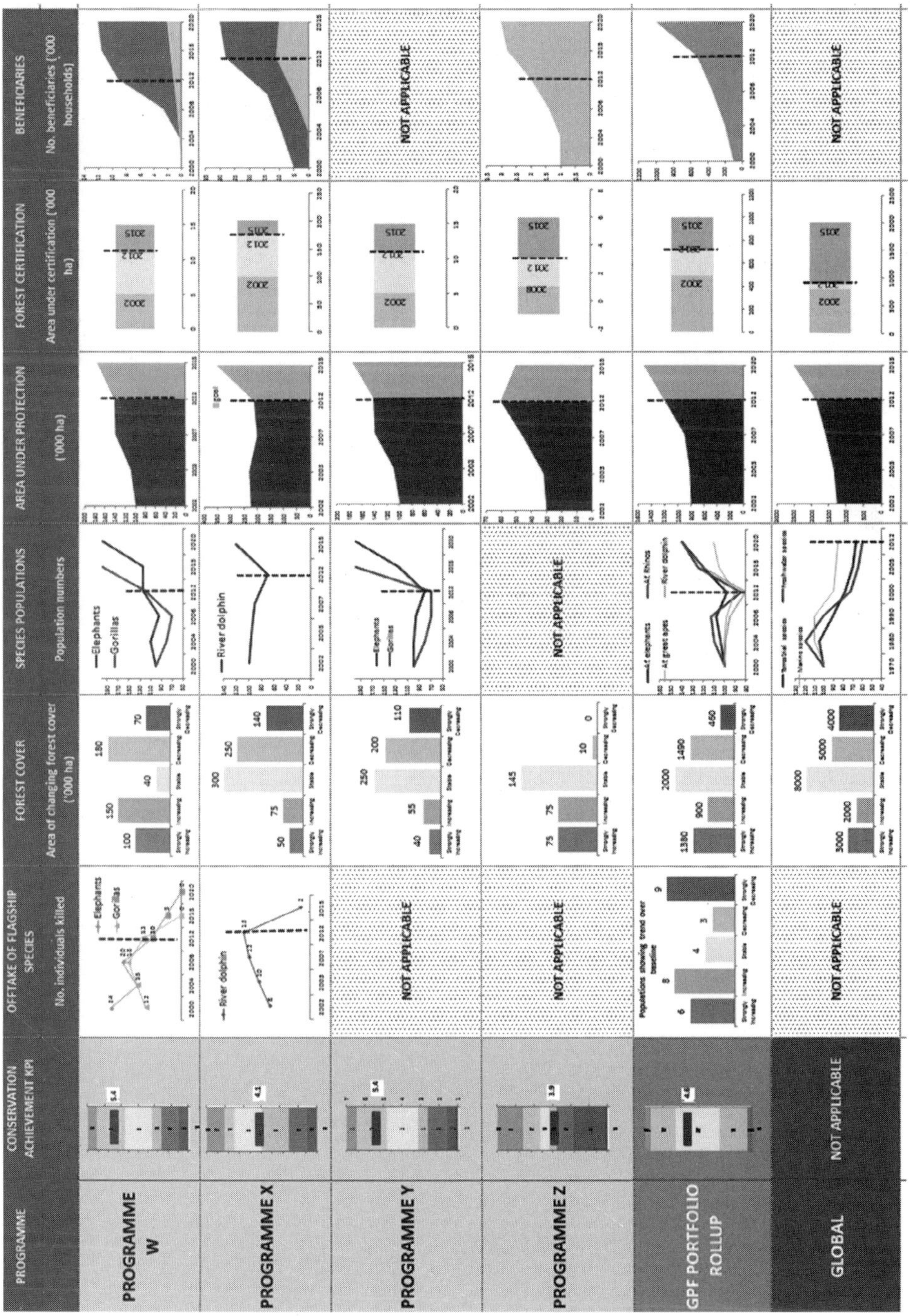

图 14-17　WWF 森林项目的样本合并仪表板（假设数据）

组合仪表板作为一个集中管理工具，将被许多不同的受众使用，包括项目管理团队和治理主体、WWF 网络监督和管理机构，以及捐助者和其他相关方。项目组合管理系统将回答的关键问题包括：

- WWF 的项目达到它的目的和目标了吗？对生物多样性有影响吗？
- 哪些 WWF 投资的项目对全球项目框架的目标有最大或最小影响？
- 影响项目执行情况的常见技术性和操作性因素是什么？
- 项目内和项目之间的最佳实践和经验教训是什么？
- WWF 网络对全球环境保护的贡献是什么？有哪些属于 WWF 的工作？
- 全球环境保护的新兴趋势、挑战和机会是什么？

需要注意的是，项目组合管理系统的有效性与战略规划质量和每个项目的衡量实践是密切相关的。因此，WWF 项目被强烈鼓励和支持要遵循计划、监控和评价的最佳实践，将所获取的汇总信息用于项目管理决策制定和学习中，并使其成为主流。

第 15 章
全球卓越项目管理

15.0 简介

在之前的几章里，我们讨论了卓越的项目管理、项目管理体系方法的运用及卓越的六边形（指项目管理的 6 个要素：流程整合、文化、管理支持、培训和教育、非正式项目管理和行为卓越。——译者注）。这本书之前提到的很多公司在所有这些方面都达到了卓越的水平。在这一章中我们会重点关注 7 家公司，也就是 IBM 公司、花旗集团、微软公司、德勤公司、柯马公司、Fluor 公司和西门子 PLM 软件公司，所有这些公司在全球化的项目管理方面都拥有独到的最佳实践和特点：

- 它们都是跨国企业。
- 它们向客户销售业务解决方案而不仅仅是产品或服务。
- 它们认识到，为了成为一个优秀的解决方案供应商，就必须在项目管理方面达到卓越的水平。
- 它们认识到，它们必须在项目管理的所有领域表现突出，而不止一两个领域。
- 它们认识到，一种全球项目管理方法必须更注重框架、模板、检查表、表格和指南等，而不是僵硬的条规与步骤，而且这种方法应该可以在所有国家所有客户身上运作得同样良好。
- 它们认识到知识管理、经验总结、获取最佳实践和持续提升的重要性。
- 它们理解由项目管理工具支持项目管理方法的必要性。
- 它们理解这样一个事实，也就是没有项目管理方面的持续改进，它们就会失去客户和市场份额。
- 它们把项目管理看成一项战略竞争能力。

这些特点确实对所有之前讨论过的公司都适用，但它们对跨国公司来说重要性是最高的。

15.1 IBM 公司

◆ 概述

众所周知，IBM 公司（以下简称 IBM）正在经历自 1911 年成立以来最复杂、最重要的变革之一。

IBM 不仅是全球最大的信息技术和咨询服务公司之一，同时也作为全球商业和技术的领导者，在研究和开发方面进行创新，以塑造整个社会的未来。

今天，IBM 认为自己不仅仅是一家信息技术公司。

2016 年 4 月，IBM 董事长、总裁兼首席执行官 Ginni Rometty 描述了一个由认知计算和云平台塑造的新时代的开端。她描述了 IT 行业如何以前所未有的速度从根本上重新排序。作为应对，IBM 正变得不仅仅是一家硬件、软件和服务公司，而是一家新兴的人工智能解决方案和云平台公司。

这种转变成功的基础是员工的技术和能力。我们每个人都面临着挑战，要使自己与未来的市场相关联。我们都被鼓励每年至少接受 40 小时的培训，其中主要是针对新兴技术和特定行业的专门知识的培训。

我们被鼓励要有自己的观点，在社交和职业上都要有自己的见解，并能坦然地面对客户的处境。我们配置了实现这一目标的工具和技术，包括新式的学习方法，如视频、游戏和交互式电子教学技术。新的短语正悄悄进入我们团队的日常词汇中，如“我们如何变得更敏捷”“承担更多（经过计算的）风险”“更好更快地协作”。

IBM 的卓越项目管理中心无一例外地经历了这种转变。2017 年是卓越中心成立 20 周年，明确地显示了 IBM 对项目管理作为公司关键专业的不变坚持。

我们的使命核心是不断地要求自己以行业领先的流程、方法和工具实现和支持我们的项目管理社区。然而，考虑到我们现在所处的环境瞬息万变，我们仍在不断发展，不断挑战自我，以确保我们能够满足客户的需求。

◆ 复杂性

当你回过头来看看我们社区管理的成千上万个并行项目的规模和多样性时，你会大吃一惊。我们不仅要求项目经理跨越时间、预算和资源的传统界限进行管理，而且现在我们需要理解并能够清晰地表达。

- 新兴技术（如认知技术、物联网、云技术等）。
- 传统企业与混合企业（内部、外部、虚拟等）。
- 传统企业与混合企业（内部、外部、虚拟等）行业特定的解决方案（如能源、自动化技术、公共事务等）。
- 特定于平台的解决方案（如作为服务提供）。

● 特定于客户的解决方案（如定制的解决方案、跨多个不同环境的整合等）。

我们的大多数团队及我们的大多数客户团队都是全球性的，这要求我们所有人都成为文化、地缘政治，有时甚至宗教差异方面的专家。

在下面的章节中，我们将阐述卓越项目管理中心如何增强我们的项目管理社区。之后，我们会讨论未来的趋势和机会。

◆ IBM 的项目管理系统

项目和计划的成功实施需要一个管理系统来处理计划、控制及业务和技术流程整合的各个方面。

IBM 的结构化项目管理系统解决了向客户可靠地交付业务承诺的交付挑战。

● 由于项目在客户的业务环境中得到了正确的描述，因此风险也得到了清晰的描述并得到了更有效的管理。

● 生产力在清晰的角色、责任和可交付性描述中得到了提高，从而通过知识管理的使用，加快启动，减少返工，得到了更多项目中有成效的时间。

● 沟通更容易、更清晰，因为项目团队（客户端和 IBM）更快地形成并使用通用术语。

● 客户对项目计划、进度和相对于项目目标的实际性能的可见性得到了增强，有助于提高客户满意度。

● 客户期望的结果与项目交付成果一致。

全面的 IBM 项目管理系统有三个维度：适用于项目和程序的覆盖度、深度和范围（见图 15-1）。

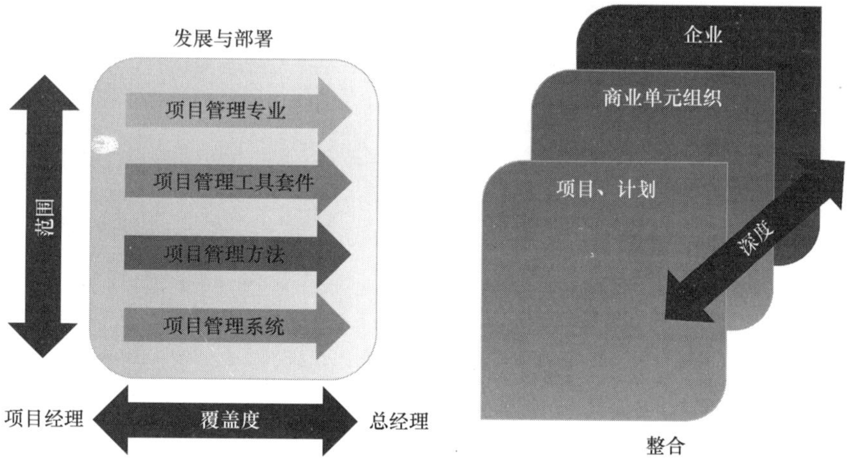

图 15-1　IBM 项目管理系统的三个维度

第一个维度是范围。IBM 开发了管理各种规模和复杂性的项目和程序交付所需的实现程序。这些实现程序包括全方位的项目管理方法、项目管理工具套件、项目管理管理系统，以及在这些实现程序中受过培训和经验丰富的项目管理专业人员。这些实现程序整合运用，以便它们相互补充和支持。

第二个维度是覆盖度，确保实现程序（方法、工具套件和过程）是全面的和可调整的，从项目到程序和投资组合都适当地服务于企业管理团队的需求。IBM 的项目管理专业人员也具有从项目经理到执行官各岗位的技能和经验。

第三个维度是深度。深度强调的是项目或计划管理规程同企业各级管理系统的数据的整合。

总之，IBM 的项目管理方法涉及打造具有以下特点的项目交付：有实现和控制所需的全部范围的交付项目或计划的范围广度，有适用于整个组织的覆盖度和整合企业本质的深度。

IBM 管理项目和程序的结构化方法包括理解和适应客户的需求和环境。项目管理系统就是这种结构化方法的核心。

◆ IBM 的项目管理方法

为了向其项目团队提供在全球范围内进行项目管理的统一方法，IBM 开发了“全球项目管理方法”，该方法为定义、规划、交付和控制各种项目和程序的最佳项目管理提供了指导（见图 15-2）。

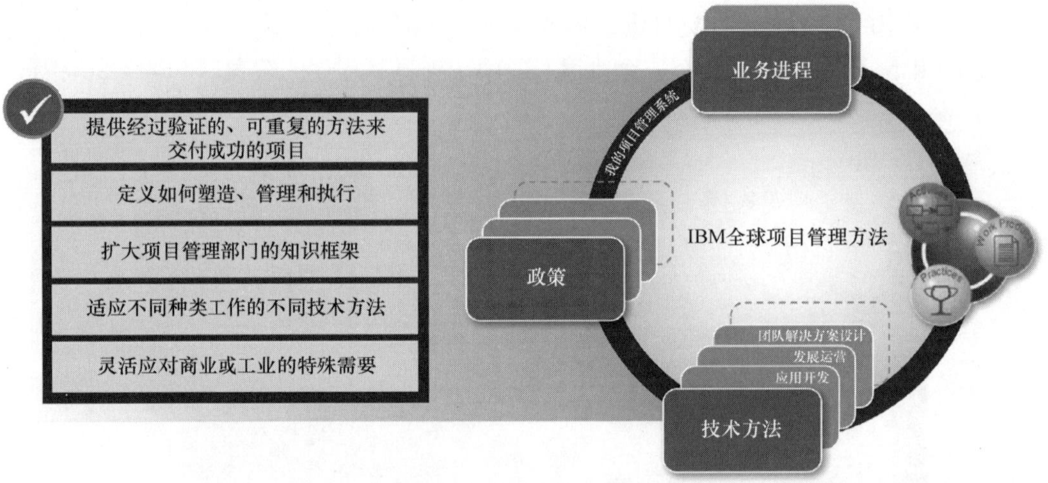

图 15-2 定制项目管理系统

IBM 的项目管理方法的目标是提供经过验证的、可重复的方法来交付解决方案，最终得到成功的项目或程序以满足客户的要求。

全球项目管理方法是针对 IBM 环境的项目管理部门和项目管理知识体系的实施。全球项目管理方法从深度和广度上扩展了项目管理知识体系的指导过程，并使项目管理工作产品内容得以具体化。

从 2008 年开始，全球项目管理方法就把项目管理社区定位在敏捷性，并且经过多年的更新，全球项目管理方法为使用敏捷性原则和技术的项目提供了更多的支持。全球项目管理方法是作为一个单独的项目管理方法发布的，包含了支持敏捷性和与敏捷性技术相配套的工作产品的额外指导。所采取的方法是在通用术语中使用敏捷，而不是选择一个特定的敏捷性技术。

全球项目管理方法描述了 IBM 中项目和程序的管理方式。它们被记录为指导所有项目管理活动的计划和过程的集合，以及实施证据的记录。为了在 IBM 中具有通用性和适用性，项目管理方法不描述生命周期阶段，而是描述可在任何生命周期中重复使用的项目管理活动组。这使得该方法可以与任意数量的技术方法和适用周期一起灵活使用。

全球项目管理方法由许多相互关联的要素组成：

- 项目管理实践将按照特定知识领域对任务、工作产品和指导进行分组。
- 项目管理活动将项目管理实践中分配的任务安排成一系列可执行的步骤，以满足特定的项目管理需要或回应特定的项目管理情况。
- 项目管理工作产品是产生并用于管理项目的可验证的结果。

全球项目管理方法包括一系列用于计划、过程和记录的模板或工具指导程序，这些模板或工具指导程序可以快速且容易地进行调整，以满足每个项目的需求。

IBM 的全球项目管理方法负责人 Laura Franch 说："IBM 的项目管理方法与其他 IBM 计划的持续整合、吸取的经验教训及与外部标准的一致，对于确保全球项目管理方法在项目管理实践中展示全球范围的卓越表现来说是必要的。"

IBM 使用全球项目管理方法来评估、计划和管理应用程序开发项目。这个过程涉及的主要活动包括：

- 定义、计划和评估项目的各个方面。
- 组织、控制和管理多种类型的项目。
- 跨平台以共同的方式交付项目。
- 捕获、跟踪和报告关于性能的信息。
- 管理异常，包括风险、问题、更改和依赖关系。
- 确保项目效益得以实现。
- 与项目所涉及的支持者进行持续的沟通，并向客户的执行管理层报告项目状态和问题。
- 在项目实施后对项目进行分析，以验证是否遵循了标准流程，并确定未来项目的流程改进活动。

这些关键活动由用于项目规划、工作计划生成、成本和进度估计、时间跟踪和状态报告的工具和技术来支持。

为了满足灵活性的需求，项目管理系统模板和工作产品可以定制以满足地理、业务线或客户特定的需求，同时仍然保持我们对一种统一的项目管理方法的承诺。全球项目管理方法可以授权给 IBM 客户使用，并获得超越特定项目的范围和规模的更大收益。

随机应变流程资产库代表了支持行业标准的全球项目管理方法的实施实例，如软件工程学会的能力成熟度模型集成。

◆ IBM 的企业项目管理办公室

作为其基于项目的任务的一部分，IBM 的卓越项目管理中心侧重于理解项目管理办公室并实现其计划。企业项目管理办公室对于企业的定义、控制和交付更可预测的项目结果的能力非常重要。

IBM 的企业项目管理办公室确保与企业的战略保持一致，支持标准化的项目管理，并专注于人才管理（见图 15-3）。

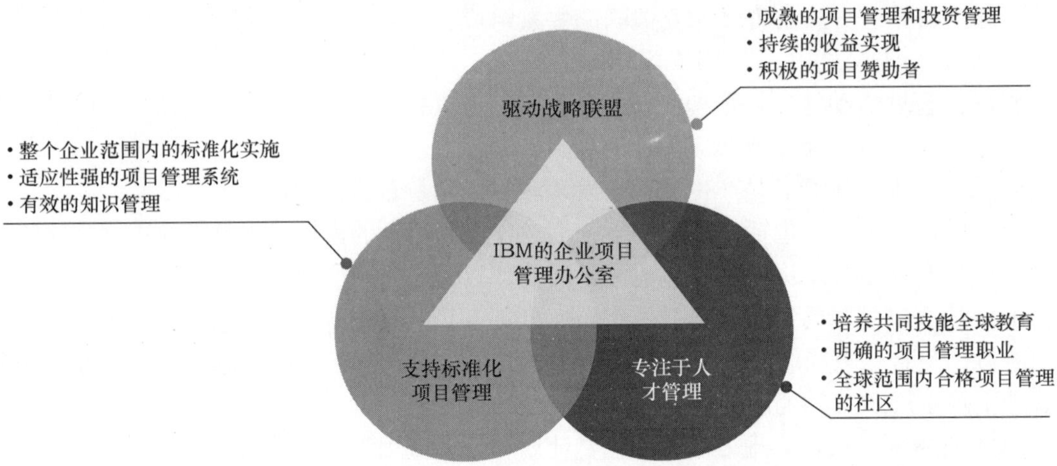

图 15-3 IBM 的企业项目管理办公室

IBM 的企业项目管理办公室通过关注六个关键成功因素来解决项目团队面临的众多挑战：

（1）确保所有关键利益相关方理解项目管理的价值。

（2）积极与发起人和主管沟通，解决他们的关键问题，为项目和计划提供所需的支持。

（3）通过使执行团队能够做出明智的决策并选择正确的项目来实现业务价值，确保业务目标和项目执行之间的战略一致性。

（4）使用标准化的项目管理实践来支持企业战略，并提供适当的控制，以减少风险并确保成功交付。

（5）使用项目管理最佳实践、资产和智力资源使企业能够降低风险并交付可重复的、高价值的和高质量的解决方案。

（6）投资开发项目经理人才，以实现卓越的项目绩效和战略计划的执行。

企业项目管理办公室提供治理、规程和资源来有效地管理企业内的项目投资。

IBM 与客户合作，确定适合交付预期业务结果的企业项目管理办公室，并为项目办公室功能的有效设计和实现提供方法、流程和实践（见图 15-4）。

图 15-4　项目办公室功能设计和实现

◆ IBM 的业务进程

IBM 的基本业务流程与我们的方法无缝整合。其中三个过程直接使我们管理的许多项目受益：质量、知识管理和成熟度评估。

质量

IBM 的项目管理方法完全符合 ISO 质量标准。这意味着使用全球项目管理方法的项目经理不必花费额外的时间为他们的项目建立质量标准，因为质量标准已经被构建到项目管理系统中。

在 IBM 全球服务中，IBM 的业务实践需要对我们的全球质量机构执行的大多数项目进行独立的质量保证审查。项目评审通过在潜在的项目隐患导致问题之前发现它们，帮助项目按时和按预算进行，从而发挥重要作用。IBM 内部评审和评估在整个项目周期的各个指定检查点执行。

知识管理

IBM 项目管理的最佳实践、资产和智力资本代表了成千上万名 IBM 项目经理在数十年交付项目和程序的工作和经验中积累的专业知识。正式的项目管理知识网络已经建立，允许项目经理在全球环境中共享专业知识。

IBM 项目经理还可以访问项目智力资本，包括可重复使用的工作产品，如架构、设计、计划等。项目经理被鼓励通过发布项目工作产品和经验来分享自己的知识和专业知识。获取已完成项目的最佳实践和经验教训是确保未来项目成功的基础。

成熟度评估

IBM 开发了全面的工具和最佳的实践，即项目管理进展成熟度指南（Progress Maturity Guide，PMG），来评估其当前的项目管理功能和项目管理服务，并随着时间的推移对其进行改进。

IBM 项目管理能力评估来自 SEI 的软件能力成熟度集成模型、IBM 和行业内项目管理的最佳实践。它度量项目管理过程或系统的元素存在的程度，整合到组织中，并最终影响企业的性能。评估通过在文献和访谈中寻找部署、使用、覆盖和补偿的证据来对 26 个最佳实践进行展示。它提供了：

- 当前的能力优势、弱点和差距的优先级列表。
- 针对高优先级和中等优先级差距的改进行动建议。
- 每个最佳实践的总体成熟度级别评级。

为了获得最大的价值，企业应该确定项目管理成熟度基线；有效地安排、计划和实施改进机会；然后跨时间测量以验证企业项目管理能力的一致改进。通过了解企业的优缺点，可以确定持续改进项目管理和实现业务目标的行动。

随着企业项目管理成熟度的提高，项目交付的效率提高，客户满意度提高，业务成果增强。

◆ IBM 项目管理技巧发展计划

增强方法、业务流程和策略的整合是 IBM 项目管理专业人员通过教育和认证正在努力的发展方向。

课程培训

IBM 的项目管理课程是在全球范围内和所有业务部门中交付的，有助于在整个公司内推动一致的术语基础和理解。虽然项目经理显然是培训的重要受众，但出席培训的不只是项目经理。相反，课程是为了满足所有 IBM 人员的项目经理培训需求，而不管他们处在什么工作岗位。根据课程内容和目标受众使用了一系列的交付模式。除了传统的课堂形式，越来越多的教师主导的学习是通过在线虚拟课堂进行的。广泛使用自定播放速度的在线学习提供给在线学习者选择方便的时间和地点学习课程内容的自由。课程指导委员会由来自 IBM 各个业务部门的代表组成，提供课程内容开发的管理。这确保课程不断满足业务各个部分不断发展的需求。

项目管理课程分为四个不同的部分。

核心课程涉及项目管理的基础知识。对项目管理没有先前的知识基础或知识基础较弱的员工可以通过课程的这一部分来获得项目管理规程的基础内容。介绍性课程奠定了基础，更多的专业课程在此基础上开发项目管理系统、合同、财务、项目领导和 IBM 全球项目管理方法等课程。一门单独的综合课程通过将早期课程的理论学习结合起来，并将其与注重该知识的实际应用相结合，来完成这部分课程。

教育保障部分提供机会，以学习核心课程为基础，在特定领域深化项目管理技能。

这将包括更深入的主题培训，如领导力，使用特定项目管理工具的培训，以及更多的情景主题，如跨文化工作。

项目管理人员部分的重点是提升高级职位所要求的一般业务能力，并提供管理具有多个项目和业务目标的大型项目所需的工具和技术。

基础部分包含在项目团队中工作的员工所需的课程。项目管理的基础入门课程为他们提供了对项目运行流程和关键术语的理解，但不期待将他们培养成项目经理。

正如我们已经注意到的，项目管理课程提供各种不同的工作岗位的培训，而不仅仅是项目经理。相反，项目课程也不能满足 IBM 项目经理的所有学习需求。例如，担任项目经理对他们的营运能力有一系列具体技巧的要求（如领导能力、行业专业知识、文化等），这些技能将从 IBM 提供的进一步的学习中获得。

◆ 资格认证

项目管理的专门职业是 IBM 所设置的几大全球专门职业之一，它着眼于保证 IBM 内部专业和技术能力的可用性和质量。项目管理专业发展行动包括全球范围内的 IBM 项目管理专门职业领导力、它的资格认定流程、IBM 与 PMI 的关系，还有通过教育培训和导师计划来进行项目管理技能的培养。这些计划的目标是培养项目管理的专业技能，并维持项目管理专门职业内部的卓越水准。

IBM 内部的专门职业具有什么样的背景呢？IBM 的专门职业是自行调整的团体，由思维和技能相似、工作内容也相近的 IBM 专业人士和经理组成。专门职业团体的成员在 IBM 组织中的各个部门无论拥有怎样的头衔，都会担当类似的角色。每项专门职业都会发展并支持其自身的团体，包括提供专业发展、职业发展和能力培养方面的协助。IBM 专门职业：

- 帮助 IBM 培养和维持业务所需的关键技能。
- 保证 IBM 的客户享受到在项目管理领域一致的最佳实践和技能。
- 协助员工掌舵他们的职业生涯和专业发展。

IBM 中的所有工作都被划分到几个不同的职能领域之中，叫作工作家族。一个工作家族是一系列共享相似职能或技能的工作集合。如果对于特定的工作没有可用的数据，那么这个职位的职责就会与各工作家族的定义进行比较，以确定划归给合适的工作家族。

项目经理及绝大多数项目集经理，都属于项目管理工作家族。项目管理职位保证在解决方案的形成、开发、实施和交付过程中满足客户的要求。项目管理专业人员要负责整体的项目规划、预算、工作分解结构、进度、人员配备要求、管理项目执行和风险，并应用项目管理流程和工具。这些人必须管理 IBM 和客户员工，以及第三方供应商的行动，以确保能够提供一个整合的解决方案来满足客户的需要。这种岗位角色需要在沟通、谈判、问题解决和领导力方面具有丰富的知识与超强的能力。作为项目管理专业人员，需要展现出以下方面的能力：

- 对其与团队、客户及供应商的关系进行管理。
- 有关技术、行业或业务的专业知识。

- 有关体系方法的专业知识。
- 良好的业务判断力。

管理人员会得到关于对 IBM 的员工进行分类、培养和保持生命力方面的指导。在项目管理专业背景下，生命力的定义是让专业人员满足根据其专门职业定义的项目管理技能、知识、教育和经验要求（资格认证标准），达到或超过他们目前的水准。最基本的资格认证标准都会对每个职业生涯里程碑加以定义，并被用作个人的业绩承诺或发展目标，附加在业务单元和个人业绩目标之上。

技能熟练的项目管理专业人才可以沿着他们的职业生涯路径不断前进，担任责任越来越大的职位。那些让技能和专业经验融合得恰到好处的人员就可能有机会进入项目集经理、项目总监，甚至高级管理者的行列当中。在这个专门职业当中的成长和前进是由几大因素来衡量的：

- 在岗位角色上起到作用所需的一般业务与技术知识。
- 有效应用这些知识所需要的项目管理教育和技能。
- 利用项目与业务相关知识和能力的经验和工作方法。
- 对专门职业的贡献，称为"回馈"，形式是通过一些活动，增加这一专门职业对其相关方的质量和价值。

IBM 的项目管理专门职业已经建立了一个端到端的流程来对项目管理职业生涯路径上的进展进行"质量保证"。这一流程被称为"资格认证"，并可以实现 4 个目标：

- 提供一个世界范围内的机制，建立维系和促进 IBM 在项目管理方面的卓越表现的标准。这一标准的基础是相对于这一职业独特的准则所展现出的技能、专业知识和成功。
- 保证在评估候选人是否达到每个职业里程碑时，全世界范围内应用的都是同一个判定标准。
- 通过对项目管理原理的良好运用（也就是 IBM 的项目管理专业人士应用的一系列丰富的项目与项目集管理流程、体系方法、工具和技能），让客户与市场对 IBM 项目管理专业人才不变的高质量具有最大的信心。
- 让 IBM 专业人才的技术和经验获得认可。

IBM 项目和项目集管理的职业生涯路径让员工可以从入门级成长为高级管理者。专业人士在不同的层级进入专门职业当中，这取决于他们在项目管理方面的成熟度。对专业人士的技能和专业知识的验证是通过资格认证流程来完成的。资格认证流程包括鉴定（在基层的、入门的等级）、认证（在更高的、富有经验的层级）、再认证（用于保证专业水准没有过时）及层级移动（达到更高级别的认证里程碑），如图 15-5 所示。

鉴定是资格认证流程的入门级别。它在专门职业的资格认证评估项目管理专业人员在助理与顾问级别的里程碑时适用。

认证是资格认证流程的最高层级，是为更有经验的项目经理准备的。它适用于专门职业的资格认证流程，评估一个项目管理专业人员是否已达到高级专家与高级管理人员级项目管理的里程碑。这些里程碑需要项目经理完成一个更正式的认证包，并授权将这个候选认证包上交到项目管理认证委员会。IBM 的项目管理认证委员会由职业专家组成，监督认证流程中的确认步骤。这个委员会负责验证在候选人的认证包中记录和获批的成就都是真实有效的。只要委员会验证了里程碑已经实现，候选人就可以成为高级或高级管理人员级项目经理。

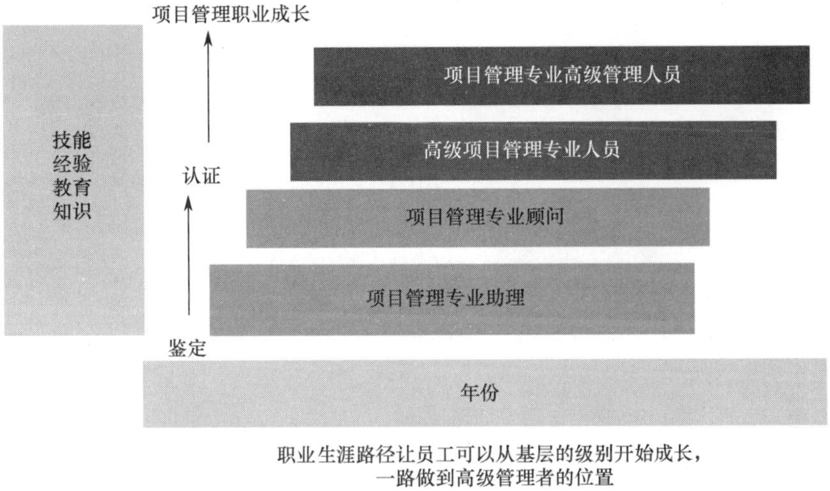

图 15-5　IBM 的项目管理职业生涯成长路径

再认证负责评估经过 IBM 认证的项目管理专业人员所具有的高级或高级管理人员级项目管理里程碑的时效性。再认证按每 3 年的周期进行，要求项目经理准备一个里程碑包，包中记录有该项目经理在上一个周期内在项目管理中所做的事情、继续教育和获得的回报。

IBM 继续投身于培养和支持功底扎实、胜任职责的项目管理专业人员队伍，同时为项目管理的执行者们提供高质量的项目管理教育和培训，以此来提升项目管理能力（见图 15-6）。

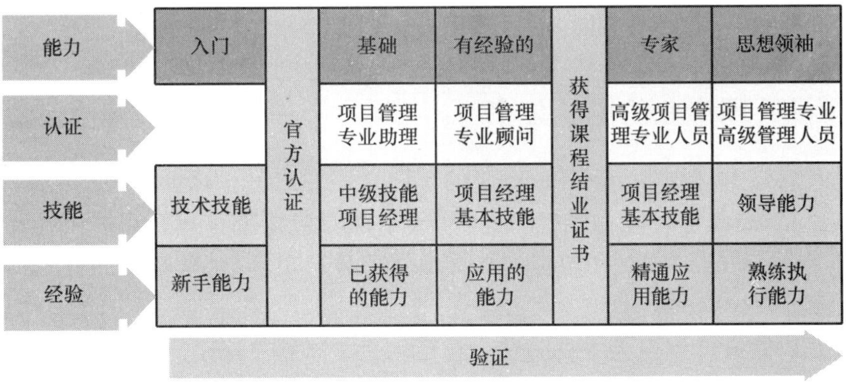

图 15-6　职业生涯框架验证

与项目经理的发展和认证同样重要的是对项目经理分配流程的细化。项目评估基于规模大小、收入影响、风险、客户价值、时间紧迫性、市场必要性及其他特性进行。已认证的项目经理根据项目所需要的教育和经验因素被分配到相关的项目，如图 15-7 所示。

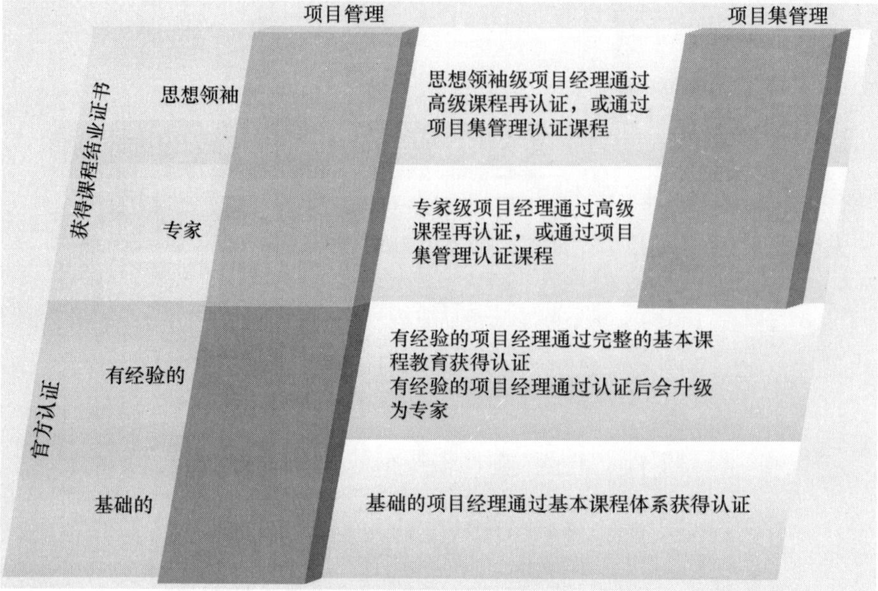

图 15-7 细化的流程

指南是向管理部门提供如何分类、发展和保持 IBM 员工的生命力的一套方针。在关于项目经理的内容中，生命力被定义为专业人员是否满足项目管理技能、知识、教育、经验的要求（资格标准），达到或超过目前的水平。它为每个职业生涯里程碑定义最低资格标准，并将其用作个人业务承诺或发展目标，以及业务单元和个人的业绩目标。

项目管理卓越中心得到授权来提高整个 IBM 的项目和程序管理的实践竞争力。这包括 IBM 项目管理专业在全球的领导地位、管理项目和程序验证过程及 IBM 与项目管理机构的关系，以及通过教育和指导开发项目和程序管理技能。一个全球团队致力于培养这个项目和项目管理的专业知识，并在项目管理行业内保持卓越的标准。

◆ IBM 项目管理专业的电子证书

IBM 是开启徽章计划（Open Badge）的早期采用者之一。对于那些不熟悉开启徽章的人来说，开启徽章是象征技能和成就的电子象征。徽章包含带有技能标签和成就的元数据，在 LinkedIn、Twitter、Facebook 和博客等社交媒体上分享很容易。徽章帮助 IBM 基于 Mozila 的开启徽章标准来检验成果。

IBM 将开启徽章计划视为一种方法：

- 使 IBM 与众不同，增加人才库，提供持续的参与和进步。
- 通过获取从结构化培训到代码构建的完整技能来提供即时识别。
- 为 IBM 客户和最佳实践提供关于员工和潜在雇员的经过验证的技能数据。

IBM 认为这个项目对徽章计划创收者、客户和公司本身都有好处（见图 15-8）。

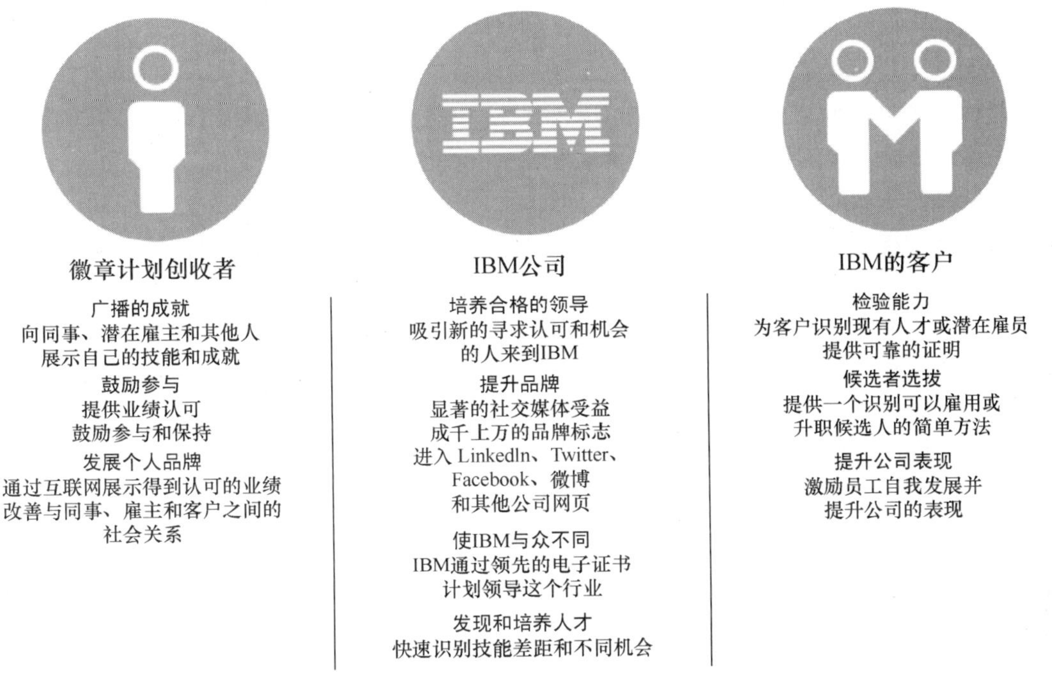

图 15-8　IBM 对徽章计划对创收者、客户和公司本身的看法

在 IBM 内部，项目管理职业是最早的采用者之一，并且根据 IBM 项目管理职业需求，开发了四个徽章（见图 15-9）来识别项目管理并为项目管理技能和经验制订计划。根据多年的经验、技能、能力和项目管理知识，每个专业人员可以划归于不同的能力级别水平。专业技能、能力和专业知识的认证是通过检验过程完成的。

图 15-9　IBM 徽章

2016 年，项目管理职业认证了所有在 IBM 职业生涯中达到这些水平之一的员工。

项目管理徽章收到了 95%的积极评价，认可度很高，认领徽章的人也很多。

这一举措进一步激励项目经理在 IBM 继续自己的职业生涯。此外，项目经理在项目管理卓越中心的支持下，可以识别员工的专业知识；而标记程序是另一种机制，通过跟踪项目来激励员工提高他们的技能和经验。

◆ 知识共享

项目管理知识网络（PM Knowledge Network，PMKN）通过以分享和重复利用资产（智力资本）的形式来利用知识，支持着 IBM 成为一个基于项目的企业。PMKN 资料库当中有一系列范围广泛的资产，包括模板、示例、案例研究、表格、白皮书和演示文稿，涉及项目管理的各个方面，它们支持着 PMKN 社群。项目管理实践者们可以浏览、下载或重复利用超过 2 400 个项目中的任何资料，来帮助他们的项目、提议和对项目管理的理解。

根据卓越项目管理中心的沟通与运营经理、PMP 专家 Orla Stefanazzi 的说法，中心一直在为全球的项目管理专业人才推动一种强烈的社群观念，这是在 IBM 的专门职业中的最佳实践之一。

在 IBM 企业内部，一个社群团体的定义是一群共享特定的兴趣，在同一个知识领域内从事工作，并参加互利共赢的活动来建设或维持业绩能力的专业人士。我们的社群团体关注成员，同时为成员创造机会让他们在工作中寻找意义，在专业领域增强他们的知识和对技能的掌握，以及感到有归属感——让他们有资源，在他们的工作生活中能够得到帮助、资讯和支持。知识共享和智力资本再利用都是社群团体所带来价值的重要部分，但不是唯一的重心。社群团体通过减少摩擦、激发创新等形式为业务带来价值。

社群团体是组织结构的一部分，但并没有受到组织边界的定义或限制。实际上，社群团体建立了一个横跨由工作流、地理和时间因素所构建的边界的知识渠道，从而加强了组织中的社会结构。它们提供了将本地专门知识转化为集体知识，以及将集体知识转回本地专门知识的方法。获取社群的成员身份完全是基于对特定话题的兴趣的自愿行为。一个社群团队并不受一项实践、一个知识网络或任何其他组织结构的限制。

项目管理知识网络社群也是由卓越项目管理中心发起的。成员资格对所有处于项目管理职业生涯路径上或者对项目管理感兴趣的 IBM 员工开放。项目管理知识网络是一个自行维护的实践社群，有超过 40 000 名成员，他们为了在专门职业方面的整体发展而携手共进。成员们分享知识并创建项目管理智力资本。项目管理知识网络带来一个分享经验和与其他项目经理建立人际网络的良好环境。员工接受与项目管理专业相关的交流，使他们能够在以下领域交付成功的项目：

- 关于每周项目管理知识网络会议的信息。这些会议为全球项目管理社区提供了一系列与 IBM 战略（如敏捷性、利益实现）相一致的主题为 1 小时的非正式培训。这些会议是由一群内部和外部的各自领域的主题专家所进行的。这些会议中的大多数使 IBM 的全球项目经理能够增添个人开发单元作为项目管理协会认证需求的一部分。
- 项目管理社区的新闻。
- 协助全球项目管理社区发展技能和项目管理职业的单独交流。

通过利用论坛发布问题和参与感兴趣的项目管理主题，创建博客与其他项目经理共享信息和见解，成为活跃的社区成员，全球项目管理社区在社会上享有盛名。

在进入项目管理社区时，IBM 的专业人员经常被问这样一个问题："与你工作过的其他公司相比，你在 IBM 发现的最大文化差异是什么?"最常见的答案是，他们的同事非常乐于助人，愿意分享信息、资源和帮助分配工作。IBM 的文化非常适合导师制。由于回报公司是认证的必要条件，所以作为认证的导师，不仅可以满足专业要求，还可以为社区做出贡献。

为了满足 IBM 中全球项目管理社区的通信需求，主要的渠道包括项目管理卓越中心的网站和重点的双周时事通信，以及项目管理知识网络社群。项目管理甚至可以被添加到项目经理的公司网络中。然而，随着项目管理专业的发展，针对特定社区的项目需求也在增长。项目管理卓越中心开发了以下子社区来提供有针对性的信息：

- 新加入这个行业的项目经理。
- 项目经理。
- 当地项目管理社区。
- 社会项目管理。
- IBM 程序工作中心。
- 项目管理办公室。
- 项目管理方法。
- 项目管理成熟度。
- 敏捷性@IBM。

IBM 的最佳实践不仅在公司内部得到认可，而且许多都得到了业界的认可（见图 15-10）。

◆ 挑战和机遇

随着我们的转型和跨产业变革的速度不断加快，我们在项目管理卓越中心中不断问自己一些基本问题，以确保我们保持行业关联性，并确保我们的项目经理继续在他们的工作中表现出色。

- 我们如何解决本章前面提出的复杂问题?
- 我们是否需要定制方法、流程和工具来满足每个复杂的标准，或者我们是否可以提供一个通用的解决方法来支持项目管理社区?
- 随着复杂程度的提升，我们如何简化项目经理的角色并让他们专注于增值活动?
- 在资源匮乏且成本持续受到关注的日益严峻的环境中，我们如何自动化地消除更多的冗余任务?

项目管理卓越中心正在应对这些挑战。我们知道一种尺码并不能适合所有的尺寸要求。

例如，敏捷性在 IBM 和市场上都变得越来越流行。然而，它并不是所有项目的万能解决方案。我们需要帮助我们的项目经理为一个特定的项目选择正确的方法，那就是继续跨不同的方法提供解决方案，并帮助他们选择适当的方法。

通过有针对性的培训和量身定制的解决方案，我们正在解决其他复杂因素，如工业、技术和客户特定的需求。

其中，一个例子是一个位于我们知识库顶部的自我学习认知引擎。我们的项目经理将拥有一个交互式门户，他们可以在其中搜索和定位最相关的信息，以满足他们的需求文本、视频等。这个认知将回答所问的问题并提供答案，以不断增强其能力，使项目经理能够专注于增加业务价值的任务。

另一个例子是，我们将设置一个预测引擎，该引擎将能够检查数百个项目属性，并基于以前项目的庞大数据库中的数千个数据点，突出显示未来可能出现的故障点。

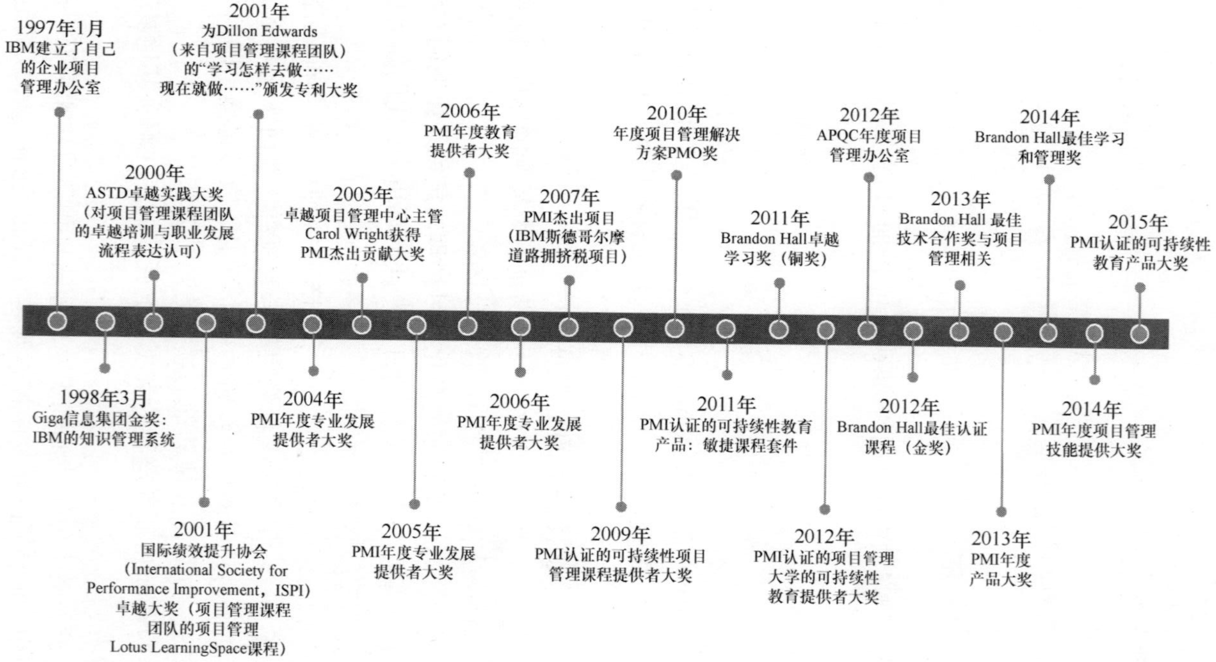

图 15-10　IBM 最佳实践

15.2　花旗集团

在花旗集团，我们把项目管理视为全球组织能力的一个关键领域。为此，我们建立了一个项目管理社区，为从业者提供在整个公司范围内发展他们的知识和网络的机会。

许多项目管理从业者日常工作的大部分时间都是由遵从自上向下的策略、标准和过程的需求所驱动的。对于项目完成和公司遵从性来说，必须遵守这些要求和其他要求。

在遵循需求的日常驱动中，这些从业者（项目经理或其他领导项目的人）可能不存在从其他人那里学习、分享经验和深化、完善他们的技能的机会。在这样竞争激烈的环境中，从业者可能无法从企业中存在的人才和制度架构中充分受益。

◆ 建立一个从业者社区

个人领导能力和网络建设是项目成功的关键。

项目管理和业务分析是实践的两个领域，在这两个领域中存在构建紧密联系的从业者社区的机会。社区是具有共同岗位的人或执行类似任务的人能够自我识别的地方。

成为社区的一员会产生一种使命感，一种为更伟大的事业而努力的感觉，会让人对自己的工作感到自豪。

社区成为一个可以帮助推动学习、协作和知识共享的平台。它不仅提供了内部交流的机会，还提供了接触外部资源的机会。它可以为技能发展提供机会。它是在企业中工作或担任类似职责的许多人可以见面和分享观点的地方。它是一种聚集、引导和回应本集团的主要关注事项的工具。

◆ 花旗项目集管理委员会

花旗项目集管理委员会（Citi Program Management Council，CPMC）是在花旗集团项目集管理和项目管理部门的支持下成立的。花旗项目集管理委员会是一个跨整个企业的特许设立的部门，它对公司的管理层负责。CPMC 执行委员会在董事会高层的代表表明了花旗集团对项目管理和项目集管理的承诺。

项目管理被认为是花旗集团成功交付工作的基础。

CPMC 在花旗集团负责制定项目管理政策和标准。由花旗全球项目管理办公室领导的工作小组，负责执行 CPMC 的管理职责。

工作小组包括项目管理治理和标准、项目管理数据和报告、企业过程质量保证、项目管理工具及项目管理和业务分析（Business Analysis，BA）功能。这些工作小组每天以不同的身份参与花旗集团各个部门的工作，与整个集团的团队一起管理对花旗项目管理的发展和成功至关重要的活动。工作小组还确保最重要的计划和项目遵循制定的要求。

◆ 培养社区—促进成功

项目管理是我们业务的核心，在整个企业范围内进行实践。CPMC 推动项目管理成为企业中的核心能力，努力促进共同的语言、理解和期望。

项目管理和业务分析能力工作组负责在企业中培养这种能力。实现这一点的一种方法是为那些实践项目管理和相关学科（如业务分析）的人创建社区。

在企业中培养这些社区，使我们能够为我们的项目管理和业务分析资源及企业内学习这些能力的人员建立一个教育网络。

花旗集团的项目经理和业务分析师包括整个公司的员工，他们是项目管理或业务分析工作家族的成员，或者是因为对项目管理或业务分析感兴趣而加入花旗集团的。

将项目管理构建为一种能力，并监督这些交流网络，是能力工作组的核心任务的一部分。他们通过各种方式，包括电子邮件、企业社交媒体、知识共享，创造一个共同联系和参与的整体环境。每个连接的背后都是交流和参与。

◆ 社区交流

我们将项目管理团队和业务分析团队通过各种渠道和媒体连接起来，如下所述。

社交媒体

花旗集团拥有一个强大的企业社交媒体平台。CPMC 功能工作组使用该平台参与到企业的协作学习和成长中。

运行的网站包括培训中心、项目经理和业务分析师的网络中心及特殊事件管理网站。

CPMC 的免费知识共享网站，包括花旗项目管理社区，是花旗集团访问量最大的网站之一。这些网站对几乎所有员工开放，包含信息、讨论和博客。

内容

社区因新鲜的、相关的内容而繁荣。好的内容可以由领导和社区参与者分享。在这个受信任的环境中，内容应该在频率上是有规律的，在主题上是相关的，并且是可分享的。

以下是花旗集团提供的一些常规内容项：

- 项目管理网络新闻。每月电子邮件和在线时事通信展示 CPMC 的更新、关于项目管理和项目集管理的文章、项目管理网络事件和培训。
- 有针对性的电子邮件通知。当有符合培训兴趣或要求的课程时，向特定培训对象发送电子邮件。
- 每周开放职位通知。每周电子邮件和网上发帖公告项目经理职位的空缺，以支持跨企业的人才交流。
- 课程信息。代表 CPMC 提供的所有项目管理、业务分析、敏捷性课程的最新信息、注册链接及带有介绍的完整课程目录。
- 博客和讨论。自由互动的平台，在这里人们可以提问题、与任何访问社区的人讨论热点话题。

- 技能评估。帮助学员评估恰当的培训水平。

参与

积极参与是衡量沟通网络健康程度的一个指标。除以上内容外，让社区成员参与分享经验的机会对社区的维护也很重要。接下来将讨论花旗集团内部的一些参与机会。

项目集

- 年度 CPMC 优秀奖。奖励优秀的项目或项目集管理或业务分析实践和创新。
- 导师项目。在能力团队的协助下，更高级的项目经理或业务分析师与初级项目经理或业务分析师配对；导师计划创造了一个分享建议的途径，通常会为从事项目的员工带来持久的职业关系。
- 培训路线图。路线图为整个花旗集团提供培训和提高意识的机会，以支持在专业能力方面的成熟度和敏锐性。
- 增加参与的标记。我们将在 2017 年推出一个项目，向项目管理交流网络成员颁发虚拟企业社交媒体徽章。通过游戏化的方式，该活动将帮助 CPMC 鼓励参与性和主人翁意识，以推动花旗集团的项目管理实践。我们的项目管理从业者将有机会获得参加定制培训项目的徽章。此外，这些徽章将鼓励在花旗项目管理框架下参与社区活动，包括参与导师项目和其他项目管理社区活动。

社区事件

- 项目管理意识周。CPMC 发起了一个年度主题活动，包括在全球范围内的面对面的研讨会，并提供参加会议的个人发展单元。每年的视频是由花旗集团的高层用以推广项目管理专业的。
  - 发展项目管理社区，巩固 CPMC 的中心地位。
  - 交流网络、最佳实践、学习项目管理技能的资源。
  - 目标是项目经理、业务分析师及所有感兴趣的人。
- 国际项目管理日/迷你项目管理宣传周。CPMC 每年 11 月的国际项目管理日庆祝这一活动。我们也利用这个机会重温这一年早些时候举行的项目管理意识周的主要议题。
- 系列讲座。定期举办讲座，讨论敏捷性和 PMP 考试变更等热门话题。
- 虚拟问答环节。在线或电话会议回答关于项目管理的问题。
- 社区外联。支持外联工作并与关键的内部和外部伙伴公司建立关系。

◆ 结论：核心能力的培养

CPMC 通过在花旗集团建立项目管理社区来培养项目管理人才。我们提供正式培训，但我们也为项目经理提供许多低成本和无成本的选择，以增加他们的知识和资源。我们帮助 PMP 认证的项目经理获得 PDU，从而保持他们的认证。

我们建立这一核心能力的关键是在培训的基础上进行社区建设。通过提供培训和社区，我们向我们的项目经理证明，他们是花旗集团内部从业者的一部分。我们希望项目经理能够通过培训学习，加强他们的技能、经验和沟通。

我们相信，随着不断发展和支持这一网络，我们将扩大员工的技能，创造增长机会，提高员工的敬业度。最终，CPMC能力工作团队不仅有助于提高项目管理竞争力，还会促进项目管理职业的发展。

15.3 微软公司

有一些培训计划会讨论如何开发良好的体系方法。这些培训计划专注于在体系方法开发中运用“经过验证的实践”，而不是只应用一套单独的体系方法。微软开发了一组流程，体现了项目管理的核心原理和经过验证的实践。这些流程与工具和平衡的人员配置相结合，就叫作微软解决方案框架（Microsoft Solutions Framework，MSF）。这一节接下来的内容，只是一个对MSF的简单概括。如果需要关于这个话题的更多信息和更深入的阐释，请参阅Mike Turner的著作《微软软件研发的奥秘：MSF精髓》（*Microsoft Solutions Framework Essentials*）（中文版由人民邮电出版社出版。——译者注）。

MSF创立于16年前，当时微软认识到了IT是一个帮助业务以新的方式进行工作的关键促成因素。在历史上，IT遗传了一系列在解决方案交付中出现的问题。由于意识到了这一点，微软就根据自身在解决方案交付方面的经验，创立了MSF框架。

MSF的作用不仅限于项目管理。MSF真正的主题是解决方案的交付，其中项目管理（也就是监管）是一个重要的组成部分。成功的管理是将解决方案的创建与监管加以有机平衡。根据Mike Turner的说法：

> 在建立之初，MSF的主题是对成功的解决方案交付的众多因素与影响不断提高的认识——没人能有一把体系方法的尚方宝剑；要提供一份最佳实践配方来保证所有的项目只要遵循它就能获得成功，几乎是不可能的事……MSF的意义是理解你的环境，从而可以创立一套体系方法，在管理项目与打造解决方案之间带来和谐的平衡。
>
> 另一个有关MSF的关键点是项目管理要被看作一种所有人都要实践的原则，而不仅仅是项目经理们。所有人都需要勇于接受问责，并积极负责管理自己的工作（也就是做自己的项目经理）——这样可以在团队间建立起互信（这对在以敏捷为导向的项目管理环境中的项目来说是非常需要的），但对正式运作的项目来说就没那么重要（这些项目的项目管理环境依然很大程度上是自上而下的）。
>
> MSF试图让人们了解的重点是，客户与发起人希望看到解决方案得到交付——他们坦白地将项目管理看成必要的管理架构。所有人都要明白如何对自己、团队和项目从事的工作进行监管——而不只是项目经理。

良好的框架会关注理解对灵活性的需要。灵活性是必需的，因为业务环境在不断变化，而这会带来新的机遇与挑战。举个例子来说，微软认识到今天的业务环境具有以下特征：

- 业务与技术方面的变化速度不断加快。
  - — 更短的产品周期。
  - — 具有多样性的产品和服务。
  - — 新的业务模型。
- 快速变化的要求。
  - — 立法与公司监管。
  - — 不断增长的客户需求。
- 新的竞争压力。
- 全球化。

典型的机遇与挑战包括：

- 升级的业务预期。
  - — 技术被看作现代商业各个领域的关键促成因素。
- 增强的技术解决方案对业务的影响。
  - — 风险比以前任何时候都更高了。
- 将稀缺资源的运用最大化。
  - — 用更少的预算和更短的时间来交付解决方案。
- 快速的技术解决方案。
  - — 很多新的机遇，但它们需要有新的技能和有效的团队才能加以利用。

有了对业务环境和机遇与挑战的理解，微软就创立了 MSF 框架。MSF 是一个适应性很强的框架，其中包括：

- 模型（见图 15-11）。
- 原则（见图 15-11）。
- 基本原理。
- 思维意识。
- 经过验证的实践。

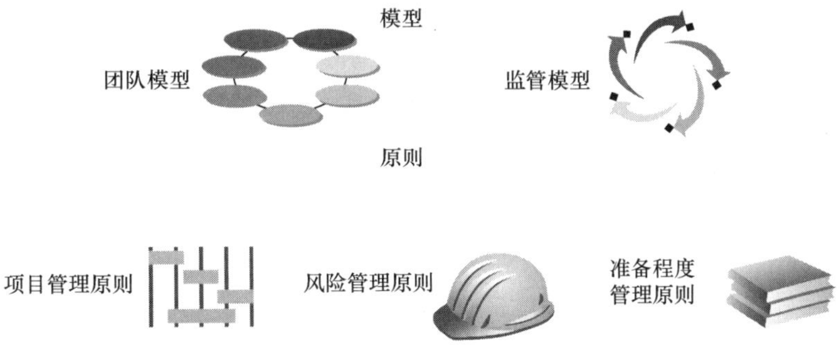

图 15-11　MSF 的模型与原则

MSF 是用来成功地交付体系方法的，同时速度要更快，使用更少的人员，以及包含更少的风险，更要促成更高的成果质量。MSF 为如何按规划来组织人员和项目，以及构建和部署成功的技术解决方案提供指导。

MSF 基本原理指导团队应该如何一起工作来交付解决方案。这包括：

- 促进公开的沟通交流。
- 向着共同的愿景努力工作。
- 授权给团队成员。
- 建立清晰的问责机制和共同承担职责。
- 交给客户增加的价值。
- 保持敏捷，预期并适应变化。
- 为质量投资。
- 从所有经验中学习。
- 与客户结成伙伴关系。

MSF 思维意识为团队成员处理解决方案交付的方法提供导向。这包括：

- 促进一个同事组成的团队。
- 聚焦于商业价值。
- 保持一种解决方案视角。
- 为自己的作品和技艺感到自豪。
- 持续学习。
- 将服务的质量内在化。
- 实践良好的公民意识。
- 将你的承诺和投入传递下去。

在经过验证的实践方面，微软持续地对 MSF 进行更新，以便在解决方案的交付中包含当前的经过验证的实践。所有的 MSF 框架下的行动都用到了两个重要的项目管理最佳实践。第一个最佳实践是，这些行动是以一个框架的形式来展开的，而不是死板的体系方法。框架的基础是模板、检查表、表格和指南，而不是相对死板的方针和步骤。缺乏灵活性的流程是项目失败的根本原因之一。

第二个最佳实践是，MSF 非常重视人与流程和工具的平衡，而不仅仅是技术。项目管理的有效实施是一系列良好的流程，强调人与他们的工作关系，如交流、合作、团队协作和信任。无法交流沟通和相互协作是项目失败的另一个根本原因。

MSF 不只注重收集经过验证的实践，也注重为合适的人收集合适的经过验证的实践。Mike Turner 说：

> 我认为让 MSF 显得与众不同的主要原因是，它寻求开展一套具有常识的、平衡的方法来进行解决方案的交付，而有效的解决方案交付是一直在变化的人员、流程与工具的平衡。流程和工具需要有“正确的尺寸”来适应从事工作的人员的特质倾向和实际能力。所以，往往“行业最佳实践”与不合适的人结合了，而他们没有太大的机会实现那些号称可以获得的收益。

MSF 支持人员与团队协作的重要性。这包括：

- 团队的建立方式是，其成员的相互关系是平级的。

- 每个团队成员都有具体的角色和职责。
- 作为个体的团队成员对于他们的角色拥有权力。
- 所有成员都要对他们的角色的成功负责。
- 项目经理会努力争取基于共识的决策制定。
- 项目经理令所有的团队成员都拥有来自项目成功的一份奖赏。

MSF 的团队模型如图 15-12 所示。这个模型定义了完成项目工作所需要的职能工作分类或技能组别，以及每个团队成员的角色和职责。团队模型着重于一个由相互合作的支持结构组成的团队，而不是对组织结构的强烈依赖。

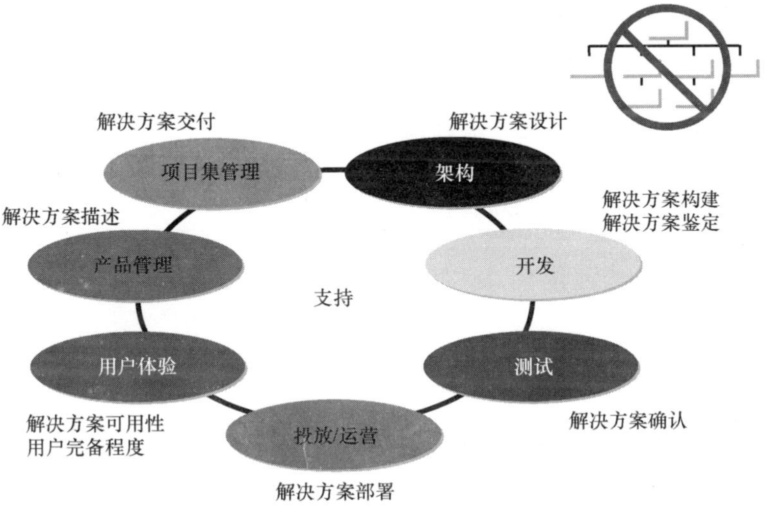

图 15-12 MSF 的团队模型

对有些项目来说，可能需要一个团队之上的团队。这在图 15-13 中有所展现。

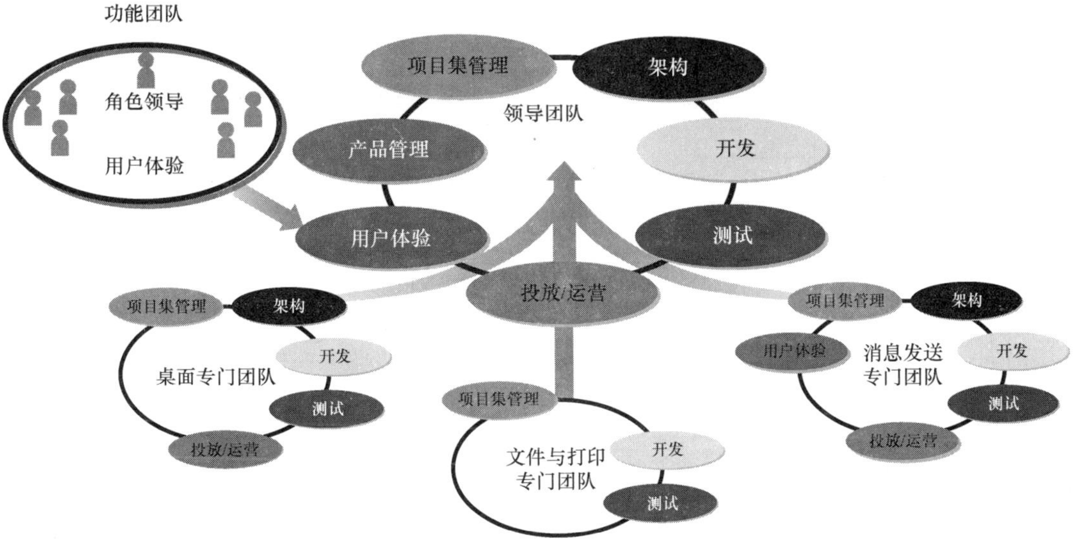

图 15-13 MSF 团队之上的团队

切合实际的里程碑会得到确立，并作为回顾与同步的参照点。里程碑让团队可以评估进展并在矫正的代价还不太大时进行中途矫正。里程碑被用来规划和监控进展，也用来为主要交付物确定进度。运用里程碑会在以下方面让项目获益：

- 帮助同步工作元素。
- 为进展提供外界的可见度。
- 促成中途矫正工作。
- 把回顾重点聚焦在目标和交付物上。
- 为被前移的工作提供批准时间点。

对一些项目来说有两类里程碑：主要里程碑和过渡里程碑。主要里程碑代表团队与客户达成了从一个阶段前进到下一个阶段的共识。过渡里程碑用来表示在一个阶段之内取得的进展，并把大型的行动分割成可操作性更强的小块。

对每个主要里程碑和阶段来说，微软都定义了一个具体的目标和团队工作重点。举例来说，一个项目集的构想阶段目标可能是创建一个概要的对项目目标、限制和解决方案的总结。这一阶段的团队工作重点可能是：

- 认定业务问题或机遇。
- 认定所需的团队技能。
- 收集最初的要求。
- 创建解决问题的途径。
- 定义目标、前提假设和限制条件。
- 建立一个回顾评审与变更的基础。

MSF 同时也确立了每个支持方面的质量目标。这项工作是必要的，因为存在一些天然的“对立”目标来帮助进行质量检查与平衡。这样一来，真实的质量会在流程中建立起来，而不是事后再来讨论。这在表 15-1 中有所展现。

表 15-1　质量目标与 MSF 支持

MSF 支持	关键质量目标
产品管理	相关方都满意
项目集管理	在项目限制内交付解决方案；协调对项目限制的最优化使用方案
架构	在项目限制内设计出解决方案
开发	按照详细规格说明来打造解决方案
测试	批准解决方案的最终投放并保证所有问题都得到了认定和处理
用户体验	将解决方案可用性最大化；增进对用户的有效性和完备程度
投放/运营	顺利地部署和转向运营模式

一个常见的说法是有些项目集永远都不会结束。MSF 鼓励尽量早地对文件进行基准标定，而尽量晚地冻结文件。正如 Mike Turner 所说：

“基准标定”这个术语，如果没有背景或定义，就会是很难用的一个词。当一个团队，哪怕它只是由一个人组成的团队，被委派了工作并认为已经成功地完成了那项工作，其里程碑/检查点状态会叫作"完成"（如测试计划完成）；而"基准"使用的情况是负责鉴定工作的团队同意这份工作已经完成（如测试计划基准标定）。在基准里程碑/检查点之后，就没有计划中的工作了。在某一点工作或已经移交或处于严格的变更控制之下时，就叫作"冻结"——意味着任何变更必须通过变更控制流程才能进行。这就是为什么最好要尽可能地推后正式的变更管理，因为涉及太多的管理费用。

这同时也要求将一个结构化的变更控制流程与分版本依次发布一起运用，如图 15-14 所示。左边箭头的意思是，随着解决方案得到交付，解决方案完成度增加，解决方案空间的知识增加，而解决方案交付的整体风险减少。分版本依次发布的好处包括：

- 强迫将一些项目问题收尾。
- 为所有团队成员确立清晰而有动力的目标。
- 对不确定性和项目范围变更的有效管理。
- 鼓励持续和增量的改进。
- 促成更短的交付时间。

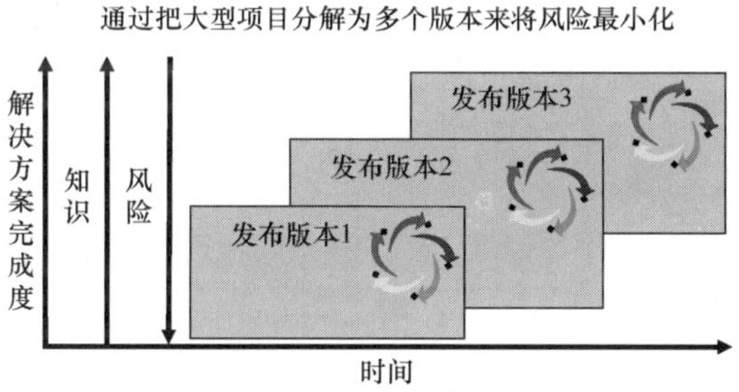

图 15-14　MSF 反复迭代式方法

MSF 的强项之一就是模板的存在可以帮助及时地创建项目交付物。在 MSF 中提供的模板可以进行自行定制设计，以满足特定项目或组织的需要。典型的模板可能包括：

- 项目进度模板。
- 风险因素图表模板。
- 风险评估矩阵模板。
- 事后分析回顾模板。

MSF 的风险管理流程如图 15-15 所示。因为如今风险管理具有突出的重要性，它已经成为所有项目管理培训计划中的一个重要组成部分。

MSF 鼓励所有的团队成员来管理风险，而不只是项目经理。整个流程由项目经理理负责管理。

- MSF 风险管理原则：一套系统、全面和灵活地在多个层面积极处理风险的手段。
- MSF 风险管理流程：这包括 6 个符合逻辑的步骤，也就是认定、分析与确定优先级、规划和进度、跟踪和汇报、控制学习。

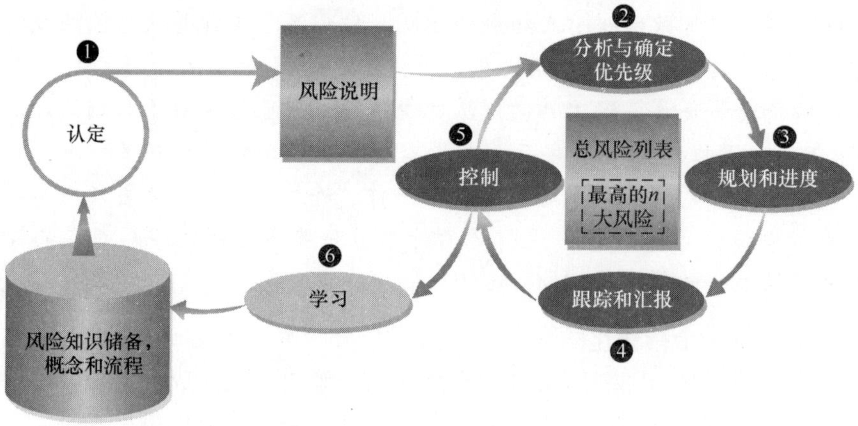

图 15-15　MSF 的风险管理流程

MSF 风险处理途径中的一些关键重点包括：

- 持续地评估风险。
- 有意地管理风险——建立一个流程。
- 处理根本原因，而不是表现出来的症状。
- 风险存在于一项行动的各个方面与各个层级。

有无数方法可以用来处理风险，而 MSF 为团队提供了诸多选项。作为一个例子，图 15-16 展示了两种确定风险优先级的途径。

简单的优先级途径

可能性/影响	低	中	高	关键
高	M	M	H	C
中	L	M	M	H
低	L	L	M	M

多重属性优先级途径

评　级	成本超支	进　度	技　术
低	少于1%	拖延1周	对表现有轻微影响
中	少于5%	拖延2周	对表现有一定影响
高	少于10%	拖延1个月	对表现有很大影响
关键	超过10%	拖延超过1个月	任务无法完成

图 15-16　确定风险优先级的途径

在图 15-11 中，我们展现了 MSF 是围绕着一个团队模型和一个监管模型来构建的。监管模型如图 15-17 所示。这个模型会显现在所有 MSF 图形中，显示监管需要一直存在。

MSF 的监管模型有两部分——项目监管和流程制定：

- 项目监管。
  — 解决方案交付流程最优化。
  — 对项目资源的高效运用。

— 保证项目团队与下列保持一致。
  ■ 外部的（战略）目标。
  ■ 项目限制。
  ■ 监管与规章的需求。

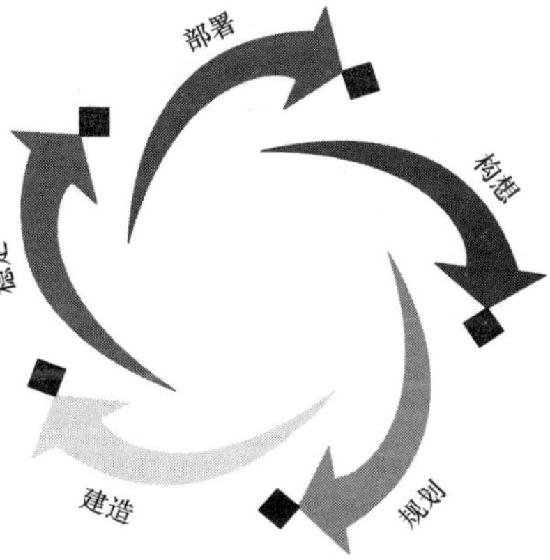

图 15-17　MSF 项目监管模型：各条规则轨道

• 流程制定。
  — 定义、打造和部署一个达到相关方的要求与期望的解决方案。

MSF 监管模型如图 15-17 所示，它由 5 条规则轨道组成。图 15-18 至图 15-22 为每条规则轨道提供了描述。

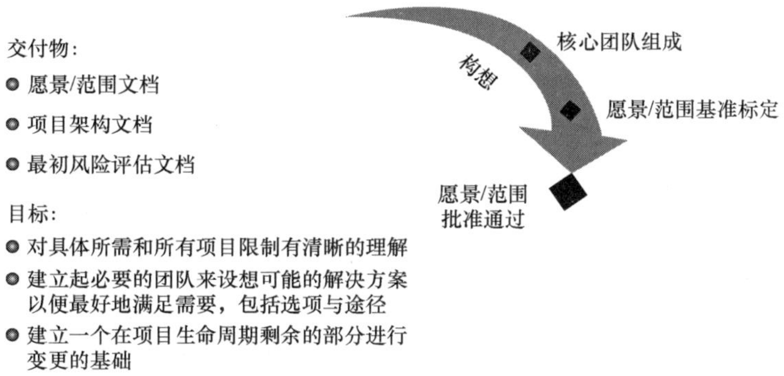

图 15-18　MSF 构想轨道

MSF 为每条轨道都制定了成功标准。

（1）构想轨道。

• 相关方与团队就以下事项达成共识。
  — 项目的驱动因素。
  — 解决方案的愿景。
  — 解决方案的范围。
  — 解决方案概念。
  — 项目团队与结构。

交付物：

- 功能详细说明
- 主项目规划
- 主项目进度

目标：

- 将解决方案概念固化为实际的设计与计划，从而使它可以在开发轨道上构造出来
- 尽可能早地找到尽可能多的信息
- 知道什么时候有足够的信息来继续前进

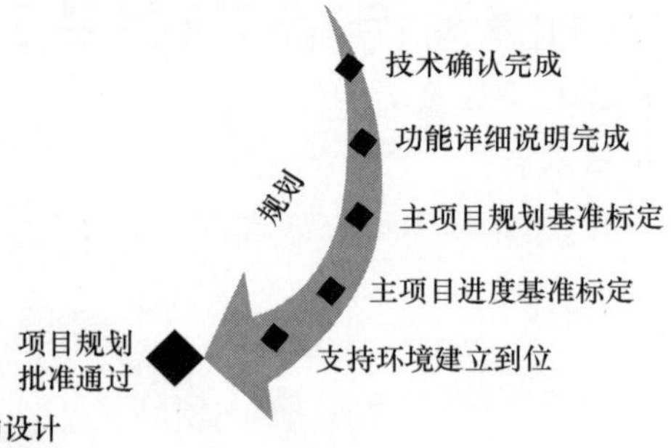

图 15-19　MSF 规划轨道

交付物：

- 完工的解决方案
- 培训材料
- 文件
  —部署流程
  —运营步骤
  —支持与问题诊断处理
- 市场营销材料
- 更新的主计划、进度与风险文件

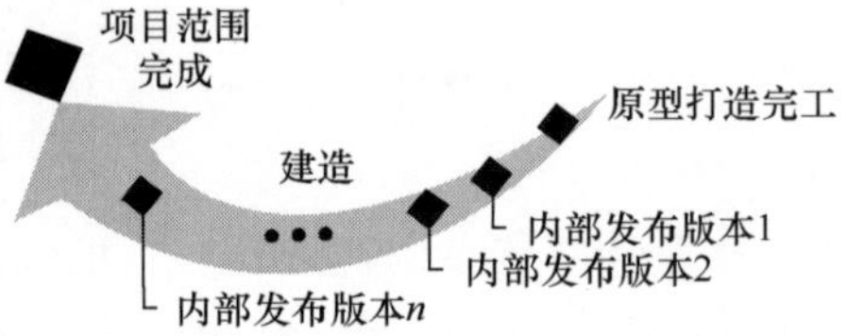

目标：

- 按照来自规划轨道的交付物（如设计、规划、要求）来打造解决方案的所有方面
  —开发解决方案的特色功能和组件（代码和底层开发），完成所有文件交付物及解决方案的其他元素（培训材料等）
  —测试解决方案的所有方面，来评估解决方案的质量状态

图 15-20　MSF 建造轨道

交付物：

- 先导试用回顾
- 准备好进行发布的解决方案版本和附属产品
- 测试结果和测试工具
- 项目文件

目标：

- 提升解决方案的质量，使之满足发布的标准，准备好部署到生产中
- 确认解决方案达到了客户的需要和期望
- 从用户的角度确认解决方案的可用性
- 最大化成功并最小化与解决方案在目标环境中的部署和运营相关的风险

图 15-21　MSF 稳定轨道

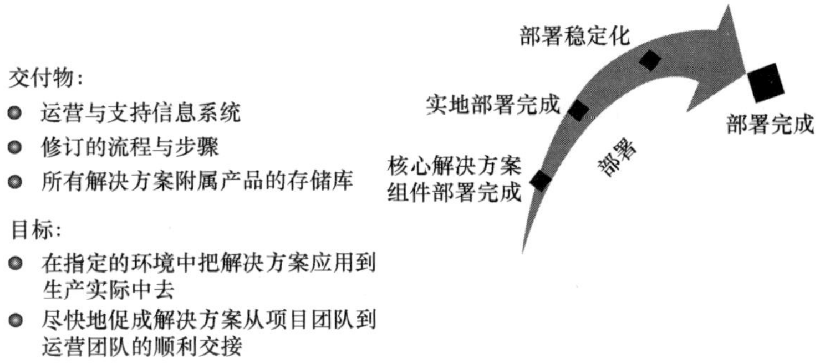

图 15-22　MSF 部署轨道

- 限制与目标得到了认定。
- 最初的风险评估已经完成。
- 变更控制与配置管理流程已经确立。
- 发起人与关键相关方已经正式批准通过。

（2）规划轨道。

- 相关方与团队就以下事项达成共识。
  - — 解决方案要交付的组件。
  - — 关键项目检查点的日期。
  - — 打造解决方案的方式。
- 构建了支持环境。
- 变更控制与配置管理流程运作顺畅。
- 风险评估得到更新。
- 所有设计、计划和进度都可以回溯到它们在功能详细说明中的起点，而功能详细说明可以回溯到构想轨道的交付物。
- 发起人与关键相关方已经签署正式协议。

（3）建造轨道。

- 所有解决方案都要打造完工，这意味着：
  - — 不再有额外的产品特色与功能需要开发。
  - — 解决方案按规格设定运行。
  - — 所有剩下的工作就是让完工的解决方案更稳定。
  - — 所有的文件都已经起草。

（4）稳定轨道。

- 所有元素都准备就绪，可以正式发布。
- 获得了进行发布的运营许可。
- 获得了业务签署。

（5）部署轨道。

- 解决方案已经部署完毕，并且能够稳定运行。
- 全部用户都已签署，表示各处部署都已成功。

- 运营与支持团队都已完全接手负责，并有能力执行他们的职责。
- 运营与支持的流程和步骤，以及支持系统都已能够稳定运行。

MSF 注重主动地进行规划而不是被动地进行规划。团队与众多相关方在项目早期达成的协议可以使得形成折中方案更加容易，减少项目的拖延，并避免需要削弱功能来满足项目的限制条件的情况。这在图 15-23 中有所展现。在有一个固定的进度的前提下，我们会选择资源，并对功能进行调整。

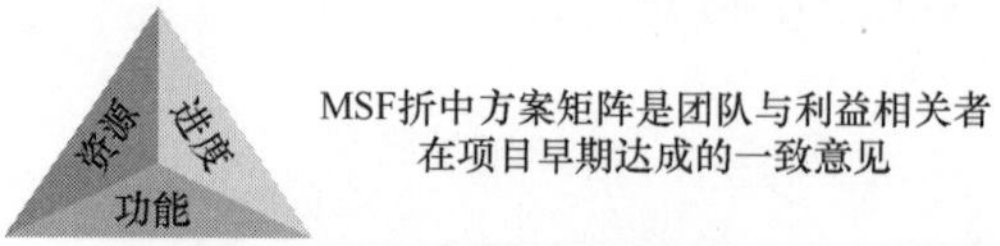

	固定	选择	调整
资源		✔	
进度	✔		
功能			✔

图 15-23　项目折中方案矩阵

15.4 德勤公司：企业项目管理

◆ 简介

很多企业启动的项目数量超出其交付能力。结果通常是它们要做的事情太多，而没有足够的时间或资源去完成这些项目。很多项目常常达不到预期效益，而且预期结果也很难完全实现。

以下几项因素使得达到预期项目成果更加困难：

- 许多项目的转型性质增加了其复杂性。
- 提高效率和效能的恒定驱动力。
- 体现问责和透明度的新压力。
- 不断加快的变化步伐和不断改变的项目优先级。

传统的项目协调和管理方法正在变得无效，并且会导致重复工作、具体行动疏忽，或者企业战略的一致性和企业战略优先化较差。没有什么比做出正确的投资决策，最大化使用可用资源和推动组织实现预期收益更重要。

这个报告将从公司战略转化为一套一致的计划和项目出发，一直到转型计划预期价值和成果实现情况的追踪，来探究德勤公司（以下简称德勤）的项目组合管理方法、技巧、办法和工具。

◆ 企业项目集管理

组织面临着不断增加的压力，要“四两拨千斤”地用更少的资源做更多的事。对更好的质量、方便的使用和交付的速度方面的期望总是在不断上升，而展现高效与经济性方面的压力也在不断加大，因此需要在期望和压力之间进行权衡。管理业务，也就是日常的运营和变革业务，或者说是项目和变更行动，两者之间传统的平衡正在悄然发生改变。对大多数组织来说，在项目与项目集上部署的资源比例在近年有大幅上升。然而，培养用于管理和控制这些投资的有组织的能力、结构和流程等，依然需要组织努力奋斗。

另外，项目的相互依赖程度与复杂性也出现了显著的上升。虽然在过去，很多项目与项目集会被限制在具体的功能或业务领域，现在我们却会更多地看到，在关键的行动之间会存在很强的系统相关性。大部分问题如果在孤立的状况下就不会存在，而解决方案之间存在超越单一问题范围的关联与连锁效应。项目不仅仅更多地跨越了人员、流程与技术，它们也跨过了职能、地域，而且往往还包括组织上的边界。如果没有结构化的部署方法，项目与项目集将无法带来客户所期望的价值。对管理项目、项目集与项目组合的战略方法的需要达到了前所未有的高度。

德勤具有代表性的项目组合管理方法，是指导性的企业项目管理框架。它可以提供一个模型，将项目、项目集与项目组合恰当地置于一个等级结构中，其中项目的执行和项目集的交付都顺应企业的战略，并可以带来对所期望的成果更充分地实现。这种方法试图在对成果的管理（有效性）与对资源的管理（高效率）之间找到一个平衡点，为企业带来价值。

在图 15-24 中，战略包括对组织的愿景与使命的定义，以及确立战略目标、目的与绩效衡量指标。项目组合管理能力将组织的企业战略转化为现实，并对项目组合进行管理，以确保有效的项目协调、资源分配和收益实现。项目集管理着重于把单独的项目构造统筹到相互关联的群组中，来确保实现单打独斗式地孤立部署每个项目所无法实现的收益。严格的项目管理保证会按时、符合预算与预期质量标准地满足所定义的工作范围系列要求。

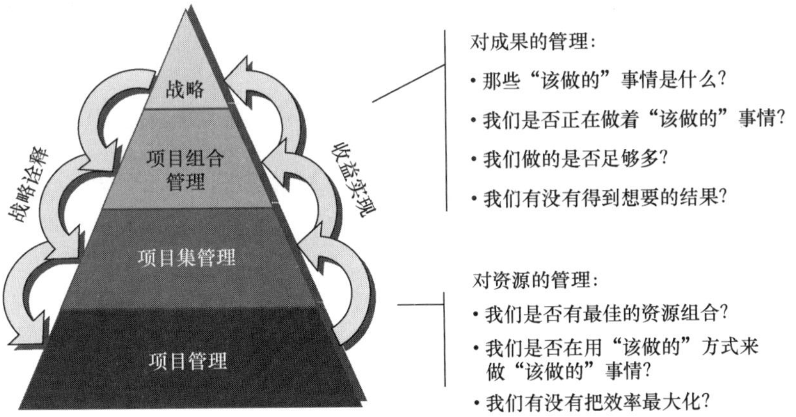

图 15-24　德勤企业项目集管理框架

◆ 战略与企业价值

今天的商界领袖们所处的世界是在不断运动着的，需要同时运营和改进他们的企业。

每天都需要做出困难的决定——确定方向、分配资源、启动新的行动，所有这些都是为了提升组织的绩效，最终为相关方创造并传递价值。相关方的价值的重要性说起来很容易，但要让它影响日常的决定困难得多：在什么地方花费时间和资源，如何使事情以最佳的方式完成，以及最终如何在竞争的市场或公共领域获得胜利，高效地交付特定的任务。

作为对 EPM 框架中的部分的支持辅助，德勤的企业价值地图被设计用来加速采取行动与产出企业价值之间的联系。它会促进关注最事关重大的领域，认定可行的完成任务的方法，以及保证所选取的行动能带来预期的商业价值等这样一些流程。企业价值地图通过加速对潜在的改进行动的认定和预测这些行动会如何为相关方带来更大的价值，让上述流程变得更加简单。

- 企业价值地图（Enterprise Value Map™，EVM），如同在图 15-25 中展现的那样，是非常强大和有吸引力的，因为它可以带来在战略与战术之间的一个非常有用与实际的平衡。
- 可以做什么与如何做。
- 利润表与资产负债表。
- 组织能力与运营执行。
- 当前的绩效与未来的绩效。

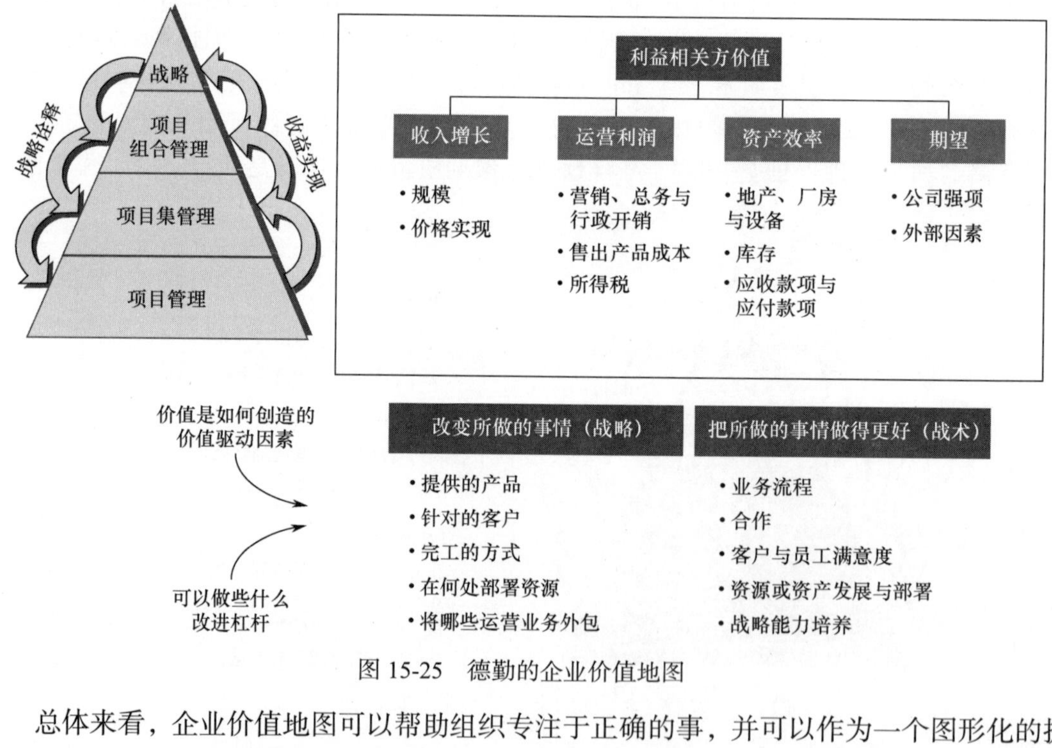

图 15-25　德勤的企业价值地图

总体来看，企业价值地图可以帮助组织专注于正确的事，并可以作为一个图形化的提醒方式告诉你正在做什么与为什么要做。从执行的角度来说，企业价值地图是一个框架，用于揭示评估公司的衡量指标与改进这些衡量指标的方法之间的关系。从职能的角度来说，企业价值地图是一张单页总结，概括了公司做什么，为什么做，以及怎样可以做得更好。它可以作为一个强大的讨论框架，因为它帮助公司专注于那些最紧要的问题。

德勤利用企业价值地图：

- 认定可以做的事情以便提升相关方的价值。
- 加入为潜在的改进行动确立优先级的结构。
- 评估和传达具体行动的情境与价值。
- 带来对于组织当前业务绩效的分析。
- 显示出项目与项目集的组合是怎样与价值驱动因素相符合的。
- 认定带来麻烦的要点及潜在的改进领域。
- 描绘过去、当前与未来的行动。

相关方的价值是由 4 个基本的“价值驱动因素”带动的：收入增长、运营利润、资产效率和期望。

- 收入增长：公司的“头等大事”，也就是来自客户为交换公司提供的产品与服务所支付的款项上的增长。
- 运营利润：在从收入中扣除了提供产品与服务的成本之后剩余的部分——运营效率的关键衡量标准。
- 资产效率：运营业务所用资产的价值与当前收入水平的关系——投资效率的关键衡量标准。
- 期望：相关方与分析家们对公司未来出色表现能力的信心——投资者信心的关键衡量标准。

名义上存在几千种不同的措施，可以让公司提升它们在相关方价值上的表现，而企业价值地图在其完整版本中描述了其中的好几百种。虽然这些措施是多种多样的，但其中的大部分无非围绕着三大目标之一：

- 提升某个业务流程的有效性或效率。
- 增加某件资本资产带来的生产力。
- 培养或增强公司的某项能力。

价值地图中有单独的措施着手认定公司可以如何进行这些改进。宽泛地讲，有两种基本的改进途径。

- 改变所做的事情（改变战略）：这些措施处理的是战略的改变——改变竞争战略，改变所提供的产品和服务，以及所服务的客户，还有改变将运营流程委派给内部和外部团队的方式等。
- 把所做的事情做得更好（改进战术）：这些措施处理的是战术上的改变——把流程委派给不同的内部或外部团体（或渠道），重新设计核心业务流程，还有提升执行那些流程的资源的效率与有效性。

◆ 项目组合管理

项目组合管理是一种结构化的遵守原则的途径，通过最大化地运用可用的资源为组织选择正确的投资项目并保证实现其全面的收益和价值，来实现战略目标和目的。

项目组合管理职业为一个或更多项目组合提供集中的管控，涉及对项目、项目集及其他相关工作的认定、筛选、确定优先级、评估、管理和控制，从而实现特定的战略目标和目的。对项目组合管理采用战略性的手段可以让组织增强战略与执行之间的联系。它能够让组织设定优先级，精确判断他们进行交付的能力，并监控项目成果的实现来驱动企业价值的创造与传递。

德勤进行项目组合管理的方法让组织可以将其战略眼光与其项目组合活动结合起来，并在取得进展和过程中管理行动。它为将战略转化为运营上的成功提供了关键的连接。如图 15-26 所示，项目组合管理框架帮助回答一些问题。例如："我们是否正在做'该做的'事情？""我们是否做了足够多的'该做的'事情？""我们做得怎么样？"

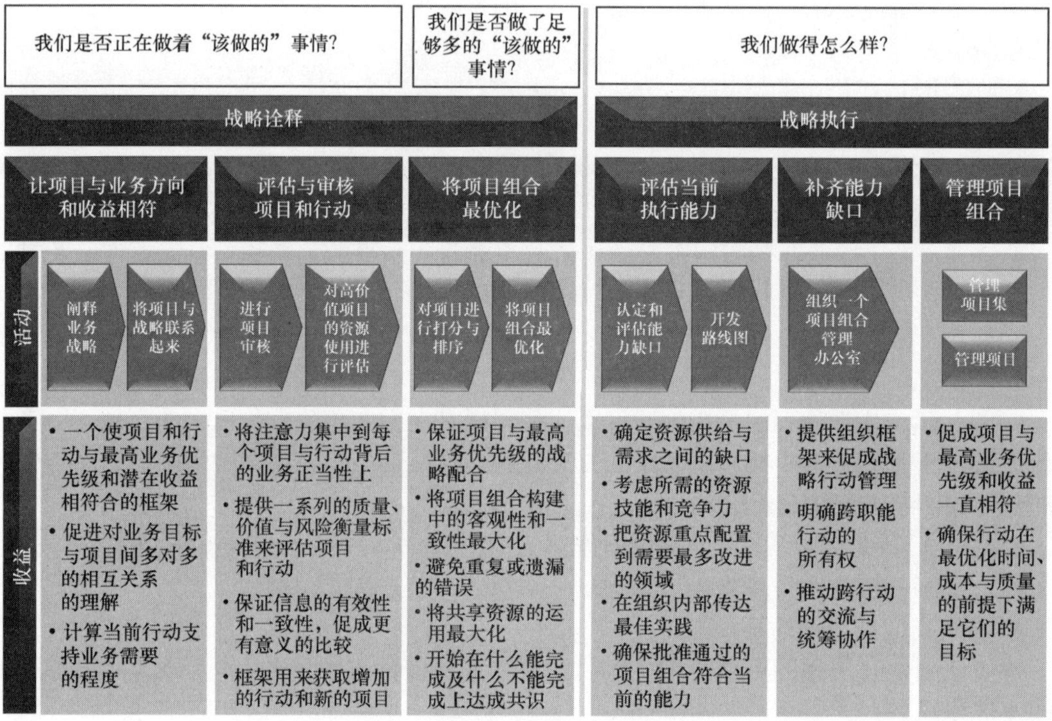

图 15-26 德勤项目组合管理框架

一旦得到了实施，项目组合管理框架就可以帮助把商业战略转化为一套经过统筹的行动组合，它们共同作用来为相关方增加价值。另外，它也提供让项目保持在正轨上的工具和技能，极大地提高组织及时和符合预算地实现期望的成果的概率。它让组织专注于能带来最高价值创造机会的行动，同时提供了结构和原则来驱动绩效提升行动和协助认定持续改进的机会。最后，它会确认合适的资源和预算已经为关键行动准备妥当，并提供工具和技术来有效地管理组织的行动项目组合。

形成一个有效的项目组合的第一步，是确立一种方法来决定哪些项目要包括在项目组合的范围之内，以及不包括哪些项目。需要清晰地定义什么才算一个"项目"，也需要认定一些应用的标准，以便把特定的行动放在项目组合边界之内或之外。德勤专门负责项目组合管理的战略与运营咨询部门经理 Daniel Martyniuk 强调：

> 虽然这第一步目前看来非常简单，因为它的目标是提供一个基本的框架，在其中对项目进行定义、整理和分类，关键的组成部分是准确地收集到所有当前正在进行或已经提议，正在等候批准的项目。很多难以定义的项目往往会被忽视，因为它们可能以日常活动的形式出现，或者在“视野之外”进行。针对这种情况，在日常运营活动与项目工作之间定义清晰的界限是至关重要的。

一个保持一致的分类方法，如图 15-27 中的德勤投资框架，帮助回答“我们为什么要为这个项目分配资源”这个问题。它的目标是定义行动之间的区别，能够迅速地将项目辨识出来、进行分类，同时也为比较在本质或范围上有所不同的项目提供了基础。它还首先通过种类来促成资源的分配，之后对属于同一种类的项目进行优先级排序。最重要的是，它为启动交换意见与优先级排序的讨论提供了共同点。一旦项目组合的范围确立起来，组织就需要一套有原则的流程，可以促使项目与战略目标、评估、优先级和授权保持一致，并促成对流程、变更和效益实现的持续管理。

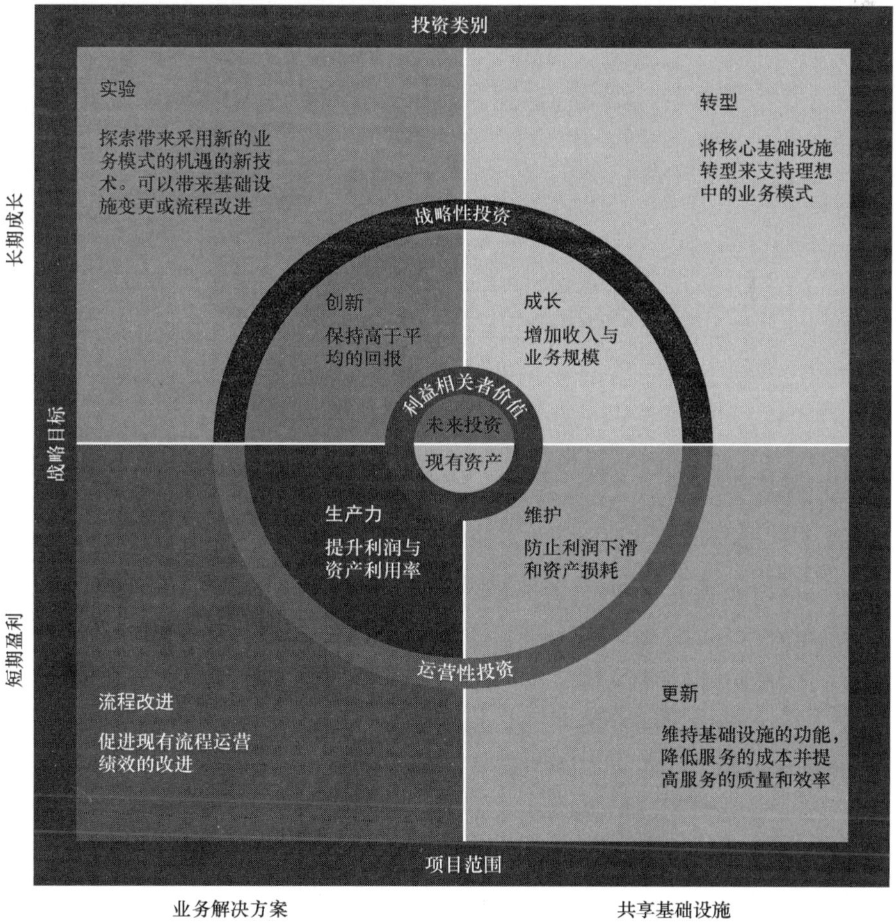

图 15-27 德勤投资框架

德勤项目组合管理流程，如图 15-28 所示，对定义一个通用的项目组合管理序列起到了作为基础的作用。它允许跨项目的统筹流程利用协同增效的作用，并消除多余的重复。当存在多个项目机会及组织中可能带来麻烦的要点时，项目组合管理流程也可以帮助用可以比较的格式概述并辨识项目，从而在平衡风险与收益的前提下，将组织的行动创造的价值最大化。

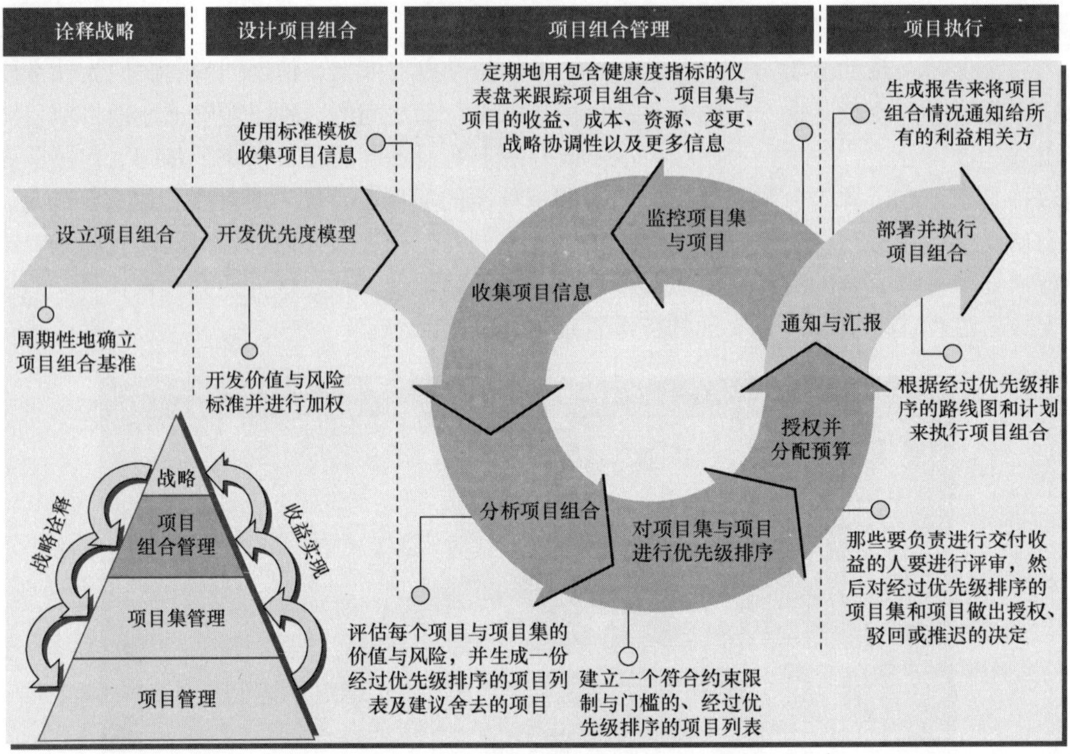

图 15-28 德勤项目组合管理流程

当建立了组成项目组合的获批项目列表之后，项目的注册与排序就成了接下来的关键步骤。只是因为一个项目现在成了“获批的”项目清单的一部分，并不意味着它就应该或者会立刻启动。

在决定项目执行的合适顺序时，有一系列需要考虑的因素。其中一些决定项目排序的关键标准包括：

- 战略优先级——相关方或组织领导层赋予项目的重要性级别；让这些行动在快车道上启动，会直接对实现声明了的业务目标做出贡献。
- 机会窗口——有些行动需要在一个特定的时间段内完成才能获得预期的收益；对这些行动进行必要的考虑，才能确保不会错过带来价值的时机。
- 项目的相互依赖——在进行项目排序与启动决策时，要保证所有关联的项目之间相互依赖的关系都得到了清楚的认定和考虑；同时也要考虑其他可能影响项目的启动或成功完成的依赖关系，如关键决策的时机、预算周期等。

- 资源可用性——一个项目在合适的人力资源到位并开始从事这个项目之前是无法启动的；然而，要记住“可用性”不是一项技能，除了让人力资源分配到你的项目中，也要确保他们是“合适的”人力资源，这取决于他们的知识、能力和经验。
- 风险——要考虑到从事特定的一些项目所必须承担的风险的级别；不要把所有的高风险项目一次性全部启动是一个好主意，要防止它们全部挤在一个时间段内；高风险的项目应该得到密切的监控，而你应该总是试图在高风险与低风险项目之间找到一个合适的混合平衡点；在任何可能的情形下，要错开高风险项目的执行时间并总是进行一个全面的风险分析来确定并一致同意合适的风险缓解策略。
- 变更——考虑任务的新鲜度及实施提议的项目组合会对组织造成的影响；确保你的组织已经准备好接受已生成的变更的数量与级别——只有在组织处理范围内的变更才能真正发生；错开那些带来显著变更的项目，把它们依次排列来避免组织被变更拖得筋疲力尽。
- 成本/效益——不同计划有不同的成本与效益；类似于风险，当务之急是要了解哪些项目将以最低的成本提供最大的效益；你不想同时启动所有成本较高的计划，尤其是在无法收回所有收益的情况下。

进行合适排序的关键，作为恰当的项目组合平衡所带来的成果，应该是对组织进行交付的能力及人力资源的能力有清楚的认识。组织需要知道哪些人可以从事项目方面的工作，以及他们具有什么样的技能。确定到底有多少人往往不难，所以建立一个人员资料库通常并不是什么问题。真正的挑战来自试图确定员工们正在从事什么工作，以及他们还有多少余力来进行项目工作或如果他们已经在从事项目工作，还有多少时间来处理额外的项目。不多的几个获得精确全景图的可行方法之一，就是对项目人员进行时间跟踪。当一位专业人员为组织提供服务时，德勤会利用时间跟踪来为领导层和经理们提供谁在为谁做什么的准确图景。

采用持续一致的项目组合管理框架和流程的预期长期目标和收益，将会包括但不限于拥有以下能力：

- 在选择要实施的项目方面，根据准确的最新信息，如与业务优先级的战略协调性、预期的收益、估算的成本和认定的风险，做出明智的选择。
- 确定能力，也就是对于管理小型、中型和大型项目来说能够同时进行的项目数量，来促成优先级排序，并着重考虑优先级。
- 积极地管理与小到中型，以及大型和复杂的转型项目相关的风险。
- 增强整个组织中与项目管理相关的核心竞争力，并采用项目组合管理途径来进行执行决策制定。
- 对与管理单个项目相关的流程，以及与管理互相联系的多个项目与项目组合相关的流程进行精简和标准化。
- 维护一个当前项目的完全列表，包括活动的与不活动的，把项目的启动分成阶段从而与组织的能力相符，并在按时、不超预算和符合要求的前提下，对获批项目的交付做出改进。

- 将内部资源的运用最大化，并将外部资源的运用合理化以作为内部资源的补充，拥有更大的能力来保证价值及高效率地完成获批的项目组合。
- 衡量实际的实时绩效，并跟踪项目及项目集收益的实现情况，拥有能力认定在实现有形的成果与真正的结果方面的实际进展。

◆ 项目集管理

按照 PMI 的实践标准，项目集指的是一群相互关联的项目，以一种统筹协作的方式来进行管理，以获得单独管理这些项目所无法得到的收益与控制。项目集可能包括一些项目集中个别项目范围之外的相关工作（如持续进行的运营活动）元素。有些组织把大规模的项目称为项目集。如果一个大型项目被分为多个相关的项目并分别有着对收益的直接管理，那么它就成了一个项目集。通过一个项目集来管理多个项目可以促进整个项目集的进度最优化，带来不断增加的收益，还可以根据项目集的整体需要来让人员的配置达到最优化。

如图 15-29 所示，德勤进行项目集管理的方法重点突出 4 个项目集管理职能的核心职责：项目集整合、依赖度识别、标准遵循和项目集汇报。在图中进一步描述了职能工作范围内额外的主要和次要活动。

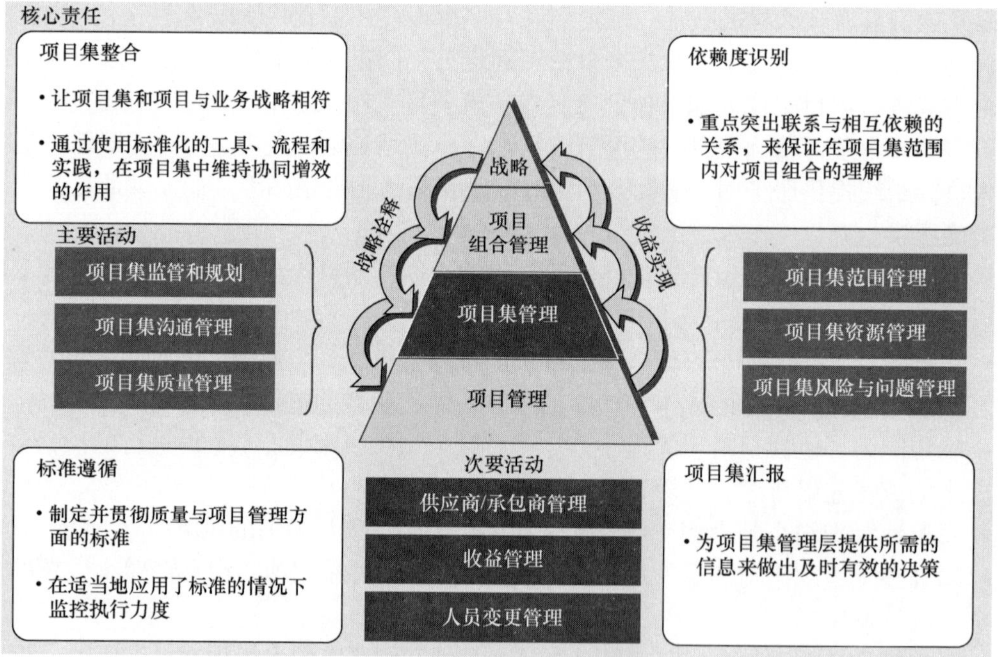

图 15-29　德勤项目集管理框架

时间、成本和范围/质量是单个项目层面上的关键绩效衡量指标，而交流沟通和排序才是项目集整体层面上的关键成功因素。这是因为项目集管理涉及以整合的形式，对一系列项目进行分组和管理，而不仅仅是完成单个的项目。最后，良好的项目集管理毫无疑问地有助于按时、按预算并符合计划中的范围来交付项目集。良好的项目集管理也会为在整个项目组合中项目与项目集的联系与相互依赖的关系，带来更深入的理解和认识。

◆ 项目管理

在项目集层面，协调性可以产生理想的效果。这一运作节律考虑到了跨多项目进行定期报告和监控；而在项目层面，协调性不一定都合理。许多因素可以产生内部项目差异：

- 项目类型（如战略开发、技术实施、组织变更部署等）。
- 项目地理/组织范围（如一个地点、一个国家、全球等）。
- 项目执行模式（如敏捷、瀑布、迭代等）。
- 项目团队大小。

这些差异会产生不同的项目需求和约束机制，进而影响项目的一些管理流程。言外之意是，企业和项目准则要在一些领域做到标准化，而在其他领域保持灵活性。这个平衡点如果把握好，则能使项目经理在某些领域（状态报告、工作计划）调整流程，同时仍有助于达到最低业绩标准。

另外，还有其他项目外部因素也会催生项目差异，因此我们也需要考虑。其中一些额外因素包括：

- 行业。
- 企业环境（如公共部门、受管制、商业）。
- 实施的技术（如云计算、ERP 等）。

即使有这么多不同的元素，仍有一些流程和准则，无论项目管理者选择何种管理模式，都是固定不变的。这些流程和准则包括法律法规、组织条例、公司标准、项目控制和财务管理流程/制度，如图 15-30 所示。

图 15-30　不变因素和可变因素的对比

对企业来说，清楚何时要有可变性，以及何时需要标准化且此时标准化是有效的，是十分重要的。其目标是项目团队更容易递交更好的方案，而不是教条主义或过度的空论主义。目标还力求帮助主动设置安全防护措施来识别或管理失控情况。

每个项目启动后，需要考虑项目的特性。结果就是一套经过调整的、与企业和项目标准相一致，同时又反映项目本身特点的项目管理流程。

方法论

整体项目管理解决方案涉及在企业项目集管理整个框架内，对具体工作流的定义和交付。它包括标准、流程、模板、培训、工作辅助和工具这些成分。这些因素标准化得越多，越容易有效利用；团队易于理解项目预期、了解工具、走完这些流程。

项目管理的企业价值传递（Enterprise Value Delivery，EVD）是德勤公司为咨询客户提供一致的项目管理解决方案的方法。该方法涉及项目管理的具体因素，并且是一个由先进的使能工具和资深辅导与培训支持的通用标准方法。这个方法具有扩展性和灵活性；它可以整体或局部地整合到其他德勤的体系方法之中，来应对相关的项目管理问题。它包含了标准，同时还考虑了个别项目调整对这种个别情况下有意义的部分。

EVD 的设计用途是要帮助德勤的项目执行者来管理他们的项目，它具有如下特点：

- 可伸缩——运用了模块化的设计来实现最大程度的灵活性，可以适应任何项目，无论规模或范围如何，而且可以适应每个项目的独特要求。
- 以交付物为基础——符合项目管理流程循环往复的本质。
- 规范性——包括特定用于项目管理的工具、详细的步骤、模板和交付物样本，来帮助操作人员启动、规划、执行、控制和收尾项目。
- 丰富的信息——存有关于方法流程、工作分配与交付物创建的海量信息。
- 基于经验——让操作人员可以重复利用，而不是替换我们从实践中得来的丰富经验与知识。
- 基于最佳实践——反映德勤的最佳实践及行业的研究和经验，让德勤的操作人员可以在全世界范围内共享通用的语言。
- 可操作性——提供实际的有用信息，专注于那些真正起作用的部分。

项目管理的方法内容与 PMI 的《PMBOK®指南》和软件工程协会的能力成熟度模型集成相一致。它分为两个领域的工作——项目管理和质量管理，方法包括详细任务描述、一步步的操作指南，以及递交一个项目管理解决方案所需完成任务的考量。多元发展辅助包括指南、程序，以及每个任务的补充工具。

持续一致地应用给定的项目管理工作流和交付物，可以带来一系列的收益：

- 帮助项目经理获得“大”视野，并为工作加速。
- 提供持续一致的方法与共通语言。
- 包含交付物模板与工具。
- 加入质量与风险管理，让项目交付物的质量提升和风险降低变得更容易。

- 可以用来管理项目集及项目。

工具

德勤公司发现了注重项目管理流程的杠杆工具有助于驱动一个企业采纳有效的项目管理流程。对于众多企业来说，有大量可行的工具采用，另外，它们都有自己的一系列优势和缺陷，如图 15-31 所示。选择合适的工具有助于促进项目管理的一致性，但是区分项目管理的工具和流程之间的差异也很重要。只要保持一个严谨的流程制度，使用哪种工具都是次要的。具备现成和尖端的工具是极有利的，但是流程的灵活性（使用合适的工具）和标准化（不论是否使用工具，都需要按照规定的流程完成任务）之间需要一个平衡点。

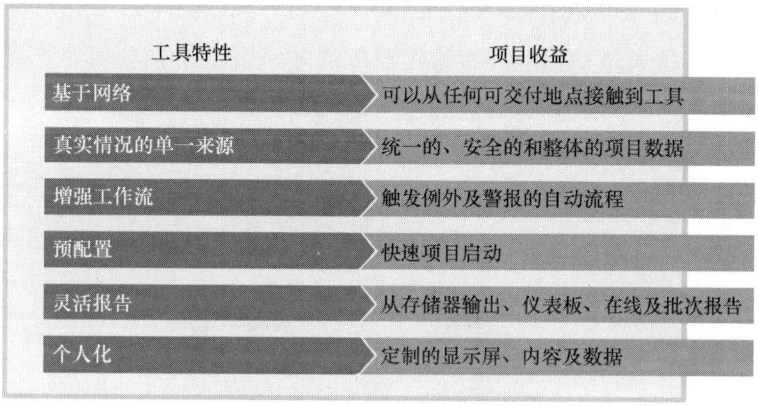

图 15-31　德勤项目管理工具的特点

如果一个企业没有合适的工具使用，德勤公司将提供一个也许使客户受益的解决方案。定制化工具具有项目团队可快速使用的简单特点，同时又具有复杂的特点。在多用户的环境下，它提供了安全性，而且使用者参与项目前都会接受使用工具的培训。

敏捷项目管理

德勤的项目管理的 EVD 解决方案创建了执行普通项目管理任务的基础，同时又提供了调整流程解决已知变量的灵活性，如以下几方面：

- 定义常见方案情形的典型使用模型，涉及方案的方方面面（如文档、培训、样本等）。
- 提供指导，促使项目在特定的项目环境下利用适当的流程。
- 允许灵活地定义合理的管理机构来支持项目中具体的风险和成本文件。

新兴市场的条件驱动了评估标准项目管理流程的需求，特别是在“敏捷”的环境下。敏捷方法通常用于项目需求不清晰或经常变更，或者要频繁交付数量较多的解决方案组件的情况。运用敏捷法的项目执行某些项目管理流程的方式类似于运用瀑布式或迭代式法（如风险和问题管理、财务管理及项目状态报告的一些方面）的项目，而执行其他项目管理流程的方式完全不同。EVD 从这两个角度给项目经理提供指导。此外，对于那些不同的方面，EVD 也规定了如何利用敏捷法的特有技巧使不同点相接近。

尤其是敏捷法中项目范围管理和工作计划与跟踪和使用瀑布法及迭代法的项目有着

明显的区别。敏捷法 EVD 的解决方案描述了项目如何开发和管理产品（Product）与计划冲刺（Sprint）待办事项（Backlog），并且包括对那些细致到可在单个 Sprint 中处理的用户故事进行文件编制的指南。它描述了项目团队用以衡量 Sprint 和用户故事、预测组件交付的度量分析（用速率、能力和燃尽），并且它还包括用来监控项目进程的产品生产效率报告。即使管理工作的技巧有很大的差异，但是充分维持项目管理规章制度是十分重要的因素。总之，虽然敏捷在如何实施项目方面有很大不同，但是基本的项目管理功能仍然存在，并且德勤已经确定了一个方法来完成它。

项目管理团队

即使使用最复杂的方法和工具，如果没有一个专业的、训练有素的项目团队，项目仍然不能顺利进行。具备大量项目或项目集经验的人才资源通常在项目集管理层发挥作用，而没有任何项目经验的人力资源可以在项目层找到。按照这种说法，具备一个考虑到这一点的项目管理方法是十分重要的。

为了使资源在项目中一直有效，在调整项目管理法时需要考虑一些事宜，如图 15-32 所示。

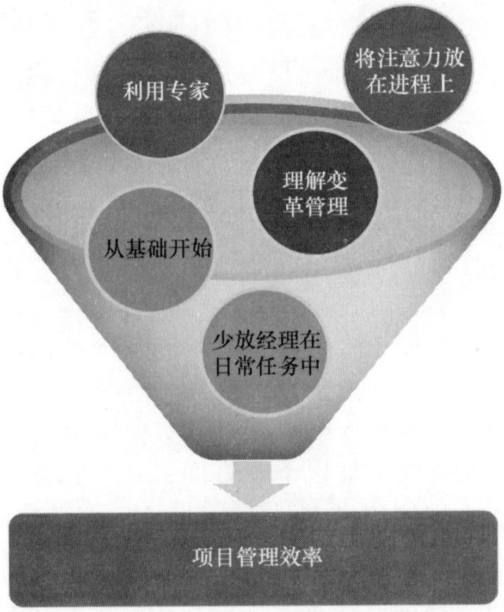

图 15-32 项目管理部署的主要因素

- 理解内部变更管理进程的内涵。变更管理流程在某些地方比其他方法更加严格。项目必须完全清楚变更管理要经过何种环境，以及何时需要何种信息。这对促进变更路线正确有效是十分关键的。不得不准确检查每项变更请求拖慢了项目进度，并且会对项目时间线产生无法预计的不利影响。
- 尽早开始基本的活动。要意识到虽然企业和项目集管理层通常由专业人士、专职 PM 专家组成，但项目团队通常还包括没有实际项目经验的操作人员。确保项目团队知道他们的目标是什么，并且知道“基本要素”。例如：

— 我应该多久报告一次状态？

— 整个项目时间线是什么？

— 从哪里可以找到和这次项目有关的文献？

提早启动项目并严格执行合理流程对带领团队进入该项目时的特定动态情况是很有帮助的。这就是展示整体时间线、项目管理协议、角色与职责等问题的时候。此时项目团队也能够开始其他计划活动，包括模板识别或开发。

- 简单的事情容易化。对于日常工作，如对更新可交付物的存储、记录时间或状态，或者更新工作计划，不管有多少经验，所付出的努力都应该是最少的。这些活动不得对项目产生额外费用。执行这些简单的事情花费的时间越多，项目实质设计或建造的生产时间就越少。
- 当需要更先进的项目管理活动时要利用专家的影响力。一些项目管理活动确实需要更多的技巧，并且不应该由一个项目初学者处理。这些方面大多以工作计划活动为中心。工作计划活动出现在整个项目过程中，并且需要对于依赖关系管理、关键路径识别和进行细致资源分配有深入了解。图 15-33 中的活动只着重于工作计划的初步制订。人力资源也需要理解范围和资源发生变化时，工作计划需要做出什么样的调整。

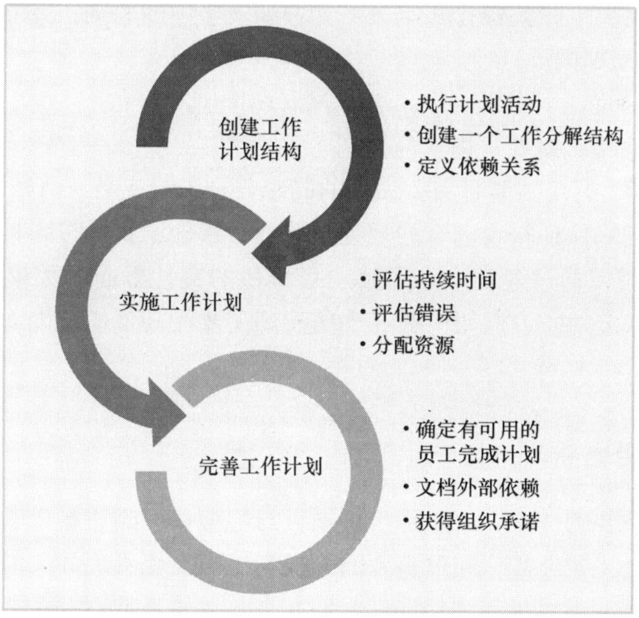

图 15-33　制订项目计划的必要活动

- 当情况变得不稳定时，要将精力集中在规定的项目管理进程上。当变更贯穿整个项目时，人们有时会感到项目可能要失控了。避免出现这种情况的一个方法是坚持项目启动时批准的项目管理流程。一个固定的项目管理规章制度可使项目管理者让项目摆脱出现的任何不确定情况。如果勤于管理，流程可以确定对项目范围、时间轴、资源或预算的总体影响。当开始出错时，维持规章制度是十分重要的，就在一般人说“我没有时间去做那些”时，它变得更加关键。

卓越的项目管理是清楚地理解项目环境的结果。使用标准化流程和工具能够使事情更加容易，但前提是平衡反映每个特定项目的变化。一旦确定这一平衡，主要就是攻防手段的事了。尽早表明目标和建立规章制度，使之变成习性。这可使项目团队将创新能量集中于建立最好的解决方案上，毕竟这是一个项目排在第一位的原因。

◆ 领导层与监管

有一些额外的因素会影响组织创造价值与交付转型成果的能力，这是超越仅仅拥有正确的项目、项目集及项目组合管理流程与模板的。“合适的监管、领导与问责机制的重要性是不可低估的，”Martyniuk 说，“在我实施项目组合管理的经验中，拥有正确的框架来引导项目相关方经过无数需要以一致的标准来进行的决策，是项目成功与失败之间的关键区分因素。”

监管的主要目的是明确决策权、澄清问责机制并鼓励可取的行为。监管的意义在于让正确的人选在正确的流程下参与正确的讨论，从而在可用信息的前提下做出最好的决策。监管框架描绘了制定决策的流程，并定义了管理如下事项的原则：

- 需要做出什么决策？
- 谁拥有权力和责任来做出决策，以及根据谁提供的信息？
- 决策要如何实施、监控、衡量与控制？

如图 15-34 所示，有效的监管需要强大的高级管理人员支持、清晰的“业务”所有权，以及良好的技术顾问来保证符合已有的规定、标准与指导原则。它同时要求某种形式的收益与价值监督。这可以通过建立一个了解项目价值的定性方面的关键相关方委员会来实现。最重要的是，选定的监管框架中的每个功能都需要在其责任范围之内，得到所需的决策制定授权。

◆ 人员与组织变更管理

最后，却是最重要的一点，人才是实现项目与转型目标的关键元素。他们同时是转型目标无法完全实现的主要原因。经过整合的人员与组织变更管理、人力资源及学习服务需要贯彻到项目组合中的项目集与项目层面，从而在整体的转型行动中驱动一致、协调与有效的交付活动。

如图 15-35 所示，德勤的转型人力因素框架，是一个符合业务战略，并照顾了从风险评估和领导协调到行为转变、沟通、培训、组织设计等每个方面的、全面的框架。

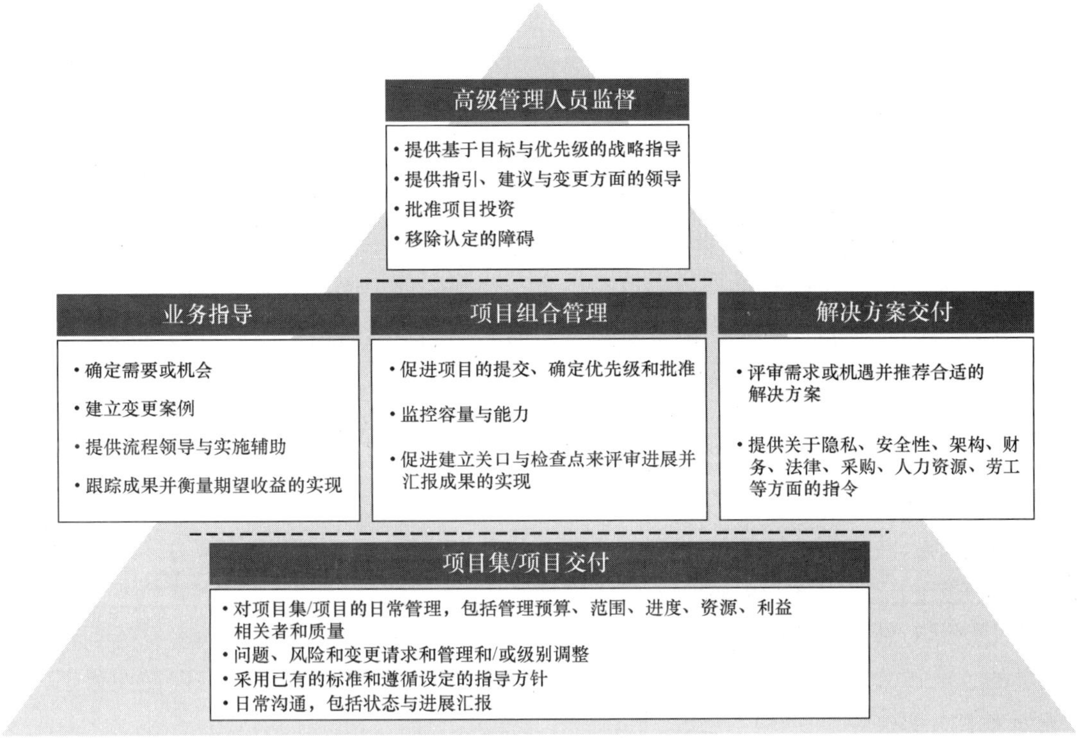

图 15-34 德勤项目组合监管框架

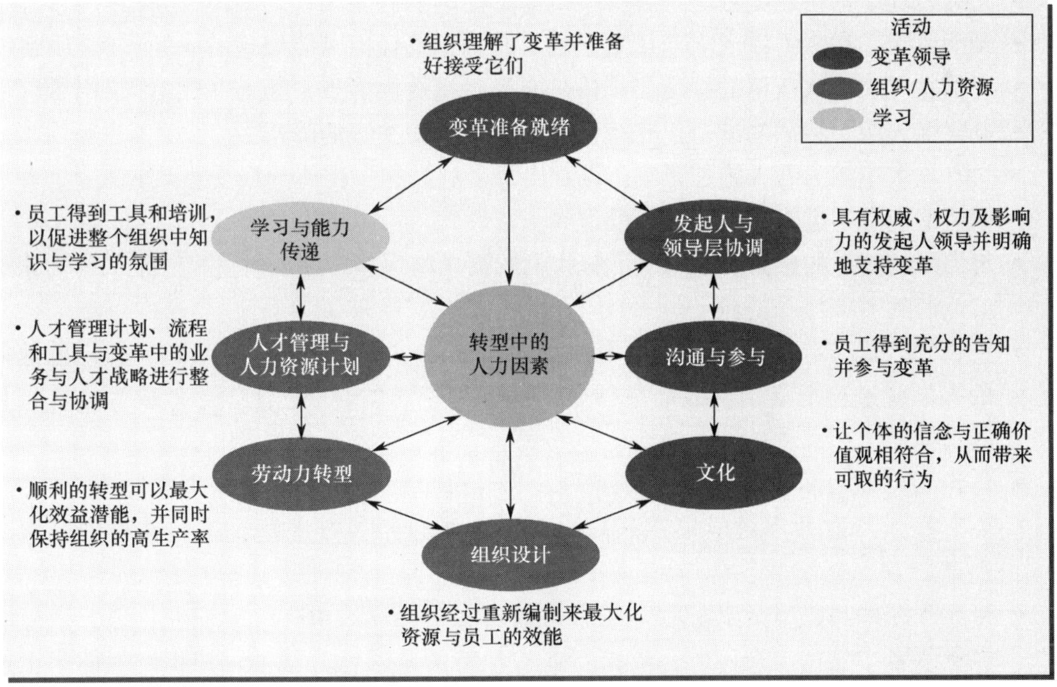

图 15-35 德勤的转型人力因素框架

转型无法达到期望目标的一个主要原因是相关方无法看到和感觉到那些非要改变不可的理由。这样一来的结果，是种下恐惧、愤怒或自鸣得意的情绪，从而造成阻力。在那些改变进行得更加成功的案例中，组织中的个体会带有一种激情。他们创造令人不得不关注的戏剧性状况，从而帮助人们发现并清楚地认识到在自满情绪、缺乏动力或其他关键事务方面的问题、解决方案或进展。

持续的转型同时需要组织每个层级上的个人发自内心的投入承诺。一些相关方会成为共同开发者来帮助转型的愿景和规划成型，有一些则会成为阐释者，其他的相关方会作为转型的受益者。有效的转型需要来自所有方面的贡献和参与。协调与内部的投入承诺从最高处开始——所有的领导人都应该经过协调，愿意找出阻力，并全身心投入作为榜样来领导转型的事业中去。

转型项目通常会改变组织的结构、工作流程、系统、关系、领导风格和行为，这些因素一起组成了我们所了解的项目文化。创造组织需要的文化或者保存它已有的文化需要一个专门的计划，并与其他转型活动协调一致。如果没有明确、有意识的努力，组织最终很容易被卡在新的工作方式与旧的行为模式之间。

为了使针对新的业务模式、技术和流程的投资达到最优化，一个面向所有受到转型影响人员的、正式的专门培训与技能提升计划是必不可少的。然而教育与培训往往处于转型任务列表的底部。

有效进行转型项目中的人员与组织变更管理的一些关键因素包括：

- 正确地理解你的相关方。理解转型可能怎样影响利益相关的团体及关键的个人。
- 预期风险。在阻力浮现之前认定它们，并且识别任何可能出现的业务干扰与风险。
- 评估状况。确认变革的程度与步伐是在为组织提供能量，还是在让组织濒于瘫痪。
- 确立优先级。将活动进行优先级排序，先处理最关键的障碍。
- 对有重大影响力的人施加影响。识别出每个利益相关团体内最受尊重的人士，并试图让他们参与进来，作为变革的倡导人。
- 努力得到真正的全身心投入。了解人们的需求与渴望，之后再进行一致的努力来适应他们的需求与渴望。
- 把领导人武装起来驱动转型。用独特的知识和技能将领导人武装起来，帮助他们的人员度过这个富于挑战而往往令人痛苦和难忘的时期。让领导人成为良好行为的楷模。
- 认识到可能有赢家和输家。转型的影响对每个利益相关团体来说都是不一样的，而有些人可能并不对成果感到高兴。要让所有相关方理解、参与并得到最新的消息。
- 专注于那些真正有意义的事。一个有效的文化会创造可持续的商业价值，让组织在竞争者中显得与众不同，支持行业中独特的要求，并帮助客户得到他们真正想要的。
- 具有持续的一致性。驱动行为的因素必须协调相符。协调不当会令人们困惑。

- 强化。协调所有与人相关的行动，特别是奖赏与激励，来协助促进新文化的形成。建立正确的领导模型，并引入新的名词和术语来重点突出期望的良好行为。
- 留住关键员工。认定表现最佳者和其他对组织未来成果至关重要的关键员工。让他们知道他们的饭碗不会丢。
- 获取知识。建立正式的流程和系统来传递和获取组织的知识——这对于开源转型来说尤为重要。
- 要和善，但也要自信。决策制定者应该温文尔雅，但不应该就决策的必要性、适当性与最终决策表现出任何怀疑。

◆ 总结

对标准的项目、项目集与项目组合管理框架的采纳和持续一致的应用，再加上部署适当的监管及有效的人员和组织变更管理技术，就可以为组织实现一系列的收益，其中包括：

- 改进执行决策制定——根据精确的、有时效性的项目状态/进展信息，增强了确定哪些项目应该继续/停止的能力。
- 财务透明度与责任——管理项目支出不足或超支，以及在项目组合之内转移资金来更好地管理和响应未能预见的状况和优先级变更的能力得到了增强。
- 增强的资源能力管理——将可用资源进行最佳运用所需的信息和数据更加充分，并有能力在项目组合内部转移资源，来最优化项目之间的资源充分利用。
- 积极的问题与风险管理——有能力在挑战升级为严重问题之前发现和进行响应；有一套机制来让关键的问题解决或风险缓解决策/行动要求得到高级管理人员关注。
- 标准化与一致性——能够进行项目之间的横向比较；更加有效和及时地与员工、客户、高级管理人员和其他相关方进行内部和外部的沟通。
- 增强的合作与更好的成果——通过以整合的项目组合形式展现的对行动的联合管理，来使收益的实现最优化；共同合作与更好地移除成功路上的障碍。

虽然并未列出所有的话题，但在这一节中已经列出了一些关键成功因素。根据我们的经验，这些关键成功因素足以引领任何组织，在其部署持续的项目组合管理能力以交付实际有形的企业价值的道路上，迈向“正确的”方向。

15.5　柯马公司

在《使用项目管理成熟度模型的项目管理战略规划》（第 2 版）（*Strategic Planning for Project Management Using a Project Management Maturity Model*，*Ind Edition*）中，我曾指出可以通过如下方式加快成熟度提高：在过程中尽早实施 PMO，让 PMO 直接向公司管理层汇报，项目管理得到管理层的明显支持。凡这三点做得不错的公司似乎在项目管理方面都比其竞争者做得好，如柯马公司。

柯马公司（以下简称柯马）是全球制造敏捷自动化系统及集成产品、过程和服务，以提高效率、降低整体成本的领先者。柯马业务遍及 13 个国家，运用最新技术和流程向客户交付高级“交钥匙”系统，并能一直超越客户期望。柯马在工业领域应用广泛，致力于工业车体焊接、动车加工及组装、机器人及维护，以及环境服务。其产品范围的不断扩展和改进使得柯马保证在项目的所有阶段，从设计、执行安装到生产启动和维护服务，都能提供客户定制化协助。柯马的核心竞争力是点焊、激光焊及弧焊、密封、钻孔及铆接、加工、组装及试验、监督及控制、处理及物流、维护服务、能源效率咨询及项目管理服务。

◆ 问题描述

20 世纪 80 年代，柯马成绩显著，并抓住了收购带来的机遇。90 年代，柯马开始推行全球收购战略。很快，如何管理收购公司的问题变得显而易见，因为每个公司的项目管理成熟度都不一样，而且也没有有关项目管理的公司标准。直到几年前，柯马才零零碎碎地开始进行项目管理，但普遍缺乏项目管理程序文化、体系方法、流程及指导原则。到 2007 年，建立一套有效的、全球化的方法已迫在眉睫。目标很简单：整合全球范围内的项目管理知识，使其成为柯马有力的竞争优势。

◆ 解决方案

2007 年，柯马决定通过建立“合同及项目管理”企业职能加强项目管理文化。正如大多数理解项目管理重要性，并且认识到在项目管理中需要有执行领导的公司那样，新组织由合同和项目管理的副总裁领导。该组织的主要任务指导方针包含：

- 公司组织发展及和项目管理相关的全球组织政策执行。
- 改善公司项目管理政策及 PMO 结构。
- 创建柯马项目管理学院——软硬技能知识的持续发展。

柯马正确认识到了 PMO 在完成这一使命中的重要性。和其他不太成熟的公司相比，柯马将自己视为解决方案的提供者，其目标是满足全球客户的商业需求。因此，合同及项目管理办公室被视为内部商业解决方案提供者。

柯马以如下方式实践三大主要指导方针。

公司发展及组织政策的执行

2007 年，全球项目管理政策制定，并在《PMBOK®指南》基础上进行了集中训练计划，建立了项目管理标杆以便测量公司成熟度水平，并创建了行动计划以便持续改进成熟度过程。全球性政策将应用于柯马全球企业，它是所有项目团队必须执行的项目管理政策。这项政策直接和 PMI 《PMBOK®指南》最佳实践联系起来。需要注意的是，公司决定将合同管理和项目管理集成在一个组织中。柯马确信这是一个重要革新，并会对整个公司产生积极效果。

改善公司项目管理政策及 PMO 组织结构

今天，柯马 PMO 组合由数百万欧元收入业务的集团构成，覆盖全球 30 多个国家的商用车辆、绿色能源及航空项目。柯马 PMO 作为合同及项目管理办公室的一部分，对各个区域 PMO——北美 PMO、南美 PMO、欧洲 PMO 及亚洲 PMO 进行协调。

项目管理团队，项目管理、项目集管理及项目组合管理中的国际性专家都是项目管理家族中的一部分，由项目经理、项目集经理、计划人员及团队成员组成。图 15-36 中显示了柯马 PMO 的使命。

图 15-36　柯马 PMO 的使命

柯马项目管理学院（PM 学院）的创建

2007 年，我们建立了一个特殊的组织实体，目标是发展项目管理的文化和技能：柯马 PM 家族，它是柯马项目管理专业人员的社区。我们也了解到需要建立一个有明确责任的组织以有效地加强这一社区。由此，项目管理学院成立了。

自创始以来，PM 学院的目标就是：

- 在整个公司传播项目管理知识和文化。
- 分析柯马事业部的培训需求。
- 为项目管理中的专业人员设计具体的培训活动。
- 组织活动（会议、研讨会等），促进项目管理专业知识的传播。

为了支持柯马的使命，PMO 首先为 2007—2009 年准备了高标准的路线图，包括以下内容：

2007 年

- 设立标杆对照及成熟度基准。

- 明确 PMO 理念。
- 制定项目管理操作政策。

2008 年

- 建立公司 PMO。
- 建立各区域 PMO。
- 根据成熟度评估实施创新行动。
- 创立项目管理学院，作为 PMI REP。

2009 年

- 管理正在进行的项目、项目集及组合项目工作。
- 对项目管理成熟度进行外部对标。
- 管理优选的战略及特殊项目。

如前所述，柯马视 PMO 为提供内部商业解决方案的主要机制。柯马的获益包括：

- 客户认可作为第一复杂工作整合因素而给价值链/供应链增值。
- 形成了高标准、适应全球化级别的项目管理文化和方法。
- 通过前瞻项目规划和降低风险战略，项目成功率增加，更好地支持了销售团队。
- 与柯马客户形成使用同一种语言的文化能力，减少在项目定义、执行方面的误解，并在整个项目过程中支持以信任为导向的沟通。
- 开发了最好的工作量优化技术，为客户降低成本。
- 为形成标准化的全球化方法，形成共同的工作技术语言，如意大利和法国动车 WBS 形成共用的技术语言。这使得柯马能够在不同国家进行产品部件互换和项目团队交换，由此能够取得更好的计划、执行、成本控制、工作量规划及更平衡的风险管理、沟通及质量。
- 识别并管理“超出项目范围”的情况，为客户、柯马及供应商带来更多益处。
- 优化过程及报告系统，减少时间浪费，并为管理关键事宜创造出更多时间。
- 有助于整合全公司范围内的工作和工程，共享信息、愿景、战略，包含战略项目启动阶段。
- 建立一支可支持困难项目及应对高压力情况的强大高技能经理和技术人员团队。

柯马 PMO 业务模型如图 15-37 所示。

柯马 PMO 积极地管理全球项目组合，向 CEO 报告，以及通过商业智能和专用的关键绩效指标获取项目管理和商业战略之间最高度的统一，柯马项目组合管理如图 15-38 所示。

PMO 团队已经成为每个柯马的组织事业部内部的促变者，结果就是获取了几起“快赢”的解决方案。柯马在为公司及其全球客户群更好地控制间接成本的同时，提供了增值机会。相比之前，现在所有经理的授权范围更广，同时，副总裁们和区域经理们是有力的发起人。

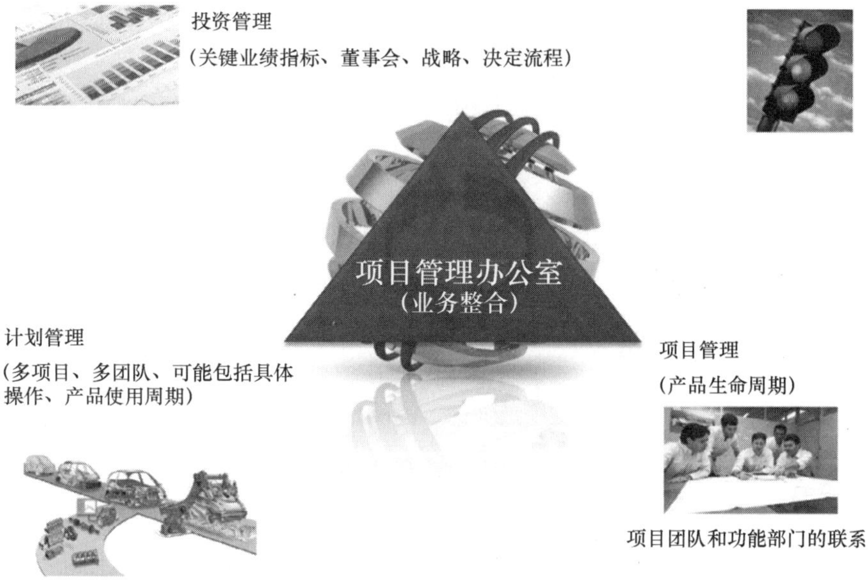

图 15-37　柯马项目管理办公室业务模型

为 2010—2016 年制定的高标准的路线图包括以下目标：

2010—2013 年

- 建立全球范围内的合同管理理念。
- 增加项目组合管理。
- 为外部客户制订项目管理培训计划。
- 建立全球范围内的风险管理理念。
- 制定全球项目组合管理规则及体系方法。

2013—2016 年

- 开发全球项目管理流程。
- 协调和吸收柯马在全球范围内的项目和风险管理通用语言。
- 建立全球风险管理文化。
- 为资产管理业务开发项目管理流程。
- 创建一个组织来管理公司的战略计划。
- 制订提高客户现场管理效率的计划。
- 开发一个程序来改进项目管理团队中不同职能之间的项目时间管理。

图 15-39 从地理角度显示了项目管理办公室目前的全球结构。

为了保证具体的运行效果，完全以保证项目管理的质量为导向，需要在干预区域之间建立一种有效的“渗透”机制，强调干预区域之间的协同管理和主控一体化的视野与控制。在这种成熟认识的基础上，我们柯马公司每天充满信心地面对未来的商业给我们的道路带来的困难。

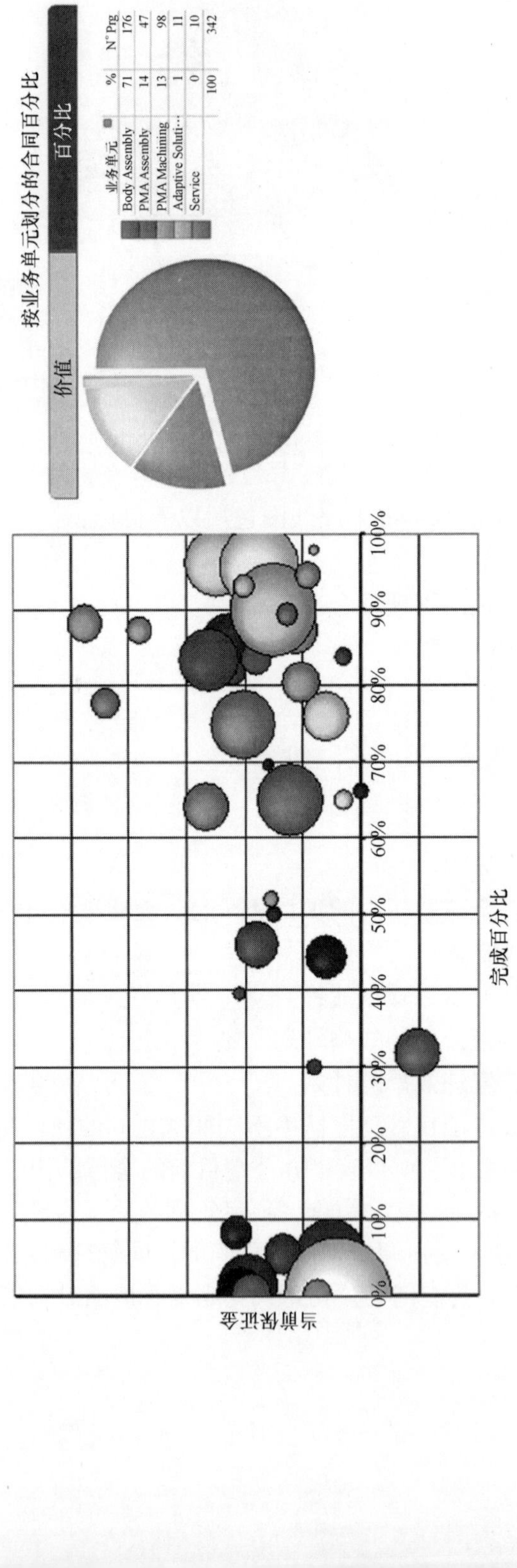

图 15-38 柯马项目组合管理

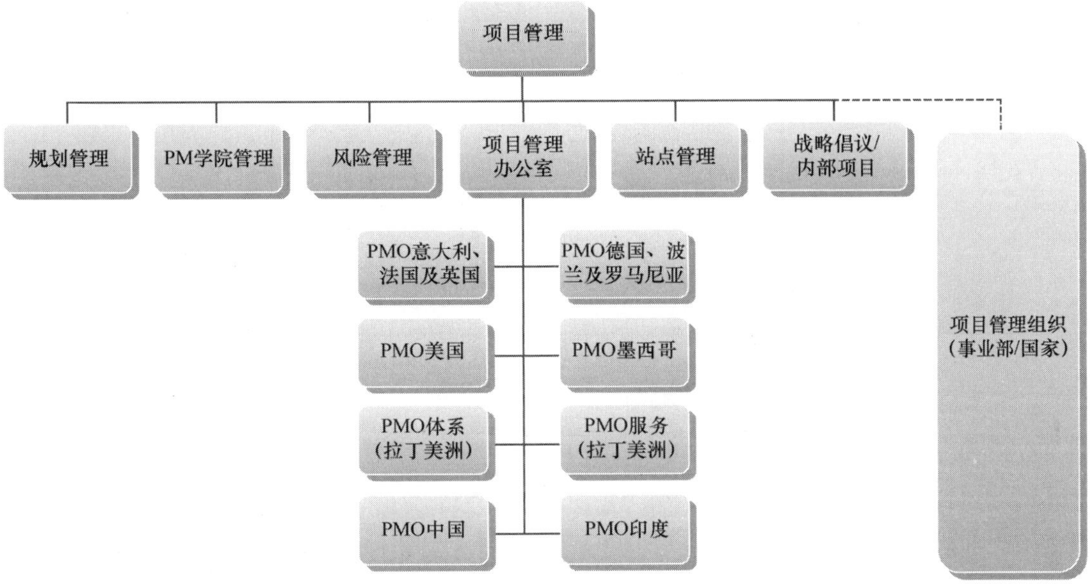

图 15-39　PM 地理分布

◆ 第一个柯马全球项目管理过程

国际层面上的高度碎片化问题及商业可持续性问题让柯马开始考虑将项目管理作为一个集成工具。因此，共同语言和工具形成了，并在组织内部传播。

今天，跨国家项目出现的高频率（如一个国际化客户向柯马下了订单，要求其在印度安装一条自动线。柯马进行此工厂的工程设计，柯马中国公司进行生产制造，柯马印度公司负责安装）及全球事业部的创建，导致集成度达到更高水平，这迫使柯马向前一步。

因此，按照在整个组织内统一工作和管理项目方式的目标重审项目管理过程就变得很有必要。

由此，质量部门及合同和项目管理办公室联合发起了制定全球项目管理过程（见图 15-40）行动，在公司 PMO 的协调下，由跨职能及跨国家团队完成。

基于如下资源，我们创建和制定了全球项目管理过程（见图 15-41）:

- 不同柯马分支机构内使用的当地项目管理过程。
- 柯马经验教训。
- PMI 模型。
- 柯马全球执行政策。

为了确保创建真正的全球过程，我们使用了图 15-42 中的示例。

示例金字塔顶部为“政策”（部门级别），激发全球程序/过程、“运营指南”（全球级别）及“国家级别”的“当地程序/运营指南”的制定。

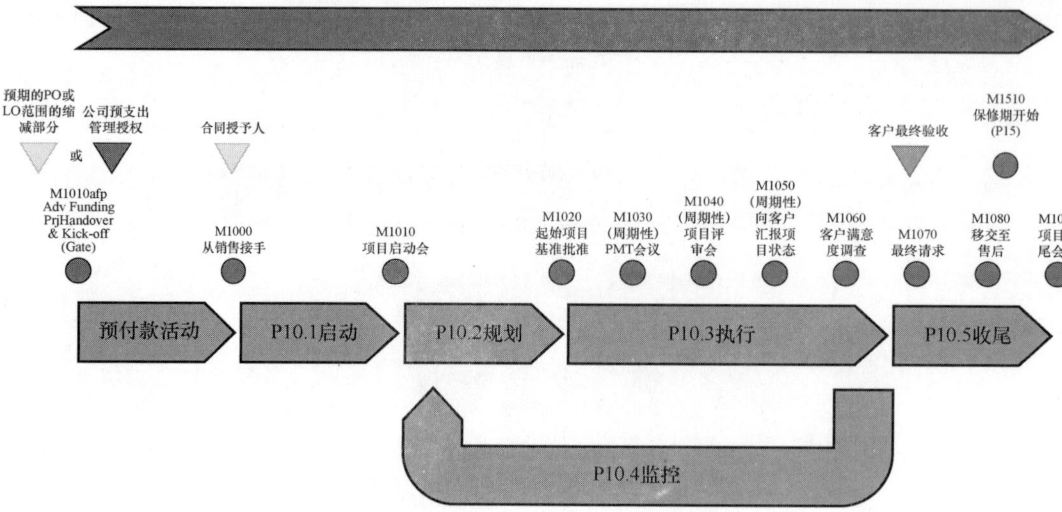

图 15-40　柯马全球项目管理过程

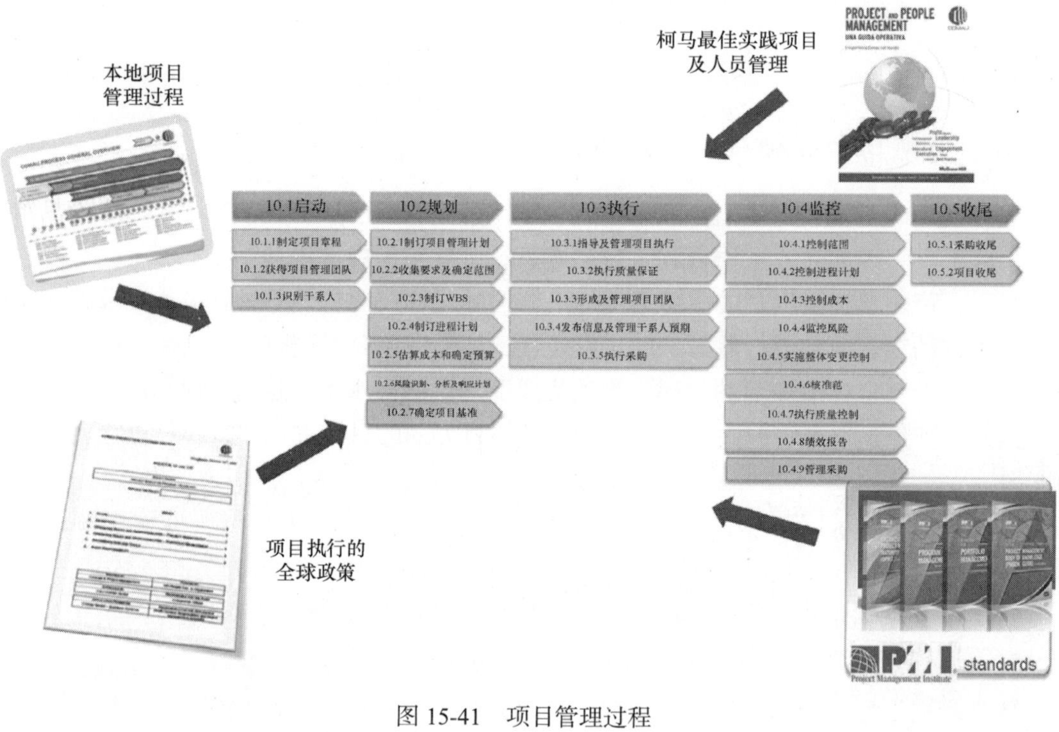

图 15-41　项目管理过程

◆ 柯马的风险管理办法

2006 年，柯马开始从更加专注的战略角度处理风险管理，认识到风险管理是项目成功完成的必要部分。风险管理包含在项目管理政策中，引入了计划、评估、处理及监控可变因素总则，以确保获得有利结果。

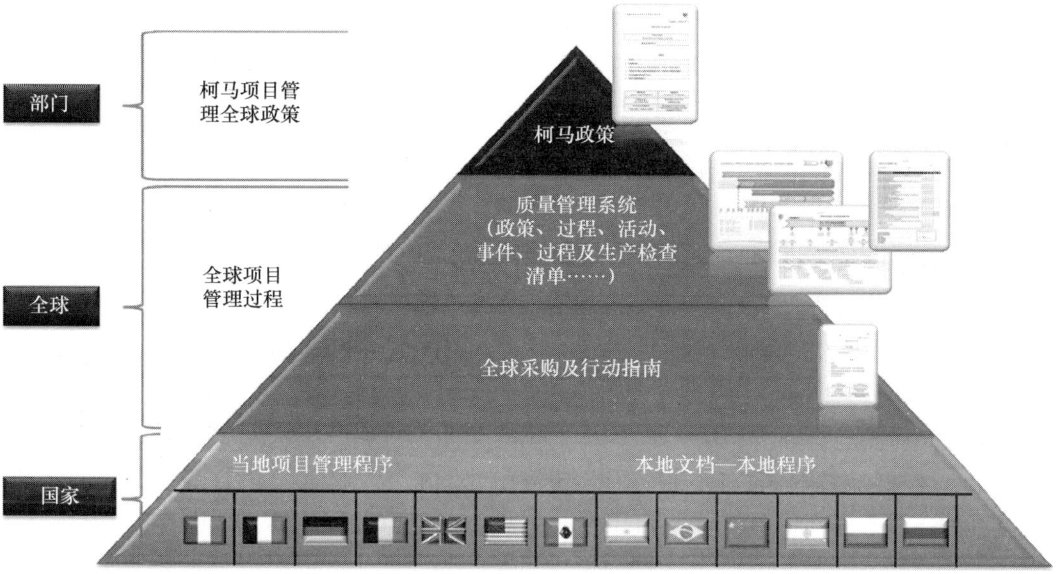

图 15-42 项目管理过程示例

与日俱增的组织复杂性及订单管理的国际化，需要更为系统和精良的工具来管理不确定性。因此，在 2010 年，我们创建了风险管理办公室，作为合同及项目管理的一部分。其目的是更好地处理国际化商务环境及渐增的项目规模和复杂性，并为所有不同事业部及不同国家正在进行的项目/项目集提供内部支持和管理。它的任务是提高风险管理能力，并在柯马项目的执行过程中收集学习经验。

假设有效的风险管理应具备前摄性，那么识别影响项目的潜在问题并努力降低其影响就是根本，而不是仅仅在事情发生时才做出反应。因此，风险管理办公室的具体责任应包括：

- 确定公司风险管理规则。
- 在整个项目生命周期提高风险管理水平。
- 执行项目风险评估（项目健康检查）。
- 在投标阶段为 BU/利润中心提供风险管理支持。
- 在项目组合层面为 BU/利润中心提供风险管理支持。

2011 年，顺应全球组织内统一风险管理办法的需求，创建了通用“风险登记册”，并在整个柯马组织内部推广。

从 2012 年年中开始，借确定新国际项目管理过程的机会，制定了风险管理过程及规则，并将其纳入标准的柯马过程。在这一环境下，风险管理办公室在相关项目风险管理活动开始时为团队提供培训和建议。

从 2015 年年中开始，柯马决定向前一步，整合风险管理实践和方法为其投资组合治理。柯马在一个叫作强化风险管理实践和提高其有效应用的创新项目中开启了一项内部资助计划，这一计划旨在改善在不同公司岗位的交流不善（销售合同、项目执行和项目组合管理）和提供全球视角（见图 15-43）。

项目开始时，柯马的业务需求是通过加强风险管理，并将其视为驱动正确决策的一种手段，而不仅仅是一种控制工具，从而在不同的公司部门之间创建和保持价值链（见图 15-44）。

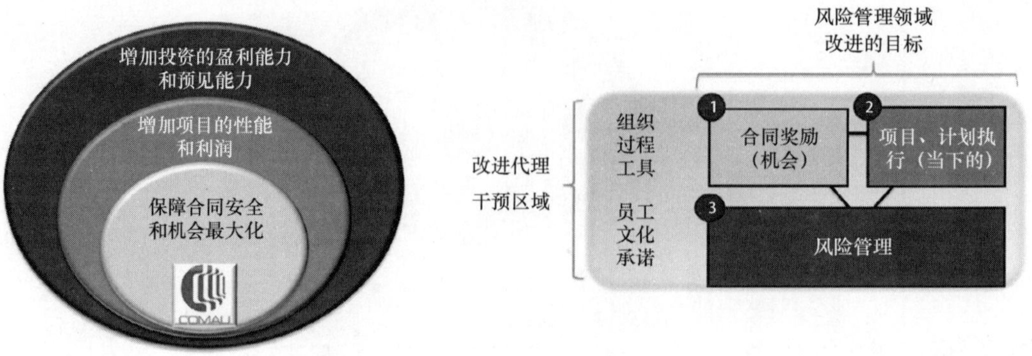

图 15-43　柯马风险管理计划

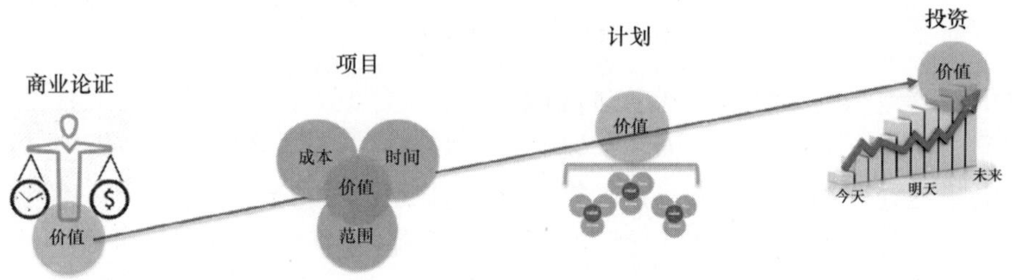

图 15-44　发起和保护公司价值链

这种需要是由于人们认识到自动化工业及其背景近年来发生了深刻的变化；今天的项目非常复杂，市场要求很高，竞争非常激烈：有效的投资、商业机会的选择及根据目标交付业绩的确定性的增加是关键。

按照 2015 年规划的路线图，风险管理办公室为公司每个核心领域制定并实施了如下改进。

销售风险管理（新合同签署）

- 在销售过程中实施稳健的风险评估，重点是在任何合同生效前识别历史和系统的风险及其应对（见图 15-45）。
- 普遍绑定的实现通过风险顾问的创建提供了审批工作流程。

项目和计划风险管理（合同执行）

- 推行高效全球运作指引（Global Operative Instruction，GOI）进行项目风险管理、岗位和责任的定义、里程碑和与项目管理过程相关的流程、风险标准度量（概率、影响和暴露率）和风险映射。
- 在内容管理系统（Content Management System，CMS）中实现一个用于项目风险管理的高效工具，名为项目风险登记门户（Project Risk Register Portal，PRRP），它是项目团队特别的工作场所（见图 15-46）。

- 定义 KPI 以衡量每个项目的风险管理有效性，建立目标以持续改进。

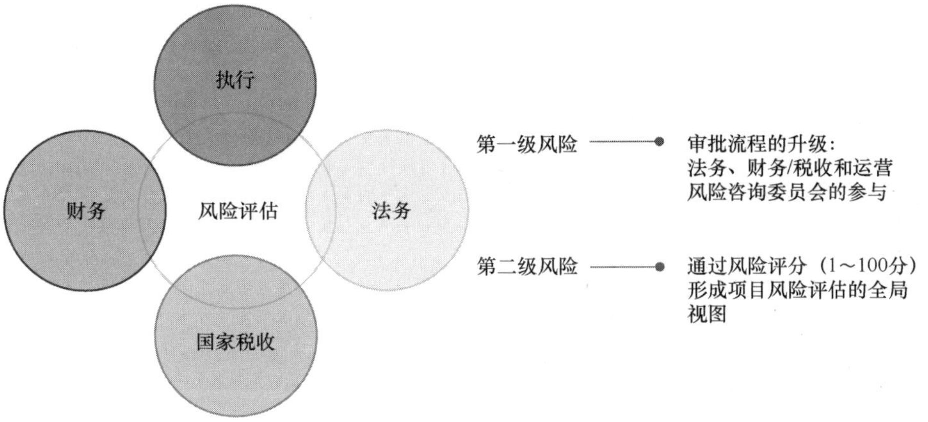

图 15-45　新合同的风险管理//机会

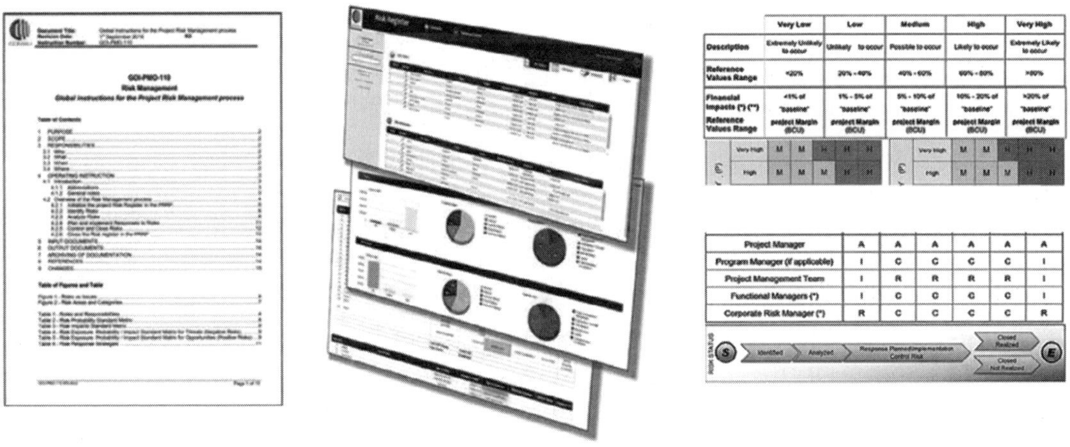

图 15-46　全球执行指导和项目风险注册门户

投资风险管理

- 开发和执行投资风险报告（按业务单元、地区、国家等）。
- 发展公司的风险文化。
- 为项目和销售管理专业开发和提供风险管理培训。

◆ 柯马项目管理学院（PM 学院）

PM 学院面临的第一个挑战是其国际化的本质：它必须为所有国家的柯马提供有用的服务。为了联系全世界的同事，我们决定创建一个知识交流网，这个网可以通过同事的努力得以丰富。实际上，学院也提倡柯马 PM 专家参与，分享他们的知识和专业技术。日常项目管理执行人员在如何制定有效的项目管理方面具备最佳观点。第二个挑战是，PM 学院应是合作中心。执教人员都是有资质的项目经理，为项目管理专业人员提供培训和支持。

换句话说，柯马 PM 学院是“开放性”的：理论上，公司的每个人都能加入其中（只是技能和兴趣的问题）。这一方式的目标就是要共同成长：参加的个人可以提高技能和拓展知识；PM 学院则一直都有“充满活力的血液”。

今天，柯马 PM 学院能够提供以下几方面的培训：

- 项目管理基础课程（针对不直接负责项目管理的专业人员）。
- 专业课程（针对有经验的项目经理）。
- 支持项目及 PM 家族的直接合作活动（论坛、专题讨论会、训练、指导等）。
- 关于风险管理的培训（基础和高级）。
- 培养多元文化背景下管理项目的能力的工作坊。
- 准备 PMP 考试的培训。

PM 学院及 PMP 资格证书

鉴于柯马选择按照 PMI 标准和推荐修改自己的项目管理过程，PM 学院的活动也与 PMI 的活动相符。因此，申请成为 PMI 注册教育机构（REP）对我们来说也是一个自然发展过程。PM 学院自 2008 年起就是 REP。

正因如此，我们学院可以为项目经理们提供获得 PMP 资格证书的珍贵培训。因此，学院也不得不面临一个新的挑战：不仅向柯马雇员提供培训，也要向客户提供培训。目前，由于我们的教育活动内容标准，方法得当，培训师拥有具体且专业的经验（经验证的项目管理专业人员），我们的教育活动广受欢迎。

PM 学院结构——主要范畴

PM 学院最初的基本概念模型是一个变更管理结构化方法。在此基础上，如果希望新的实践扎根，你必须同时处理多个领域。因此，学院解决下列领域的问题：

- 知识：检查和研究内部和外部的良好实践，并探索最有价值的项目管理文献。
- 培训：设计并提供教育方案和活动（针对内部和外部需求）。
- 发展：管理一个模型来评估和支持柯马从事项目管理的员工。
- 沟通：组织特殊的活动来分享和传播知识。
- 社区：鼓励发展专业交流网络和创造积极的专业环境。
- 成熟：支持人们对文化和工作方法的变化做出明智的判断。

企业改革的成功只有在综合考虑前面的问题并解决它们之间的依赖关系时才能实现：PM 学院正努力实现这一结果。

柯马学院

40 多年来，柯马学院为管理人员、专业人员、毕业生和学生组织了高级培训课程，旨在为工业自动化和电子制造创造新技能。柯马学院的教学计划针对三种类型的人：公司和专业人士、青年人才、学生和青少年。

对于公司和专业人士，柯马学院提供制造自动化和数字化转型管理硕士学位，该学位通过全方位的方式来应对新工业 4.0 时代技能和专业日益增长的需求（见图 15-47）。

“青年才俊计划”是与顶尖大学及国际研究机构合作，致力于为来自世界各地的青年大学生提供培训。柯马学院提供工业自动化专业的硕士学位。项目和人员管理暑期学校是一个为期 10 天的强化培训项目，旨在满足工作领域的需求和未来的挑战。它分为四个不同的版本，在四个不同的国家（美国、中国、意大利、巴西）进行。柯马学院的学员包括来自世界上最好的大学的学生和柯马公司最好的管理人员（见图 15-48）。

图 15-47　柯马学院：公司和专业人士

图 15-48　柯马学院：青年人才

对于学生和青少年，柯马学院组织课程，让学生获得机器人技术许可证，并参加专为中小学生设计的机器人学校实验室项目。这是一项创新计划，学生们将在课堂上使用机器人。教育机器人“e.DO"，作为一种有效的教学工具，能够使数学、艺术等科目更加直观、更具吸引力（见图 15-49）。

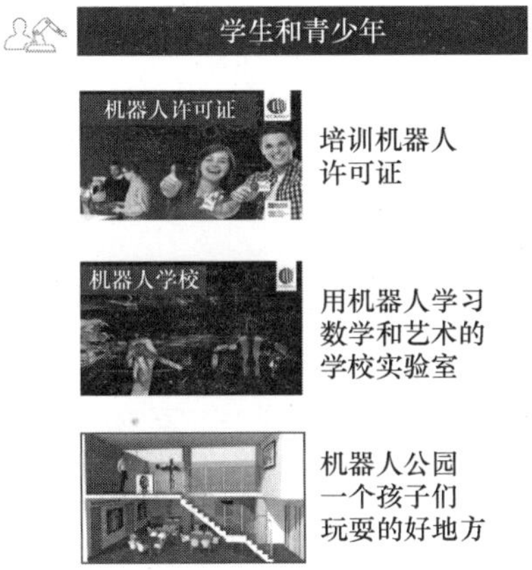

图 15-49　柯马学院：学生和青少年的工具

多元文化项目管理

柯马项目中 90%的项目团队是多元文化的。因此，柯马不得不处理来自不同文化背景的人们在合作中遇到的问题。因此，柯马需要一套特定的程序来为项目经理提供管理方法，以帮助他们建立和管理他们的团队。

我们可以将它们称为软工具，因为它们是为了开发项目经理对影响成功团队合作的人为因素的敏感性而设计的。这对项目经理来说是一个真正的挑战：能够将基于项目管理技术技能的系统方法与人类对不同价值、伦理和尊重模型的敏感性结合起来。如果项目经理想要实现这一点，他们需要以一种不同的方式来看待自己，作为多元文化的代理人、积极的参与者，有责任寻找整合跨文化策略的人。

柯马展示了最好的实践

日益求精的员工的不懈努力造就了柯马所取得的成就和所制定的方法的动态发展。2013 年，珂马出版了《项目与人员管理操作指南》（*Project and People Management An Operational Guide*），讲述了一个成功的整体变革的故事，结合了柯马人在日常项目活动中使用的具体流程和工具（见图 15-50）。

关于项目管理的出版书，有英文版、中文版、意大利语版

关于跨文化管理的出版书，有英文版和中文版

图 15-50　柯马公司出版物

2015 年出版了第二本书——《跨文化管理挑战——一本多元文化的项目团队工具书》（*Managing Challenges Across Cultures：A Multicultural Project Team Toolbox*）。它建立在这样一种基本信念之上：文化不仅是大学教育的结果，而且是在工作场所中培养和发展起来的，每天都在公司内外进行有益的传播。

这本书开篇介绍了米兰天主教大学（Università Cattolica di Milano）的 Domenico 教授及国际学习集团的哈罗德·科兹纳教授。随后，柯马首席执行官 Mauro Fenzi、柯马人力资源主管 Donatella Pinto 和柯马项目管理主管、作家 Roberto Guida 主导了一场针对企业战略的发展、项目管理和人才提升的三方讨论。David Trickey 和 Ezio Fregnan 还研究了在跨国背景下跨文化行为的关键问题。

◆ 一些经验教训

一个项目真正的成功不仅仅是它获得的利润，也是它能给整个公司带来的有益知识。柯马在其国际项目中获取了一些经验教训：

- 共享最佳实践和组织标准的能力在全球协作中更为重要。它能够带来信息交流、共担工作量、资源均衡等。

- 人员参与非常关键。由于个人知识、经验及授权不同，因此使人们都明白管理项目对未来的好处及有效参与的重要性并不容易。能让人员参与的能力对于变更、速度及个人投入都很关键。
- “快赢”是重要的驱动力。
- 让人员对未来充满自信是让他们加入的动力。今天，项目管理作为国际化公司的商业解决方案是 PM 家族强有力的驱动力。
- 更为有效的沟通、透明及“开放式”的经营理念是强有力的驱动力。
- 项目及项目集管理方法的建立很重要，但还不够。整个公司必须通过项目了解管理的商业模式。
- 在日常工作中，有效领导力的培训非常关键。

项目管理的做法显示了其他职能团队必须同等接受项目管理，以减少阻碍，创造出更好的产品。

15.6　Fluor 公司：项目执行的知识管理

◆ Fluor 公司的背景

Fluor 公司（以下简称 Fluor）是全球最大的工程、采购、建筑、维护及项目管理上市公司之一。20 世纪，Fluor 通过运营子公司，已经成为提供优质服务和技术知识的全球领先者，值得信赖。

长期被评为全球最安全的承包商之一，Fluor 的首要目标是在预算内卓越开发、执行及维护项目。Fluor 是《财富》500 强公司之一，是美国大型公司中“工程、建设”类公司中的第一名。另外，Fluor 是 *Engineering News-Record* 杂志评选的前 100 位设计施工公司的第一名，以及前 400 位承包商中的第二名。对于 Fluor 的客户而言，这一认可突出显示了 Fluor 成功执行全球大型及财务复杂项目的能力。

2012 年，Fluor 的收入总计达 276 亿美元，比上一年增长 18%。新订单为 271 亿美元，年底未交付订单为 380 亿美元。通过个人和集体的专业知识，Fluor 在全球超过 43 000 名的员工能及时提供成本有效和智慧的解决方案。

Fluor 在超过 25 个国家都有办公地点。这些人员使 Fluor 能执行规模不同的项目，并能根据项目需求灵活配备人员。

Fluor 可以为多行业客户提供服务，包括石油天然气、化学和石油化工、商业和公益机构、政府服务、生命科学、制造、微电子、矿业、电力、电信及运输。

Fluor 分为 5 个主要业务部门：能源及化学、工业及基础设施、政府、全球服务及全球供应链。Fluor 项目包括设计和修建制造设施、精炼厂、制药厂、电厂及运输基础设施。很多 Fluor 的项目都是世界上最大、地方最偏远、复杂和极具挑战的大型项目。

◆ 支持全球项目管理的知识社区

Fluor 的商业环境具有全球性、变化性、周期反复性及需要合作的特征。当全球不同办公地点同时合作进行一个项目时，遍及全球各地的员工就必须为分布在全球的项目紧密合作。Fluor 面临的现实是劳动力缺乏和情况多变，而能接触到世界各地的专家对于其商业环境来说非常关键。另外，随着组织的劳动力老龄化，知识留存显得越发重要。

通过知识管理，Fluor 为卓越执行项目整合并平衡了员工的集体知识资本。它的大型知识基地“知识在线”，使全球范围内的员工可以获得它的企业知识，并且贡献自己的知识和专业。这一系统加强了合作，并以一种系统的方式获取、共享及再利用企业知识。为了支持全球项目执行，Fluor 围绕知识社区进行组织，它的“知识在线”技术平台可以在无须转移人员的前提下分配工作。Fluor 的知识管理技术平台定位是所有实践和程序、培训材料、合作和专家的输送机制。知识留存、共享和合作的整体战略方向同 Fluor 的商业环境紧密联系在一起。

在 Fluor，我们将知识管理定义为组织识别、创造、捕捉、获得、分享及平衡知识的方法——这是一个文化和管理过程，而不是一个产品或者仅仅是一个 IT 安装。知识社区是用共同的规范和程序，由一个主题或专业内的共享经验、见解和最佳实践的共同目标和愿望团结在一起的。社区成员面对面或在虚拟状态下共享、合作并互相学习。社区有统一目标，并致力于在共同主题、共同标准和过程纪律下共享经验、见解、最佳实践。社区也负责捕捉最佳实践及代表组织管理知识实体。Fluor 的社区正式成立并设有社区领导、经理和指定专家。

Fluor 的知识管理已多次获得第三方卓越奖，包括北美及全球最受敬仰知识企业（Most Admired Knowledge Enterprise，MAKE）奖，因为创建了合作性的知识共享环境而取得了“佼佼者”称号。这些奖励认可了系统平衡企业知识和人员的解决方案极大提高了组织反应速度、创新、竞争力及效率。另外，Fluor 法在《哈佛商业评论》《华尔街日报》及其他书籍和报纸中均有报道。

大多数目标劳动力都会加入一个或多个知识社区，在全球范围内共享知识，启用工作流程及快速引领新人。Fluor 鼓励组织内部知识共享的行为。任何员工都可以加入一个或多个知识社区，提问或回答问题。通常，发帖后 24 小时内就能收到论坛问题的答案，Fluor 是值得依赖和能得到回应的社区——保证所有员工对系统有高度的自信。

今天，组织内共有 49 个知识社区。30 000 名社区活跃成员分布在 Fluor 全球各地，有 4 000 多名主题专家活跃在 1 200 多个主题领域。社区活动频繁，每天搜索量超过 10 000 次，每天有 2 600 个附件浏览或下载，每周有 10 000 个论坛。

◆ 支持项目执行的知识管理战略

Fluor 共享知识的传统历史悠久，这归功于支持这种行为的公司文化。Fluor 业务核心在于建立对职业和知识的激情。企业提倡基于在员工中共享知识的文化。领导者们在维持这种文化的过程中起到了重要作用。

Fluor 知识管理程序正式开始于 1999 年，当时，Fluor 启动了知识管理战略。Fluor 执行双管齐下的战略，一个是编码化战略，另一个是个人化战略：

- 编码化战略是将知识记录下来并存在数据库中。这里的重点是知识再利用。
- 个人化战略则关注将人和人联系起来，创建人员网络，重点是对特殊问题进行定制化解决方案。

Fluor 的目标是将从个人得到的新知识快速地转移到编码上，以确保收集的知识可以再利用。

Fluor 定期升级内容、企业执行程序以确保社区可以经常审核和修改内容。每个社区都对其知识资产负责。

为什么是双管齐下呢？知识管理团队意识到，比起隐性知识，强调显性知识没有效果，因为人们会把它看作“仅仅另一个工具”。另外，只关注隐性知识，就不会记录知识，则失去全球性和跨部门的影响。

企业项目，企业思维

Fluor 用于知识管理的方法非常独特，要求有企业思维和全球观念——其他组织内鲜见此类方法。这种方法可以用来支持它们的全球项目。在 Fluor，员工可以参加每个社区，社区遵循严格的部署过程，有社区业绩衡量和审查程序，知识共享行为集成在公司运营的所有层面。

Fluor 的知识管理愿景是形成一套解决方案以推行全球思维，该方案在内容、讨论和人员简介上协调完整地包含社区。利用所有员工的集体智慧资本支持商业战略方向是关键目标。社区的设计就是要通过跨地理和商业界限共享知识为客户提供优化解决方案，社区有强有力的搜索能力并支持全球访问。企业范围知识管理的另一个目标是通过直接接触知识内容、培训材料及将其与技术专家联系的方式加强员工的技能组合。最终，企业知识管理保护了组织内部的知识产权。这一体系对活动进行监控，以保证知识产权。

知识社区：人们聚集的地方

知识社区由领导、知识经理、全球核心知识管理团队和主题专家支持。集中的知识管理团队监控社区活动，并同全公司的领导者、知识经理、主题专家紧密合作。

Fluor 使用强有力的模型管理社区创建、确定社区目标并衡量业绩，如图 15-51 所示。Fluor 观察过其他组织，它向任何对社区创建感兴趣的机构提供社区创建特别模型或提供一套核心知识管理团队开发的模板。经验显示，开放式社区创建模块会产生无效和冗余社区。

Fluor 知识管理的企业法要求部署和维持具备扩展思维的社区，能够超越知识管理法对准公司一块业务时所做的带有局部性和不对所有员工开放的特点的要求。Fluor 在其知识管理项目集中贯穿了 4 种公司思维：

- 管理工作——对委托给社区（人员及明确内容）的智力资产负责。不越权进行社区知识管理，汇报差距——只在真正拥有时才创建社区，如果真正拥有社区，就一直进行更新。
- 成员角度——创造一个所有员工毫不费力就能“得到它”的环境。有些事情从社区角度来看是合理的，但从成员的角度来看（从整个企业），可能让人迷惑，因此，我们协助员工解决工程和商业问题，而不是破译客户社区（网站）导航。

- 客户可信度测试——经常向潜在客户进行现场展示，预期客户会看到。
- 社区特许经营期望——支持 Fluor 知识管理品牌，在社区同行中成为领先者，在社区中利用知识管理最佳实践的作用，建立社区自豪感。

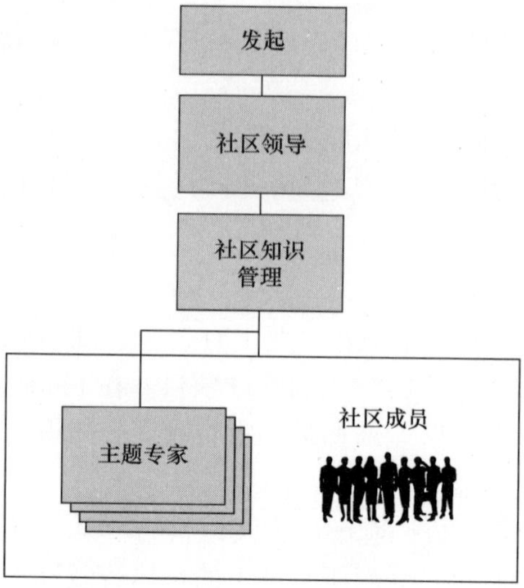

图 15-51 Fluor 管理模型

知识社区确实有灵活性：每个社区都根据整体组织战略制定自己的目标，但为支持战略方向，要充分、具体地定义社区人员达到的目标。社区领导是此职能中的最高权威。他们负责提高整体业绩，选择、执行及更新最佳实践，选择和支持特定功能的软件工具及职能人员的发展。职能社区领导网络（全球卓越领导）创建了跨职能下的一致性。

新知识社区建立伊始，都要经过一个管理程序，包括以下几个概念，由社区领导根据不同紧急性确定：

- 准备情况评估。
- 社区领导战略。
- 社区启动。
- 社区结构。
- 内容采集概念。
- 优先内容识别。
- 内容采集更新。
- 战略启动。
- 社区启动。
- 部署到业绩转变。
- 社区业绩计划。
- 持续性业绩会议。
- 初始部署。
- 业绩。

每个社区都根据核心竞争力建立类别结构，这正如管理显性资产一样关键。这包含创建一个程序，让专家审查批准新内容，在评审日专家审查并更新内容，以及让论坛中的问题能有可靠、快捷的专家回答。

社区业绩由社区满足其目标的程度测量。技术在执行时，采集了大量数据。这些数据虽然不是真正的业绩测量，但显示了活动水平、利用情况及符合程度。

专业知识是知识社区的支柱

真实世界里的经验不是应用或算式能取代的。Fluor 的主题专家网是公司知识的支柱。专家参与对社区、项目及公司成功都非常关键。主题专家是每个社区的核心。主题专家参加社区的频率对社区内容的质量和数量都有影响。专家都是由每个社区的领导选择的；自己不能自称专家，必须是别人认可的才能称为专家。主题专家接受传达关键展望的知识管理程序培训，以便更有效地发挥作用。他们订了自动讨论通知，并在文件需要审核和反馈时接到更新。将内容和论坛与专家领域同步起来，就能更方便地在需要专家时通知主题专家。

成功故事：得到其他设计选择为项目节省了百万欧元

中东地区的筹备办公室的一位过程工程师正在寻找一种项目设计阶段使用的昂贵设备的替代品。他想挑战一下是否项目的确需要这一设备，因为它增加了项目的整体安装成本。

尽管他所在的办公室并没有典型的职能人才资源，但他通过 Fluor 全球知识基地获得了设计手册，从论坛问题处得到了专家解答及以往的项目经验。于是他给出不采用这一昂贵设备的建议，从而为客户节省了百万欧元及其附加的运营和维护成本。

由于反馈时间短，快速访问了 Fluor 全球知识和专家，客户很高兴，于是又在另一个工厂授予了价值 70 万欧元的工作订单进行类似研究。

主题专家伙伴计划是另一个旨在推进未来专家提早加入的平台。这个计划将初级及中级员工同高级专家匹配在一起，并提倡加快学习。主题专家和员工一起，创建关系、讨论项目技术领域、开发新知识、审查既有知识并协助回答论坛问题。

领导力是成功的关键

有效的领导力是 Fluor 知识社区成功的最佳预言者。知识领导为社区服务，并与社区经常进行公开沟通，为要求达成的行为提供明显的示范。社区领导认识到他们是在协助创建一种知识共享文化，并加强了人与人之间的联系。领导者也确保员工能够“安全”地问问题、公开分享及获得可信的答案。另外，知识领导也认识到社区是人的社区，而不是技术执行者的社区。领导知道他们对社区的人力资本负责，并鼓励“活到老、学到老”。

知识领导认可组织内的人才和智力也是很重要的。领导激励社区成员将经验和创新思维联合起来创建新的知识，他们鼓励社区通过合作更高效地工作。

最后，领导将社区同战略方向联系起来，并鼓励取得商业成果。他们知道，通过目标感把人们联系到一起可以获得更大的能量。

知识管理沟通的工作过程

有效沟通是 Fluor 知识管理战略中不可分割的一部分。Fluor 利用了几个沟通原则以确保有效和及时沟通。Fluor 相信，在组织内平衡所有沟通渠道，提前寻找沟通知识管理的机会，以及沟通如何加强项目执行很重要。

Fluor 用以支持知识保留和转让的沟通战略有很多，列举其中一些如下：

- 新员工入职培训。员工在招聘和入职时就接触 Fluor 知识共享文化的培训。尤其是新员工入职培训教材，让员工在 Fluor 全球网络内共享知识，以保证其在组织内成功。由于社区参与能够加强工作流动性，很多员工都很快加入社区活动中。

- 知识经理培训。
- 全球电话会议。
- 部门会议。
- 边午餐边学习课程。
- 社区在线首页成功故事，每 2～3 天更新一次。

组织沟通战略也改进了另一个工作程序。过去的做法是通过组织层级进行信息传递，但不是每个人都能看到。现在，社区直接将信息传达到整个社区成员。因此，信息的阅读度增加了（更广的渗透），也让人们“知道”并且有助于吸引新成员。信息通过电子邮件的方式发出，并且电子邮件带有前往知识社区的支持信息链接。经常回复信息的员工会被鼓励加入特殊社区，这是一种常规的后续跟踪方式。

◆ 认识到知识管理先驱……

因为 Fluor 是为支持全球项目才开始知识共享的，它必须认识到一些工具的采用对其成功的重要性。早先是“知识管理先驱”，它突破了平常的地理和商业界限，研究知识共享及全球范围内如何制度化地进行合作。目前，Fluor 有两个成功的认可计划。一个计划是知识共享行为的同行认可，另一个计划是知识共享和合作产生的价值认可——这一活动帮助 Fluor 阐述为什么知识共享和合作不仅仅对 Fluor，而且对个人都非常重要。

Fluor 开展了一个每年一度的知识管理同行认可奖：“知识管理标兵。”同行每年就此大奖彼此提名。一个知识管理标兵是指在知识共享中有卓越表现的人。仅 2012 年，Fluor 全球就有 1 000 多名员工提名，迄今为止，有上百人已被授予知识管理标兵。Fluor 认为这一活动很成功，因为它是员工驱动型的——员工认可同行们的优异工作，进而公司才能授予他们知识管理标兵称号。

另一个活动是每年一次的知识管理成功案例竞赛，作为每年一度的“Knowvember 庆祝会”的一部分。知识管理团队收集在全世界范围内为人员和项目带来显著价值的知识管理成功案例。这些案例多种多样，价值主题各不相同。这一点很重要，在 3 万多名员工中是没有“以偏概全”的价值主题的。成功案例的价值通常是它能让每个人感到共鸣：他们可以将自己的成功经验与项目团队分享，或者将成功经验复制到他们的项目中。

能源及化学集团总裁 Peter Oosterveer 说：“知识共享如今在我们的文化里已经形成制度，通过公开、透明和合作的机制为我们的客户创造价值，这一点恰好反映了如今现代社会的成功之处。”

◆ 项目管理下的知识管理

当在项目管理的背景下考虑知识管理时，有两个方面必须要注意：

- 跨项目的知识共享和合作。
- 项目内的知识共享和合作。

每个方面都有机会和独特的方式为项目和组织传递价值。图 15-52 显示了这两种形式的知识共享和合作。

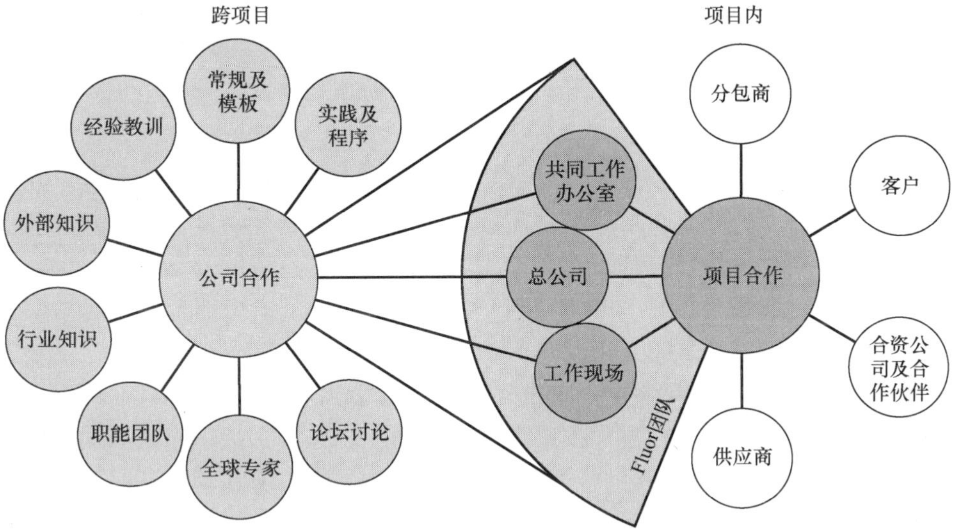

图 15-52　知识共享和合作

跨项目知识共享

项目执行组织积累了以往执行项目所获取的很多经验。有些知识直白、清晰，并通过编码化战略发挥作用。其他知识则需要个体化战略以发挥其潜在价值。

记录成文的知识有很多形式，包括项目完成报告、实践、指导原则、经验教训及为项目执行过程提供框架的其他内容，并能在共享平台中对其进行管理。其他形式还有风险缓解报告、特殊项目解决方案、替代方案分析报告及建议，以及价值意识建议。

大部分积累的知识都是心照不宣的，而且都是个人经验，这些经验都是在为不同地点、不同客户提供的不同项目中获得的。这些知识都在组织内最有经验的人的头脑中，并没有形成文字。其实，即便它们都形成了文字，不同的背景和诠释方式也会导致很难将其适当利用。除非这些知识能在新的项目中应用，否则实际上，这些资产将会一直尘封。

为了成功地在项目间进行知识共享，寻求知识的项目参与人员需要能接触到所需的内容和专业知识。

跨项目知识共享的目标就是要不断地通过应用知识以及在之前项目中取得的经验来提高项目业绩。对于员工而言，跨项目的知识共享提供了向全世界同业者学习的机会，新人可以更快上手，而且当知道有全球社区可以信赖时，自信就会建立起来。

举个跨项目知识共享的例子。最近，Fluor 雇用了一位刚毕业的工程人员，他被派到了工作现场。一天，客户和现场经理提出质疑：在最近安装的一个管架柱里，有一个安装螺栓位置不够高，没能将螺母和垫圈上紧。这位新员工之前从未遇到过类似的情况，但他的回答是：“不要担心，今天结束之前我会有办法。”他回到建筑车上，把他碰到的问题输入论坛，主题专家在 1 小时内给他提供了必要的程序做法。为所有的员工都注入自信，不仅仅是对新员工，更是跨项目知识共享的一个巨大好处。

由于组织已经认识到全球合作的价值，很多工作过程革新也层出不穷。例如，知识管理被纳入 Fluor 的运营体系要求，这也是公司的整体质量计划。Fluor 所有关键运营文件都通过知识在线进行递送和维护。依据项目经验和工业标准的变化，这些工作过程文件经常得以更新。在更新期间，建议的变更都会发布在相应的知识社区，任何员工都能提建议。

项目内知识共享

项目内和跨项目的合作和知识共享一样重要。这种合作的不同在于涉及方包括承包方、客户、合资伙伴、供应商、制造组装商及其他组织。在一个项目中，信息请求、接口管理、卖方文件审查、设计和进程审查是知识共享和合作受益者的互动例子。

在项目内共享知识和合作时，可能碰到一些挑战，如每个组织都有自己的知识管理技术平台，可能还没有知识共享的文化及知识产权方面的考虑。然而，整体目标应该是每个组成项目团队的组织不仅要指派各个成员，而且要有能力将组织的集体知识资产带给项目。在适用的情况下，项目执行过程中出现的新知识应能在每个组织内再利用。

在项目启动和制造组装商或供应商到位时进行沟通和知识共享,应是联盟会议的一部分。

关键成功因素

对知识管理的举措的研究显示了未达到期望的比率高达 80%。在十多年的成功知识共享和合作中，Fluor 应用了以下关键成功因素以指导它们的知识管理活动。

（1）将知识管理目标和商业战略统一起来。知识共享和合作应该以一种商业思维应用在商业挑战或战略机遇上。没有坚实的战略基础而坚持知识管理或合作平台是知识管理失败的主要原因。只有在确定和传达明确的商业需求和期望时，组织才更有可能采用和展示所需要的知识共享行为。

（2）员工形成了 Fluor 基于知识的服务的战略核心。充满热情的人员，积极、支持和参与其中的领导，强大的人员网络是成功的关键。知识保留和转移行为应涵盖从招聘到退休的整个职业生涯。确定和传达知识共享期望与将所需要的知识共享行为融入组织文化一样重要。

（3）用技术支持全球社区。尽管成功的知识管理计划强调人员的重要性，但要将分散在全球的劳动力连接到一起，需要强有力的技术平台。为了降低学习曲线和用户混淆，需要采用一个全企业的“一站式商店”将员工联系起来，而不用考虑地点和时差的因素。

（4）强调沟通。维护社区重要的一点是每天都能出现成功案例。社区发起人应经常进行价值沟通并推进社区参与。

（5）共享知识，无谓界限。将公司思考集成在你的知识管理战略中。确保你的知识管理过程在一开始就将全球社区考虑在内。

（6）领导力对知识管理的成功与否有直接影响。知识管理的成功和领导的支持直接相关。项目经理的明显支持对具体项目和整个组织内的知识共享和合作有直接影响。项目经理尤其需要提倡创新，鼓励项目团队成员寻求专家意见和提交新知识，并且应该在组织内识别出人才。

知识管理使得项目经理可以无畏时间和空间的限制，提倡其组织内的最佳知识和专业知识。知识管理通知项目团队成员，帮助他们做出更好的决定并改善项目的最终结果。

◆ 项目知识管理的未来方向

当你已经成功地实施了知识管理并取得了可测量结果，下一步该怎么办？可以考虑以下方面。

知识的预期交付

当项目团队习惯共享和提倡知识的时候，项目就会获益。目前知识共享的大部分责任还在每个项目团队成员的身上，需求产生时，寻求知识或专业知识。当预计有对知识和专业技术的需求时，你如何管理过程呢？你如何确认项目用到了最佳可用知识，而不用考虑单个项目团队成员的主动性？

未来就在“知识的预期交付”中。这从一种利用方便的知识协助会议的前摄性交付法开始，有时被称为“同行支持”。

知识协助

知识协助是在项目执行启动前，为了和项目团队分享经验和知识，将所有潜在项目资源集中到一起的计划便利会议。会议的结果记录成文，内有使用和遵循的确认行为和建议。目标是在做之前先学习。

成功的知识协助需要规划和准备。由于会议的价值会随着时间的流逝而降低，因此需要在合适的时间由合适的人员进行协助。知识协助会议开始得越早，对项目的潜在积极影响就越大。

> **知识协助——项目经理的角色**
>
> 为了在做之前学习，项目经理需要从一开始就找到合适的人员参加知识协助过程。最佳时机是一开始时，从过去的项目中吸取经验能让你开始时就领先一步。项目经理必须对外部意见、建议持开放态度，并愿意将它们应用到特定的项目要求中。

项目团队之外的联系

大多数知识都是隐性知识。它们是藏在每个项目团队成员及其他外部资源脑海里的专有技术。大多数这些技术都不会记录成文或出现在网上，而会以需求和经验交互的形式出现。在这一交互期间，互动也就出现了——知识从一个人到另一个人的交流。人们相互之间的联系依然是项目知识转移最重要的渠道。

在管理一个项目时，有一些新兴的技术可以促进人与人之间的联系。有目的的社会计算，利用社会协作工具，使人们可以超越时空界限联系起来，从而发挥可用最佳专业技术的作用。人们借助随身带的任何设备，彼此联系在一起。很多情况下，使用的是手机或平板电脑。

> **项目团队之外的联系——项目经理的作用**
>
> 当你允许项目团队成员通过社会商业体系加入和合作以扩大网络，你的项目就会受益。你的团队成员可以利用网络更好地获得有关项目的决策。

背景知识

在项目开始时通过知识协助会议获得充分信息很关键，但并不只有这一点需要知识和专业知识。当项目团队习惯于分享和平衡知识时，他们会在需要时主动获取或分享。挑战是需要全身心投入。要做到这一点，你需要对手头的任务背景有所了解。一旦我们了解到任务已经分配至项目团队成员时，我们就可以开始传递与此任务相关的知识和专业技术了。这一背景知识传达到所有成员并确保能够完整传达。

背景知识传达基于对项目团队成员目前活动的理解，以及将工作过程中的相关知识和专业技术联系起来的能力。不是要在做清晰决定或采取其他步骤时才需要平衡和分享知识，它蕴含在正在进行的活动中。

例如，做楼梯间设计的工程师可以很快地借鉴过去的案例，同其他专家或参考的工业标准和实践联系起来以确定设计。

> **背景知识——项目经理的作用**
>
> 在项目团队中建立期望，鼓励他们发现目前过程中的可通过知识或专业技术输入改进的弱项；促使他们找寻改进过程的方法，特别是在需要使有用知识和专业技术更透明的情况下。

加速专业技术发展

2011 年 1 月 1 日，第一批出生于“婴儿潮”年代的人到了退休年龄。自那天起，每天都有超过 1 万名“婴儿潮”的人达到退休年龄。这一退休速度一直延续至 2030 年。仅仅由于退休而产生的劳动力丧失知识的风险巨大，但可以调解。

在《异类》（*Out liers*）一书中，Malcolm Gladwell 曾说：“执行复杂任务的优秀能力需要关键的最低限度的实践的说法在专业技术学习中反复出现。实际上，研究者确定了他们相信获得真正专业技术的魔术数字：1 万小时。”获得专业技术没有捷径，但可以通过鼓励人与人之间的知识传递对此进行关注。

首先是辨别出认可和鼓励专业知识成长的事业路径。认识到你的项目团队未来要一起做项目，考虑到扩展和发展团队成员的机会。

其次是给目前的专家配上学徒。充满抱负的学徒可以协助专家，为高价值、受欢迎的团队成员分担一些工作量。这也是知识传递的良机，培养了新一代的专家。

> **加速专业技术发展——项目经理的作用**
>
> 项目经理需要考虑项目团队成员的发展，不仅是为了他们的职业满足和发展，也是为了有益于项目和未来项目。知识传递大部分还是通过专业知识的发展

实现的。

知识管理给了项目经理平衡最佳可用专业知识的能力，通常包括直接项目团队之外的资源。通过向其他项目学习，你的项目一开始就朝着成功迈进了一步。关键是要早开始，团队有清晰的领导，确认期望，鼓励他们在项目内和与其他项目之间参与分享知识和专业知识。

你对知识管理的理解和支持为更好地执行项目提供了必要的基础。

15.7 西门子 PLM 软件公司

几十年以来，大型公司允许它们的跨国分支高度自治，用它们自己的方式运作业务。只要不同的单元没有相互影响、不在同一项目上合作，那么这样是可行的。当需要相互合作时，如果每个分支都有不同的项目管理方法，使用不同的工具和流程，那么就可能出现不利结果。现在的趋势是开发企业范围的体系方法。西门子 PLM 软件公司就是一个例子，它成功地开发了这样一套体系方法。

◆ 关于西门子 PLM 软件公司

西门子 PLM 软件公司总部位于美国得克萨斯州普莱诺市。作为西门子工业自动化分部的一个业务单元，它是领先的产品生命周期管理（Product Life-Cycle Management，PLM）软件与服务全球供应商，拥有许可装机量 590 万套，在全世界有 56 000 个客户。西门子 PLM 软件公司提供开放的解决方案，与其合作伙伴通力合作，帮助他们将更多的想法付诸成功的产品。

◆ 关于西门子工业自动化分部

西门子工业自动化分部（德国纽伦堡）在自动化系统、低压开关装置及工业软件领域处于全球领先地位。其项目组合范围从机械制造和加工工业的标准产品到为整个工业部门提供解决方案，其中包含整个汽车设备及化工设备的自动化。作为领先的软件供应商，工业自动化分部优化了整个制造链（从产品研发到生产、销售及大范围的维护保养）的附加价值。通过公司在世界各地大约 42 900 名员工的努力，2008 财政年度，西门子工业自动化分部的总销售额达 87 亿欧元。

◆ 摘要

西门子 PLM 软件公司是西门子工业自动化分部的一个业务单元，也是领先的 PLM 软件与服务全球供应商。其开发的体系方法包括项目和项目集管理、技术活动及项目治理。它基于内部网站的使用，能让所有的员工快速获得，同时成功地在全球进行了配置和推广。

本节以下部分描述了项目体系方法的背景，并为未来相似的工作挖掘了最佳实践。

◆ 项目背景

西门子 PLM 软件公司为产品生命周期管理开发并配置了企业软件，包括计算机辅助设计、制造和工程分析（CAD/CAM/CAE）、数据管理、协作和数字工厂软件仿真的解决方案。公司的全球销售和服务组织的职责在于为客户装配部署解决方案。合约的范围从几个月的小型项目到几年的涉及几百人的大型全球项目等。这些项目已经在全球好几种不同的体系方法下执行过。由于越来越多的制造公司开始拥有全球背景，而且对于世界各地不同的主题专家的需要在不断攀升，于是西门子 PLM 软件公司就开始为公司建立一个单一的全球体系方法。

◆ 商业利益

以下商业利益推动了新的体系方法的发展：

- 在不同项目、不同地域间分享最佳实践和优秀案例。
- 由于能够快速获得工具、指南、模板和最佳实践，项目部署节奏加快了。
- 建立了所有地域、所有项目都使用的通用体系方法“语言”。
- 在全世界分享资源，并快速发展新员工和外部员工。
- 可重复性和可预测性增加，导致风险降低、交付时间缩短。
- 提供了一个结构化的项目/项目集治理框架。
- 增加了项目中信息的再利用，为知识管理奠定了基础。
- 为全球客户提供了统一的项目管理体验。

◆ 体系方法的发展

一旦开始采取行动，要做出的第一个决定就是，是开发自己的体系方法，还是使用一个现成的项目管理体系方法。管理层和项目组一致决定，要基于已有的内部经验，开发我们自己的体系方法。决策的关键标准是，体系方法必须不仅涵盖项目管理活动，也包括具体到我们自己业务的技术活动。在每个阶段同时致力于项目管理和技术发展是至关重要的，因为有不少项目是在小型团队内完成的，项目经理有时甚至拥有双重身份，需要担任首席技术解决方案设计师的角色。另一个关键标准是，我们希望能够在已有流程和模板方面有所提高。我们同时希望，如果在相关领域中的人员认可了部分的体系方法，那么能够有更高的采用率。

项目是由项目发起人规划的，项目管理计划也是由项目发起人撰写并签署的。项目组包括来自所有区域的关键人员，他们来自美洲、欧洲、亚太地区及在印度与我们隔海相望的内部团队人员（他们在建立体系方法的网站）。总体来说，核心小组中有大约 10 个人。

项目的范围在发展，包括以下方面：

- 体系方法必须涵盖一个服务项目从开始到终止的整个生命周期。另外，它必须包含项目集管理和治理。
- 需要有一部分包括对于所有阶段都一样的通用项目管理活动“管理项目”。
- 技术活动要涵盖制订有创意的解决方案的方法，并同时保持客户定制最小化；现代技术（如原形开发和迭代开发）的要求也是一样的。
- 每个阶段的活动都是结构化的，并需要进行描述；每项工作的职责都必须进行定义；模板的指导方针和支持工具要可用。
- 体系方法需与相关流程一致，如销售流程及后期项目支持流程。
- 合并已有的不同服务交付方式，提升在公司内已存在的且获得认可的最佳实践。
- 项目管理路线需与 PMI 的流程和专用术语一致。
- 以易理解的体系方法开始，之后需要开发出适用于小型项目的版本。
- 在技术方面，要建立一个网站，其中包括内容管理及有追踪功能的反馈工具。
- 需要为所有工作于内部网络之外的员工（如国防工业）提供一个可以下载的版本。
- 在全球范围内进行培训和部署。

事实上，项目组通过电话会议工作，但是同样需要在全球不同地点的第三方参与会议，每个地点持续 4～5 天。开发体系方法的项目持续了 10 个月。如果我们所有人都在同一个地方，那么时间将会大大缩短。

在项目的开始，西门子 PLM 软件公司还被叫作 UGS，是一家独立的私有公司。在项目结束期，UGS 被西门子收购，并更名为西门子 PLM 软件公司，作为一个完整的业务单元存在。因为体系方法与我们的 PLM 业务相关，管理层决定继续这个项目并使用该体系方法。西门子项目管理方面将强制介入后续版本的发布。

◆ 作为结果的体系方法描述

如图 15-53 所示，产品生命周期管理价值交付体系方法（Product Lifecycle Management Value Delivery Methodology，PLM VDM）为一个 PLM 解决方案的交付提供了一个结构化的流程。PLM VDM 侧重于使用西门子 PLM 软件公司的产品来提供一个企业解决方案的不同之处，并已为西门子 PLM 软件公司的服务组合所广泛接受。

PLM VDM 包括项目管理和技术交付工作流。它允许重复灵活的项目交付方式，同时保留了不同阶段之间的“质量关卡”和里程碑。

体系方法的 7 个阶段如下分述。

（1）项目定义阶段（Pre-Align）。项目定义阶段的目的是充分理解客户需求和项目范围，以定义高级解决方案的要点和工作说明。

运作团队与销售人员和客户合作，建立整体项目范围，确定项目初始计划，定义服务策略，进行基础结构评估，以及制定初始项目预算。

（2）总体设计阶段（Align）。在总体设计阶段，项目组与客户协同工作，将项目定义阶段定义的解决方案理念变为一个具体定义的系统解决方案架构。

- 总体设计阶段的目标是，通过技术车间、定义用例、快速制作原型并列出与众不同的产品解决方案的相关要求，使客户和实施团队就项目的所有方面达成共识。
- 当客户接受用例和要求，并授权工作继续进行后，本阶段就完成了。

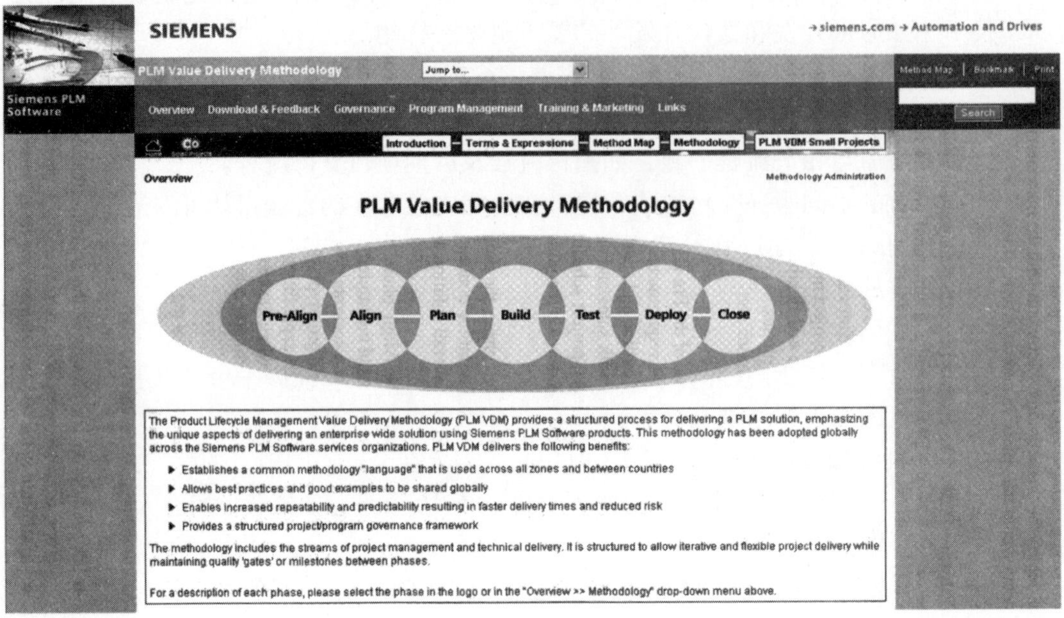

图 15-53 PLM VDM 内部网站

（3）计划阶段（Plan）。在计划阶段，项目组与客户协同工作，完成用于项目执行控制及技术设计开发的剩余文件。

- 基于解决方案的复杂度，项目团队完善详细的范围、进度、成本、技能、资源、风险、质量和沟通计划。
- 在测试环境基础上，团队完善系统基础结构的基准，为开发、测试和培训环境提供一个稳定的平台。
- 当所有必要的项目管理计划及所需的功能和设计详述都通过了复核，并设立了基准后，本阶段就完成了。

（4）系统构建阶段（Build）。在系统构建阶段，项目组与客户协同工作，实现定义的解决方案，并严格完成要求。

- 在系统构建阶段，技术团队装配并测试解决方案，落实数据迁移战略，并开发培训材料。系统构建阶段还包括内部单元和整合测试。
- 当解决方案已经可以交由客户测试时，本阶段就完成了。

（5）测试阶段（Test）。在测试阶段，项目组对解决方案进行测试，确保其可以交付大批量生产。

- 在测试阶段期间，使用者群体的代表进行功能和系统测试，来确认系统完全满足了要求。

- 当解决方案被客户所接受，并已可以部署到生产系统时，本阶段就完成了。

（6）部署阶段（Deploy）。在部署阶段，项目组将已完成生产的解决方案交付终端用户。

- 解决方案部署包括：确保所有的数据都已迁移到生产环境，解决方案的各个接口都良好，帮助平台团队接受培训。
- 当解决方案交付给客户，用于生产后，本阶段就完成了。

（7）结束阶段（Close）。在结束阶段，项目组需要确认项目的所有行政工作都已完成。

- 在结束阶段，项目组完成项目文件并建档，进行项目回顾以获得并记录习得的经验教训。之后项目组解散。

◆ 项目集管理

项目集管理的 5 个阶段如下（包括支持模板）：

- 项目集预设定。
- 项目集设定。
- 建立起项目集管理及技术基础架构设定。
- 利润交付。
- 项目集终止。

◆ 小型项目

总收入少于 10 万美元的小型项目可以选择使用一套简化的体系方法，包括较短的活动描述及简化的模板。

◆ 治理

何谓项目治理？就是直线型组织确认对项目的控制正确，并确保进行高效且有效的决策，从而引导项目走向成功。这是通过完善以下方面来实现的：

- 项目章程。
- 授权给项目经理。
- 项目执行委员会。
- 管理评审委员会（Management Review Board，MRB）。
- 技术评审委员会（Technical Review Board，TRB）。
- 项目健康度检查及项目回顾。
- 新项目可以使用的流程。

体系这些章节描述了最佳实践及支持模板。在此过程中，实现了与强制性西门子流程的一致性调整。

◆ 培训和市场营销

这部分很重要，涵盖了培训的材料、版本更新、内部培训网站上 PLM VDM 培训内容的链接和内部及面向客户的体系方法展示。

◆ 推出和部署

体系方法在全球范围内的推出和部署包括以下活动。

- 在每个地区性会议上宣布推出。管理层留出展示体系方法的时间，向所有员工传达出积极有力的信息。
- 制作《体系方法 1 小时综览》，并进行展示。这可以在内部培训基础架构中实现，参与者可通过内部网络在全球各地观看。
- 为 2 日制培训课程开发培训材料。该培训在 6 个月内，为全球大约 600 人进行了多次课程培训。
- 在会议上进行附加现场展示，并要求几百名额外人员参加。
- 提供市场营销担保物：与我们的产品格式相同的体系方法概览表，设计标示和面向客户的展示。
- 后续活动：通过关键绩效指标进行监督，并根据使用者的回馈做出变更。

◆ 习得的经验教训和最佳实践

- 为远地/虚拟项目组开发一套体系方法是有可能的，但是还要策划一些面对面的会议。这些会议对于项目成功是至关重要的，它能把距离遥远的团队聚在一起，分解工作并形成不同的部分，还能让所有人重聚，制定最终决策。互相认识并在闲暇时段一起共度欢乐时光也是很重要的，这能让之后的远距离合作更加高效。这些会议还有一个作用，就是让成员有认同感，认为大家在一起努力。
- 在初始开发阶段，纳入不同地域的关键人员。虽然这比单纯地由核心 PMO 自上而下地部署花费的时间要长，但是这些人员之后会成为各个地区组织进行部署的倡导人，对于长期的采用有积极作用。
- 如果你只需要一个单纯的项目管理体系方法，那么请考虑使用已有的体系方法。
- 如果你需要一个具体业务的项目体系方法，那么请考虑开发自己的体系方法。很多情况下，公司拥有大量的知识，你需要做的只是掌握它们、付诸纸面并在全球公司范围内使用。
- 让管理层接受是至关重要的。需要保证关键人员的积极参与，获得在会议上进行展示及公告的时间，并在对最高管理层的展示中使体系方法的标识醒目，这对于管理层采用该体系方法是非常重要的。
- 不要低估开发培训材料及在全球进行培训的时间。这套体系方法的成功，源于所有人员的不懈努力及所有工作的成功完成！

第 16 章 价值驱动的项目管理

16.0 理解价值

多年以来，我们渐渐地接受了项目成功的传统定义，即达到时间、成本和范围三重约束的要求。最近，我们改进了对于成功的定义，认为项目的运作需要有正当的商业目的。自此，成功就被认为是由商业和技术及满足商业战略目标三重因素组成的。

现在，我们通过增加“价值”元素来进一步完善对于成功的定义，如图 16-1 所示。换句话说，我们运作项目的最终目的应该是为客户和上级机构双方面提供价值。如果项目的价值无法确定，那么可能我们根本就不应该运作这个项目。

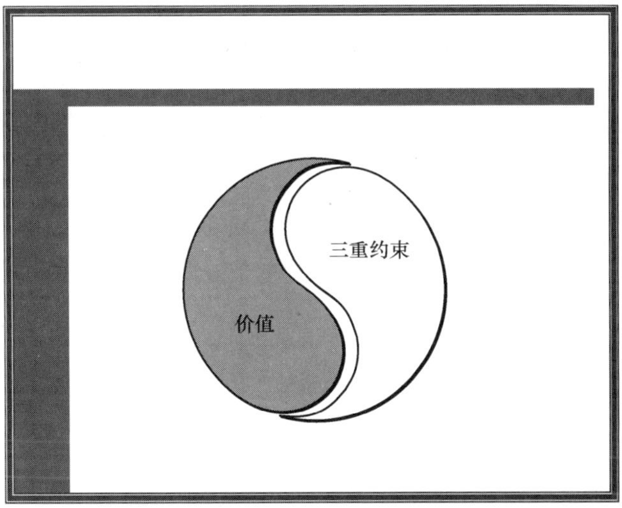

图 16-1　成功的定义

价值可以被定义为相关方所理解的项目交付物的价值。每个相关方都可能对价值有不同的定义。此外，实际价值可能需要进行定性描述，而不是纯粹地定量描述。有些实际价值甚至无法进行量化。

对于价值成分的重要性，我们再怎么强调也不过分。让我们来看看以下论述：

- 如果你在运作一个错误的项目，那么按时完成项目且没有超支并不能保证项目的成功。
- 按时完成项目且没有超支并不能保证项目在完成时能提供价值。
- 使用世界上最好的企业项目管理体系方法并不能保证在项目结束时提供价值。

通过以上三项论述，使我们相信，现如今价值可能已经是进行项目组合选择时的主导因素。项目发起者必须在项目的商业论证中清晰地说明其价值成分或者可能存在的风险。

16.1 近年来对价值的研究

相当惊人的是，在过去的 15～20 年，人们对价值进行了大量的研究。在研究中涉及的一些内容包括：

- 价值动态。
- 价值差距分析。
- 智力资本价值评估。
- 人力资本价值评估。
- 经济价值分析。
- 无形价值流。
- 客户价值管理/规划。
- 竞争价值矩阵。
- 价值链分析。
- 信息技术项目价值评估。
- 平衡计分卡。

基于价值的知识发展过程如图 16-2 所示。在一些具体的研究领域，如软件开发项目的价值计算、股东的价值计算等，人们进行了一些研究。这些研究通常输出一个模型，以获得市场中认同、排斥的意见或相关评论。很快就会有其他人在相同的研究领域（如软件开发）中使用相似的模型。一旦市场认同这些模型的有效性，就会出现教科书，讨论一种或多种模型的优缺点。

在某特定领域模型获得了认可后，该模型就会迁移到其他领域。流程会顺着流程图不断进行，直到若干领域都经历了模型建立。一旦这个工作完成了，就会有教科书介绍能应用于多个领域的通用价值模型。下面列出了在过去 15～20 年曾经出现的一些模型：

- 智力资本价值评估。
- 知识产权评分。
- 平衡计分卡。
- 未来价值管理。
- 智力资本等级。
- 无形价值流模型。
- 包含价值管理。
- 价值绩效框架。
- 价值度量体系方法（Value Measurement Methodology，VMM）。

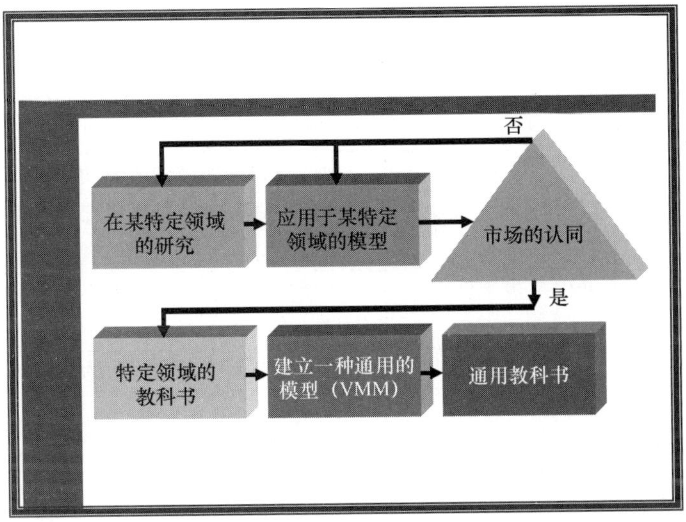

图 16-2 基于价值的知识发展过程

注：VMM 是一种测量方法。

在很多模型之间都存在通用性，因此它们可以应用到项目管理中。例如，Jack Alexander 建立了如图 16-3 所示的一个模型，叫作价值绩效框架（Value Performance Framework，VPF）。该模型侧重于增加股东价值，而不是从无到有地创造股东价值。其中，模型严重地偏向于财务绩效指标。在表 16-1 中，列出了 VPF 能应用于项目管理的主要元素。第一列中是 Jack Alexander 的主要元素，第二列则是它们在项目管理中的应用。

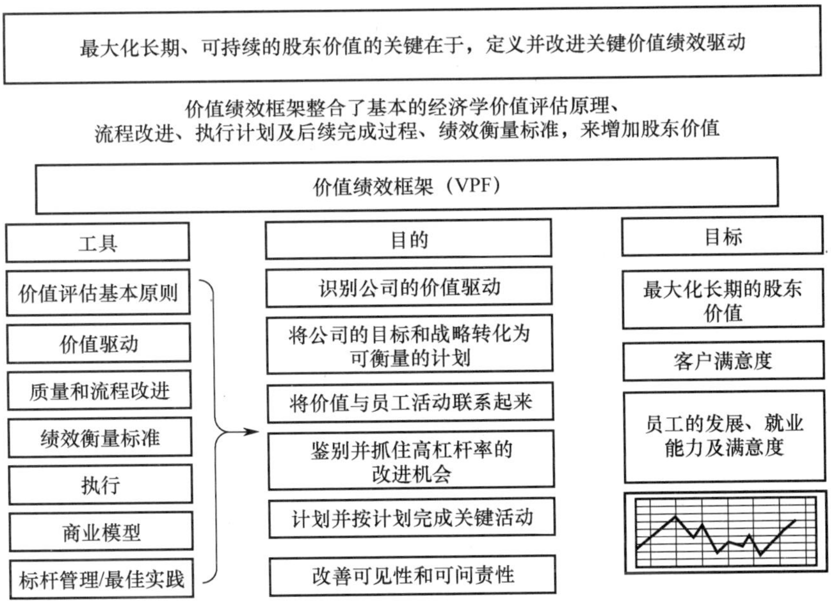

图 16-3 VPF 模型

表 16-1 VPF 应用于项目管理

VPF 元素	项目管理应用
理解价值评估的关键原理	与项目相关方合作，定义价值
为公司识别关键价值驱动	为项目识别关键价值驱动
通过内部评估和外部基准评价，对关键业务流程和度量标准进行绩效评估	使用 PMO 对企业项目管理体系方法和持续改进进行绩效评估
在股东价值和关键业务流程及员工活动之间建立联系	在项目价值、相关方价值和项目组成员价值之间建立联系
协调员工和公司的目标	协调员工、项目和公司的目标
鉴别关键"压觉点"（高杠杆率的改进机会）并预估对价值的潜在影响	获得能用于持续改进活动的经验教训和最佳实践
实现一个绩效管理系统，来改进关键活动的可见性和可问责性	建立并实现一系列或基于项目的仪表板，以实现客户和相关方对于关键绩效指标的可见性
开发有高度视觉冲击的绩效仪表板	开发绩效仪表板，以实现相关方、团队及高级管理层的可见性

16.2 价值与领导

价值的重要性可能对项目经理的领导风格产生重大影响。从历史角度来说，项目经理的领导被视作个人价值和组织价值之间不可避免的冲突。现如今，公司在寻求能够使员工协调他们个人的价值与组织价值的方法。

有一些书就此主题进行了讨论，就本书作者看来，其中最好的一本莫过于 Ken Hultman 和 Bill Gellerman 合著的《平衡个人和组织的价值》(*Balancing Individual and Organizational Values*)。表 16-2 显示了这些年来我们对于价值的观念是怎样转变的。如果仔细研读表 16-2 中的条目，你就会发现，不断改变的价值不仅在影响着个人与组织价值的冲突，而更可能如图 16-4 所示，是 4 个群体之间的冲突。每个群体的需要是：

表 16-2 不断改变的价值

远离：无效的价值	迈向：有效的价值
怀疑	信任
工作描述	能力模型
权力和权威	团队合作
专注于企业内部	专注于相关方
安全	承担风险
一致	革新
可预测性	灵活性
内部竞争	内部协作
被动管理	被动管理

续表

远离：无效的价值	迈向：有效的价值
官僚作风	无边界
传统教育	终生教育
等级制领导	多方领导
战术思维	战略思维
服从	承诺
符合标准	持续改进

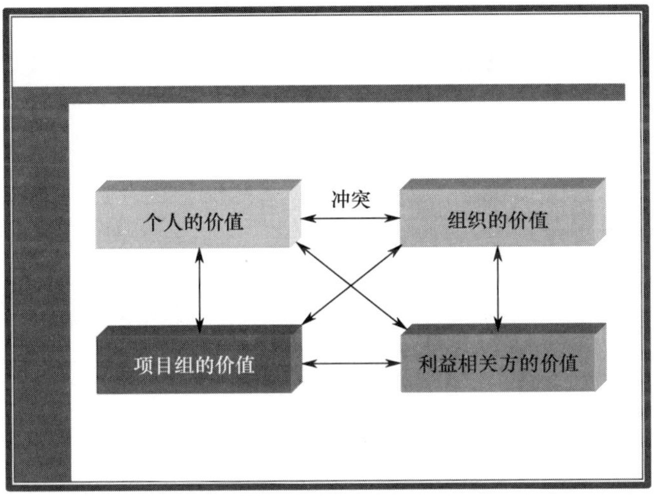

图 16-4　项目管理价值冲突

- 项目经理。
  - 完成目的。
  - 显示出创造性。
  - 显示出革新性。
- 项目组成员。
  - 成就。
  - 升职。
  - 雄心。
  - 资格证明。
  - 认可。
- 组织。
  - 持续改进。
  - 学习。
  - 质量。
  - 专注于战略。
  - 道德伦理。

— 盈利。

— 认可和形象。

- 相关方。

— 组织相关方：工作保障。

— 产品/市场相关方：质量绩效和产品有用性。

— 资本市场：财务增长。

有若干原因可能导致项目经理的角色及其领导风格发生变化，以下列出了几个：

- 我们现在把业务当作一系列项目来管理。
- 项目管理如今被视作一种专职的职业。
- 项目经理被同时视作业务经理和项目经理，并需要在两个领域进行决策工作。
- 人们更多地在商业方面衡量项目的价值，而不是纯粹地在技术方面进行衡量。
- 现在，项目管理被应用于业务的多个部分，而在过去这些部分是不使用项目管理的。

我们对最后一个条目进行更深入的讨论。对“传统”意义上的项目来说，项目管理能起很好的作用，这类项目包括：

- 持续时间在 6～18 个月。
- 在项目的整个持续时间内，项目的前提假设是不发生变化的。
- 技术路线已经确定且在整个项目周期内不发生变化。
- 在项目启动时就参与的人员，会一直工作到项目完成。
- 合理清晰地定义了工作说明书。

遗憾的是，一些新型项目与传统项目区别很大，并有以下特征：

- 持续时间长达几年。
- 在项目的整个持续时间内，项目的前提假设会发生变化。
- 在项目的整个持续时间内，技术会发生变化。
- 批准项目的人员可能在项目结束时已不在位。
- 工作说明书没有进行很好的定义，且需要以大量的变更为准。

这些非传统类型的项目已经很明了地说明了，传统的项目管理必须改变。有必要改变的方面有 3 个。

- 新项目的变化有：

— 高度复杂化，且在项目批准过程中需要承担的大量风险无法得到完全理解。

— 项目结果更不确定，而且在结束时没有价值的保证。

— 迫于压力，不顾风险地快速投入市场。

- 工作说明书：

— 并没有总是得到很好的定义，尤其对于那些长期项目来说。

— 基于可能有缺陷、不合逻辑或不实际的前提假设。

— 没有考虑到未知的及快速变化的经济和环境因素。

— 基于静止的最终价值目标，而不是可移动的目标。

- 项目成本和控制系统（企业项目管理体系方法）关注于：

— 一个理想的环境（如《PMBOK®指南》中所述）。
— 对于工作流的理论而不是理解。
— 不可变的流程。
— 定期报告完成时间和成本而不是完成时的价值（或利益）。
— 对于项目受限或没有价值的项目，继续进行，而不是终止项目。

这些年来，在对非传统项目的项目管理使用规划上，我们迈进了小小的几步，包括：

- 提供给项目经理更多的业务知识，并在项目选择过程期间，允许项目经理提供意见。
- 由于以上原因，项目经理在项目立项阶段的一开始就参与进来，而不是在立项阶段结束才介入。
- 现在项目经理对于技术有更多的理解，而不仅是控制支配技术。

新型项目结合了对于业务调整和价值的大力关注。图 16-5 是一个项目分类体系。

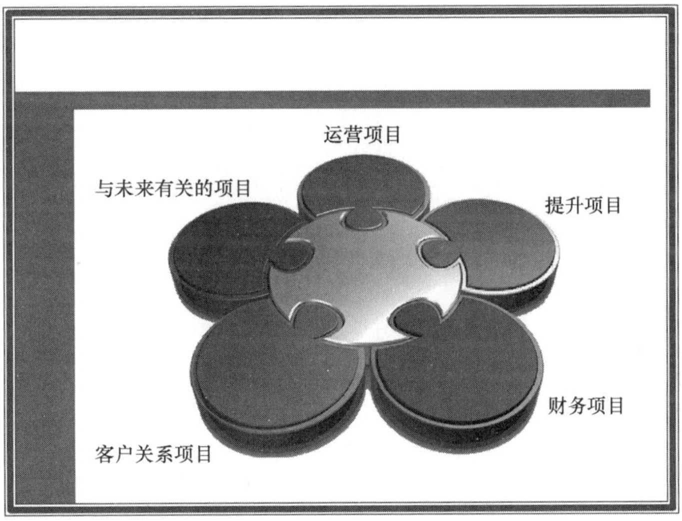

图 16-5　一个项目分类体系

- 运营项目：大多数这类项目是重复性项目，如工资和税务。它们被称作项目，却是由职能经理进行管理的，不使用企业项目管理体系方法。
- 提升项目（或内部项目）：这类项目用于更新流程、改进效率和效能，也可能用于提升时期。
- 财务项目：公司为求生存，需要一定形式的现金流。这些项目面向公司外部的客户，并有指定的利润率。
- 与未来有关的项目：这类是长期项目，以产生未来的产品或服务流，并以此形成未来的现金流。这些项目可能在几年的时间消耗大量的资金，且没有成功的保证。
- 客户关系项目：这些项目即使会有财务损失还是会进行，用于维持或建立客户关系。然而，运作太多这样的项目会导致财务灾难。

这些新型的项目更多地关注价值，而不是三重约束。图 16-6 显示了传统的三重约束，而图 16-7 显示了价值驱动的三重约束。在价值驱动的三重约束作用下，我们强调相关方的满意度，根据 4 种类型的项目来进行决策（包括运营项目），并对项目价值抱有期望。换句话说，当得到了价值时，项目就成功了，并且最好能符合三重约束。作为结果，我们可以定义成功的 4 块奠基石，如图 16-8 所示。很少有项目不经取舍就能完成。这对于传统项目和价值驱动的项目来说都是真的。如图 16-9 所示，传统的取舍会导致进度表的延长及预算的增长。如图 16-10 所示，对于价值驱动的项目来说，这也是一样的。但是主要的区别在于绩效。经过传统的取舍，我们倾向于削弱绩效来满足其他要求。对于价值驱动的项目来说，我们倾向于提升绩效来提供附加价值，而这可能比传统的取舍导致更大的成本超支和进度延误。普遍来说，项目经理没有进行范围/绩效增减的唯一授权。对于传统的项目取舍，项目经理和项目发起人需要合作进行取舍决策。

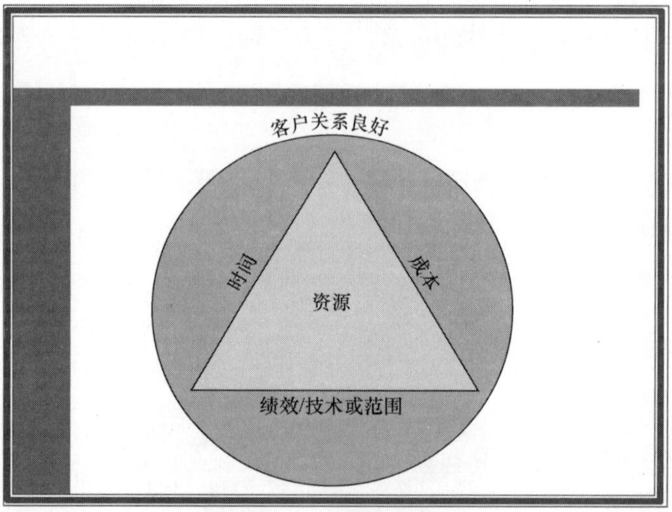

图 16-6 传统的三重约束

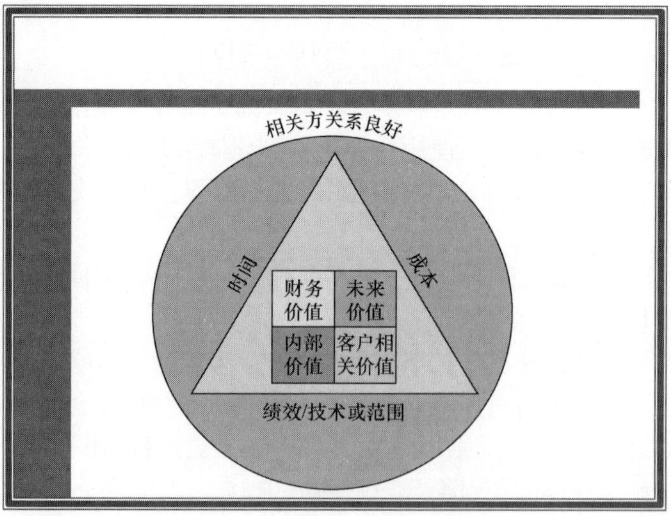

图 16-7 价值驱动的三重约束

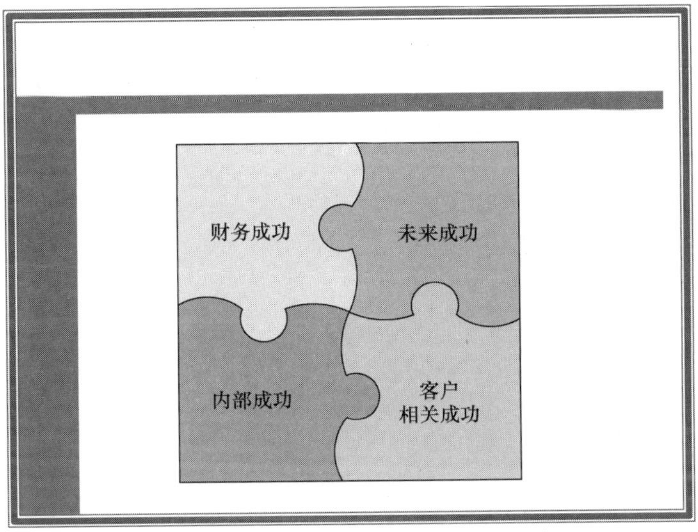

图 16-8　成功的 4 块奠基石

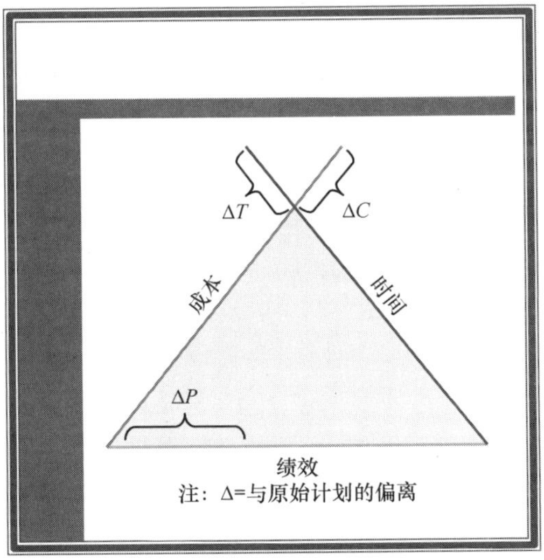

图 16-9　传统的取舍

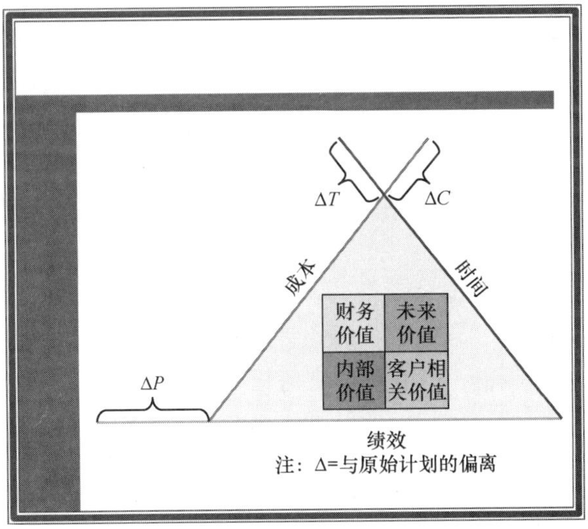

图 16-10　价值驱动的取舍

然而，对于价值驱动的项目来说，所有或大多数的相关方可能都需要包括进来。这可能产生附加的问题，例如：

- 可能在项目立项时，无法使所有的相关方都同意同一个价值目标。
- 你在项目内的时间越长，可能越会明显地觉得，对于范围变更、额外成本及进度延长的认同更加困难。
- 必须在项目立项时就告知相关方目标价值或预期价值，并在项目进行过程中，持续进行扼要的陈述。这是毫无疑问的。

可能发生相关方之间的冲突。例如：

- 在项目立项时，相关方之间的冲突通常以支持最大的财务贡献方告终。

- 在执行时，对于未来价值的冲突更加复杂，尤其当主要贡献方威胁说退出项目时。

对于那些有很多相关方的项目来说，只有一个项目发起人来发起项目可能并不是有效的。因此，由委员会来发起就是必要的。委员会的成员可能包括：

- 来自所有相关方群体的一位代表。
- 有影响力的高级管理人员。
- 关键的战略合作伙伴和承包商。
- 其他人员（根据价值类型，有所不同）。

发起委员会的职责可能包括：

- 在定义目标价值过程中起领导作用。
- 在接受实际价值过程中起领导作用。
- 有能力提供附加资金支持。
- 有能力对事业环境因素下的变更进行评估。
- 有能力对前提假设批准有效或重新宣布有效。

在定义和预估一个项目的价值时，发起委员会可能很明显比项目经理有更多的专业知识。

价值驱动的项目要求我们停止关注预算和进度，代之以关注怎样获得、量化及报告价值；必须从项目对公司的目标有何贡献方面来衡量其价值所在。为此，有必要理解 4 个条目。

- 利益：一项优势。
- 价值：利益值多少。
- 商业驱动因素：主要在商业层面而不是在技术层面定义的利益或价值的预期目标或目的。
- 关键绩效指标：能够进行定量或定性评估的价值度量标准。

传统上来说，商业计划鉴别了项目所期望的利益。现在，项目组合管理技术不仅需要鉴别利益，也需要鉴别价值。然而，从利益向价值的转变并不容易。表 16-3 显示了衡量标准从利益向价值的转变。另外，如图 16-11 所示，在转变流程中也存在一些不足之处，可能使转变过程变得困难。

表 16-3　衡量标准从利益向价值的转变

期望的利益	价值转变
收益率	容易
客户满意度	困难
商誉	困难
进入新的市场	容易
开发新的技术	中等难度
技术转移	中等难度
声誉	困难
稳定劳动力	容易
利用未使用的生产力	容易

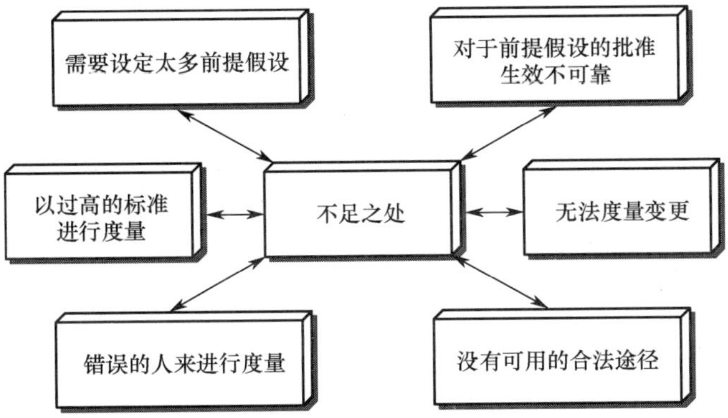

图 16-11　不足之处

我们必须鉴别出商业驱动，而且它们必须有可度量的使用 KPI 的绩效指标。如果没有做到这一点，那么就不可能对价值做出真实评估。表 16-4 显示的是典型的商业驱动因素及相应的 KPI。

表 16-4　商业驱动因素与 KPI

商业驱动因素	KPI
销量增长	月销量或市场份额
客户满意度	每月调查
节约成本	挣值度量系统
流程改进	时间卡

KPI 是用于评估价值的度量标准。在传统的项目管理下，度量标准是由企业项目管理体系方法设定的，并在项目生命周期期间进行修正。但是在价值驱动的项目管理下，度量标准会根据项目不同有所改变，且在整个生命周期阶段都可能改变，这取决于：

- 公司内部定义价值的方式。
- 客户和承包商在项目立项时共同定义的成功和价值的方式。
- 对于特定项目，在项目立项时，对于使用什么度量标准，客户和承包商达成一致的方式。
- 跟踪软件的新版本或更新版本。
- 企业项目管理体系方法和伴随的项目管理信息系统的改进。
- 事业环境因素的改变。

即使使用了可行的最佳度量标准，度量价值可能也是困难的。有些价值比较容易度量，而有些更困难些。容易度量的价值通常称作软性价值或有形价值，而难以度量的价值通常被视作无形价值。表 16-5 列出了一些容易度量的价值和难于度量的价值。表 16-6 显示了与两种度量价值相联系的一些问题。

表 16-5 度量价值

容易度量的价值（软性/有形价值）	难于度量的价值（无形价值）
投资回报率计算	股东满意度
净现值	相关方满意度
内部回报率	客户满意度
现金流	员工保留率
投资回收期	品牌忠诚度
市场份额	上市时间
	业务关系
	安全性
	可靠性
	声誉
	商誉
	形象

表 16-6 度量价值时遇到的问题

容易度量的价值（软性/有形价值）	难于度量的价值（无形价值）
前提假设经常未公开，且可能影响决策	价值几乎总是基于度量人员的主观判断
度量行为是非常通用的	相较于科学，更像一门艺术
度量行为从未有意义地获得正确的数据	只有有限的模型能够用于度量

人们现在认为，无形的价值比有形的价值更重要。这在 IT 项目上经常出现，高级管理人员会明显地更关注那些无形价值。无形价值的关键问题并不一定总是出现在结果上，反而是在计算这些无形价值的方法上。

我们通常量化有形价值，而只是对无形价值进行定性评估。对于价值度量，有 3 种观点。

- 观点 1：只有投资回报率是重要的。
- 观点 2：我们无法有效地计算投资回报率，只有无形的才是重要的。
- 观点 3：如果你没有办法度量一种价值，那么它就无关紧要。

这 3 种观点都非常极端，认为价值要么是定量的，要么是定性的。最好的方式很可能是在价值的定量评估和定性评估之间找到一种平衡。如图 16-12 所示，我们有必要建立一个有效的范围，能够对这 3 种观点进行折中。这个范围可以扩大也可以缩小。

度量价值的时间安排绝对是关键的。在项目的生命周期内，有必要在定量评估和定性评估之间进行来回转换。同样，正如之前所述，实际的度量标准或 KPI 也会发生改变。我们必须想清楚一些特定的关键问题：

- 假设度量标准可以用，那么在项目生命周期的什么时候或进行多久时我们可以设定具体的度量标准？
- 我们能不能直接了解到价值，因此不需要任何价值的度量标准？

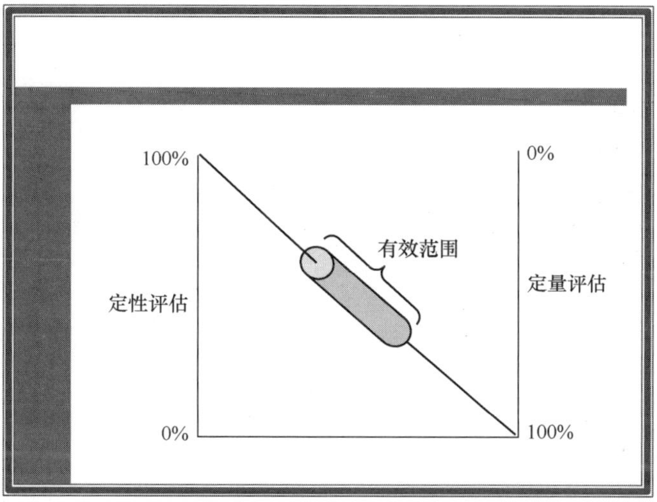

图 16-12 定量评估与定性评估的对比

- 即使我们有了价值的度量标准，它们是否足够具体到能合理预测实际价值？
- 我们是否会被迫在所有项目上使用价值驱动的项目管理，或者说，是否对于有些项目来说，这种方式是不必要的？
  — 定义明确的与定义不清的。
  — 战略与战术。
  — 内部与外部。
- 我们能否设置一种评判标准，来判断何时使用价值驱动的项目管理，或是我们是否应该在所有项目上使用它，但是要在低强度的级别上来使用？

对于一些项目来说，在项目收尾阶段进行价值评估可能是困难的。我们必须构建一个时间框架，用于我们愿意等多久来度量项目的价值或利益。如果实际价值需要在项目完成以后的一段时间之后才能进行度量，这就会尤其重要。因此，如果真实的经济价值需要在未来一段时间内才能显现出来，那么在项目收尾阶段就来评价它成功与否就是不可能的了。

一些从事价值度量的人员会问，是否使用边界箱来度量价值会比使用生命周期阶段要好一些。对于价值驱动的项目来说，使用生命周期阶段的潜在问题包括：

- 在不同阶段甚至在同一阶段，度量标准都可能改变。
- 无法在事业环境因素中阐释变更。
- 关注的重点可能是每个阶段结束时的价值，而不是项目结束时的价值。
- 项目组成员可能因为不能定量计算价值而感到灰心丧气

如图 16-13 所示，边界箱与统计过程控制图有一定的相似度。我们建立了有高有低的战略价值目标。只要 KPI 指示项目仍在价值目标范围内，项目的目标和交付物就不会进行任何的范围变更或取舍。

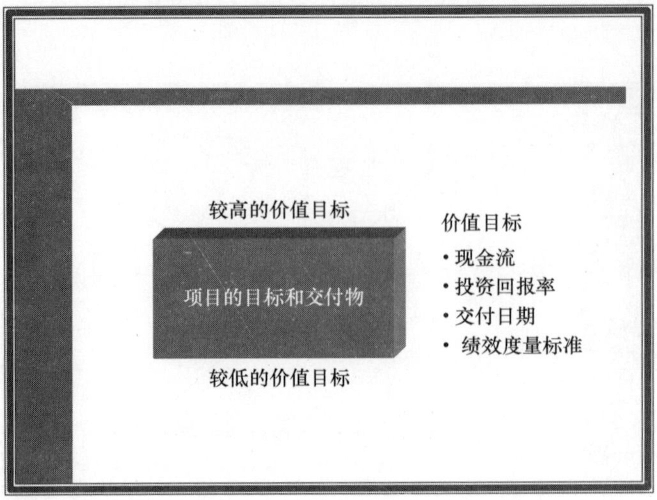

图 16-13　边界箱

价值驱动的项目必须进行价值健康度检查，来确保项目能为公司带来价值贡献。价值度量标准，如关键绩效指标，显示了当前的价值。我们还需要由现在预测未来。使用传统的项目管理和传统的企业项目管理体系方法，我们可以计算出完成时的时间和成本。这都是挣值度量系统的普遍组成部分。但是正如之前所述，按时、按预算完成并不能保证在项目结束时获得预期的价值。

因此，我们需要建立一种强调价值变化性的价值度量体系方法（VMM），来取代重视挣值度量的企业项目管理体系方法。使用 VMM 时，我们仍会使用完成时的时间和成本，但是我们引进了一个新的方面，即完成时的价值（或利益）。完成时的价值的计算必须在整个项目中分阶段进行。然而，对完成时的价值和利益进行阶段性的重新评价是困难的，可能因为如下的原因：

- 没有复审过程。
- 管理层没有尽力投身到工作当中，且认为复审过程是不真实的。
- 管理层过于乐观，对现有绩效自鸣得意。
- 管理层被其他项目异常的高额利润蒙蔽了双眼，产生了误解。
- 管理层相信过去的情况预示了未来的情况。

完成时的价值评估能够告诉我们价值取舍是不是必要的。价值取舍的原因包括：

- 事业环境因素的变更。
- 前提假设的变更。
- 找到了更好的途径或方法，可能少些风险。
- 高级技工的可用性。
- 技术的突破性进展。

正如之前所陈述的，大多数的价值取舍会伴随进度的延长。在出现进度延长前必须考虑的两个关键因素：

- 为了获得想要的价值或附加价值，延长项目可能导致风险出现。

- 延长项目会消耗资源，而这些资源原本是可以分配到组合中的其他项目的。

传统的工具和技术可能无法在价值驱动的项目中正常使用。建立一套 VMM 对于获得想要的结果来说是必要的。如表 16-7 所示，一套 VMM 可能包括挣值度量系统及企业项目管理系统的特征。但是在获得、度量及报告价值时必须包括附加的可变因素。

表 16-7　EVMS、EPM 及 VMM 的比较

可变因素	EVMS	EPM	VMM
时间	✓	✓	✓
成本	✓	✓	✓
质量		✓	✓
范围		✓	✓
风险		✓	✓
有形资产			✓
无形资产			✓
利益			✓
价值			✓
取舍			✓

第 17 章 兼并与收购对项目管理的影响

17.0 简介

所有的公司都要努力寻求成长。为了这个目标要订立战略规划，用于认定需要开发的新产品与服务，以及需要进军的新市场。很多这类的规划都需要进行兼并和收购才能达成战略目标和直接目标。即使准备最充分的战略规划也常常失败。有太多的高级管理人员将战略规划仅仅看作规划，而没有充分考虑实施的问题。在兼并与收购的过程中，成功的实施是生死攸关的因素。

17.1 为成长进行规划

公司的发展壮大有两种方式：内部性成长与外部性成长。在内部性成长的条件下，公司需要从内部培养人力资源，并可能要花费很多年才能实现它们的战略目标和市场定位。由于时间可能是非常稀缺的资源，必须有一丝不苟的关注才能保证所有的新发展都符合企业的项目管理体系方法与文化。

外部性成长则要复杂得多。外部性成长可以通过兼并、收购及建立合资企业来实现。通过进行兼并与收购，公司可以迅速购得所需的专业经验。有些公司偶尔进行收购活动，而其他一些公司有着充足的资金来源，可以持续地进行收购活动。然而，公司经常没有考虑收购活动对项目管理的影响。项目管理的最佳实践可能无法从一家公司转移到另一家公司。兼并与收购对项目管理系统造成的影响往往是不可逆的，然而合资企业有可能终止这些影响。

本章内容会重点关注兼并和收购对项目管理产生的影响。只要快速有效地进行资产与能力共享，兼并与收购就能够让公司以一种通过内部性成长所无法达到的速度实现战略目标。这种协进作用，可以为公司提供单凭自身努力所难以得到的机遇。

兼并与收购重点关注两大要素：并购前的决策制定和并购后的流程整合。更令华尔街和金融机构感兴趣的似乎是并购产生的近期财务影响，而不是通过更好的项目管理与整合流程实现的长期价值。在 20 世纪 90 年代中期，公司会匆忙投入并购活动中，甚至并购过程所花的时间比公司批准一项资本开支所要求的时间还要少。几乎没有人考虑项目管理的影响，以及期望的最佳实践是否能得到转移。最终的结果是，至少看上去是失败比成功要多得多。

当公司匆忙地进行并购活动时，几乎不会花费什么时间和精力来进行并购后的整合活动。然而，恰恰在这里，最佳实践的真正影响才会得到体现。在并购刚刚完成时，每家公司分别针对各自的客户进行产品的市场推广和销售。这可能有助于满足股东的要求，但仅仅在短期内有效。从长期来看，会需要开发新的产品和服务来满足双方的市场。如果没有一个整合的项目管理系统让双方都可以共享同样的最佳实践，就很难实现这一点。

在并购前期的决策制定上花费了足够的时间之后，并购双方都应该着眼于合并流程、共享资源、转移知识性财产及整体的联合运营管理。如果在并购前期阶段没有涉及这些问题，那么就可能在并购后的整合阶段中产生不切实际的期望。

17.2　项目管理增值链

公司期望兼并与收购为其增加价值并提升整体的竞争力。有些人把价值定义为保持一定的收入流的能力。一个更好的定义可能是把价值定义为公司所拥有的竞争优势，其来源是客户的满意度、降低的成本、高效率、提升的质量、对人员的有效充分利用或对最佳实践的实施。真正的价值只会在并购后的整合阶段中产生，这时实际的并购活动已经结束很久了。

价值可以通过查看价值链来进行分析：一条从上游的供应商流到下游的客户的活动流程。价值链的每个组成部分都可以带来竞争优势，并对最终的交付物或服务有所增益。每家公司都有自己的价值链，如图 17-1 所示。当一家公司并购一家供应商时，两条价值链会结合起来，期望形成竞争中的优势地位。类似地，公司并购一家下游企业时也期望得到同样的效果。但最佳实践并不总是可以顺利地得到整合。

在历史上，价值链分析是用于检视整体业务运行情况的。然而，在这一章余下的部分中，唯一的重点将会是项目管理增值链，以及兼并与收购活动对这一链条的表现所造成的影响。

图 17-2 展示了项目管理增值链。主要活动指的是那些实际成形地创造出产品或服务所需要的工作。主要活动可以被看成项目管理的 5 个主要流程领域：项目启动、规划、执行、控制及收尾。

辅助活动是那些公司指定的工作，需要有辅助活动到位才能让主要活动顺利展开。辅助活动最少也需要包括以下各项。

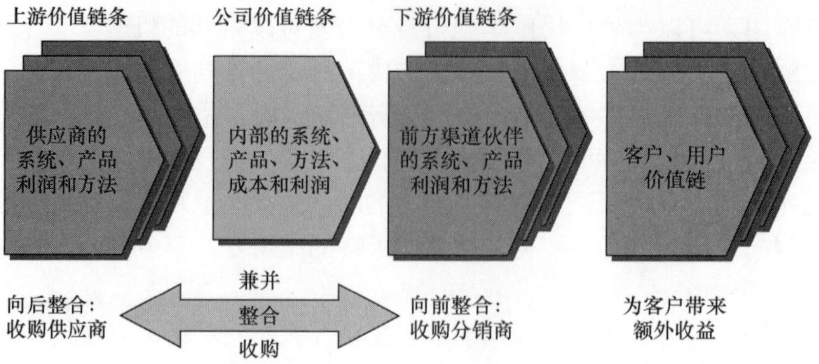

图 17-1　普通的增值链

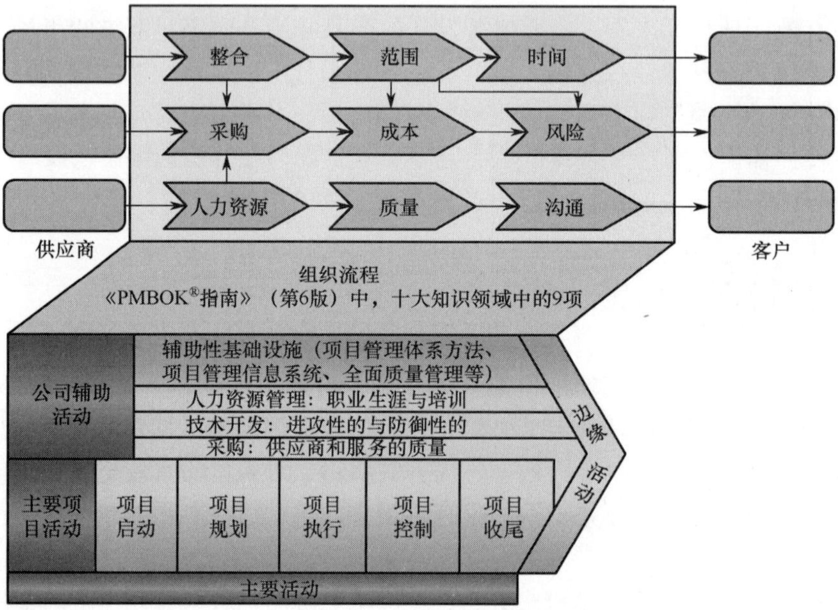

图 17-2　项目管理增值链

- 采购管理：供应商及其为公司提供的产品和服务的质量。
- 技术开发：公司控制的知识财产的质量，以及将这些知识进行进攻性的（新产品开发）和防御性的（旧产品改进）应用的能力。
- 人力资源管理：招募、聘用、训练、培养和留住项目经理的能力。这包括对项目管理知识产权的持有。
- 辅助性的基础设施：整合、对照并回应关于项目表现的任何问题所需要的项目管理系统的质量。辅助性的基础设施包括项目管理体系方法、项目管理信息系统、全面质量管理系统和其他辅助性的系统。由于为用户建立接口非常重要，辅助性的基础设施也可以包括用于有效建立供应商—客户接口的流程。

这些辅助活动可以进一步细分在《PMBOK®指南》中所描述的十大知识领域中的 9 项。连接 9 项《PMBOK®指南》领域的箭头表示了它们的相互关系。具体的相互关系会由于每个项目、交付物和客户的不同而有所不同（见图 17-2）。

这些主要辅助活动中的每项，再加上九大领域，对于将供应商提供的材料转化为面向客户的交付物来说，都是不可或缺的。理论上讲，图 17-2 代表了一个项目管理增值链的工作分解结构。

- 第 1 级：供应链。
- 第 2 级：主要活动。
- 第 3 级：辅助活动（其中可包括利益相关方管理知识领域）。
- 第 4 级：《PMBOK®指南》十大知识领域中的 9 项。

项目管理增值链让公司可以认定那些必须加以改进的关键弱点。这可能包括对范围变更进行更好的控制、对更高质量的需求、更及时的状态报告、更好的客户关系或更好的项目执行。增值链也可以用于供应链管理。项目管理增值链对于持续改进来说是至关重要的工具，并可以轻松地带来最佳实践的认定。

高层执行者会把项目的成本估算看成项目管理的一项关键组成要素，甚至最为关键的组成要素。项目管理价值链就是这样一项工具，可以帮助理解项目的成本结构，以及项目管理体系方法中的成本控制部分。在大多数公司中，这被看作一项最佳实践。消灭或削减一项成本或进度上的不利因素的行动，需要与价值链上成本或进度差异产生的位置联系起来。

将项目管理链中的元素捆绑在一起的“黏合剂”就是项目管理体系方法。一套项目管理体系方法，是将各元素整合到项目管理增值链中所需的一系列表格、指南、检查表、方针政策和步骤。一套体系方法可以针对单独的流程存在，如项目执行，或者针对一组多个流程。公司也可以自行设计其项目管理体系方法，来更好地与在增值链上游或下游的组织相互接合。如果在供应商—客户接口部位无法进行有效的整合，就可能对供应链管理和未来的业务造成严重影响。

17.3　并购前期的决策制定

大部分并购行为的理由都是满足战略上的或财务上的目标。表 17-1 展示了 6 种最常见的并购缘由，以及最可能的战略和财务目标。战略目标在某种程度上比财务目标更倾向于长期，而财务目标往往受到股东和债权人要求快速产生投资回报的压力。

表 17-1　并购缘由及目标

并购缘由	战略目标	财务目标
扩大客户群	更大的市场份额	更大的现金流
增强能力	提供解决方案	更高的利润率
增强竞争力	消灭昂贵的步骤	稳定的收入
减少产品投放市场所需时间（新产品）	市场领导地位	收入增长
减少产品投放市场所需时间（改进产品）	宽阔的产品线	稳定的收入
更加贴近客户	更好的价格—质量—服务组合	单一对象采购

兼并与收购的长期收益包括：

- 合并运营的经济效益。
- 对产品和服务的确定供给或需求。
- 额外的知识财产，可能是用其他方式无法获得的。
- 对成本、质量和进度拥有直接的控制权，而不用再看供应商或分销商的脸色。
- 开创新的产品或服务门类。
- 通过合作创造出协进作用，对竞争对手构成压力。
- 通过消灭重复步骤来削减成本。

这其中的每项都可以产生一大批最佳实践。

对于任何兼并或收购来说，最为核心的目的都是让联合起来的两家公司创造单打独斗时不可能存在的、持久的价值。这些收益的实现，包括达成战略和财务上的目标，都可能取决于两家公司的项目管理增值链进行整合的情况良好与否，尤其是链条中的体系方法。除非两家公司的体系方法和文化都能整合，并且足够迅速，否则目标就可能无法按计划实现。

在并购完成之后可能出现项目管理整合失败的现象。典型的失败如图 17-3 所示。这些普遍的失败情况之所以会发生，是因为兼并和收购如果不伴随组织和文化的改变，就根本不会发生，而这些改变从本质上来说往往是具有破坏性的。最佳实践可能丢失。非常遗憾的是，公司常常以光速投入兼并与收购中，但很少考虑要如何结合项目管理增值链。为更好的项目管理做规划应该具有极高的重要性，但遗憾的是它往往成为缺失的方面。

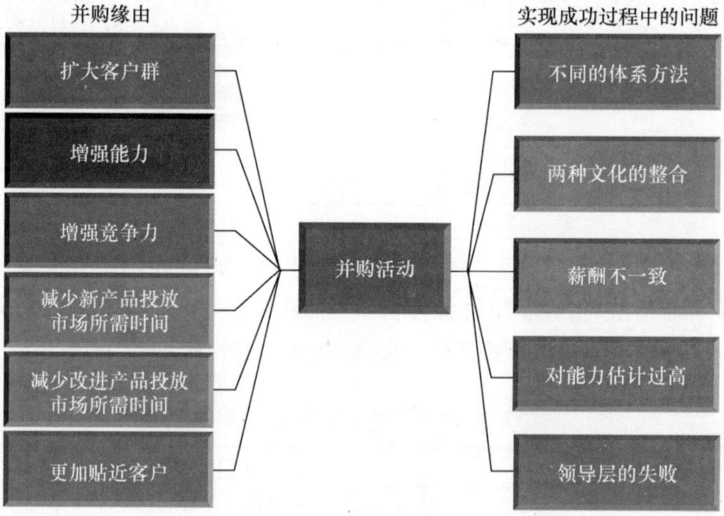

图 17-3　并购之后的项目管理问题领域

图 17-3 中的第一个普遍的问题领域是无法将项目管理体系方法与项目管理增值链结合起来。这个问题的产生是由于：

- 在并购活动之前对各自的项目管理实践知之甚少。
- 在并购前阶段对于要如何进行整合没有明确的指导方向。

- 其中一家公司没有或者两家公司都没有形成久经考验的项目管理领导层。
- 顽固的“我们—他们”式对立态度。

有些体系方法可能非常复杂，以至于需要大量的时间才能让整合顺利进行，尤其是在整合双方分别有着不用的客户群体和不同的项目种类的情形之下。举例来说，一家公司开发了一套项目管理体系方法，来为大型国有企业提供产品和服务。这家公司收购了一家对政府机构进行独家销售的小公司。公司过了很久才认识到，体系方法的整合几乎是不可能的，因为政府机构为与其进行业务往来施加了专门的规定，然而一切都已经太晚了。两家公司的体系方法一直没能得到整合，而为政府客户服务的小公司被允许作为一家单独的子公司来运作，有着自己的专门产品和服务。期望中的协同共进效应从来就没有产生。

有一些体系方法根本就不可能进行整合。对于组织来说，更加审慎的做法应该是分开运作，而不是失去市场上宝贵的机会窗口。在这种情况下，在大型企业中可能存在一些独立运作的项目管理“口袋”。

在图 17-3 中的第二个主要的问题领域是存在不同文化的差异。虽然项目管理可以被视为一系列相互联系的流程，但最终执行这些流程的必然是组织的工作文化。企业文化如果抗拒对项目管理进行有效支持，可能导致最好的计划以失败告终。不同的企业文化，对于以下几方面的程度也有所不同：

- 有（或者没有）项目管理专业知识（也就是能力的缺失）。
- 抗拒变革。
- 抗拒技术转移。
- 抗拒任何知识财产转移。
- 允许周期时间出现缩减。
- 允许淘汰代价高昂的步骤。
- 坚持“重新发明轮子”。
- 将对项目的批评看成对个人的批评的文化。

无论经济形势好坏，整合两种文化都是同样困难的。人们可能抗拒工作习惯或个人感到轻松自在的“舒适区间”发生任何改变，哪怕他们认识到这些改变可以为公司带来好处。

因为有着文化上的差异，跨国的兼并与收购也同样难以实现这样的整合。几年前，一家美国汽车业供应企业收购了一家欧洲公司。美国的这家公司有力地支持项目管理，并鼓励其员工考取项目管理方面的资格认证。欧洲的公司则没有对项目管理提供什么支持，并劝说其员工不必取得认证，理由是他们的欧洲客户并不像通用汽车、福特汽车与克莱斯勒那样重视项目管理。欧洲子公司完全没有看到进行项目管理的必要性。在无法让体系方法结合起来的情况下，美国母公司逐渐用美方的高级管理人员代替了原有的欧洲高级管理人员，来落实在所有部门使用一种项目管理方法的需求。公司几乎花了 5 年的时间来完成这次转型。母公司相信欧洲分公司的抗拒更多地出于一种对“舒适区间”发生改变的恐惧，而不是由于其欧洲客户缺乏对项目管理的兴趣。

有时候合并两种文化的困难是显而易见的。联邦快递（Federal Express）在 1988 年收购飞虎航空（Flying Tiger）时，其战略是把两家公司合并成一家顺畅运转的企业。在并购进行时，联邦快递（更名为 FedEx Express）雇用的是一支比较年轻的员工队伍，很多都是兼职员工。飞虎航空拥有的都是全职、更加年长、在职时间更长的员工。联邦快递注重规范化的方针政策和步骤，并有着严格的着装规定。飞虎航空则没有着装规定，管理人员根据指令链来经营业务，只要是具有权威的个体就可以改变规定。联邦快递的质量目标是100%按时送达，而飞虎航空对 95%～96%按时送达的目标就比较满足了。对于联邦快递来说，将这两种文化融为一体是一项里程碑式的重大任务。在这种情况下，哪怕存在种种潜在整合难题，联邦快递也不能让飞虎航空作为一个独立的子公司分开运作。整合是势在必行的。联邦快递必须迅速处理这些涉及组织或文化差异的任务。

为文化整合进行规划也可以带来有利的结果。大多数银行都是通过兼并与收购来获得成长的。在银行业普遍存在的信念是，要么自己成长，要么被人家收购。20 世纪 90 年代，总部位于俄亥俄州克里夫兰市的美国国民城市银行（National City Corporation）认识到了这一点，并开发了项目管理系统，使得国民城市银行可以收购其他银行，并让收购进来的银行可以在比其他银行兼并和收购所需更短的时间内，整合到国民城市银行的文化之中。国民城市银行将项目管理视为一项资产，对企业底线有着非常积极的影响。如今的很多银行都拥有管理兼并与收购项目的专门手册。

图 17-3 中涉及的第 3 个问题领域是对薪酬行政管理计划产生的影响。薪酬行政管理问题产生的主要原因包括：

- 对裁员的恐惧。
- 薪资方面的不一致。
- 职责方面的不一致。
- 职业生涯机会方面的不一致。
- 不同的方针政策和步骤。
- 不同的评估机制。

当一家公司受到收购并需要进行体系方法的整合时，可能对薪酬行政管理计划产生深远的影响。当一项收购活动发生之后，即使人们明白对于公司来说收购是符合最大化的利益的，他们还是希望知道作为个体能够获得怎样的收益。

被收购的公司往往有着最大的忧虑，害怕受到诱惑而产生一种错误的安全感。被收购的组织可能变得充满怨气，甚至实际地试图推翻收购方的控制。这会导致价值被破坏，因为对于员工来说自我保全成了最重要的事情，而这往往要以损害项目管理体系为代价。

请考虑如下的情形。A 公司决定收购 B 公司。A 公司拥有的是相对简陋的项目管理体系，在其中项目管理是一项非全时进行的活动，且没有被当作专门职业看待。B 公司推动项目管理认证并认可项目经理作为全时专门职务的地位。B 公司针对项目经理的薪资结构，比起他们在 A 公司的同行，明显高出了一个档次。B 公司的员工表达了“我们不愿意变得像他们一样”的担心，而自我保护带来的是价值的破坏。

因为存在这些薪酬问题，A 公司试图将 B 公司视为一个独立的子公司。但是当这些差异变得非常明显时，A 公司的项目经理们纷纷试图跳槽到 B 公司，来获得更多的认可和更高的薪水。最终，B 公司付给项目经理的薪酬级别成了整合后的企业中的整体基准。

当人们对于求得自保多有顾虑的时候，可能在短期内对合并的项目管理增值链产生严重影响。项目管理员工在并购整合之后，即使不能获得比之前更好的机会，也必须拥有与之前一样的机会。

图 17-3 中的第 4 个问题领域就是在并购整合之后对能力进行过高的估计。属于这一类别的问题包括：

- 失去技术竞争力。
- 无力创新。
- 创新速度不够。
- 缺少协进作用。
- 存在一些方面的能力过剩。
- 无力整合最佳实践。

项目经理与那些积极参与到项目管理增值链条中的个人，很少参与到并购前期的决策制定之中。这样一来，做出决策的就是那些离项目管理增值链很远的经理，他们会对并购后的协进作用做出过分乐观的估计。

一家相对大型的公司的总裁召开了一次新闻发布会，宣布他们公司很快就要收购另一家公司了。为了让与会的财务分析师们感到满意，这位总裁一丝不苟地描绘出了合并后的企业所期望产生的协进作用，并提供了一个新产品出现在市场上的时间表。这份声明令员工们相当不以为然，因为他们知道公司的能力被估计得过高，而那些日期根本就不现实。在错过了产品发布日期之后，公司的股价随之遭到重挫，而责任被错误地归咎于整合的项目管理增值链的失败。

图 17-3 中的第 5 个问题领域就是在并购完成后的整合中，领导层的失败。这个类别包括：

- 领导层在管理变更方面的失败。
- 领导层在合并体系方法方面的失败。
- 领导层作为项目发起人的失败。
- 整体的领导层失败。
- 看不见的领导层。
- 进行微观管理的领导层。
- 认为兼并与收购活动必须伴随伤筋动骨的整顿改造。

经过管理的变更比未经管理的变更运作起来要好得多。经过管理的变更要求强大的领导，尤其需要针对在并购过程中对于管理变更有丰富经验的人员。

A 公司收购了 B 公司。B 公司拥有一套还不错的项目管理系统，但与 A 公司有着显著的不同。A 公司于是决定“我们就像管理我们自己一样管理他们”而不需要改变什么。A 公司接下来用经验丰富的 A 公司经理替换了数名 B 公司的经理。这些措施的实行几乎没有针对 B 公司的项目管理增值链做任何考虑。B 公司链条中的员工开始接到来自不同人员的电话，大部分人对于他们来说完全是陌生的，也没有得到适当的指导，不知道出现问题时应该联系谁。

当领导问题不断升级时，A 公司不停地来回调配经理。这导致了项目管理增值链被官僚主义掩盖。不出所料，绩效非但没有得到促进，反而不断减损。

来回调配经理从而促进垂直互动在并购之后是一项可取的实践。然而，它应该被限制在垂直的指令链条上。在项目管理增值链上，主要的沟通流多为横向的而不是垂直的。添加官僚化的层级，以及用缺乏横向沟通经验的人员代替经验丰富的链条经理，可能对链条的绩效表现产生严重的阻碍。

以上任何一个问题领域，不管是单独出现还是与其他问题领域一起出现，都会让链条的绩效减损，例如：

- 蹩脚的交付物。
- 无力维系进度。
- 对链条缺乏信心。
- 低迷的士气。
- 让所有新人经受巨大压力的考验。
- 员工流失率偏高。
- 没有项目管理知识财产转移。

17.4 收购与被收购

之前我们已经说明了在并购前期阶段评估价值链，具体来讲，也就是项目管理体系方法的重要性。没有两家公司的项目管理价值链和最佳实践是相同的。有些链条运作良好，其他的则表现不佳。

为了简单起见，我们把进行收购的企业称为“房东”，而把被收购的企业称为“房客”。表17-2认定了房东—房客关系中潜在的问题，属于并购前期阶段。表17-3展示了并购后可能的整合成果。

表17-2 房东—房客关系中潜在的问题

房　东	房　客
良好的体系方法	良好的体系方法
良好的体系方法	糟糕的体系方法
糟糕的体系方法	良好的体系方法
糟糕的体系方法	糟糕的体系方法

表17-3 可能的整合成果

体系方法		
房　东	房　客	可能的成果
良好	良好	在具有灵活性的条件下，可以达成良好的协进作用；可以用小成本实现市场领跑
良好	糟糕	房客必须认识到缺点并愿意改变；可能有文化冲击
糟糕	良好	房东必须看到现在与将来的收益；强大的领导对于迅速反应来说必不可少
糟糕	糟糕	成功的机会有限；可能需要数年才会获得良好的体系方法

最好的情况会在双方都有良好的体系方法时发生，而最重要的是，双方都具有足够的灵活性，承认对方的体系方法中可能存在一些可取的成分。在这里进行良好的整合可以带来市场上的领导地位。

如果房东的方法不错而房客的方法糟糕，那么房东可能在房客身上强加一套解决方案。房客必须愿意接受批评，能够看到艰辛之后成功的希望，就如同看到隧道尽头的光亮，并进行必要的改变。房东必须仔细地向房客讲清楚这些改变及改变的理由，以避免文化冲击。

颇为常见的情况是项目管理体系方法糟糕的公司会收购一家方法良好的公司。在这种情况下，必须迅速进行项目管理知识财产的转移。除非房东认可房客的成就，否则房客的增值链就会减损绩效，也可能发生关键员工的流失。

最差的情况就是房东与房客双方在项目管理系统方面都一塌糊涂。在这种情况下，所有的系统必须从头开始。这可能也算得上塞翁失马，因为双方都不会有隐藏的偏见。

17.5　公司合作时的一些最佳实践

团队必须愿意创建一个项目管理方法（和跨国项目管理增值链），以实现以下目标。

- 结合所有现有的项目管理方法最佳实践和项目管理增值链。
- 创建一个方法，这个方法可以涵盖从供应商到客户整个项目管理增值链。
- 符合任何行业标准，如项目管理协会和国际标准化组织制定的标准。
- 在所有公司组织中分享最佳实践。
- 实现企业建立目标：时间、成本、质量和效率。
- 定期优化程序，可交付成果、角色和职责。
- 提供清晰有用的文件。

对于一家公司，可以获得以下几个益处。

- 整个公司的通用术语。
- 统一的公司部门。
- 通用的表格和报告。
- 对缺乏经验的项目经理和团队成员的行动指南。
- 更明确的角色和职责定义。
- 减少程序和表格的数量。
- 报告中没有重复内容。

提出以下建议。

- 使用通用的书面系统来管理项目。如果形成了一家新公司，应尽快使该公司使用这个基本系统。
- 尊重各方。你不能强迫一家公司接受另一家公司的系统，各方要相互沟通，达成共识，进行修改。

- 给予不同文化进行融合的时间。过于激进地推行文化融合可能适得其反。抓住重点并通过管理来推动文化融合最终才是实现体系及文化一体化的最佳方法。
- 在合并公司之前共享管理人员可以使体系和员工更快融合。
- 项目管理体系必须有一个“流程所有者”。选择副总级别的人来担当此角色是合适的。

17.6 整合成果

准备最充分的计划也不一定能保证成功。重新评估一直都是必要的。评估并购与整合完成之后的整合项目管理价值增量，可以通过使用改进的波士顿咨询公司（Boston Consulting Group，BCG）模型来实现，如图 17-4 所示。其中的两大关键因素是公司的价值评价与客户的价值评价。

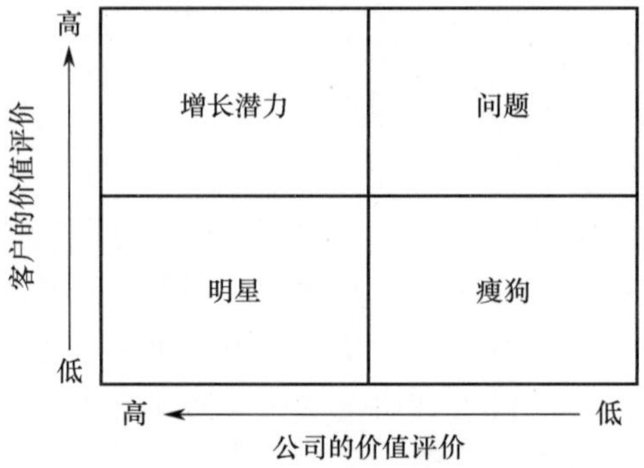

图 17-4 并购完成后的项目管理系统

如果最终的链条让公司和客户都感觉不到什么价值，就可以被称为“瘦狗”。

瘦狗型系统的特点：

- 缺少内部合作，可能整条增值链都如此。
- 价值链与客户接合得不好。
- 客户对于公司提供要求的交付物的能力没有信心。
- 增值链流程由于过多的冲突而不堪重负。
- 并购前的期望没有实现，业务可能在不断缩水。

瘦狗型系统的战略：

- 裁员、缩小范围或放弃这条项目管理增值链。
- 把公司重新构建为或者以项目为单位，或者以部门为单位的项目管理组织。
- 允许业务范围缩小并专注于选定的项目和客户。
- 接受市场跟随者而非市场领跑者的定位。

图 17-4 中的问题方框代表了一类客户认为有很高价值而并不受公司认可的增值链。

问题型系统的特点：

- 客户对公司交付的能力有一定的信心，但对项目管理增值链没有信心。

- 在增值链之内可能存在互不兼容的系统。
- 员工们依然对整合的项目管理增值链持怀疑态度。
- 项目更多的是在火烧眉毛的压力逼迫下完成的，而不是凭借结构性的方法来完成。
- 对于房东和房客双方来说，可能都存在一些碎片式的项目管理包裹。

问题型价值链条的战略：

- 对培训与教育进行大量投资，来树立一种合作的文化。
- 仔细地监控整个链条中的跨职能接合部位。
- 在房东与房客公司中找出明确支持项目管理的同盟者。
- 运用小型的突围型项目可能是合适的方法。

在图 17-4 中的增长潜力型系统拥有实现并购前的期望的潜力。这种增值链同时受到公司和其客户的高度评价。

增长潜力型增值链条的特点：

- 有限的、成功的项目在运用这种链条。
- 链条中的文化是以信任为基础的。
- 存在明确有效的上层支持。
- 房东和房客都把项目管理视为一项专业活动。

对于增长潜力型项目管理增值链来说，可能的战略：

- 维持慢速稳健的成长，带来更大、更复杂的项目。
- 为体系方法改进投资。
- 开始向客户推销完整的解决方案，而不仅仅是产品或服务。
- 专注于运用项目管理增值链获得更好的客户关系。

图 17-4 中的最后一部分，是被视为明星的价值链。这种类型的系统受到公司的很高评价，但并不受客户认可。客户感到价值不高的原因是你已经让客户确信你的链条有很高的交付能力，而你的客户现在专注于交付物，而不再是体系方法。

明星型项目管理增值链的特点：

- 存在高度合作的文化。
- 满足了三重约束。
- 你的客户把你作为合作伙伴而不只是承包商来对待。

对于明星型增值链来说，潜在可行的战略：

- 对尖端的链条辅助子系统大量投资。
- 将你的项目管理信息系统与客户的信息系统整合。
- 允许你的客户就链条的改进提供宝贵意见。

17.7 价值链战略

在这一章的开头部分，重点放在并购前期决策制定中确立的战略和财务目标上。然而，为了实现这些目标，公司必须理解其在并购整合之后拥有的竞争优势与面对的竞争市场。图 17-5 中展现了项目管理增值链的 4 种普遍运用的战略。公司必须回应涉及并购后的整合的两个根本问题：

- 组织现在是要凭借产品和服务的成本还是独特性来进行竞争？
- 并购后的市场将会是广阔的还是狭窄的？

竞争市场（并购之后）	竞争优势	成本	独特性
	狭窄市场	低成本领导地位 • 项目类型：成本削减 • 研发类型：产品工程 • 风险：低（产品过时） • 体系方法：简单	有重点的低成本领导地位 • 项目类型：产品改进 • 研发类型：高级开发 • 风险：低到中 • 体系方法：简单
	广阔市场	差异化竞争 • 项目类型：新产品 • 研发类型：基本研发 • 风险：中 • 体系方法：复杂	有重点的差异化竞争 • 项目类型：解决方案 • 研发类型：应用型研发 • 风险：非常高 • 体系方法：复杂

图 17-5　4 种普遍战略

对这两个问题的回答往往会指示出最适合增值链条项目管理体系方法的项目类型。这在图 17-6 中有所展现。低风险的项目需要简单的体系方法，而高风险的项目需要复杂的体系方法。体系方法的复杂程度可能对并购后整合所需要的时间产生影响。当一家公司想要让项目管理增值链提供针对完全解决方案的项目管理时，会出现最长的整合时间，这其中要包括产品与服务开发、安装和后续跟进工作。它也可能包括平台项目管理，江森自控公司的例子就是这样的。我们强调的重点在于客户满意度、信任和后续工作。

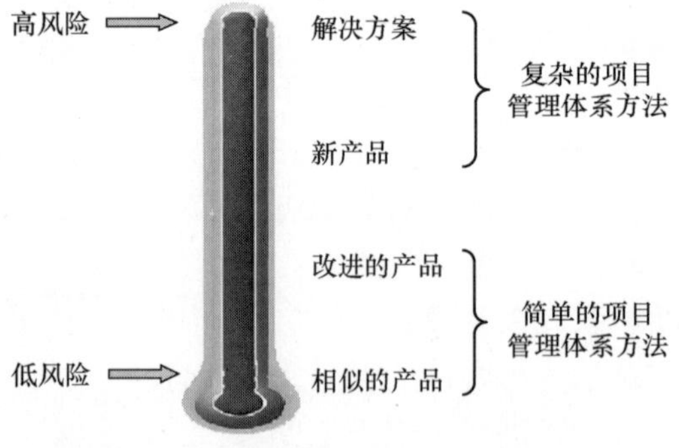

图 17-6　针对项目类型的风险分布谱系

项目管理体系方法往往能够反映公司对风险的容忍度。如图 17-7 所示，有着较高风险容忍度的公司会开发出能够处理复杂研发项目任务的增值链，并成为市场的领跑者。在分布谱系的另一端是重点针对维持市场份额，并成为市场的跟随者而非领跑者的改进项目。

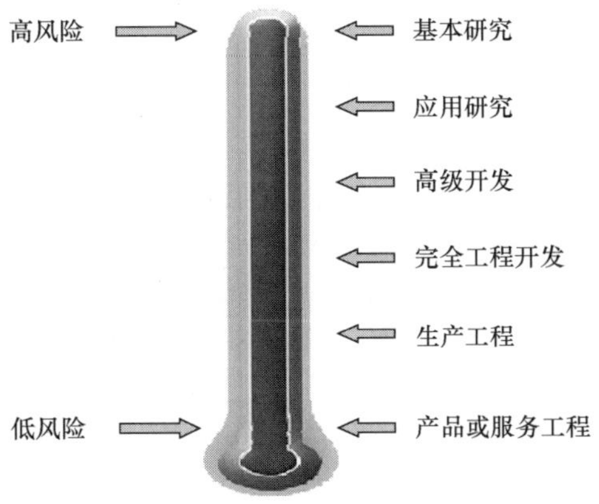

图 17-7　针对研发项目类型的风险分布谱系

17.8　失败与重新构建

巨大的期望往往会带来巨大的失败。当整合的项目管理价值链失败时，公司有 3 种可行但令人不快的备选方案：

- 对公司进行裁员（缩减规模）。
- 缩减项目的数量并压缩增值链（缩减范围）。
- 专注于选定的客户业务基础（选定客户）。

这些备选方案的短期和长期后果如图 17-8 所示。

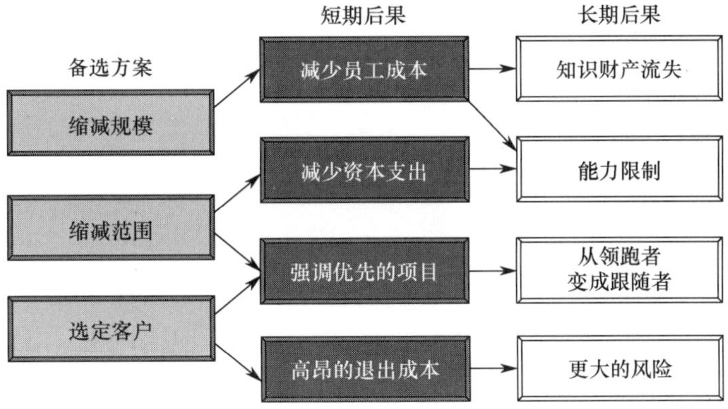

图 17-8　备选方案的短期和长期后果

失败的发生往往由于并购前期的决策阶段完全基于假象而不是事实。典型的假象包括：

- 对项目管理体系方法进行整合就会自动地减少或消灭增值链当中的重复步骤。
- 对应项目管理增值链中一个部分的专业经验，可以直接应用到链条上游或下游的活动中去。

- 在其增值链的一些部分拥有强大体系方法的房东可以有效地强制体系相对弱小的房客进行改变。
- 联合运营业务的协进作用可以一夜之间就实现。
- 并购后的整合能够保证技术与知识财产得到转移。
- 并购后的整合能够保证项目经理在权力与决策方面完全平等。

不管经济形势是好是坏，兼并与收购活动都会不断进行。但愿今后的公司都会对并购后的整合更加注意，并认识到潜在的收益。

第 18 章 敏捷和 Scrum

18.0 简介

随着项目管理领域的变化发展，新技术在该领域出现是必然的结果。敏捷和 Scrum 就是这样的两种新技术。图 18-1 显示了正在发生的一些改变。级别 2 和级别 3 包含了敏捷和 Scrum 的一些核心概念，它们更关注项目管理的成长和成熟的特征，而级别 1 包含了基本原则，关注让组织接受和使用项目管理。因为高管最初不信任项目经理，并且对项目经理越过高级管理人员做出决策心存顾虑。我们了解到，级别 1 的许多特点实际上对有效的项目管理实施是有害的，并成为敏捷和 Scrum 开发的重要障碍。可以看出，级别 1 中展现的特点也说明项目管理在之后的发展层级必须更加成熟，敏捷和 Scrum 技术也应运而生。

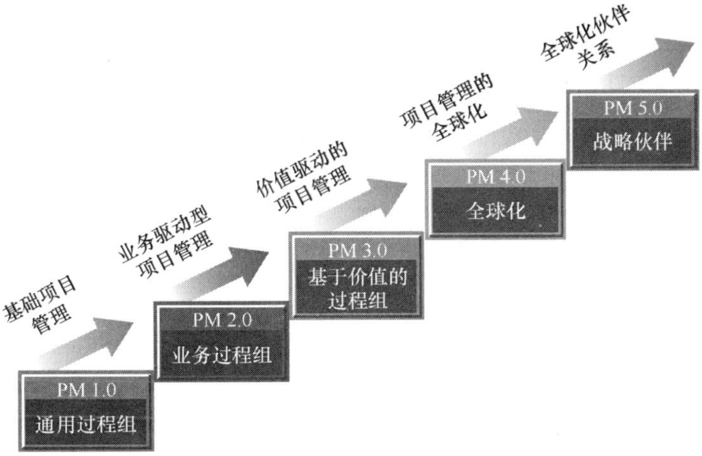

图 18-1　项目管理成熟度

◆ 级别 1（通用过程组）

- 在项目经理不参与的情况下，对项目进行识别、评估和批准。
- 项目计划是由一个集中的计划组完成的，其中可能包括项目经理，也可能不包括项目经理。
- 即使计划人员可能不完全了解项目的复杂性，但是可以假定计划人员可以制订正确的基准和计划，而这些基准和计划在项目期间不会改变。
- 项目团队成员被分配到项目中，并期待他们按照自己根本没有参与制订的计划去完成项目。
- 基准是在没有项目团队任何参与的情况下设定的，通常由高级管理人员批准，而且这些基准通常假定是不会在项目期间发生变化的。
- 任何偏离基准的状况都被视为维护原始计划不变而需要矫正的偏差。
- 项目的成功定义为满足计划的基准，资源和任务可以为了保证基准不变而不断地重新组合。
- 如果有必要进行范围变更，那些对现有基准改变不大的范围变更容易被批准。

◆ 级别 2（业务过程组）

- 项目经理在项目生命周期的早期参与。
- 委员会赞助，而不是个人赞助。
- 去中心化的项目计划。
- 根据弹性的项目需求进行工作的意愿。
- 更倾向于使用竞争约束而不是三方约束。
- 对所谓的项目成功下个全新的定义。
- 对范围变更有更高的容忍度。
- 使用仪表板取代海量文档进行汇报。
- 大量使用虚拟项目团队。
- 高度的客户参与度。
- 吸取经验教训和最佳实践。

◆ 级别 3（基于价值的过程组）

- 与战略业务目标一致的项目。
- 用投资生命周期取代传统生命周期。
- 使用效益实现规划和价值管理。
- 从方法论出发到形成一个框架。
- 使用可以衡量无形要素的指标。
- 建立可以跟踪假设和约束的指标。

- 对范围变更反应迅速。
- 运用容量规划和资源管理。
- 使用项目组合管理办公室。

可以看出级别 1 和级别 2 的重度用户将会是敏捷和 Scrum 的实践者。但是，由于这些变化格外重要，我们可以预见，在未来所有形式的项目管理实践活动都会使用这些概念。

18.1　敏捷交付

就像下棋一样，敏捷学起来容易，掌握起来难。

——米歇尔・比德尔曼

◆ 敏捷交付简介

要如何给首席执行官回答“为什么选敏捷”

下面几条可以帮你对高管解释选择敏捷的原因：

- 如果有必要，你会把一个好点子上市的时间从几个月减少到几周，甚至几天。
- 将获得比资助更高的投资回报，因为你可以通过使用它获得来自业务团队、最终用户和消费者的频繁反馈，并借此开发出比原计划更好的产品。
- 你将不再把质量定义为没有缺陷，而是重新定义为“产品如何满足市场需求”。
- 最后，也是最重要的，在董事会面前你会看起来很棒，因为通过使用优先级事项列表开发产品，你降低了风险，也确保了投入的钱都实现了最大效益。

敏捷是关于更快、更频繁地完成价值实现

敏捷交付是一个不断发展的概念。遗憾的是，随着时间的推移，它变得对谁都有意义。我们每天开一个“立谈会”？答对了，必须是敏捷！要是……就好了。

让我们用非常简单的定义来开始对敏捷的介绍。

从本质上讲，敏捷就是通过更快、更频繁地完成价值实现来缩短获得初期收益的时间（见图 18-2）。让我们仔细分析一下这个定义。

图 18-2　敏捷交付的本质是快且频繁地交付价值

- 价值。为了实现价值，团队必须保持先处理最高优先级的需求。我们将“最高优先级”定义为：（a）对项目风险最大的需求，这样一来如果它们不能被满足，那么项目就会在早期失败，从而降低成本；（b）项目团队应该关注具有最高业务价值的需求。
- 更快。在瀑布或计划驱动的项目方法上（见图 18-3），工作是按顺序完成的，从需

求开始，然后分析、设计、构建、集成、测试，最后部署。每个阶段持续几周到几个月。然而，通过敏捷交付，解决方案或产品在项目开始的几周甚至几天内就出现了。通常情况下，项目团队是靠并行式、重叠各阶段中的大部分工作来实现这一点的（见图 18-4）。关键是针对最重要的需求做足功课，开始工作，然后依次满足剩余的优先级需求，以便及时完成项目整合并顺利完成测试。

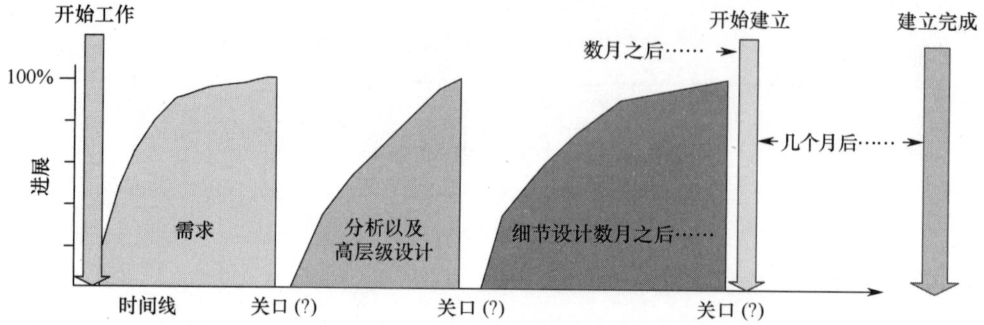

图 18-3　瀑布式的方法延迟了项目构建阶段的开始时间

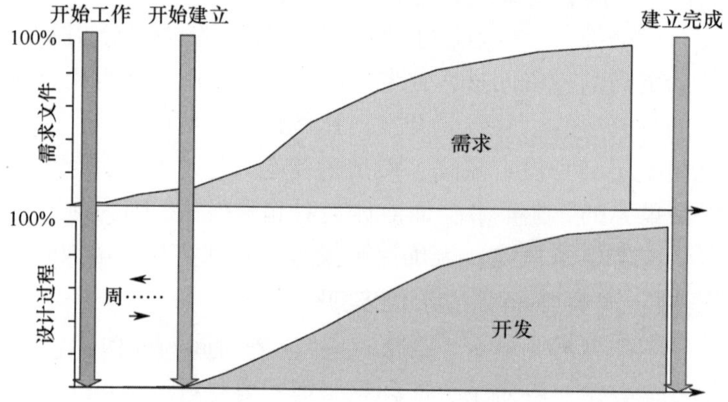

图 18-4　敏捷交付通过项目阶段重叠来达到更快的价值实现

- 频繁。在每次迭代或冲刺结束时（通常是每两周），出现的解决方案都会呈现给任何感兴趣的相关方。其要点是通过对新出现的解决方案的实际测试来验证项目的健康状况，通过将反馈集成到需求和设计中来增加解决方案或产品的价值。

还应该注意的是，解决方案或产品只有在投入生产时才会实现价值。这是因为没有最终用户或消费者会愿意为中间工作产品付费，比如一个完整的需求列表，甚至设计最漂亮的产品的图纸或线框图。只有最终产品才算数。

现在你有了解决的办法！我说过敏捷交付很容易学习。现在最困难的部分来了：掌握它。内容的其余部分——实际上，作为一个敏捷学徒要学习的其余部分——将集中在对许多方法的掌握上，这有助于达到能更快更频繁地实现价值的目标。

然而，在我们认真地开始这个学徒阶段之前，我们需要了解另一个概念，即敏捷对刚性约束的影响。

敏捷交付打破刚性约束

我们都了解了三脚凳的影响，或者传统或瀑布式项目的刚性约束，即范围由资助的内容确定，而实现范围所需的人员和进度是可变的。

敏捷改变了这些约束条件（见图 18-5）。人员配置和进度是固定的，这使得敏捷对管理人员非常有吸引力，因为预算不会改变，例如，可以可靠地安排重要的营销活动。然而，要做到这一点，必须付出一定的努力。敏捷交付的变量是项目的范围。

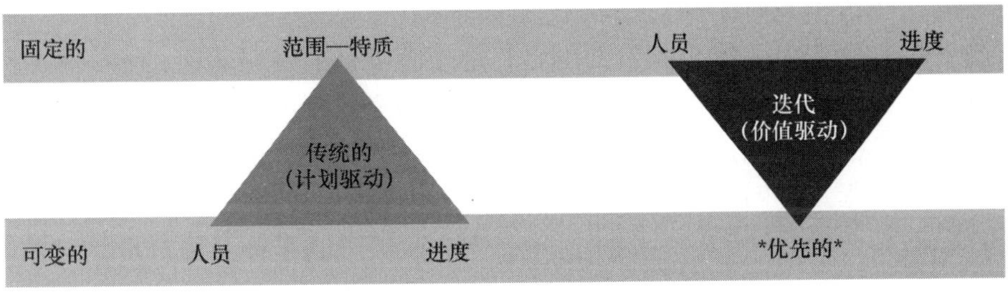

图 18-5　敏捷交付打破了项目的刚性约束

这怎么可能呢？记住，通过对需求进行优先级排序，我们可以提前满足最重要的需求。如果项目耗尽了资金或时间，团队无法满足的那些需求就是最没有价值的需求。换句话说，世事无常，先来点儿甜点吧。

◆ 敏捷宣言

在我们深入讨论 Scrum 之前，让我们花几分钟回顾一下敏捷的来源“敏捷软件开发宣言”（见 agilemanifesto.org）。Scrum 可能是最著名的敏捷交付框架了。

敏捷宣言的四个价值

敏捷宣言从四个不同的价值开始：

个人和交互	胜过	过程和工具
持续运转的软件	优于	全面的文档
客户合作	重于	合同谈判
顺应变化	而不是	遵循计划

首先要明白，正如敏捷宣言的作者们所指出的，并不是右边的几项没有价值，而是敏捷更倾向于左边的几项。我们来看一下。

个人和交互胜过过程和工具

敏捷交付不是盲目地遵循框架或流程。尽管流程或框架（如 Scrum）所代表的一些规程是有用的，但是这些不是团队不能在兼顾本职工作的同时跟别的团队紧密协作解决问题的理由。事实上，“没有人比我们所有人都好”的概念在敏捷团队中非常适用。你将很快了解到敏捷交付完全是关于团队的，或者如果愿意，也可以称之为“T”eam。

类似地，敏捷交付不是关于工具的，因为它们经常会碍事。选择你喜欢的项目管理工具，它可能要求你考虑涉及的项目的自身特点，并以工具开发人员设想的特定方式进行管理。

这里的要点是，没有哪个流程可以克服团队中个人之间缺乏协作的问题，没有哪个过程可以使团队高效运行。一旦团队成员进行了协作，那么流程将帮助它进一步促进团队的生产力。

持续运转的软件优于全面的文档

当你思考这个价值观时，问自己以下几个问题：

（1）作为项目发起人，什么能帮助你更好地理解项目的健康状态：（a）阅读团队创建的文档；（b）在每个两周的迭代或 Sprint 之后，定期测试新出现的解决方案？

（2）作为产品的最终用户或消费者，你会为用户手册之外的文档付费吗？

我们已经看到太多的团队以文档成本为借口，不编写任何文档。并不是说没有必要编写文档。这是有必要的。只是编写文档这种行为应该被限制于针对最有价值的东西上。考虑到这一点，什么样的文档对敏捷使用者而言是重要的呢？我们建议至少有以下几项：

（1）产品待办列表（作为一个持续更新且一直存在的文档，贯穿于一个又一个版本中）。

（2）RAID（风险、活动、问题和决策）日志（作为持续更新的文档）。

（3）用户手册，特别是如果产品不够直观，无法在没有帮助的情况下使用。

（4）说明书：指导如何将解决方案推广到生产中去，特别是在此过程不是完全自动化的情况下。

（5）说明书：产品一旦投入生产必须提供的指导。

客户合作重于合同谈判

你可能有这样的印象：敏捷交付比传统或瀑布式项目管理需要更紧密的协作。例如，必须替换或至少通过客户和供应商之间更紧密的协作来补充文档的流线化。与其对所有需求都提前记录、分析和设计，甚至是那些最终可能没有完成的需求，还不如通过协作及时地获得所需的知识。

（1）合同谈判推迟了项目的开始，这也就推迟了客户和供应商初次收益的时间，尤其是对于最重要的实体，即产品的消费者或最终用户。

（2）项目的延迟和意外创造了一种文化，在这种文化中，客户和供应商都想把风险转移给对方或者其他方身上。这种类型的谈判让所有参与者都很难找到双赢的局面，而且要耗费大量时间。各方都想利用这个游戏规则，这是人的本性。

（3）团队通常无法回避合同谈判带来的压力和需求，其生产力必然会受到影响，至少是暂时的。例如，必须突然转换方向去分析新的需求，去评估付出努力的必要性，或者去承受团队成员人数是否会在项目过程中不断增加的不确定性。

这样做的影响是，在敏捷项目中，客户与其供应商之间的关系发生了变化，从主要由契约驱动的关系转变为紧密的部分合作关系。如果旅程不是以双赢开始的，那么各方将踏上怎样的旅程呢？

注意：在这一点上，有些人肯定会问，如何构建敏捷合同。尽管对你来说，理解这个问题的所有微妙之处还为时过早，但我们的结论是，我们更喜欢用以下几个阶段来构建敏捷合同：

（1）【可选的】展望。此阶段旨在将战略业务目标与日益细化的需求结合起来。它最终定义了实现战略业务目标所需的最重要的 2～3 个需求。一旦工作开始，随着时间的推移会出现更多的需求。

合同类型：固定价格，因为这个阶段依赖固定容量和固定期限（2～3 周）。

（2）开始工作。团队被集合起来，开始处理单个最重要的需求，直到交付速度达到稳定状态。这通常需要 3～4 次迭代或 Sprint。我们将速度定义为每个 Sprint 阶段中客户接受的故事点的数量。故事点是评估工作的敏捷货币。

合同类型：时间和材料，因为这个阶段依赖固定的能力（团队）达到速度稳定状态所需的持续时间可能有所不同。根据设置时间、团队的技能和业务领域的复杂性，该持续时间应该为 2～4 个月。

（3）稳定状态。现在团队的速度已经知道了，可以使用产品待办列表的大小来估计项目的持续时间。用于评估敏捷团队工作的货币是故事点。我们将在第 18.2 节中描述故事点及如何评估工作。可以这样说，如果需求列表的故事点的总和是 200 点，并且团队在每个迭代的稳定状态下平均交付 20 点，那么团队将需要 10 次迭代来完成工作。如果团队规模、组成和工作的业务领域保持不变，则可以以固定的价格完成此稳定阶段。请注意，你不应该在团队之间比较速度，以免他们使用它来与系统博弈。换句话说，你不能说一个团队每次迭代交付 20 个故事点的效率只有一个团队交付 40 个故事点的一半。

顺应变化而不是遵循计划

在大多数项目中，如果不是在所有的项目中，客户的需求会随着其对新的解决方案的体验而不断发展。这会引发新的想法、新的需求，甚至产品的新方向。整合这些反馈，从而使最终产品更好地满足最终用户的需求，不仅是可以接受的，而且实际上是非常可取的。也就是说，如果敏捷交付项目本身有一个需求文档阶段，那么它是非常短的，最多两周，用战略业务目标来指导识别 1～2 个最重要的需求。实际上，我应该说需求文档阶段几乎扩展了整个项目的过程。这里的目的是让需求不断地出现，刚好在开发团队消费的时候出现，或者比开发团队消费的时间早 2～3 周，以便设计人员和架构师能够提前准备对开发团队的指导。

这种价值通常是传统供应商和客户最难接受的。太多的合同都是以这样一种方式编写的：项目范围必须得到足够充实，所有的工作评估都必须在签署之前得到巩固。具有讽刺意味的是，客户和供应商在项目开始时都没有足够的知识来分析反馈，能把产品做到什么程度，以及真正需要付出多少努力。图 18-6 中的就是不确定性圆锥。

图 18-6 显示了客户和供应商在项目期间没有获取的信息量。水平轴上记录的是典型的瀑布式或计划驱动的交付阶段。要在项目开始前评估确定项目范围及其工作量的最大隐患是合同双方都不知道自己缺少哪些信息。客户团队应该只能对要提出的需求做最好的猜测。反过来，供应商团队要努力去评估实现这些不确定的需求需要付出哪些努力。具有讽

刺意味的是，两个团队都把巨大的努力和大把时间花费在缩小不确定因素的范围上，而实际上最好的方法是直接开始干活。因此，敏捷团队更喜欢在项目的早期就开始工作，并要对变化及时做出调整，而不是花时间揣测计划，或者揣测更重要的日期，结果往往是错误的。

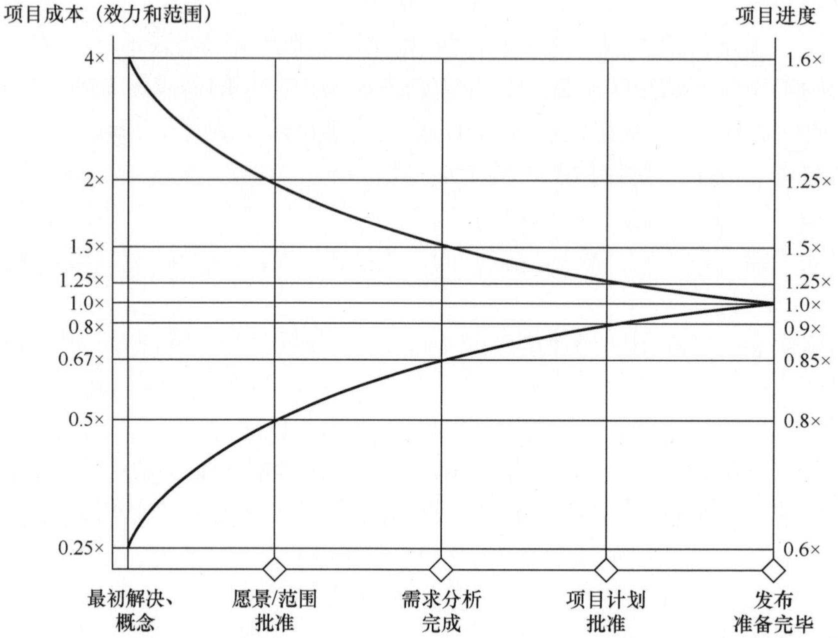

图 18-6 不确定性圆锥体展示了在项目的瀑布式的各个阶段不能获取的信息

让我们来看看为什么有些人会说有一个详细的计划比只知道如何开始工作要好。显然，有一个计划是有价值的——一个简单的，甚至过分简单的计划。关键是不要让分析瘫痪，不要为寻找完美计划而耽误工作。相反，业务和技术团队应该接受这些不确定性，并以下列条款为基础建立伙伴关系：

（1）欢迎业务团队更改和重新确定需求的优先级，前提是技术团队仍具有实现需求的技能。

（2）如果业务领域发生了变化，那么技术团队可能必须对团队的技能进行改变。如果必须改变团队技能资历或复杂程度，则有可能提出项目更改请求。

（3）随着项目的进展，从中点开始，对完成已知工作所需的迭代次数可以根据可靠的数据进行估计。因此，随着项目的进展，管理团队应该对项目持续时间有更多的把握。如果在每次迭代中完成的工作满足了 done （“完成的定义”）的定义，那就将其应用到生产上，这一点尤其正确。稍后将对此进行详细介绍。

（4）考虑到团队速度的重要性，并且由于向团队中添加个人会改变其速度，因此向项目中添加资源是通过添加整个团队来完成的。这可以相对轻松地完成，因为敏捷团队相对较小。事实上，敏捷团队应该只有 5～9 个成员。这就最大化了交流、协作和创新。小团队可能没有集体生活经验来产生创新和解决大团队所能解决的问题的思想质量。相反，由于沟通渠道的数量呈指数级增长，大于 9 人的团队在沟通上就失去了很多效率。图 18-7 说明了这种增长。

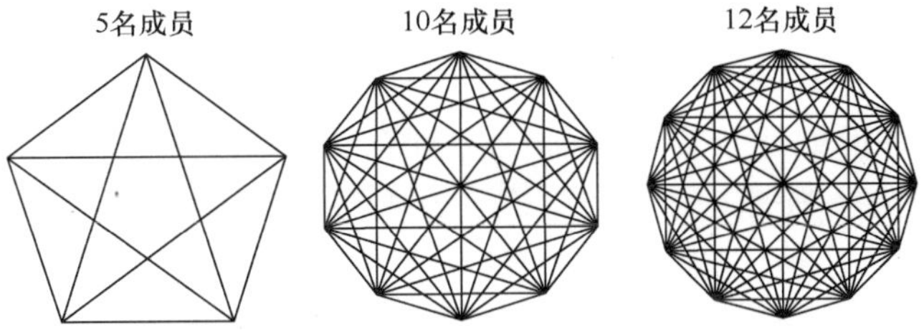

图 18-7 沟通渠道在一个团队中是基于团队规模成指数增长的
［公式：团队规模×（团队规模−1）/ 2］

由于这些原因，敏捷交付成为管理新产品创建的新标准。然而，对许多人来说，这些价值观太宽泛，很难真正理解。这就是为什么敏捷宣言的创建者接着记录了 12 条原则，以更好地定义这四个价值。

◆ 敏捷宣言的 12 条原则

敏捷宣言的四个价值的问题在于它们太宽泛、太抽象，以至于许多人无法有效地应用它们。这就是为什么宣言的作者在遵循这些价值观的基础上提出了 12 条原则，以更好地构建敏捷对话。

1. 能尽快并持续实现价值的软件

第一条原则是："我们的最高优先级是通过能尽快并持续实现价值的软件来满足客户。"换句话说，需求、体系结构和设计都没有工作软件有价值。这样想：作为一个要购买产品的消费者，你会仅仅为了获得一个引人注目的架构文档或出色的线框图而付费吗？答案是否定的。不要误解我的意思，这些工作产品都有一定的价值，但只有当它们反映在工作软件中时才有价值。

考虑到反馈对最终产品质量的影响，业务团队希望在项目中尽早观察，甚至体验新产品。顺便说一下，作为项目经理、发起人或管理团队的成员，没有哪份精心制作的状态报告能像亲身体验新产品的进展那样，让你更好地了解项目的健康状况。

这就是为什么敏捷交付非常努力地推动产品的构建阶段尽早开始，通常是在项目开始后的几周到一个月，并且每隔几周就尽可能多地向受众展示新产品。

2. 欢迎需求的持续变更，即使迟了

第二条原则是："欢迎改变需求，即使在开发的后期。敏捷流程利用变更来获得客户的竞争优势。"我们已经提到，把源源不断的反馈持续整合到新的解决方案中，将创造出比最初计划更有价值的最终产品。因此，在业务中如果有机会实现最初计算的更高的投资回报率并获得资金支持，为什么不抓住这机会呢？这意味着在整个项目中都要应对不确定性，但是鉴于这样能带来更好的结果，这种不确定性是健康的。换句话说，接受不确定性并灵活地（或者我们敢说灵活地）应对。

3. 频繁地启动操作软件

第三条原则是："频繁地启动操作软件，从几周到几个月，且倾向于更短的时间。"让我们看看敏捷宣言的作者们为什么倾向于选择更短的时间：

（1）考虑到收集反馈并将其集成到新产品中的重要性，为什么不经常这样做呢？

（2）缩短演示之间的时间向团队灌输了一种紧迫感。换句话说，它减少了拖延，并允许团队拒绝无关的请求。注意，这并不是说"拒绝"就是永远拒绝；如果该请求是合理的，那么它将被确定为下一个迭代的（最多两周后开始）优先级任务。

（3）较短的迭代往往暴露出工作流程的低效和过程中的障碍。例如，如果时间框迭代持续两周而不是两个月，那么处理相关障碍的紧迫性就会大大增加。换句话说，延迟两天意味着在两周或10天的迭代周期中有20%的生产力被损失掉。同样，延迟在两个月或40天的迭代中只占5%。

（4）另一个典型的低效率工作是新的敏捷团队倾向于"瀑布化他们的迭代"，这个弊端在较短的迭代中会更显著地展现出来。团队应该首先专注于完成迭代中最重要的单个需求，然后专注于下一个最重要的需求。这确保在迭代期间实现最大值。相反，团队的迭代往往首先关注于弄懂所有迭代的需求，然后对它们进行分析、设计、构建，最后一次性完成对它们的测试（见图 18-8）。如果团队在迭代的设计阶段被阻塞或减慢了速度，那么它就有可能无法完成任何工作，从而无法为该迭代实现任何价值。换句话说，完成的开发工作应该在迭代的早期到达测试阶段并进行验证，最好是在几天之后，而不是在迭代的后期（见图 18-9）。

（5）由于持续改进是敏捷交付的主要原则之一，我们更愿意考虑如何更频繁地改进而不是很少去改进。

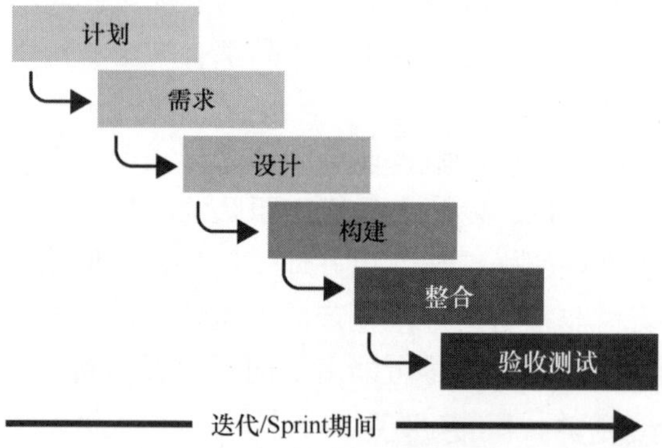

图 18-8　瀑布式迭代的例子

正是由于这些原因，迭代周期是两星期会实现最佳实践结果。

图 18-8 瀑布式迭代的例子中工作是由连续的阶段完成的。如果在迭代过程中时间耗尽，那么很有可能实现不了什么价值，也没有什么操作软件可用。

图 18-9 典型的敏捷交付方式是按优先级从高到低的顺序去实现需求的。如果在迭代过

程中时间耗尽，那么至少最重要的需求已经完成，这样交付的价值将在软件运行的过程中实现。

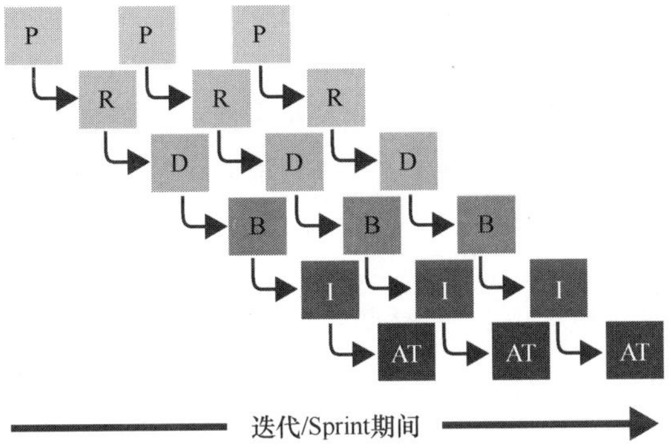

图 18-9　典型的敏捷交付方式是按优先级完成的需求

4. 业务团队和技术团队必须进行日常合作

第四条原则是："在整个项目中业务人员和开发人员必须每天一起工作。"过去，业务团队花了数周的时间记录需求，把它们挂到墙上，然后等上几个月才能看到最终产品，结果很可能是失望而归。防止这种情况发生的一种方法是业务团队和技术团队在整个项目中持续协作。以下是在敏捷交付项目中发生的一些典型情况：

（1）业务团队只记录了技术团队工作所需的一两个最重要的需求。"刚刚足够"传统上意味着 2～4 句话，描述期望的结果和对最终用户的价值。传统上，一张索引卡就应该够用了（10cm×13cm）。这张卡片代表一个开始，从此技术团队可以在构建解决方案过程中随时提问。与在纸上记录大量的细节不同，在技术团队需要答案的对话过程中，这些细节会及时浮现。这让技术团队和业务团队能实时地澄清彼此的假设。

（2）通过每天的协作，业务团队可以回答数十个来自技术团队的问题，无论需求是写在索引卡上还是 200 页的文档上。如果没有这个持续进行的对话，技术团队就需要每天做出这几十个微观决策。"按钮应该放在这里还是那里？""触发点应该是这个还是那个？""如果答案是'*x*'而不是'*y*'，那该怎么办？""很容易就能看到让业务团队在这些问题出现时及时回答带来的好处，那会让团队得出更能满足团队愿景和需求的解决方案。"

（3）在一次迭代中业务团队梳理并重新确定需求优先级 1～2 次。按照业务价值和项目风险来划分需求的优先级。风险最大的需求应该在项目中尽早得到处理，这样，如果它们注定要给项目带来厄运，失败就会尽可能早地出现，从而可以尽可能地降低成本（例如，确定失败的时间早，失败付出的代价小）。

在理想情况下，应该随时有这样的思想准备，即最重要的需求会耗费技术团队 2～4 个迭代才能实现。这就能给设计人员（例如，架构师、Web 设计人员团队）和基础设施工程师留出更多的时间，使他们能够及时完成工作，以便开发和测试团队处理他们的工作。

然而，毫无疑问，这一原则已经成为最难实施的原则，因为公司强烈希望在业务团队位于公司总部的同时，通过外包技术团队来降低产品开发成本。有一种常见的说法是，当到业务团队和技术团队一起工作时，纬度会造成伤害，而经度会要命。由于最有效的沟通方式是面对面的交流，所以在同一个时区工作时，仅仅通过距离将两个团队分开是一回事。至少通过这种方式，当技术团队需要帮助或澄清时，始终在线的电话线路和视频连接使业务团队能够快速地做出微观决策。错误假设的累积效应，通常是由技术团队产生的，会使有效的开发工作偏离正轨。当团队被时区分隔开时，情况就完全不同了。将你的工作进度更改多达 12 小时的强制规定使得随着时间的推移很难保持团队的积极性，更不用说确保只有最好的资源留在项目上，而不仅仅是可用的最好的资源。然而，考虑到这些实际项目的限制，这里有一些优先选项：

（1）让两个团队重叠，或者至少在同时两个团队任职的团队成员尽可能多，留出尽可能多的工作时间。一个合理的最小时间是两小时。在这个重叠的过程中，主要关注于回答微观决策和测试新出现的故事。

（2）给业务团队指派一名代理人来帮助业务团队与技术团队进行协作，这名代理人被授权为业务团队和客户的代言人。通常从对团队的业务领域有深刻理解的业务分析人员中挑选。设立业务代理人的另一个风险是，业务团队，尤其是产品负责人可能将部分或全部决策权交给代理人。出于许多原因，这是次优的做法。

（3）给业务团队配备规模轻减的同驻地工作的技术资源组。他们的职责是成为与离岸资源沟通的桥梁。这种选择的缺点是，微观决策将至少推迟一天，并取决于两个技术团队之间的清晰和准确的沟通。

（4）尽可能详细地记录需求，以便最小化技术团队的假设和做微决策的需求。这种做法至少有四个缺点：

- 将需求文档化到必要的级别可能成为开发工作中的瓶颈，特别是如果需要进行变更，或者更糟的是因为不可能通过预先的大型设计来弥补这些变更，整个计划都要调整。
- 太多的团队在提前编写需求文档和书面文档时因为试图预测所有微观决策的答案而瘫痪。
- 对于大多数离岸团队来说，英语充其量只是第二语言，因此，寻找能够理解其细微差别的人会给技术团队带来另一个瓶颈。
- 书面语言不是一种非常有效的交流方式，尤其是在试图解决复杂问题的时候。

5. 与有积极性的人组队，信任并支持他们

第五条原则是："围绕积极上进的个人建立项目。给他们提供所需的环境和支持，相信他们能完成工作。"在理想情况下，组织、项目和个人的目标都是一致的。这种一致性增加了个人的参与度和他们对工作的所有权。反过来，这有助于促进管理团队的信任和支持。底线是，这个原则最终是关于文化的，这是敏捷转换中最难的部分。

6. 与开发团队沟通最有效的方式是面对面

第六条原则是："向开发团队和开发团队内部传递信息的最有效方法是面对面的对话。"业务和技术团队协作的概念就是从这个原则发展而来的。参见第四个原则，去了解不能实现面对面交流造成的缺陷，特别是因为选用外包的技术团队带来的交流缺陷，去了解解决这个问题的可能的其他做法。

7. 工作软件是进度的主要指标

第七条原则是："工作软件是进度的主要指标。"这一原则不言而喻。然而，仍然坚持通过状态报告了解项目或程序健康状况的经理和领导者的数量是惊人的。这些报告最终花费了团队许多小时（如果不是几天的话）精心制作，以免无意中暴露出令人不安的事实。事实上，如果管理人员能够直接观察 Sprint 或迭代，那么对于所有相关人员来说，都将会更好、更有效。在大约两小时的会议中，每隔一周左右，他们就会了解请求、风险、问题和阻碍背后的来龙去脉。换句话说，项目的真正健康状态。当使用的主要指标是观察工作软件时，要想对透明性做手脚是很难的，这也是让人畏惧的。

8. 敏捷过程应该能够无限期地保持一致的步调

第八条原则是："敏捷过程促进可持续发展。主办方、开发人员和用户应该能够无限期地保持一致的步调。"促进可持续发展的步伐和努力使有关各方的生活更容易。这是通过以下方式实现的：

（1）在 Sprint 或迭代中划分工作，每段持续时间大约为两周。这样所有的资源，不仅仅是技术团队，都在持续但较低的压力之下去完成任务。在风险和问题变成障碍之前去降低风险并解决问题，等等。在一个计划驱动的项目中，由于一个阻碍而损失一天的生产力并没有什么意义，但是当团队在 2 周或 10 天的迭代中工作时，损失一天就意味着生产力会立即下降 10%。

（2）通过确保每个故事都满足"完成的定义"，可以在迭代末期被业务团队或产品负责人接受之前就做好付诸生产的准备，这样一来团队能力或速度就变得可预测了。稳定状态的速度成了一种宝贵的规划工具。换句话说，满足"完成的定义"的需求消除了其他项目阶段的需要，如功能测试、集成、用户验收测试等。拥有这些独立且不同的阶段的问题，正如"顺应更改而不是遵循计划"值一节中所讨论的那样，我们不能准确地预测每个阶段的持续时间。没有这一点，就不可能有效地管理相关方和领导的期望。

9. 持续的技术卓越和良好的设计增强了敏捷性

第九条原则是："持续关注技术卓越和良好的设计，可以提高敏捷性。"这个原则的推论是，技术债务是敏捷的一种反模式。技术债务是我们今天必须为纠正过去做出的技术决定而付出的代价。一个典型的例子可能是，许多公司几年前决定对给定的浏览器版本进行标准化，而不是让 Web 环境保持在最新的状态。移动应用程序的出现就要求这些公司首先通过将浏览器和底层应用程序升级到现代版本，来纠正这种技术债务。在每个人都迫切需要移动应用的时候，纠正这种技术债务往往需要花费数百万美元和数月的时间。

10. 最大化未完成的工作

第十条原则是："简单性——最大化未完成工作量的艺术——至关重要。"这一原则的一个典型例子是，在开发工作之前准备 2～4 次迭代的需求列表可能不会最小化未完成的工作。这是因为在 Sprint 或迭代演示过程中收到的反馈很可能影响其余的需求，因此这些额外的工作可能都是徒劳的。

另一种看待这个问题的方式是，效率低下的敏捷使用者使用这一原则来对爱因斯坦名言的前半部分进行分析："一切都应该尽可能地简化，但不是更简单。"换句话说，这个原则用一种不同寻常的方式来强调，重点是在选择不需要做的工作时要深思熟虑，而不是仅仅把做完的工作最小化。因此，这一原则经常以下列方式滥用：

（1）团队靠这个原则来逃避完成标准工作最少量的需求。例如，太多的团队将这一原则与"工作软件优于全面文档"的价值结合在一起，作为不记录任何东西的借口。最低限度的文档编制通常是必要的，甚至在敏捷项目中也如此。它只是不以必要条件的形式出现。我想到的一些文档包括帮助文件、用户指南、代码推广方向（如果这个过程不是自动化的）等。

（2）另一种使用该原则的方法是防止镀金，无论是设计还是构建和测试。太多的团队为假设可能出现的情境进行各种设计。如果我们被问到这个或那个情况呢？很容易！让我们设计并完成一个同时能够满足这三种情况的解决方案：既满足我们的需求，又满足两种备选情境方案。这样，我们就有保障了。除为那些可能根本就没有机会得见天日的情境做了设计和编程外，特别是在项目期间需求发生变化的情况下，业务团队可能发现要做出重要的全面调整，以便能拿出更好的解决方案。去开发一个不必要的方案，除浪费时间外，有时候为了满足新的需求，这些已经完成部分很可能被迫删掉。

出于这些原因，团队至少应该有意识地去寻找满足既定需求的最简单的解决方案。未来变更可能出现，但是我们要让这种变更带来必需的重构最小化。

11. 最好的架构、需求和设计来自自组织的团队

第十一条原则是："最好的架构、需求和设计来自自组织的团队。"自组织团队的概念在这里很关键。随着时间的推移，这个概念已经进一步明晰：团队应该被授权和是多功能的。团队之所以被授权，是因为他们最接近并且最具备快速做出所需决策的能力，而且他们是多功能的，因为设计、构建和测试用例所需的所有技能团队都应该具备。这就最小化了对其他团队的依赖，并最大化了故事或需求在 Sprint 或迭代结束之前被完成、集成和测试的机会。授权和多功能的团队最适合确保每个故事符合"完成的定义"的要求。应该注意的是，在需求不断冒出且完成时间紧迫的世界里，给解决方案构建架构、进行设计是一个很难完成的任务。随着系统变得越来越复杂，这一情况尤为真实。然而，采用故事层级视角进行设计可以简化这个难题，尽管这是以牺牲即将成形的整个解决方案的系统性及系统性视角为代价的。解决这个问题，像紧密结合但松散耦合的系统、急中生智的设计与深思熟虑的设计、带有自动化测试的敏捷建模、持续集成和持续交付，这些概念可以提供帮助。

12. 团队定期反思改进并做出必要的调整

第十二条原则是："定期反思，团队思考如何才能变得更有效，然后相应地调整其行为。"敏捷的关键支柱之一是持续改进。这意味着团队最了解如何更好更快地工作，尽管可能需要 Scrum Master 的帮助。因此，在每次迭代或 Sprint 之后，团队和项目相关方应该聚集起来，并有勇气客观地查看他们最新的工作片段。

18.2 Scrum 介绍

◆ Scrum 概述

Scrum 可能是最著名的敏捷框架。虽然它最初被用于软件开发，但它的许多原则现在已经远远超出了 IT 范围，应用于更多目的，例如开发产品或服务。

Scrum 的核心是一个协作开发和交付具有最高价值产品的框架。以下六个方面最能说明这一点（见图 18-10）。

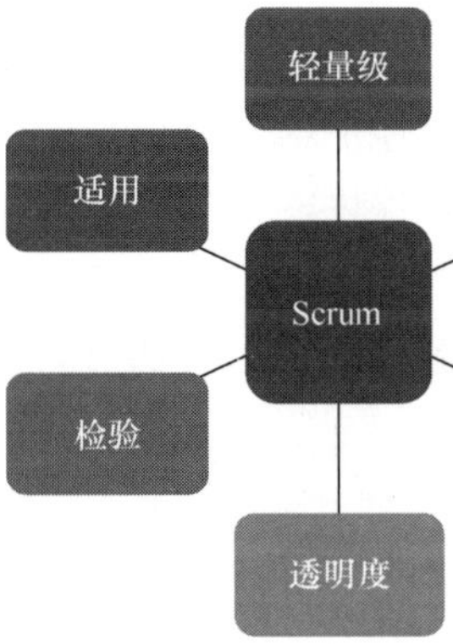

图 18-10　Scrum 六个要素

（1）轻量级。Scrum 由三个角色、四个事件和五个工件定义。我们将在下面详细讨论这个问题。

（2）容易理解。由于它的简单性，Scrum 很容易解释和学习。事实上，可以在 www.scrumguides.org 上找到的“Scrum 圣经”只有 17 页，非常容易阅读。

（3）难以掌握。如前所述，Scrum 看起来很容易学习，但掌握它需要很长时间。我们接下来将了解到一些原因。

（4）透明度。Scrum 和敏捷一样，致力于提高透明度。每个人都必须理解并在”完成定义”或者 DoD 上达成一致。在视为已完成工作并被接受之前，这些是团队所做工作是否完成的标准。这点的好处在于，敏捷人士正在推动整个项目的透明度，包括团队将遵循的过程、每日进度报告、评估、指标、速度（例如，团队完成工作的速度，更多内容见下文）及风险、问题，特别是阻碍。要做到透明，需要莫大的勇气，例如，尽早分享坏消息，因为并非所有的管理者都遵循“好消息可以等待，坏消息不能”。勇气也意味着宣布在下一个 Sprint 中要实现的交付，勇气也需要每隔几周就对交付做出负责说明。另一种勇气形式包括经常寻求对所做工作的反馈。这些由透明度驱动的勇气只是 Scrum 难以掌握的一些例子。

（5）检验。在每个 Sprint 结束时，团队要向感兴趣的人展示完成的工作。在这样做的过程中，团队试图收集必要的反馈，使结果比最初计划得更好和更有价值。此外，团队和相关方定期对人员、流程和工具进行关键性的观察，以期持续改进。

（6）适用。基于刚才描述的检验，团队和相关方可以自由决定进行必要的更改，以提高正在创建的产品的质量和价值，以及团队的生产力。

现在让我们更深入地探讨组成 Scrum 的三种角色、四个事件或仪式，以及五个工件或工作产品。

◆ Scrum 中的三种角色

Scrum 项目的特点是只有三个角色。它们是团队成员、Scrum Master、产品负责人。

团队成员

团队成员提供价值。

团队成员仅指开发人员和测试人员。他们通常是项目中的价值交付者。尽管项目还可能需要建筑师、设计师和基础设施工程师提供额外的临时或兼职帮助，但敏捷人士认为是前者提供了大部分价值。

团队通常会限制要交付的工作。因此，必须尽一切努力保护其生产力。例如，团队会议应在数量和持续时间上最小化。

（1）跨职能和自组织。

最有效的 Scrum 团队是跨职能和自组织的。跨职能是因为团队应该具备完成工作所需的所有技能，由端到端。例如，软件开发团队可能需要具备前端或用户界面（User Interface，UI）技能、编排层或 API，以及后端或数据库技能。这样的团队将能够在一次 Sprint 中完成开发、端到端的集成和故事的测试。换言之，这样的团队将确保每个故事都符合 DoD 要求。

跨职能的另一个好处是，这样可以使团队最小化对兼职专家的需求，同时可以在团队成员不可用时进行覆盖，因为在他们之间，团队成员可以覆盖所有角色，尽管可能没有相同的生产力。

比如，值得注意的是，许多公司更喜欢一个单独的团队来进行后端或数据库开发。此外，这些辅助团队还经常以计划驱动或瀑布式的方式工作。这对于敏捷项目来说是次优的，因为：①它创建了不必要的依赖关系；②通常需要项目管理开销来解决调整这些团队带来的副作用；③很可能阻止一个故事从头到尾完成，因此可以在一个单独的 Sprint 中部署。

除了跨职能，Scrum 团队也是自组织的。团队成员决定如何最好地处理他们在每个 Sprint 中致力于完成的工作。对他们来说，工作不是“我完成了我的工作，现在我离开这里”，而是“我完成了我的工作，现在谁需要他们的帮助，以便我们能及时完成”。除建立团队精神或团队纽带外，这种方法还有一个额外的优势，即每个人都有机会学习不同的角色、技术和编程语言，从而在专业上有所成长。第二个好处是这种方法进一步增加了团队的跨职能。一般来说，当团队成员积极参与比他们自己的更重要的事情时，这也会提高员工的满意度。

（2）团队成员自己评估工作。

如果一个团队要承诺在一个 Sprint 中完成它选择的工作，那么它还必须拥有对该工作的估计。其必要性体现在两方面：

1）人们更愿意接受自己评估完成工作所需努力的承诺。换言之，如果一个比你技能高得多的人决定你要花多长时间来完成一项艰巨的任务，你的承诺会有多强烈？

2）估计的大小取决于进行估计的人员的经验和技能。初级开发人员完成一项任务可能需要三天时间，而高级开发人员只需要半天时间即可完成。对于初级开发人员来说，坚持努力满足高级开发人员确定的估计值又如何公平或可持续？

Scrum Master

（1）帮助团队实现高价值的服务领导。

Scrum Master 的主要目的是成为团队的服务领导。服务型领导不是传统的管理者。她首先是个仆人，其次是个领导。因此，她提问团队需要什么才能成功并提供最大的价值。由团队来回答这个问题。仆人领导的好处是，她可以比大多数经理更快地与团队建立信任。

（2）消除团队生产力的障碍。

有效的 Scrum Master 可以快速解决阻碍团队生产的障碍。这需要一个广泛的人际网络，能够提供帮助，并有完成工作的经验，即使以一种非传统的方式。此外，有效的向上管理有助于解决更困难的组织障碍。

（3）确保遵循 Scrum 和敏捷原则。

Scrum Master 是团队在敏捷和 Scrum 方面的主要指导。在项目期间，团队会遇到问题。他们对这些问题的反应决定他们的敏捷转换将如何成功。拥有弱 Scrum Master 的团队将依靠他们的命令和控制或者计划驱动和瀑布方法的旧习惯来解决这些问题。Scrum Master 的职责是确保团队在这些困难时期不会后退。

（4）使用敏捷工具提高团队的速度。

一个有效的 Scrum Master 利用许多敏捷和 Scrum 经验来提高团队的速度和交付更好产品的效率。据说敏捷人士拥有一个大型的敏捷工具带，从中他们可以获得许多建议、技巧和经验，这些建议、技巧和经验远远超出了 Scrum，并接触到许多敏捷框架，例如“极限”编程（eXtreme Programming，XP）、规范敏捷（Disciplined Agile，DA）、Scrum of Scrum（SoS），甚至诸如使用规模化敏捷（Large Scale Scrum，LeSS）、规模化敏捷框架（Scaled Agile Framework，SAFe）和 Nexus 等主题。最好的 Scrum Master 甚至将他们的工具带扩展到诸如精益（绿色、黑色或大师级黑带）、六西格玛、设计思维、精益启动和 DevOps 等领域。

产品负责人

（1）优先考虑工作以实现最佳目标和愿景。

Scrum Master 的主要目的是最大限度地提高团队生产力（它是如何工作的），而产品负责人（Product Owner，PO）的主要目的是确保团队提供尽可能高的业务价值（它工作的内容）。因此，产品负责人需要非常好地理解公司的战略目标和愿景，并将其转化为有效的战术需求或故事。

（2）负责实现业务目标。

为了指导开发最好的产品、应用程序或服务，产品负责人应该充当顾客之声（Voice of Customer or Consumer，VoC），并且是一种很能发挥实效的声音。她必须密切了解目标受众的需求、欲望和愿望。因此，最好是产品负责人源自公司的业务部门。

当公司把产品负责人的责任让给第三方供应商时，是令人失望的举动。这是公司业务领导层软弱的表现。如果公司拒绝对产品的质量及其创造和销售的经验负责，消费者为什么要从中购买？

（3）确保待完成工作列表的可视性和透明度。

产品负责人通常必须与其他团队或项目竞争资源。实现这一目标的最佳方法之一是计划实现引人注目的业务价值。团队需要完成的所有工作列表，描述了产品积压工作的内容。通过提供积压工作的可视性和完全透明性，产品负责人表明，她欢迎反馈意见，以便向消费者提供比她一个人所能做的更好的产品。

待完成工作列表的另一个优点是，下一步的进度和计划对所有人来说都很容易看到。如前所述，透明性是敏捷的关键原则之一。

（4）优化团队提供的价值。

最终，产品负责人的成功将由团队交付的业务价值来衡量。团队应该首先交付最有价值的特性，即"大石头"，留下最不值钱的特性用于项目的结束。这样一来，一旦资金或时间用完，"大石头"就被运走了，只有沙粒被漏掉了。这种方法应该接受一个可变范围，即使最严格的"鹰派范围"（Scope Hawks）。换句话说，一个优先但可变的范围确保了最大的回报。

敏捷交付带来的好处之一是"早失败，成本低"。这意味着，如果团队注定要失败，因为项目风险无法减轻，那么至少让它及早失败，以便尽可能便宜地从这个实验中吸取教训。实现这一点的方法是，不仅根据业务价值，而且根据风险，特别是在项目开始时，优先考虑产品积压工作。这就完成了以下任务：

（1）它给团队（实际上是公司）更多的时间来寻找一种减轻项目风险的方法。

（2）如果不能降低风险，公司最好尽早了解这一点。

团队规模？你能给它加两个大比萨饼吗？

最后，谈谈团队规模。Scrum 团队规模相对较小，在 5～9 个团队成员之间（不包括产品负责人和 Scrum Master）。正如我们在敏捷简介中看到的，原因如下：

（1）我们更喜欢至少五名团队成员，因为在更小的团队中，想法的数量和质量及技能的广度都会受到影响。

（2）由于沟通渠道的数量呈指数级增长，我们希望不超过 9 名团队成员来最大限度地提高沟通效率。

归根结底，敏捷人士经常说，合适的团队规模是一个吃两个大比萨饼就足够的团队。

◆ Scrum 的四个事件

在 Scrum 中，工作是在 Sprint 中完成的。Sprint 或迭代的时间限制在 1～4 周，其中两周是最佳实践。更短的 Sprint 有以下优点：

（1）不仅在团队中，而且从支持者中创造一种紧迫感。例如，在为期两周的 Sprint 中，一个积压工作持续两天，因为指定人没有迅速解决问题，这意味着团队生产力下降 20%，这是一个很难克服的延迟。

（2）持续时间更短的 Sprint 可以更好地暴露公司工作流程的弱点和低效性。例如，我们看到过太多的团队使用四个星期中的三个星期进行开发，而只使用最后一个星期进行测试。这叫作 Sprint 的瀑布化。在持续时间更短的 Sprint 中，这个过程很难再实现。相反，团队应该首先完成最重要的故事开发，以便可以在 Sprint 的前面几天进行测试，而不是在最后两天内完成。

（3）增加反馈和回顾的机会。与四周 Sprint 相比，两周 Sprint 可以使你获得两倍的机会，获得宝贵的反馈并改善你的流程。

（4）当有人要求团队在 Sprint 中插入一个被遗忘或紧急的高优先级项目时，更容易说“不”，因为这个人最多只需要等待两周就能完成工作，前提是它具有足够高的优先级可以跳到未完成生产任务列表的顶部。试试跟一位经理说，当 Sprint 持续四周时，他必须等上一个月。

你可能问：为什么不选择持续时间只有一周的 Sprint？这是一个非常好的问题，但是在你尝试优化你的工作流程之前，试着看看两周的 Sprint 对你有多好。

不考虑 Sprint 的持续时间，Scrum 基本上有四件事，也称为仪式（见图 18-11）。整个团队，加上产品负责人和 Scrum Master，都参与了以下活动：

- Sprint 计划。
- 每日站会。
- Sprint 评审。
- Sprint 回顾。

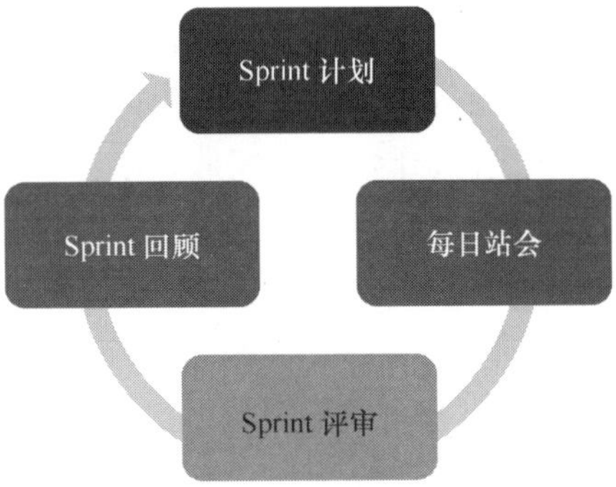

图 18-11　四个 Scrum 仪式

一些做敏捷的人在此列表中包括了“对产品未完成任务列表进行优化”。

Sprint 计划

团队、产品负责人和 Scrum Master 在 Sprint 的第一个早晨聚集起来进行计划。这个仪式在 Sprint 阶段每星期持续 1～2 小时。所以，两周 Sprint 的计划应该持续 2～4 小时。显然，这个持续时间取决于团队的敏捷成熟度、故事的复杂性及团队对它们的熟悉程度。

团队首先要了解它的带宽。表 18-1 是一个例子。

表 18-1 例子

团队成员	第 1 天	第 2 天	第 3 天	第 4 天	第 5 天	第 6 天	第 7 天	第 8 天	第 9 天	第 10 天
Jarry	×	×	×	**放假**	**休假**	**休假**	**休假**	**休假**	×	×
David	×	×	×	**放假**	×	×	×	×	×	×
Mike	×	×	×	**放假**	×	×	×	×	×	×
Johan	×	×	×	**放假**	×	×	×	×	×	×
Fred	×	×	×	**放假**	×	×	×	×	×	×
Andrew	×	×	×	**放假**	×	×	×	×	×	×
Ron	×	×	×	**放假**	×	×	×	×	×	×

这就是事情很快变得复杂的地方。我见过一些团队计算可用工作小时数，然后计算理想时间与工作时间，希望得到非常准确的估计。这些计算可以快速消耗计划会议的大部分内容，同时常常给人一种错误的准确性感觉。相反，我推荐一种更简单的方法。

把团队速度用作 Sprint 的规划工具

团队速度被定义为团队最近每个 Sprint 交付的故事点的平均数量。故事点是对故事复杂性的度量。正如敏捷入门中的详细描述，故事的复杂性大约是按照斐波那契数列分布的：1、2、3、5、8、13、20、40 和 100。一个故事点为 8 的故事，其复杂程度是故事点为 2 的 4 倍。团队成员可以通过阅读故事并向项目负责人询问，来快速地对故事的复杂性有一个直观的感觉。

传统上是用规划扑克法来评估代表复杂程度的故事点。有了经验，每个故事大概需要 3～5 分钟的时间来评估。评估工作的重点不是追求完美的准确性，而是尽快达到足够好的程度。当团队无法根据规模在相邻二者之间做出选择时，选择故事点数更高的那个。

随着时间的推移，团队的速度通常会达到一个稳定的状态。这通常需要经过 3～5 次 Sprint，但也可能有不同情况。从这里开始，我们假设一个团队可以在每个 Sprint 中稳定地实现大约 35 个故事点，这样在规划 Sprint 时，Sprint 目标就是按照优先级从产品待完成任务列表的顶部选择 35 个故事点。这些故事应该放入 Sprint 任务列表。与产品待完成任务列表不同的是，这个列表会根据需要不断地重新划分优先级。一旦团队实现了交付，Sprint 待完成任务列表就固定不动了，变成 Sprint 的范围。

就像敏捷交付中的所有优先工作一样，团队应该从顶部“攻击”Sprint 任务列表，以确保首先完成最有价值或者最危险的故事。这样，如果有一个令人不快的惊喜，至少最高价值的工作已经完成。

如果团队还没有达到稳定速度该怎么办？在这种情况下，应该使用以前的 Sprint 速度作为大致的（或者非精准性）指导方针。

在第一个 Sprint 中，如果没有速度可用，又该怎么办？在这种情况下，让团队估算出该在这个集体盘子里放多少任务。虽然可能得出错误的估计，但是这在目前的情况下是可以接受的。准确性会随着经验积累逐渐提高。与持续数月的瀑布项目不同，在这种情况下，即使团队的评估是错误的，也只对两周的工作产生影响。

验证团队所选择的故事点数量的一种方法是要求团队成员将他们的故事分解成单独的任务，并以小时为单位估计持续时间。我的指导意见是，任务应该是在 4 小时到 2 天之内完成的。少于 4 小时的任务不值得提前规划管理。相反，由于预计需要超过两天完成的任务，团队不能及早且充分地了解是否存在影响任务完成的问题。故事被分解成任务后，直接将这些任务持续时间进行估算，然后求和。得出的总和应该与团队在 Sprint 期间的可用带宽一致。这也能让 Scrum 教练确保每个团队成员的工作量都没超出负荷。无论哪种情况，都要记住，完美是足够好的敌人。

还有一件事：不要将团队之间的速度作为生产力的指标进行比较。其后果是，团队会开始人为地夸大对各自的估计，来愚弄系统。

将速度作为发布的长期规划工具

另一种非常有用的方法是用速度作为长期规划工具，用它来估计剩余的 Sprint 数量，以达到最小可行产品或发布里程碑。首先让团队评估产品待办列表中剩余的工作。例如，假设还有 600 个故事点要交付。然后计算一个程序在每个 Sprint 中可以交付的故事点的总数。请注意，这里你不是在比较团队的速度，只是将它们的数字相加。例如，假设程序团队在每个 Sprint 中可靠地交付了 125 个故事点。因此，他们需要 600 / 125 或 4.8 次 Sprint 才能完成这项工作。注意，这个过程假设：①程序已经达到稳态速度；②在本例中，团队在未来 5 个 Sprint 中的可用性与最新的可用性大致相同（换句话说，没有每个人都离开一个月的欧洲式假期）；③剩下的工作和团队组成与目前看到的非常相似。

请注意，团队评估整个产品待办列表会损失生产力成本。如果在项目中做得太早，这一点尤其正确，因为根据要接收的反馈，任务列表肯定会发生变化，甚至可能发生显著的变化。所以，明智地使用这个过程。

每日站会

每日站会的目的仅仅是计划下一个工作日。为此，每个团队会员应尽量简洁地回答以下三个优先考虑的问题：

- 你遇到困难或障碍了吗？
- 你今天打算做什么？
- 自上次每日站会以来，你完成了什么？

注意“完成”这个词的用法，“指有意地完成”。为了控制时间的考虑，每个小组都应将每个组员完成情况作为首要关注的部分。换句话说，如果每日站会只是简单的例会，那么只要能包括所有完成的任务和参加所有会议就可以了，但实际上这样并不够。因为这通常意味着对测试的任务放手，交给团队成员完成，或者由团队成员进行回顾和评审。正是这种对底线的关注让许多团队的每日站会站着进行，这是提醒大家会议时间要短，这样各个成员才能参会后及时回到原本请他们来做的工作上去，也就是增加价值。

我们鼓励每个人能参加每日站会，好让他们一直准确地了解团队的脉搏。会上应该只有团队成员才有发言权，但往往太多团队以外的人参与进来，尤其是经理们，他们把这样的团队例会看作一个分享自己行程的机会。其结果就是原本不应超过 15 分钟的会议被拖得长很多。Scrum 教练还有一个职责，就是有意缩短这些辅助内容讨论。一个带点幽默的方法是挥舞一个埃尔莫娃娃。埃尔莫是美国电视节目《芝麻街》中的一个角色。对于敏捷专家，埃尔莫代表够了，让我们继续！

在每日站会之后，团队成员甚至“局外人”留下来深入讨论各种主题是完全可以的，只要那些不感兴趣或没有参与的人能够及时回到工作中去。

Sprint 评审

Sprint 评审通常在 Sprint 的最后一天进行，目的是让团队向“世界”展示其进展，并获取对正在出现的解决方案的反馈。因此，任何一个对这个项目感兴趣的人都应该受邀参加。对于项目发起人来说，这是一个绝佳的机会，例如，直接体验项目的进展和健康状况。对于未来的产品用户来说，这也是一个绝佳的机会，他们可以通过提供建设性的反馈来指导产品的开发，并围绕产品制造话题。

会议的持续时间可以有很大的不同。我们看到过，从项目开始时产品展示大多会议开 15～20 分钟，到整个程序交付功能时的几小时。特别是在早期阶段，如果产品太脆弱，团队成员可能需要进行“驱动”。如果有许多高级经理在场，那么会议最好由项目负责人来推动，因为她能够最好地描述交付的业务价值。

然后，听众提供的反馈应该集成到产品待办列表中，并为未来的开发确定优先级。

Sprint 回顾

敏捷和 Scrum 的另一个原则是持续改进的概念。尽管这个改进可以在任何时候完成，但是主要的事件是 Sprint 回顾。这项 Scrum 仪式通常在 Sprint 的最后一个下午结束，持续大约一小时，也可能更长，这取决于对关键问题的根本原因分析的明确程度。传统上，本着透明的精神，任何人都可以参加，但是开始敏捷之旅的团队更倾向于将参加人数限制在核心团队：团队成员、Scrum 教练和项目负责人。

在众多举办回顾的方式中，我更喜欢以下方式：

首先让与会者用便利贴回答以下问题。谈话的语气应该是建设性的，而不是指责性的。毕竟，每个人都在同一条船上。

a．这次 Sprint 中什么进展顺利？

b．我们需要改变或开始做什么？

c．还有什么让你感到困惑？

- 然后，Scrum 教练或协调人与观众一起回顾每个贡献，并在适当的时候要求澄清。
- 接下来，观众对团队在下一个 Sprint 循环中应该处理的最重要的 2～3 个项目进行投票。投票时，每位观众成员或核心团队成员将获得三张便利贴，可以选择将它们全部应用到一个项目上，也可以将它们分散到三个项目上。
- 然后对得票情况进行统计，团队对得票最多的 2～3 人进行简要的根本原因分析，至少询问“五个为什么”。团队可能选择将这个练习的时间框设置为，比如，每次 10～15 分钟。

- 得票最多的人以及潜在的解决方案将被添加到产品待办列表中，以便在下一个 Sprint 中处理。

此外，人们通常希望团队能将在此期间的发现分享出来，以便让这些经验教训得到广泛应用。这是要求透明度和勇气的又一个例子。

产品待办列表梳理

产品待办列表梳理会议的目的是与团队一起评审新故事，以便对它们进行评估。在与团队会面之前，项目负责人（可能在业务分析人员的帮助下）对已经准备好与团队一起评审的故事进行验证。这意味着每个故事的接受标准都有完整而又连贯的文档记录。这尤其重要，因为：①这对估计的复杂性的工作会产生重大影响；②团队需要知道何时停止开发，以避免镀金工作；③测试人员要用这些标准来验证可接受的已经完成的工作。

团队评估故事的复杂性

正如前面看到的，团队成员的角色是使用规划扑克来评估故事的复杂性。很难预测任务列表梳理会议的持续时间。它们的长度依赖团队的敏捷成熟度、业务领域的经验，尤其是对需求的理解和评估。经验法则可能是每周 1～2 小时。

◆ Scrum 的五个工件

Scrum 主要由五个工件组成：

- 产品待办列表。它包含团队必须完成的所有工作的任务列表。
- Sprint 阶段任务列表。团队在 Sprint 期间关注的产品待办列表的子集。
- 增加。将已完成的工作发布到产品中，并获得相关的业务价值。
- 故事。敏捷需求的格式简洁明了。
- 所谓“完成”的定义。在故事被完全接受并准备部署之前必须满足的增量或特定于项目的标准。

产品待办列表包含所有的工作

产品待办列表是团队工作的有序列表。特别是它包含产品实现中可能需要的思想、特性、功能、需求、增强和修复。

产品待办列表是一个动态的、活生生的文档。因此，它永远不可能是完整的。事实上，因为有时不是所有的工作都能完成，它甚至可能在给定的项目结束后仍然存在。

它通常包含两种类型：业务故事和技术故事。

- 业务故事是描述期望的商务结果的故事。
- 技术故事描述的是部署业务所需的技术设计、基础设施或工程。

业务故事及其技术相关的故事必须清晰地连接起来，以便项目负责人知道在开始开发给定的业务故事之前需要完成哪些技术工作。如果所需的技术工作不先于业务开发，那么技术债务就会随之而来。技术债务是公司为纠正过去的技术决策最终必须付出的代价。技术债务的一个例子是，许多公司过去决定在 Internet Explorer 8 版本上进行标准化。几年后，大家都想要部署移动应用程序，这就会一石激起千层浪。经过进一步的调查，似乎移动平台需要一个现代浏览器。为了将基础设施升级到 HTML5 和 CSS3，企业花费了数百万美元和数月的时间。可以想象，技术债务是一种敏捷的反向模式。

产品待办列表归项目负责人负责。添加到产品待办列表中的技术故事通常由企业架构师或解决策略架构师负责。

团队（开发人员和测试人员）负责评估他们的工作。这通常使用扑克计划来完成，如上所述。

一个健康的产品待办列表应该有足够的优先级故事，以供团队在接下来的 2～4 个 Sprint 循环或迭代中使用，但不能超过这个数量。在项目开始时完全梳理产品待办列表是没有意义的，因为许多需求将根据预期的持续反馈而演进，甚至被消除。最大化未完成的工作是敏捷的最佳实践。

Sprint 任务列表框定了 Sprint 的范围

Sprint 任务列表是产品任务列表中剩余的最高优先级或风险最高的工作的子集。更具体地说，它是团队在当前 Sprint 阶段中交付的预测工作。只有团队才能管理 Sprint 任务列表；对其他人来说，它是冻结的。

增量按需释放

Sprint 增量是在连续的 Sprint 中完成并接受部署的所有产品待办列表项的和。因此，在每个 Sprint 的末尾，演进的增量必须始终满足完成的定义，并且可以根据需要进行部署。

现在很常见的做法是，特别是在第一个项目中，尽早交付最小可行产品（Minimum Viable Product，MVP），而不是等待最终产品以大爆炸的方式部署。顾名思义，最小可行产品是产品预期全部功能的一个小子集，有些人会说它是一个基本子集。利用最小可行产品来让业务团队：①验证关键的和有风险的概念，同时仍然有时间根据收到的真实反馈应用更改；②开始实现小规模的收入流；③围绕新兴产品创建预期的讨论。

在决定在 MVP 中测试哪些特性时，业务团队还应该关注最小愉快体验（Minimum Delightful Experience，MDE）的产生。如果不提供愉快的体验，所显示的特性的潜在价值可能被忽略。

产品负责人决定是否及何时释放生产中的增量。在增量发布之后，将创建一个新的增量。

◆ 让故事本身讲述故事

当故事具有层次结构时，需求更容易管理。

虽然从技术上讲，Scrum 只提到了一种类型的故事，即用户故事，但在大型项目中给团粒结构度强的故事下定义，让许多团队十分费劲。相反，当自上向下的方法把需求具象化可以期待时，团队就能从故事的新层次结构中受益，展示如下：

（1）业务目标。从技术上讲，这不是一个故事，战略业务成果设定了所有其他故事必须瞄准的“北极星”。战略业务成果由公司领导层制定。例如，“在产品发布后的 12 个月内，千禧一代账户管理的 5 亿美元新资产”。

（2）叙事诗。叙事诗将业务目标转化为可操作的策略。每个叙事诗通常需要几个月的时间来完成，一般需要三个月或以上的时间去完成。

（3）特性。特性是将战略叙事诗转化为策略或对策的方法。它们必须在三个月的时间内完成。

（4）用户故事。这些故事是特性的战术实现。用户故事必须在一个 Sprint 内完成。如果不能，就应该把它们分成更小的故事。

（5）任务。对于团队来说，最佳做法是将用户故事分解成完成工作所需的任务群。如上所述，任务持续时间应该是从 4 小时到大约两天。将各个任务的持续时间加总，是验证团队在 Sprint 中实际交付了多少工作的简便方法。

记录故事非常简单

在敏捷项目记录需求或故事非常简单。模板通常是这样的：

- 作为<使用者 | 因素 | 系统>。
- 我想要<期望目标或结果>。
- 这样我就可以<预期值或收益>。
- 当<所有验收标准>时，我就知道完成了。

通常指导是，故事应该放在索引卡上，如果需要大量的验收标准的话，可以放在前面和后面。正如敏捷的大多数方面一样，这里的重点是要快速抓住故事的核心。细节部分则作为项目负责人和团队之间对话的内容在后面补充。

业务和技术故事的例子

作为一名渴望参加<晚会的学生>，我想<从 ATM 机上取钱>，这样我就可以<度过一个愉快的夜晚>。当<我的银行账户为空或我已取回 50 美元>时，我就知道完成了。

作为一个<盲目的购物者>，我想让<屏幕阅读者允许我进入一个网站>的购物车，这样我就可以<购买物品>。当<我可以向购物车添加物品或者移除物品>时，我就知道完成了。

使用这种方式，可以很快地完成需求的记录。故事也变得很易理解，包括那些对于英语是第二语言的团队成员。然而，任何人都不能指望靠着这样简洁的信息就能创建起一个功能强大的团队。的确，这些故事开启了项目负责人和团队之间的对话。在团队所需的开发和测试过程中，通过及时提问和回答，详细细节信息会逐渐清晰。这就是项目负责人应该预留出大量时间去与团队协作的主要原因。

确认每个故事都有 INVEST

定义良好的故事应该具有以下特征：

（1）独立（Independent ）。在不引入其他故事的情况下，故事应该是可以实现的。当然在业务故事实现之前实现技术故事，不在此系列。关键是不要陷入先有鸡还是先有蛋的境地；故事 A 的实现不应该以故事 B 的实现为条件，如果故事 B 的实现以故事 A 的实现为前提的话。

（2）可商议（Negotiable）。故事是一个起点，而不是团队和项目负责人之间的契约。

例如，一位项目负责人会很高兴地了解到，通过对验收标准的微调去显著减少完成工作所需的工作量。

（3）有价值的（Valuable）。故事应该确定包含交付给用户的价值。

（4）可以估测（Estimatable）。开发人员和测试人员必须能够估计故事所需的工作量，或者更好的是，它的复杂性。

（5）小（Small）。较大的故事通常过于复杂，难以估计和管理。将它们分解还可以简化流程，并且在出现问题时需要更少的返工。

（6）可测试的（Testable）。一个故事必须至少有一个成功的标准；否则，如何测试它，团队如何确保它向客户交付价值？

每个故事都必须实现一些业务功能的垂直部分

在软件开发中，每个业务故事必须在四个技术层面实现端到端的业务功能。

- 用户界面层。
- 验证层。
- 业务逻辑层。
- 数据访问层。

虽然专注于一个或两个技术层，可以完成部分价值的交付，但是故事在 Sprint 结束时不能完全达到可测试水平。一般是在 Sprint 结束时，通过检验的故事应该满足完成定义的要求，这样才可以被部署。

◆ 完成的定义：在细节中

完成通常有两种定义。第一个与故事有关，第二个与增量有关。

用户故事独有的完成定义

（1）单元和自动化测试。故事的单元测试已经成为一种最佳实践，尤其是在促进自动化测试时。自动化测试本身，特别是与测试优先的方法论相结合时，也正在成为标准。自动化测试的一个原因是它大大降低了与代码重构或返工相关的风险。

（2）满足所有成功标准。不用说，一个故事要被接受，必须满足所有的成功标准，必须经过从头到尾的测试。

（3）部署脚本测试。当一个故事到达 Sprint 的末尾时，它可能已经被部署了多次。这种部署应该自动提高部署的可靠性。另外，为了以防万一，能进行脚本回滚部署也是不错的想法。

（4）基础设施需求记录。必须对业务故事所依赖的基础设施进行文档记录，以便操作团队能够及时确认在各种环境里的准备情况。

（5）仍需处理缺陷的工作区的文档记录。对于仍需处理缺陷的可接受的解决方案必须编制文档，以便操作人员和最终用户参考。

……

增量独有的完成定义

（1）编码和架构标准。审计代码以确保其符合编码和体系结构标准是一种最佳实践。

（2）评审。定期进行代码和体系结构评审是团队持续提高其技术能力的一个很好的方法。

（3）最终用户文档。即使非常直观的特性也需要最终用户文档，如帮助功能。

（4）通知变更管理。负责管理新产品部署所带来的变更的团队应该尽早参与开发过程，并且经常参与开发过程。这将使他们能够确保为最终用户、员工或消费者提供更好的准备和更愉快的体验。

（5）跨流程（Cross-Stream）集成。工作流程、项目或程序之间的集成通常是瀑布式或计划驱动项目中最困难的阶段之一。这主要是由于：（a）从编写代码片段到发现导致集成缺陷的时间间隔通常长达数月；（b）因为集成阶段是在产品部署开始前最后的几个阶段之一，每个团队都会经常面对要尽快完成任务的巨大压力。敏捷和 Scrum 团队通过在“实时”或“伪产品”环境中部署每个构建来预先解决这个问题。这个环境通常是虚拟的，收集当前生产环境中的所有二进制文件，这些文件是由那些有着同一目标，为同一个未来产品环境努力的团队构建的。

……

这两个简短的列表并不详尽，你应该研究最适合你的项目和公司的标准。图 18-12 显示了所有活动是如何组合在一起的。

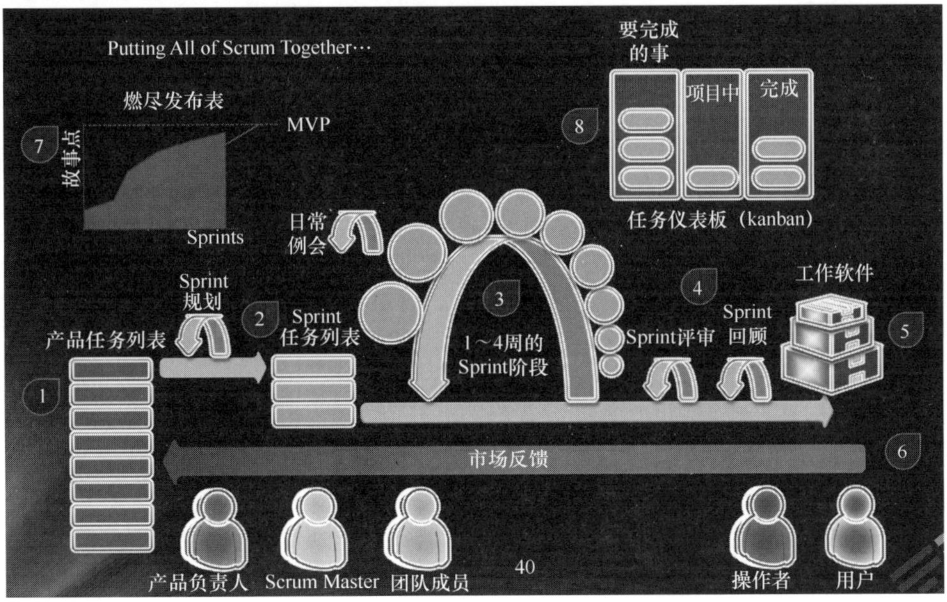

图 18-12　所有活动是如何组合在一起的

把上面所有的绑在一起

（1）产品待办列表的优先级主要取决于业务价值，也取决于项目的风险，尤其是在项目开始时。

（2）在 Sprint 的计划阶段，团队从产品待办列表的顶部选择足够的工作放进自己的盘子。然后，致力于在 Sprint 期间完成对这些需求的交付。

（3）短期 Sprint 比长期 Sprint 更受欢迎。试试持续时间为两星期的迭代。通过让每个团队成员回答以下三个问题来进行每日站会：

a．自上次每日站会以来，你完成了什么？

b．你打算今天完成什么？

c．是什么阻止或减缓你的进度？

（4）在 Sprint 的最后一天，团队在 Sprint 回顾中展示了取得的成就，然后在 Sprint 回顾中对提高生产力的方法进行了批判性的审视。

（5）把通过检验的事例添加到增量中，直到业务团队或项目负责人做出在生产中对其部署的决策。

（6）捕获市场反馈并将其添加到产品待办列表中，以便让产品的下一个版本更好。

（7）把累积的团队速度或程序速度绘制在目标线上，这个目标线代表着 MVP 所需故事点数。这个图叫作燃尽图。

任务仪表板（Kanban）是一种让工作和工作过程可视化的好方法，就像我们在上行管理中做的那样。

18.3　德勤公司和企业价值实现的敏捷方法

今天，许多组织都在它们的软件开发过程中不断追求开发进程可视性的提高和投入市场步伐的加快。它们的领导人寻求用更有效的方式来回应利益相关方的投入，并展示速见成效的成果。它们的客户寻求更好的用户体验和更贴合需求的软件。为了迎接这些挑战，项目和组织作为一个整体正在逐步转向敏捷开发方法。

敏捷是一组基于迭代和增量开发的软件开发方法，其中需求和解决方案通过自组织、多功能的团队之间的协作而演进。敏捷通过可见性、检查和适应来管理复杂性、不可预测性和变更。因为敏捷提供了更大的透明性和对进展的可见性，所以它比传统方法需要更严格的规程。

数字技术的快节奏和不断发展的本质要求工作过程具有灵活性和适应性。我们发现敏捷开发方法为早期和持续的质量评估和前沿软件的创建提供了优秀的交付过程。小型且高度协调的多功能团队在每个 Sprint 阶段中发布一个可工作的构建版本，以确保项目在开发过程中始终不会偏离生产版本的轨道。敏捷让我们能够快速交付能满足用户和相关方需求的成品。

德勤使用迭代开发方法，通过使用敏捷方法实现集成企业价值交付，满足客户的需求。用敏捷方法实现集成企业价值交付是一种完全依据经验的方法，它包括了业务环境和技术领域的变化，关注于为我们的客户快速交付价值，并为实现预期的项目结果提供了规程和透明度。这种方法是以敏捷软件 Scrum、德勤在敏捷项目上积累的经验和行业领先实践为基础的。它包括开发产品任务和列出 Sprint 代办列表，以及通过快速迭代（称为 Sprint 循环）来管理项目。用敏捷方法实现集成企业价值交付的方法给出了流程、模板、示例和加速器，它们可以提高质量和价值，并帮助管理敏捷项目，实现有时间限制的 Sprint 阶段的周期。用敏捷方法实现集成企业价值交付是一种完全依据经验的方法，它包括了业务环境和技术领域的变化，关注于如何为客户快速交付价值，并为实现预期的项目结果提供了规程和透明度。

德勤实现敏捷方法的关键组成部分，体现在敏捷方法实现集成企业价值交付过程中。（见图 18-13），包括：

- 三个周期——发现周期、Sprint 周期和发布周期，包括从明确项目的愿景到最后的产品发布的所有时段。
- 专注于软件运转并持续改进工作流程。
- 通过产品用途、Sprint 代办列表来确定工期；由产品负责人根据预测的产品发布计划来确定优先完成的部分，负责人预测版本的路线图。
- 通过快速迭代，即所谓的 Sprint 来管理项目。借助 Scrum Master 软件，所有进度都要在任务板上可视化（或等效工具）展示。
- 团队措施包括容量、速度和竣工。
- 支持和确保敏捷项目完成交付的特定 EVD 资源包括：

（1）交付过程工作分解结构（见图 18-14）。WBS 包括大约 180 个任务，每个任务都用以下信息描述：

a．任务目的描述。

b．工作产品、示例和模板。

c．步骤及主要考虑事项。

d．开发手册。

e．角色和输入。

对交付过程工作分解结构进行解析，不仅对刚取得 Scrum Master 证书的人是一个很好的起点，对经验丰富的 Scrum Master 也是一个有价值的检验。

（2）标准。标准被定义为新追求和项目应该满足的最低需求。遵循这些标准，可以让价值交付以一种更为统一的、明晰的、已经商议好的方式实现。应用时，可将这些标准嵌入敏捷方法的描述中去。

标准映射到项目阶段，在此期间一个标准可以应用于多个阶段（见图 18-15）。

（3）工作产品、规程和开发辅助工具

在 EVD 的这一部分中，可以找到所有关键工作产品的示例和模板。

它们按项目任务分组：

a．项目管理，例如，行动项目日志。

b．质量管理，例如，敏捷的指标。

c．计划需求，例如，就绪和完成的。

d．定义分析和设计，例如，数据建模检查表。

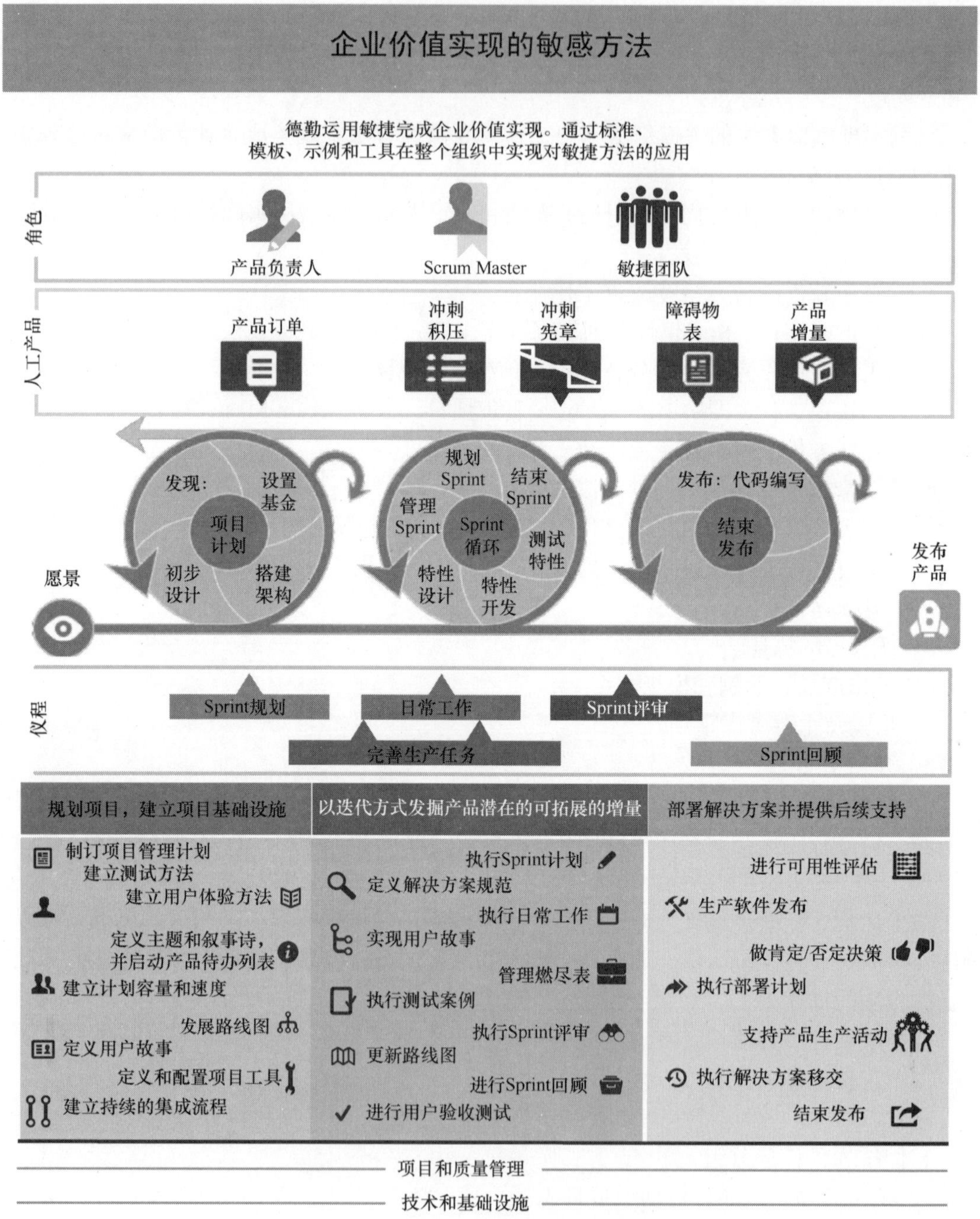

图 18-13 德勤企业价值交付的敏捷框架

e．开发，例如，代码评审清单。

f．测试，例如，缺陷跟踪日志。

g．部署，例如，发布 go / no-go 标准。

h．技术，例如，技术架构。

i．组织变动管理，例如，变动影响评估报告。

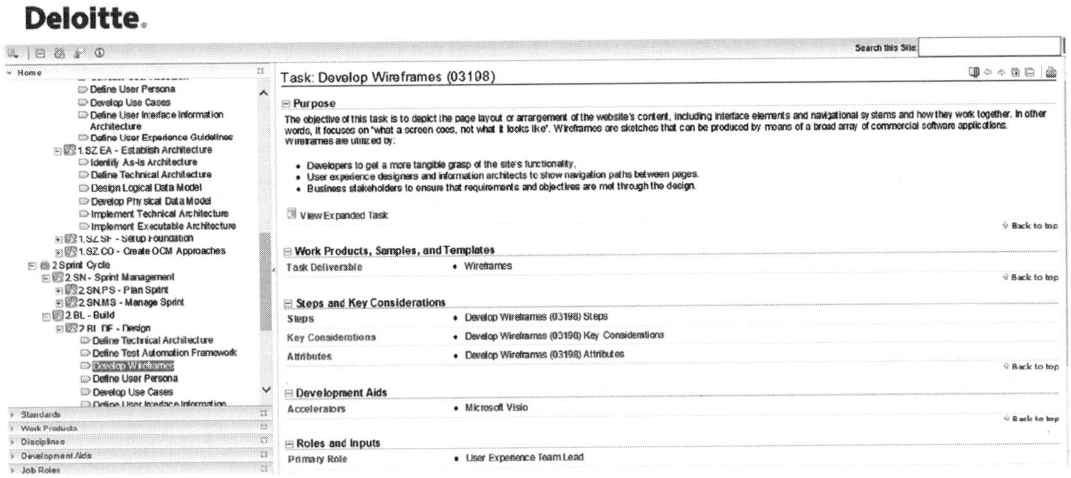

图 18-14　交付过程工作分解结构

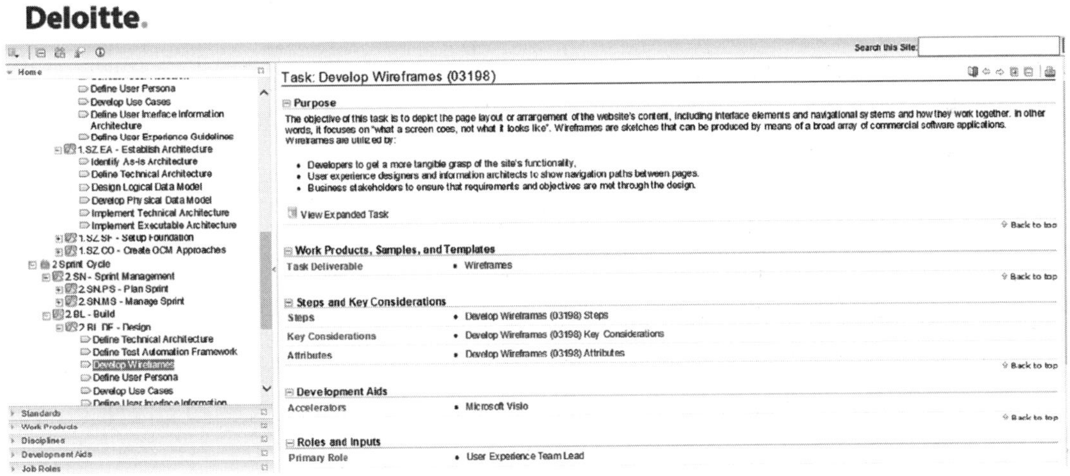

图 18-15　按阶段划分的 EVD 标准

用新模板不断开发和丰富示例工作产品的存储库。至于开发辅助工具，相关方可以在这里找到加速器、指南、过程和工具。

（4）工作角色。EVD 的最后一部分描述了所有重要的项目角色，不仅仅是关注 Scrum 角色（见图 18-16）。

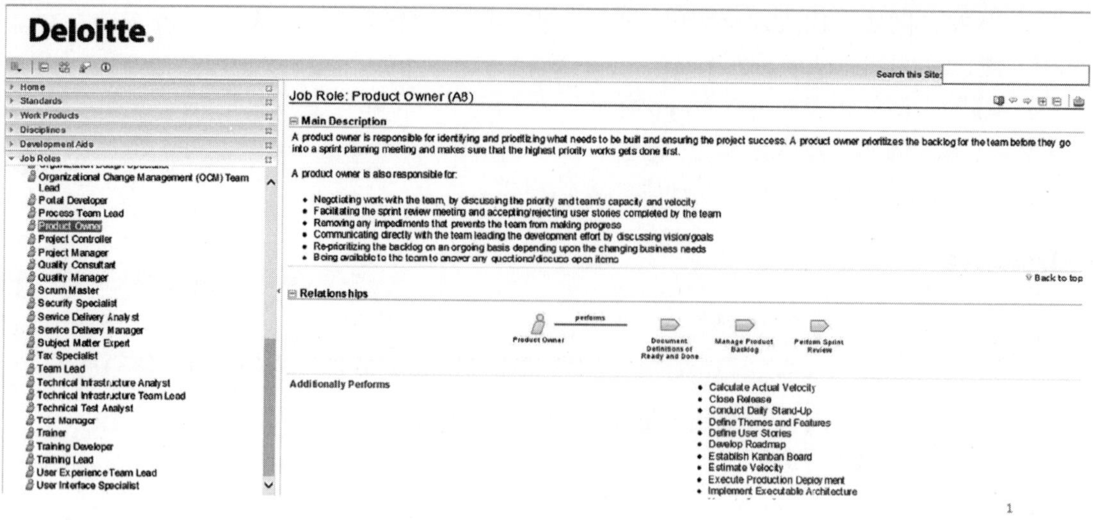

图 18-16　工作的角色

◆ 德勤处理敏捷交付挑战的经验

敏捷项目需要大量相关方（包括业务所有者、开发人员和安全专家）的持续协作和承担责任。在实现和维护这种责任承担和协作方面的挑战包括：团队难以紧密协作和频繁投入，或者团队难以过渡到自我指导的工作。

当一个一直使用瀑布式软件开发的组织转向使用敏捷软件时，可能需要新的工具和技术环境去支持，相关指导和采购策略也要更新。以下是敏捷项目的准备工作中或将面临的挑战：

- 及时采用新工具是很困难的。
- 技术环境很难建立和维护。
- 采购做法可能不支持敏捷项目。

敏捷项目用迭代方式开发软件，将需求和产品开发整合到一个迭代中。这些需求可能包括遵守法律和政策需求。在执行与迭代开发和法规遵循评审相关的步骤时，所面临的挑战除团队难以管理迭代需求外，法规遵循和法规审查可能很难在迭代时间框架内执行。

敏捷提倡使用软件进行的评估，而不是传统项目管理中典型的文档和关键性报告。敏捷评估和传统评估之间缺乏一致性，具体包括一些汇报与敏捷不一致，而传统的工件评审和状态跟踪与敏捷不一致。

表 18-2 概述了德勤处理关键敏捷交付需求的方法。

表 18-2　关键的敏捷交付需求

敏捷交付需求	德勤的处理方法
在高度迭代和并行的敏捷交付环境中管理业务解决方案的完整性	我们与所有相关方（客户、德勤、其他供应商）像一个团队那样工作，让各个利益相关方都积极地、全程地参与项目，指导项目愿景，评审已取得的成果，且一直坚持业务价值优先

续表

敏捷交付需求	德勤的处理方法
项目中交付团队间多重合作与依赖	敏捷层次结构中的任何单一敏捷项目，都应该根据跨团队日常会议来构建。这些会议可以揭示各团队的进度，确定团队间是相互依赖还是相互掣肘。经验丰富的 Scrum Master 要跨团队协调解决方案，并在必要时被提拔为项目领导
充满干劲儿的项目管理能让项目状态和进展透明且清楚可见地呈现给所有参与团队	德勤的治理结构能日常跟踪 Sprint 燃尽情况和用户故事状态、已计划的和实际的团队速度和能力、按照计划好的发布或其他里程碑事件逐步完成使用者的故事，还可以就项目出现的问题、风险和整个项目状态进行每周汇报
对最小可行产品定义的尽早确定和持续验证	最小可行产品定义通常在发现阶段明确设定，并在整个项目执行过程中随着叙事诗和用户故事的展开，进一步梳理，以便帮助逐渐展开的路线地图进行预测，以及根据业务目标优先考虑的原则进行待办事务的管理

◆ 从瀑布变为敏捷

在当今数字化的经济中，开发组织必须不断地寻找方法，以有效和成本效益的方式帮助其公司实现目标。特别重要的是对关键业务驱动程序的响应能力、对开发过程提供更大可见性的能力及实现的速度。

为了帮助实现这些目标，不少组织越来越多地转向敏捷开发。然而，与任何变动一样，向敏捷迁移并不容易。转换是否容易进行与采用敏捷的组织文化相关。企业文化是协作的、以人为本的组织更容易成功地适应这个转变。从非敏捷开发到敏捷开发，文化上的转变对实施转换工作的团队提出了一定的要求。这些变化包括拥有一个持续生产和结果的心态，更高程度的协作，对评估的准确性的验证，以及保证以共同理解的心态看待正在开发的东西。

为了成功地采用敏捷，企业必须在其组织中适当地构建敏捷部署方法。第一步涉及理解要处理的业务问题。第二步是评估组织现有文化的影响。第三步是制定出在组织中部署敏捷的策略。第四步，也是最后一步，是根据特定的项目环境调整敏捷开发方法。

将相关方的思维方式转变为敏捷思维方式需要了解各相关方，他们在敏捷开发项目中发挥着重要作用；要把握各相关方因项目参与程度不同造成的潜在影响，并说服他们去思考敏捷项目的作用，而不是厘清各方的责任范围，而这是瀑布方法开发的特点之一。

如同利益相关方对敏捷项目一样，敏捷项目的规划、设计和构建元素需要与敏捷思维模式正确地结合才能成功。在敏捷项目中，计划是相对去中心化的，敏捷项目经理是项目经理促进的多元化决策过程的重要领导者。成功的敏捷项目的设计过程比非敏捷项目的文档要少，但是强调关键的概念，并对各利益相关方持续地做出响应。构建过程需要规程来快速测试和部署代码。持续改进的思想对于在敏捷环境中取得成功是至关重要的。

18.4 指标狂热的风险

在过去的十年中，敏捷项目管理实践快速增长，不仅在 IT 领域，在其他类型的项目中也如此。敏捷项目管理实践的大多数原则在应用于非 IT 项目时提供了有益的结果。尽管所有这些听起来不错，但随着实践增多，还是有一些挑战存在。

项目管理中有一句古老的格言，即“你无法管理无法度量的东西”。因此，要使用敏捷技术来管理项目，你必须建立指标，以确认收益正在实现和敏捷实践正在正确执行。幸运的是，伴随着敏捷实践的增多，指标度量技术也随之增加，我们相信今天我们可以度量任何东西。有不少很好的指标可以报告项目绩效。

另一个需要考虑的方面是敏捷宣言的一部分：个人和交互重于过程和工具，工作软件（或产品）重于全面的文档。考虑到 Scrum 框架，团队应该保证工件透明性。换句话说，Scrum 需要透明性来帮助决策，这决策是基于已了解的工件状况做出的。这就指明了敏捷原则：只使用完全必要的指标，只要它们能够增加交付产品待办列表中的项目价值。

◆ 指标狂热

“指标狂热”是指为指标而创建指标的无穷欲望。仅仅是为了创建而创建，并不是考虑真正的需要。过多的指标存在弊端，会在选择时造成困扰。

指标过多的结果是：

- 我们花掉重要工作的时间来衡量和报告这些指标。
- 我们提供了太多的数据，相关方和决策者很难确定什么信息才是真正重要的。
- 我们提供的信息很少或根本没有价值。
- 我们最终将宝贵的时间浪费在无关紧要的事情上。
- 太多的指标会给相关方和企业主打开提出没必要的问题的大门，最终导致一个微观管理环境。

在通常使用瀑布图的传统项目管理中，报告总是围绕时间、成本和范围的指标进行的。使用挣值测量系统，指标的数量可以增加到 12～15 个。随着公司在使用新方法方面变得成熟，所报告的指标的数量通常会减少。

指标管理

一个好的指标管理程序可以最小化指标狂热的危害，但不能将它消除。典型的指标管理程序包括四个步骤：

（1）指标识别。

（2）指标选择。

（3）指标测量。

（4）指标报告。

指标识别是对基于事实或基于证据的决策制定所需的那些指标的标识。

指标选择是指你决定实际需要多少指标，需要哪些指标。指标选择是解决指标狂热问题的第一步。指标选择的基本规则可能包括以下内容：

- 跟踪、测量和报告指标都是有成本的，即使我们使用仪表板报告系统，而不是书面报告。
- 如果一个好的项目管理方法，比如敏捷和 Scrum 的目的是减少或消除浪费，那么选择的指标数应该最小化。
- 审查者应该选择他们所需要的指标，而不是他们想要的指标。这是有区别的。
- 要求指标看起来很好，但不能提供信息的价值，就是对创造浪费的邀请，尤其是用于决策时。

对于大多数项目经理来说，文案工作是最大的障碍。项目管理实践的未来是创建一个无纸化的项目管理环境。这并不意味着我们 100%无纸化，因为有些报告是强制性的，但这确实意味着我们认识到，不必要的文案工作是一种浪费，需要消除。在实践中，我们已经改为使用仪表板项目绩效报告。

仪表板报告系统可以强制查看、选择想要在仪表板上看到的指标。典型的仪表板屏幕只有有限的空间，即通常只有 6～10 个指标的空间，这些指标看起来很美观，并且很容易阅读。因此，告诉相关方或企业主我们希望为他们提供一个且只有一个仪表板屏幕，这可能迫使他们在确定实际需要的指标时具有选择性。

指标的图形显示

仪表板绩效报告系统让汇报信息变得很容易。敏捷和 Scrum 的典型指标包括故事提交×完成，团队速度和加速度，Sprint、叙事诗、发布燃尽率，发布燃尽进度、净推荐值等。在此仅列这几项来举例说明。

敏捷软件开发和 Scrum 也可以采用一些传统项目管理经常用的指标，接下来会列出这些指标。

（1）资源管理。

显示人们在项目上投入的时间。敏捷和 Scrum 建议团队全身心投入项目中，资源利用至关重要。没有有效的资源管理，人们可能只花 50%的时间在项目上。剩下的时间用于返工或被时间强盗占用，如不必要的会议、电话、多任务处理和其他的此类活动。

（2）障碍、缺陷和范围变更。

障碍指任何可以阻碍或让项目推进放缓的事物。障碍需要用行动项来解决，并且应该由项目和/或团队的领导采取行动。如果这些障碍没有及时解决，那么通常都是领导层的错。指标可以显示项目在每个月中发生的障碍，以及有多少障碍被排除，有多少障碍被解决和删除，以及有多少障碍必须升级到更高的管理级别。

在敏捷和 Scrum 中，范围的变化被认为是正常的，并在每个 Sprint 或交互结束时处理。一些人认为发生范围变更是由于需求定义不准确和计划有偏差。虽然这一观点有它的优点，但大多数项目范围变更的原因是市场条件发生了变化，或者业务模型需要重新配置。注意：团队必须能够吸收所有的变化。

（3）价值管理。

50多年来，我们将项目成功定义为在项目的时间、成本和范围限制内完成项目。从表面上看，这似乎是一个很好的定义。但是这个定义忽略了“价值”的重要性。“任何一家公司都可以在时间、成本和范围的限制下完成一个项目，最终却无法提供任何商业价值。”更好的项目成功定义是在满足竞争约束的同时创建可持续的商业价值。

价值可以有多种形式，如经济价值、商业价值、社会价值、政治价值、宗教价值、文化价值、健康安全价值、审美价值等。所有这些都很重要，但通常我们关注的是经济或商业价值。

另一种形式的价值体现在客户满意度的提高上。如果客户满意度持续提高，那么来自客户和相关方的额外工作机会也会增加。

客户满意度的提高也可以作为团队激励因素。这种观点适用于为企业主提供比他们预期更多的价值。

提高客户满意度和/或为企业主增加价值可能并不总能取得。项目有时会失败。在这方面的一个很好用的指标是跟踪项目成功率的增加百分比或项目失败率的减少百分比。这个指标对于高级管理人员很重要，因为它可以提供项目成功程度的指示。

对指标的狂热与厌恶

太多的公司最终对指标产生了爱恨交加的关系，尤其是与敏捷相关的指标。通过跟踪绩效、报告业务价值的创建及确定减少浪费的方法，可以使用指标来展示团队的成就。还可以它用来识别“痛点”，即那些给企业主、相关方和客户带来不快的情况。这样，团队就可以寻找减少或消除痛点的方法了。

当指标成为一种用来强制某种行为的武器时，仇恨关系就产生了。虽然好的指标可以驱动团队良好地运行，但是如果管理人员使用相同的指标使一个团队与另一个团队对立，那么相同的指标可能造成仇恨关系。当这些指标成为员工绩效考核的一部分时，就会产生另一种仇恨关系。造成这种仇恨关系的原因如下：

- 指标的使用被视作“为表现好坏支付”的工作氛围出现的开端。
- 指标评审的结果是团队共同努力取得结果，不能按个人分割。
- 指标评审结果不理想，可能是出现了超出了雇员控制能力的情况。
- 雇员可以操纵指标或造假，来炮制一份不错的绩效考核。

◆ 总结与建议

我们目前已接触的只是鉴别指标的皮毛。虽然对于任何和所有的项目管理方法，包括敏捷和Scrum，指标都是必要的，但是考虑到某些指标的数量可以明确下来，公司必须建立特定指导方针来避免出现指标的狂热或是厌恶。目前能考虑到的建议，都已经陈列在下面。当然，下列建议不可能详尽无遗，只是抛砖引玉。

- 要选取项目需要的指标，不选人们自认为想要却未加证实的指标。
- 要选择对相关方、客户和企业主都有用的指标。

- 确保指标可为做出决策提供支持的证据和事实。
- 确保选取的标准切实用在了项目管理中，而不仅是为了看着好。
- 不要选择必须耗费时间和成本去收集数据的指标。
- 不要选择产生无用结果的指标。
- 不要将指标仅用于绩效评估和团队之间的比较。
- 确保所选择的指标不会打击项目团队士气。

第 19 章 效益实现和价值管理

19.0 简介

公共和私营部门的组织一直在努力创建一个项目组合，以提供可持续的商业价值。很多时候，公司在没有经过适当评估的情况下，将所有项目请求添加到交付队列中，很少考虑项目是否与业务目标一致，或者在成功完成后是否提供了效益和价值。项目提交时往往没有附带任何商业论证，也没有与商业战略保持一致。许多项目伴随着商业论证，这些论证基于高度夸大的期望和不真实的效益。其他项目的创建是因为管理层的异想天开，项目完成的顺序是基于请求者的级别或头衔。仅仅因为一名高管说“完成”并不意味着它会发生。结果往往是项目失败，浪费宝贵的资源，在某些情况下，商业价值被侵蚀或破坏，而不是被创造出来。

19.1 理解术语

理解效益和价值的定义很重要。

效益是行动、行为、产品或服务的结果，对特定个人（如企业主）或特定个人群体（如利益相关者）来说是重要或有利的。一般效益可能包括：

- 提高质量、生产率或效率。
- 避免成本或降低成本。
- 增加收入。
- 改善客户服务。

效益来自战略规划活动的目标。过去，传统的业务目标是客户满意度、降低成本、利润，它们关注的是短期目标和交付成果，而不是长期收益。因此，过于强调项目的结果，项目本身未必带来长期收益。今天，战略目标似乎集中在：

- 生产率。
- 客户服务。
- 效率。
- 返工。
- 性能改进。
- 避免成本。
- 质量。
- 创造收入。

效益，无论是战略性的还是非战略性的，通常都与最终将获得收益的赞助组织的组织化商业目标相一致。收益通过收获项目创造的可交付成果或产出而显现出来。项目经理有责任创建交付成果。

项目的商业论证中确定了效益。一些效益是有形的，可以量化。其他效益，如员工士气的提高，可能难以衡量，因此可能被视为无形的效益。无形资产可能很难衡量，但它们不是不可估量的。一些难以衡量的效益包括：

- 协作。
- 形象/声誉。
- 承诺。
- 领导力有效性。
- 创造力。
- 动机。
- 文化。
- 生活质量。
- 客户满意度。
- 压力水平。
- 情感成熟度。
- 可持续性。
- 员工士气。
- 团队合作。

效益之间也存在依赖关系，其中一个效益依赖另一个效益的结果。举例来说，创造收入的预期改善可能取决于质量的提高，或者需要更好的营销来吸引更多的游客。

在确定项目范围时，我们必须就我们想要的组织成果或效益达成一致，并且必须能够以可衡量的术语表达出来。这是必要的，因为改进通常用金融术语来表达，以证明对企业投资的合理性。典型的通用效益指标可能包括：

- 增加市场份额。
- 提高质量。
- 降低运营成本。
- 提高客户满意度。
- 减少浪费。
- 提高员工士气。
- 利润增长。
- 增加员工留用和减少员工流动。
- 提高生产率和效率。

有必要使用这些指标来反馈以重新验证性能，衡量成功，调查异常，并决定是否需要健康检查。

效益实现管理（Benefits Realization Management，BRM）是一个流程、原则和交付成果的集合，可以有效地管理组织的投资并实现效益。项目管理是产生成果的工具，创造效益交付。项目管理侧重于维护既定的基线，而 BRM 通过监控潜在的浪费、可接受的资源水平、风险、成本、质量和时间来分析项目与业务目标之间的关系，因为它与期望的收益相关。BRM 的最终目标不仅仅是实现效益，而是长期保持效益。

在 BRM 中相当成熟的组织：

- 享受更好的业务/战略成果。

- 战略规划、投资组合管理、BRM 和商业价值管理更加紧密地协调一致。
- 成功地将项目管理用作 BRM 的驱动因素或框架。
- 收集 BRM 活动中的最佳实践。

决策者必须明白，在项目的生命周期中，环境会发生变化，需要修改需求，改变优先顺序，重新定义期望的结果。效益完全有可能改变项目结果会带来的有害结果的程度，项目应该被取消或推迟，以备日后考虑。一些可能导致效益和最终价值发生变化的因素包括：

- 企业所有者或高管领导层的变动。在一个项目的生命周期中，领导可能有所改变。最初设计项目的高管们可能已经将项目传递给了其他人，他们很难理解项目的效益，不愿意提供同样的承诺，或者认为其他项目提供了更重要的效益。
- 假设的变化。根据项目的时间长度，假设可以而且很可能改变，特别是那些与企业环境因素相关的假设。决策者必须建立跟踪指标，以确保原始假设或不断变化的假设仍然符合预期收益。
- 企业环境因素的变化。市场条件（服务市场和消费者行为）或风险的变化会导致制约因素的变化。立法和选举也会影响企业环境因素。公司可以批准范围变更，以利用额外的机会，或者根据现金流量限制而减少资金。一定要度量同时也跟踪了制约因素和企业环境因素的变化。
- 资源可用性的变化。具备必要关键技能的资源的可用性或流失始终是一个问题，如果需要技术突破来实现这些效益，或找到风险更低的更好的技术方法，来影响这些效益的话。

项目价值是效益对某人来说的价值。项目或商业价值可以量化，而效益通常是定性解释的。当我们说投资回报率应该提高时，我们正在讨论效益；当我们说投资回报率应该提高 20%时，我们正在讨论价值。价值创造的进展比效益实现的进展更容易衡量，尤其是在项目执行期间。效益和价值通常是不可分割的，很难做到讨论一个而不讨论另一个。

19.2 重新定义项目成功

50 多年来，我们错误地试图仅从时间、成本和范围的三重限制来定义项目的成功。几十年前，我们就知道定义中应该包括其他指标，如价值、安全、风险和客户满意度，这些都是成功的属性。遗憾的是，我们对测量技术指标的了解当时还处于起步阶段，我们只选择了那些最容易测量和报告的指标：时间、成本和范围。

几十年来，我们把价值定义为：

价值=质量/成本

如果我们想增加感知价值，我们必须要么提高质量，要么降低成本。遗憾的是，这个等式暗示质量和成本是价值的唯一组成部分。

今天，度量测量技术已经成熟到我们认为可以测量任何东西的程度。也许最大的研究水平是衡量和报告商业价值。在过去 20 年中，在以下领域进行了研究：

- 价值动态。
- 价值差距分析。
- 智力资本估值。
- 人力资本估值。
- 基于经济价值的分析。
- 无形价值流。
- 客户价值管理/映射。
- 竞争价值矩阵。
- 价值链分析。
- 信息技术项目的估价。

研究成果创造了价值衡量模型和指标：

- 智力资本估值。
- 知识产权评分。
- 平衡计分卡。
- 未来价值管理。
- 智力资本评级 。
- 无形价值流建模。
- 包容性价值计量。
- 价值计量方法。

价值很可能成为项目经理词汇中最重要的词，尤其是在我们定义项目成功的情况下。在《PMBOK®指南》（第 5 版）的术语表中，一个项目被定义为一个临时的努力，被用来创造一个独特的产品、服务或结果。这种定义的问题在于，在项目完成后，独特的产品、服务或结果可能不会创造任何商业价值。也许对一个项目更好的定义是：

计划实现的可持续商业价值的集合。

项目成功的定义是总是在时间、成本和范围的三重约束下完成项目。这种定义同样必须改变，因为它缺少"价值"这个词，也没有说明今天我们有明显多于三个的约束，这些约束被称为竞争约束。因此，未来对成功的定义可能是：

在竞争的约束条件下实现期望的商业价值。

在报告效益实现和价值管理活动的成功时，对项目成功的定义，包括对价值的参考变得极其重要。使用传统的项目管理，我们创建预测报告，包括完工时间和完工成本。利用新的成功定义，我们现在可以在预测报告中包括完工时的收益和完工时的价值。这种效益和价值的报告现在提高了向公司董事会报告项目绩效的水平。

将价值作为项目成功标准的一部分还有另一个固有优势。现在，我们可以建立终止或拔除标准，这种标准涉及价值或效益，它告诉我们，在额外的资金和资源被浪费之前，什么时候我们应该考虑取消一个项目。很多时候，项目被允许继续存在，并继续浪费宝贵的资源，因为没有人愿意取消失败的项目。在商业论证或效益实现计划中建立取消标准可以解决这个问题。

19.3 价值驱动项目管理

随着对价值重要性的认识，我们现在将重点放在价值驱动的项目管理活动上。价值驱动的项目管理侧重于交付商业价值成果，而不仅仅是来自传统项目管理实践的交付成果。价值驱动的项目管理需要一个易于理解的商业论证，其中包括所需的特定效益。

项目管理现在是交付效益和价值的工具。在 BRM 领域成熟的公司在项目管理方面似乎也相当成熟。在这些公司中，项目管理方法和企业文化都是价值驱动的。

然而，在价值驱动的项目管理中需要考虑一些风险：

- 如果不加以控制，需求可能发生无休止的变化。
- 创建一种文化，促进（可能不必要的）范围蔓延到所有项目。
- 价值确定是由不同的人在项目的生命周期中做出的。
- 由于担心项目取消而拒绝预测其真实价值。
- 拒绝相信预测的价值。

期望的效益必须在项目启动时确定。但是，在项目生命周期的早期阶段，当价值可能只是一种感知时，我们如何定义价值呢？我们也想定义价值，但价值是利益的价值。价值确定最困难的部分是定义度量标准，以便进行测量。表 19-1 显示了一些常用于衡量价值的简单和硬性的指标（也可能还有效益），表 19-2 显示了测量中可能遇到的一些问题。这些指标不仅需要验证或重新验证效益和价值创造，还需要验证商业论证、假设和约束。决策者必须明白，在项目的生命周期中，环境可能发生变化，需要修改需求，改变优先顺序，以及重新定义期望的结果。

表 19-1　硬值和软值度量

简单（软性/有形）价值	硬性（无形）价值
投资回报率计算	股东满意度
净现值	相关方满意度
内部收益率	客户满意度
机会成本	员工留存
现金流量	品牌忠诚度
回收期	上市时间
盈利能力	业务关系
市场占有率	安全性
	可靠性
	美誉度
	购买意愿
	形象

表 19-2　价值度量测量的问题

简单（软性/有形）价值	硬性（无形）价值
假设经常不被披露，可能影响决策	价值总是基于进行测量的人的主观类型属性
测量非常通用	测量与其说是一门科学，不如说是一门艺术
测量永远不会有意识地捕获正确的数据	可提供有限的模型来进行测量

如果没有适当的度量标准，我们往往会等到项目偏离轨道后再采取行动。到那时，拯救可能为时已晚，唯一的解决办法是拔掉插头，取消一个可能已经被拯救的项目。

19.4 效益收获

收获效益是 BRM 最困难的部分，问题不在于识别效益或管理项目来创造效益。真正的问题是收获效益，并在项目结束后管理过渡。项目团队产生交付成果，但可能无法控制企业如何利用这些交付成果创造效益和价值。

项目的效益通常会随着时间的推移而实现，有时是在项目完成和项目团队解散几年后。一些效益将是短期、中期和长期的。收获过程必须有人占主导权。

图 19-1 显示了效益和价值是如何随着时间的推移而创造的。图中未知的是收获效益所需的时间和维持效益所需的时间，必须有长期的考虑来维持效益。可能需要组织变革，人们可能不得不离开他们的舒适区。这是由经历过组织变革管理的人来完成的。

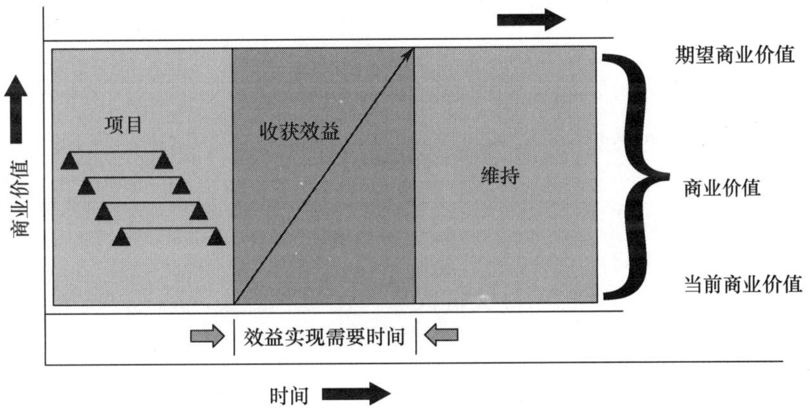

图 19-1　随着时间的推移创造商业价值

19.5 商业论证

效益的实现和价值管理始于商业论证的准备。效益实现和价值管理项目中有六个主要参与者：

- 一个投资组合治理委员会，由至少拥有粗略项目管理知识的成员组成。
- 受益人或企业主。
- 变更管理所有者，组织变更管理对于在项目完成时获取效益是必要的。
- 一个可持续性所有者，确保收获的效益是可持续的。
- 一个投资组合项目管理办公室，协助度量识别、测量和报告。
- 项目和/或项目集经理。

项目负责人负责准备商业论证，并为效益实现计划做出贡献。作为商业论证开发的一部分，典型步骤包括：

- 发现机会，如提高效率、效力、减少废物、节约成本、新业务等。
- 用商业和金融术语定义效益。
- 效益实现计划。
- 估计项目成本。
- 跟踪效益和价值的推荐指标。
- 风险管理。
- 资源需求。
- 高级时间表和里程碑。
- 项目的复杂程度。
- 假设和制约因素。
- 技术要求——新的或现有的。
- 项目必须终止的退出策略。

可以为商业论证中的大多数项目建立模板。效益实现计划的模板可能包括以下内容：

- 利益描述。
- 确定每项收益是有形的还是无形的。
- 确定每项收益的接收者。
- 如何实现收益。
- 如何衡量收益。
- 每项收益的实现日期。
- 将活动移交给可能负责将项目交付成果转化为效益实现的另一个小组。

写得好的效益实现计划，通常是由企业所有者制定的，告诉什么包括在范围内，什么不包括在范围内。效益实现计划写得不好意味着一切都必须完成，并且可能导致大量且往往不必要的范围变更。效益实现计划不是工作说明书。因此，在战略计划的预期收益如何被定义的问题上，总是会有一些模糊不清的地方。歧义类型如表 19-3 所示。

表 19-3 歧义类型

歧义	描述
期望	基于利益相关方的数量和企业所有者以前的经验，效益实现计划可能用模糊的措辞来解释预期的结果
优先级	每个利益相关者和企业所有者可以对项目的优先级有不同的解释。项目团队可能不知道真正的优先级
过程	作为执行的一部分，有许多过程可供选择。过程的灵活性是必要的。还有几种表格、指南、核对表和模板可以使用
指标/关键绩效指标	有许多事情可以根据期望来衡量

19.6 衡量效益和价值的时间

度量测量技术的发展使得测量几乎任何东西成为可能，包括效益和价值。但是目前，由于许多新指标的测量技术还处于起步阶段，因此仍然难以获得准确的结果。报告绩效结果从定性和定量两方面进行。在决定何时进行测量时也有困难，并随着项目的进展或完成而增加。随着项目的进展，效益和价值的衡量比项目结束时更难逐步确定。

价值通常是量化的，比效益更容易衡量。在一些项目中，项目收益的价值在项目完成几个月后才能量化。例如，一个政府机构扩大了一条道路，目的是减少交通堵塞。在建设项目完成和交通流量测量完成几个月后，这个项目的价值可能直到最后才知道。随着项目的进展，项目结束时或项目结束后不久的价值测量通常比正在进行的价值测量更准确。

效益的实现和商业价值不仅仅来自拥有有才华的资源或卓越的能力。相反，它们来自组织如何使用资源。有时候，即使有周密计划和优秀人才的项目最终也不会创造商业价值；它们甚至可能破坏现有价值。一个例子是一位技术首席执行官认为这个项目是他获得荣耀的机会，并试图超越需求，以至于错过了进度表和商业机会。当团队成员认为个人目标比商业目标更重要时，就会发生这种情况。

19.7 投资生命周期阶段

多年来，学术界一直教导传统的项目生命周期阶段开始于一旦项目获得批准，项目经理被指派，并在交付成果创建后结束。然而，当效益实现和价值管理变得重要时，必须包括额外的生命周期阶段，如图 19-2 所示。项目经理现在比以前更早上任，并在交付成果产生后留下来衡量创造的商业价值。

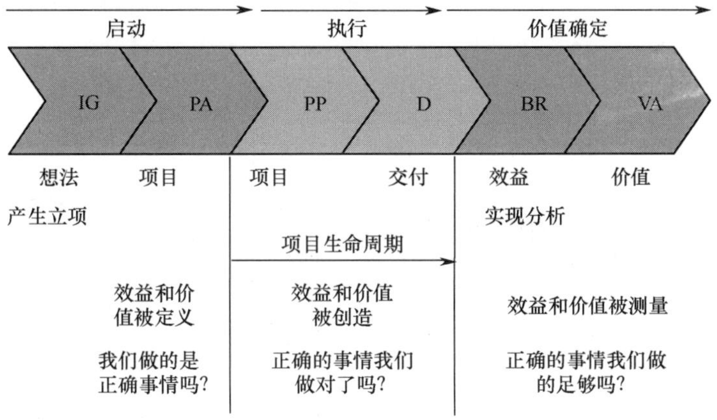

图 19-2 投资生命周期

图 19-2 比传统项目生命周期更能代表投资生命周期。如果要创造价值，那么效益必须在整个投资生命周期中进行管理。传统的项目生命周期属于投资生命周期。在投资生命周期中可以识别出六个以上的生命周期阶段，但是为了简单起见，这里只考虑这六个阶段。

第一阶段，创意生成（Idea Generation，IG）阶段，通常包括可行性研究和成本效益分析，是项目创意的来源。这个想法可以源自客户或企业所有者的组织，母公司或客户的财务机构的高层或低层管理人员，或者资助项目的组织。IG 阶段的输出通常是商业论证的创建。

尽管创意者可能对项目的最终价值有一个清晰的了解，但是商业论证是从预期收益而不是从价值的角度来定义的。价值是在项目接近尾声时根据实际获得的收益来确定的，并且可以量化。实际获得的收益可能与项目启动时的预期收益大不相同，因为前面讨论的许多原因可能导致变化。

并非所有项目都需要进行商业论证。例子能包括监管机构合规性所必需的项目，这些项目被充分理解，或者仅仅是为了让企业或企业的一部分更有效地继续下去。

一旦准备好商业论证，就会向投资组合项目管理办公室（Portfolio Project Management Office，PPMO）发送一份请求，以获得项目批准。如今，公司正在建立一个 PPMO 来控制第二阶段，即项目批准（Project Approval，PA）阶段，并在交付期间监控项目组合的绩效。

PPMO 必须做出符合整个公司最大利益的决定。与队列中的所有其他公司项目相比，被认为是对一个业务部门极其重要的项目可能优先级较低。PPMO 必须通过适当平衡关键资源和适当确定项目优先级来最大化投资组合的商业价值。PPMO 必须解决三个关键问题，如表 19-4 所示。

表 19-4 投资组合 PMO 的典型角色

关键问题	考虑领域	组合工具和流程
1. 我们做的是正确的事情吗？	• 与战略目标保持一致，如股东价值、客户满意度或深度 • 对内部优势和劣势的评估 • 对现有和合格资源的评估	• 评估商业论证严谨性的模板 • 战略适宜性分析和与战略目标的联系 • 显示项目之间的关系的矩阵 • 资源技能矩阵 • 能力规划模板 • 优先级模板
2. 正确的事情我们做对了吗？	• 能够满足期望 • 能够在效益方面取得进展 • 能够管理技术 • 能够最大限度地利用资源	• 效益实现计划 • 正式的、详细的项目计划 • 建立跟踪矩阵和关键绩效指标 • 风险分析 • 问题管理 • 资源跟踪 • 效益/价值追踪
3. 正确的事情我们做得足够吗？	• 与战略目标的比较 • 能够满足所有客户的期望 • 能够捕获公司资源的容量和能力范围内的所有商机	• 整体利益跟踪 • 使用项目管理信息系统准确报告

表 19-4 中第三个问题所标识的活动通常是 PPMO 确定是否所有收益都被捕获或者是否需要将额外的项目添加到队列中的责任的一部分。

大多数公司倾向于认为项目经理应该在项目获得批准并加入队列后加入进来。争论的焦点是项目经理不是商人，他们掌握的信息有限，无法帮助审批过程，他们只在做出基于项目的决策上获得报酬。今天这肯定不是真的。在今天的世界里，项目经理认为自己管理着一部分业务，而不仅仅是管理一个项目。因此，项目经理就他们的项目做出基于项目和与业务相关的决策而获得报酬。

当项目经理在项目批准后上任时，他们受制于商业论证和效益实现计划中的信息。遗憾的是，这两份文件并不总是包含所有的假设和制约因素，也不讨论创建项目的思维过程。

也许让项目经理提前上任的最重要原因是资源管理。项目通常被批准，添加到队列中，并且很少考虑合格资源的可用性。然后，当收益没有按计划交付时，项目经理被指责没有正确地管理项目。

需要克服的一些关键员工问题包括：

- 管理层不知道在不使劳动力负担过重的情况下，队列中可以增加多少额外的工作。
- 项目被添加到队中，很少考虑到：①资源可用性；②所需资源的技能水平；③所需技术水平。
- 没有专门为战略项目工作人员设立的中央存储库。
- 项目优先级排序基于猜测，而不是证据或事实。
- 没有技术来理解一个项目的范围变更可能影响其他正在进行的项目的工作量。
- 资源决策是在项目批准之前和项目经理上任之前做出的。
- 不了解项目经理如何在早期协助能力规划和资源管理。
- 关键资源被分配给失败的或非增值项目。

项目经理很可能是最有资格批判性地确定所需资源数量和分配员工技能水平的人。根据图 19-3 所示，尽早让项目经理加入进来的能力使得投资组合治理人员更容易执行有效的资源管理实践。

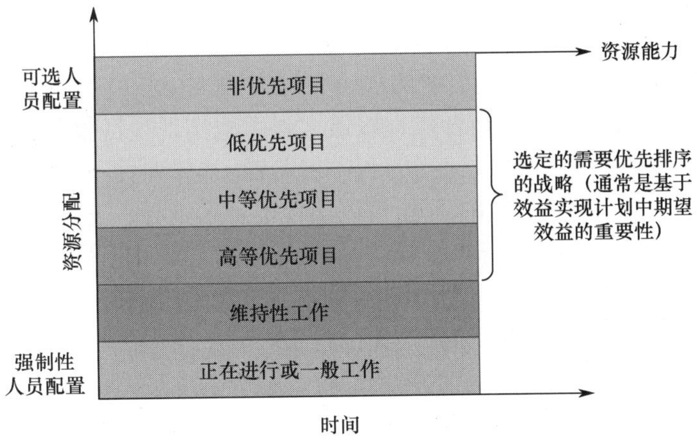

图 19-3　资源管理活动

即使在投资生命周期的早期指派项目经理，资源管理的缺点也会出现。这些缺点包括：

- 没有捕获所有资源需求。

- 缺乏所需资源技能水平的知识。
- 由于范围变更而改变项目的资源需求。
- 不核算需要转型活动时可能需要的资源。
- 由于对其他关键项目的轻视而改变优先次序。
- 具有不切实际的收益和价值估计。

如果这些缺点没有被发现和正确管理，结果可能是：

- 效益实现计划失败。
- 投资组合商业价值没有最大化。
- 投资组合的持续变化。
- 持续重新安排优先次序。
- 持续的人力冲突。

有效资源管理的好处众所周知：

- 在最关键的项目之间平衡工作负载。
- 通过分配具有适当技能的资源来提高资源使用效率。
- 更好地规划和控制项目。
- 更好地选择能够最大化商业价值的项目组合。

第三个生命周期阶段是项目规划（Project Planning，PP）阶段。这一阶段包括初步规划、详细规划和效益实现规划的更新。

商业论证可能包括假设和制约因素，PPMO 可能提供与总体业务目标及企业环境因素可能对项目的影响相关的额外假设和制约因素。作为商业论证的一部分而创建的效益实现计划在这个阶段可能发生重大变化。

效益实现计划与项目计划不同，但必须与项目计划集成。效益实现计划和伴随的项目计划可能随着项目的进展，基于不断变化的商业条件而不断变化。

第四个生命周期阶段是交付（Delivery，D）阶段。这个阶段及 PP 阶段，最常见的是基于《PMBOK®指南》的领域。使用传统的项目管理方法。在这一阶段，项目经理与 PPMO、企业所有者和指导/治理委员会密切合作，以最大限度地实现项目收益。

业绩报告必须提供给 PPMO 及适当的利益相关者。如果项目不再与交付过程中可能发生变化的业务目标保持一致，PPMO 可能建议项目被重新指导，甚至取消，这样资源将会被分配给其他项目，以最大化投资组合收益。

图 19-3 中的第五和第六个生命周期阶段是效益实现（Benefits Realization，BR）阶段和价值分析（Value Analysis，VA）阶段。无论准备在哪个生命周期阶段，效益实现计划都必须确定将用于跟踪收益和伴随价值的指标。收益和价值度量识别是效益实现规划中的薄弱环节。计划的组成部分已经写了很多，但是要使用的指标很少。然而，公司现在正在创造价值指标，这些指标可以在整个项目中衡量，而不仅仅是在项目结束时。

最后两个生命周期阶段通常被称为效益收获阶段，这是指效益和伴随价值的实际实现。收获可能需要实施组织变革管理计划，这可能将人们从他们的舒适区带走。当项目结束时，必须鼓励人们将这些改变永久化，而不是回到过去的方式。

负责收获效益的人需要考虑：

- 组织重组。
- 新的奖励系统。
- 不断变化的技能要求。
- 记录管理。
- 系统升级。
- 劳资关系协定。

充分实现效益可能面临经理、工人、客户、供应商和合作伙伴的抵制。可能存在一种固有的担忧，即改变将伴随着晋升前景的丧失、更少的权威和责任，以及可能丧失同伴的尊重。

效益收获也可能增加效益实现成本，因为：

- 招聘和培训新员工。
- 改变现有人员的角色并提供培训。
- 重新安置现有人员。
- 提供额外或新的管理支持。
- 更新计算机系统。
- 购买新软件。
- 制定新的政策和程序。
- 重新谈判工会合同。
- 与供应商、经销商、合作伙伴和合资企业发展新的关系。

19.8　效益和价值的类别

战略规划的一部分是创建一个平衡的项目组合。为了简单起见，我们使用了图 19-4 所示的四类项目。然后，这四个类别可以用来确定效益和价值的类别。每个类别都可以使用许多效益、价值和附带的指标。这里只举几个例子。

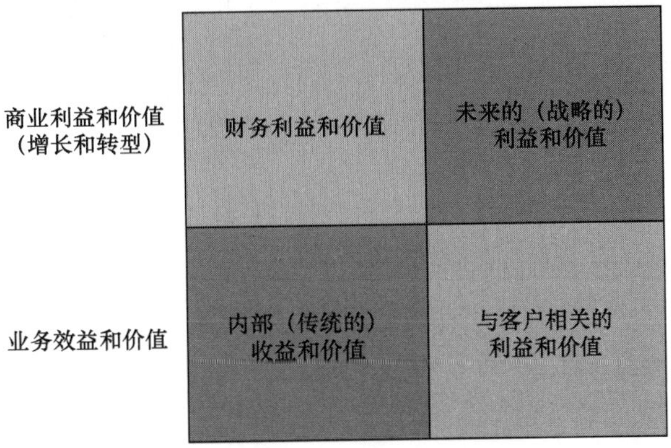

图 19-4　效益和价值的类别

必须在每个象限建立度量标准，作为潜在问题的预警信号。一些能够识别侵蚀效益问题的指标例子有：

- 范围变更数量的指标，确定进度延误和成本超支的可能性。
- 转移到其他地方进行灭火的人数的指标，表明了进度延误和成本超支的可能性。
- 过度加班的指标，可能表明严重的未决问题。
- 错过截止日期的指标，可能表明上市时间可能失误和机会可能失去。

表 19-5 显示了这四类中每类的典型收益。最后一列中的指标可以用来跟踪收益。

表 19-5　每类的典型收益

类　别	收　益	项目跟踪度量
内部收益	• 遵守约束的过程 • 用于识别目标，签署和捕获最佳实践的模板 • 维护最佳实践和指标库 • 控制范围变化变更 • 控制行动项目 • 减少浪费	• 时间 • 成本 • 范围 • 质量 • 范围更改的数量 • 开放行动项目的持续时间 • 资源数量 • 浪费量 • 效率
财务利益	• 投资回报率、净现值、内部收益率和投资回收期的改善 • 现金周转 • 营业利润率的提高 • 维持或增加市场份额	• 财务指标 • ROI 计算 • 营业利润率
未来（战略）利益	• 缩短产品上市时间 • 形象/声誉 • 技术优势 • 创造新技术或产品 • 维护知识库 • 使项目与战略目标保持一致	• 时间 • 对形象和声誉的调查 • 新产品数量 • 专利数量 • 留存客户数量 • 新客户数量
与客户相关的利益	• 客户忠诚度 • 允许使用其名称作为参考的客户数量 • 客户交付方面的改进 • 客户满意度评级	• 忠诚度/客户满意度调查 • 上市时间 • 质量

投资组合治理委员会存在于整个投资生命周期。其作用包括：

- 确定正确的优先事项。
- 消除意外。
- 在投资组合中加入意外事件。

- 保持响应灵活性。
- 控制范围蔓延。
- 尽量少花钱多办事。
- 使用度量确保明智的决策。
- 获取最佳实践。
- 了解未来的资源需求。

投资组合治理委员会必须做出战略决策和度量标准以在此过程中提供帮助。战略决策的类型包括需要：

- 验证是否正在创建值。
- 了解风险及如何减轻风险。
- 知道何时进行干预。
- 预测未来公司业绩。
- 确认项目仍然符合战略目标。
- 在必要时进行资源再优化。

PPMO 的作用是与治理委员会合作，确定项目交付的最佳资源组合，并在遵守强加的限制的同时实现效益。PPMO 还支持指标识别、测量和报告。PPMO 通过解决以下问题来支持治理委员会：

- 我们是否有任何薄弱的投资需要取消或更换？
- 是否必须整合任何计划和/或项目？
- 是否必须加速或减速任何项目？
- 我们与战略目标的一致性如何？
- 投资组合是否需要重新平衡？

有时效益会产生最佳实践，可以应用于其他项目。表 19-6 显示了几家公司的收益，以及利益出现在哪个象限。一些效益可以归因于不止一个象限。

表 19-6　特定于公司的收益

公　　司	收益类别	收　　益
通用电气	未来	提高生产力
摩托罗拉	财务	控制范围蔓延
计算机协会	内部	更好地处理客户期望
ABB 集团	未来	项目审计以寻求持续改进的机会
韦斯特菲尔德集团	内部	开发在线局域网企业项目管理系统
安塔雷斯解决方案（医疗互助）	客户相关	以客户为中心的变更控制流程

如前所述，重要的是要知道效益和价值的衡量是应该增量进行还是在项目结束时进行。增量测量与终点测量的示例如表 19-7 所示。如前所述，项目结束时的测量通常更准确，但是一些测量也可以逐步进行。

表 19-7 收益的例子

收益类别	收　益	逐步测量	期末测量
内部	加快签字速度	是	
财务	提高投资回报率、净现值、内部收益率并缩短投资回收期	是	是
未来（战略）	加快产品商品化进程		是
客户相关	提高客户满意度	是	

19.9 将效益转化为价值

价值是效益在D阶段结束时或将来某个时候的价值。尽管效益可能正在实现目标的轨道上，但最终价值可能不同于基于交付成果和财务假设的计划价值。以下是两个将收益转化为价值的例子：

（1）一家公司批准开发定制软件包，预期可减少订单输入处理时间，每年可节省约150万美元。开发该软件包的成本估计为75万美元。价值计算如下：

价值=（60名工人）×（5小时/周）×（100元/小时）×（50周）

= 每年节省150万美元

（2）一家公司决定创建一个仪表板项目绩效报告系统，以减少文书工作并消除许多非生产性会议。价值计算如下：

- 每月删除100页或报告和讲义，成本费用为1000美元/页，或节省120万美元。
- 每周取消10小时的会议，持续50周，每次会议5人，每小时100美元，节省25万美元。

价值= 1 200 000+ 250 000=每年节省145万美元

在这两种情况下，这些公司都从项目中获得了多年的效益和价值。

19.10 开始现场项目管理

高管们面临的挑战之一是如何确定谁最有资格担任效益收获的领导者。一些人认为项目经理应该留在公司，即使项目已经准备好“上线”。在这种情况下，因为收获效益可能需要大量时间，所以项目经理很可能是一名职能经理，在这种情况下，所需的技能可能不同于传统项目管理所需的技能。这显示在表19-8中。项目经理可能没有资格在所有项目中担任正式的项目经理。

表 19-8 现场项目经理的技能变化

特　征	差　异
权威	从没有权力的领导到重要的权威
权力	从合法权力到明智地使用权力

续表

特　征	差　异
决策	从一些决策到拥有重大决策权
决策类型	从仅限项目的决策到项目和业务决策
愿意委派意愿	项目的长度和规模将迫使项目经理被委派比正常人更多的权力和决策
忠诚	从项目忠诚度到企业愿景和业务忠诚度
社交技能	由于我们可以与同一个人多年合作，因此需要强大的社交技能
动机	学习如何在不使用经济回报和权力的情况下激励员工
沟通技巧	整个组织的沟通，而不是少数几个
状态报告	战略项目的状况不能仅靠时间和成本来实现
透视/前景展望	具有更广阔的前景，尤其是从业务角度来看
愿景	必须与高管具有相同的长期愿景，并在整个公司内推广这一愿景
同情	由于团队成员可能被分配多年，因此必须对工人比对传统或短期项目有更强烈的同情
自我控制	不得对坏消息或干扰反应过度
头脑风暴和解决问题	必须具备非常强大的头脑风暴和解决问题的能力
变更管理	从项目到企业范围的变更管理
变更管理影响	从项目到组织变革管理的效果

19.11　投资组合收益和价值

表 19-5 中标识的项目跟踪度量旨在跟踪每个类别中的各个项目。然而，特定的度量可以用来衡量项目组合的有效性。表 19-9 显示了可以使用的衡量项目管理对单个项目、传统 PMO 和 PPMO 创造的总体价值的度量标准。项目管理下列出的指标和传统 PMO 下的许多指标被认为是注重战术目标的微观指标。PPMO 下列出的指标是宏观指标，代表整个投资组合的收益和价值。这些度量标准可以通过将来自几个项目的度量标准分组在一起来创建。收益和价值度量标准也用于帮助创建投资组合度量标准。

表 19-9　PMOS 特定类型的度量标准

项目管理	传统的 PMO	PPMO
遵守进度基准 遵守成本基准 遵守范围基准 遵守质量要求	客户满意度增长 面临风险的项目数量 符合方法 减少范围变更次数的方法	业务组合的盈利能力或投资回报率 组合健康 成功投资组合项目的百分比 投资组合效益实现 实现投资组合价值 投资组合选择和项目组合

续表

项目管理	传统的 PMO	PPMO
有效利用资源 客户满意度 项目绩效 生成的可交付成果总数	年度工作吞吐量的增长 验证时间和资金 能够降低项目关闭率	资源可用性 可用于投资组合的产量和能力 投资组合项目的人员利用率 每个项目组合的时间 员工短缺 战略调整 业务性能增强 投资组合预算与实际费用 投资组合截止日期与实际日期

传统和 PPMO 通常都被认为是间接费用，可能缩小规模，除非 PMO 能够通过指标显示组织如何从它们的存在中受益。因此，还必须建立度量标准来衡量 PMO 给母公司带来的价值。

重要的是要理解，用于跟踪效益的一些微观指标对客户或最终消费者可能有不同的含义。例如，让我们假设你正在为外部客户管理一个项目。交付内容是一个组件，你的客户将在向客户（你客户的客户或消费者）销售的产品中使用。表 19-10 显示了如何对每个度量标准进行不同的解释。重要的是要认识到效益和价值在旁观者的眼中是一样美丽的。客户和承包商可能对效益和价值的含义及相关指标有不同的看法。

表 19-10　指标的解释

效益指标	项目经理的解释	客户的解释	消费者的解释
时间	项目期限	上市时间	交货时间
成本	项目成本	售卖价格	购买价格
质量	性能	功能	可用性
技术和范围	满足规格	战略调整	安全购买、可靠
满意度	客户满意	消费者满意	对所有权的尊重
风险	和客户没有未来的业务	失去了利润和市场份额	需要售后和过时的风险

19.12 与战略目标的一致性

由于度量测量技术的进步，我们开发了一些模型，通过这些模型我们可以显示项目与战略业务目标的一致性。一个这样的模型出现在图 19-5 中。几年前，唯一使用的指标是时间、成本和范围。今天，我们可以包括与战略价值和业务价值相关的指标。这使我们能够评估整个项目组合及各个项目的健康状况。

由于所有指标都已建立目标，我们可以根据我们与目标的接近程度为每个指标奖励积分。图 19-6 显示，图 19-5 中确定的项目迄今已从可能的 100 分中获得 80 分。图 19-7 显示了项目与战略目标的一致性。如果图 19-6 中的总分在 0～50 分，我们假设该项目此时没有为战略目标做出贡献，这将在图 19-7 中显示为零或空白单元格。51～75 分表示对目标的“部分”贡献，并在图 19-7 中显示为 1。76～100 分表示实现目标并在图 19-7 中显示为 2。我们可以定期地总结图 19-7 中的结果，以显示管理图 19-8，它说明了我们创建所需收益和最终价值的能力。

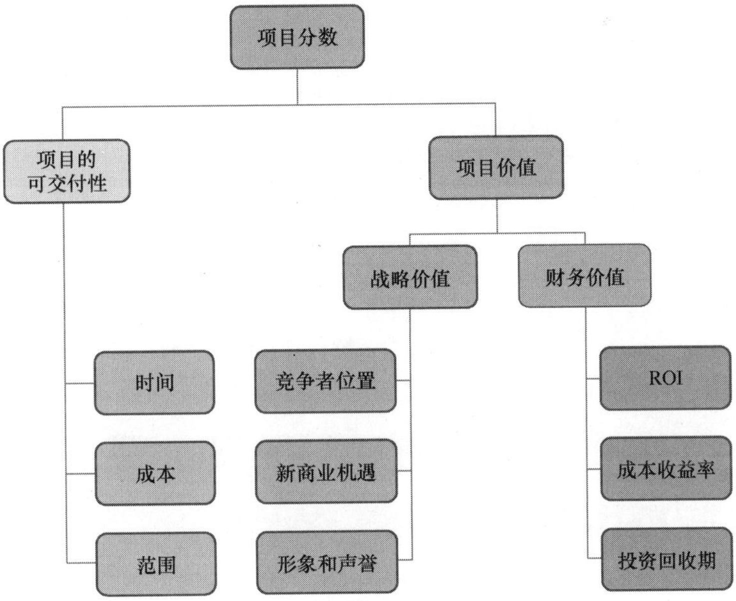

图 19-5　项目分数模型

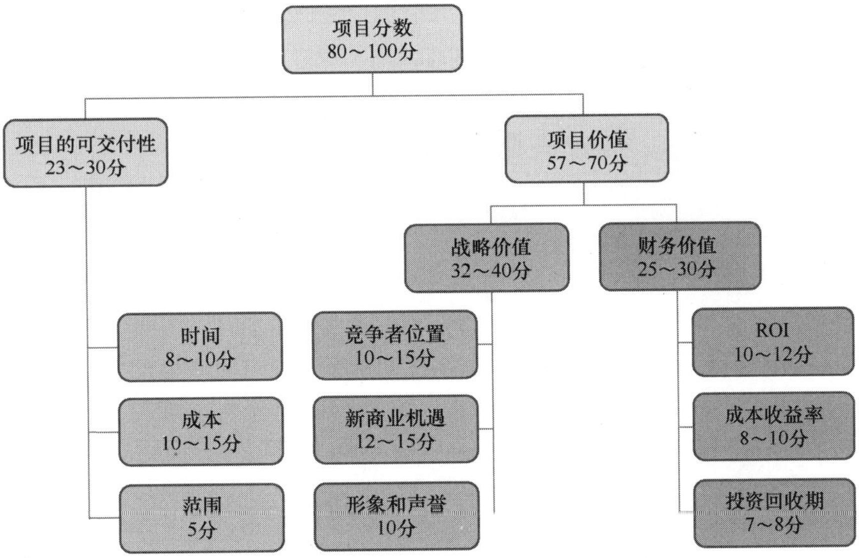

图 19-6　项目分数模型及分数分配

	项目								
战略目标:	项目1	项目2	项目3	项目4	项目5	项目6	项目7	项目8	分数
技术优势	2		1			2		1	6
降低运营成本				2	2				4
缩短产品上市时间	1		1	2	1	1		2	8
增加营业利润			2	1	1	1		2	7
增加制造能力	1		2	2		1		1	7
总计	4	0	6	7	4	5	0	6	

	没有贡献
1	支持目标
2	实现目标

图 19-7　将项目与战略业务目标相匹配

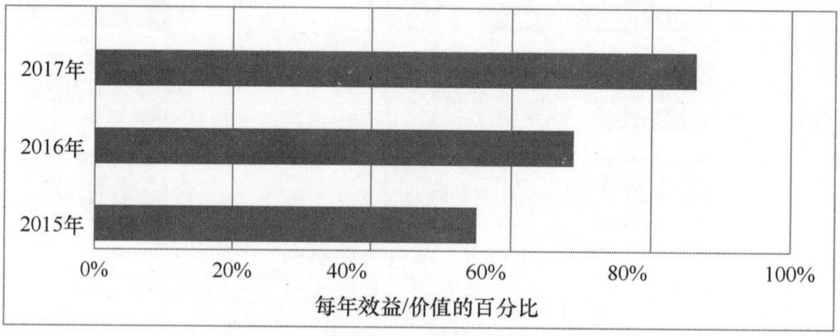

图 19-8　定期的效益和实现的价值

19.13　BRM 完全或部分失败的原因

无论我们如何努力去实现效益和价值管理，总有一些事情会出错，导致我们陷入灾难。在整个投资生命周期中可能出现的 14 种失败原因包括：

（1）没有企业所有者或利益相关方的积极参与。

（2）决策者不确定他们的角色和责任，特别是在生命周期的早期阶段。

（3）该项目在没有商业论证或效益实现计划的情况下获得批准。

（4）在定义效益和价值方面存在高度的不确定性和模糊性，使得它们不能在诸如效益实现计划的文件中充分描述。

（5）对获得项目批准和高度优先考虑的事项进行高度乐观或通常不切实际的估计。

（6）未能认识到有效资源管理实践的重要性及与 BRM 的联系。

（7）保持对项目交付成果的高度关注，而不是对效益的实现和商业价值的创造。

（8）对项目成功的错误定义。

（9）用传统而非投资生命周期阶段管理项目。

（10）使用错误的指标、不可靠的指标，或者仅仅缺乏跟踪效益和价值的指标。

（11）未能跟踪整个生命周期的效益和价值。

（12）没有任何标准确定何时取消失败的项目。

（13）如果必要的话，在没有转型过程的情况下，只有通过公司现在必须开展业务的必要组织变革才能实现效益和价值。

（14）未能吸取经验教训和最佳做法，从而重复错误。

项目 14 通常是解决前 13 个问题的方法，以避免重复出现。

19.14　结论

由于效益和价值的重要性，今天的项目经理比过去单纯的项目经理更像业务经理。今天的项目管理者不仅要做出基于项目的决策，还要做出商业决策。项目经理似乎比他们的前任更了解这个行业。

随着测量技术的发展，公司将开始创建衡量效益和价值的指标。尽管这些测量技术中的许多仍处于起步阶段，但增长预计会很快。

反侵权盗版声明

举报电话：（010）88254396；（010）88258888

传　　真：（010）88254397

E-mail:　　dbqq@phei.com.cn

通信地址：北京市万寿路 173 信箱

　　　　　电子工业出版社总编办公室

邮　　编：100036